企业网上法务部
请个法律顾问？
——No，一个律师，专业有限，应付不了！
公司设立法务部？
——No，太浪费！
合同谈判，文件起草，法律风险防范，仲裁诉讼……
怎么办？
Yes！我的法务网
www. myfawu. com
中小企业的网上法务部
在线法律服务管家
◇ 企业法务自助：类型化法规、案例、问答，定制/浏览
◇ 专家在线服务：法务下单，在线申请/回复
◇ 在线法务管家：拟订 签署 执行 法务过程，跟踪管理
◇ 在地化服务：绑定在地法务专员，定期访谈服务
法务资讯平台
法务管理系统

一汽物流

致力打造

一汽物流有限公司（以下简称“一汽物流”）前身是长春陆捷物流有限公司，成立于2006年3月，由一汽运输有限公司和一汽储运有限公司重组而成。2010年2月，公司作为一汽集团的全资子公司，正式更名为一汽物流有限公司。2011年，集团公司进行机构调整，公司的出资方由中国第一汽车集团公司变更为中国第一汽车集团股份有限公司，企业性质和持股比例保持不变。

公司本部位于长春市汽车经济技术开发区东风大街7088号，占地面积70万平方米。下设整车事业部、零部件事业部及经营管理部、品质安全保障部、控制部等9个职能部；分别在天津、青岛、成都、佛山设有4个外埠全资子公司；在长春、大连、上海有3个参股公司。2017年5月，长春一汽国际物流有限公司、成都一汽国际物流有限公司、佛山一汽国际物流有限公司和一汽(大连)国际物流有限公司4个子公司调整至一汽物流管理，一汽物流正式成为中国第一汽车集团公司物流总包商。

公司以长春、天津、青岛、成都及佛山五大物流基地，大连和上海两大重要物流节点为支撑，构建起高效的公、铁、水多式联运综合运输网络。可为客户提供产前、产中、产后的一体化全价值链汽车物流服务。年发运整车近300万台、产中配送整车200多万台；管理整车仓储面积500多万平方米、零部件仓储面积90万平方米；整车在网运力10000多台，零部件在网运力近2000台；公司自有铁路专用线61公里，国内领先的专业铁路站台3万平方米、铁路机车4台、铁路货车57列；有轿车、运输车、叉车、集装箱车及封闭式零部件运输车等专业物流设备3000多台。

公司为5A级物流企业，服务能力与经营实力均处于行业领先水平，2017年，公司收入将突破100亿元；是中国物流与采购联合会常务理事单位和汽车物流分会常务会长单位；获评一汽-大众“2015年最佳仓储服务商”、中物联“2012—2016汽车物流行业特别突出贡献企业”称号，是国家交通运输部甩挂运输试点企业。

信念决定作为，奋斗创造未来。面向“十三五”发展，公司将以建设质量效益型企业为目标，做大物流事业、做优物流服务、做强物流品牌。

产 前

供应商 → 集散中心 →

经营理念

服务至上
管理领先
务实进取
和谐共赢

核心价值观

勇担责
共拼搏
爱员工
谋发展

一汽-大众 FAW-VOLKSWAGEN　一汽轿车　一汽吉林　夏利　一汽解放　一汽丰田 FAW-TOYOTA

一体化全价值链汽车物流服务平台

产中	产后	
整车制造厂 →	分拨中心 →	4S店/用户

“十三五”战略目标与实施

建立基于互联网、云存储的智能运营调度系统，构建覆盖全国的“三纵三横”物流网络，通过合理的公铁水综合运输体系的运营，搭建“O2O”运营模式，致力打造一体化、全价值链汽车物流服务平台。

物流基地	分拨中心	汽车码头	合资合作
长春	武汉	大连	丰田
成都	西安	广州	中石油
佛山	华东	天津	
青岛			
天津			

www.faw-logistics.com

业务咨询电话：0431-85774490

地址：长春市汽车产业开发区东风大街7088号

安能 无限可能
安能ane
安能ane

1.潜力巨大的空间发展优势。园区总规划面积84平方公里，由金霞、沙坪、鹅秀、高岭、青竹湖5个组团组成，可开发空间巨大。金霞组团主要发展现代物流；沙坪组团主要发展加工贸易和“高、精、清”的都市工业，规划建设军民融合产业园和现代建筑示范产业园；鹅秀组团主要发展滨江高端房地产业；高岭组团主要发展大型商贸物流市场群；青竹湖组团重点发展服务外包、电子商务和房地产业，打造生态小镇、创业基地和两型新城。

2.独具特色的区位平台优势。园区拥有铁、水、陆、管、空五元化立体交通运输网络，是沟通长三角、珠三角、京津冀、成渝四大经济圈的枢纽节点和国家级物流节点。园区建立起了综合交通体系，基本上实现了多式联运。长沙铁路货运新北站是国家一级铁路物流基地，成为集承运、装卸、联运（海铁、水铁）、仓储、配送、流通加工于一体的枢纽型铁路物流基地；长沙新港是国家二类水运口岸，拥有建立以水铁联运、公铁联运为核心的多式联运体系的基础；长沙传化公路港、深国际城市综合物流港、嘉里物流湖南总部构建“智能公路港”片区，实现水路、铁路、公路“三港”互动；长沙金霞保税物流中心是承载国家跨境贸易电子商务服务试点落地的开放平台。

3.多元开放的外联通道优势。园区始终立足湖南“一带一路”区域定位，打造了融入“一带一路”国家倡议、连接湘粤港澳不可缺少的多元开放大通道。园区打通了线上线下、境内境外的进出口通道：长沙新港开通了至欧美、韩、日的国际集装箱航线7条；长沙铁路货运新北站开通了长沙至广州、深圳的“五定班列”和长沙到德国汉堡、杜伊斯堡、白俄罗斯明斯克、乌兹别克斯坦塔什干、匈牙利布达佩斯的中欧班列；开通了港澳直通车。香港海外仓至长沙跨境电商监管中心一卡入关、自动识别、自动抬杆，成为实现跨境电商进口业务规模化的关键因素。

4.活力迸发的产业集聚优势。园区坚持错位发展、特色发展，构建了以智能物流为主，商贸市场为辅，都市工业为补充，军民融合、装配式建筑、医药健康为亮点的产业体系。智能物流：建设物流基础设施、创新物流服务模式、跨界应用物流信息技术、联动发展物流关联产业。商贸市场：建设集市场集群化、电商产业化、仓储物流一体化、管理专业化为一体的全产业链4.0智能商贸服务中心。都市工业：引进高附加值项目，发展装配式建筑、医药物流、军民融合等“高、精、清”的新型工业。

5.宜居宜业的生态环境优势。园区秉持“人性、低碳、自然”的发展理念，构建了“江景映城、河湖通汇、山城共生”的环境友好型生态系统大框架，形成了独特的“山－水－洲－城”生态园区。

联系电话：0731-88482510

WWW.CSJXKFQ.GOV.CN

遵义铁投

建设西部内陆开放物流新高地

运输 | 仓储 | 配送 | 交易 | 租赁 | 金融 | 信息 | 研发服务 | 创意服务 | 培训咨询

占地9400亩的贵州黔北现代物流新城项目，是由遵义铁投投资150亿元、依托1300万吨阁老坝货运场而建。项目位于遵义市播州区三合镇和苟江镇，是国家规划的长江中上游综合开发和黔中经济区建设的重要区域，是西南地区承接南北、连接东西、通江达海的重要交通枢纽。

物流新城项目由6大功能区、12大板块、4大支撑服务平台组成，集运输、仓储、配送、交易、租赁、金融、信息、研发服务、创意服务、培训咨询等功能于一体，融合了现代物流所有的内涵。项目建成后，可提供2万余个就业岗位，年创税金10亿元以上。到2018年物流量处理能力可达到4000万吨，2020年达到8000万吨，2025年将达到1亿吨。

围绕“建设西部内陆开放物流新高地”的目标，物流新城项目以创建国家级多式联运示范基地、国家级物流标准示范企业、B型保税物流中心和国家一类铁路口岸为战略定位，有力助推遵义市服务业转型升级，着力打通贵州连通欧洲的“黔新欧”物流线，全力参与国际物流大分工。

今后，这里将会成为物流版图上的重要节点，遵义，也将成为海上丝绸之路和中欧国际联运大通道上的重要联络站，形成重要的物流枢纽和“一带一路”与长江经济带交会的重要节点。

毅德控股，专注于中国新型城镇化的建设，已于2013年10月31日在中国香港联合交易所主板正式挂牌上市（股票代码：01396.HK）。目前，形成现代化商贸物流中心、BLOCK街区综合体、商贸物流运营、毅德O2O四大业务板块。

基于国际化视野下的创新与对中国新型城镇化的实践和思考，毅德控股开创“中央交易区（CTD）”现代化商贸物流新模式，形成集商品交易、仓储物流、国际会展、商务办公、总部经济、金融服务、电子商务、大数据、生活娱乐等功能于一体的集约化、规模化新模式。至今已完成在中国各个核心经济带的战略部署，辐射面积达到了国土面积的一半以上。

毅德控股先进的商业模式、企业品牌和发展潜力得到了国际资本市场的认可，未来将携手更多的国际资源，加速全国战略布局，为中国商贸物流领域再创辉煌。

基于电子商务的商贸市场交易规模增长迅猛，传统物流发展滞缓，立足数十年的市场经验，毅德国际物流应运而生，致力于打造卓越的物流集聚平台和电商服务平台，从开发建设功能完备的大型物流园到提供集电商供应链、仓储配送、货物运输、信息交易、车辆调度于一体全方位、智能化、自动化的电商物流服务，为大市场、大产业、大数据提供物流基础设施支撑，注入电商物流基因，成为中国领先的综合电商物流平台开发运营商。

全国战略布局，智能云端创新连接电商平台与物流平台

毅德电商物流平台的开发建设按全国性物流节点进行战略布局，通过智能化云端无缝对接技术，创新电商平台与物流平台的连接方式，旨在形成点、线、面覆盖全国的立体交通物流网络体系，实现全国性多区域的物流协同作业。

七大功能融合打通产业链

毅德电商物流平台的开发建设融合七大电商物流功能：电商供应链中心、信息交易中心、仓储配送中心、货物集散中心、车辆调度中心、行政金融服务中心和配套服务中心，引入自动化、智能化的运营模式，集聚电商资源和物流资源，打通产业链上、中、下游，全面降低物流成本。

JMC
江铃汽车
凯运
为高
江铃全系轻卡达标国V
国V
排放标准
JMC
凯运升级版

版气刹车型帅气登场
物流保驾护航！
配气刹 安全一路随行
高效物流保驾护航
9.48万起
不含运费
千里江铃一日还

ETC车辆靠左

Ningbo Economic & Technological Development Zone,Modern International Logistics park

经过几年开发建设，园区已建成46万平方米高标准物流仓库和15万立方米冷链仓库，建成550亩集卡运输综合服务基地，整合2万辆集卡运输车辆，搭建了10余个物流信息服务平台。相继引进普洛斯、中外运、万维VX物流园等国内外知名大型物流企业落户，集聚天翔货柜、东南物流、铃与物流等以运输、仓储、集装箱场站为主要形式的120多家中小型物流仓储企业；同时依托进出口采购贸易示范区平台实现540家商贸企业入驻备案，进出口贸易额累计突破140亿美元，对宁波市贸易增长贡献值达11%；建成宁波冷链产品贸易配送基地，2016年冷链食品交易额11亿元，成为宁波区域口岸通关最为便利的区域。

依托得天独厚的港口优势和区位优势，园区规划建成集仓储运输服务、生产服务、国际国内贸易服务于一体的综合型物流园区，吸引国内外著名的经营高端、高附加值货物物流的第三方物流企业落户园区，提供包括货物仓储、运输、包装、流通加工、分拨、配送和货运代理在内的现代物流服务。

现代国际物流园区，为积极顺应宁波港从“物流大港”向“贸易大港”转变潮流，努力成为“环境优美、功能完备、配置合理、辐射动力强”的港口物流功能标志性区块，成为浙江省海洋经济发展以及宁波市国际强港实施战略中重要“引擎”，成为浙江乃至华东地区有影响力的现代国际物流中心之一，全省乃至全国物流网络的重要节点。

Logistics
IFOTON
福田智科物流

北京福田智科物流有限公司成立15周年

高效联通 成就价值

2002年5月，北京福田智科物流有限公司正式成立。十五年来，始终坚持管理、机制、科技创新，立足汽车产业，深挖汽车产业链物流价值，已发展成为全国5A级综合物流企业、全国物流行业50强。公司先后通过了质量、环境、安全管理三体系认证和“国家高新技术企业”认证；连续多年荣获“中国物流百强企业”“中国最具竞争力50强物流企业”“中国汽车物流行业十大影响力品牌”；被授予“中国物流学会产学研基地”称号。荣誉的取得源自卓越的服务品质，多年来公司承担了无数国家级重要物流运输任务：奥运圣火登珠峰全程驾送；抗战胜利70 周年阅兵仪式元首国宾接待用车的物流运输服务；G20会议用车驾送服务；APEC 峰会用车运输；地震灾区、贫困地区救护车辆运输；历届国内大型车展、中国勒芒轻卡耐力赛用车的运输服务等。

把握发展机遇，实现全球发展，北京福田智科物流公司为国内外多家主机厂、供应商、经销商、服务商和终端客户提供全价值链汽车物流服务。展望未来，北京福田智科物流公司将进入一个前所未有的全新发展阶段，公司将以“三化两型”为发展方向，打造市场化、专业化、智联化的业务管理团队，引领公司向管理型、资源型物流企业转型，成为品质卓越的智慧型物流领导企业。

开拓 DEVELOP 2002–2005

成立之初，成功运作了福田汽车欧曼、奥铃、风景、时代四大品牌的整车物流业务，运输商品车20余万辆。自2004年起，承接福田汽车集团北京、山东、湖南三大主机厂的生产物流业务，业务领域延伸至价值链前端，成为拥有多元化业务结构的综合型物流企业。

2003年设立运作销售物流业务

2004年被评为“中国物流百强企业”

2005年获得“中国物流企业第50强”

2015年被评为“物流人才培养基地”

突破 BREAK THROUGH 2006–2008

2006年，北京福田智科物流有限公司实现战略整合，致力于发展汽车供应链物流服务，在运作整车物流、生产物流的基础上，开发零部件物流业务。立足于全价值链改善，提高物流效率，实现物流服务的价值最大化，引领汽车行业供应链发展及标准制定，战略经营布局从物流业务向汽车服务业务全面拓展。

2006年被评为“全国优秀服务示范单位”

2007物流公司加入“汽车物流标准发展规划研究”课题组

2008年3月完成福田汽车助力奥运圣火登珠峰活动的全程运输任务

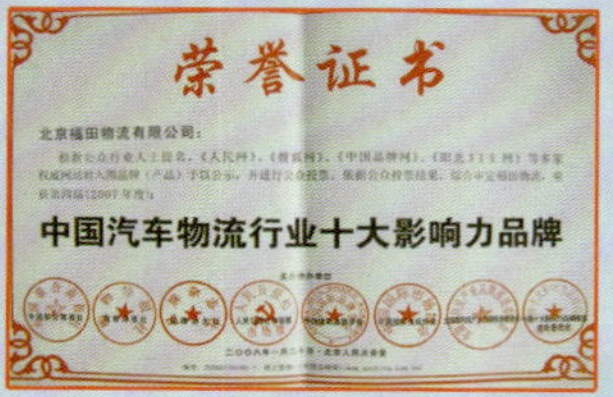

2008年被评为“中国汽车物流行业十大影响力品牌”

蜕变 TRANSFORM 2009–2013

2009年，北京福田智科物流有限公司将干线运输向“集货业务”“循环取货”和干线直达等多模式延伸，这标志着以主机厂为核心，供应商、物流商多方参加的新供应链联盟正式成立，开启了制造业与物流业两业联动的时代。2010年起，作为福田汽车的物流总服务商，北京福田智科物流公司出色完成福田戴姆勒工厂、山东多功能工厂、欧辉广东工厂等五大新工厂的物流规划及运作。2012年，公司参与行业标准制定，独立为汽车制造商提供生产物流规划服务，实现从物流供应链增值服务的需求方，到专业化整体物流解决方案的提供方的跨越式转变。

2009年丹阳集货中心发车仪式

2010年物流公司筹备江苏宏福物流园开工奠基仪式

2011年物流公司转运车从密云RDC库区驶出

2012年获得“中国物流与采购信息化优秀案例”

飞跃 FORWARD LEAP 2014至今

2014年起，公司定位于专注客户物流竞争力的“智慧物流”品牌，创立“三平台一中心一标准”的智能模式管理。用互联网思维对业务进行转型升级。2016年，公司与安吉物流等多家企业签订了战略合作协议，这标志着公司在商用车物流与乘用车物流领域的全面发展。成功运作比亚迪汽车的仓储及运输业务，同时拓展其他乘用车物流业务,实现了业务结构从商用车为主向商用车、乘用车并行结构的转型。

2014年被评为“汽车物流行业十年特别突出贡献企业”

2014年获得5A级物流企业奖牌

2015年福田智科品牌发布仪式开启崭新未来

2015年运输保障地元首国宾车亮相胜利日阅兵现场

2016年物流公司与安吉物流签约

2016年被评为“全国先进物流企业”

客服电话：4008865156
公司地址：北京市海淀区丰秀中路1号
联系电话：010-58710733

服务号

文廷颜
「爱进化实验室」创办人之一
FedEx
Express
Medium Box

FedEx
Express
覆盖手机至覆盖世界
智能手机与生活已不可分割，手机配件的商机亦应运而生。
「爱进化实验室」借着Kickstarter众筹网络募集计划踏出成功第一步，推出全方位防护手机保护壳。FedEx Express全球托运网络，覆盖超过220个国家和地区，帮助「爱进化实验室」将产品可靠、快速地送到各地客户手上。
FedEx为您拓展无限商机。
详情请浏览 fedex.com/cn/global

华南城集团微信公众号
華南城
China South City
香港上市股份代号:1668HK
深圳/南宁/南昌/西安/哈尔滨/郑州/合肥/重庆
客服热线：400 789 1668 官方网址： www.1668hk.com
世界综合商贸物流中心
华南城控股有限公司是一家在中国香港联合交易所上市的综合商贸物流企业（中国香港上市股份代号：1668HK），2002年5月在中国香港注册成立，坚持实业报国，推进区域经济转型升级和新型城镇化建设，铸就中国规划、建设、运营大型综合商贸物流中心领航者地位。
华南城积极创新综合商贸物流产业模式，核心业态涵盖专业批发市场、仓储物流配送、综合商业、电子商务、会议展览、生活配套及综合物业管理等。迄今开发建设并运营着深圳、南宁、南昌、西安、哈尔滨、郑州、合肥、重庆等地项目；旗下还拥有第一亚太物业、华盛商业、乾龙物流、好百年家居、华南城网、华南城小额贷款、亚特兰蒂斯等多家品牌专业公司。既做平台又做品牌的全链条生态系统，为华南城开疆拓土提供了有力支撑。
融合发展是现代产业发展趋势。2014年，腾讯控股有限公司入股华南城，双方以各自的资源优势，开展华南城O2O商业模式的新探索；2016年，华南城与京东集团强强联手，在B2B电子商务、仓储物流和金融服务等领域建立长期全面的战略合作关系。强大的品牌优势融合，助推华南城加快商贸物流行业的战略升级和“互联网+”进程。
一座华南城，一个经济圈。每座华南城的建成都将为当地城市贡献巨大税收，增加数万人的创业机会，解决几十万人的就业，并提升周边投资环境，繁荣区域经济，推动产业和城市协调发展。

宝湾物流 携手共赢 决胜未来

如今，宝湾物流已累计开发物流园区面积超15,000亩，已建成及在建的高标准仓储设施面积达286万平方米，规划建设仓储设施面积约300万平方米，在全国高标准仓储设施规模中位居前三。未来，宝湾物流将继续加大投资力度，全面建设物流设施服务网络。

诚挚欢迎业界朋友洽谈战略合作，共赢未来！

宝湾物流战略布局

华北地区：北京、天津、廊坊

华东地区：上海、南京、昆山、无锡、南通、镇江、江阴、嘉兴、绍兴、宁波、余姚、湖州、合肥、青岛、漳州

华中地区：武汉、鄂州、长沙、郑州

西部地区：成都、重庆、西安、咸阳、昆明、德阳

华南地区：广州、深圳、佛山

咸阳秦都宝湾国际物流中心

位于陕西省咸阳市秦都区北塬一路，规划用地633亩，项目一期建有7栋高标准仓库，仓储总面积约11.3万平方米。

青岛胶州宝湾国际物流中心

位于山东省青岛市胶州国家级经济技术开发区物流大道1号，占地398亩，建有8栋高标准仓库，仓储总面积达16.7万平方米。

1	2
4	3

天津塘沽宝湾国际物流中心

位于天津市塘沽海洋高新技术开发区聚源路288号，占地面积480亩，建有16栋高标准仓库，仓储设施面积超过15万平方米。

鄂州葛店宝湾国际物流中心

位于湖北省鄂州市葛店经济技术开发区滨江二路，园区一期占地200亩，建有6栋立体式高标仓库，仓储总面积6.8万平方米。

全面升级!
城市货的
省际卡车
省际卡车 全面升级，操作更简单，交易更便捷
供应链金融
网上车源货源
发布车源货源
大货源项目
公证担保
身份验证
货物保险
运价查询
SCANIA
56货的
扫码安装货主版
扫码安装司机版

中物华商集团股份有限公司
CHINA COMMERCE & LOGISTICS INTERNATIONAL CO.,LTD
专业 诚信 创新 共赢
物流与供应链·供应链金融·平台经济·智能制造·投资与运创
倾力打造最值得信赖的多元化现代流通企业
地址：北京市海淀区万寿路西街2号文博大厦（寰岛博雅大酒店）四层401 电话：010-68291800

航结巢湖　通江达海

安徽合肥商贸物流开发区

合肥上海合作园区　全国示范物流园区

安徽合肥商贸物流开发区（以下简称“开发区”）是2010年5月安徽省率先进行筹建的以商贸物流业为主导产业的省级开发区；2016年10月，被国家发改委等三部委联合审定为全国29个首批示范物流园区之一。为贯彻上海合肥双城全面战略合作倡议，2016年11月，肥东县委、县政府正式设立安徽合肥商贸物流开发区管委会与合肥上海产业园合署办公，一个机构、两块牌子，开发区作为合肥上海双城合作的平台、承接长三角产业转移的示范园。

开发区总体架构为“一区二园”，总规划面积117.83平方公里，其中撮镇园区47.26平方公里，拓展园区70.57平方公里。目前开发区在紧邻合肥主城的撮镇建成面积约7.4平方公里，入驻企业360余家，引进世界500强中普洛斯、传化公路港、永辉华东物流园等超亿元项目40余个，总投资200多亿元，现已发展成为安徽省现代服务业集聚区和合肥市快递产业园。此外，中科大现代物流工程研究中心、中国中部地区物流协同发展联盟已入驻，开发区还荣获“中国物流特色小镇”“中国中部地区最具竞争力与投资价值的物流园区”“安徽省优秀物流园区”等称号。

开发区综合交通优势明显，淮南铁路、沪汉蓉高铁、宁西铁路等多条铁路汇集于此；合宁、合徐、合巢芜、合六叶等高速公路贯穿全境，经龙塘、梁园、肥东道口可通达全国；合肥北三环（魏武大道）、东三环（龙兴大道）以及规划地铁2号延长线、6号线挽系园区，裕溪路高架东延至园区，与市区无缝对接的路网为开发区的发展提供强劲支撑。境内二级航道南淝河、三级航道店埠河黄金岸线绵延数十公里，航结巢湖、通江达海。

开发区已与上海莘庄工业区签订了战略合作协议，双方将开展全方位的合作对接。未来的开发区，将积极复制上海自贸区等园区的成功经验，全面承接上海等长三角地区的产业转移，重点发展智慧物流、高端装备制造、新材料新能源、生物医药及大健康四大产业体系，努力将安徽合肥商贸物流开发区（合肥上海产业园）建成“全国性综合商贸物流中心、国家跨境电子商务综合试验区、国家跨省双城合作示范园区、中国（合肥）自贸区的综合保税港区、国家快递产业后台服务基地、合肥产城融合生态引领的国家级开发区”。

中铁物资集团有限公司

中国铁建 CHINA RAILWAY MATERIAL GROUP CO.,LTD

中铁物资集团有限公司（以下简称“中铁物资集团”）隶属于世界500强企业——中国铁建股份有限公司（以下简称“中国铁建”）。其前身是中国人民解放军铁道兵后勤部，1984年随铁道兵集体改工并入铁道部，1990年更名为中国铁道建筑总公司物资局，2003年3月建立现代企业制度，定名为中铁物资集团有限公司。中铁物资集团总部设在北京，下辖东北、华东、中南、西北、西南、华北、华南、港澳等15个全资子公司、5个控股子公司以及4个参股子公司，8个区域指挥部、2个专业指挥部；在鞍山、包头、攀枝花、武汉、徐州等地设有63个分支机构；拥有中国铁建在全国25个交通枢纽城市的31处大型仓储基地、133万平方米物流场地、4万余延长米铁路专用线、32550立方米成品油储存能力组成的物流网络的强大依托；是铁路建设项目铁总管甲供物资代理公司和铁路建设用钢轨招标代理服务商，是国家发改委批准的成品油专项供应单位；主营铁路运输、建设所需的钢轨及配件、油料、火工品，大型基建项目所需钢材、水泥等相关物资贸易、工程物流、物资仓储、配送等业务。

中铁物资集团有着辉煌的历史。在解放战争、抗美援朝时期为建成“打不烂、炸不断的钢铁运输线”做出了卓越贡献。先后参与成昆、襄渝、鹰厦、大秦、宝中、侯月、兰新复线、京九、南昆、秦沈、西康、内昆、西合、渝怀铁路，京沪、京广、贵广、兰新高铁等国家重点工程的物资供应；直接或间接参与建设的新建铁路总里程累计55000余公里，占全国新建铁路的1/2 强，为中国铁路事业的发展做出了积极贡献；广泛参与南水北调工程、西气东输、西电东送、北京2008年奥运会、上海2010年世博会、2010年广州亚运会、港珠澳大桥等大型基础设施建设以及诸多地铁、轻轨、高速公路、港口、水利的物资供应和工程物流服务。

2003年改制以来，中铁物资集团从“贸易+物流”到“物流贸易、加工制造、国际业务、集采代理、电子商务”多板块协同发展，开创了一条适合自身实际的科学发展道路。不断深化与中石油、中建材、河北钢铁等国内大型资源厂商的战略合作，巩固资源优势；与五矿、神华、山西煤销、湖南新天地集团和德国福斯罗、法国科吉富等企业合资合作，逐步向产业链上下游延伸，有效提升了企业在资源、加工等领域的影响力；依托国家“一带一路”倡议规划，积极拓展肯尼亚、印尼、安哥拉、埃塞俄比亚等国家铁路市场，不断扩大国际市场份额，助力企业步入健康、快速发展的新时期。先后荣获“中央企业先进集体”“工人先锋号”“火车头奖杯”“北京市和谐劳动关系单位”“全国守合同重信用企业”“中国诚信经营示范企业”“全国用户满意企业”“国家AAAAA级综合服务型物流企业”“全国先进生产力优秀企业”“中国物流杰出企业”“中国物流创新奖”“电子商务集成创新奖”“中国大宗商品现代流通示范企业”“全国建材流通行业先进集体”“银行资信等级AAA级信用企业”“全国首批物流AAA级信用企业”等称号；成为中国物流与采购联合会、中国铁道物资流通协会和中国建筑材料流通协会副会长级单位；取得中央投资项目招标代理甲级资质；位居全国最具竞争力的物流企业50强第7位。目前，中铁物资集团已经发展成为中国铁路物资供应领域的领军企业之一，是国内大型铁路工程物流服务商和全国第二大铁路物资供应商，正朝着“具有国际知名度、国内领先的现代供应链集成商”的战略目标不断迈进。

中铁物资集团始终不渝地坚持“以人为本，与您共同发展”的企业经营理念，愿与社会各界朋友精诚合作，为促进行业发展、产业优化、社会和谐做出更大的贡献！谱写更加美好的新篇章！

www.crmg.com.cn

地址：北京市海淀区西四环中路19号

电话：010-51881000

秀山物流园
XiuShan Logistics Park

秀山(武陵)现代物流园区

XIUSHAN (WULING) MODERN LOGISTICS PARK

秀山（武陵）现代物流园区（以下简称“园区”）是重庆市率先挂牌的地区级物流枢纽、市级重点物流园区，中国物流示范基地。2014-2016年连续三年被评为“全国优秀物流园区”。

园区以“买武陵卖全国，买全国卖武陵”为总体思路，以“立足秀山，服务武陵，辐射全国”为发展理念，现代商贸之城初具规模。全面落实一期4.14平方公里项目用地，完成一期土地征收和主要区域拆迁工作。累计引进企业3537家，完成投资85亿元，建成区面积2.8平方公里。建成副食品、家居、建材、3C、钢材、五金机电、型材板材、中药材、朝天门和汽博中心等10个专业市场；建成投用300万吨战略装卸点、集装箱站、化工品铁路专线、仓储配送中心、火车站新客站楼、会议会展中心、花灯美食街、园区消防站、廉租住房等配套项目；形成进出园区的快速通道体系。

三大产业融合互动发展

批发贸易转型升级。运营8个专业市场，市场经营80万平方米，经营商户3200余家，年均市场交易额60亿元以上，拉动县域外消费增长到58%，相比2012年增长34个百分点。实施“互联网+专业市场”战略，逾40%的入驻商户开设网店或实现商品触网经营。运营化工品园区，年周转危化品135万吨。

农村电商区域领先。纳入全国电子商务进农村综合示范县，建立起平台、物流、人才、产品和服务五大体系，形成“互联网+三农”农村电商发展模式。强势推出“村头”平台，建成武陵生活馆加盟店233家，电商孵化园集聚、孵化效应日益增强，创建“武陵遗风”“边城故事”系列品牌，认证108种特色农产品电商基地，构建二维码质量追溯体系。近三年，通过电商卖出价值14亿元的农特产品，占网络零售总额的47%。

现代物流方便快捷。铁路枢纽综合运力达到600万吨/年，公铁联运优势凸显。组建云智速递，投用电商分发中心、仓储中心和货运调度中心，运行“武陵物流云”信息系统，整合入驻81家物流快递企业，农村包裹实现“T+1”进村入户、“1+T”发至全国，快递全国首重包邮从以前的17元降至现在的3元。引进德邦、百世、安能等在秀设立区域分拨中心，建成周边区县配送站近200个，开设17条武陵物流专线和若干远距离物流专线，构建起方便、快捷、低成本的现代物流体系。

秀山物流园官方网站　新浪官方微博：@秀山物流园　微信公众号：秀山物流园　微信朋友圈：秀山物流园

地址/Add：秀山（武陵）现代物流园区

XIUSHAN(WULING)MODERN LOGISTICS PARK

招商热线/Investment Hotline：

023-76895888 023-76895123(传真)

邮编/P.C：409900

www.chinaxiushan.com

重庆东盟国际物流园

重庆东盟国际物流大通道零公里

重庆东盟国际物流园(以下简称“园区”)由重庆市属国有大型企业重庆公路运输（集团）有限公司与重庆市巴南区下属公路物流基地建设公司共同投资建设。园区建成后将有助于建设连接我国中部、西部、东部以及东盟各国的重庆东盟货物集散中心；有助于完善重庆开放经济物流网络，提升渝南和重庆整体对外开放水平。项目的建设符合国家“一带一路”倡议和长江经济带建设的战略定位。

园区位于重庆巴南区公路物流基地南区重庆东盟国际物流园内，北邻内环高速，南接绕城高速，东连包茂高速（G65），西邻兰海高速（G75），能够与重庆内环、外环、包茂、兰海高速实现“无缝”衔接，高速直达重庆水运、航空、铁路枢纽。

园区占地面积约86万平方米，建设用地面积约58万平方米，拟建设规模约42万平方米。园区作为重庆南向大通道的重要支点，通过对周边及东盟地区物流需求资源、物流服务资源的集聚和整合，形成以物流服务、商贸流通、金融服务、信息交易等为核心的综合型物流园区。规划有A区重庆南部货运枢纽、B区城市物流（渝南）中转站、C区公路口岸（申请中）、D区重庆南彭公路保税物流中心（B型）四大功能板块，同时各板块中配有高档办公区、休闲区、生活区等，设施完善、功能齐备，能够围绕物流经营开展全产业链服务。

同时，重庆东盟国际物流园是重庆东盟公路班车的始发点。重庆东盟公路班车是园区为架起连接重庆与东盟的桥梁，连接海上丝绸之路的国际公路货运通道而打造运营的公路货运平台。班车线路覆盖了越南、泰国、老挝等东南亚大部分国家的经济和政治中心，并以“五定”模式运营，相比铁路，运行更有效；相比航空，运行更经济；相比水运，运行更快捷。适合价值适中的，能够承担一定运输费用的，在途时间不宜过长的货物。能使客户对物流成本可预见、可估量，更好地帮助客户掌控运输全过程。

重庆东盟国际物流有限公司

重庆公路物流基地南区东盟国际物流园

86-23-88963776 / 86-23-86536057

alan.wang@cail56.com / chirs.zeng@cail56.com

www.cail56.com

八方物流
闽A27817
外代

2016年度全国先进物流企业

2016年度中国物流百强企业

中国物流年鉴

2017（上册）

CHINA LOGISTICS YEARBOOK 2017

CFLP

中国物流与采购联合会编

中国财富出版社
CHINA FORTUNE PRESS

图书在版编目（CIP）数据

中国物流年鉴．2017：全2册/中国物流与采购联合会编．—北京：中国财富出版社，2017.9

ISBN 978-7-5047-6597-0

Ⅰ．①中…　Ⅱ．①中…　Ⅲ．①物流—中国—2017—年鉴　Ⅳ．①F259.22-54

中国版本图书馆CIP数据核字（2017）第242959号

策划编辑　郑欣怡　　**责任编辑**　孙会香　王伟莹

责任印制　方朋远　　**责任校对**　孙丽丽　卓闪闪　　**责任发行**　敬　东

出版发行	中国财富出版社		
社　　址	北京市丰台区南四环西路188号5区20楼	**邮政编码**	100070
电　　话	010-52227588转2048/2028（发行部）		010-52227588转307（总编室）
	010-68589540（读者服务部）		010-52227588转305（质检部）
网　　址	http://www.cfpress.com.cn		
经　　销	新华书店		
印　　刷	北京七彩京通数码快印有限公司		
书　　号	ISBN 978-7-5047-6597-0/F·2818		
开　　本	889mm×1194mm　1/16	**版　　次**	2017年10月第1版
印　　张	43.5　　**彩　页**　88	**印　　次**	2017年10月第1次印刷
字　　数	1218千字	**定　　价**	480.00元（全2册）

《中国物流年鉴》（2017）编委会

王德文　毅德国际控股有限公司总裁
牛　斌　中国西部现代物流港党工委书记、管委会主任
尹国杰　湖南星沙物流投资有限公司董事长
邓德艾　湖南现代物流职业技术学院院长
古堂生　广西玉柴物流股份有限公司董事长
冉　旭　平安银行现代物流金融事业部总裁
乐　岩　武汉商贸职业学院物流学院院长
刘秉镰　南开大学校长助理，经济与社会发展研究院院长、教授、博导
江　健　北京福田智科物流有限公司总经理
杨应龙　长沙金霞经济开发区党工委书记
李国伟　河南中原铁道物流有限公司副总经理
李金平　广东林安物流集团董事长
何明珂　北京物资学院副院长、教授
汪　鸣　国家发展和改革委员会综合运输研究所所长、研究员
沈　冰　太原铁路局货运处处长兼山西晋云现代物流有限公司总经理
沈绍基　中国仓储与配送协会副会长
宋远方　中国人民大学商学院教授
张　历　玖隆钢铁物流有限公司总经理
张玉庆　希杰荣庆物流供应链有限公司董事长
张秋文　东风车城物流股份有限公司总经理
陈嘉良　联邦快递（中国）有限公司中国区总裁
陈镜治　香港物流协会会长
武　勇　广州铁路（集团）公司董事长、总经理
周建亚　武汉工商学院物流学院名誉院长
郑　列　中物华商集团股份有限公司总裁
郑松兴　华南城控股有限公司执行董事兼集团主席
郑保云　江铃汽车销售有限公司书记
单立军　乌鲁木齐铁路局局长
房新胜　青岛铁路经营集团有限公司董事长、总经理

孟庆欣　国家统计局贸易外经统计司司长
赵红鹰　中铁物资集团有限公司党委书记、董事长
赵希和　江西新华发行集团有限公司副总经理、江西蓝海物流科技有限公司总经理
赵沪湘　中国国际货运代理协会会长
钟荣钦　台湾物流协会秘书长
施文进　惠龙易通国际物流股份有限公司董事长
姜超峰　中国物资储运协会名誉会长
贺建良　宁波经济技术开发区现代国际物流园区管委会主任
柴再希　天津元顺物流集团有限公司董事长
徐胜明　四川安吉物流集团有限公司董事长
郭戈平　中国连锁经营协会会长
唐小宇　遵义市铁路建设投资（集团）股份有限公司党委书记、董事长
黄有方　上海海事大学校长、教授、博导
曹勇伟　上海领鲜物流有限公司总经理
盖守岭　山东聊城盖氏邦晔物流有限公司董事长
盖忠琳　山东盖世国际物流集团有限公司党委书记、总经理
梁伟华　中国物流股份有限公司董事长、党委书记
韩　骏　中远海运物流有限公司董事长、总经理
韩东亚　安徽合肥商贸物流开发区党工委书记、管委会主任
舒　谦　宝湾物流控股有限公司总经理
雷钧友　秀山华渝物流投资有限公司总经理
谯智毓　重庆公运东盟国际物流有限公司总经理
薄世久　北京长久物流股份有限公司董事长

特别支持单位

中远海运物流有限公司

平安银行现代物流金融事业部

上海安能聚创供应链管理有限公司

一汽物流有限公司

长沙金霞经济开发区
CHANGSHA JINXIA ECONOMIC DEVELOPMENT ZONE

毅德国际控股有限公司

北京福田智科物流有限公司

联邦快递（中国）有限公司

华南城控股有限公司

河北御捷马专用车制造有限公司

惠龙易通国际物流股份有限公司

《中国物流年鉴》（2017）

主　　办	中国物流与采购联合会
承　　办	《中国物流与采购》杂志社
主　　编	何黎明
副 主 编	崔忠付　蔡　进　贺登才
编辑部主任	刘乃杰
编辑部副主任	徐小青
编　　辑	崔　冬　朱贝特　杜　林　贾　丽
发　　行	高　威
广告设计	阳光设计工作室

编 辑 部	010-68392774　010-68392214（兼传真）
邮　　箱	xxq6429@163. com　　gwrshk@126. com zgwlnj@126. com
发　　行	010-68391021　010-63738995　010-68392214
传　　真	010-83203997

《中国物流年鉴》（2017）供稿者

（按姓氏笔画排序）

马增荣　王　芮　王文浩　王占中　王立东　王国文　王国清　王继祥　王萧懿　甘凯龙　文德华
田　征　申欣冉　冯耕中　朱冬蕾　刘长庆　刘汉才　刘伟华　刘昀浩　刘缨缨　闫　鸣　闫淑君
江　滢　孙宝祺　孙熙军　杨俊杰　李　政　李　鹏　李　静　李红梅　李辰中　励方奎　肖　虹
吴晓丹　余栋梁　沈　冰　张　洁　张晋姝　张晓东　陈　彬　周　旭　周斌斌　胡一淼　查莉华
侯海云　姜　旭　耿祥伟　顾宁军　顾国祥　晏庆华　徐　勇　徐梦馨　唐　英　黄经涛　崔　霞
蒋长兵　韩兆轩　韩伯领　谢文卿　谢雨蓉　谢宝贵　赖志杰　鲍　帅　窦梦頔　樊一江　潘增友
鞠少珊　穆宏志

国家发改委　国家发改委综合运输研究所　江苏省经信委　山东省统计局　江西省发改委　山东省经信委　甘肃省工业和信息化委员会　青海经信委　南京市统计局　青岛市交通运输委员会　威海市经信委　临沂市经信委　临沂市统计局　武汉市物流局　中国粮食行业协会　河北省现代物流协会　内蒙古物流协会　吉林省物流与采购联合会　浙江省物流与采购协会　安徽省物流与采购联合会　江西省交通运输与物流协会　河南省物流与采购联合会　海南省物流与采购联合会　四川省现代物流协会　陕西省物流与采购联合会　宁夏现代物流协会　中国仓储与配送协会　中国国际货运代理协会　中国物流信息中心　中物联大宗商品交易市场流通分会　中国汽车技术研究中心　中国工程机械工业协会工业车辆分会　上海国际航运研究中心　快递物流咨询网　天津大学　吉林大学　北京物资学院　上海海事大学　西安交通大学　浙江工商大学　大连海事大学　北京交通大学　《中国出版传媒商报》社　北京兰格电子商务有限公司　鞍山钢铁集团公司　CSCMP 中国代表处

《中国物流年鉴》（2017）
广告提供单位

上册

平安银行股份有限公司
东风柳州汽车有限公司
我的法务网
一汽物流有限公司
上海安能聚创供应链管理有限公司
长沙金霞经济开发区管理委员会
北京长久物流股份有限公司
遵义市铁路建设投资（集团）股份有限公司
毅德控股集团
江铃汽车销售有限公司
宁波经济技术开发区现代国际物流园区
希杰荣庆物流供应链有限公司
北京福田智科物流有限公司
联邦快递（中国）有限公司
四川安吉物流集团有限公司
华南城控股有限公司
宝湾物流控股有限公司
林安物流集团
普洛斯投资（上海）有限公司
中物华商集团股份有限公司
安徽合肥商贸物流开发区
山东物流集团有限公司
中铁物资集团有限公司
青海省物资产业集团总公司
山东盖世国际物流集团有限公司
中国西部现代物流港管理委员会
秀山华渝物流投资有限公司
重庆公运东盟国际物流有限公司
鞍钢汽车运输有限责任公司
国药集团医药物流有限公司
东风车城物流股份有限公司
天津元顺物流集团有限公司
上海领鲜物流有限公司
惠龙易通国际物流股份有限公司
福建八方物流股份有限公司
邵东星沙物流股份有限公司
天津物产集团有限公司
湖北战友企业管理集团有限公司
广西玉柴物流股份有限公司

下册

平安银行股份有限公司
中国物流股份有限公司
太原铁路局山西晋云现代物流有限公司
广州铁路（集团）公司
兰州铁路局
乌鲁木齐铁路局
济南铁路经营集团有限公司
青岛铁路经营集团有限公司
河南中原铁道物流有限公司
玖隆钢铁物流有限公司
河北御捷马专用车制造有限公司
聊城盖氏邦晔物流有限公司
宜昌三峡物流园有限公司
江西蓝海物流科技有限公司
大冶有色物流有限公司
广东秦粤物流有限公司
武汉商贸职业学院物流学院
湖南现代物流职业技术学院
上海优刻得信息科技有限公司
《中国物流与采购》杂志
联物流平台私有云服务
《现代物流报》
中国财富出版社
《物流》杂志
《中国储运》杂志
万联网
上海安能聚创供应链管理有限公司
中远海运物流有限公司
北京长久物流股份有限公司
宁波经济技术开发区现代国际物流园区
北京福田智科物流有限公司
江铃汽车销售有限公司
黑龙江农垦北大荒物流集团有限公司

编辑说明

一、《中国物流年鉴》（以下简称《年鉴》）是中国物流与采购联合会主办、《中国物流与采购》杂志社承办的大型文献性工具书。自2002年创办至今，《年鉴》的编纂质量不断提升，发行量和发行范围不断扩大，获得了业界广泛好评。《年鉴》独有的权威性、可读性和资料性，使其成为业界人士查询、引用、论证、存档不可或缺的“工具”。

二、2016年是物流行业坚持贯彻新发展理念，深入推进供给侧结构性改革，主动适应经济发展新常态，物流业总体运行保持稳中有进、降本增效的一年。

一年来，以“互联网+高效物流”为标志的“智慧物流”加速起步，催生了一批新模式、新业态、新技术。无车承运人试点启动，线上与线下加速融合。车联网、自动仓库、无人机送货、智能快递柜、仓储机器人等先进技术装备推广应用。

一年来，行业配合京津冀协同、长江经济带、“一带一路”建设国家发展倡议，调整完善现代物流服务体系。物流业与交通运输业深度融合，国家第一批多式联运示范工程项目、首批示范物流园区正式推出。农村物流加紧布局，快递下乡力度加大，国际物流跨越式发展。

一年来，国务院及有关部门贯彻落实《物流业发展中长期规划（2014—2020年）》，就交通物流融合发展、互联网+高效物流、无车承运人试点、车型标准化、商贸物流标准化、服务型制造、通关一体化、物流业补短板和降本增效等出台了一系列政策措施，物流业政策环境持续改善。

一年来，中国物流与采购联合会积极进取，扎实工作，召开了第六次会员代表大会，选举产生了新一届领导班子；与人力资源和社会保障部联合举行了全国物流行业先进集体、先进工作者和劳动模范表彰活动；务实求真反映企业诉求，协助政府决策，在标准、统计、科技、教育、培训、评估、诚信、新闻出版和理论研究等方面不断深化、细化的基础工作，努力引领行业发展。

三、2017版《年鉴》的组稿、编纂工作得到了国家发展改革委、商务部、交通运输部、国家统计局等有关部委和部分省、自治区、直辖市政府部门、物流行业社团组织、相关行业协会、中国物流信息中心、全国物流标准化技术委员会等机构，以及中远海运物流有限公司、平安银行现代物流金融事业部、上海安能聚创供应链管理有限公司、一汽物流有限公司、联邦快递（中国）

有限公司等知名企业的大力支持，对此我们表示衷心的感谢。

四、对不太符合《年鉴》编辑要求的来稿，编辑人员做了谨慎删改。由于时间有限，这部分稿件未交原请作者核校，希予见谅。

五、因编辑部人员水平有限，如有不妥之处，恳请批评指正。

六、2017版《年鉴》在框架结构和主体内容上延续了2016版风格，力求真实展示行业发展变化的全貌，增加了大数据和图表的内容，继续扩充了地区物流的篇幅，使《年鉴》更具可读性和资料性。

欢迎大家继续对2018版《年鉴》的组稿和编辑工作给予支持！

《中国物流年鉴》编辑部

二〇一七年八月三十日

前　　言

2016年，我国物流业全面贯彻党中央、国务院决策部署，以推进供给侧结构性改革为主线，创新中求发展，总体运行缓中趋稳、稳中向好，实现了“十三五”良好开局，为稳增长、促改革、调结构、惠民生、防风险各项工作做出了重要贡献。

一是总体运行趋稳提质。全年实现社会物流总额229.7万亿元，同比增长6.1%；社会物流总费用与国内生产总值（GDP）的比率为14.9%，比上年下降1.1个百分点，社会物流运行质量和效益稳中见升。

二是市场供需求结构深度调整。从需求看，工业品物流中，高技术产业和装备制造业物流需求进入较快增长区间；与消费相关的单位与居民物品物流总额，全年保持40%以上的高速增长态势。“双十一”期间，中国电商物流指数上升为213.5点，比2015年增加49点。与电商消费相关的快递业务量和业务收入全年完成313.5亿件和4005亿元，分别增长51.7%和44.6%。随着消费升级和食品安全受到关注，冷链物流市场需求已达2200亿元，同比增长22.3%。消费领域物流需求个性化、品牌化趋势明显。

三是供给质量有所改善。中国公路物流运价指数比2015年同期增长15.3%，车辆平均运输里程和运输时间持续提升。国家铁路发送货物26.5亿吨，连续5个月实现正增长。受韩进海运破产影响，航运价格企稳回升。2016年12月30日，中国出口集装箱综合运价指数为951.66点，较年初上涨224.75点。物流企业规模化、集约化发展，A级物流企业超过4000家。

四是发展方式变革创新。兼并重组、联盟合作案例增多；战略联盟、加盟合作走向深化；跨界融合、平台整合，经营模式不断创新；供应链全链条服务升级；物流企业结缘资本市场，一批快递、物流企业相继登陆A股市场，一批创新企业跻身“新三板”，一批新兴企业吸引新一轮融资，引得各类资本加快进入物流市场。

五是“互联网+”高效物流深入推进。“智慧物流”加速起步，催生了一批新模式、新企业、新业态。“互联网+智慧物流”助推行业企业加速发展；“互联网+高效运输”开启公路货运提质增效新模式；“互联网+智能仓储”推进智能仓储在高端细分领域快速落地；“互联网+便捷配送”带动共享经济模式在物流业试水。

六是相关规划、政策密集出台。一年来，国务院及有关部门贯彻落实《物流业发展中长期规划（2014—2020年）》，针对交通物流融合发展、互联网+高效物流、多式联运、电子商务物流、服务型制造、节能环保、物流业补短板和降本增效等出台了一系列规划政策措施，各地政府部门贯彻落实国家政策，出台相关配套措施。“营改增”试点全面扩围，无运输工具承运业务和道路通行服务开票资格获得承认；车型标准化工作有序推进，为期一年的新一轮治超工作开展，车辆运输车治理取得成效；无车承运人试点启动，一批试点企业名单发布；商贸物流标准化试点推进，标准化托盘扩大使用范围；快递市场清理整顿工作开展，寄递物流渠道安全要求升级；全国现代物流工作部际联席会议积极发挥协调作用，支持物流业发展的部门间合力有所加强，物流业政策环境持续改善。

当然，物流业发展仍面临不少问题。如有效需求不足和供给能力不够；社会物流总费用仍然较高，企业盈利水平持续下降；传统增长方式难以为继、产业结构不平衡更加凸显；物流基础设施总量过剩和结构性短缺互见并存；体制机制约束依然明显，市场环境治理和诚信体系建设有待加强；用户对物流服务质量的要求与物流企业服务能力之间以及物流企业对政策环境的预期仍有较大差距等。这些问题需要我们坚持深化改革，用大智慧、下大气力认真解决。

我国物流业仍然处于可以大有作为的战略机遇期。伴随着供给侧结构性改革的深化，我国物流业将会在物流需求、供给主体、基础设施、资源要素、发展方式、增长动力和政策环境多个方面发生深刻变化，物流市场格局也将出现新的调整。中国物流与采购联合会作为行业社团组织，将按照党中央、国务院决策部署，坚持“创新、协调、绿色、开放、共享”的新发展理念，加强调查研究、积极反映企业诉求、协助政府推进相关政策落地，与业内人士携手共同为推动物流业向更高水平迈进做出积极贡献。

《中国物流年鉴》是中国物流与采购联合会主办、《中国物流与采购》杂志社承办的大型文献性工具书。十几年来，《中国物流年鉴》坚持用数据和事实反映物流业发展变化的轨迹、记录我国物流业发展的历程，赢得了业界好评。面对我国物流业不断发展变化的新形势，《中国物流年鉴》将继续以求真务实、严谨负责的态度做好资料收录及书稿编辑工作。同时，真诚地希望业界同人提出宝贵意见，使其越做越精、越做越好。

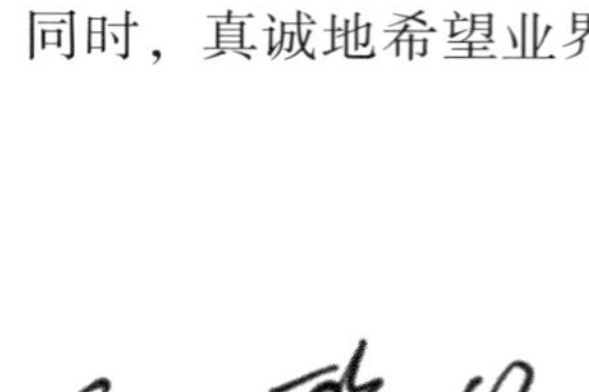

二〇一七年八月三十日

目　录

上　册

第一部分　物流政策法规

第二部分　物流统计

第三部分　物流产业

下 册

第四部分 行业物流

第五部分 地区物流

第六部分　物流技术与装备

第七部分　物流教育、信息化、标准化

第八部分　部分优秀物流企业及经典案例

第九部分 物流综合

第一部分

物流政策法规

2016 年发布的物流相关重要政策法规

国务院和国务院办公厅发文

国务院关于同意在天津等 12 个城市设立跨境电子商务综合试验区的批复

（国函〔2016〕17 号　2016 年 1 月 12 日）

天津市、辽宁省、上海市、江苏省、浙江省、安徽省、山东省、河南省、广东省、重庆市、四川省人民政府，商务部：

你们关于设立跨境电子商务综合试验区的请示收悉。现批复如下：

一、同意在天津市、上海市、重庆市、合肥市、郑州市、广州市、成都市、大连市、宁波市、青岛市、深圳市、苏州市 12 个城市设立跨境电子商务综合试验区，名称分别为中国（城市名）跨境电子商务综合试验区，具体实施方案由城市所在地省级人民政府分别负责印发。

二、跨境电子商务综合试验区（以下简称综合试验区）建设要全面贯彻党的十八大和十八届二中、三中、四中、五中全会精神，认真落实党中央、国务院决策部署，按照“四个全面”战略布局要求，牢固树立并贯彻落实创新、协调、绿色、开放、共享的发展理念，以深化改革、扩大开放为动力，借鉴中国（杭州）跨境电子商务综合试验区建设“六大体系”“两个平台”的经验和做法，因地制宜，突出本地特色和优势，着力在跨境电子商务企业对企业（B2B）方式相关环节的技术标准、业务流程、监管模式和信息化建设等方面先行先试，为推动全国跨境电子商务健康发展创造更多可复制推广的经验，以更加便捷高效的新模式释放市场活力，吸引大中小企业集聚，促进新业态成长，推动大众创业万众创新，增加就业，支撑外贸优进优出、升级发展。

三、有关部门和省、直辖市人民政府要努力适应新型商业模式发展的要求，坚持深化简政放权、放管结合、优化服务等改革，大力支持综合试验区大胆探索、创新发展，同时控制好试点试验的风险。要在保障国家安全、网络安全、交易安全、国门生物安全、进出口商品质量安全和有效防范交易风险的基础上，坚持在发展中规范、在规范中发展，为综合试验区各类市场主体公平参与市场竞争创造良好的营商环境。试点工作要循序渐进，适时调整。

四、有关省、直辖市人民政府要切实加强对综合试验区建设的组织领导，健全机制、明确分工、落实责任，有力有序有效地推进综合试验区建设发展。要在商务部等部门的指导下，尽快修改完善具体实施方案并抓好组织实施。要进一步细化先行先试任务，突出重点，创新驱动，充分发挥市场配置资源的决定性作用，有效引导社会资源，合理配置公共资源，扎实推进综合试验区建设。要建立健全跨境电子商务信息化管理机制，根据有关部门的管理需要，及时提供相关电子信息。各综合试验区建设涉及的重要政策和重大建设项目要按规定程序报批。

五、国务院有关部门要按照职能分工，加强指导和服务。要加强部门之间的沟通协作和相关政策衔接，深入调查研究，及时总结经验，指导和帮助地方政府切实解决综合试验区建设发展中遇到的困难和问题，进一步为综合试验区发展营造良好的环境。商务部要加强综合协调、跟踪分析和督促检查，适时对各综合试验区试点成果进行评估，重大问题和情况及时报告国务院。

国务院办公厅关于深入实施“互联网+流通”行动计划的意见

（国办发〔2016〕24号　2016年4月21日）

各省、自治区、直辖市人民政府，国务院各部委、各直属机构：

“互联网+流通”正在成为大众创业、万众创新最具活力的领域，成为经济社会实现创新、协调、绿色、开放、共享发展的重要途径。实施“互联网+流通”行动计划，有利于推进流通创新发展，推动实体商业转型升级，拓展消费新领域，促进创业就业，增强经济发展新动能。为贯彻落实国务院决策部署，深入实施“互联网+流通”行动计划，进一步推进线上线下融合发展，从供需两端发力，实现稳增长、扩消费、强优势、补短板、降成本、提效益，经国务院同意，现提出以下意见：

一、加快推动流通转型升级

以满足消费者需求为中心，积极开展全渠道经营，支持企业突出商品和服务特色，充分应用移动互联网、物联网、大数据等信息技术，在营销、支付、售后服务等方面线上线下互动，全方位、全天候满足消费需求，降低消费成本。（商务部、国家发展改革委、新闻出版广电总局，地方各级人民政府）大力发展体验消费，引导有条件的企业利用现有商业设施改造发展消费体验示范中心，合理布局购物、餐饮、休闲、娱乐、文化、培训、体育、保健等体验式消费业态，增强实体店体验式、全程式服务能力。（商务部、文化部、新闻出版广电总局、体育总局，地方各级人民政府）着力提高供应链管理控制能力，鼓励百货等零售业态积极发展“买手制”，不断提高自营和自主品牌商品比例，通过发展连锁经营、采购联盟等多种组织形式降本增效，提高利用信息化、网络化、智能化技术实现转型升级的能力。（商务部、国家发展改革委，地方各级人民政府）增强老字号等传统品牌影响力，积极运用互联网，创新生产工艺和商业模式，弘扬民族、技艺等优秀传统文化，开展知名品牌示范区创建工作，线上线下互动传播中国品牌。（商务部、工业和信息化部、文化部、质检总局，地方各级人民政府）推动商品交易市场利用互联网创新商业模式，拓展服务功能，加快平台化发展，以转型升级实现市场结构优化、提质增效，带动产业优化重组，发挥好引导生

产、促进消费的作用。（商务部、国家发展改革委、国土资源部，地方各级人民政府）

二、积极推进流通创新发展

鼓励发展分享经济新模式，密切跟踪借鉴国外分享经济发展新特点新趋势，结合部门和地方实际创新政府管理和服务，激发市场主体创业创新活力，鼓励包容企业利用互联网平台优化社会闲置资源配置，拓展产品和服务消费新空间新领域，扩大社会灵活就业。（中央网信办、国家发展改革委、工业和信息化部、人力资源社会保障部、商务部、工商总局、国家旅游局、国家邮政局等有关部门，地方各级人民政府）支持发展协同经济新模式，通过众创、众包、众扶等多种具体形式，围绕产业链、供应链、服务链建立上下游企业、创业者之间的垂直纵深与横向一体化协作关系，提升社会化协作水平和资源优化配置能力。（国家发展改革委、科技部、工业和信息化部、商务部、新闻出版广电总局，地方各级人民政府）大力发展流通创新基地，为中小企业应用互联网创业创新提供集群注册、办公场地、基础通信、运营指导、人才培训、渠道推广、信贷融资等软硬件一体化支撑服务。（商务部、科技部、人力资源社会保障部、工商总局，地方各级人民政府）

三、加强智慧流通基础设施建设

加大对物流基地建设、冷链系统建设等的政策性扶持力度，科学规划和布局物流基地、分拨中心、公共配送中心、末端配送网点，加大流通基础设施投入，支持建设农产品流通全程冷链系统，重点加强全国重点农业产区冷库建设。加大农村宽带建设投入，加快提速降费进程，努力消除城乡“数字鸿沟”。加大流通基础设施信息化改造力度，充分利用物联网等新技术，推动智慧物流配送体系建设，提高冷链设施的利用率。科学发展多层次物流公共信息服务平台，整合各类物流资源，提高物流效率，降低物流成本。（国家发展改革委、商务部、工业和信息化部、财政部、国土资源部、住房城乡建设部、交通运输部、农业部、国务院国资委、质检总局、新闻出版广电总局、国家邮政局，地方各级人民政府）推进电子商务与物流快递协同发展，及时总结协同发展试点成果，形成可复制、可推广的制度、做法和经验，着力解决快递运营车辆规范通行、末端配送、电子商务快递从业人员基本技能培训等难题，补齐电子商务物流发展短板。（商务部、国家邮政局，试点城市人民政府）

四、鼓励拓展智能消费新领域

鼓励具备条件的城市探索构建线上线下融合发展的体验式智慧商圈，促进商圈内不同经营模式和业态优势互补、信息互联互通、消费客户资源共享，抱团向主动服务、智能服务、立体服务和个性化服务转变，提高商圈内资源整合能力和消费集聚水平。（商务部、国家发展改革委、科技部、工业和信息化部、国土资源部、环境保护部、住房城乡建设部，地方各级人民政府）加快实施特色商业街区示范建设工程，发掘地方资源禀赋优势，提高产品和服务特色化、差异化、精准化、数字化营销推广能力，振兴城镇商业。（商务部、住房城乡建设部、国家旅游局，地方各级人民政府）拓展智能消费领域，积极开发虚拟现实、现实增强等人工智能新技术新服务，大力推广可穿戴、生活服务机器人等智能化产品，提高智能化产品和服务的供给能力与水平。（国家发展改革委、工业和信息化部、科技部，地方各级人民政府）

五、大力发展绿色流通和消费

推广绿色商品，限制高耗能、高污染、高环境风险、过度包装产品进入流通和消费环节。开展绿色商场示范活动，大力宣传贯彻绿色商场国家标准、行业标准，创建一批集门店节能改造、节能产品销售和废弃物回收于一体的绿色商场。推动仓储配送与包装绿色化发展，提高商贸物流绿色化发展水平。推动“互联网+回收”模式创新，利用大数据、云计算等技术优化逆向物流网点布局，鼓励在线回收，加强生活垃圾分类回收和再生资源回收有机衔接。开展“绿色产品进商场、绿色消费进社区、绿色回收进校园”主题宣传活动，推动形成崇尚节俭、科学、绿色的消费理念和生活方式。（商务部、国家发展改革委、教育部、工业和信息化部、国土资源部、环境保护部、住房城乡建设部、质检总局、新闻出版广电总局、供销合作总社，地方各级人民政府）

六、深入推进农村电子商务

坚持市场运作，充分发挥各类市场主体参与农村电子商务发展的动力和创造力。促进农产品网络销售，以市场需求为导向，鼓励供销合作社等各类市场主体拓展适合网络销售的农产品、农业生产资料、休闲农业等产品和服务，引导电子商务企业与新型农业经营主体、农产品批发市场、连锁超市等建立多种形式的联营协作关系，拓宽农产品进城渠道，突破农产品冷链运输瓶颈，促进农民增收，丰富城市供应。畅通农产品流通，切实降低农产品网上销售的平台使用、市场推广等费用，提高农村互联网和信息化技术应用能力。鼓励电子商务企业拓展农村消费市场，针对农村消费习惯、消费能力、消费需求的特点，从供给端提高商品和服务的结构化匹配能力，带动工业品下乡，方便农民消费。鼓励邮政企业等各类市场主体整合农村物流资源，建设改造农村物流公共服务中心和村级网点，切实解决好农产品进城“最初一公里”和工业品下乡“最后一公里”问题。（商务部、国家发展改革委、工业和信息化部、财政部、交通运输部、农业部、质检总局、国家旅游局、国家邮政局、供销合作总社、中国邮政集团公司，地方各级人民政府）

七、积极促进电子商务进社区

大力发展社区电子商务，鼓励发展社区购物服务应用软件，加强电子商务企业与社区商业网点融合互动，开展物流分拨、快件自取、电子缴费等服务，提高社区商业的信息化、标准化、规范化、集约化水平，提升社区居民生活品质。（商务部、国土资源部、住房城乡建设部、质检总局，地方各级人民政府）完善“一站式”便民服务消费功能，支持老旧小区利用闲置房间、地下空间等打造多层次、多形式的便民服务点，将零散的社区服务资源进行线上线下整合，统筹建设和改造餐饮、住宿、家政、洗染、美容美发、维修、物流、金融、文化、娱乐、休闲等生活服务网点，让门店多起来，提高城市居民生活的便利性和城市发展的竞争力。（商务部、国土资源部、住房城乡建设部、文化部、新闻出版广电总局，地方各

级人民政府）

八、加快完善流通保障制度

组织开展道路货运无车承运人试点工作，允许试点范围内无车承运人开展运输业务。（交通运输部、国家发展改革委）按照新修订的《高新技术企业认定管理办法》，落实“互联网+流通”企业的申报认定工作。（科技部、财政部、税务总局，地方各级人民政府）推进工商用电同价，允许大型商贸企业参与电力直接交易，开展商业用户自主选择执行商业行业平均电价或峰谷分时电价试点。（国家发展改革委、商务部）发挥政府、行业协会作用，科学规划，合理布局，盘活存量，优化增量，鼓励各地采取先买后租、先建后租等多种有力措施，引导降低实体店铺租金，保障社区菜市场、社区食堂等惠民便民服务设施低成本供给，引导线上企业到线下开设实体店，推动线上线下融合发展。阶段性适当降低困难流通企业住房公积金缴存比例。（住房城乡建设部、财政部、商务部、人民银行，地方各级人民政府）

九、发挥财政资金引导带动作用

积极推进“互联网+流通”行动，着力降低流通成本，提高流通效率，扩大有效供给，鼓励有条件的地方设立“互联网+流通”发展基金，引导社会资本、境外资本加大对流通领域互联网等信息技术应用的投入。（地方各级人民政府）

十、增强流通领域公共服务支撑能力

鼓励整合建设商务公共服务云平台，对接相关部门服务资源，为流通领域提供政策与基础信息服务，为中小微企业提供商业通用技术应用服务。加快建立健全电子商务统计监测体系，建设真实准确的企业、商品、订单、合同、发票、物流运单等电子商务基础信息库，支撑电子商务市场高效规范运行。（商务部、国家统计局、工业和信息化部、工商总局、质检总局、国家邮政局，地方各级人民政府）加大教育培训结构调整力度，加强电子商务人才继续教育，提高线上线下互动实战能力，培养既懂流通又懂创意创新和网络运营的复合型人才。指导支持各类电子商务创新创意创业大赛，对接行业机构、投融资机构，发现优秀的创业创新项目和创业创新人才。（商务部、教育部）

十一、健全流通法规标准体系

抓紧研究商品流通、电子商务等方面的立法，研究建立流通设施建设、商品流通保障、流通秩序维护等基本制度，解决流通发展中的体制机制问题。（商务部、国家发展改革委、农业部、国务院法制办）研究梳理现行法律法规中与互联网在流通领域创新应用和管理不相适应的内容，加快修订完善，推动线上线下规则统一。（有关部门按职责分工分别负责）健全批发、零售、物流、生活服务、商务服务领域标准体系，加强适应电子商务发展需要的农产品生产、采摘、检验检疫、分拣、分级、包装、配送和“互联网+回收”等标准体系建设，

加大标准贯彻实施力度，引导企业规范化发展。（商务部、国家发展改革委、农业部、质检总局）

十二、营造诚信经营公平竞争环境

适应“互联网+流通”发展需要，不断创新监管手段，采取合理的监管方式，加强事中事后监管，加大对侵权假冒、无证无照经营、虚假交易等行为的打击力度，保障群众买到质优价廉的商品，放心消费、安全消费。鼓励平台型服务企业利用技术手段加强对违法违规行为的监测、识别和防范，主动与执法部门建立联防联控机制；严厉打击平台型服务企业包庇、纵容违法违规经营行为，营造保障“互联网+流通”行动计划顺利实施的法治化营商环境。（商务部、工商总局、质检总局、食品药品监管总局）推进商务信用体系建设，结合“三证合一、一照一码”登记制度改革，充分利用全国信用信息共享平台和企业信用信息公示系统，健全政府部门信用信息共享机制，并通过“信用中国”网站向社会提供服务，建立基于消费者交易评价和社会公众综合评价的市场化企业信用信息采集、共享与使用机制，不断优化评价标准和方法，形成多方参与、标准统一的商务诚信体系。（商务部、国家发展改革委、工业和信息化部、人民银行、工商总局、质检总局）

各地区、各部门要加强组织领导和贯彻实施，既要切实发挥好市场在资源配置中的决定性作用，也要发挥好政府的引导调控作用；既要立足当前，也要惠及长远。各地区要结合本地实际制定具体实施方案，明确工作分工，落实工作责任。商务部要会同有关部门建立工作联系机制，加强统筹协调、业务指导和督促检查，重大问题和情况及时报告国务院。

国务院办公厅关于转发国家发展改革委营造良好市场环境推动交通物流融合发展实施方案的通知

（国办发〔2016〕43号　2016年6月21日）

各省、自治区、直辖市人民政府，国务院各部委、各直属机构：

国家发展改革委《营造良好市场环境推动交通物流融合发展实施方案》已经国务院同意，现转发给你们，请认真贯彻执行。

各地区、各有关部门要充分认识推动交通物流融合发展的重要意义，制定完善配套政策措施，加强政策协同和监管协调，形成工作合力。各省级人民政府要加强组织领导，完善协调机制，结合本地实际抓紧制定具体方案，切实落实各项工作任务，及时研究解决实施过程中出现的新情况、新问题。国家发展改革委要会同有关部门对本实施方案的落实情况进行跟踪分析和监督检查，认真总结和推广经验，重大事项及时向国务院报告。

营造良好市场环境推动交通物流融合发展实施方案

国家发展改革委

近年来，我国综合交通体系不断完善，物流业持续快速发展，支撑实体经济降本增效的能力明显提升，初步形成了衔接互动的发展格局。但也要看到，我国交通与物流融合发展不足，交通枢纽和物流园区布局不衔接、多式联运和供应链物流发展滞后、运输标准化信息化规模化水平较低等问题仍较为突出，未能有效发挥交通基础设施网络优势，在一定程度上制约了物流业整体水平的提高。为进一步落实物流业发展中长期规划和工业稳增长的有关部署，促进交通与物流融合发展，有效降低社会物流总体成本，进一步提升综合效率效益，现制定本方案。

一、总体要求

（一）指导思想。

全面贯彻党的十八大和十八届三中、四中、五中全会精神，认真落实国务院决策部署，按照“五位一体”总体布局和“四个全面”战略布局，牢固树立并贯彻落实创新、协调、绿色、开放、共享的发展理念，以提质、降本、增效为导向，以融合联动为核心，充分发挥企业的市场主体作用，抓住关键环节，强化精准衔接，改革体制机制，创新管理模式，打通社会物流运输全链条，加强现代信息技术应用，推动交通物流一体化、集装化、网络化、社会化、智能化发展，构建交通物流融合发展新体系。

（二）发展目标。

到2018年，交通与物流融合发展取得明显成效，“一单制”便捷运输制度基本建立，开放共享的交通物流体系初步形成，多式联运比率稳步提升，标准化、集装化水平不断提高，互联网、大数据、云计算等应用更加广泛，公路港和智能配送模式有序推广，运输效率持续提升，物流成本显著下降。全国80%左右的主要港口和大型物流园区引入铁路，集装箱铁水联运量年均增长10%以上，铁路集装箱装车比率提高至10%以上，运输空驶率明显下降，全社会物流总费用占国内生产总值的比率较2015年降低1个百分点以上。

到2020年，初步实现以供应链和价值链为核心的产业集聚发展，形成一批有较强竞争力的交通物流企业，建成设施一体衔接、信息互联互通、市场公平有序、运行安全高效的交通物流发展新体系。集装箱铁水联运量年均增长10%以上，铁路集装箱装车比率提高至15%以上，大宗物资以外的铁路货物便捷运输比率达到80%，准时率达到95%，运输空驶率大幅下降。城乡物流配送网点覆盖率提高10个百分点左右。全社会物流总费用占国内生产总值的比率较2015年降低2个百分点。

二、打通衔接一体的全链条交通物流体系

（三）完善交通物流网络。

完善枢纽集疏运系统。尽快打通连接枢纽的“最后一公里”，加快实施铁路引入重要港口、公路货站和物流园区等工程。加快推进部分铁路枢纽货运外绕线建设，提高城市中心城区既有铁路线路利用水平。加强重点城市绕城高速公路建设，强化超大、特大城市出入城道路与高速公路衔接，减少过境货物对城市交通的干扰。鼓励城市充分利用骨干道路，分时段、分路段实施城市物流配送，有效减少货物装卸、转运、倒载次数。

优化交通枢纽与物流节点空间布局。统筹

专栏1　交通物流枢纽集疏运系统工程

1. 铁路引入港口工程

交通运输部、中国铁路总公司加快制定港口集疏运铁路建设方案，实施大连港、天津港、青岛港、宁波—舟山港、广州港、重庆港、武汉港、南京港等港口的集疏运系统建设项目。推进铁路线路引入内陆港、保税港区等。建设武汉港江北铁路二期，宜昌港紫云姚地方铁路，荆州港车阳河港区至焦柳铁路连接线，长沙港新港铁路专用线，岳阳港松阳湖铁路支线，连云港港赣榆港区铁路专用线，重庆珞璜港进港铁路专用线改扩建等。

2. 枢纽周边道路畅通工程

抓紧实施沿海和长江主要港口集疏运改善方案。实施昆明王家营、东莞石龙等2000个铁路货场周边道路畅通工程和交通组织优化方案。

综合交通枢纽与物流节点布局，加强功能定位、建设标准等方面的衔接，强化交通枢纽的物流功能，构建综合交通物流枢纽系统。编制实施全国综合交通物流枢纽布局规划，根据区位条件、辐射范围、基本功能、需求规模等，科学划分全国性、区域性和地区性综合交通物流枢纽。实施铁路物流基地工程，新建和改扩建一批具备集装箱办理功能的一、二级铁路物流基地。积极拓展航运中心、重要港口、公路港等枢纽的物流功能，支持重点地区以货运功能为主的机场建设。

专栏 2　全国性和区域性综合交通物流枢纽布局

类别	功能要求	枢纽名称
全国性综合交通物流枢纽	国家交通物流网络的核心节点，应有三种以上运输方式衔接，跨境、跨区域运输流转功能突出，辐射范围广，集散规模大，综合服务能力强，对交通运输顺畅衔接和物流高效运行具有全局性作用	北京—天津、呼和浩特、沈阳、大连、哈尔滨、上海—苏州、南京、杭州、宁波—舟山、厦门、青岛、郑州、合肥、武汉、长沙、广州—佛山、深圳、南宁、重庆、成都、昆明、西安—咸阳、兰州、乌鲁木齐等
区域性综合交通物流枢纽	国家交通物流网络的重要节点，应有两种以上运输方式衔接，区域运输流转功能突出，辐射范围较广，集散规模较大，综合服务能力较强，对区域交通运输顺畅衔接和物流高效运行具有重要作用	石家庄、太原、福州、南昌、海口、贵阳、拉萨、西宁、银川等

构建便捷通畅的骨干物流通道。依托综合运输大通道，率先推进集装化货物多式联运。编制实施推进物流大通道建设行动计划和铁路集装箱运输规划，做好骨干物流通道布局，到2020年初步形成集装箱运输骨干通道。在长三角、珠三角等客货流密集地区，研究推进客货分流的铁路、公路通道建设。有序推进面向全球、连接内陆的国际联运通道建设，加强口岸后方通道能力建设，开辟一批跨境多式联运走廊。

专栏3　便捷通畅的骨干物流通道布局

以网络化组织为目标，以集装化货物多式联运为重点，逐步在全国推行便捷运输，实现货物在区域间的高效、便捷流通。

1. 南北沿海通道，服务沿海主要经济区、主要城市与港口。
2. 京沪通道，服务京津冀与长三角等地区。
3. 京港澳通道，服务京津冀、中原地区、长江中游与海峡西岸经济区、珠三角等地区。
4. 东北进出关通道，服务东北地区。
5. 西南至华南通道，服务成渝、云贵与北部湾、珠三角等地区。
6. 西北北部通道，服务西北与华北等地区。
7. 陆桥通道，服务西北、中原与东部沿海等地区。
8. 沿江通道，服务长江经济带上中下游地区。
9. 沪昆通道，服务华东、中部与云贵等地区。
10. 国际通道，中欧、中蒙俄、中俄、中国—中亚—西亚、中国—中南半岛、海上等通道。

组织实施物流大通道建设行动计划，不断完善骨干通道布局。

（四）提高联运服务水平。

强化多式联运服务。推动大型运输企业和货主企业建立战略合作关系，重点在大宗物资、集装箱运输等方面开展绿色低碳联运服务和创新试点。支持有实力的运输企业向多式联运经营人、综合物流服务商转变，整合物流服务资源，向供应链上下游延伸。拓展国际航运中心综合服务功能，提升长江航运中心铁水联运比重。鼓励铁路运输企业在沿海主要港口与腹地物流园区之间开行小编组、快运行的钟摆式、循环式等铁路集装箱列车。加快普及公路甩挂运输，重点推进多式联运甩挂、企业联盟及无车承运甩挂等模式发展。制订完善多式联运规则和全程服务规范，完善和公开铁水联运服务标准，健全企业间联运机制。

拓展国际联运服务。完善促进国际便利化运输相关政策和双多边运输合作机制，鼓励开展跨国联运服务。构建国际便利运输网络，建设海外集结点，增加便利运输协定的过境站点和运输线路，开展中欧、中亚班列运输。鼓励快递企业发展跨境电商快递业务，建设国际分拨中心、海外仓，加快海外物流基地建设。在具备条件的城市建设集货物换装、仓储、中转、集拼、配送等作业为一体的综合性海关监管场所。

（五）优化一体化服务流程。

推行物流全程“一单制”。推进单证票据标准化，以整箱、整车等标准化货物单元为重点，制定推行企业互认的单证标准，形成绿色畅行物流单。构建电子赋码制度，明确赋码资源管理、分配规则，形成包含货单基本信息的唯一电子身份，实现电子标签码在物流全链条、全环节互通互认以及赋码信息实时更新和共享。支持行业协会及会员企业制定出台绿色畅行物流单实施方案，加快推广“一单制”，实现一站托运、一次收费、一单到底。推动集装箱铁水联运、铁公联运两个关键领域在“一单制”运输上率先突破。大力发展铁路定站点、定时刻、定线路、定价格、定标准运输，加强与“一单制”便捷运输制度对接。

强化一体化服务保障。建立健全企业首站负责、安全互认、费用清算等相关制度。建立政府服务、企业管理、第三方监督的保障体系，确保企业对用户需求及时响应和反馈。研究实施对赋码货物单元从起运地经运输仓储环节至目的地的全程监督服务，对物流各环节及时进行动态调整和应急处置，确保衔接顺畅。

三、构建资源共享的交通物流平台

（六）建设完善专业化经营平台。

支持社会资本有序建设综合运输信息、物流资源交易、大宗商品交易服务等专业化经营平台，提供信息发布、线路优化、仓配管理、追踪溯源、数据分析、信用评价、客户咨询等服务。鼓励平台企业拓展社会服务功能，推进“平台+”物流交易、供应链、跨境电商等合作模式。支持平台企业与金融机构合作提供担保结算、金融保险等服务。以服务“一带一路”战略为导向，推动跨境交通物流及贸易平台整合衔接。

（七）形成信息共享服务平台。

依托国家电子政务外网、国家数据共享交换平台、中国电子口岸、国家交通运输物流公共信息平台等，建设承载“一单制”电子标签码赋码及信息汇集、共享、监测等功能的公共服务平台。对接铁路、航运、航空等国有大型运输与物流企业平台，实现“一单一码、电子认证、绿色畅行”；对接社会化平台，引导其结合自身实际对赋码货物单元提供便捷运输。

专栏4 国家交通运输物流共享服务平台工程

1. 完善国家交通运输物流公共信息服务

完善政务、商务、要素资源、空间地理等信息采集、存储、查询、转换、对接、分析等功能，为企业提供信息查询服务。

2. 整合构建国家交通运输物流大数据中心

完善信息服务与数据资源目录体系，围绕物流诚信、安全监管、公共服务等专题，开展数据交换、存储、监控、查询与统计分析、大数据挖掘等工作，为政府决策、市场运行和公共服务提供信息服务支持。

3. 开展共享服务平台应用推广

打造一批网络交通物流公共服务产品，推广共享服务移动终端应用。

（八）加强对各类平台的监督管理。

强化平台协同运作。编制实施国家交通运输物流公共信息平台“十三五”建设方案，建立数据合作、交换和共享机制。加强对各类交通物流服务平台的引导，促进企业线上线下多点互动运行，支持制造业物流服务平台与供应链上下游企业间信息标准统一和系统对接，强化协同运作。

整合共享信用信息。研究出台交通物流信息公开和数据开放相关管理办法。加强各类平台信用记录归集，逐步形成覆盖物流业所有法人单位和个体经营者的信用信息档案，根据信用评价实行分类监管，建立实施“红黑名单”制度和预警警示企业、惩戒失信企业、淘汰严重失信企业的机制。

四、创建协同联动的交通物流新模式

（九）构建线上线下联动公路港网络。

完善公路港建设布局。加大政府支持力度，加快全国公路港建设，加强与其他交通基础设施衔接，重点构建一批综合型、基地型和驿站型公路港。鼓励龙头企业牵头组建全国公路港联盟，推动行业内资源共享和跨区域运输组织。

强化公路港功能。推进公路港等物流园区之间运输、集散、分拨、调配、信息传输等协同作业，鼓励公路港连锁经营。整合货源、车辆（舱位）、代理、金融等信息，为物流企业提供运营支撑、系统支持。鼓励推广生产生活综合配套、线上线下协同联动的新模式，促进多业态融合发展。发展往返式公路接驳运输。

专栏5　国家公路港网络工程

1. 综合型公路港

以全国性和部分区域性综合交通物流枢纽为重点，形成约50个与铁路货运站、港口、机场等有机衔接的综合型公路港，提供一站式服务，具备多式联运、信息交易、零担快运、仓储配送、政务管理、配套服务等综合功能。可为超过3000家企业提供服务，货运专线超过500条，静态停车超过3000辆，仓库面积超过8万平方米。

2. 基地型公路港

以区域性和部分地区性综合交通物流枢纽为重点，形成约100个与骨干运输通道快速连通的基地型公路港，具备公路货物运输和综合物流的基本功能。

3. 驿站型公路港

以地区性综合交通物流枢纽和国家高速公路沿线城市为重点，形成一批与综合型和基地型公路港有效衔接、分布广泛的驿站型公路港，具备货物集散、中转换装、往返接驳等功能。

（十）推广集装化标准化运输模式。

加大运输设备集装化、标准化推广力度。研究集装化、标准化、模块化货运车辆等设施设备更新应用的支持政策，推广使用托盘、集装箱等标准化基础装载单元。推进多式联运专用运输装备标准化，研发推广公铁两用挂车、驮背运输平车、半挂车和滚装船舶。加快研发铁路快运车辆、新型集装箱平车、双层集装箱车及特需车辆，提高公路集装箱货车、厢式货车使用比率，研究制定江海直达船型等标准，推进专业化航空物流运输工具研发应用。支持发展大型化、自动化、专业化、集约环保型转运和换装设施设备。培育集装箱、托盘等经营企业，鼓励企业构建高效的跨国、跨区域调配系统，推进相关设施设备循环共用。

加强技术标准支撑保障。发展改革、交通运输等部门要加强标准化等基础能力建设，依托现有研究机构和行业协会，加强对国家交通物流技术标准规范、大数据处理等的研究。标准化管理部门和行业主管部门要进一步提高交通物流全链条设施设备标准化水平，加快修订完善物流园区相关标准规范。建立共享服务平台标准化网络接口和单证自动转换标准格式。

（十一）发展广泛覆盖的智能物流配送。

发展“互联网+城乡配送”。加快建设城市公用型配送节点和末端配送点，优化城市配送网络。支持交通运输、物流企业联合构建城市、农村智能物流配送联盟，支撑配送服务向农村延伸。鼓励利用邮政、供销社等网点，开展农村共同配送，结合农村创业需要，发展农村物流服务合伙人，打通农资、消费品下乡和农产品进城高效便捷通道。

推进“互联网+供应链管理”。鼓励在生产、流通、仓储等单元推广应用感知技术，推动库存、配送信息在供应链上下游及时共享、协同响应。鼓励供应链管理企业采用大数据技术，分析生产、流通、仓储等数据，对原材料、零部件、产成品等运输仓储提供系统化解决方案。

强化“物联网+全程监管”。充分利用无线射频、卫星导航、视频监控等技术手段，开展重点领域全程监管。规划建设危险品、冷链等专业化物流设施设备，建立和完善危险品物流全过程监管体系和应急救援系统，完善冷链运输服务规范，实现全程不断链。

五、营造交通物流融合发展的良好市场环境

（十二）优化市场环境。

发展改革、交通运输、工商、检验检疫等部门要按照简政放权、放管结合、优化服务的要求，进一步完善相关领域市场准入制度。交通运输部门要组织开展道路货运无车承运人试点，研究完善无车承运人管理制度。发展改革等部门要将交通物流企业信用信息纳入全国信用信息共享平台和“信用中国”网站。交通运输、工商等部门要建立跨区域、跨行业、线上线下联合的惩戒机制，加大对违法违规行为的惩戒力度。交通运输、公安、安全生产监管等部门要加大公路超限超载整治力度，规范收费管理。铁路、港口等运输企业要顺应市场供求形势变化，加快完善运输组织方式，整合作业环节，清理和简化收费项目，降低收费标准。

（十三）统筹规划建设。

发展改革、交通运输等部门要研究明确不同层级枢纽功能和定位，确定各种运输方式衔接和集疏运网络建设的要求，制定完善全国性、区域性综合交通物流枢纽规划。地方人民政府要编制地区性综合交通物流枢纽规划，加强综合交通物流枢纽规划与土地利用总体规划、城乡规划、交通专项规划的衔接。

（十四）创新体制机制。

推进国有运输企业混合所有制改革，支持交通物流企业规模化、集约化、网络化发展。探索在铁路市场引入社会化集装箱经营主体，铁路运输企业要积极向现代物流企业转型，开放各类信息和接口，提高多式联运服务能力。建立海关、边检、检验检疫等口岸管理部门联合查验机制，促进一体化通关。加快出台大件

运输跨省联合审批办法，形成综合协调和互联互认机制。

（十五）加大政策支持。

国土资源部门要合理界定交通物流公益设施的范围，加大用地支持，在建设用地指标等方面给予保障。利用财政性资金和专项建设基金，鼓励和引导社会投资，加大信贷投放，支持综合交通物流枢纽建设、标准设备生产推广和绿色包装、公共服务信息平台建设等。支持交通物流企业通过发行债券、股票上市等方式多渠道融资。

（十六）强化衔接协调。

充分发挥全国现代物流工作部际联席会议的协调作用，研究协调跨行业、跨部门、跨领域的规划、政策、标准等事项，促进政府、企业、中介组织、行业协会等信息公开与共享。行业协会等组织要更好地发挥在政企沟通、信息收集、技术应用、标准推广、人才培训等方面的积极作用。

国务院关于印发降低实体经济企业成本工作方案的通知

（国发〔2016〕48号 2016年8月22日）

各省、自治区、直辖市人民政府，国务院各部委、各直属机构：

现将《降低实体经济企业成本工作方案》印发给你们，请认真贯彻执行。

降低实体经济企业成本工作方案

开展降低实体经济企业成本工作，是党中央、国务院为有效缓解实体经济企业困难、助推企业转型升级作出的重要决策部署，对有效应对当前经济下行压力、增强经济可持续发展能力具有重要意义。为切实抓好各项工作任务的组织落实，确保取得成效，特制定本方案。

一、总体要求

（一）指导思想。全面贯彻党的十八大及十八届三中、四中、五中全会精神和习近平总书记系列重要讲话精神，落实党中央、国务院决策部署，按照“五位一体”总体布局和“四个全面”战略布局，牢固树立和贯彻落实创新、协调、绿色、开放、共享的发展理念，推进供给侧结构性改革，采取针对性、系统性措施，有效降低实体经济企业成本，优化企业发展环境，助推企业转型升级，进一步提升产业竞争力，增强经济持续稳定增长动力。

（二）目标任务。经过1~2年努力，降低实体经济企业成本工作取得初步成效，3年左右使实体经济企业综合成本合理下降，盈利能力较为明显增强。一是税费负担合理降低。全面推开营改增试点，年减税额5000亿元以上。清理规范涉企政府性基金和行政事业性收费。二是融资成本有效降低。企业贷款、发债利息负担水平逐步降低，融资中间环节费用占企业融资成本比重合理降低。三是制度性交易成本明显降低。简政放权、放管结合、优化服务改革综合措施进一步落实，营商环境进一步改善，为企业设立和生产经营创造便利条件，行政审批前置中介服务事项大幅压缩，政府和社会中介机构服务能力显著增强。四是人工成本上涨得到合理控制。工资水平保持合理增长，企业“五险一金”缴费占工资总额的比例合理降低。五是能源成本进一步降低。企业用电、用气定价机制市场化程度明显提升，工商业用电和工业用气价格合理降低。六是物流成本较大幅度降低。社会物流总费用占社会物流总额的比重由目前的4.9%降低0.5个百分点左右，工商业企业物流费用率由8.3%降低1个百分点左右。

（三）主要原则。坚持全面系统推进和抓住关键环节相结合。妥善处理政府和市场、中央和地方的关系，调动各方面积极性，全面推进降成本工作。突出问题导向，创新工作思路和方法，针对造成实体经济企业成本居高不下的关键因素，制定可操作、可落地、可检查的系统性政策措施。

坚持解决当前问题与着眼长远发展相结合。坚持标本兼治、远近结合、综合施策，一方面及时出台有针对性的政策措施，缓解当前的突出矛盾和问题；另一方面通过深化改革，营造良好发展环境，逐步解决造成实体经济企业成本过高的体制机制问题。

坚持支持企业发展与实现优胜劣汰相结合。突出政策措施的针对性和差别化，既要有效降低实体经济企业成本，加快转型升级步伐，又要充分尊重市场经济规律，加快落后产能退出，提升经济可持续发展能力。

坚持降低外部成本与企业内部挖潜相结合。在加强制度设计、优化政策环境、发挥好金融系统支持作用、有效降低外部成本的同时，引导实体经济企业采取提升生产效率、提高管理水平、加快技术创新等挖潜增效措施，降低企业内部成本。

坚持降低企业成本与提高供给质量相结合。以增加有效供给、提高供给质量为前提，发挥好骨干管理人员、技术人员、广大员工的关键作用，加强质量管理，增强创新能力，进一步增加产品和服务供给，增强产业竞争力。

二、合理降低企业税费负担

（四）全面推开营改增试点，确保所有行业税负只减不增。将营改增试点范围扩大到建筑业、房地产业、金融业、生活服务业，并将所有企业新增不动产所含增值税纳入抵扣范围。（牵头单位：财政部，参加单位：全面推开营改增试点部际联席会议成员单位）

（五）落实好研发费用加计扣除政策，修订完善节能环保专用设备税收优惠目录。加强协调配合，落实好研发费用加计扣除政策。研究将新材料、关键零部件纳入首批次应用保险保费补偿机制实施范围。修订完善《环境保护专用设备企业所得税优惠目录》和《节能节水专用设备企业所得税优惠目录》。（牵头单位：财政部、工业和信息化部，参加单位：税务总局、国家发展改革委、环境保护部、保监会）

（六）扩大行政事业性收费免征范围，清理规范涉企收费。将国内植物检疫费、社会公用计量标准证书费等18项行政事业性收费的免征范围从小微企业扩大到所有企业和个人。全面实施涉企收费目录清单管理，将涉企行政事业性收费、政府性基金、政府定价或指导价经营服务性收费和行政审批前置中介服务收费等项目清单，在地方政府及国务院各部门网站常态化公示。进一步清理各类电子政务平台的服务收费，严禁依托电子政务平台捆绑服务并收费。查处和清理各种与行政职能挂钩且无法定依据的中介服务收费。加强涉企收费监督管理，畅通企业举报渠道，完善查处机制，制止乱摊派、乱收费等违规行为，坚决取缔违规收费项目。（牵头单位：财政部、国家发展改革委、工业和信息化部，参加单位：国务院国资委、税务总局）

（七）取消减免一批政府性基金，扩大小微企业免征范围。取消大工业用户燃气燃油加工费等地方违规设立的政府性基金。落实好已明确的减免政府性基金等政策，将新菜地开发建设基金、育林基金征收标准降为零，停征价格调节基金，整合归并水库移民扶持基金等7项政府性基金；将教育费附加、地方教育附加、水利建设基金免征范围由月销售额或营业额不超过3万元的缴纳义务人扩大到月销售额或营业额不超过10万元的缴纳义务人。（牵头单位：财政部、国家发展改革委，参加单位：国土资源部、水利部、农业部、税务总局、国家林业局）

三、有效降低企业融资成本

（八）保持流动性合理充裕，营造适宜的货币金融环境。通过差别准备金率、再贷款、再贴现等政策引导银行业金融机构加大对小微企业、“三农”等薄弱环节和重点领域的信贷支持力度。发挥开发性、政策性金融作用，为基础设施建设和重要战略性新兴产业发展提供长期低成本资金。（牵头单位：人民银行、国家发展改革委、财政部，参加单位：工业和信息化部、农业部、银监会）

（九）降低融资中间环节费用，加大融资担保力度。完善信贷资金向实体经济融通机制，降低贷款中间环节费用，严禁“以贷转存”“存贷挂钩”等变相提高利率行为。引导金融机构针对不同企业合理定价。督促银行业金融机构依法合规收费，制止不规范收费行为。发展政府支持的融资担保机构，允许有条件的地方设立政府性担保基金，探索运用资本注入、再担保、风险补偿等措施，提高融资担保机构为战略性新兴产业、小微企业、“三农”服务积极性。（牵头单位：银监会、人民银行、国家发展改革委、财政部，参加单位：工业和信息化部）

（十）完善商业银行考核体系和监管指标，加大不良资产处置力度。综合考虑盈利能力、经营增长、资产质量、资本充足率等方面的考核因素，适当提高风险容忍度，落实小微企业贷款风险容忍度要求。完善信贷人员尽职免责政策。支持和督促商业银行补充资本，按市场化方式及时核销不良贷款，做到应核尽核，增强对实体经济的信贷资金投放能力。适当调整不良资产转让方式、范围、组包项目及户数方面的规定，逐步增强地方资产管理公司处置不良资产的能力，完善不良资产转让政策，提高不良资产转让的效率和灵活性。支持有发展潜力的实体经济企业之间债权转股权。（牵头单位：银监会、人民银行、国家发展改革委、财政部、税务总局，参加单位：国务院国资委）

（十一）稳妥推进民营银行设立，发展中小金融机构。推进已批准民营银行的筹建工作，引导其积极开展业务；稳妥推进民营银行发展，成熟一家、设立一家。加快发展金融租赁公司、融资租赁公司、村镇银行等各类机构。（牵头单位：银监会、商务部，参加单位：人民银行）

（十二）大力发展股权融资，合理扩大债券市场规模。完善证券交易所市场股权融资功能，规范全国中小企业股份转让系统（“新三板”）发展，规范发展区域性股权市场和私募股权投资基金。改革完善公司信用类债券发行管理制度，合理扩大债券发行规模，提高直接融资比例。在投资者分类趋同的原则下，分别统一公司信用类债券市场发行准入标准和审核规则。加快债券产品创新，发展股债结合品种，研究发展高风险高收益企业债、项目收益债、永续债、专项企业债、资产支持证券等。加大信息披露力度，规范债券发行企业信息披露行为，提高市场透明度。加强信用评级制度建设，强化市场化约束机制，积极稳妥推进债券市场开放。（牵头单位：证监会、人民银行、国家发展改革委，参加单位：财政部）

（十三）引导企业利用境外低成本资金，提高企业跨境贸易本币结算比例。推进企业发行外债登记制度改革，扩大全口径跨境融资宏观审慎管理试点范围，进一步简化程序，合理扩大企业发行外债规模，放宽资金回流和结汇限制。在合理调控外债规模、促进结构优化和有效防范风险的前提下，鼓励资信状况良好、偿债能力强的企业赴境外发行本外币债券。扩大人民币跨境使用，引导商业银行改善金融服务，提高企业在跨境贸易中使用本币结算的比例，降低汇兑成本和汇率波动影响。（牵头单位：国家发展改革委、人民银行、国家外汇局）

四、着力降低制度性交易成本

（十四）打破地域分割和行业垄断，加强公平竞争市场环境建设。清理废除地方自行制定的影响统一市场形成的限制性规定，加快放开垄断行业竞争性环节。开展市场准入负面清单制度试点，从2018年起正式实行全国统一的市场准入负面清单制度。对连锁企业要求设立非企业法人门店和配送中心的，所在地政府及有关部门不得以任何形式设置障碍。组织实施公平竞争审查制度，从源头上防止排除和限制市场竞争的行为。健全竞争政策，完善市场竞争规则，加强反垄断和反不正当竞争执法。强化价格检查，优化市场环境，健全经营者自主定价领域的市场规则。（牵头单位：国家发展改革委、商务部、工商总局，参加单位：工业和信息化部、国务院国资委、国家能源局）

（十五）深化“放管服”改革，为企业创造更好的营商环境。简政放权、放管结合、优化服务同步推进，提高政府公共服务能力和水平，为企业提供优质公共服务和公共产品。推进行政审批制度和监管制度改革，优化行政审批流程，重点围绕生产经营领域取消和下放行政审批事项，合并具有相同或相似管理对象、管理事项的证照资质，实行联合审批。大幅压减各类行政审批前置中介服务事项，无法律法规依据的一律取消。进一步优化企业投资项目相关审批程序，利用好投资项目在线审批监管平台，落实平台建设中的识别代码和个性化审批监管要求。保障各类市场主体在投资核准、政府扶持、参与政府投资项目等方面享受同等待遇。对民间投资进入自然资源开发、环境保护、能源、交通、市政公用事业等领域，除法律法规有明确规定的外，取消最低注册资本、股东结构、股份比例等限制。简化外商投资企业设立程序。研究推广对符合条件且不需要新增建设用地的技术改造项目实行承诺备案管理。规范涉企行政检查行为，落实“双随机”抽查机制，建立随机抽查事项清单。（牵头单位：国家发展改革委、工业和信息化部、国土资源部、商务部、海关总署、税务总局、工商总局、质检总局，参加单位：环境保护部、住房城乡建设部、交通运输部、国务院国资委、国家能源局）

（十六）加快社会信用体系建设，加强知识产权保护。利用好全国信用信息共享平台及企业信用信息公示系统，加强信用信息归集、共享、公开和使用。开展守信联合激励和失信联合惩戒，在行政管理、公共服务、市场交易和投融资等领域对守信企业实施优惠便利措施，对失信企业依法严格限制和约束。将注册登记、行政审批、行业主管部门作出的行政许可和行政处罚等信息归集到相应企业名下，依法予以公示。加强知识产权保护，加大对专利、注册商标、商业秘密等方面知识产权侵权假冒行为的打击力度，降低企业维权成本。（牵头单位：国家发展改革委、人民银行、工商总局、国家知识产权局，参加单位：工业和信息化部、商务部、海关总署、税务总局、质检总局、银监会等）

（十七）提升贸易便利化水平，合理降低服务收费标准。全面推广国际贸易“单一窗口”，推进口岸管理相关部门信息互换、监管互认、执法互助，对信用记录良好的企业降低出口商品查验率，降低企业货物的通关成本。整合建立统一的公共资源交易平台体系，依法确定收费范围，规范服务收费行为，合理降低服务收费标准。积极稳妥推动行业协会商会与行政机关脱钩，厘清行业协会商会与行政机关职能边界，清理行业协会商会违法违规强制企业付费参加考核评比、表彰、赞助捐赠等项目。（牵头单位：海关总署、质检总局、国家发展改革委、民政部，参加单位：工业和信息化部、人力资源社会保障部、财政部、国土资源部、环境保护部、住房城乡建设部、国务院国资委、国家林业局）

（十八）加快剥离国有企业办社会职能和解决历史遗留问题，减轻企业负担。建立政府和国有企业合理分担成本的机制，坚持分类指导、分步实施，多渠道筹措资金，加快剥离国有企业办社会职能。全面推进国有企业职工家属区“三供一业”分离移交，剥离企业办医疗、教育等公共服务机构，对国有企业退休人员实行社会化管理，解决好厂办大集体等国有企业历史遗留问题。（牵头单位：国务院国资委、财政部、人力资源社会保障部）

五、合理降低企业人工成本

（十九）降低企业社保缴费比例，采取综合措施补充资金缺口。从2016年5月1日起，对企业职工基本养老保险单位缴费比例超过20%的省份，将单位缴费比例降至20%，单位缴费比例为20%且2015年年底企业职工基本养老保险基金累计结余可支付月数超过9个月的省份，可以阶段性将单位缴费比例降低至19%；将失业保险总费率阶段性降至1%~1.5%，其中个人费率不超过0.5%。以上两项社保费率降低期限暂按两年执行，具体方案由各省（区、市）确定。综合采取实施渐进式延迟退休年龄、开展基金投资运营和划转部分国有资本充实社会保障基金，以及支持各地通过拍卖、出租政府公共资源资产等方式筹集资金，为降低企业社保缴费比例创造条件。（牵头单位：人力资源社会保障部、财政部、国务院国资委）

（二十）完善住房公积金制度，规范和阶段性适当降低企业住房公积金缴存比例。对住房公积金缴存比例高于12%的一律予以规范调整，不得超过12%。从2016年5月1日起两年内，由各省（区、市）结合实际，阶段性适当降低住房公积金缴存比例。生产经营困难企业除可降低缴存比例外，还可依法申请缓缴住房公积金，待效益好转后再提高缴存比例或恢复缴存并补缴缓缴的住房公积金。（牵头单位：住房城乡建设部，参加单位：国家发展改革委、财政部、人民银行）

（二十一）完善最低工资调整机制，健全劳动力市场体系。统筹兼顾企业承受能力和保障劳动者最低劳动报酬权益，指导各地合理确定最低工资标准调整幅度和调整频率。推进户籍制度改革，实现居住证制度全覆盖，将外来务工人员纳入当地教育、基本医疗卫生等公共服务覆盖范围，降低劳动力自由流动成本，加快形成统一开放、竞争有序的劳动力市场体系。（牵头单位：人力资源社会保障部、国家发展改革委、公安部、财政部）

六、进一步降低企业用能用地成本

（二十二）加快推进能源领域改革，放开竞争性环节价格。加快推进电力、石油、天然气等领域市场化改革。完善光伏、风电等新能源发电并网机制。2017 年基本放开竞争性领域和环节价格管制，形成充分竞争的机制，使能源价格充分反映市场供求变化，提高价格灵活性。（牵头单位：国家发展改革委，参加单位：国家能源局）

（二十三）加快推进电力体制改革，合理降低企业用电成本。加快实施输配电价改革试点。积极开展电力直接交易，放宽参与范围，有序缩减发用电计划，扩大市场化交易电量的比例。对未参与直接交易和竞价交易的上网火力发电量，以及重要公用事业和公益性服务等用电，继续实施好煤电价格联动机制，合理调整一般工商业企业用电价格。简化企业用户电力增容、减容、暂停、变更等办理手续，缩短办理时限。（牵头单位：国家发展改革委、国家能源局，参加单位：工业和信息化部）

（二十四）完善土地供应制度，降低企业用地成本。积极推进工业用地长期租赁、先租后让、租让结合供应，工业用地的使用者可在规定期限内按合同约定分期缴纳土地出让价款，降低工业企业用地成本。保障物流业用地供应，科学合理确定物流用地容积率。（牵头单位：国土资源部，参加单位：财政部）

七、较大幅度降低企业物流成本

（二十五）改善物流业发展环境，大力发展运输新业态。健全现代物流标准体系，强化物流标准实施，推动物流业与制造业等产业联动发展。完善城市物流配送体系，优化资源配置，提高物流效率。推广多式联运，加快构建国家交通运输物流公共信息平台，推进跨部门、跨区域、跨国界、跨运输方式物流相关信息互联共享，鼓励企业间运力资源共享，提高运输车辆实载率。大力发展多式联运甩挂、企业联盟甩挂、干线运输和城市配送衔接甩挂等运输模式。推动无车承运人业务加快发展。（牵头单位：国家发展改革委、交通运输部，参加单位：质检总局）

（二十六）合理确定公路运输收费标准，规范公路收费管理和监督执法。尽快修订《收费公路管理条例》，科学合理确定公路收费标准，逐步有序取消政府还贷二级公路收费。坚决查处高速公路车辆救援服务中的各种乱收费行为，规范车辆超限处罚标准，减少各类执法中的自由裁量权，坚决杜绝乱罚款、“以罚代管”等行为。（牵头单位：交通运输部、财政部、国家发展改革委、公安部）

（二十七）规范机场铁路港口收费项目，清理不合理服务收费。全面清理机场、铁路、港口码头经营性收费项目，除法规规章规定的项目外，禁止指定经营、强制服务、强行收费行为，清理强制对进出港（场）企业收取的不合理费用和地方政府设立的不合理涉及铁路收费。（牵头单位：民航局、铁路总公司、交通运输部、国家发展改革委）

八、提高企业资金周转效率

（二十八）推进实体经济经营性资产证券化，开展投贷联动试点支持科技创新创业企业。鼓励实体经济企业将符合条件的经营性资产证券化，或通过金融租赁、融资租赁方式盘活存量资源。选取部分符合条件的银行业金融机构和地区，在依法合规、风险可控的前提下，对科技创新创业企业开展投贷联动业务试点，为科技创新创业企业提供合理的融资结构和持续的资金支持。（牵头单位：人民银行、银监会、证监会、商务部，参加单位：工业和信息化部）

（二十九）支持重点企业资金周转，多方筹资清偿拖欠工程款。鼓励地方政府加强协调，支持重点企业筹集周转资金，防范企业资金链断裂风险传导。地方政府统筹置换债券资金在内的预算资金，按照相关规定妥善偿还经清理核实属于地方政府债务的拖欠工程款；通过出让资产等方式获得的增量资金，优先用于清偿政府投资项目拖欠工程款。（牵头单位：国家发展改革委、财政部、人民银行、银监会，参加单位：住房城乡建设部）

（三十）清理规范工程建设领域保证金，减少资金占用。摸清目前建筑业所需缴纳各种保证金现状，研究制定依法依规开展清理工作的意见，按照既有利于减轻企业负担又能形成新约束机制的原则制定切实可行的政策措施。（牵头单位：住房城乡建设部、财政部、国家发展改革委、人力资源社会保障部、国务院法制办）

（三十一）加强资金清欠，化解企业债务链风险。鼓励企业加强往来款项管理，引导企业加快付款，减轻全社会债务负担。发挥财务公司在提高资金使用效率方面的作用，加快产业链企业间资金周转，推进财务公司延伸产业链金融服务试点。对债务规模较大且有三家以上债权银行的客户，协调各债权银行成立债权人委员会，避免因单家机构处置不当引发新的风险。（牵头单位：银监会、人民银行，参加单位：工业和信息化部、财政部、国务院国资委）

九、鼓励引导企业内部挖潜

（三十二）引导企业管理创新和精益生产，利用信息技术手段降低成本。鼓励企业充分利用新一代信息技术等手段，实现内部管理升级，创新营销模式，提高效益水平。大力发展智能制造和智慧流通，提高产品的成品率、优质品率和精准营销匹配率。加快推进绿色制造，大幅降低资源能源消耗，实现降本增效。推进小批量、多批次、低库存、少环节的柔性化生产和作业成本法应用，提高企业供应链管理水平。（牵头单位：工业和信息化部、国家发展改革委、商务部）

（三十三）加强先进技术推广，鼓励企业加强目标成本管理。完善鼓励和支持企业转型和技术创新的政策，支持推广可有效降低企业成本的各种技术，促使企业持续提高生产效率。引导企业加强目标成本管理，对生产经营全过程和各环节耗费实施严格的全面控制，制定相应降成本目标。（牵头单位：国家发展改革委、工业和信息化部、国务院国资委）

十、落实降成本工作配套措施

（三十四）推进体制机制改革。进一步推进简政放权、放管结合、优化服务改革，积极稳妥推进国企改革和企业兼并重组，有序推进财税、金融等领域体制机制改革，加快推进资源要素市场化改革，降低供给成本、提高供给效率，形成有利于企业降低成本和健康发展的制度环境。

（三十五）支持创新活动。加快实施创新驱动发展战略，深入推进大众创业、万众创新，加强科技创新、管理创新、机制创新、营销创新和商业模式创新。发展新兴产业，加大对企业创新活动的支持，提高创新资源产出率和全要素生产率。

（三十六）发挥“互联网+”作用。充分运用互联网、物联网、云计算等新一代信息技术，改进生产经营模式。通过“互联网+”协同制造，提升企业运营效率，降低运营成本。通过“互联网+”高效物流，提升运输效率，降低流通成本。通过“互联网+”政务服务，实现部门间数据共享，提高服务效率，降低交易成本。支持企业利用电子商务拓展市场、降低生产经营成本。

（三十七）利用两个市场。加快实施自由贸易区战略，推进双边和多边贸易投资谈判，促进贸易投资便利化。结合实施“一带一路”战略，加大支持企业“走出去”力度，鼓励企业充分利用国际国内两个市场、两种资源，提高资源利用效率，降低原材料成本。

（三十八）改进企业管理。完善现代企业制度，优化运营模式，培育企业家精神和工匠精神，发挥好广大企业职工的作用，激励挖潜增效。鼓励企业与国际先进企业对标，加强企业标准化建设，推进企业研发设计、物流、采购、安全生产、销售服务等管理标准化，提高运行效率。

（三十九）降低监管成本。加强反垄断、反不正当竞争、知识产权保护、质量安全监督等市场监管；充分运用大数据手段，加强对市场主体的监管，提高监管效率。整合优化执法资源，有效避免多层多头重复执法。

（四十）改善公共服务。加强政府公共服务平台建设，扩大覆盖面，延伸服务终端，优化服务流程，提升服务效能。加强标准体系建设，开展强制性标准整合精简，加快制定公益类推荐性标准和满足市场、创新需要的团体标准，降低市场推广应用成本。推广政府购买服务方式，吸引社会资本参与提供公共服务。

（四十一）优化产业布局。加强规划引导，综合考虑资源、市场等因素，加快经济结构调整，优化产业布局。加大对国家级新区、开发区等功能性平台建设支持力度，加强公共基础设施和服务平台建设，完善产业链、物流链，提高产业发展的配套、协作和集约化水平。

（四十二）分行业降本增效。增强降成本工作的针对性，根据行业特点，研究制定具体政策措施，加快实施转型升级降本增效专项行动，有序推出并切实落实煤炭、石化、钢铁、有色金属、建材、机械、汽车、电子信息、消费品、物流等行业的转型升级降本增效方案。

十一、建立健全降成本工作推进机制

（四十三）加强组织领导和工作协调。由有关部门建立降低实体经济企业成本工作协调机制，加强综合协调，统筹推进各项工作，跟踪督促落实。省级人民政府要建立完善降低实体经济企业成本工作推进机制。有关部门和地方政府要加强工作指导，形成降低实体经济企业成本的长效机制，重点是建立健全常态化的组织协调和督促落实工作机制；建立效果评估和统计监测机制；建立根据形势变化动态调整政策措施机制。

（四十四）加强对落实情况的督促检查。有关部门、地方人民政府是本领域、本地区降低实体经济企业成本工作的第一责任主体。各部门、各地区要按照党中央、国务院决策部署，根据本方案抓紧制定实施细则。加强专项督查，推动各项政策措施落实，并根据实际情况不断充实完善政策措施。适时将降低实体经济企业成本转为常态化工作，加强企业运行情况动态监测和常态化监督检查。

（四十五）适时评估总结和推广经验。各部门、各地区要在2017年3月底前进行一次政策落实情况及效果评估，积极推广效果良好的政策和做法，研究解决出现的问题，相应及时调整政策；从2017年起，每年年中报送一次政策落实情况。根据工作进展，适时进行阶段总结和协调，对后期常态化工作提出要求；在阶段性完成降低实体经济企业成本工作任务后，组织进行全面工作总结，完善推进降成本工作的长效机制。

国务院办公厅关于转发国家发展改革委物流业降本增效专项行动方案（2016—2018年）的通知

国办发〔2016〕69号

各省、自治区、直辖市人民政府，国务院各部委、各直属机构：

国家发展改革委《物流业降本增效专项行动方案（2016—2018年）》已经国务院同意，现转发给你们，请认真贯彻执行。

国务院办公厅
2016年9月13日

物流业降本增效专项行动方案（2016—2018年）
国家发展改革委

物流业是支撑经济社会发展的基础性、战略性产业，市场需求巨大，发展空间广阔。加快物流业发展是推进供给侧结构性改革、增加公共产品和公共服务供给的重点方向，是扩大有效投资、促进城乡居民消费的重要手段，是消除瓶颈制约、补齐薄弱短板、提升国民经济整体运行效率的重要途径。按照党中央、国务院关于推进供给侧结构性改革和降低实体经济成本的决策部署，为解决物流领域长期存在的成本高、效率低等突出问题，大力推动物流业降本增效，推进物流业转型升级，提升行业整体发展水平，更好地服务于经济社会发展，根据《物流业发展中长期规划（2014—2020年）》，制定本行动方案。

一、总体要求

（一）指导思想。

全面贯彻党的十八大和十八届三中、四中、五中全会精神，按照“五位一体”总体布局和“四个全面”战略布局，牢固树立和贯彻落实创新、协调、绿色、开放、共享的发展理念，认真落实党中央、国务院决策部署，聚焦影响物流业健康发展的突出矛盾和瓶颈制约，以创新体制机制为动力，以推广应用先进技术和管理手段为支撑，以完善落实物流管理和支持政策为路径，加快补齐软硬件短板，深入推进大众创业万众创新，大力发展新模式新业态，激发市场活力，优化物流资源配置，促进物流业跨界融合，建立标准化、信息化、网络化、集约化、智慧化的现代物流服务体系，降低物流成本，提高社会物流运行效率。

（二）基本原则。

深化改革、协同推进。加大简政放权、放管结合、优化服务改革力度，深化物流领域体制改革，打破制约行业发展的体制机制障碍，加强统筹规划和部门协同，形成政策合力，营造良好发展环境。

问题导向、重点突破。聚焦突出问题出实招，找准薄弱环节补短板，率先在若干重点领域取得突破，夯实行业发展基础，提升物流社会化、专业化水平。

市场主导、创新驱动。发挥市场在资源配置中的决定性作用，激发企业创新的内生动力，鼓励先进技术装备应用，大力推进物流业与大众创业万众创新融合发展，推动业态创新、管理创新、服务创新。

联动融合、全面提升。推动物流与制造、交通、贸易、金融等行业深度融合，提升物流综合服务能力，优化整合产业资源，增强产业整体竞争力。

（三）主要目标。

到2018年，物流业降本增效取得明显成效，建立支撑国民经济高效运行的现代物流服务体系。

——物流基础设施衔接更加顺畅。初步形成布局合理、覆盖广泛、便捷高效的物流基础设施网络，重要枢纽节点的物流服务功能更加完备，城乡配送体系更加健全。

——物流企业综合竞争力显著提升。物流企业一体化运作、网络化经营能力明显增强，供应链管理服务水平大幅提升，形成一批技术先进、模式创新、竞争力强的综合物流服务提供商。

——现代物流运作方式广泛应用。多式联运、甩挂运输、共同配送等先进物流运输组织方式加快发展，物联网、大数据等先进技术广泛应用，物流业态、模式创新取得突破，信息化、标准化、集装化水平显著提升。

——行业发展环境进一步优化。税收、土地等政策支持体系更加完善，乱收费、乱罚款的状况得到根本改变，物流一体化高效运作的体制机制制约基本消除，行业诚信体系进一步健全，有利于物流业创新发展的生态体系基本形成。

——物流整体运行效率显著提高。全社会物流总费用占国内生产总值（GDP）的比重较2015年降低1个百分点以上；工业企业物流费用率（物流费用与销售总额之比）由2014年的8.9%降至8.5%左右，批发零售企业物流费用率由7.7%降至7.3%左右。

二、重点行动

（四）简政放权，建立更加公平开放规范的市场新秩序。

1. 优化行业行政审批。按照简政放权、放管结合、优化服务改革要求，在确保企业生产运营安全的基础上，清理、归并和精简具有相同或相似管理对象、管理事项的物流企业和物流从业人员的证照资质，加强事中事后监管。深入推进物流领域商事制度改革，加快推行“五证合一、一照一码”、“先照后证”和承诺制，简化办理程序。适应物流企业经营特点，支持地方进一步放宽企业住所和经营场所登记条件，鼓励物流企业网络化经营布局。（交通运输部、工商总局、质检总局、海关总署、国家邮政局等部门按职责分工负责，2016年年底前完成）

2. 深化公路、铁路、民航等领域改革。优化公路超限运输行政许可办理流程，提高审批效率。完善货运司机诚信管理制度，研究解决司机异地从业诚信结果签注问题。（交通运输部负责，2018 年年底前完成）深化铁路货运改革，适度引入竞争，鼓励铁路运输企业与港口企业、物流园区等开展合资合作。推动国家铁路与地方铁路有效衔接，提高铁路资源利用率。支持铁路货运场站向综合物流基地转型升级，发展高铁快运及电商班列等铁路快捷货运产品，提高铁路物流服务质量。推动航空货运企业兼并重组、做强做大，增强高端物流市场服务能力。鼓励公路、铁路、民航部门和企业整合资源，加强合作，开展一体化物流运作。（国家发展改革委、交通运输部牵头，国务院国资委、中国民航局、中国铁路总公司按职责分工负责，持续推进）

3. 优化货运车辆通行管控。指导各地开展城市配送需求量调查等前瞻性研究。对企业从事生活必需品、药品、鲜活农产品和冷藏保鲜产品配送，以及使用节能与新能源车辆从事配送的，优先给予通行便利。合理确定配送车辆停靠卸货区域。规范公路超限治理处罚标准，减少执法中的自由裁量权。（交通运输部、公安部、商务部牵头，工业和信息化部、国家邮政局、国家标准委、国家发展改革委按职责分工负责，2017 年年底前完成）

4. 推动货物通关便利化。落实信息互换、监管互认、执法互助，推进“单一窗口”建设和“一站式作业”改革，提高通关效率。（海关总署、质检总局牵头，交通运输部、商务部、公安部按职责分工负责，2017 年年底前完成）

5. 提升行业监管水平。依托国家交通运输物流公共信息平台，推动政务信息资源共享和业务协同，加强物流运行监测、安全监管等大数据平台建设，通过数据收集、分析和管理，加强事中事后监管，提高物流运行监测、预测预警、公共服务能力。（交通运输部、公安部、国家发展改革委、工业和信息化部按职责分工负责，持续推进）

（五）降税清费，培育企业创新发展新动能。

6. 完善物流领域增值税政策。通过全面推开营改增改革试点，进一步消除重复征税，扩大交通运输业的进项税抵扣范围，降低企业税收负担。（财政部、税务总局牵头，国家发展改革委、交通运输部按职责分工负责，持续推进）结合增值税立法，积极研究统一物流各环节增值税税率问题。（财政部、税务总局按职责分工负责，根据增值税立法进程推进）物流企业可按照现行增值税汇总缴纳有关规定申请实行汇总纳税，鼓励物流企业一体化、网络化、规模化运作。（财政部、税务总局按职责分工负责，持续推进）

7. 降低物流企业运输收费水平。抓紧修订《收费公路管理条例》，调整完善收费公路政策，科学合理确定车辆通行费标准。（交通运输部、国家发展改革委、财政部按职责分工负责，2017 年年底前完成）逐步有序取消政府还贷二级公路收费。贯彻落实《道路运输车辆技术管理规定》，取消营运车辆二级维护强制性检测。（交通运输部、国家发展改革委、财政部按职责分工负责，持续推进）

8. 规范物流领域收费行为。督促港口、铁路、航空等企业严格落实明码标价制度，实行进出口环节收费目录清单制，推进收费管理制度化、科学化、透明化。（国家发展改革委、交通运输部、财政部牵头，质检总局、海关总署、中国民航局、中国铁路总公司按职责分工负责，2017 年 6 月底前完成）

9. 调整完善相关管理政策。落实“互联网+”行动要求，完善物流业相关管理政策，鼓励企业开展创新。（国家发展改革委、交通运输部牵头，工业和信息化部、国家网信办、税务总局按职责分工负责，2018 年年底前完成）支持依托互联网平台的无车承运人发展。研究完善交通运输业个体纳税人异地代开增值税专用发票管理制度。（交通运输部、税务总局按职责分工负责，2017 年年底前完成）

（六）补短强基，完善支撑物流高效运行的设施和标准体系。

10. 建立与现代产业体系相匹配的国家级物流枢纽体系。按照服务现代产业发展的要求和物流业围绕节点城市、沿交通通道集群式发展的特点，结合“一带一路”建设、京津冀协同发展、长江经济带发展三大战略，研究编制国家级物流枢纽设施布局和建设规划，运用大数据等先进信息技术，科学测算货物的流量流向，兼顾存量、优化增量，布局和完善一批具有多式联运功能的综合物流枢纽，统筹推进公路、铁路、水运、民航等基础设施无缝衔接。（国家发展改革委、交通运输部牵头，中国民航局、中国铁路总公司按职责分工负责，2017 年年底前完成）

11. 健全有效衔接的物流标准体系。综合梳理各项国家标准、行业标准，加强不同领域、国内与国际标准间的协调衔接。根据行业发展需求，加快制修订冷链物流、绿色物流等方面标准。培育发展物流团体标准，鼓励企业制定严于国家和行业标准、具有竞争力的企业标准，促进政府主导制定标准与市场自主制定标准的协同发展，构建体系完备、高效协调的新型物流标准体系。（国家标准委牵头，国家发展改革委、商务部、工业和信息化部、交通运输部、中国铁路总公司按职责分工负责，2018 年年底前完成）完善物流服务规范，研究出台提高物流服务质量的相关意见。（质检总局、国家发展改革委按职责分工负责，2016 年年底前完成）大力推广托盘（1.2 米×1 米）、周转箱、集装箱等标准化装载单元循环共用，鼓励企业建立区域性、全国性托盘循环共用系统，在快速消费品、农产品、药品等领域开展试点，支持开展托盘租赁、维修等延伸服务。（商务部、财政部、国家发展改革委按职责分工负责，2016 年年底前完成）加强各类物流标准的宣传贯彻工作。（国家标准委、国家发展改革委按职责分工负责，持续推进）

12. 构建高效运行的多式联运体系。依托国际、国内物流大通道，加强繁忙区段扩能改造，支持主要港口、大型综合性物流园区集疏运体系建设，着力解决“最后一公里”问题，加快形成贯通内外的多式联运网络体系。大力发展铁水联运、公铁联运、陆空联运等先进运输组织方式，发挥铁路、水运干线运输优势。开展多式联运、集装箱铁水联运等示范工程，加强在设施标准、运载工具、管理规则、信息系统等方面的统一衔接，提高干线运输效率和一体化服务水平。（交通运输部、国家发展改革委牵头，工业和信息化部、商务部、海关总署、中国铁路总公司按职责分工负责，2017 年年底前完成）

13. 完善城市物流配送体系。优化城市物流基础设施布局，完善城市三级配送网络。依托重要交通枢纽、物流集散地规划建设或改造升级一批集运输、仓储、配送、信息交易于一体的综合物流服务基地，促进干线运输与城市配送有效衔接。加强公用型城市配送节点建设，优化配送相关设施布局，引导仓储配送资源开放共享。鼓励中心城区铁路货场转型发展为城市配送中心。支持城市末端配送点建设，大力发展智能快件箱。按照共享经济理念探索发展集约化的新型城市配送模式。在有条件的城市研究推行“分时段配送”、“夜间配送”。（商务部、国家发展改革委、交通运输部牵头，国家邮政局、公安部、住房城乡建设部、中国铁路总公司按职责分工负责，持续推进）

14. 健全农村物流配送网络。建立农村物流大企业联盟，推动物流企业、电商企业和邮政企业、供销合作社等充分利用现有物流资源开展深度合作，推动县级仓储配送中心、农村物流快递公共取送点建设，完善县乡村三级物流配送网络。（国家发展改革委、商务部牵头，国家邮政局、供销合作总社、交通运输部、国土资源部、工业和信息化部按职责分工负责，2017 年年底前完成）加大对农产品冷链物流设施和农产品批发市场建设的支持力度，促进工业品下乡和农产品进城的双向流通。（国家发展改革委、商务部按职责分工负责，持续推进）

（七）互联互通，建立协作共享和安全保障新机制。

15. 促进物流信息互联共享。推动物流活动信息化、数据化。依托国家交通运输物流公共信息平台，加强信息平台接口标准的制定和推广。（交通运输部、国家发展改革委按职责分工负责，2017 年年底前完成）结合现代物流创新发展城市试点，建立政府物流数据公开目录，促进政府数据资源整合和开放共享。推动各类物流信息平台互联互通，促进综合交通运输信息和物流服务信息等有效衔接。开展物流大数据应用示范，鼓励政府、企业间的物流大数据共享协作，为提高物流资源配置效率提供基础支撑。（国家发展改革委、交通运输部牵头，工业和信息化部、商务部、公安部、海关总署、质检总局、工商总局、税务总局、中国铁路总公司按职责分工负责，2018 年 6 月底前完成）

16. 鼓励信息平台创新发展。发挥物流信息平台在优化整合物流资源、促进信息互联互通、提高物流组织化程度中的重要作用，扶持运输配载、跟踪追溯、库存监控等各类专业化、特色化的物流信息平台创新发展，提供追踪溯源、数据分析、担保结算、融资保险、信用评价等增值服务。推动物流信息平台与供应链上下游企业系统对接，增强协同运作能力。（国家发展改革委、交通运输部牵头，工业和信息化部、商务部、国家网信办按职责分工负责，持续推进）

17. 完善物流行业诚信体系。依托全国信用信息共享平台和各类行业信用信息平台、专业化物流信息平台等，加强物流行业与公安、工商、交通、保险等部门的信息共享，建立物流从业单位和从业人员信用信息档案，定期发布严重失信“黑名单”，并通过企业信用信息公示系统、“信用中国”网站等及时向社会公开，完善物流企业及相关责任主体守信激励和失信惩戒机制。（国家发展改革委、交通运输部牵头，人民银行、商务部、公安部、海关总署、质检总局、工商总局、税务总局等部门按职责分工负责，2017 年年底前完成）

18. 加强物流业网络安全保障。加强国家交通运输物流公共信息平台等关键信息基础设施的信息安全等级保护工作，落实数据库安全管理等各项网络安全保障措施，明确网络安全保障责任，保障数据信息安全。建立防范物流业网络安全风险和打击物流业网络违法犯罪工作机制，保障物流业网络安全。（公安部、交通运输部牵头，工业和信息化部、国家发展改革委等部门按职责分工负责，持续推进）

（八）联动融合，构建产业链共赢新格局。

19. 推动物流业与制造业联动发展。结合“中国制造2025”战略部署，鼓励物流企业面向制造业转型升级需求，拓展提升综合服务能力，为生产企业提供采购物流、入厂物流、交付物流、回收物流等精细物流服务，重塑业务流程，建立面向企业用户的一体化智慧供应链管理服务体系，推动物流业与制造业协调发展，进一步降低产业物流成本。（国家发展改革委、工业和信息化部按职责分工负责，持续推进）

20. 促进交通物流融合发展。加强物流服务设施和交通运输干线网络的衔接，加强铁路、港口物流基地与公路的衔接配套，推动建设一批专用铁路、公路进港和引入产业园区项目，完善公路物流枢纽服务功能，解决枢纽布局不合理、集疏运体系不畅、信息孤岛现象突出等问题，推动现代物流与交通运输一体化融合发展，提高综合效率效益和服务水平。（国家发展改革委、交通运输部、中国铁路总公司牵头，国土资源部、住房城乡建设部按职责分工负责，2017年6月底前完成）

21. 促进商贸业与物流业融合发展。加强大数据、云计算等技术应用，探索“商贸+互联网+物流”融合发展新模式，增强物流协同服务能力，提升物流服务质量和效率，降低实体商贸企业的物流成本。加强商贸企业现有渠道资源整合利用，满足电商企业多样化、分散化、及时性销售的物流需求，延伸商贸业的服务链条，促进行业转型升级。（商务部、国家发展改革委、工业和信息化部按职责分工负责，持续推进）

三、保障措施

（九）加大对重要物流基础设施建设的投资支持。

各地发展改革部门要会同相关方面建立重要物流基础设施项目建设的协调机制和绿色审核通道，并将物流基础设施项目纳入现代物流重大工程进行调度，加强横向联动、有机衔接，形成工作合力。（国家发展改革委牵头，2016年年底前完成）中央和地方资金要通过现有渠道积极支持符合条件的多式联运转运设施、城乡配送网络、农产品冷链物流、物流标准化和信息化等物流项目建设，发挥政府投资示范带动作用。（国家发展改革委牵头，商务部、交通运输部、财政部、国家邮政局等部门按职责分工负责，持续推进）

（十）完善落实支持物流业发展的用地政策。

在土地利用总体规划、城市总体规划、综合交通规划、商业网点规划中充分考虑并统筹保障物流业发展的合理用地需求。优化物流业用地空间布局，合理确定用地规模和强度，研究提高土地利用效率，降低土地使用成本。相关开发建设须符合法定规划要求，不得随意更改。（国土资源部、住房城乡建设部牵头，国家发展改革委、商务部按职责分工负责，持续推进）在《城市用地分类与规划建设用地标准》修订工作中，统筹考虑物流配送相关设施用地分类和标准问题。（住房城乡建设部负责，2017年年底前完成）

（十一）拓宽物流企业投资融资渠道。

银行业金融机构要探索适合物流业发展特点的信贷产品和服务方式，在商业可持续、风险可控的前提下，进一步加大信贷支持力度。

积极推动供应链金融服务持续健康发展。支持符合条件的企业通过发行公司债券、企业债券和上市等多种方式拓宽融资渠道，支持物流企业发行非金融企业债务融资工具筹集资金。创新投融资支持方式，鼓励社会资本以市场化方式设立现代物流产业投资基金，支持重点企业重要物流基础设施项目建设，培育形成一批具有较强国际竞争力的现代物流企业集团。（人民银行、银监会、国家发展改革委按职责分工负责，持续推进）

（十二）发挥好行业协会作用。

积极发挥行业协会在行业运行监测、标准制订与宣传推广、职业培训、行业自律、诚信体系建设、国际合作等方面的作用，引导支持企业加快技术创新和服务创新，加强内部管理，提升物流服务水平，共同推动物流行业健康有序发展。（国务院国资委、相关行业协会负责，持续推进）

（十三）加强组织协调和督促检查。

各地区、各有关部门要按照工作分工和完成时限要求，结合本地区、本部门实际，制定具体实施方案，落实工作责任。国家发展改革委要会同有关部门加强工作指导，及时协调解决政策落实中存在的问题，定期总结各项工作进展情况，进行专项督察，适时开展政策实施效果第三方评估工作，重要情况及时报告国务院。

国务院办公厅关于印发危险化学品安全综合治理方案的通知

国办发〔2016〕88 号

各省、自治区、直辖市人民政府，国务院各部委、各直属机构：

《危险化学品安全综合治理方案》已经国务院同意，现印发给你们，请认真贯彻执行。

国务院办公厅
2016 年 11 月 29 日

危险化学品安全综合治理方案

为认真贯彻落实党中央、国务院关于加强安全生产工作的一系列重要决策部署，深刻吸取 2015 年天津港“8 · 12”瑞海公司危险品仓库特别重大火灾爆炸事故教训，巩固近年来开展的提升危险化学品本质安全水平的专项行动和专项整治成果，全面加强危险化学品安全综合治理，有效防范遏制危险化学品重特大事故，确保人民群众生命财产安全，制定本方案。

一、指导思想

全面贯彻党的十八大和十八届三中、四中、五中、六中全会精神，认真落实习近平总书记、李克强总理等党中央、国务院领导同志关于安全生产工作的重要指示批示要求，严格执行安全生产有关法律法规，牢固树立安全发展理念，坚持人民利益至上，坚守安全红线，坚持标本兼治，注重远近结合，深化改革创新，健全体制机制，强化法治，明晰责任，严格监管，落实“党政同责、一岗双责、齐抓共管、失职追责”及“管行业必须管安全、管业务必须管安全、管生产经营必须管安全”的要求，全面加强危险化学品安全管理工作，促进危险化学品安全生产形势持续稳定好转。

二、工作目标

企业安全生产主体责任得到有效落实。涉及危险化学品的各行业安全风险和重大危险源进一步摸清并得到重点管控，人口密集区危险化学品企业搬迁工程全面启动实施，危险化学品信息共享机制初步建立，油气输送管道安全隐患整治攻坚战成果得到巩固。危险化学品安全监管体制进一步理顺、机制进一步完善、法制进一步健全。危险化学品安全生产基础进一步夯实，应急救援能力得到大幅提高，安全保障水平进一步提升，危险化学品重特大事故得到有效遏制。

三、组织领导

危险化学品安全综合治理工作由国务院安全生产委员会（以下简称国务院安委会）组织领导。国务院安委会视情召开危险化学品安全综合治理专题会议，研究部署推动各项工作落实。各有关部门按职责分工做好相关行业领域危险化学品安全综合治理工作。各省、自治区、直辖市人民政府负责组织开展好本行政区域内危险化学品安全综合治理工作。

四、时间进度和工作安排

2016 年 12 月开始至 2019 年 11 月结束，分三个阶段进行。

（一）部署阶段（2016 年 12 月）。各地区、各有关部门要按照总体要求，制定具体实施方案，明确职责，细化措施；要认真开展危险化学品安全综合治理动员部署，进行广泛宣传，营造良好氛围。

（二）整治阶段（2017 年 1 月至 2018 年 3 月开展深入整治，并取得阶段性成果；2018 年 4 月至 2019 年 10 月深化提升）。各地区、各有关部门要精心组织，认真实施，定期开展督导检查，及时解决危险化学品安全综合治理过程中发现的问题，确保各项工作按期完成。

（三）总结阶段（2019 年 11 月）。各地区、各有关部门要认真总结经验成果，形成总结报告并报送国务院安委会办公室，由国务院安委会办公室汇总后报国务院安委会。

五、治理内容、工作措施及分工

（一）全面摸排危险化学品安全风险。

1. 全面摸排风险。公布涉及危险化学品安全风险的行业品种目录，认真组织摸排各行业领域危险化学品安全风险，重点摸排危险化学品生产、储存、使用、经营、运输和废弃处置，以及涉及危险化学品的物流园区、港口、码头、机场和城镇燃气的使用等各环节、各领域的安全风险，建立危险化学品安全风险分布档案。（各有关部门按职责分工负责，2018 年 3 月底前完成）

2. 重点排查重大危险源。认真组织开展危险化学品重大危险源排查，建立危险化学品重大危险源数据库。（各有关部门按职责分工负责，2018 年 3 月底前完成）

（二）有效防范遏制危险化学品重特大事故。

3. 加强高危化学品管控。研究制定高危化学品目录。加强硝酸铵、硝化棉、氰化钠等高危化学品生产、储存、使用、经营、运输和废弃处置全过程管控。（安全监管总局牵头，工业和信息化部、公安部、交通运输部、国家国防科工局等按职责分工负责，2018 年 3 月底前完成）

4. 加强危险化学品重大危险源管控。督促有关企业、单位落实安全生产主体责任，完善监测监控设备设施，对重大危险源实施重点管控。督促落实属地监管责任，建立安全监管部门与各行业主管部门之间危险化学品重大危险

源信息共享机制。（各有关部门按职责分工负责，持续推进）

5. 加强化工园区和涉及危险化学品重大风险功能区及危险化学品罐区的风险管控。部署开展化工园区（含化工相对集中区）和涉及危险化学品重大风险功能区区域定量风险评估，科学确定区域风险等级和风险容量，推动利用信息化、智能化手段在化工园区和涉及危险化学品重大风险功能区建立安全、环保、应急救援一体化管理平台，优化区内企业布局，有效控制和降低整体安全风险。加强化工园区和涉及危险化学品重大风险功能区的应急处置基础设施建设，提高事故应急处置能力。全面深入开展危险化学品罐区安全隐患排查整治。（安全监管总局牵头，国家发展改革委、工业和信息化部、公安部、环境保护部、交通运输部、质检总局、国家海洋局等按职责分工负责，2018 年 3 月底前取得阶段性成果，2018 年 4 月至 2019 年 10 月深化提升）

6. 全面启动实施人口密集区危险化学品生产企业搬迁工程。进一步摸清全国城市人口密集区危险化学品生产企业底数，通过定量风险评估，确定分批关闭、转产和搬迁企业名单。制定城区企业关停并转、退城入园的综合性支持政策，通过专项建设基金等给予支持，充分调动企业和地方政府的积极性和主动性，加快推进城市人口密集区危险化学品生产企业搬迁工作。（工业和信息化部牵头，国家发展改革委、财政部、国土资源部、环境保护部、安全监管总局等按职责分工负责，2018 年 3 月底前取得阶段性成果，2018 年 4 月至 2019 年 10 月深化提升）

7. 加强危险化学品运输安全管控。健全安全监管责任体系，严格按照我国有关法律、法规和强制性国家标准等规定的危险货物包装、装卸、运输和管理要求，落实各部门、各企业和单位的责任，提高危险化学品（危险货物）运输企业准入门槛，督促危险化学品生产、储存、经营企业建立装货前运输车辆、人员、罐体及单据等查验制度，严把装卸关，加强日常监管。（交通运输部、国家铁路局牵头，工业和信息化部、公安部、质检总局、安全监管总局、中国民航局、国家邮政局等按职责分工负责，2018 年 3 月底前取得阶段性成果，2018 年 4 月至 2019 年 10 月深化提升）

8. 巩固油气输送管道安全隐患整治攻坚战成果。突出重点，加快剩余隐患整改进度，全面完成油气输送管道安全隐患整治攻坚任务，杜绝新增隐患。加快完成国家油气输送管道地理信息系统建设工作。明确市、县级油气输送管道保护主管部门，构建油气输送管道风险分级管控、隐患排查治理双重预防性工作机制，建立完善油气输送管道保护和安全管理长效机制。推动管道企业落实主体责任，开展管道完整性管理，强化油气输送管道巡护和管控，全面提升油气输送管道保护和安全管理水平。（国务院油气输送管道安全隐患整改工作领导小组各成员单位按职责分工负责，2017 年 9 月底前完成）

（三）健全危险化学品安全监管体制机制。

9. 进一步健全和完善政府监管责任体系。研究完善危险化学品安全监管体制，加强对危险化学品安全的系统监管。厘清部门职责范围，明确《危险化学品安全管理条例》中危险化学品安全监督管理综合工作的具体内容，消除监管盲区。（安全监管总局、中央编办牵头，国务院法制办等按职责分工负责，2018 年 3 月底前取得阶段性成果，2018 年 4 月至 2019 年 10 月深化提升）

10. 建立更加有力的统筹协调机制。完善现行危险化学品安全生产监管部际联席会议制度，增补相关成员单位，进一步强化统筹协调能力。（安全监管总局牵头，各有关部门按职责分工负责，2018 年 3 月底前完成）

11. 强化行业主管部门危险化学品安全管理责任。按照“管行业必须管安全、管业务必须管安全、管生产经营必须管安全”的要求，严格落实行业主管部门的安全管理责任，负有安全生产监督管理职责的部门要依法履行安全监管责任。国务院安委会有关成员单位要按照国务院的部署和要求，依据法律法规和有关规定要求，研究制定本部门危险化学品安全监管的权力清单和责任清单。（各有关部门按职责分工负责，2018 年 3 月底前完成）

（四）强化对危险化学品安全的依法治理。

12. 完善法律法规体系。进一步完善危险化学品安全法律法规体系，推动制定加强危险化学品安全监督管理的专门法律。（安全监管总局、国务院法制办等按职责分工负责，2018 年 3 月底前完成）加快与国际接轨，根据《联合国关于危险货物运输的建议书》，研究推动《中华人民共和国道路运输条例》修订工作，进一步强化危险货物道路运输措施。（交通运输部、国务院法制办等按职责分工负责，2018 年 3 月底前完成）

13. 完善危险化学品安全标准管理体制。按照国务院印发的《深化标准化工作改革方案》要求，完善统一管理、分工负责的危险化学品安全标准化管理体制，加强危险化学品安全标准统筹协调，制定危险化学品安全标准体系建设规划，进一步明确各部门职责分工。（国家标准委、安全监管总局牵头，工业和信息化部、公安部、住房城乡建设部、交通运输部、安全监管总局、国家能源局、国家铁路局、中国民航局等按职责分工负责，2018 年 3 月底前完成）

14. 制定完善有关标准。尽快制修订化工园区、化工企业、危险化学品储存设施、油气输送管道外部安全防护距离和内部安全布局等相关标准；吸取近年来国内外化工企业重特大事故教训，进一步整合完善化工、石化行业安全设计和建设标准。（国家标准委、安全监管总局牵头，国家发展改革委、工业和信息化部、公安部、环境保护部、住房城乡建设部、交通运输部、国家卫生计生委、国家能源局、国家海洋局、国家铁路局等按职责分工负责，2018 年 3 月底前取得阶段性成果，2018 年 4 月至 2019 年 10 月深化提升）

（五）加强规划布局和准入条件等源头管控。

15. 统筹规划编制。督促各地区在编制地方国民经济和社会发展规划、城市总体规划、土地利用总体规划时，统筹安排危险化学品产业布局。督促各试点地区在推进“多规合一”工作中，充分考虑危险化学品产业布局及安全规划等内容，加强规划实施过程监管。（国家发展改革委、工业和信息化部、公安部、国土资源部、环境保护部、住房城乡建设部、安全监管总局等按职责分工负责，持续推进）

16. 规范产业布局。督促各地区认真落实国家有关危险化学品产业发展布局规划等，加强城市建设与危险化学品产业发展的规划衔接，严格执行危险化学品企业安全生产和环境保护所需的防护距离要求。（国家发展改革委、工业和信息化部牵头，公安部、国土资源部、环境保护部、住房城乡建设部、安全监管总局、国家海洋局等按职责分工负责，2018 年 3 月底前取得阶段性成果，2018 年 4 月至 2019 年 10 月深化提升）

17. 严格安全准入。建立完善涉及公众利益、影响公共安全的危险化学品重大建设项目公众参与机制。在危险化学品建设项目立项阶段，对涉及“两重点一重大”（重点监管的危险化工工艺、重点监管的危险化学品和危险化学品重大危险源）的危险化学品建设项目，实施住房城乡建设、发展改革、国土资源、工业和信息化、公安消防、环境保护、海洋、卫生、安全监管、交通运输等相关部门联合审批。督促地方严格落实禁止在化工园区外新建、扩建危险化学品生产项目的要求。鼓励各地区根据实际制定本地区危险化学品“禁限控”目录。（各有关部门按职责分工负责，2018 年 3 月底前取得阶段性成果，2018 年 4 月至 2019 年 10 月深化提升）

18. 加强危险化学品建设工程设计、施工质量的管理。严格落实《建设工程勘察设计管理条例》《建设工程质量管理条例》等法规要求，强化从事危险化学品建设工程设计、施工、监理等单位的资质管理，落实危险化学品生产装置及储存设施设计、施工、监理单位的质量责任，依法严肃追究因设计、施工质量而导致生产安全事故的设计、施工、监理单位的责任。（住房城乡建设部、质检总局、安全监管总局等按职责分工负责，2018 年 3 月底前取得阶段性成果，2018 年 4 月至 2019 年 10 月深化提升）

（六）依法推动企业落实主体责任。

19. 加强安全生产有关法律法规贯彻落实。梳理涉及危险化学品安全管理的法律法规，对施行 3 年以上的开展执行效果评估并推动修订完善。加强相关法律法规和标准规范的宣传贯彻，督促企业进一步增强安全生产法治意识，定期对照安全生产法律法规进行符合性审核，提高企业依法生产经营的自觉性、主动性。（各有关部门按职责分工负责，持续推进）

20. 认真落实“一书一签”要求。督促危险化学品生产企业和进出口单位严格执行“一书一签”（安全技术说明书、安全标签）要求，确保将危险特性和处置要求等安全信息及时、准确、全面地传递给下游企业、用户、使用人员以及应急处置人员。危险化学品（危险货物）托运人要采取措施及时将危险化学品（危险货物）相关信息传递给相关部门和人员。（工业和信息化部、公安部、交通运输部、商务部、质检总局、安全监管总局等按职责分工负责，持续推进）

21. 推进科技强安。推动化工企业加大安全投入，新建化工装置必须装备自动化控制系统，涉及“两重点一重大”的化工装置必须装备安全仪表系统，危险化学品重大危险源必须建立健全安全监测监控体系。加速现有企业自动化控制和安全仪表系统改造升级，减少危险岗位作业人员，鼓励有条件的企业建设智能工厂，利用智能化装备改造生产线，全面提升本质安全水平。大力推广应用风险管理、化工过程安全管理等先进管理方法手段，加强消防设施装备的研发和配备，提升安全科技保障能力。（安全监管总局、科技部、工业和信息化部、公安部等按职责分工负责，持续推进）

22. 深入推进安全生产标准化建设。根据不同行业特点，积极采取扶持措施，引导鼓励危险化学品企业持续开展安全生产标准化建设；选树一批典型标杆，充分发挥示范引领作用，推动危险化学品企业落实安全生产主体责任。（各有关部门按职责分工负责，持续推进）

23. 严格规范执法检查。强化依法行政，加强对危险化学品企业执法检查，规范检查内容，完善检查标准，提高执法检查的专业性、精准性、有效性，依法严厉处罚危险化学品企业违法违规行为，加大对违法违规企业的曝光力度。（各有关部门按职责分工负责，2018 年 3 月底前取得阶段性成果，2018 年 4 月至 2019 年 10 月深化提升）

24. 依法严肃追究责任。加大对发生事故的危险化学品企业的责任追究力度，依法严肃追究事故企业法定代表人、实际控制人、主要负责人、有关管理人员的责任，推动企业自觉履行安全生产责任。（各有关部门按职责分工负责，持续推进）

25. 建立实施“黑名单”制度。督促各地区加强企业安全生产诚信体系建设，建立危险化学品企业“黑名单”制度，及时将列入黑名单的企业在“信用中国”网站和企业信用信息公示系统公示，定期在媒体曝光，并作为工伤保险、安全生产责任保险费率调整确定的重要依据；充分利用全国信用信息共享平台，进一步健全失信联合惩戒机制。（安全监管总局牵头，国家发展改革委、工业和信息化部、公安部、财政部、人力资源社会保障部、国土资源部、环境保护部、人民银行、税务总局、工商总局、保监会等按职责分工负责，2018 年 3 月底前完成）

26. 严格危险化学品废弃处置。督促各地区加强危险化学品废弃处置能力建设，强化企业主体责任，按照“谁产生、谁处置”的原则，及时处置废弃危险化学品，消除安全隐患。加强危险化学品废弃处置过程的环境安全管理。（环境保护部负责，2018 年 3 月底前完成）

（七）大力提升危险化学品安全保障能力。

27. 强化危险化学品安全监管能力建设。加强负有危险化学品安全监管职责部门的监管力量，制定危险化学品安全监管机构和人员能力建设以及检查设备设施配备要求，强化危险化学品安全监管队伍建设，实现专业监管人员配比不低于在职人员 75% 的要求，提高依法履职的能力水平。（各有关部门按职责分工负责，2018 年 3 月底前完成）

28. 积极利用社会力量，助力危险化学品安全监管。要创新监管方式，加强中介机构力量的培育，利用政府购买服务等方式，充分发挥行业协会、注册安全工程师事务所、安全生产服务机构、保险机构等社会力量的作用，持续提升危险化学品安全监管水平，增强监管效果。（各有关部门按职责分工负责，持续推进）

29. 严格安全、环保评价等第三方服务机构监管。负责安全、环保评价机构资质审查审批的有关部门要认真履行日常监管职责，提高准入门槛，严格规范安全评价和环境影响评价行为，对弄虚作假、不负责任、有不良记录的安全、环保评价机构，依法降低资质等级或者吊销资质证书，追究相关责任并在媒体曝光。（各有关部门按职责分工负责，2018 年 3 月底前取得阶段性成果，2018 年 4 月至 2019 年 10 月深化提升）

30. 借鉴国际先进经验，防范重特大事故。及早启动开展国际劳工组织《预防重大工业事故公约》（第 174 号）批准相关工作，鼓励化工企业借鉴采用国际安全标准。（人力资源社会保障部牵头，外交部、工业和信息化部、安全监管总局等按职责分工负责，2018 年 3 月底前完成）

（八）加强危险化学品安全监管信息化建设。

31. 完善危险化学品登记制度。加强危险化学品登记工作，建立全国危险化学品企业信息数据库，并实现部门数据共享。（安全监管总局牵头，工业和信息化部、环境保护部、农业部、国家卫生计生委、国家国防科工局等按职责分工负责，2018 年 3 月底前取得阶

段性成果，2018 年 4 月至 2019 年 10 月深化提升）

32. 建立全国危险化学品监管信息共享平台。依托政府数据统一共享交换平台，建立危险化学品生产（含进口）、储存、使用、经营、运输和废弃处置企业大数据库，形成政府建设管理、企业申报信息、数据共建共享、部门分工监管的综合信息平台。鼓励企业建立安全管理信息平台，提高企业自身安全管理能力。灵活运用各种方式，探索实施易燃易爆有毒危险化学品电子追踪标识制度，及时登记记录全流向、闭环化的危险化学品信息数据，基本实现危险化学品全生命周期信息化安全管理及信息共享。（工业和信息化部牵头，国家发展改革委、公安部、环境保护部、交通运输部、农业部、海关总署、质检总局、安全监管总局、国家国防科工局、国家海洋局、国家铁路局、中国民航局等按职责分工负责，2018 年 3 月底前取得阶段性成果，2018 年 4 月至 2019 年 10 月深化提升）

33. 建设国家危险化学品安全公共服务互联网平台。依托安全监管总局化学品登记中心，设立国家危险化学品安全公共服务互联网平台，公布咨询电话，公开已登记的危险化学品相关信息，为社会公众、相关单位以及政府提供危险化学品安全咨询和应急处置技术支持服务。（安全监管总局牵头，工业和信息化部等有关部门按职责分工负责，2018 年 3 月底前取得阶段性成果，2018 年 4 月至 2019 年 10 月深化提升）

（九）加强危险化学品应急救援工作。

34. 进一步规范应急处置要求。制定更加规范的危险化学品事故接处警和应急处置规程，完善现场处置程序，探索建立专业现场指挥官制度，坚持以人为本、科学施救、安全施救、有序施救，有效防控应急处置过程风险，避免发生次生事故事件，推动实施科学化、精细化、规范化、专业化的应急处置。（安全监管总局牵头，公安部、环境保护部、交通运输部等按职责分工负责，2018 年 3 月底前完成）

35. 加大资金支持力度。有效利用安全生产预防及应急专项资金，引导地方政府加大危险化学品应急方面的投入。探索安全生产责任保险在事故处置过程中发挥作用的方法。（财政部牵头，安全监管总局等按职责分工负责，持续推进）

36. 强化危险化学品专业应急能力建设。制定危险化学品应急能力建设法规标准，规范救援队伍的指挥调度、装备配备和训练考核，建立统一指挥、快速反应、装备精良、训练有素的危险化学品应急救援力量体系。完善国家危险化学品应急救援（实训）基地能力建设方案，优化应急力量布局和装备设施配备，健全应急物资储备与调运机制，开展环境应急监测及处理能力建设。督促危险化学品生产经营企业强化应急救援能力。将相关应急救援力量纳入统一调度体系。（安全监管总局牵头，国家发展改革委、财政部、国家海洋局等按职责分工负责，持续推进）

37. 加强危险化学品应急预案管理。简化、完善危险化学品相关应急预案编制以及应急演练要求，积极推行使用应急处置卡。定期组织开展联合演练，根据演练评估结果及时修订完善应急预案，进一步提高应急预案的科学性、针对性、实用性和可操作性。确保企业应急预案与地方政府及其部门相关预案衔接畅通。（安全监管总局负责，2018 年 3 月底前取得阶段性成果，2018 年 4 月至 2019 年 10 月深化提升）

（十）加强危险化学品安全宣传教育和人

才培养。

38. 大力推进危险化学品安全宣传普及。建立定期的危险化学品企业和化工园区公众开放日制度，创新方式方法，加强正面主动引导，开展多种形式的宣传普及活动，不断提高全社会的安全意识与对危险化学品的科学认知水平。（安全监管总局牵头，教育部、科技部、新闻出版广电总局等按职责分工负责，持续推进）

39. 加强化工行业管理人才培养。推动各地区加快人才培养，开展化工高层次人才培养和开办化工安全网络教育，加强化工行业安全管理人员培训。（教育部、安全监管总局等按职责分工负责，2018 年 3 月底前取得阶段性成果，2018 年 4 月至 2019 年 10 月深化提升）

40. 加快化工产业工人培养。推动化工企业通过定向培养、校企联合办学和学徒制等方式，加快产业工人培养，确保涉及“两重点一重大”生产装置、储存设施的操作人员达到岗位技能要求。（教育部、人力资源社会保障部、安全监管总局等按职责分工负责，持续推进）研究制定加快化工产业工人培养的指导意见，加快培养具有较强安全意识、较高操作技能的工人队伍，有效缓解化工产业人才缺乏的问题。（安全监管总局牵头，教育部、人力资源社会保障部等按职责分工负责，持续推进）

六、工作要求

（一）各地区、各有关部门要按照工作分工和完成时限要求，结合本地区、本部门实际制定具体实施方案，落实工作责任，并于 2016 年 12 月底前将本地区、本部门的实施方案报送国务院安委会办公室。各有关部门要分别确定 1 名司局级联络员和 1 名工作人员负责日常工作的联系和协调，并将名单报送国务院安委会办公室。

（二）各地区、各有关部门要高度重视危险化学品安全综合治理工作，加强组织领导，密切协调配合，精心组织实施，确保取得实效，并按季度向国务院安委会办公室报送工作进展情况。国务院安委会办公室要定期通报工作信息，适时组织对各地区、各有关部门开展危险化学品安全综合治理工作的情况进行督察。

部委发文

道路运输车辆技术管理规定

（交通运输部令 2016 年第 1 号　2016 年 1 月 25 日）

第一章　总　则

第一条　为加强道路运输车辆技术管理，保持车辆技术状况良好，保障运输安全，发挥车辆效能，促进节能减排，根据《中华人民共和国安全生产法》《中华人民共和国节约能源法》《中华人民共和国道路运输条例》等法律、行政法规，制定本规定。

第二条　道路运输车辆技术管理适用本规定。

本规定所称道路运输车辆包括道路旅客运输车辆（以下简称客车）、道路普通货物运输车辆（以下简称货车）、道路危险货物运输车辆（以下简称危货运输车）。

本规定所称道路运输车辆技术管理，是指对道路运输车辆在保证符合规定的技术条件和按要求进行维护、修理、综合性能检测方面所做的技术性管理。

第三条　道路运输车辆技术管理应当坚持分类管理、预防为主、安全高效、节能环保的原则。

第四条　道路运输经营者是道路运输车辆技术管理的责任主体，负责对道路运输车辆实行择优选配、正确使用、周期维护、视情修理、定期检测和适时更新，保证投入道路运输经营的车辆符合技术要求。

第五条　鼓励道路运输经营者使用安全、节能、环保型车辆，促进标准化车型推广运用，加强科技应用，不断提高车辆的管理水平和技术水平。

第六条　交通运输部主管全国道路运输车辆技术管理监督。

县级以上地方人民政府交通运输主管部门负责本行政区域内道路运输车辆技术管理监督。

县级以上道路运输管理机构具体实施道路运输车辆技术管理监督工作。

第二章　车辆基本技术条件

第七条　从事道路运输经营的车辆应当符合下列技术要求：

（一）车辆的外廓尺寸、轴荷和最大允许总质量应当符合《道路车辆外廓尺寸、轴荷及质量限值》（GB 1589）的要求。

（二）车辆的技术性能应当符合《道路运输车辆综合性能要求和检验方法》（GB 18565）的要求。

（三）车型的燃料消耗量限值应当符合《营运客车燃料消耗量限值及测量方法》（JT 711）、《营运货车燃料消耗量限值及测量方法》（JT 719）的要求。

（四）车辆技术等级应当达到二级以上。危货运输车、国际道路运输车辆、从事高速公路客运以及营运线路长度在800公里以上的客车，技术等级应当达到一级。技术等级评定方法应当符合国家有关道路运输车辆技术等级划分和评定的要求。

（五）从事高速公路客运、包车客运、国际道路旅客运输，以及营运线路长度在800公里以上客车的类型等级应当达到中级以上。其类型划分和等级评定应当符合国家有关营运客车类型划分及等级评定的要求。

（六）危货运输车应当符合《汽车运输危险货物规则》（JT 617）的要求。

第八条　道路运输管理机构应当加强从事道路运输经营车辆的管理，对不符合本规定的车辆不得配发道路运输证。

在对挂车配发道路运输证和年度审验时，应当查验挂车是否具有有效行驶证件。

第九条　禁止使用报废、擅自改装、拼装、检测不合格以及其他不符合国家规定的车辆从事道路运输经营活动。

第三章　技术管理的一般要求

第十条　道路运输经营者应当遵守有关法律法规、标准和规范，认真履行车辆技术管理的主体责任，建立健全管理制度，加强车辆技术管理。

第十一条　鼓励道路运输经营者设置相应的部门负责车辆技术管理工作，并根据车辆数量和经营类别配备车辆技术管理人员，对车辆实施有效的技术管理。

第十二条　道路运输经营者应当加强车辆维护、使用、安全和节能等方面的业务培训，提升从业人员的业务素质和技能，确保车辆处于良好的技术状况。

第十三条　道路运输经营者应当根据有关道路运输企业车辆技术管理标准，结合车辆技术状况和运行条件，正确使用车辆。

鼓励道路运输经营者依据相关标准要求，制定车辆使用技术管理规范，科学设置车辆经济、技术定额指标并定期考核，提升车辆技术管理水平。

第十四条　道路运输经营者应当建立车辆技术档案制度，实行一车一档。档案内容应当主要包括：车辆基本信息，车辆技术等级评定、客车类型等级评定或者年度类型等级评定复核、车辆维护和修理（含《机动车维修竣工出厂合格证》）、车辆主要零部件更换、车辆变更、行驶里程、对车辆造成损伤的交通事故等记录。档案内容应当准确、翔实。

车辆所有权转移、转籍时，车辆技术档案应当随车移交。

道路运输经营者应当运用信息化技术做好道路运输车辆技术档案管理工作。

第四章　车辆维护与修理

第十五条　道路运输经营者应当建立车辆维护制度。

车辆维护分为日常维护、一级维护和二级维护。日常维护由驾驶员实施，一级维护和二级维护由道路运输经营者组织实施，并做好记录。

第十六条　道路运输经营者应当依据国家有关标准和车辆维修手册、使用说明书等，结合车辆类别、车辆运行状况、行驶里程、道路条件、使用年限等因素，自行确定车辆维护周期，确保车辆正常维护。

车辆维护作业项目应当按照国家关于汽车维护的技术规范要求确定。

道路运输经营者可以对自有车辆进行二级维护作业，保证投入运营的车辆符合技术管理要求，无须进行二级维护竣工质量检测。

道路运输经营者不具备二级维护作业能力的，可以委托二类以上机动车维修经营者进行二级维护作业。机动车维修经营者完成二级维护作业后，应当向委托方出具二级维护出厂合格证。

第十七条　道路运输经营者应当遵循视情修理的原则，根据实际情况对车辆进行及时修理。

第十八条　道路运输经营者用于运输剧毒化学品、爆炸品的专用车辆及罐式专用车辆（含罐式挂车），应当到具备道路危险货物运输车辆维修资质的企业进行维修。

前款规定专用车辆的牵引车和其他运输危险货物的车辆由道路运输经营者消除危险货物的危害后，可以到具备一般车辆维修资质的企业进行维修。

第五章　车辆检测管理

第十九条　道路运输经营者应当定期到机动车综合性能检测机构，对道路运输车辆进行综合性能检测。

第二十条　道路运输经营者应当自道路运输车辆首次取得“道路运输证”当月起，按照下列周期和频次，委托汽车综合性能检测机构进行综合性能检测和技术等级评定：

（一）客车、危货运输车自首次经国家机动车辆注册登记主管部门登记注册不满 60 个月的，每 12 个月进行 1 次检测和评定；超过 60 个月的，每 6 个月进行 1 次检测和评定。

（二）其他运输车辆自首次经国家机动车辆注册登记主管部门登记注册的，每 12 个月进行 1 次检测和评定。

第二十一条　客车、危货运输车的综合性能检测应当委托车籍所在地汽车综合性能检测机构进行。

货车的综合性能检测可以委托运输驻在地汽车综合性能检测机构进行。

第二十二条　道路运输经营者应当选择通过质量技术监督部门的计量认证、取得计量认证证书并符合《汽车综合性能检测站能力的通用要求》（GB 17993）等国家相关标准的检测机构进行车辆的综合性能检测。

第二十三条　汽车综合性能检测机构对新进入道路运输市场车辆应当按照《道路运输车辆燃料消耗量达标车型表》进行比对。对达标的新车和在用车辆，应当按照《道路运输车辆综合性能要求和检验方法》（GB 18565）、《道路运输车辆技术等级划分和评定要求》（JT/T 198）实施检测和评定，出具全国统一式样的道路运输车辆综合性能检测报告，评定车辆技术等级，并在报告单上标注。车籍所在地县级以上道路运输管理机构应当将车辆技术等级在“道路运输证”上标明。

汽车综合性能检测机构应当确保检测和评定结果客观、公正、准确，对检测和评定结果承担法律责任。

第二十四条 道路运输管理机构和受其委托承担客车类型等级评定工作的汽车综合性能检测机构，应当按照《营运客车类型划分及等级评定》（JT/T 325）进行营运客车类型等级评定或者年度类型等级评定复核，出具统一式样的客车类型等级评定报告。

第二十五条 汽车综合性能检测机构应当建立车辆检测档案，档案内容主要包括：车辆综合性能检测报告（含车辆基本信息、车辆技术等级）、客车类型等级评定记录。

车辆检测档案保存期不少于两年。

第六章 监督检查

第二十六条 道路运输管理机构应当按照职责权限对道路运输车辆的技术管理进行监督检查。

道路运输经营者应当对道路运输管理机构的监督检查予以配合，如实反映情况，提供有关资料。

第二十七条 道路运输管理机构应当将车辆技术状况纳入道路运输车辆年度审验内容，查验以下相应证明材料：

（一）车辆技术等级评定结论；

（二）客车类型等级评定证明。

第二十八条 道路运输管理机构应当建立车辆管理档案制度。档案内容主要包括：车辆基本情况，车辆技术等级评定、客车类型等级评定或年度类型等级评定复核、车辆变更等记录。

第二十九条 道路运输管理机构应当将运输车辆的技术管理情况纳入道路运输企业质量信誉考核和诚信管理体系。

第三十条 道路运输管理机构应当积极推广使用现代信息技术，逐步实现道路运输车辆技术管理信息资源共享。

第七章 法律责任

第三十一条 违反本规定，道路运输经营者有下列行为之一的，县级以上道路运输管理机构应当责令改正，给予警告；情节严重的，处以1000元以上5000元以下罚款：

（一）道路运输车辆技术状况未达到《道路运输车辆综合性能要求和检验方法》（GB18565）的；

（二）使用报废、擅自改装、拼装、检测不合格以及其他不符合国家规定的车辆从事道路运输经营活动的；

（三）未按照规定的周期和频次进行车辆综合性能检测和技术等级评定的；

（四）未建立道路运输车辆技术档案或者档案不符合规定的；

（五）未做好车辆维护记录的。

第三十二条 违反本规定，道路运输车辆综合性能检测机构有下列行为之一的，县级以上道路运输管理机构不予采信其检测报告，并抄报同级质量技术监督主管部门处理。

（一）不按技术规范对道路运输车辆进行检测的；

（二）未经检测出具道路运输车辆检测结果的；

（三）不如实出具检测结果的。

第三十三条 道路运输管理机构工作人员

在监督管理工作中滥用职权、玩忽职守、徇私舞弊的，依法给予行政处分；构成犯罪的，由司法机关依法处理。

第八章 附 则

第三十四条 本规定自2016年3月1日起施行。原交通部发布的《汽车运输业车辆技术管理规定》（交通部令1990年第13号）、《道路运输车辆维护管理规定》（交通部令2001年第4号）同时废止。

交通运输部办公厅 2016年1月25日印发

交通运输部关于严格落实法律法规要求加强危险化学品港口作业安全监管的若干意见

（交水发〔2016〕13号　2016年1月28日）

各有关省、自治区、直辖市交通运输厅（委）：

当前，随着国民经济和社会的持续快速发展，我国港口危险化学品储存、装卸作业的品种和数量还在不断增加，港口安全生产仍然面临着十分严峻的形势。为深入贯彻落实习近平总书记、李克强总理等中央领导同志关于安全生产的重要指示批示精神，严格落实港口行政管理等相关部门的安全生产监督管理责任，对照港口危险化学品安全管理的法律法规标准，督促危险化学品港口企业落实安全生产主体责任，全面推行安全生产风险管理，全方位夯实安全生产基础，坚决防范重特大事故发生，现结合部近期开展的交通运输行业危险化学品和易燃易爆物品安全专项整治情况，对进一步加强危险化学品港口作业安全监督管理工作提出以下意见：

一、严格执行安全设施“三同时”制度

（一）严格危险化学品港口建设项目安全条件审查。港口行政管理部门应当督促建设单位严格履行基本建设程序，未履行核准和备案手续的不得开工建设。对未经当地规划许可、超越当地规划许可范围的危险化学品港口建设项目，港口行政管理部门不得进行安全条件审查。审查中发现不符合相关国家标准、行业标准规定的危险化学品港口建设项目，港口行政管理部门不得通过安全条件审查。安全条件审查结果应当向社会公开。安全条件审查未通过的危险化学品港口建设项目不得开工建设，擅自开工建设的要依法责令其停止建设。

（二）严格安全设施设计审查和消防设计审核。未通过安全设施设计审查的危险化学品港口建设项目，一律不得开工建设。已开工的应依法依规责令停止建设，已投入运营的应依法依规责令停产停业整改。港口建设项目应当依法依规报经公安机关消防机构进行消防设计审核，未经依法审核或审核不合格的一律不得施工。

（三）严格安全设施、消防设施建设和竣工验收管理。危险化学品港口建设项目安全设施应严格按照批准的设计进行施工，工程质量应符合法律、法规和技术规范的要求，并与主

体工程同时建成，未经验收合格的项目不得投入生产。港口建设项目应当依法依规报经公安机关消防机构进行消防验收，未经消防验收或验收不合格的禁止投入使用，已投入运营的应依法依规责令停产停业整改。

（四）严格港区内储存危险化学品建设项目竣工验收。依据《安全生产法》第 31 条“用于生产、储存危险物品的建设项目竣工投入生产或者使用前，应当由建设单位负责组织对安全设施进行验收；验收合格后，方可投入生产和使用”。港口行政管理部门要督促港区内储存危险化学品建设项目的建设单位依法组织安全设施竣工验收，并自觉接受安全生产监督管理部门对竣工验收活动和验收结果的监督核查。对于装卸危险化学品码头建设项目（含与泊位相连的后方堆场）的竣工验收按部现有管理规定执行。

二、严格经营许可

（五）严把新申请港口经营许可关。对于新申请危险化学品港口经营资质的企业，港口行政管理部门要在认真核查安全设施专项验收合格证明、危险化学品港口作业设施设备、应急处置设备设施、从业人员资质等条件的基础上，按照《港口经营管理规定》和《港口危险货物安全管理规定》的许可条件核发“港口经营许可证”，对每个具体的危险化学品作业场所配发“港口危险货物作业附证”，并将许可发证信息及时公开，接受社会监督。

（六）严把已取得港口经营许可核查关。对于已取得危险化学品港口经营资质的企业，港口行政管理部门要逐个核查，认真进行经营资质年度核验，发现企业不具备法律、法规、规章、国家标准、行业标准规定的安全生产和经营条件的，或者存在超许可范围（货种、数量、作业方式）经营等违法行为的，应立即依法限期整改，逾期不改正的应依法撤销其经营资质。

三、严格从业人员培训和资质管理

（七）督促企业加强安全生产教育培训。港口行政管理部门要依法加强对企业安全培训情况的检查，督促企业制订安全生产培训计划，保障安全培训经费，建立健全培训管理档案和制度，依法组织对从业人员进行安全生产培训，切实提高从业人员的素质，达不到上岗要求的，坚决不能上岗。

（八）严格从业资格管理把好适任关。港口行政管理部门、海事管理机构要督促企业的装卸管理人员、船载危险化学品申报员和集装箱装箱现场检查员取得法律法规规定的从业资格。要严格执行考核制度，确保相关从业人员满足要求；加强日常监督管理，督促持证人员依法履职，严厉查处违法行为。

四、严格危险化学品作业监督管理

（九）严格督促企业履行作业报告制度。港口行政管理部门要督促企业在危险化学品装卸、过驳作业开始 24 小时前，将危险化学品品名、数量、理化性质、作业地点和时间、安全防范措施等事项向港口行政管理部门报告。

（十）严把作业审核批准关。港口行政管理部门要在接到企业的作业报告后 24 小时内作出是否同意作业的决定。发现与经营许可不一致的不得批准。未经港口行政管理部门批准的，不得进行危险化学品港口作业；未按批准作业的，应立即停止作业，进行整改。同时要做好与海事管理机构相关信息的互通互报。

（十一）严把强制性标准执行检查关。港口行政管理部门要督促有关企业严格执行危险化学品集装箱堆场的作业要求。《危险货物分类和品名编号》（GB 6944）中规定的 1.1 项、1.2 项爆炸品和硝酸铵类物质的危险化学品集装箱，应实行直装直取，不准在港区内存放；除 1.1 项、1.2 项以外的爆炸品、2 类气体和 7 类放射性物质的危险化学品集装箱的堆场存放，应经具有资质的中介机构安全评价和港口行政管理部门批准后，可以限时限量存放；易燃易爆危险化学品集装箱，最高只允许堆码二层，其他危险化学品集装箱不超过三层，并根据不同性质的危险化学品，依据《危险货物集装箱港口作业安全规程》（JT 397）做好有效的隔离，保障消防通道畅通；严禁超设计能力堆存危险化学品。

（十二）严把船载集装箱危险化学品的现场检查关。各级海事管理机构要加强对船载集装箱危险化学品的现场检查，发现船载集装箱危险化学品不符合《海运危险货物集装箱装箱安全技术要求》（JT 672）、《货物运输组件装载实操规则》（IMO/ILO/UNECE）的，或不满足积载隔离要求的，要及时予以纠正，并做好检查记录。同时，加强诚信管理，坚决制止和打击瞒报行为。

五、严格重大危险源管理

（十三）严格督促企业履行重大危险源安全管理关。港口行政管理部门要按照《港口危险货物重大危险源监督管理办法（试行）》（交水发〔2013〕274 号）的要求，督促企业做好港口重大危险源的辨识评估、登记建档和安全管理等工作。企业应当建立健全港口重大危险源安全管理制度，落实安全技术措施；规范定期检查和日常巡查；发现隐患要及时予以消除，要建立健全港口重大危险源安全监测监控体系。

（十四）严把重大危险源备案关。依据《安全生产法》第 37 条“重大危险源报有关地方人民政府安全生产监督管理部门和有关部门备案”和《危险化学品条例》第 25 条“剧毒化学品以及储存数量构成重大危险源的其他危险化学品，报所在地县级人民政府安全生产监督管理部门（在港区内储存的，报港口行政管理部门）和公安机关备案”的要求，港口行政管理部门要督促企业将重大危险源报上述部门备案，并建立重大危险源动态管理档案。

六、严格现场安全监督检查

（十五）严格现场检查的范围、程序、内容。现场检查重点区域包括危险化学品装卸码头、危险化学品罐区、危险化学品集装箱堆场及危险化学品仓库。港口行政管理部门应制订年度安全生产监督检查计划，聘请组织专家协助检查，加强痕迹管理，对检查内容应做书面记录，现场要与被检查企业负责人签字确认。检查记录要建立专门档案备查。检查的重点内容包括企业经营资质情况、安全设施的配置和可靠性、消防应急设施的有效性、安全管理机构和人员配备及持证情况、从业人员安全教育培训情况、安全管理制度和操作规程执行情况、应急预案制定及演练情况、重大危险源监控和管理情况等。同时，对检查走过场，不认真履职的检查人员，要加大责任追究力度。

（十六）严格督促企业隐患整改。港口行

政管理部门要按照《安全生产法》第 38 条的规定建立健全事故隐患治理督办制度，对查出的隐患形成书面处理意见，实行闭环管理，并建立整改档案。能立即整改的要督促企业立即整改；一时难以完成整改的，要求企业落实整改措施、责任、资金、时限和预案；隐患严重的要依法责令停产整顿；对经整改仍达不到要求的，要立即依法予以关闭。同时，港口行政管理部门要建立“黑名单”和曝光台制度，加强对安全生产隐患的曝光，发挥公众监督作用，推动安全生产隐患整改。鼓励企业建立内部安全生产隐患举报和奖惩制度，营造人人关注安全的良好氛围。

（十七）积极推行政府购买服务，创新监管模式。港口行政管理部门要积极推行以政府购买服务的形式开展危险化学品港口监督核查，聘请第三方专业机构对企业进行深入全面核查，明确核查的范围、内容、要求，形成安全核查报告，并根据核查情况下发整改通知书，委托专业机构对整改情况进行跟踪评估。

七、着力加强监管能力建设

（十八）推动解决监管机构、人员、经费、装备不足问题。港口行政管理部门要定期向地方政府报告危险化学品港口安全监管情况和需要解决的问题，推动解决港口安全生产监管机构（部门）、专职监管人员、监管经费配置不足的问题；配备必要的执法车辆、检测设备、应急装备、调查取证装备、个人防护设备；对安全监管人员进行系统的安全监管教育培训，逐步建立与安全监管职责相匹配的安全监管能力。

（十九）通过信息化手段提升安全管理水平。港口行政管理部门要督促企业建立信息化管理系统，完善危险化学品作业基础数据库，内容包括危险化学品种类及数量、存放地点、理化特性、货主信息、安全技术措施、消防应急措施等，上述信息应及时与相关管理部门共享。港口行政管理部门要向地方政府积极争取信息系统建设配套资金，建立完善监管对象的基本信息档案系统，建设安全监管信息系统，实现动态监管，提升日常安全管理水平和紧急状况下的决策指挥能力。

八、严格应急管理

（二十）严格督促企业提高应急处置能力。港口行政管理部门要督促企业按规定建立完善事故应急救援体系，配备应急器材、设备，并定期开展应急救援演练，提高企业相关人员的应急处置能力。

（二十一）建立完善港区危险化学品事故应急救援体系。港口行政管理部门应当建立和完善危险化学品事故应急救援体系，提高危险化学品事故应急预案的可操作性，推动建立专业化应急队伍，定期组织开展应急培训和事故应急救援演练，提高应急能力。

（二十二）推动建立应急物资储备库。在当地政府的统一领导下，港口行政管理部门要积极与当地安监部门沟通协调，推动在危险化学品装卸和存储量大的集中连片区域建设应急物资储备库，提升有效的应急救援能力。

九、着力加强协同机制建设

（二十三）加强协同监管能力建设。港口行政管理部门要在当地政府统一领导下，加强与公安、安监、环保、海关、质检等相关部门和周边地区的沟通协作、密切配合，进一步建立健全协调联动工作机制和应急反应机制，实现危险化学品港口企业基本信息、隐患排查治理信息等安全监管信息的互联互通，加强对危险化学品港口罐区、库（堆）场等领域的联合执法，形成监管合力。

（二十四）进一步厘清安全监管职责。对港区内独立建设的危险化学品仓库、危险化学品集装箱周转堆场、危险化学品储罐等建设管理职责与安全监管职责主体尚不明确的地区，港口行政管理部门要主动书面报当地人民政府，进一步明确各有关部门之间的职责分工。

交通运输部办公厅关于贯彻实施《道路运输车辆技术管理规定》的通知

（交办运〔2016〕16号 2016年2月2日）

各省、自治区、直辖市、新疆生产建设兵团交通运输厅（局、委）：

为加强道路运输车辆技术管理，保持车辆技术状况良好，交通运输部对1990年颁布的《汽车运输业车辆技术管理规定》（交通部令1990年第13号，以下简称13号令）进行了修订，并于2016年1月22日重新颁布《道路运输车辆技术管理规定》（交通运输部令2016年第1号，以下简称《规定》），自2016年3月1日起实施。为做好《规定》的贯彻实施工作，经交通运输部同意，现将有关事项通知如下：

一、深刻认识《规定》贯彻实施的重大意义

《规定》是依据《道路运输条例》，根据道路运输行业对营运车辆技术管理需求的变化，在全面梳理和总结近年来道路运输车辆技术管理工作经验基础上修订的。与原13号令相比，《规定》对车辆维护制度进行了重点改革，进一步明确了道路运输经营者车辆技术管理的主体责任，对车辆技术管理确定了“择优选配、正确使用、周期维护、视情修理、定期检测、适时更新”的原则，经营者可以自行确定维护周期，自觉组织实施车辆维护，重新划分了道路运输车辆技术等级，调整了客车、危货运输车综合性能检测和技术等级评定周期和频次。

《规定》的实施，对于加快构建我国道路运输车辆技术管理新格局，保障车辆技术状况良好，保证行车安全，发挥车辆效能，促进节能减排，推动道路运输行业健康可持续发展具有重要意义。各级交通运输部门要按照党中央、国务院全面推进依法行政、简政放权、优化服务的精神，充分认识贯彻实施《规定》的重要意义，增强责任感、使命感和紧迫感，采取切实可行的措施，扎实做好《规定》的贯彻实施工作，使道路运输车辆技术管理工作更好地服务于“四个交通”发展。

二、准确把握《规定》的精神实质和主要内容

（一）《规定》重新确立了道路运输车辆技术管理原则和方针。

《规定》针对我国新时期道路运输车辆技术管理的特点，参考借鉴了国外商用车管理的先进经验，明确了道路运输车辆技术管理应当坚持“分类管理、预防为主、安全高效、节能环保”的方针和“择优选配、正确使用、周期维护、视情修理、定期检测和适时更新”的原则。

（二）《规定》细化明确了经营者、管理者的道路运输车辆技术管理职责。

道路运输经营者是道路运输车辆技术管理的责任主体，对保持车辆良好技术状况，确保车辆运行安全、高效、节能、环保负第一责任。机动车维修经营者是车辆维护、修理的实施主体，为道路运输车辆的维护和修理提供服务保障。机动车综合性能检测机构是保障道路运输车辆良好技术状况的技术支撑，对其检测评定的结果承担相应法律责任。各级交通运输部门按照法定职责权限，对经营者实施车辆技术管理规定的情况进行监督。

（三）《规定》全面改革了道路运输车辆维护制度。

《规定》将车辆维护周期由管理部门统一规定，改为由经营者自行确定车辆维护周期，自行组织实施，将保持车辆良好技术状况的责任落实到经营者。《规定》以车辆维护制度改革为切入点，遵循技术与经济相结合的原则，最大限度地提高经营者责任意识，发挥经营者作为车辆技术管理的责任主体的主观能动性。同时，《规定》取消了道路运输车辆进行二级维护作业后，经营者需要到道路运输管理机构进行审核备案的规定。

（四）《规定》强化了道路运输车辆全过程技术管理。

《规定》立足于运输安全、车辆效能、节能减排，优化了车辆技术管理监管措施。一是明确了车辆基本技术条件。道路运输车辆技术性能要符合《道路运输车辆综合性能要求和检验方法》（GB 18565）的要求，车辆技术等级要达到二级以上。二是改变了车辆检测结果的监管方式。道路运输管理机构以采信汽车综合性能检测机构出具的车辆技术等级评定结论证明，作为配发“道路运输证”和审验车辆的依据。三是确立了车辆使用的禁止行为和鼓励方向。禁止使用报废、擅自改装、拼装、检测不合格以及其他不符合国家规定的车辆从事道路运输经营活动，鼓励使用安全、节能、环保型车辆，促进标准化车型推广运用。四是强化了事中事后监管。道路运输管理机构要依法对道路运输经营者的车辆技术管理进行监督检查，并将其纳入道路运输企业质量信誉考核和诚信管理体系。

（五）《规定》创新了道路运输车辆分类管理方式。

客车、危货运输车是道路运输安全管理的重中之重，《规定》将客车、危货运输车列为检测和技术等级评定的重点对象。一是调整了车辆综合性能检测和技术等级评定周期和频次，并以月份为检测评定期单元。对取得“道路运输证”的客车、危货运输车，在公安机关交通管理部门注册登记后超过60个月的，每6个月进行1次检测和评定。二是明确了委托检测的原则。客车、危货运输车的综合性能检测应在车籍所在地汽车综合性能检测机构进行，允许普通货车在驻地运输经营所在地进行检

测，道路运输管理机构对驻地汽车综合性能检测机构出具的车辆技术等级评定结论证明予以采信。三是为促进甩挂运输发展，不再要求挂车进行综合性能检测和技术等级评定。

三、实施要求

（一）明确职责，厘清责任。

1. 严格落实道路运输经营者的车辆技术管理主体责任。道路运输经营者要严格遵守道路运输有关法律法规、标准和规范，建立并落实车辆使用、维护、检测评定、技术档案、燃料消耗量考核等车辆技术管理制度；对运输车辆实行择优选配、正确使用、周期维护、视情修理、定期检测和适时更新，保证投入运营的车辆符合技术要求；开展车辆维护、使用、安全和节能等方面的业务培训，提升道路运输从业人员的业务素质和技能，确保车辆技术状况良好；合理确定车辆维护周期，科学编制车辆维护计划，确保车辆按期正常维护；定期组织所属运输车辆到汽车综合性能检测机构进行综合性能检测和技术等级评定，确保运输车辆的技术性能和技术等级符合国家和行业标准的要求；建立和完善道路运输车辆技术档案，实行一车一档，运用信息化技术做好车辆技术档案管理工作。

鼓励道路运输经营者设置相应的部门负责车辆技术管理工作，根据车辆数量和经营类别配备车辆技术管理人员，对车辆实施有效的技术管理；鼓励道路运输经营者依据相关标准要求，制定车辆使用技术管理规范，科学设置车辆经济技术定额指标并定期考核，提升车辆技术管理水平。

2. 严格开展对道路运输车辆技术管理的监督检查。各级交通运输部门及其道路运输管理机构要按照《国务院办公厅关于推广随机抽查规范事中事后监管的通知》（国办发〔2015〕58号）的要求和《规定》明确的职责权限，逐步采用现代信息技术和定期检查、随机抽查等方式，对经营者的车辆技术管理工作进行监督检查。监督检查重点：一是道路运输经营者车辆技术档案、车辆维护记录以及车辆定期检测和评定的执行情况等，检查结果应纳入运输企业质量信誉考核范畴，并与客运班线招标和运输车辆审验直接挂钩。二是机动车维修经营者执行国家有关车辆维护规范的情况，检查结果纳入维修企业质量信誉考核范畴和诚信管理体系。三是汽车综合性能检测机构执行车辆综合性能检测、技术等级评定、客车类型等级评定和燃料消耗量核查标准和规定等的情况，对不按技术规范对道路运输车辆进行检测、未经检测出具道路运输车辆检测结果以及不如实出具检测结果的，道路运输管理机构不予采信其检测报告，并抄报同级质量技术监督主管部门处理。

（二）精心组织，做好宣贯。

一是广泛宣传。各地要结合本地实际，研究切实可行的宣贯方案，制定宣贯培训计划；要通过广播、电视、报纸等媒体和行业信息平台，开展多渠道、多形式的宣贯活动，为《规定》的贯彻实施营造良好的舆论氛围和社会环境。

二是分类指导。要针对不同的对象，突出重点，分类组织宣贯，确保相关人员准确理解、全面掌握《规定》的主要内容。对于道路运输经营者、机动车维修经营者和汽车综合性能检测机构的主要负责人，要把《规定》对车辆技术管理的各项要求作为学习宣传的重点内容，增强贯彻执行《规定》的自觉性和主动性。对于运输管理机构的工作人员，特别是相关的执法人员，要突出《规定》中有关管理部门的职责、监督检查等内容，提高执法人员依法行政意识和执法水平。

三是分层培训。部将组织专题培训，并委托《汽车维护与修理》杂志社作为技术支持单位，集中开展对道路运输管理机构及重点道路运输企业、机动车维修企业和汽车综合性能检测机构负责人及业务骨干进行宣贯培训。在此基础上，各地要广泛开展宣贯培训工作，确保相关人员熟悉《规定》的内容和要求，全面、正确理解《规定》的精神和内涵，确保《规定》有效实施。

（三）有效衔接，平稳过渡。

为确保《规定》有效贯彻实施，实现新旧管理规定平稳过渡，各地要认真做好过渡期内道路运输车辆技术管理工作。

1. 积极推进车辆维护制度改革。自 2016 年 3 月 1 日起，道路运输经营者应依据《规定》的要求，依据国家有关标准和车辆维修手册、使用说明书等技术资料，结合车辆类别、车辆运行状况、行驶里程、道路条件、使用年限等因素，自行确定车辆维护周期，编制维护作业计划，自觉组织实施车辆维护，并做好相应维护记录。

自 2016 年 3 月 1 日起，承担道路运输车辆二级维护作业的经营者要严格按照《汽车维护、检测、诊断技术规范》（GB/T 18344）等相关标准的规定维护运输车辆。在 2016 年 12 月 31 日前的过渡期内，不具备车辆二级维护竣工质量检测条件的经营者按照《交通运输部办公厅关于贯彻落实国家标准〈汽车维修业开业条件〉（GB/T 16739—2014）的通知》（交办运〔2014〕227 号）的要求，可以继续委托汽车综合性能检测机构实施二级维护竣工质量检测。2017 年 1 月 1 日起，仍不具备车辆二级维护竣工质量检测条件的经营者，不得再从事道路运输车辆二级维护经营活动。

自 2016 年 3 月 1 日起，道路运输管理机构不再办理道路运输车辆二级维护审核备案手续。在车辆审验时，不再查验车辆二级维护凭证。

2. 稳妥调整车辆技术等级。道路运输车辆在 2016 年 3 月 1 日前进行检测评定的，其“道路运输证”上标注的车辆技术等级在 12 月内继续有效。2016 年 3 月 1 日起，新入户、转籍或参加审验的道路运输车辆，应当执行车辆技术等级划分新规定，其车辆技术等级必须达到二级及以上。

自 2016 年 3 月 1 日起，汽车综合性能检测机构必须按照新《规定》的要求，开展道路运输车辆综合性能检测和技术等级评定工作，重新划分车辆技术等级，并对检测和评定结果承担法律责任。

3. 贯彻执行车辆检测和评定周期新规定。自 2016 年 3 月 1 日起，道路运输车辆从首次配发“道路运输证”当月起，按照下列周期进行综合性能检测和技术等级评定：①客车、危货运输车自首次经公安机关交通管理部门注册登记不满 60 个月的，每 12 个月进行 1 次检测和评定；超过 60 个月的，每 6 个月进行 1 次检测和评定；②其他运输车辆自首次经公安机关交通管理部门注册登记的，每 12 个月进行 1 次检测和评定。

挂车不进行综合性能检测和技术等级评定，道路运输管理机构对挂车配发“道路运输证”和审验时，应当查验挂车行驶证件是否有效，记载的审验日期是否在安全技术检验有效期内。

国家发改委　商务部　交通运输部　农业部　财政部　人民银行　证监会　邮政局　供销合作总社关于加强物流短板建设促进有效投资和居民消费的若干意见

（发改经贸〔2016〕433 号　2016 年 3 月 4 日）

各省、自治区、直辖市、计划单列市发展改革委、商务主管部门、工业和信息化主管部门、交通厅（委、局）、农业厅（委、局）、财政厅（局）、人民银行分行（营业管理部、中心支行）、证监会各派出机构、邮政管理局、供销合作社：

党中央、国务院高度重视物流工作，近年来制定实施了一系列规划和政策促进物流业发展，我国物流基础设施条件有了较大改善，物流服务能力大幅提升，对促进经济社会发展发挥了重要的支撑保障作用。但是，我国物流业发展水平总体还不高，发展方式比较粗放，特别是物流基础设施建设仍然比较滞后，现代化仓储、多式联运转运、城乡配送等设施总量不足、布局不合理、衔接配套不够，已成为影响经济运行效率和居民消费升级的突出短板。按照国务院有关部署，结合《物流业发展中长期规划（2014—2020 年）》要求，现就加强物流短板建设提出以下意见：

一、总体要求

（一）指导思想。深入贯彻党的十八大和十八届三中、四中、五中全会精神，遵循“创新、协调、绿色、开放、共享”的发展理念，顺应国民经济提质增效和居民消费升级的需要，加大政策引导支持力度，鼓励社会资本投入，大力加强物流短板领域建设，加快健全完善物流基础设施网络，提高物流运行质量和效益，提升物流业整体发展和服务水平。

（二）基本原则。坚持问题导向，发力薄弱环节。针对制约物流整体效率提升的薄弱环节，加大建设投入力度，发挥后发优势，尽快补齐物流短板。

政府资金引导，引领民资投入。加大政府资金投入，有效发挥政府投资的引领示范和杠杆作用，吸引社会资本参与物流基础设施建设。

加强统筹协调，形成政策合力。统筹投资、金融、财税等支持政策，加强政策协调配合，营造有利于物流领域投资发展的良好环境。

硬件软件并重，综合提质增效。加强物流信息化、标准化建设，积极推广应用先进技术，推动物流与电商、交通、制造业、现代农业等衔接融合，逐步形成智能化、一体化的物流基础设施网络。

（三）主要目标。通过加强物流短板建设，健全重要节点物流基础设施，改善城乡末端配送设施条件，完善农产品冷链物流体系，大幅提升农村物流水平，基本形成布局合理、覆盖广泛、便捷高效、保障有力的城乡物流基础设施网络体系。各种运输方式之间衔接更加顺畅，多式联运效率大幅提升，运载工具、装载单元等关键标准有效衔接并逐步推广应用，物流信息化水平明显提升，物流业发展环境进一步优化。

二、重点任务

（四）加强村镇末端配送设施建设，健全农村物流网络体系。鼓励地方政府加强农村物流设施网络规划和建设，整合利用现有邮政、供销、交通等物流资源，推动县级仓储配送中心、农村物流快递公共取送点建设，加快形成网络规模效应。鼓励电商企业与农产品生产加工企业联动发展，建立特色农产品电商物流标准和追溯标准。加强城乡互动的双向物流体系建设，畅通农产品进城和工业品下乡渠道。

（五）加强农产品物流设施建设，提升农产品现代物流水平。研究公益性农产品市场体系建设的指导意见，加强公益性农产品批发市场建设，鼓励批发市场建立追溯体系，推动市场的专业化提升和精细化改造。支持集预冷、加工、冷藏、配送、追溯等功能于一体的农产品产地集配中心建设，鼓励企业构建覆盖主产区的产地集配体系和重要农产品追溯体系，提升产地预冷处理能力。鼓励建设节能环保型冷库或对老旧冷库进行技术改造，提高冷库安全、环保、节能水平。支持农产品流通企业建设具有储存、分拣、加工、包装、配送、追溯等功能的低温加工配送中心，开展农产品冷链流通标准化示范，提升农产品冷链物流水平。

（六）加强城市配送设施建设，完善城市配送体系。优化重要节点物流基础设施布局，完善城市三级配送网络建设。依托重要交通枢纽、物流集散地规划建设集运输、仓储、配送、信息交易为一体的综合物流服务基地，加强干线运输与城市配送的有效衔接。加强公用型城市配送节点建设，鼓励物流企业加强协作，整合资源，优化城市配送设施布局。支持社区、机关、学校、商务区末端配送点建设，大力发展智能快件箱，并纳入公共服务设施规划。鼓励商贸流通企业和连锁超市等开展共同配送，提高配送效率。

（七）加强多式联运转运设施建设，提升货物中转效率。依托物流大通道，在重要节点规划布局和建设一批具有多式联运服务功能的物流枢纽，完善不同运输方式之间的连接和转运设施，推进公、铁、水、民航等基础设施“最后一公里”的衔接。支持重要港口、枢纽机场加强集疏运体系建设，重点推动建设一批专用铁路、公路进港项目，提升港站集疏运能力和运行效率。支持公路物流园区引入铁路专用线，完善多式联运服务功能；支持铁路物流中心建设，加强与其他运输方式的衔接，提升综合运输服务能力和水平。组织开展多式联运示范工程，推广公、铁、水联运，提高多式联运比重。研究制定有关多式联运服务标准和规则，探索在重点行业领域实行“一票到底”的物流服务。

（八）加强信息技术应用，促进物流新模式发展。研究制定“互联网+”高效物流三年行动实施方案。加强物联网、云计算、大数据、移动互联等先进信息技术在物流领域的应用，改造传统业务模式和管理系统，优化物流资源配置，提升物流运作水平。结合现代物流创新发展城市试点，推动政府部门、企业和社会组织之间开展数据平台对接，促进物流信息的互联互通和开放共享。加快国家交通运输物流公共信息平台建设，积极推进物流园区之间的互联互通，鼓励依托互联网平台的“无车承运人”发展。推进快递服务制造业的示范工程，积极融入智能制造、个性化定制等制造业新领域。

（九）加强物流标准衔接和制修订，提高物流服务效率。加强运输工具、物流设备等标准衔接，提高设施设备利用效率和物流服务运作效率。大力推广托盘、周转箱、集装箱等标准化装载单元循环共用，支持开展租赁、维修等延伸服务。抓紧修订出台《道路车辆外廓尺寸轴荷和质量限值》（GB 1589），并做好宣贯和落实。抓紧研究出台快递配送专用电动车辆技术标准。

三、政策保障

（十）加大投资、财税、土地等政策支持力度。各有关部门、各省（区、市）要进一步加大对物流薄弱环节基础设施建设的支持力度。中央和地方资金通过现有渠道积极支持符合条件的城乡配送网络、农产品冷链物流、多式联运转运设施、物流标准化和信息化等项目建设。要进一步落实支持物流业发展的用地和相关税收优惠政策，对符合规划要求的物流设施建设项目，加快用地审查报批，保障项目依法依规用地。

（十一）拓宽物流短板建设的投融资渠道。鼓励物流企业多渠道筹集建设资金，引导社会资本投资建设物流项目。银行业金融机构要加大对物流企业的信贷支持力度，为项目建设提供更便利的融资服务，支持符合条件的企业通过发行公司债券、企业债券和上市等多种方式拓宽融资渠道，支持企业发行非金融企业债务融资工具筹集资金。

（十二）建立重点项目建设的绿色通道和调度机制。各地发展改革部门要会同商务、工信、交通、农业、财政、人民银行、邮政管理、供销合作社等部门建立重点项目建设的协调机制和绿色审核通道，并纳入现代物流重大工程进行调度，加强横向联动、有机衔接，形成工作合力，协调解决项目推进中遇到的困难和问题，为项目顺利实施创造良好条件。

各地有关部门要进一步提高对加强物流短板建设促进有效投资和居民消费工作重要性的认识，结合本地区实际抓紧制定加强物流短板建设的具体实施方案，明确工作分工，落实工作责任，将其作为“稳增长、调结构、促改革、惠民生”的一项重要工作抓紧抓好。国务院各有关部门将按照职责分工，密切配合，加强督促指导，确保各项政策措施有效贯彻落实。

附件：重点工作任务和部门分工

国家发展改革委
商务部
工业和信息化部
交通运输部
农业部
财政部
人民银行
证监会
邮政局
供销合作总社

附件：

重点工作任务和部门分工

序号	重点工作任务	部门分工	完成时限
1	加强村镇末端配送设施建设，完善县乡村三级配送网络	发展改革委、商务部会同供销合作总社、邮政局、交通运输部、农业部负责	中央和地方利用现有投资渠道给予支持，持续推进
2	研究公益性农产品市场体系建设的指导意见	商务部会同发展改革委、农业部等部门负责	2016 年 3 月底前完成
3	加强公益性农产品批发市场、产地集配中心、低温加工配送中心等设施建设	发展改革委、商务部、农业部会同财政部、供销合作总社负责	中央和地方利用现有投资渠道给予支持，持续推进
4	制定出台加快冷链物流发展的意见，加强农产品冷链物流基础设施建设	发展改革委会同有关部门负责	2016 年 5 月底前完成
5	制定实施方案，加强公用型城市配送节点，以及社区、机关、学校、商务区末端配送点建设，大力推进共同配送发展	商务部会同邮政局、交通运输部负责	2016 年 6 月底前完成
6	加快建设一批多式联运连接设施、场站等，增强现有铁路、公路货运场站的多式联运功能	发展改革委、交通运输部负责	中央和地方利用现有投资渠道给予支持，持续推进
7	推动建设一批专用铁路、公路进港项目，提高铁水联运比重	交通运输部、发展改革委会同有关部门负责	2016 年 4 月底前落实
8	鼓励公、铁、水联运，结合多式联运试点，研究制定统一的多式联运服务标准和规则	交通运输部、发展改革委会同有关部门负责	2016 年 8 月底前落实
9	研究制定“互联网+”高效物流三年行动实施方案	发展改革委会同商务部、交通运输部等部门负责	2016 年 4 月底前完成

续 表

序号	重点工作任务	部门分工	完成时限
10	组织开展“无车承运人”试点工作，确定无车承运人运输资质	交通运输部、发展改革委会同有关部门负责	2016 年 12 月底前落实
11	通过物流标准化试点工作，推广托盘等标准化装载单元循环共用	商务部会同财政部等有关部门负责	2016 年 6 月底前落实
12	抓紧修订出台《道路车辆外廓尺寸轴荷和质量限值》（GB 1589）	工业和信息化部会同有关部门负责	2016 年 6 月底前完成
13	抓紧研究出台快递配送专用电动车辆技术标准	工业和信息化部会同有关部门负责	2016 年 12 月底前完成
14	落实支持物流业发展的税收优惠政策	财政部会同有关部门负责	持续推进
15	支持符合条件的物流企业通过发行企业债券、公司债券和上市等多种方式拓宽融资渠道	发展改革委、证监会等部门按职责分工负责	持续推进
16	支持物流企业发行非金融企业债务融资工具筹集资金，并扩大发行规模	人民银行负责	持续推进

商务部　国家发改委　交通运输部　海关总署　国家邮政局　国家标准委关于印发《全国电子商务物流发展专项规划（2016—2020年）》的通知

（商流通发〔2016〕85号　2016年3月17日）

各省、自治区、直辖市、计划单列市及新疆生产建设兵团商务、发展改革、交通运输、邮政、质监（市场监督管理）部门、海关总署广东分署、各直属海关：

为加快电子商务物流发展，提升电子商务水平，降低物流成本，提高流通效率，根据国务院《物流业发展中长期规划（2014—2020年）》，商务部、发展改革委、交通运输部、海关总署、国家邮政局、国家标准委制定了《全国电子商务物流发展专项规划（2016—2020年）》，现印发给你们，请认真遵照执行，并加强对规划实施情况的跟踪问效和监督检查。

全国电子商务物流发展专项规划（2016—2020年）

电子商务物流（以下简称电商物流）是主要服务于电子商务的各类物流活动，具有时效性强、服务空间广、供应链条长等特点。加快电商物流发展，对于提升电子商务水平，降低物流成本，提高流通效率，引导生产，满足消费，促进供给侧结构性改革都具有重要意义。根据国务院《物流业发展中长期规划（2014—2020年）》（国发〔2014〕42号）的要求，为进一步落实《国务院关于大力发展电子商务加快培育经济新动力的意见》（国发〔2015〕24号）和《国务院关于积极推进“互联网+”行动的指导意见》（国发〔2015〕40号），特制定本规划。

一、现状与形势

（一）发展现状。

近年来，随着电子商务的快速发展，我国电商物流保持较快增长，企业主体多元发展，经营模式不断创新，服务能力显著提升，已成为现代物流业的重要组成部分和推动国民经济发展的新动力。

1. 发展规模迅速扩大。2015年，我国电子商务交易额预计为20.8万亿元，同比增长约 27%。全国网络零售交易额为 3.88 万亿元，同比增长 33.3%，其中实物商品网上零售额为 32424 亿元，同比增长 31.6%。2015 年，全国快递服务企业业务量累计完成 206.7 亿件，同比增长 48%，其中约有 70% 是由于国内电子商务产生的快递量。总体看，电子商务引发的物流仓储和配送需求呈现高速增长态势。

2. 企业主体多元发展。企业主体从快递、邮政、运输、仓储等行业向生产、流通等行业扩展，与电子商务企业相互渗透融合速度加快，涌现出一批知名电商物流企业。

3. 服务能力不断提升。第三方物流、供应链型、平台型、企业联盟等多种组织模式加快发展。服务空间分布上有同城、异地、全国、跨境等多种类型；服务时限上有“限时达、当日递、次晨达、次日递”等。可提供预约送货、网订店取、网订店送、智能柜自提、代收货款、上门退换货等多种服务。

4. 信息技术广泛应用。企业信息化、集成化和智能化发展步伐加快。条码、无线射频识别、自动分拣技术、可视化及货物跟踪系统、传感技术、全球定位系统、地理信息系统、电子数据交换、移动支付技术等得到广泛应用，提升了行业服务效率和准确性。

（二）面临形势。

随着国民经济全面转型升级和互联网、物联网发展，以及基础设施的进一步完善，电商物流需求将保持快速增长，服务质量和创新能力有望进一步提升，渠道下沉和“走出去”趋势凸显，将进入全面服务社会生产和人民生活的新阶段。

1. 电商物流需求保持快速增长。随着我国新型工业化、信息化、城镇化、农业现代化和居民消费水平的提升，电子商务在经济、社会和人民生活各领域的渗透率不断提高，与之对应的电商物流需求将保持快速增长。同时，电子商务交易的主体和产品类别愈加丰富，移动购物、社交网络等将成为新的增长点。

2. 电商物流服务质量和创新能力将显著提升。产业结构和消费结构升级将推动电商物流进一步提升服务质量。随着网络购物和移动电商的普及，电商物流必须加快服务创新，增强灵活性、时效性、规范性，提高供应链资源整合能力，满足不断细分的市场需求。

3. 电商物流“向西向下”成为新热点。随着互联网和电子商务的普及，网络零售市场渠道将进一步下沉，呈现出向内陆地区、中小城市及县域加快渗透的趋势。这些地区的电商物流发展需求更加迫切，增长空间更为广阔。电商物流对促进区域间商品流通，推动形成统一大市场的作用日益突出。

4. 跨境电商物流将快速发展。新一轮对外开放和“一带一路”战略的实施，为跨境电子商务的发展提供了重大历史机遇，这必然要求电商物流跨区域、跨经济体延伸，提高整合境内外资源和市场的能力。

二、指导思想、规划原则与发展目标

（一）指导思想。

深入贯彻党的十八大和十八届三中、四中、五中全会精神，发挥市场在资源配置中的决定性作用，树立“创新、协调、绿色、开放、共享”的发展理念，科学规划完善电商物流网络体系，加强线上线下融合，进一步提升电商物流的服务和创新能力，提高物流效率，降低物流成本，统筹国际国内两个市场、两种资源，建设有利于电商物流发展的法治化营商环境，实现电商物流健康、快速、持续发展。

（二）发展目标。

到2020年，基本形成“布局完善、结构优化、功能强大、运作高效、服务优质”的电商物流体系，信息化、标准化、集约化发展取得重大进展。电商物流创新能力进一步提升，先进物流装备、技术在行业内得到广泛应用。一体化运作、网络化经营能力进一步增强，运输、仓储、配送等各环节协调发展，紧密衔接。对外开放程度进一步提高，逐步形成服务于全球贸易和营销的电商物流网络。绿色发展水平进一步提高，包装循环利用水平有较大提升。电商物流企业竞争力显著加强，拥有一批具备国际竞争力、服务网络覆盖境内外的高水平企业。电商物流成本显著降低，效率明显提高，供应链服务能力大大增强。

（三）基本原则。

1. 市场主导，政府推动。发挥市场机制的决定性作用，全面激发企业活力。加强政府在法律规范、规划引导、政策促进等方面的作用，着力解决体制机制、发展环境等方面存在的问题，促进电商物流行业健康发展。

2. 统筹兼顾，重点突破。健全跨部门、跨行业、跨地区的协同工作机制。统筹当前和长远、全国与区域、城市和农村、国际和国内电商物流体系建设。围绕电商物流信息化、标准化、集约化等关键领域和薄弱环节，实现重点突破。

3. 协调发展，加强创新。促进电子商务与实体经济、商贸与物流等的协调发展，加强运输、储存、装卸、搬运、包装、流通加工、配送、信息服务等环节的有机衔接。加强电商物流模式创新、管理创新和业态创新。

4. 开放共享，绿色发展。坚持对外开放，鼓励企业开展国际化经营，努力打造内外贸结合的电商物流网络，提高电商物流企业国际竞争力。高效配置物流资源，提高共同化水平，降低物流配送的能耗和排放，促进包装标准化、减量化和循环利用。

三、主要任务

（一）建设支撑电子商务发展的物流网络体系。

围绕电子商务需求，构建统筹城乡、覆盖全国、连接世界的电商物流体系。依托全国物流节点城市、全国流通节点城市和国家电子商务示范城市，完善优化全国和区域电商物流布局。根据城市规划，加强分拨中心、配送中心和末端网点建设。探索“电商产业园+物流园”融合发展新模式，加强城际运输与城市配送的无缝对接，推动仓配一体化和共同配送，发展多式联运、甩挂运输、标准托盘循环共用等高效物流运作系统。

（二）提高电子商务物流标准化水平。

在快速消费品、农副产品、药品流通等领域，重点围绕托盘、商品包装和服务及交易流程，做好相关标准的制修订和应用推广工作。形成以托盘标准为核心，与货架、周转箱、托盘笼、自提货柜等仓储配送设施，以及公路、铁路、航空等交通运输载具的标准相互衔接贯通的电商物流标准体系。

（三）提高电子商务物流信息化水平。

推动大数据、云计算、物联网、移动互联、二维码、RFID、智能分拣系统、物流优化和导航集成系统等新兴信息技术和装备在电商物流领域的应用。重点提升物流设施设备智能化水平、物流作业单元化水平、物流流程标准化水平、物流交易服务数据化水平、物流过程可视化水平。引导发展智慧化物流园区（基地），推动建立深度感知的仓储管理系统，高效便捷的末端配送网络，科学有序的物流分拨调配系统和互联互通的物流信息服务平台。鼓励和支持电商物流企业利用信息化、智能化手段，加强技术和商业模式创新，推动电子商务与物流的融合发展、良性互动。

（四）推动电子商务物流企业集约绿色发展。

鼓励传统物流企业充分利用既有物流设施，通过升级改造，增强集成服务能力，加快向第三方电商物流企业转型；鼓励电商企业和生产企业将自营物流向外部开放，发展社会化第三方物流服务。支持具有较强资源整合能力的第四方电商物流企业加快发展，更好整合利用社会分散的运输、仓储、配送等物流资源，带动广大中小企业集约发展。支持电商物流企业推广使用新能源技术，减少排放和资源消耗，利用配送渠道回收包装物等，发展逆向物流体系。

（五）加快中小城市和农村电商物流发展。

积极推进电商物流渠道下沉，支持电商物流企业向中小城市和农村延伸服务网络。结合农村产业特点，推动物流企业深化与各类涉农机构和企业合作，培育新型农村电商物流主体。充分利用“万村千乡”、邮政等现有物流渠道资源，结合电子商务进农村、信息进村入户、快递“向西向下”服务拓展工程、农村扶贫等工作，构建质优价廉产品流入、特色农产品流出的快捷渠道，形成“布局合理、双向高效、种类丰富、服务便利”的农村电商物流服务体系。

（六）加快民生领域的电商物流发展。

支持电商物流企业与连锁实体商店、餐饮企业、社区服务组织、机关院校等开展商品体验、一站式购物、末端配送整合等多种形式合作。加快以鲜活农产品、食品为主的电子商务冷链物流发展，依托先进设备和信息化技术手段，构建电子商务全程冷链物流体系。支持医药生产和经销企业开展网上招标和统一采购，按照GSP（《药品经营质量管理规范》）要求，构建服务医药电子商务的网络化、规范化和定制化的全程冷链及可追溯物流体系，确保药品安全。

（七）构建开放共享的跨境电商物流体系。

加快发展国际物流和保税物流，构筑立足周边、辐射“一带一路”、面向全球的跨境电商物流体系。鼓励有实力的电商物流企业实施国际化发展战略，通过自建、合作、并购等方式延伸服务网络，实现与发达国家重要城市的网络连接，并逐步开辟与主要发展中国家的快递专线。支持优势电商物流企业加强联合，在条件成熟的国家和地区部署海外物流基地和仓配中心。促进国内外企业在战略、技术、产品、数据、服务等方面的交流与合作，共同开发国际电商物流市场。

四、重大工程

（一）电商物流标准化工程。

加快电商物流技术、装备、作业流程、信息交换、服务规范等标准制修订工作，重点完善包装、托盘、周转箱、物品编码标准，加快制订快递服务与网络零售信息系统数据接口标准。围绕托盘标准化及其循环共用，以电子商务物流企业、大型商贸连锁企业、快速消费品生产企业、第三方物流企业、托盘租赁服务企业为主体，上下游联动推进电子商务物流标准化。加强《电子商务物流服务规范》（SB/T 11132—2015）、《城市物流配送汽车选型技术要求》（GB/T 29912）、《道路车辆外廓尺寸、轴荷及质量限值》（GB 1589）的实施，引导企业推广使用符合标准的配送车型，加快开展城市配送车辆统一标识管理工作。

（二）电商物流公共信息平台工程。

鼓励现有的物流信息服务平台拓展交易、融资、保险、支付、诚信、全程监控、技术支持等服务功能，提高服务质量，扩大服务范围，提高辐射能力，形成3~5个具有整合国内国际物流资源能力的大型电商物流平台。鼓励政府部门开放物流相关信息，满足企业、社会和最终用户的需求。鼓励各类物流信息服务平台互联互通，资源共享，打破“信息孤岛”。依托跨境电子商务综合试验区，探索建设服务于跨境电商的一站式物流服务平台。

（三）电商物流农村服务工程。

结合新型城镇化建设，依托“电子商务进农村”等工程，整合县、乡镇现有流通网络资源，发展农村电商物流配送体系。鼓励电子商务企业、大型连锁企业和物流企业完善农村服务网点，发挥电商物流在工业品下乡和农产品进城的双向流通网络构建中的支撑作用。支持建立具备运营服务中心和仓储配送中心（商品中转集散中心）功能的县域农村电子商务服务中心，发展与电子交易、网上购物、在线支付协同发展的农村物流配送服务。

（四）电商物流社区服务工程。

依托“电子商务进社区”等工程，新建或改造利用现有资源，完善社区电商物流便民基础设施，发展网购自提点，推广智能终端自提设备。支持连锁零售企业、快递企业、末端配送企业、生活服务类企业共同打造便民利民的社区电商物流服务体系，解决“最后一公里”“最后一百米”末端配送难题。

（五）电商冷链物流工程。

支持电商冷链物流企业运用现代技术优化流程，推广应用电子化运单、温湿度记录系统、物联网等技术，确保加工制作、储藏、运输、配送、销售各个环节始终处于温控状态，实现运营透明化、流程可视化、查询便利化，降低损耗率。支持电商冷链物流配送中心和配送站点建设，鼓励经营鲜活农产品、食品、药品的电子商务平台企业创新经营方式和商业模式，实现线上线下结合，有效降低冷链成本。

（六）电商物流绿色循环工程。

鼓励电商物流快递企业利用配送渠道，回收利用废弃包装物。开展电商物流业包装标准化和分类回收利用工作，提高利用效率。推广使用新型电商物流包装技术和材料，促进包装减量化和可循环使用，以及包装废弃物易降解和无害化。通过网络、电视、报纸等媒体加强环保公益宣传，树立理性包装和绿色包装理念。

（七）电商物流跨境工程。

推进电商物流跨境便利化。为电商物流企业的国际化和海外并购，提供法务、商务和税务方面的信息支持，推进海外并购审批、外汇便利化等。将跨境电子商务的订单、支付、物流、质量安全等信息集成为综合通关数据，进行汇总申报，推进通关便利化。完善海关、检验检疫、邮政管理等部门之间的协作机制，推动国家间、地区间检验检疫标准互认。鼓励国内邮政设施、邮政国际通道、航空运输资源和铁路运输资源等向电商物流企业开放与共享。

（八）电商物流创新工程。

支持科研机构、大专院校建立电商物流领域创新平台或研究机构，着力解决电商物流发展的重大技术瓶颈。鼓励构建产学研用创新联盟，创新体制与模式，重点开展电商物流机器人、云计算、北斗导航、模块集成、信息采集与管理、数据交换等基础技术的研发；推动电子合同、电子结算、物流跟踪、信息安全、顾客行为分析等技术应用。推动电商物流企业管理创新、服务创新和商业模式创新。

五、组织实施和保障措施

（一）加强规划落实和组织实施。

商务、发展改革、交通运输、海关、邮政、标准化等主管部门要在国家现代物流工作综合协调机制下，加强协调配合，突出重点，落实责任，形成合力。地方相关部门要按照本规划确定的目标和任务，根据电商物流发展特点，结合实际，加强对本地电商物流发展的指导，尽快制定具体实施方案，完善和细化相关政策措施，扎实做好各项工作。相关协会、商会、联盟等社会团体要充分发挥在行业自律、产业研究、标准宣贯、统计监测、人员培训、宣传推广等方面的作用，推动行业健康发展。

（二）营造良好发展环境。

进一步深化相关领域改革，打破地方封锁和行业垄断，禁止滥用行政权力和市场支配地位排除限制竞争。积极转变政府职能，提高行政效率，简化电商物流企业行政审批和营业网点审批（备案）手续。建立与电商物流企业网络化布局与一体化经营相适应的企业工商登记制度。完善电子发票制度，推广电子发票在各领域的应用，促进电子发票与电子商务税务管理的衔接。健全相关法律法规，规范市场主体行为，形成公平公正、统一开放、竞争有序的市场环境。

（三）加强和完善政策支持。

利用服务业发展专项资金和现有相关政策，对重点任务和重大工程给予相应的支持。鼓励运用多种融资渠道和方式服务电商物流，解决电商物流企业融资难、融资贵问题。做好电商物流的仓储、分拨、配送等规划选址和用地保障，落实好现有鼓励政策。完善城市交通和配送管理政策，解决城市配送及快递车辆通行、停靠等交通管理问题。鼓励采用新能源汽车和符合标准的电动三轮车。

（四）完善信用和监管体系。

探索电商物流企业等级评定和信用分级管理，支持建立以消费者评价为基础，以专业化第三方评估为主体的市场化电商物流信用评级机制。完善电商物流行业信息披露机制、“红名单”“黑名单”制度，营造“守信受益、失信惩戒”的良好社会氛围，改善市场信用环境。加强跨境电商物流监管，建立高效、便利、统一的公共服务平台，构建可追溯、可比对的数据链条，满足监管要求。依托电子口岸，建设“单一窗口、一站式”服务平台，保障国际物流快件报关、报检、入出境、入出关实时监控。

（五）健全电商物流统计监测制度。

完善统计指标体系、创新调查方法，科学选择统计样本，确保行业统计数据及时、准确，全面掌握电商物流行业发展情况。加强电商物流统计监测，做好重点领域、重点环节、重点时间节点的数据监控，依托统计数据信息，做好行业发展形势的研判和风险分析，为相关部门、企业决策提供决策咨询和预警。

商务部办公厅关于印发《2016 年电子商务和信息化工作要点》的通知

（商办电函〔2016〕120 号　2016 年 3 月 23 日）

各省、自治区、直辖市、计划单列市及新疆生产建设兵团商务主管部门：

现将《2016 年电子商务和信息化工作要点》印发给你们，请结合本地区实际认真贯彻执行，确保落实到位，并于 2016 年 11 月 15 日前将本年度电子商务和信息化工作总结报商务部。

2016 年电子商务和信息化工作要点

2016 年是全面贯彻落实党的十八届五中全会精神，深入推动“十三五”经济社会发展的开局之年，也是我国电子商务创新发展和商务系统信息化建设提质增效的关键之年。2016 年电子商务和信息化工作的总体要求是：按照中央经济会议和全国商务工作会议部署，贯彻落实《国务院办公厅关于推进线上线下互动加快商贸流通创新发展转型升级的意见》（国办发〔2015〕72 号），深入推进“互联网+流通”行动计划，加快构建资源融合、协同共享的电子商务产业链和电子政务应用体系，创新政策举措，提升公共服务，为商务事业改革发展作出新的贡献。

一、加强规划引领，推进制度建设

（一）做好“十三五”电子商务发展规划。以“创新、协调、绿色、开放、共享”发展理念为指导，研究起草并印发《“十三五”电子商务发展规划》，全面指导行业发展。各地商务主管部门要积极研究制订和贯彻落实本地区“十三五”电子商务发展规划，明确发展目标，细化实施方案，科学指导电子商务发展。

（二）积极推进电子商务立法工作。积极参与《电子商务法》立法工作，填补行业法律空白。推动现行法律针对电子商务发展的新情况、新问题进行相应修订完善。宣传贯彻《网络零售第三方平台交易规则制定程序规定》，总结执行情况，加强对平台企业的规范和指导。研究制定《网络零售平台自营业务评价指标与等级划分》《电子商务消费品质量检查采样规范》《移动无形商品（服务）电子商务经营服务规范》等标准。各地商务主管部门要积极推进地方电子商务立法和标准体系建设。

（三）推进电子商务信用体系建设。加大电子商务信用基础数据库建设力度，完善电子商务企业信用记录。开展电子商务信用评价指标、信用档案等标准研究和推广应用，推动建立统一的信用评价和奖惩规则。推动建立部门信息共享和协同监督机制，推动建立面向第三方信用服务机构的信用信息采集、共享与使用机制。各地商务主管部门要积极开展地方电子商务信用体系建设。

（四）积极参与国际规则制订。继续依托多边、区域和双边等谈判渠道，开展电子商务谈判相关工作，积极参与电子商务规则制定，促进国内电子商务发展与国际对接，建立有利于我企业开展电子商务的国际规则体系和外部环境。推进中日韩、区域全面经济伙伴关系（RCEP）、中国—新加坡、中国—新西兰、中智等自贸区电子商务谈判，推进中法、中荷等双边电子商务合作协议的具体落实，推动APEC电子商务指导组、上合组织电子商务专家工作组、联合国亚太经社会跨境无纸贸易工作组和金砖国家电子商务专家组等多边及区域电子商务机制下的电商议题交流及谈判。各地商务主管部门要积极开展电子商务对外交流合作。

二、突出重点领域，加快创新发展

（五）深入实施“互联网+流通”行动。支持实体商业企业全渠道经营，大力发展体验消费，着力提升供应链管理能力。鼓励发展城市智慧商圈，拓展智能消费新产品新服务，实施特色商业街区示范建设工程。推广绿色商品，开展绿色商场示范活动，大力发展“互联网+回收”商业模式，开展“绿色产品进商场、绿色消费进社区、绿色回收进校园”主题宣传活动。鼓励发展分享经济新模式，支持发展协同经济新模式，指导支持各类电子商务创新创意创业大赛。地方商务主管部门要结合当地实际情况积极落实“互联网+流通”行动计划，加快实体商业转型升级。

（六）加快电子商务进农村。继续开展电子商务进农村综合示范，优先在革命老区和贫困地区实施，提高扶贫效率和精准度。加大农村电子商务创新创业扶持力度，实施农村电子商务百万英才计划，开展农村电子商务创新创业大赛，发布农村电子商务工作指引和服务规范。优化全国农产品商务信息公共服务平台功能，发挥行业协会优势，开展专业领域的信息服务。加强与批发市场、超市、电商企业的合作，建立农产品采购商数据库，办好农产品网上购销对接会。地方商务主管部门要深入落实推进电子商务进农村和农产品电子商务发展的各项举措，切实提高政策扶持效果。

（七）鼓励电子商务进社区。鼓励居民生活服务业创新商业模式，采用团购、上门等方式线上线下互动进社区。鼓励企业设立社区电子商务综合服务点，开展物流分拨、快件自取、电子缴费等服务。整合社区公用设施，统筹建设和改造餐饮、住宿、家政、洗染、维修、美容美发等生活服务网点，完善“一站式”便民服务综合体系。统筹推进电子商务进社区和进农村工作，打造城乡之间鲜活农产品和生活服务业供求对接“直通车”，提升居民生活品质。地方商务主管部门要大力发展社区电子商务，完善“一站式”便民服务消费功能。

（八）推进跨境电子商务发展。继续推进中国（杭州）跨境电子商务综合试验区建设，总结并复制推广杭州试点的成功经验。指导天津等12个新设跨境电子商务综合试验区结合本地实际，制订印发试点方案，积极推进新设综合试验区建设，为全国跨境电子商务发展提供可复制、可推广的经验。继续贯彻落实《国务院办公厅关于促进跨境电子商务健康快速发展的指导意见》（国办发〔2015〕46号）有关要求。支持有能力的企业在重点国家和地区的节点城市建设一批海外仓储和展示中心，引导企业以B2B2C模式开展跨境电子商务业务，进一步提升通关效率，降低监管成本。地方商务主管部门要加强综合协调，完善公共服务，积极支持跨境电子商务发展，努力培育外贸竞争新优势。

（九）加强电子商务人才培养。推进国家电子商务专业人才知识更新工程，积极开展电子商务高端人才培训。加快建设以中国国际电子商务中心为载体的国家电子商务人才继续教育基地，继续举办地方电子商务和信息化培训班，开展面向地方商务主管部门和企业的紧缺人才培训。各地商务主管部门要结合地方实际积极建设地方电子商务人才培训基地，大力开展电子商务人才培训。

三、健全示范体系，推广典型经验

（十）深入推进示范基地创建工作。评估电子商务示范基地中央专项补助资金的使用绩效，整理汇编示范基地成果案例，加强地区间示范工作经验交流。发挥示范基地的产业集聚优势和辐射效应，在创新孵化、创业扶持等方面探索有效的公共服务模式，建立健全公共服务平台，增强区域经济发展活力。各地商务主管部门要争取地方财政对示范基地的资金支持，切实提高财政资金使用绩效。

（十一）推广示范企业典型经验。深入调研2015—2016年度示范企业，总结编写典型案例，搭建企业沟通平台，创新宣传推广方式，发挥示范企业在创新模式、开拓市场、降低成本、扩大消费等方面的示范引导作用。筹备2017—2018年度电子商务示范企业遴选工作。各地商务主管部门要积极开展地方电子商务示范企业创建工作。

（十二）推进电子商务与物流配送协同发展试点。各试点城市要创新管理和服务机制，统筹规划基础设施建设，推行运营车辆规范化，解决末端配送难题，加强从业人员基本技能培训，促进电商企业与物流快递企业协同可持续发展。各地商务主管部门要结合本地实际，学习借鉴试点城市可推广、可复制的经验，挖掘政策资源，创新体制机制，推进电子商务与物流配送协同发展。

四、创新方式方法，提高行政效能

（十三）开展商务大数据试点工作。在内贸领域开展商务大数据试点工作，运用大数据创新流通管理与公共服务。整合和利用社会资源，编制“零售行业互联网应用指数”，反映零售行业应用互联网创新发展、转型升级的情况、特点和趋势。探索线上线下数据汇集整合和关联分析方法，及时掌握生活服务业创业创新情况。构建商务大数据资源库和应用平台，建立健全指标体系，全面提升商务数据采集处理能力和共享使用水平。各地商务主管部门要整合内外部资源，进行大数据应用工作的有益探索。

（十四）完善电子商务统计监测体系。在继续推进与有关部门、平台企业和第三方机构的数据共享基础上，探索利用公共资源和大数据技术，丰富电子商务统计监测的方法，及时准确掌握零售、生活服务等部分行业线上线下互动创新发展的数据、指标。总结电子商务信息分析管理系统应用情况，加强对地方和企业应用系统的工作指导，进一步提高统计对象的典型代表性。做好《中国电子商务报告（2015）》和《2015年中国网络零售市场评估报告》编写发布工作。地方商务主管部门要着力提高电子商务统计工作的时效性和科学性。

（十五）推进电子政务资源整合。完善商务部业务系统统一平台建设，加快推进原业务系统向统一平台整合移植。制定《商务部数据资源共享管理办法》，推动和规范数据互联共享。根据财政资金预算和电子政务项目申报体制改革要求，修订《商务部电子政务项目管理办法》并制定实施细则，优化项目管理机制和流程，突出部网信小组规划、引领、协调和督促作用，强化电子商务中心在项目申报和实施环节的主体作用。研究商务部与地方商务主管部门的电子政务资源共享与综合利用的方式。

（十六）启动中国国际电子商务博览会筹备工作。抓紧启动中国国际电子商务博览会报批工作程序，明确展会筹组工作体制和运行机制。以中国国际电子商务博览会为载体，打造成果展示、创新启发、经验交流、应用推广的电子商务公共服务平台。加强与地区商务主管部门的沟通交流，遴选适宜的展会举办地。

（十七）优化公共商务信息服务。按照《国务院办公厅关于简化优化公共服务流程方便基层群众办事创业的通知》要求，增加公共服务产品供给，丰富公共服务产品种类，全面提升商务政策信息服务、行政审批许可办事服务、商务业务咨询服务、商务领域行业公共服务和商务数据信息服务水平。加强商务部门户网站群和两微一端（微博、微信、手机客户端）建设，完善多形式多渠道相结合的公共服务平台。各地商务主管部门要积极探索公共商务信息服务的新方式新手段，有效提高公共服务水平。

（十八）切实保障网络信息安全。加强网站安全管理和软件正版化管理制度建设。强化信息系统日常维护和监控自查，有效应对网络攻击。做好重要敏感时期网络安全防护。各地商务主管部门要高度重视、认真抓好网络信息安全工作。

交通运输部关于修改《道路危险货物运输管理规定》的决定

（交通运输部令2016年第36号　2016年4月11日）

交通运输部决定对《道路危险货物运输管理规定》（交通运输部令2013年第2号）作如下修改：

一、将第八条第（一）项第2目修改为："专用车辆的技术要求应当符合《道路运输车辆技术管理规定》有关规定。"删除第3、4目。

二、将第十条"应当向所在地设区的市级道路运输管理机构提出申请，并提交以下材料"修改为"应当依法向工商行政管理机关办理有关登记手续后，向所在地设区的市级道路运输管理机构提出申请，并提交以下材料"。

将第（四）项中"车辆技术等级证明或者车辆综合性能检测技术合格证明"修改为"车辆技术等级评定结论"。

三、删除第十七条。

四、将第二十二条、第二十三条中"道路货物运输及站场管理规定"修改为"道路运输车辆技术管理规定"。

五、删除第二十五条、第六十二条。

条文序号作相应调整。

本决定自2016年4月11日起施行。

《道路危险货物运输管理规定》根据本决定作相应修正，重新公布。

道路危险货物运输管理规定

（2013年1月23日交通运输部发布　根据2016年4月11日《交通运输部关于修改〈道路危险货物运输管理规定〉的决定》修正）

第一章　总　则

第一条　为规范道路危险货物运输市场秩序，保障人民生命财产安全，保护环境，维护道路危险货物运输各方当事人的合法权益，根据《中华人民共和国道路运输条例》和《危险化学品安全管理条例》等有关法律、行政法规，制定本规定。

第二条　从事道路危险货物运输活动，应当遵守本规定。军事危险货物运输除外。

法律、行政法规对民用爆炸物品、烟花爆竹、放射性物品等特定种类危险货物的道路运输另有规定的，从其规定。

第三条 本规定所称危险货物，是指具有爆炸、易燃、毒害、感染、腐蚀等危险特性，在生产、经营、运输、储存、使用和处置中，容易造成人身伤亡、财产损毁或者环境污染而需要特别防护的物质和物品。危险货物以列入国家标准《危险货物品名表》（GB 12268）的为准，未列入《危险货物品名表》的，以有关法律、行政法规的规定或者国务院有关部门公布的结果为准。

本规定所称道路危险货物运输，是指使用载货汽车通过道路运输危险货物的作业全过程。

本规定所称道路危险货物运输车辆，是指满足特定技术条件和要求，从事道路危险货物运输的载货汽车（以下简称专用车辆）。

第四条 危险货物的分类、分项、品名和品名编号应当按照国家标准《危险货物分类和品名编号》（GB 6944）、《危险货物品名表》（GB 12268）执行。危险货物的危险程度依据国家标准《危险货物运输包装通用技术条件》（GB 12463），分为Ⅰ、Ⅱ、Ⅲ等级。

第五条 从事道路危险货物运输应当保障安全，依法运输，诚实信用。

第六条 国家鼓励技术力量雄厚、设备和运输条件好的大型专业危险化学品生产企业从事道路危险货物运输，鼓励道路危险货物运输企业实行集约化、专业化经营，鼓励使用厢式、罐式和集装箱等专用车辆运输危险货物。

第七条 交通运输部主管全国道路危险货物运输管理工作。

县级以上地方人民政府交通运输主管部门负责组织领导本行政区域的道路危险货物运输管理工作。

县级以上道路运输管理机构负责具体实施道路危险货物运输管理工作。

第二章 道路危险货物运输许可

第八条 申请从事道路危险货物运输经营，应当具备下列条件：

（一）有符合下列要求的专用车辆及设备：

1. 自有专用车辆（挂车除外）5 辆以上；运输剧毒化学品、爆炸品的，自有专用车辆（挂车除外）10 辆以上。

2. 专用车辆的技术要求应当符合《道路运输车辆技术管理规定》有关规定。

3. 配备有效的通信工具。

4. 专用车辆应当安装具有行驶记录功能的卫星定位装置。

5. 运输剧毒化学品、爆炸品、易制爆危险化学品的，应当配备罐式、厢式专用车辆或者压力容器等专用容器。

6. 罐式专用车辆的罐体应当经质量检验部门检验合格，且罐体载货后总质量与专用车辆核定载质量相匹配。运输爆炸品、强腐蚀性危险货物的罐式专用车辆的罐体容积不得超过 20 立方米，运输剧毒化学品的罐式专用车辆的罐体容积不得超过 10 立方米，但符合国家有关标准的罐式集装箱除外。

7. 运输剧毒化学品、爆炸品、强腐蚀性危险货物的非罐式专用车辆，核定载质量不得超过 10 吨，但符合国家有关标准的集装箱运输专用车辆除外。

8. 配备与运输的危险货物性质相适应的安全防护、环境保护和消防设施设备。

（二）有符合下列要求的停车场地：

1. 自有或者租借期限为 3 年以上，且与经营范围、规模相适应的停车场地，停车场地应当位于企业注册地市级行政区域内。

2. 运输剧毒化学品、爆炸品专用车辆以及罐式专用车辆，数量为20辆（含）以下的，停车场地面积不低于车辆正投影面积的1.5倍，数量为20辆以上的，超过部分，每辆车的停车场地面积不低于车辆正投影面积；运输其他危险货物的，专用车辆数量为10辆（含）以下的，停车场地面积不低于车辆正投影面积的1.5倍；数量为10辆以上的，超过部分，每辆车的停车场地面积不低于车辆正投影面积。

3. 停车场地应当封闭并设立明显标志，不得妨碍居民生活和威胁公共安全。

（三）有符合下列要求的从业人员和安全管理人员：

1. 专用车辆的驾驶人员取得相应机动车驾驶证，年龄不超过60周岁。

2. 从事道路危险货物运输的驾驶人员、装卸管理人员、押运人员应当经所在地设区的市级人民政府交通运输主管部门考试合格，并取得相应的从业资格证；从事剧毒化学品、爆炸品道路运输的驾驶人员、装卸管理人员、押运人员，应当经考试合格，取得注明为“剧毒化学品运输”或者“爆炸品运输”类别的从业资格证。

3. 企业应当配备专职安全管理人员。

（四）有健全的安全生产管理制度：

1. 企业主要负责人、安全管理部门负责人、专职安全管理人员安全生产责任制度。

2. 从业人员安全生产责任制度。

3. 安全生产监督检查制度。

4. 安全生产教育培训制度。

5. 从业人员、专用车辆、设备及停车场地安全管理制度。

6. 应急救援预案制度。

7. 安全生产作业规程。

8. 安全生产考核与奖惩制度。

9. 安全事故报告、统计与处理制度。

第九条 符合下列条件的企事业单位，可以使用自备专用车辆从事为本单位服务的非经营性道路危险货物运输：

（一）属于下列企事业单位之一：

1. 省级以上安全生产监督管理部门批准设立的生产、使用、储存危险化学品的企业。

2. 有特殊需求的科研、军工等企事业单位。

（二）具备第八条规定的条件，但自有专用车辆（挂车除外）的数量可以少于5辆。

第十条 申请从事道路危险货物运输经营的企业，应当依法向工商行政管理机关办理有关登记手续后，向所在地设区的市级道路运输管理机构提出申请，并提交以下材料：

（一）《道路危险货物运输经营申请表》，包括申请人基本信息、申请运输的危险货物范围（类别、项别或品名，如果为剧毒化学品应当标注“剧毒”）等内容。

（二）拟担任企业法定代表人的投资人或者负责人的身份证明及其复印件，经办人身份证明及其复印件和书面委托书。

（三）企业章程文本。

（四）证明专用车辆、设备情况的材料，包括：

1. 未购置专用车辆、设备的，应当提交拟投入专用车辆、设备承诺书。承诺书内容应当包括车辆数量、类型、技术等级、总质量、核定载质量、车轴数以及车辆外廓尺寸；通信工具和卫星定位装置配备情况；罐式专用车辆的罐体容积；罐式专用车辆罐体载货后的总质量与车辆核定载质量相匹配情况；运输剧毒化学品、爆炸品、易制爆危险化学品的专用车辆核定载质量等有关情况。承诺期限不得超过1年。

2. 已购置专用车辆、设备的，应当提供车辆行驶证、车辆技术等级评定结论；通信工具和卫星定位装置配备；罐式专用车辆的罐体检测合格证或者检测报告及复印件等有关材料。

（五）拟聘用专职安全管理人员、驾驶人员、装卸管理人员、押运人员的，应当提交拟聘用承诺书，承诺期限不得超过 1 年；已聘用的应当提交从业资格证及其复印件以及驾驶证及其复印件。

（六）停车场地的土地使用证、租借合同、场地平面图等材料。

（七）相关安全防护、环境保护、消防设施设备的配备情况清单。

（八）有关安全生产管理制度文本。

第十一条 申请从事非经营性道路危险货物运输的单位，向所在地设区的市级道路运输管理机构提出申请时，除提交第十条第（四）项至第（八）项规定的材料外，还应当提交以下材料：

（一）《道路危险货物运输申请表》，包括申请人基本信息、申请运输的物品范围（类别、项别或品名，如果为剧毒化学品应当标注“剧毒”）等内容。

（二）下列形式之一的单位基本情况证明：

1. 省级以上安全生产监督管理部门颁发的危险化学品生产、使用等证明。

2. 能证明科研、军工等企事业单位性质或者业务范围的有关材料。

（三）特殊运输需求的说明材料。

（四）经办人的身份证明及其复印件以及书面委托书。

第十二条 设区的市级道路运输管理机构应当按照《中华人民共和国道路运输条例》和《交通行政许可实施程序规定》，以及本规定所明确的程序和时限实施道路危险货物运输行政许可，并进行实地核查。

决定准予许可的，应当向被许可人出具《道路危险货物运输行政许可决定书》，注明许可事项，具体内容应当包括运输危险货物的范围（类别、项别或品名，如果为剧毒化学品应当标注“剧毒”），专用车辆数量、要求以及运输性质，并在 10 日内向道路危险货物运输经营申请人发放“道路运输经营许可证”，向非经营性道路危险货物运输申请人发放“道路危险货物运输许可证”。

市级道路运输管理机构应当将准予许可的企业或单位的许可事项等，及时以书面形式告知县级道路运输管理机构。

决定不予许可的，应当向申请人出具《不予交通行政许可决定书》。

第十三条 被许可人已获得其他道路运输经营许可的，设区的市级道路运输管理机构应当为其换发“道路运输经营许可证”，并在经营范围中加注新许可的事项。如果原“道路运输经营许可证”是由省级道路运输管理机构发放的，由原许可机关按照上述要求予以换发。

第十四条 被许可人应当按照承诺期限落实拟投入的专用车辆、设备。

原许可机关应当对被许可人落实的专用车辆、设备予以核实，对符合许可条件的专用车辆配发“道路运输证”，并在“道路运输证”经营范围栏内注明允许运输的危险货物类别、项别或者品名，如果为剧毒化学品应标注“剧毒”；对从事非经营性道路危险货物运输的车辆，还应当加盖“非经营性危险货物运输专用章”。

被许可人未在承诺期限内落实专用车辆、设备的，原许可机关应当撤销许可决定，并收回已核发的许可证明文件。

第十五条 被许可人应当按照承诺期限落

实拟聘用的专职安全管理人员、驾驶人员、装卸管理人员和押运人员。

被许可人未在承诺期限内按照承诺聘用专职安全管理人员、驾驶人员、装卸管理人员和押运人员的，原许可机关应当撤销许可决定，并收回已核发的许可证明文件。

第十六条 道路运输管理机构不得许可一次性、临时性的道路危险货物运输。

第十七条 中外合资、中外合作、外商独资形式投资道路危险货物运输的，应当同时遵守《外商投资道路运输业管理规定》。

第十八条 道路危险货物运输企业设立子公司从事道路危险货物运输的，应当向子公司注册地设区的市级道路运输管理机构申请运输许可。设立分公司的，应当向分公司注册地设区的市级道路运输管理机构备案。

第十九条 道路危险货物运输企业或者单位需要变更许可事项的，应当向原许可机关提出申请，按照本章有关许可的规定办理。

道路危险货物运输企业或者单位变更法定代表人、名称、地址等工商登记事项的，应当在 30 日内向原许可机关备案。

第二十条 道路危险货物运输企业或者单位终止危险货物运输业务的，应当在终止之日的 30 日前告知原许可机关，并在停业后 10 日内将"道路运输经营许可证"或者"道路危险货物运输许可证"以及"道路运输证"交回原许可机关。

第三章　专用车辆、设备管理

第二十一条 道路危险货物运输企业或者单位应当按照《道路运输车辆技术管理规定》中有关车辆管理的规定，维护、检测、使用和管理专用车辆，确保专用车辆技术状况良好。

第二十二条 设区的市级道路运输管理机构应当定期对专用车辆进行审验，每年审验一次。审验按照《道路运输车辆技术管理规定》进行，并增加以下审验项目：

（一）专用车辆投保危险货物承运人责任险情况；

（二）必需的应急处理器材、安全防护设施设备和专用车辆标志的配备情况；

（三）具有行驶记录功能的卫星定位装置的配备情况。

第二十三条 禁止使用报废的、擅自改装的、检测不合格的、车辆技术等级达不到一级的和其他不符合国家规定的车辆从事道路危险货物运输。

除铰接列车、具有特殊装置的大型物件运输专用车辆外，严禁使用货车列车从事危险货物运输；倾卸式车辆只能运输散装硫磺、萘饼、粗蒽、煤焦沥青等危险货物。

禁止使用移动罐体（罐式集装箱除外）从事危险货物运输。

第二十四条 用于装卸危险货物的机械及工具的技术状况应当符合行业标准《汽车运输危险货物规则》（JT 617）规定的技术要求。

第二十五条 罐式专用车辆的常压罐体应当符合国家标准《道路运输液体危险货物罐式车辆第 1 部分：金属常压罐体技术要求》（GB 18564.1）、《道路运输液体危险货物罐式车辆第 2 部分：非金属常压罐体技术要求》（GB 18564.2）等有关技术要求。

使用压力容器运输危险货物的，应当符合国家特种设备安全监督管理部门制订并公布的《移动式压力容器安全技术监察规程》（TSG R0005）等有关技术要求。

压力容器和罐式专用车辆应当在质量检验部门出具的压力容器或者罐体检验合格的有效

期内承运危险货物。

第二十六条 道路危险货物运输企业或者单位对重复使用的危险货物包装物、容器，在重复使用前应当进行检查；发现存在安全隐患的，应当维修或者更换。

道路危险货物运输企业或者单位应当对检查情况作出记录，记录的保存期限不得少于2年。

第二十七条 道路危险货物运输企业或者单位应当到具有污染物处理能力的机构对常压罐体进行清洗（置换）作业，将废气、污水等污染物集中收集，消除污染，不得随意排放，污染环境。

第四章 道路危险货物运输

第二十八条 道路危险货物运输企业或者单位应当严格按照道路运输管理机构决定的许可事项从事道路危险货物运输活动，不得转让、出租道路危险货物运输许可证件。

严禁非经营性道路危险货物运输单位从事道路危险货物运输经营活动。

第二十九条 危险货物托运人应当委托具有道路危险货物运输资质的企业承运。

危险货物托运人应当对托运的危险货物种类、数量和承运人等相关信息予以记录，记录的保存期限不得少于1年。

第三十条 危险货物托运人应当严格按照国家有关规定妥善包装并在外包装设置标志，并向承运人说明危险货物的品名、数量、危害、应急措施等情况。需要添加抑制剂或者稳定剂的，托运人应当按照规定添加，并告知承运人相关注意事项。

危险货物托运人托运危险化学品的，还应当提交与托运的危险化学品完全一致的安全技术说明书和安全标签。

第三十一条 不得使用罐式专用车辆或者运输有毒、感染性、腐蚀性危险货物的专用车辆运输普通货物。

其他专用车辆可以从事食品、生活用品、药品、医疗器具以外的普通货物运输，但应当由运输企业对专用车辆进行消除危害处理，确保不对普通货物造成污染、损害。

不得将危险货物与普通货物混装运输。

第三十二条 专用车辆应当按照国家标准《道路运输危险货物车辆标志》（GB 13392）的要求悬挂标志。

第三十三条 运输剧毒化学品、爆炸品的企业或者单位，应当配备专用停车区域，并设立明显的警示标牌。

第三十四条 专用车辆应当配备符合有关国家标准以及与所载运的危险货物相适应的应急处理器材和安全防护设备。

第三十五条 道路危险货物运输企业或者单位不得运输法律、行政法规禁止运输的货物。

法律、行政法规规定的限运、凭证运输货物，道路危险货物运输企业或者单位应当按照有关规定办理相关运输手续。

法律、行政法规规定托运人必须办理有关手续后方可运输的危险货物，道路危险货物运输企业应当查验有关手续齐全有效后方可承运。

第三十六条 道路危险货物运输企业或者单位应当采取必要措施，防止危险货物脱落、扬散、丢失以及燃烧、爆炸、泄漏等。

第三十七条 驾驶人员应当随车携带“道路运输证”。驾驶人员或者押运人员应当按照《汽车运输危险货物规则》（JT 617）的要求，随车携带《道路运输危险货物安全卡》。

第三十八条 在道路危险货物运输过程中，除驾驶人员外，还应当在专用车辆上配备押运人员，确保危险货物处于押运人员监管之下。

第三十九条 道路危险货物运输途中，驾驶人员不得随意停车。

因住宿或者发生影响正常运输的情况需要较长时间停车的，驾驶人员、押运人员应当设置警戒带，并采取相应的安全防范措施。

运输剧毒化学品或者易制爆危险化学品需要较长时间停车的，驾驶人员或者押运人员应当向当地公安机关报告。

第四十条 危险货物的装卸作业应当遵守安全作业标准、规程和制度，并在装卸管理人员的现场指挥或者监控下进行。

危险货物运输托运人和承运人应当按照合同约定指派装卸管理人员；若合同未予约定，则由负责装卸作业的一方指派装卸管理人员。

第四十一条 驾驶人员、装卸管理人员和押运人员上岗时应当随身携带从业资格证。

第四十二条 严禁专用车辆违反国家有关规定超载、超限运输。

道路危险货物运输企业或者单位使用罐式专用车辆运输货物时，罐体载货后的总质量应当和专用车辆核定载质量相匹配；使用牵引车运输货物时，挂车载货后的总质量应当与牵引车的准牵引总质量相匹配。

第四十三条 道路危险货物运输企业或者单位应当要求驾驶人员和押运人员在运输危险货物时，严格遵守有关部门关于危险货物运输线路、时间、速度方面的有关规定，并遵守有关部门关于剧毒、爆炸危险品道路运输车辆在重大节假日通行高速公路的相关规定。

第四十四条 道路危险货物运输企业或者单位应当通过卫星定位监控平台或者监控终端及时纠正和处理超速行驶、疲劳驾驶、不按规定线路行驶等违法违规驾驶行为。

监控数据应当至少保存 3 个月，违法驾驶信息及处理情况应当至少保存 3 年。

第四十五条 道路危险货物运输从业人员必须熟悉有关安全生产的法规、技术标准和安全生产规章制度、安全操作规程，了解所装运危险货物的性质、危害特性、包装物或者容器的使用要求和发生意外事故时的处置措施，并严格执行《汽车运输危险货物规则》（JT 617）、《汽车运输、装卸危险货物作业规程》（JT 618）等标准，不得违章作业。

第四十六条 道路危险货物运输企业或者单位应当通过岗前培训、例会、定期学习等方式，对从业人员进行经常性安全生产、职业道德、业务知识和操作规程的教育培训。

第四十七条 道路危险货物运输企业或者单位应当加强安全生产管理，制定突发事件应急预案，配备应急救援人员和必要的应急救援器材、设备，并定期组织应急救援演练，严格落实各项安全制度。

第四十八条 道路危险货物运输企业或者单位应当委托具备资质条件的机构，对本企业或单位的安全管理情况每 3 年至少进行一次安全评估，出具安全评估报告。

第四十九条 在危险货物运输过程中发生燃烧、爆炸、污染、中毒或者被盗、丢失、流散、泄漏等事故，驾驶人员、押运人员应当立即根据应急预案和《道路运输危险货物安全卡》的要求采取应急处置措施，并向事故发生地公安部门、交通运输主管部门和本运输企业或者单位报告。运输企业或者单位接到事故报告后，应当按照本单位危险货物应急预案组织救援，并向事故发生地安全生产监督管理部门和环境保护、卫生主管部门报告。

道路危险货物运输管理机构应当公布事故报告电话。

第五十条 在危险货物装卸过程中，应当根据危险货物的性质，轻装轻卸，堆码整齐，防止混杂、撒漏、破损，不得与普通货物混合堆放。

第五十一条 道路危险货物运输企业或者单位应当为其承运的危险货物投保承运人责任险。

第五十二条 道路危险货物运输企业异地经营（运输线路起讫点均不在企业注册地市域内）累计3个月以上的，应当向经营地设区的市级道路运输管理机构备案并接受其监管。

第五章 监督检查

第五十三条 道路危险货物运输监督检查按照《道路货物运输及站场管理规定》执行。

道路运输管理机构工作人员应当定期或者不定期对道路危险货物运输企业或者单位进行现场检查。

第五十四条 道路运输管理机构工作人员对在异地取得从业资格的人员监督检查时，可以向原发证机关申请提供相应的从业资格档案资料，原发证机关应当予以配合。

第五十五条 道路运输管理机构在实施监督检查过程中，经本部门主要负责人批准，可以对没有随车携带“道路运输证”又无法当场提供其他有效证明文件的危险货物运输专用车辆予以扣押。

第五十六条 任何单位和个人对违反本规定的行为，有权向道路危险货物运输管理机构举报。

道路危险货物运输管理机构应当公布举报电话，并在接到举报后及时依法处理；对不属于本部门职责的，应当及时移送有关部门处理。

第六章 法律责任

第五十七条 违反本规定，有下列情形之一的，由县级以上道路运输管理机构责令停止运输经营，有违法所得的，没收违法所得，处违法所得2倍以上10倍以下的罚款；没有违法所得或者违法所得不足2万元的，处3万元以上10万元以下的罚款；构成犯罪的，依法追究刑事责任：

（一）未取得道路危险货物运输许可，擅自从事道路危险货物运输的；

（二）使用失效、伪造、变造、被注销等无效道路危险货物运输许可证件从事道路危险货物运输的；

（三）超越许可事项，从事道路危险货物运输的；

（四）非经营性道路危险货物运输单位从事道路危险货物运输经营的。

第五十八条 违反本规定，道路危险货物运输企业或者单位非法转让、出租道路危险货物运输许可证件的，由县级以上道路运输管理机构责令停止违法行为，收缴有关证件，处2000元以上1万元以下的罚款；有违法所得的，没收违法所得。

第五十九条 违反本规定，道路危险货物运输企业或者单位有下列行为之一，由县级以上道路运输管理机构责令限期投保；拒不投保的，由原许可机关吊销“道路运输经营许可证”或者“道路危险货物运输许可证”，或者吊销相应的经营范围：

（一）未投保危险货物承运人责任险的；

（二）投保的危险货物承运人责任险已过期，未继续投保的。

第六十条 违反本规定，道路危险货物运输企业或者单位不按照规定随车携带“道路运输证”的，由县级以上道路运输管理机构责令改正，处警告或者20元以上200元以下的罚款。

第六十一条 违反本规定，道路危险货物运输企业或者单位以及托运人有下列情形之一的，由县级以上道路运输管理机构责令改正，并处5万元以上10万元以下的罚款，拒不改正的，责令停产停业整顿；构成犯罪的，依法追究刑事责任：

（一）驾驶人员、装卸管理人员、押运人员未取得从业资格上岗作业的；

（二）托运人不向承运人说明所托运的危险化学品的种类、数量、危险特性以及发生危险情况的应急处置措施，或者未按照国家有关规定对所托运的危险化学品妥善包装并在外包装上设置相应标志的；

（三）未根据危险化学品的危险特性采取相应的安全防护措施，或者未配备必要的防护用品和应急救援器材的；

（四）运输危险化学品需要添加抑制剂或者稳定剂，托运人未添加或者未将有关情况告知承运人的。

第六十二条 违反本规定，道路危险货物运输企业或者单位未配备专职安全管理人员的，由县级以上道路运输管理机构责令改正，可以处1万元以下的罚款；拒不改正的，对危险化学品运输企业或单位处1万元以上5万元以下的罚款，对运输危险化学品以外其他危险货物的企业或单位处1万元以上2万元以下的罚款。

第六十三条 违反本规定，道路危险化学品运输托运人有下列行为之一的，由县级以上道路运输管理机构责令改正，处10万元以上20万元以下的罚款，有违法所得的，没收违法所得；拒不改正的，责令停产停业整顿；构成犯罪的，依法追究刑事责任：

（一）委托未依法取得危险货物道路运输许可的企业承运危险化学品的；

（二）在托运的普通货物中夹带危险化学品，或者将危险化学品谎报或者匿报为普通货物托运的。

第六十四条 违反本规定，道路危险货物运输企业擅自改装已取得《道路运输证》的专用车辆及罐式专用车辆罐体的，由县级以上道路运输管理机构责令改正，并处5000元以上2万元以下的罚款。

第七章 附 则

第六十五条 本规定对道路危险货物运输经营未作规定的，按照《道路货物运输及站场管理规定》执行；对非经营性道路危险货物运输未作规定的，参照《道路货物运输及站场管理规定》执行。

第六十六条 道路危险货物运输许可证件和“道路运输证”工本费的具体收费标准由省、自治区、直辖市人民政府财政、价格主管部门会同同级交通运输主管部门核定。

第六十七条 交通运输部可以根据相关行业协会的申请，经组织专家论证后，统一公布可以按照普通货物实施道路运输管理的危险货物。

第六十八条 本规定自2013年7月1日起施行。交通部2005年发布的《道路危险货物运输管理规定》（交通部令2005年第9号）及交通运输部2010年发布的《关于修改〈道路危险货物运输管理规定〉的决定》（交通运输部令2010年第5号）同时废止。

国家税务总局关于全面推开营业税改征增值税试点有关税收征收管理事项的公告

（国家税务总局公告2016年第23号　2016年4月19日）

为保障全面推开营业税改征增值税（以下简称营改增）试点工作顺利实施，现将有关税收征收管理事项公告如下：

一、纳税申报期

（一）2016年5月1日新纳入营改增试点范围的纳税人（以下简称试点纳税人），2016年6月增值税纳税申报期延长至2016年6月27日。

（二）根据工作实际情况，省、自治区、直辖市和计划单列市国家税务局（以下简称省国税局）可以适当延长2015年度企业所得税汇算清缴时间，但最长不得超过2016年6月30日。

（三）实行按季申报的原营业税纳税人，2016年5月申报期内，向主管地税机关申报税款所属期为4月份的营业税；2016年7月申报期内，向主管国税机关申报税款所属期为5、6月份的增值税。

二、增值税一般纳税人资格登记

（一）试点纳税人应按照本公告规定办理增值税一般纳税人资格登记。

（二）除本公告第二条第（三）项规定的情形外，营改增试点实施前（以下简称试点实施前）销售服务、无形资产或者不动产（以下简称应税行为）的年应税销售额超过500万元的试点纳税人，应向主管国税机关办理增值税一般纳税人资格登记手续。

试点纳税人试点实施前的应税行为年应税销售额按以下公式换算：

应税行为年应税销售额=连续不超过12个月应税行为营业额合计÷（1+3%）

按照现行营业税规定差额征收营业税的试点纳税人，其应税行为营业额按未扣除之前的营业额计算。

试点实施前，试点纳税人偶然发生的转让不动产的营业额，不计入应税行为年应税销售额。

（三）试点实施前已取得增值税一般纳税人资格并兼有应税行为的试点纳税人，不需要重新办理增值税一般纳税人资格登记手续，由主管国税机关制作、送达《税务事项通知书》，告知纳税人。

（四）试点实施前应税行为年应税销售额未超过500万元的试点纳税人，会计核算健全，能够提供准确税务资料的，也可以向主管国税机关办理增值税一般纳税人资格登记。

（五）试点实施前，试点纳税人增值税一般纳税人资格登记可由省国税局按照本公告及相关规定采取预登记措施。

（六）试点实施后，符合条件的试点纳税人应当按照《增值税一般纳税人资格认定管理办法》（国家税务总局令第22号）、《国家税务总局关于调整增值税一般纳税人管理有关事项的公告》（国家税务总局公告2015年第18号）及相关规定，办理增值税一般纳税人资格登记。按照营改增有关规定，应税行为有扣除项目的试点纳税人，其应税行为年应税销售额按未扣除之前的销售额计算。

增值税小规模纳税人偶然发生的转让不动产的销售额，不计入应税行为年应税销售额。

（七）试点纳税人兼有销售货物、提供加工修理修配劳务和应税行为的，应税货物及劳务销售额与应税行为销售额分别计算，分别适用增值税一般纳税人资格登记标准。

兼有销售货物、提供加工修理修配劳务和应税行为，年应税销售额超过财政部、国家税务总局规定标准且不经常发生销售货物、提供加工修理修配劳务和应税行为的单位和个体工商户可选择按照小规模纳税人纳税。

（八）试点纳税人在办理增值税一般纳税人资格登记后，发生增值税偷税、骗取出口退税和虚开增值税扣税凭证等行为的，主管国税机关可以对其实行6个月的纳税辅导期管理。

三、发票使用

（一）增值税一般纳税人销售货物、提供加工修理修配劳务和应税行为，使用增值税发票管理新系统（以下简称新系统）开具增值税专用发票、增值税普通发票、机动车销售统一发票、增值税电子普通发票。

（二）增值税小规模纳税人销售货物、提供加工修理修配劳务月销售额超过3万元（按季纳税9万元），或者销售服务、无形资产月销售额超过3万元（按季纳税9万元），使用新系统开具增值税普通发票、机动车销售统一发票、增值税电子普通发票。

（三）增值税普通发票（卷式）启用前，纳税人可通过新系统使用国税机关发放的现有卷式发票。

（四）门票、过路（过桥）费发票、定额发票、客运发票和二手车销售统一发票继续使用。

（五）采取汇总纳税的金融机构，省、自治区所辖地市以下分支机构可以使用地市级机构统一领取的增值税专用发票、增值税普通发票、增值税电子普通发票；直辖市、计划单列市所辖区县及以下分支机构可以使用直辖市、计划单列市机构统一领取的增值税专用发票、增值税普通发票、增值税电子普通发票。

（六）国税机关、地税机关使用新系统代开增值税专用发票和增值税普通发票。代开增值税专用发票使用六联票，代开增值税普通发票使用五联票。

（七）自2016年5月1日起，地税机关不再向试点纳税人发放发票。试点纳税人已领取地税机关印制的发票以及印有本单位名称的发票，可继续使用至2016年6月30日，特殊情况经省国税局确定，可适当延长使用期限，最迟不超过2016年8月31日。

纳税人在地税机关已申报营业税未开具发票，2016年5月1日以后需要补开发票的，可于2016年12月31日前开具增值税普通发票（税务总局另有规定的除外）。

四、增值税发票开具

（一）税务总局编写了《商品和服务税收

分类与编码（试行）》（以下简称编码，见附件），并在新系统中增加了编码相关功能。自2016年5月1日起，纳入新系统推行范围的试点纳税人及新办增值税纳税人，应使用新系统选择相应的编码开具增值税发票。北京市、上海市、江苏省和广东省已使用编码的纳税人，应于5月1日前完成开票软件升级。5月1日前已使用新系统的纳税人，应于8月1日前完成开票软件升级。

（二）按照现行政策规定适用差额征税办法缴纳增值税，且不得全额开具增值税发票的（财政部、税务总局另有规定的除外），纳税人自行开具或者税务机关代开增值税发票时，通过新系统中差额征税开票功能，录入含税销售额（或含税评估额）和扣除额，系统自动计算税额和不含税金额，备注栏自动打印“差额征税”字样，发票开具不应与其他应税行为混开。

（三）提供建筑服务，纳税人自行开具或者税务机关代开增值税发票时，应在发票的备注栏注明建筑服务发生地县（市、区）名称及项目名称。

（四）销售不动产，纳税人自行开具或者税务机关代开增值税发票时，应在发票“货物或应税劳务、服务名称”栏填写不动产名称及房屋产权证书号码（无房屋产权证书的可不填写），“单位”栏填写面积单位，备注栏注明不动产的详细地址。

（五）出租不动产，纳税人自行开具或者税务机关代开增值税发票时，应在备注栏注明不动产的详细地址。

（六）个人出租住房适用优惠政策减按1.5%征收，纳税人自行开具或者税务机关代开增值税发票时，通过新系统中征收率减按1.5%征收开票功能，录入含税销售额，系统自动计算税额和不含税金额，发票开具不应与其他应税行为混开。

（七）税务机关代开增值税发票时，“销售方开户行及账号”栏填写税收完税凭证字轨及号码或系统税票号码（免税代开增值税普通发票可不填写）。

（八）国税机关为跨县（市、区）提供不动产经营租赁服务、建筑服务的小规模纳税人（不包括其他个人），代开增值税发票时，在发票备注栏中自动打印“YD”字样。

五、扩大取消增值税发票认证的纳税人范围

（一）纳税信用B级增值税一般纳税人取得销售方使用新系统开具的增值税发票（包括增值税专用发票、货物运输业增值税专用发票、机动车销售统一发票，下同），可以不再进行扫描认证，登录本省增值税发票查询平台，查询、选择用于申报抵扣或者出口退税的增值税发票信息，未查询到对应发票信息的，仍可进行扫描认证。

（二）2016年5月1日新纳入营改增试点的增值税一般纳税人，2016年5月至7月不需进行增值税发票认证，登录本省增值税发票查询平台，查询、选择用于申报抵扣或者出口退税的增值税发票信息，未查询到对应发票信息的，可进行扫描认证。2016年8月起按照纳税信用级别分别适用发票认证的有关规定。

六、其他纳税事项

（一）原以地市一级机构汇总缴纳营业税的金融机构，营改增后继续以地市一级机构汇总缴纳增值税。

同一省（自治区、直辖市、计划单列市）范围内的金融机构，经省（自治区、直辖市、计划单列市）国家税务局和财政厅（局）批准，可以由总机构汇总向总机构所在地的主管国税机关申报缴纳增值税。

（二）增值税小规模纳税人应分别核算销售货物，提供加工、修理修配劳务的销售额，和销售服务、无形资产的销售额。增值税小规模纳税人销售货物，提供加工、修理修配劳务月销售额不超过3万元（按季纳税9万元），销售服务、无形资产月销售额不超过3万元（按季纳税9万元）的，自2016年5月1日起至2017年12月31日止，可分别享受小微企业暂免征收增值税优惠政策。

（三）按季纳税申报的增值税小规模纳税人，实际经营期不足一个季度的，以实际经营月份计算当期可享受小微企业免征增值税政策的销售额度。

按照本公告第一条第（三）项规定，按季纳税的试点增值税小规模纳税人，2016年7月纳税申报时，申报的2016年5月、6月增值税应税销售额中，销售货物，提供加工、修理修配劳务的销售额不超过6万元，销售服务、无形资产的销售额不超过6万元的，可分别享受小微企业暂免征收增值税优惠政策。

（四）其他个人采取预收款形式出租不动产，取得的预收租金收入，可在预收款对应的租赁期内平均分摊，分摊后的月租金收入不超过3万元的，可享受小微企业免征增值税优惠政策。

七、本公告自2016年5月1日起施行，《国家税务总局关于使用新版不动产销售统一发票和新版建筑业统一发票有关问题的通知》（国税发〔2006〕173号）、《国家税务总局关于营业税改征增值税试点增值税一般纳税人资格认定有关事项的公告》（国家税务总局公告2013年第75号）、《国家税务总局关于开展商品和服务税收分类与编码试点工作的通知》（税总函〔2016〕56号）同时废止。

特此公告。

附件：商品和服务税收分类与编码（试行）略

交通运输部办公厅关于进一步规范《道路运输车辆技术管理规定》实施工作的通知

（交办运〔2016〕59 号　2016 年 4 月 20 日）

各省、自治区、直辖市、新疆生产建设兵团交通运输厅（局、委）：

为做好《道路运输车辆技术管理规定》（交通运输部令 2016 年 1 号，以下简称 1 号部令）贯彻实施工作，2016 年 2 月 2 日，我部以交办运〔2016〕16 号文印发了关于贯彻实施《道路运输车辆技术管理规定》的通知，对 1 号部令的实施提出要求，针对 1 号部令实施以来反映出来的问题，为进一步规范实施工作，现将有关事项通知如下：

一、关于与现行相关部门规章的关系问题

涉及车辆技术管理的相关要求，统一在 1 号部令中予以规定：原《道路旅客运输及客运站管理规定》《道路货物运输及站场管理规定》《道路危险货物运输管理规定》中有关车辆行政管理的条款继续保留，调整涉及车辆技术管理的相关条款，并以新部令重新发布。目前，部已完成《道路旅客运输及客运站管理规定》《道路货物运输及站场管理规定》《道路危险货物运输管理规定》三项部门规章修正案，业已经交通运输部令 2016 年第 34、35、36 号予以公布。

二、关于 1 号部令配套的相关技术标准问题

1 号部令规定道路运输车辆应满足新的道路运输车辆综合性能和技术等级评定要求，车辆技术等级应达到二级以上。目前，与 1 号部令配套的《道路运输企业车辆技术管理规范》（JT/T 1045—2016）和《道路运输车辆技术等级划分和评定要求》（JT/T 198—2016）两项交通运输行业标准业经审查通过，并以 2016 年部第 12 号公告予以发布。各地要督促道路运输经营者按照 1 号部令和《道路运输企业车辆技术管理规范》等相关要求做好车辆技术管理，切实履行车辆技术管理的主体责任，督促汽车综合性能检测机构按照相关标准要求，做好车辆技术等级评定工作。

三、其他具体执行问题

（一）关于客车、危货运输车综合性能检测及技术等级评定时间问题。

道路运输经营者对注册登记当月起使用时间满60个月的客车、危货运输车，应在最近一次车辆技术等级有效期届满前1个月内，组织车辆进行综合性能检测和技术等级评定，办理“道路运输证”车辆技术等级标注手续；最近一次车辆技术等级有效期届满的次月起，按照每6个月一个周期进行1次综合性能检测和技术等级评定。

（二）关于在“道路运输证”上标注车辆技术等级和车辆年度审验记录问题。

道路运输车辆的技术等级评定与年度审验同步进行的，应在“道路运输证”上记录车辆技术等级评定结果和车辆年度审验有效期，按规定填写至月，并加盖镶刻车辆技术等级的车辆审验专用章。对因检测评定周期和频次调整，车辆技术等级评定与年度审验无法同步进行的，应将车辆技术等级评定结果连续记录在“道路运输证”的“车辆年审及技术等级记录”栏中，并按规定填写有效期至月，加盖车辆技术等级专用章（不加盖车辆审验专用章）。挂车年度审验合格的，在其“道路运输证”的“车辆审验及技术等级记录”栏中标注车辆年度审验有效期，按规定填写至月，并加盖不镶刻车辆技术等级的车辆审验专用章。车辆技术等级专用章式样、车辆审验专用章式样可参考部《关于启用新版道路运输证件的通知》（交公路发〔2005〕524号）。道路运输管理机构要积极推广应用道路运输电子证件，用信息化手段记录车辆技术等级评定和车辆年度审验信息。

（三）关于道路运输车辆异地综合性能检测问题。

目前已委托中国汽车维修行业协会检测工作委员会抓紧建设“道路运输车辆检验检测服务系统”。待系统投入运行后，车籍地道路运输管理机构可通过系统查询采信异地检测普通货物运输车辆的综合性能检测报告和技术等级评定结论。在系统投入运行前，普通货物运输车辆原则上应委托车籍地汽车综合性能检测机构进行检测；系统投入运行后，普通货物运输车辆可以委托驻在地汽车综合性能检测机构进行检测和评定，车籍地道路运输管理机构对驻在地汽车综合性能检测机构出具的车辆综合性能检测报告和车辆技术等级评定结论证明予以采信。

国家发改委关于做好现代物流创新发展城市试点工作的通知

（发改经贸〔2016〕1104 号 2016 年 5 月 23 日）

有关省、自治区、直辖市及计划单列市发展改革委：

根据《国家发展改革委关于开展现代物流创新发展城市试点工作的通知》（发改经贸〔2015〕2008 号，以下简称《通知》）要求，我委在委托研究机构评选的基础上，确定了天津、沈阳、哈尔滨、上海、南京、青岛、厦门、武汉、广州、深圳、重庆、成都、西安、乌鲁木齐、郑州、保定、临沂、赣州、岳阳、义乌 20 个城市为现代物流创新发展试点城市。现将开展试点工作有关要求通知如下：

一、试点工作要求

有关省级发展改革部门和试点城市要高度重视现代物流创新发展，全面贯彻“创新、协调、绿色、开放、共享”的发展理念，遵循“问题导向、因地制宜、改革创新、重点突破”的原则，按照《通知》要求，扎实深入开展现代物流创新发展城市试点工作，利用 3 年左右的时间，努力完成《通知》提出的“探索和营造有利于现代物流发展的体制机制，完善适应现代物流发展的制度法规，建立健全促进现代物流发展的政策体系，推动物流产业的发展和物流效率的提升”等试点工作目标，最大限度释放市场主体活力，打造城市物流发展的良好生态环境。

二、突出创新重点

现代物流创新发展城市试点工作启动以来，各省、自治区、直辖市、计划单列市发展改革委和相关城市政府高度重视，依据《通知》要求，结合自身发展特点，提出了创新发展的方向，编制了《实施方案》，部分城市已研究形成了一批鼓励创新发展的政策措施。我委根据《通知》所列发展任务，结合 20 个入围城市提交的《实施方案》，进一步梳理提出了各城市试点的主要内容和六方面十七项重点创新事项（见附件），作为下一步工作中试点城市重点探索方向。

（一）加强城市物流规划等工作，突出发展战略创新。试点城市要加强顶层设计统领城市物流发展，立足城市产业发展和区位特点，统筹物流与三大战略、产业转型升级等重点工作的关系，创新物流发展战略思路，正确把握发展方向，科学制定或完善发展规划，形成与国家战略相契合、与城市总体战略相融合的城市物流发展战略。

（二）推进城市物流管理体制机制改革，突出政策环境创新。试点城市要加强体制机制改革推动物流创新发展，围绕现代物流发展的实际需要，立足简政放权和多部门统筹协调，创新体制机制设置和制度安排，营造有利于现代物流发展的政策环境，探索行之有效的政府管理手段和创新做法。

（三）完善城市重大物流设施布局建设，突出基础条件创新。试点城市要积极发挥重大物流基础设施在引导和支持城市物流发展中的基础性和关键性作用，围绕自身物流发展战略需要，科学设计和不断优化重大基础设施布局及功能，创新重大物流设施建设模式，探索提高城市物流信息化、标准化水平的有效办法，夯实城市物流创新发展基础。

（四）推动专业物流领域发展，突出运行模式创新。试点城市要紧扣物流实际运行，围绕自身在发展中形成的特色和优势物流领域，例如多式联运、工业品物流、城市配送、冷链物流、农产品物流等，加大配套设施建设以及管理政策设计，引导和促进专业物流领域获得创新突破发展，形成可复制和推广的实际运行创新成果，提高城市综合竞争力。

（五）推动区域物流一体化发展，突出协作创新。试点城市要注重发挥城市带动功能，以建立现代化的区域物流服务网络为目标，探索区域物流分工协作发展模式和协调推进机制，加强区域物流基础设施、信息等的互联互通和功能共享，促进物流资源的优化配置，推动区域物流一体化发展。

（六）培育物流企业发展，突出发展动力创新。试点城市要充分发挥企业在创新活动中的主体作用，针对现代物流企业广泛应用信息技术、应用互联网思维等开展供应链管理、优化物流资源配置等新特点和新需求，创新管理手段，引导和支持物流企业进行经营和服务创新，打造具有国际竞争力的市场主体，进一步培育创新动力。

三、加强工作组织

试点城市所在省级发展改革部门，要推动试点工作扎实有序开展，会同相关部门加大对试点城市的指导和政策支持力度。试点城市人民政府作为试点工作的主体，要在进一步完善试点工作方案的基础上，结合本通知明确的若干创新方向，按照附后的创新任务分工安排，深入开展创新发展试点工作，组织、指导、督促城市相关工作单位切实完成好试点任务。我委将加强对创新试点工作的宏观指导、组织推动、政策协调和评估总结，统筹协调试点中遇到的跨区域、跨部门问题，加强经验交流和总结，在全国范围内宣传推广成功经验和做法。在研究物流行业政策的工作中，我委将注重甄选吸纳具有共性的创新政策，进一步推动全行业发展。

附件：现代物流创新发展城市试点工作主要内容及具体分工

附件：

现代物流创新发展城市试点工作主要内容及具体分工

一、现代物流创新城市试点工作主要内容

1. 天津市：一是紧扣“京津冀协同发展”战略，依托航运中心条件，聚集和整合区域物流要素资源，提升海铁等多式联运水平，促进区域物流一体化发展。二是发挥自贸区优势，发展仓单质押、融资租赁等物流金融服务，加强线上线下联动，推动跨境电商物流发展，促进物流业态创新。三是围绕京津冀蔬菜、畜禽生产基地，建设一批专业化冷链物流配送中心，实现冷链物流全程标准化，打造京津冀1小时冷链配送圈。

2. 沈阳市：一是推动以物流业和制造业联动为主导的多业联动发展，形成“龙头企业+第三方物流企业”联动发展的物流模式，推动信息系统建设、降低制造业物流成本，提高物流一体化联动服务水平，提升制造企业核心竞争力和服务能力。二是以沈阳综合保税区的提升发展为核心，以大连港、营口港、满洲里口岸为依托，整合拓展其他保税物流资源，构建设施高效衔接、枢纽快速转运、信息互联共享、设施服务标准统一的国际多式联运组织体系。

3. 哈尔滨市：一是加快集装箱中心站、综合保税区等国际物流基础设施建设，完善铁路和航空物流网络，推动对俄国际物流发展，吸引对俄跨境贸易货物集散，打造区域性对俄物流组织中心。二是依托黑龙江省绿色食品种植、加工等产业基础，发展产供销一体化的冷链物流、区域分拨和城市配送，构建安全、可追溯、绿色食品和粮食物流体系，打造绿色食品和粮食物流基地，支持特色产业发展。

4. 上海市：一是深化物流业开放改革、优化口岸物流环境，支持国际经济、金融、贸易、航运中心建设，发挥要素资源高度聚集优势，打造高端物流功能，提升全球物流资源配置能力。二是利用“长江经济带”战略龙头条件，促进区域物流资源整合与联动发展，提升服务长三角、服务长江流域、服务全国的水平。三是促进物流与互联网、物联网、大数据等技术融合发展，以海空港枢纽物流信息化、物流信息平台、物流平台经济等为抓手，提升智慧物流发展水平。四是推动城市配送和快递服务便捷、绿色、安全发展，提升物流业便民惠民服务水平。

5. 南京市：一是利用区域航运中心发展条件，开展沿长江区域物流资源整合，建立长江上下游港口高效协同运作的物流合作机制，促进区域物流协同发展，支持长江经济带建设。二是围绕长江航运，着力推进铁水、公水、江海等多式联运发展，发挥枢纽节点的辐射和带动功能，促进产业聚集发展。三是进一步完善城市物流发展规划，推动重大基础设施建设和布局优化，探索有效落实规划的措施和经验。

6. 青岛市：一是发挥港口优势，立足港站“双轮驱动”，完善多式联运基础设施，促进不同主体间信息互联共享，创新管理运作方式，提升功能和增值服务，推动多式联运发展。二是立足制造业聚集基础，以供应链协同和模式创新为核心，丰富物流与制造业联动内涵，增强物流服务与制造业信息、技术与标准衔接，优化制造业集聚区物流功能，推进物流业与制造业联动发展。三是加强物流管理体制机制创

新，完善城市推动物流发展的政策体系。

7. 厦门市：一是进一步扩大口岸开放，创新两岸航运物流合作机制，改善通关环境，打造两岸航运物流服务共享信息平台，发展两岸跨境电子商务、冷链物流合作、厦台海运快件运输等服务，深化对台物流合作。二是立足海西经济区等，完善区域物流合作发展机制，优化物流资源配置，推进海港和内陆港建设，提升区域物流发展水平。三是利用自贸试验区发展条件，建立运转高效的城市物流管理体制机制，创造有利政策环境，促进供应链物流管理等模式创新发展。

8. 武汉市：一是利用内陆重要综合交通枢纽和长江中游航运中心等优势条件，按照设施“无缝衔接”和运作“一票到底”的多式联运发展要求，强化枢纽节点衔接，推进铁路进港区、进园区等设施改造与建设，培育多式联运经营主体，提升物流园区多式联运功能，创新推动多式联运发展。二是以武汉物流交易所、航运交易所、船舶交易服务中心等为主要平台，依托互联网、大数据等技术，坚持线上与线下相结合，打造物流要素交易市场，创新物流资源整合模式。三是进一步深化物流管理体制改革，完善协调推进机制，提高城市推动物流发展能力。

9. 广州市：一是构建珠江—西江江海联运网络，打通港口连接周边公路货运通道，形成以广州为枢纽的粤湘赣等铁水联运通道，完善多式联运体系。二是推动口岸管理相关部门信息互换、监管互认、执法互助（三互），开展报关、征税、查验、放行通关全流程一体化作业，实现企业通过“单一窗口”一点接入、一次性递交格式化单证和电子信息，推动大通关物流管理机制创新。三是继续深化推动物流平台创新发展，推动信息化和标准化应用，整合线上线下资源，打通上下游产业链，促进物流企业经营模式及业态创新。

10. 深圳市：一是发挥珠三角经济中心城市优势，依托供应链总部企业聚集环境，鼓励供应链与新兴商业模式融合，促进供应链与其他产业创新联动，打造全球供应链管理中心。二是深化深港物流合作发展，依托深港现代服务业合作区，全面加强深港航运与贸易增值服务合作，完善多式联运服务体系，推动深港物流制度、物流政策、物流标准、物流通道的全面对接，与香港共建国际航运中心。三是发挥改革开放前沿优势，创新城市物流管理体制机制，推动简政放权，进一步释放物流企业活力。

11. 重庆市：一是利用“一带一路”与“长江经济带”的战略联结点条件，加强物流枢纽设施建设，完善国际物流平台功能，建设一体化通关体系，提升国际物流运营组织能力，开展国际物流互联互通合作，打造内陆重要国际物流枢纽。二是围绕铁水联运等发展需求，建设多式联运基础设施平台，强化信息系统互联互通，培育多式联运经营主体，创新多式联运组织模式，加快发展多式联运。三是发挥城市物流发展规划的引领作用，完善城市物流发展体系，推动重大设施建设，优化总体布局。

12. 成都市：一是发挥西南地区经济中心优势，围绕服务“一带一路”战略实施需要，发展多式联运，打造以门户型国际航空枢纽、开放型国际铁路枢纽、立体型口岸服务体系为支撑的国际物流枢纽，创新推进物流枢纽建设，深化区域物流合作。二是进一步创新物流管理体制机制，推进简政放权、完善发展推进机制、积极探索全领域“负面清单”，完善物流政策体系，提升城市引领物流发展的能力。

三是积极发展城市集中配送、共同配送等先进模式，推动城市配送便捷、集约发展。

13. 西安市：一是加快西安国际港务区建设，依托综合保税区、铁路物流集散中心、公路港三大核心平台，完善口岸功能，打造“丝绸之路经济带”重要国际物流枢纽港。二是依托西咸新区空港新城，加快空港物流园区建设，完善航空货运物流网络，加强物流产业联动，促进临空产业聚集发展，打造航空物流枢纽。

14. 乌鲁木齐市：一是发挥我国向西开放重要门户优势，加强国际物流服务设施建设，推动保税物流、临空产业物流、跨境电商物流等发展，促进物流与相关产业联动聚集，形成面向中西亚和欧洲的重要国际物流枢纽。二是利用“丝绸之路经济带”核心区重要节点条件，推动重大物流基础设施建设，整合全市物流资源，加强铁路、航空、公路物流的衔接，打造辐射全疆的重要物流组织中心。

15. 郑州市：一是利用“一带一路”战略实施契机，加强大通关体系建设，完善口岸功能，依托国际铁路班列和航空物流运行，加快发展多式联运，打造国际物流枢纽。二是加强空港、陆港物流设施建设，完善物流网络，促进产业聚集，建设航空物流和陆港集装箱物流中心。三是依托连通境内外、辐射东中西的物流服务网络和保税物流中心等设施，着力推进跨境电商物流发展。

16. 保定市：一是按照京津冀协同发展要求，加快重大物流设施建设，加强区域间设施和功能衔接，着力承接北京商贸物流产业转移升级，促进京津冀物流资源的合理配置和协同发展。二是依托传统实体市场，加强电子交易平台、快速高效物流服务体系建设，提升市场物流辐射能级，加快商贸物流发展。三是围绕区域物流合作，在招商引资手段、物流企业工商管理、配送车辆跨区通行、用地占补平衡、企业融资等方面开展政策创新。

17. 临沂市：一是发挥对全国县级以上城市广覆盖物流网络优势，继续促进物流与商贸业联动发展，提升物流服务水平，强化全国商贸物流组织中心地位。二是立足商贸物流集散中心基础条件，推动国际物流设施建设，加速融入全球物流服务网络，构建国内、国外一体化物流体系，支撑和引领国际化商贸发展。三是建立符合城市发展特征的物流体制机制，多部门高效统筹，形成政策合力，有序推进物流发展。

18. 赣州市：一是利用长江经济带与珠三角经济区衔接节点，及珠三角和海西两大经济区的辐射交叉点区位条件，积极建设无水港和海铁联运系统，畅通物流通道，促进物流与工矿等产业联动，有效承接沿海产业转移，打造区域物流中心。二是建设一批重大冷链物流项目，开辟运行高效的农产品物流通道，以赣南脐橙等特色农产品为核心，打造冷链物流基地。三是探索中西部地区地级城市通过加强战略规划，完善管理体制机制，构建有效政策体系等，推动物流业发展的典型经验。

19. 岳阳市：一是发挥湖南唯一临江口岸城市优势，加强港口物流设施和集疏运设施建设，推动铁水联运发展，有效配置区域物流资源，促进物流与临港产业联动发展。二是面向危化品供应链物流全过程，开展智慧、绿色、全程可控物流管理，构建基于供应链管理模式的危化品智慧物流服务体系，有效支持石化等相关产业发展。三是创造良好设施基础和政策环境，推广北斗等先进信息技术在物流领域应用，提高物流运行效率和管理水平。

20. 义乌市：一是通过打造实体市场群等，

实现商贸与物流的融合互动发展，探索县市区域发展商贸物流的新模式。二是利用全球小商品集散中心特色优势，大力发展专线运输，构建辐射全国的专线运输网络，形成具有较强资源整合能力的干线物流组织枢纽。三是通过物流与实体商贸市场群、网上电子交易平台、跨境电子商务的融合互动发展，构建面向国际市场快速集散分拨的国际物流服务体系。

二、现代物流创新发展城市试点工作具体分工

见附表。

附表

现代物流创新发展城市试点工作具体分工

试点方向	城市物流发展战略和规划创新			城市物流体制机制和政策环境创新		城市物流基础条件创新发展		专业物流领域创新发展					区域物流协作创新发展			物流企业经营模式和业态创新发展	
任务分工	1. 完善城市物流规划	2. 打造双向开放国际物流枢纽城市	3. 推动物流与产业联动，促进产业聚集发展	4. 体制机制创新	5. 管理政策创新	6. 建设重大物流基础设施项目，优化基础设施布局	7. 推进信息化和标准化普及	8. 推动多式联运发展	9. 推动农产品物流和冷链物流发展	10. 推动城市配送快递物流发展	11. 推动危险品物流发展	12. 推动跨境电商物流发展	13. 打造京津冀区域物流组织中心	14. 打造沿长江区域物流组织中心	15. 建设其他区域物流组织中心城市	16. 推动供应链物流管理模式发展	17. 推动物流平台型组织模式发展
天津		√		√	√	√				√	√	√	√			√	
沈阳	√		√	√	√	√									√		
哈尔滨		√		√	√	√	√		√								√
上海	√	√		√	√	√	√	√	√	√		√					√
南京	√		√	√	√	√	√					√		√			√
青岛			√	√	√	√		√								√	
厦门		√		√	√	√									√		
武汉				√	√	√		√						√			√
广州		√		√	√	√	√	√		√		√					
深圳		√	√	√	√	√	√					√				√	

续 表

试点方向	城市物流发展战略和规划创新			城市物流体制机制和政策环境创新		城市物流基础条件创新发展		专业物流领域创新发展					区域物流协作创新发展			物流企业经营模式和业态创新发展	
任务分工	1. 完善城市物流规划	2. 打造双向开放国际物流枢纽城市	3. 推动物流与产业联动，促进产业聚集发展	4. 体制机制创新	5. 管理政策创新	6. 建设重大物流基础设施项目，优化基础设施布局	7. 推进信息化和标准化普及	8. 推动多式联运发展	9. 推动农产品物流和冷链物流发展	10. 推动城市配送快递物流发展	11. 推动危险品物流发展	12. 推动跨境电商物流发展	13. 打造京津冀区域物流组织中心	14. 打造沿长江区域物流组织中心	15. 建设其他区域物流组织中心城市	16. 推动供应链物流管理模式发展	17. 推动物流平台型组织模式发展
重庆	√	√		√	√	√						√		√			
成都		√		√	√	√	√	√		√						√	
西安	√	√		√	√	√											
乌鲁木齐		√		√	√	√									√		
郑州		√		√	√	√						√					
保定				√	√	√							√				
临沂			√	√	√	√									√	√	
赣州			√	√	√	√	√		√						√		
岳阳				√	√	√	√	√			√			√			
义乌				√	√	√											√

财政部　国家税务总局关于收费公路通行费增值税抵扣有关问题的通知

（财税〔2016〕86号　2016年8月3日）

各省、自治区、直辖市、计划单列市财政厅（局）、国家税务局、地方税务局，新疆生产建设兵团财务局：

为保证营业税改征增值税试点的平稳运行，现将收费公路通行费增值税抵扣有关问题通知如下：

一、增值税一般纳税人支付的道路、桥、闸通行费，暂凭取得的通行费发票（不含财政票据，下同）上注明的收费金额按照下列公式计算可抵扣的进项税额：

高速公路通行费可抵扣进项税额=高速公路通行费发票上注明的金额÷（1+3%）×3%

一级公路、二级公路、桥、闸通行费可抵扣进项税额=一级公路、二级公路、桥、闸通行费发票上注明的金额÷（1+5%）×5%

通行费，是指有关单位依法或者依规设立并收取的过路、过桥和过闸费用。

二、本通知自2016年8月1日起执行，停止执行时间另行通知。

交通运输部关于推进供给侧结构性改革促进物流业“降本增效”的若干意见

（交规划发〔2016〕147号　2016年8月11日）

为贯彻落实党中央、国务院关于推进供给侧结构性改革和降低实体经济企业成本的决策部署，切实发挥交通运输在物流业发展中的基础和主体作用，促进物流业“降本增效”，现提出如下意见。

一、总体要求

（一）重大意义。交通运输是物流业的基础环节和重要载体，是提升物流供需匹配效率的关键，在实现物流业“降本增效”中具有重要作用。近年来，交通运输行业积极拓展服务领域、延伸服务链条，有力推进了物流业发展，但仍存在运输结构不合理、运输组织方式落后、装备技术和信息共享水平较低、创新能力不强等问题，难以适应日益增长的高品质、多元化、个性化物流需求，影响了物流综合效率效益的提升。加快推进交通运输供给侧结构性改革，切实优化运输服务供给，对于提高实体经济企业竞争优势、提升经济整体运行效率、培育发展新动能具有重要意义。

（二）指导思想。全面贯彻党的十八大和十八届二中、三中、四中、五中全会精神，牢固树立和贯彻落实创新、协调、绿色、开放、共享发展理念，以促进物流业“降本增效”为导向，以提升运输链综合效率为着力点，以结构性调整、制度性改革、技术性创新为路径，切实推进物流业集约化、智能化、标准化发展，实现交通运输与物流深度融合，为经济转型升级和高效运行注入新活力。

（三）基本原则。市场主导、政府引导。充分发挥市场在资源配置中的决定性作用和更好发挥政府作用，进一步健全政策法规与标准规范，营造物流业发展良好环境。

问题导向、重点突破。以增效促降本，围绕影响物流效率提升的交通运输相关问题，补齐短板，精准施策，通过提升运输链综合效率提高物流业发展质量效益。

锐意创新、技术支撑。推广先进技术应用，大力推动“互联网+”高效物流、“互联网+”便捷交通发展，鼓励基于互联网的物流服务模式、管理模式创新以及新兴业态发展。

多业融合、协同联动。推动交通运输与物流业、制造业等联动发展，加强部门间、产业间、区域间协同联动，推进运输链、物流链、产业链“三链”深度融合。

（四）工作目标。经过持续努力，到 2020 年，基本建成经济便捷、高效优质的交通运输物流服务体系，物流运行效率明显提升，降低实体经济企业物流成本取得积极成效。

切实增强交通运输在物流业“增效”中的引领作用。运输结构明显优化，铁路、水运在大宗物资远距离运输中的分担比例稳步提升。培育出一批示范带动性强的平台型物流企业，道路货运“散、小、弱”局面明显改善。多式联运进一步推广，铁路货运集装箱运输比例达 15% 左右，重点港口集装箱铁水联运比例年均增长 10% 左右。

进一步发挥交通运输在物流业“降本”中的先行作用。货运领域不合理涉企收费基本消除。公路收费政策体系更加完善。跨运输方式信息互联应用水平显著提高，无效运输明显减少，运输时间成本有效降低。

全面提升交通运输与物流业融合发展的水平。道路货运无车承运人、多式联运经营人、平台型物流企业等“互联网+”环境下的新兴业态取得突破性进展。开展 50 个左右道路货运无车承运人试点，交通运输在物流链中的纽带作用充分发挥。

有效改善交通运输物流发展环境。物流标准化水平进一步提升，车辆运输车等重型载货汽车标准化率达到 80%。交通运输物流诚信体系初步建立。冷链运输、城市配送、危险品运输、农村物流、快递等专项领域和重点区域物流发展环境显著改善并达到新的水平。

二、完善衔接顺畅的基础网络

（一）进一步完善物流大通道。聚焦物流大通道短板，提升大通道设施网络通行能力。大力拓展干线铁路网覆盖面，加快复线建设和电气化改造，基本贯通国家高速公路主线，推进繁忙路段扩能改造，加快内河高等级航道建设，进一步改善物流大通道跨境设施条件。努力形成货畅其流、经济便捷的跨区域物流大通道。

（二）提升交通物流枢纽服务水平。引导全国交通物流枢纽合理布局，推动上海、广州、武汉等一批骨干交通物流枢纽建设。优化中心城市及周边物流基础设施布局，重点支持具备多式联运、干支衔接、口岸服务等功能的货运枢纽（物流园区）建设，促进各种运输方式和不同运输组织形式间有效衔接、高效转换。有序引导内陆无水港发展。

（三）畅通枢纽节点“微循环”。重点围绕港口、大型综合性物流园区等枢纽节点，加强集疏运铁路和公路建设，强化重要枢纽节点与干线铁路、高等级公路和城市主干道等间的连接，提高干支衔接能力和转运分拨效率，打通枢纽节点微循环“最后一公里”梗阻。

三、构建集约高效的服务平台

（四）促进物流相关信息互联应用。以国家交通运输物流公共信息平台为基础，综合政府、企业与社会各类基础和专用信息，推动建设国家物流大数据中心。加快铁路、公路、水运、民航、邮政等行业数据交换节点建设。强化与相关部门政务信息共享和业务协同，提高公共服务能力和行业监测能力。推动与日韩、东盟、欧盟等国家和地区物流信息互联互通。加强国家交通运输物流公共信息平台安全等级保护工作。鼓励企业加强先进信息技术应用。

（五）鼓励平台型物流企业和企业联盟发

展。鼓励物流企业创新合作模式，大力发展分享经济，加快资源优化整合。在公路港、快递、冷链运输等领域，引导和支持一批全国统筹布局、线上线下交易的平台型物流企业发展。支持龙头骨干物流企业网络化布局，促进资源高效利用，引导物流市场集约化发展。

（六）推动道路货运无车承运人发展。鼓励依托互联网平台的道路货运无车承运人发展，通过试点工作，探索完善道路货运无车承运人在许可准入、运营监管、诚信考核等环节的管理制度。健全道路货运无车承运人在信息共享、运输组织、运营服务等方面的标准规范，培育一批理念创新、运作高效、服务规范的道路货运无车承运人。

（七）推进传统交通运输企业向现代物流企业转型。鼓励运输和物流企业利用“互联网+”发展一体化、全过程的供应链管理服务，提升物流增值服务能力，补齐定制化、专业化、精益化服务短板，引导实体经济企业物流需求社会化。推动交通物流枢纽与制造业集聚区、产业集群协调发展，形成产、购、销、运、储一体化产业生态圈。

四、提升运输链条的组织效率

（八）大力发展多式联运。推进铁水、公铁、陆空等多式联运发展，重点支持以集装箱、厢式半挂车为标准运载单元的联运组织形式，提高一体化衔接水平和中转换装效率。积极培育多式联运经营人，鼓励企业间创新合作模式，优势互补，提高多式联运全程服务能力。统筹制订多式联运标准规范和服务规则，推进联运服务“一单制”。加快实施多式联运示范工程。推动快递“上车上船上飞机”。

（九）深入推进甩挂运输发展。继续推进甩挂运输试点工作，重点支持多式联运甩挂、企业联盟甩挂、网络型甩挂、干线运输和城市配送衔接甩挂、中置轴汽车列车甩挂、挂车互换及接驳甩挂等模式的发展。加快完善相关法规和技术标准，推动站场、车辆、信息等甩挂资源的共享利用和优化配置，优化甩挂运输发展条件。

（十）完善农村物流服务网络。推进农村地区资源路、产业路等功能性道路建设。鼓励农村地区充分利用邮政、供销网点以及客运站，积极发展农村物流末端节点。结合农村地区一二三产业分布特点，积极发展农村“货运班线”、快递班车，开展县至乡镇、沿途行政村的双向货运服务。鼓励合规利用农村班线客车代运邮件和小件快递，健全末端小件快运服务体系。

（十一）推进区域交通物流一体化发展。落实国家区域发展总体战略和产业布局优化调整的要求，大力提升区域交通物流一体化发展水平。以三大战略为引领，通过示范带动，研究建立跨区域交通物流一体化发展合作机制，促进基础设施互联互通、运输组织协同高效、信息资源共享应用、管理政策规范统一。

（十二）推进跨境运输便利化。依托“一带一路”等国家战略，促进中欧班列优化布局和集约利用，推进中欧班列国内节点建设。加强与海关、检验检疫等管理部门的合作，协助推进海关多式联运监管中心建设。完善双边、多边运输合作机制，推动实施国际运输便利化公约，重点推进与东北亚、东南亚、中亚等周边国家的运输便利化。实施快递向外工程，支持跨境电商物流发展，鼓励企业在重点口岸城市建设国际快件处理中心。

五、健全匹配协调的标准体系

（十三）推进货运车型标准化。协调推进货运车辆生产、检测、注册登记、营运等环节的标准衔接。加大对车辆运输车、低平板半挂汽车列车、液体危险货物运输罐车等重点车型标准化治理工作力度。积极推进厢式化、模块化、轻量化等先进车型发展。推动城市配送车型标准化、清洁化、专业化发展。推进城市配送车辆统一标识管理。

（十四）建立多式联运标准体系。推动建立多式联运技术标准体系，组织制修订相关标准并监督实施，鼓励发展集装箱、厢式半挂车、托盘等标准化运载单元，加快完善快速转运设备、专用载运设备技术标准。推进商品车运输、冷链运输、快递等专业化多式联运装备技术标准建设。制定货运枢纽（物流园区）标准规范。健全多式联运有关信息标准，推进多式联运单证票据的通用化、标准化。

六、营造规范有序的市场环境

（十五）继续加大简政放权力度。进一步取消和调整交通运输行政审批事项，加强事中事后监管。简化道路运输经营许可证年审手续，优化道路运输从业资格考核制度。加快《超限运输车辆行驶公路管理规定》制修订工作，推动跨省超限运输许可申请由起运地省级公路管理机构统一受理。落实《道路运输车辆技术管理规定》，取消营运车辆强制性二级维护检测。简化快递业务经营许可和进出境快件通关手续，探索快递企业工商登记“一照多址”。加强交通安全监管体系建设，全面提升危险货物运输重点营运车辆联网联控水平。

（十六）完善公路收费管理和监督执法。推进《收费公路管理条例》的修订工作，逐步有序取消政府还贷二级公路收费，科学合理确定公路收费标准。探索高速公路分时段差异化收费政策和标准货运车型计重收费的 ETC 应用，提升高速公路通行效率。协调有关部门推动制定高速公路车辆救援指导价，加强对高速公路车辆救援服务及收费的监督检查，坚决查处高速公路车辆救援服务乱收费行为。规范车辆超限处罚标准，杜绝“乱罚款”“以罚代管”等现象。

（十七）规范铁路港口机场收费项目。全面清理铁路、机场经营性收费项目，除法律法规规章规定的项目外，禁止指定经营、强制服务、强行收费等行为。在大幅压减港口收费项目和标准基础上，进一步规范港口相关费用的征收管理。畅通举报电话、举报信箱等公众监督渠道。优化国家铁路与地方铁路的衔接，逐步清除制度性障碍。引导取消不合理涉铁收费。

（十八）建立健全物流市场诚信体系。强化物流企业和从业人员诚信信息归集、共享、公开和使用，积极应用大数据、云计算、物联网等信息技术，建立健全市场主体诚信档案、行业黑名单制度和市场退出机制。研究解决道路货运司机异地从业诚信结果签注问题。充分发挥全国信用信息共享平台作用，促进与工商、税务、银行、保险、法院等诚信信息共享互认，建立跨区域、跨行业的守信联合激励和失信联合惩戒机制，完善失信行为通报和公开曝光制度。

（十九）推动完善物流业“营改增”政策。促进物流各环节增值税税率统一，探索物流领域增值税差额抵扣。针对交通运输进项税抵扣不足问题，研究推进落实将过路过桥费、房屋租赁费等纳入增值税抵扣范围。支持企业实行汇总申报缴纳增值税和企业所得税。

七、保障措施

（一）建立工作机制。明确责任分工，加强督导落实，统筹推进各项工作。在全国现代物流工作部际联席会议制度框架下，加强与发展改革、工业和信息化、商务、海关、铁路总公司等相关部门单位的沟通协调，形成横向协同、上下联动的工作格局。

（二）完善支持政策。统筹利用好中央预算内投资、车购税等财政性资金以及专项建设基金等，加大对“三大战略”等重点区域、扶贫攻坚重点地区和交通物流重点领域及薄弱环节的政策倾斜。鼓励民间资本进入物流领域，支持交通物流企业通过发行债券等方式多渠道筹集资金。

（三）发挥协会作用。充分发挥行业协会在交通物流运行监测、标准制修订与宣传推广、交流合作、人才培训、诚信体系建设、统计工作等方面的重要作用，共同推进物流业“降本增效”。

（四）加强运行监测。研究建立交通运输促进物流业“降本增效”的评价指标体系、发展指数，加强市场运行动态监测和评估。密切跟踪物流业发展新业态、新形势，及时研究解决出现的新问题。适时开展工作效果评估总结，形成典型经验，加强推广交流。

交通运输部

2016 年 8 月 11 日

交通运输部办公厅关于推进改革试点加快无车承运物流创新发展的意见

（交办运〔2016〕115 号　2016 年 9 月 1 日）

为贯彻落实党中央、国务院关于大力推进大众创业万众创新和推动实施“互联网+”行动计划的有关部署，鼓励无车承运物流创新发展，加快完善与新经济形态相适应的体制机制，提升服务能力，推进物流供给侧结构性改革，促进物流业“降本增效”，经交通运输部同意，决定在全国开展道路货运无车承运人试点工作，现就推进改革试点、加快无车承运物流发展提出以下意见：

一、充分认识促进道路货运无车承运人发展的重要意义

近年来，移动互联网技术与货运物流行业深度融合，货运物流市场涌现出了无车承运人等新的经营模式。无车承运人是以承运人身份与托运人签订运输合同，承担承运人的责任和义务，通过委托实际承运人完成运输任务的道路货物运输经营者。无车承运人依托移动互联网等技术搭建物流信息平台，通过管理和组织模式的创新，集约整合和科学调度车辆、站场、货源等零散物流资源，能够有效提升运输组织效率，优化物流市场格局，规范市场主体经营行为，推动货运物流行业转型升级。

目前，我国无车承运人的发展尚处于起步探索阶段，在许可准入、运营监管、诚信考核、税收征管等环节的制度规范还有待探索完善。通过开展试点工作，逐步调整完善无车承运人管理的法规制度和标准规范，创新管理方式，推动实现“线上资源合理配置、线下物流高效运行”，对于推进物流业供给侧结构性改革，促进物流行业“降本增效”，提升综合运输服务品质，打造创新创业平台，培育新的经济增长点，全面支撑经济社会发展具有重要意义。

二、总体要求

牢固树立创新、协调、绿色、开放、共享发展理念，深入贯彻落实党中央、国务院加快推进供给侧结构性改革的战略部署，以运用移动互联网促进交通运输转型升级为主线，以推进无车承运人发展、促进物流业“降本增效”为目标，坚持市场引领、问题导向，多方联

动、综合施策，以点带面、有序推进，以试点为载体，逐步调整完善无车承运人在许可准入、运营监管、诚信考核、税收征管等环节的管理制度，建立健全无车承运人在信息共享、运输组织、运营服务等方面的标准规范，推动大数据、云计算等先进技术在物流领域的广泛应用，培育一批理念创新、运作高效、服务规范、竞争力强的无车承运人，引导货运物流行业的规模化、集约化、规范化发展，全面提升综合运输服务能力和水平，为经济社会发展提供安全、高效、绿色的物流运输保障。

三、试点范围与企业条件

（一）试点范围。

结合现阶段我国无车承运人发展的实际需求，在全国范围内组织开展试点工作。各省级交通运输主管部门应根据物流市场发展实际，按照“高标准、严要求、宁缺毋滥”的原则，择优选择规模较大、管理规范、物流信息平台应用较为充分、拥有稳定货源、社会信誉好的企业参加试点。现阶段不具备条件的省份可暂不开展试点工作。

（二）试点企业条件。

原则上试点企业应具备如下条件：

1. 具有较强的货源组织能力与货运车辆整合能力，运输经营组织化、集约化程度较高；

2. 具备较为完善的互联网物流信息平台和与开展业务相适应的信息数据交互及处理能力，能够通过现代信息技术对实际承运人的车辆运营情况进行全过程管理；

3. 具备健全的安全生产管理制度，经营管理规范，具备较高的经营管理水平和良好的社会信誉；

4. 具备较强的赔付能力，能够承担全程运输风险。

各地可结合本地实际，对以上条件做进一步细化，提出可量化的具体条件。符合上述条件的企业经所在地的地市级交通运输主管部门审核同意后，向省级交通运输主管部门提出试点申请。

四、试点内容

（一）规范无车承运人经营行为。

各省级交通运输主管部门应建立健全相关制度，加强对道路货运无车承运人试点企业（以下简称试点企业）经营行为的监管。试点企业应与实际承运人签订运输服务合同，建立相应的赔付机制，承担全程运输责任；要对实际承运人的经营资质、车辆行驶证和道路运输证以及驾驶员机动车驾驶证和从业资格证进行审核把关，确保运输服务质量；应健全物流运输管理信息系统，通过互联网物流信息平台为货主和实际承运人提供信息服务，对交易、运输、结算等各环节进行全过程透明化动态管理，强化运输过程的安全监管，为税收征管提供真实交易数据。试点企业不得承运危险货物（符合豁免要求的除外），不得委托未取得道路货物运输相关经营资质的企业、车辆与驾驶员执行运输任务。

（二）推进无车承运人信用建设。

各省级交通运输主管部门要按照《交通运输部关于加强交通运输行业信用体系建设的若干意见》（交政研发〔2015〕75号）等要求，建立健全对试点企业的信用评价及考核制度，强化对试点企业失信行为的监管。试点企业要强化对实际承运人在运输生产安全、服务质量、诚信考核、事故赔付能力等方面的管理，利用物流信息平台和大数据技术整合实际承运人相关信用信息，建立健全对实际承运人的信用评价体系，要以运政管理信息系统为基础，向社会提供“人、车、户”等基本信息的查询服务，引导货运市场的规范发展。

（三）认真落实无车承运人营改增相关政策。

《财政部 国家税务总局关于全面推开营业税改征增值税试点的通知》（财税〔2016〕36号）明确规定无车承运业务按照“交通运输服务”缴纳增值税。各省级交通运输主管部门应加强与税务部门的沟通，将营改增相关政策落到实处，进一步细化试点企业增值税征管具体流程和监管要求，协调解决增值税征管中开票资格、进项抵扣、额度监管等实际问题，规范试点企业纳税行为，强化税收监管，防范税收风险。

（四）鼓励无车承运人创新运营管理模式。

各省级交通运输主管部门要引导试点企业建立无车承运业务相关操作规范，科学设计业务流程，形成物流资源组织调度、实际承运人监管、单证交接等环节的规范化管理。鼓励试点企业拓展业务范围，加强与铁路、港口、民航等企业的合作，通过物流信息平台的互联互通以及在信息资源、服务规范、作业流程等方面的有效对接，开展公铁、公水和陆空联运，支持企业通过甩挂运输、共同配送等先进运输组织方式提升组织效率。鼓励试点企业开展跨区域网络化经营，试点企业在国内设立分公司从事无车承运经营的，向分公司所在地的道路运输管理机构报备。

（五）探索创新无车承运人的管理制度。

各省级交通运输主管部门在试点推进中，应结合实际，重点围绕无车承运人的准入技术条件、安全运营监管、诚信考核评估、法律责任等内容，探索创新无车承运人管理的法规制度，积极配合税务部门探索健全针对无车承运的税收征管制度，为无车承运人的发展创造有利的制度环境。在总结试点企业经验的基础上，探索制定无车承运人在服务质量、风险应对、投诉处理等方面的标准规范，促进无车承运人运营服务的标准化和规范化。

五、试点组织

（一）实施程序。

交通运输部负责对试点工作进行统筹指导，省级交通运输主管部门具体负责试点工作的组织实施。试点工作按照“初选论证、企业实施、过程监管、总结评估”的步骤推进。

1. 省级交通运输主管部门研究制定本地试点工作实施方案，组织专家对申请参加试点的企业条件和试点方案进行严格审查，经筛选后，确定本地无车承运人试点企业名单。

2. 纳入试点的企业需要申领道路运输经营许可证的，可向所在地县级道路运输管理机构提出申请，县级道路运输管理机构应按照《道路运输条例》和《道路货物运输及站场管理规定》的要求进行审批，向符合要求的企业颁发“道路运输经营许可证”，经营范围为道路普通货运（无车承运）。

3. 试点企业按照试点方案，认真组织实施，积极探索创新物流运营的新模式，按要求向省级交通运输主管部门、国家交通物流公共信息平台报送试点运行信息，完成试点方案确定的工作目标，切实发挥对行业的引领示范作用。

4. 省级交通运输主管部门要对试点经验进行系统总结，探索形成无车承运人相关管理制度和标准规范，及时了解试点企业运行动态，帮助企业解决试点实际问题，不断完善无车承运人发展的相关政策，为试点企业发展创造有利环境。

（二）时间安排。

1. 启动阶段：2016 年 10 月至 11 月。省级交通运输主管部门编制试点实施方案，按照要求进行试点企业的筛选，并将确定的试点企业名单及试点方案于 2016 年 11 月底前报交通运输部。

2. 实施阶段：2016 年 12 月至 2017 年 11 月。试点企业按照试点方案认真组织实施，省级交通运输主管部门加强跟踪督导，协调解决相关问题。

3. 总结评估阶段：2017 年 12 月，省级交通运输主管部门和试点企业要分别对试点工作进行总结评估，并在试点实施阶段结束后编制试点工作总结报告，将试点工作开展情况报交通运输部。

六、工作要求

（一）严格筛选条件，科学制定试点方案。

各省级交通运输主管部门要根据本地无车承运人发展的实际情况，制定科学细致、操作性强的试点实施方案，细化试点企业申报条件和程序，量化试点企业工作目标，健全试点运行监测和总结评估机制，按照试点实施方案的要求，严格筛选试点企业，科学论证并审核企业试点方案，确保试点方案切实可行，能够取得实效。

（二）落实配套政策，精心组织实施。

各省级交通运输主管部门应协调相关部门，在试点过程中，逐步健全完善针对无车承运人许可准入、运营监管、诚信考核、税收征管等方面的管理制度和相关标准规范。同时要根据试点推进情况，在注重市场公平的前提下，协调相关部门对试点企业给予相应支持，鼓励试点企业创新发展。

（三）加强运行监测，确保试点顺利推进。

各省级交通运输主管部门应做好本省试点运行的监测、分析和评估工作，国家交通运输物流公共信息平台承担全国无车承运人试点工作的运行监测工作。试点企业应按要求向省级交通运输主管部门、国家交通运输物流公共信息平台提供行业运行监测所需要的运行数据。国家交通运输物流公共信息平台、各省级交通运输主管部门要定期向交通运输部报送无车承运人试点运行监测报告，为推进试点工作提供参考。

（四）加强跟踪监督，及时总结经验。

各省级交通运输主管部门要注重试点过程中的跟踪和评估，及时发现试点过程中出现的新情况、新问题，并积极协调相关部门加以解决；要及时归纳总结试点的典型经验做法，注重创新推广，确保试点工作取得实效。各级道路运输管理机构应依法加强对试点企业的运行监管，对试点企业的违法违规行为，依法予以处罚，取消其试点资格，并纳入企业不良信用记录。

交通运输部办公厅

2016 年 8 月 26 日

交通运输部办公厅 公安部办公厅关于规范治理超限超载专项行动有关执法工作的通知

（交办公路〔2016〕130 号 2016 年 10 月 18 日）

各省、自治区、直辖市、新疆生产建设兵团交通运输厅（局、委）、公安厅（局）：

根据《交通运输部办公厅、公安部办公厅关于印发整治公路货车违法超限超载行为专项行动方案的通知》（交办公路〔2016〕109 号）的有关要求，交通运输部、公安部在全国范围内联合组织开展整治货车违法超限超载行为专项行动，为进一步规范专项行动期间有关执法工作，现将有关要求通知如下：

一、密切协作配合，联合开展执法

专项行动期间，各地公路管理机构和公安交通管理部门应依托公路超限检测站联合开展执法。未设置超限检测站的地区，可以依托县级以上地方交通运输主管部门指定并公布的执法站所、停车场、卸载场等具有停放车辆及卸载条件的地点或者场所开展联合执法。其中，公安交通管理部门负责指挥引导车辆到公路超限检测站接受检测，并依据公路管理机构开具的称重和卸载单依法进行处罚、记分。公路管理机构负责实施称重，并监督违法超限超载车辆消除违法行为。公路超限检测站要为公安交通管理部门提供办公、食宿等便利和保障。

公路管理机构经流动检测认定的违法超限运输车辆，公安交通管理部门在巡逻中发现的涉嫌超限超载的运输车辆，要就近引导至公路超限检测站进行处理；距离公路超限检测站较远的，应当就近引导至县级以上地方交通运输主管部门指定并公布的执法站所、停车场、卸载场等具有停放车辆及卸载条件的地点或者场所进行处理。

二、明确工作职责，细化工作流程

公路管理机构和公安交通管理部门要明确职责分工，严格按照以下流程进行执法：

（一）公安交通管理部门在超限检测站入口设立引导岗，指挥引导车辆到超限检测站接受检测。

（二）公路超限检测站执法人员对车辆进行检测。对确认未超过规定限载标准的车辆，直接予以放行；超过规定限载标准 1 吨以内的，予以警告后放行。

（三）对经检测确认超限超载运输的车辆，公路超限检测站执法人员打印检测单（过磅单）两份，由驾驶员签字确认，并暂扣货运车辆道路运输证和从业人员资格证。

（四）公路超限检测站执法人员责令并监督超限超载车辆消除违法状态。

（五）公路超限检测站执法人员引导已卸载的车辆再次进行检测。对经复检确认违法状态已按规定消除的车辆，超限检测站执法人员打印检测单（过磅单）两份，由驾驶员签字确认。对经检测发现违法状态尚未按规定完全消除的车辆，公路超限检测站执法人员应责令并监督其继续消除违法状态，直至完全符合相关规定。

（六）公路超限检测站执法人员填写称重和卸载单，加盖公路超限检测站公章后，将公安交通管理部门留存联交驾驶员。（称重和卸载单式样附后）

（七）交通民警收到驾驶员提供的称重和卸载单后，依据称重和卸载单载明的超载比例，依法作出处罚并制作公安交通管理行政处罚决定书，当场交付被处罚的驾驶员。

（八）公路超限检测站执法人员将驾驶员提供的公安交通管理行政处罚决定书复印留存后，放行已消除违法状态的车辆。

（九）公路管理机构、公安交通管理部门将有关信息抄送车籍所在地道路运输管理机构，严格实施“一超四罚”。

三、突出工作重点，严格规范执法

专项行动中，各地公路管理机构和公安交通管理部门要突出重点，集中查处三轴及以上货运车辆车货总质量超过限载标准的违法行为，确保整治效果，外廓尺寸超过限定标准的，另行部署整治。超限超载的认定，要严格按照交办公路〔2016〕109 号文件所附公路货车最大允许总质量，认定货车是否超限超载，并以货车最大允许总质量计算超载比例，公安交通管理部门依照《道路交通安全法》有关规定处罚。

对部分特殊车辆，专项行动期间按照以下要求处理：

（一）危险化学品运输车辆违法超限超载的，由公安机关依据《危险化学品安全管理条例》第八十八条的有关规定进行处罚。

（二）运输鲜活农产品车辆违法超限超载运输的，通行收费公路时，该运次不得给予免收车辆通行费的优惠政策；通行非收费公路时，以批评教育为主，暂不实施处罚。

（三）载运标准集装箱的挂车列车，重点检查其车货总质量是否超过限载标准的行为，专项行动期间暂不对外廓尺寸进行检查。

（四）车辆运输车治理要严格执行《交通运输部办公厅、国家发展和改革委员会办公厅、工业和信息化部办公厅、公安部办公厅、国家质量监督检验检疫总局办公厅关于印发〈车辆运输车治理工作方案〉的通知》（交办运〔2016〕107 号）要求，按照过渡期政策分期治理、逐步到位，目前重点治理双排装载的车辆运输车，对未到整改期的单排装载车辆运输车，不得以车辆超长、非法改装等理由禁止驶入高速公路或者进行处罚。

（五）低平板半挂车运输普通货物的整治工作另行部署，专项行动期间重点查纠其车货总质量超过限载标准和假牌套牌违法行为。

附件：称重和卸载单（略）

交通运输部办公厅　公安部办公厅

2016 年 10 月 14 日

国家发改委办公厅 交通运输部办公厅 中国铁路总公司办公厅关于启动实施交通物流融合发展第一批重点项目的通知

（发改办基础〔2016〕2293号 2016年10月31日）

各省、自治区、直辖市及计划单列市、新疆生产建设兵团发展改革委、交通运输厅（局、委），各铁路局：

为贯彻落实国务院办公厅《关于转发国家发展改革委营造良好市场环境推动交通物流融合发展实施方案的通知》（国办发〔2016〕43号），促进交通物流融合发展，我们针对存在的主要短板和问题，从打通全链条、构建大平台、创建新模式等方面，梳理形成一批交通物流融合发展的重点项目。现印发给你们，请各地和有关单位加快推进。具体实施要求如下：

一、抓紧启动第一批重点项目

在港口及物流枢纽集疏运铁路建设、铁路物流基地、铁路货场周边道路畅通、国家交通运输物流公共信息平台、公路港建设5个方面，启动63项重点项目（见附件）。对已开工项目，要加快推进项目建设进度；对正在开展前期工作的项目，力争年内或明年开工建设。

（一）港口及物流枢纽集疏运铁路建设项目。加快推动建设连云港港赣榆港区铁路专用线、武汉港江北铁路二期、广州铁路枢纽东北货车外绕线等12项工程建设，优化港口及物流枢纽集疏运体系布局，充分发挥水路和铁路运输组合优势，提升运输效率。

（二）铁路物流基地工程。建设石家庄南一级铁路物流基地、南京尧化门一级铁路物流基地、天津西堤头二级铁路物流基地等16个具备集装箱办理功能的一、二级铁路物流基地，强化铁路集装箱骨干作用，优化运输结构，加快铁路企业向现代物流企业转型。

（三）铁路货场周边道路畅通工程。实施呼和浩特沙良物流基地、佳木斯铁路物流基地、厦门前场物流基地等21项铁路货场周边道路畅通工程，缓解铁路货场进出流通不畅、效率不高等问题。

（四）国家交通运输物流公共信息平台。加强政府部门物流相关政务信息汇聚，巩固和拓展东北亚物流信息服务网络（NEAL-NET）建设成果，加快交通运输行业交换节点建设，开展一批互联示范应用，完善铁路集装箱运输管理信息系统。加强与国家数据共享交换平台、全国政务信息共享网站的有效衔接，实时开展数据共享，提升交通物流融合事中事后监管及综合治理能力，为宏观调控及决策提供数据支撑。

（五）公路港建设工程。实施宿迁、温州、金华、台州、合肥、六安、漳州、商丘、荆门9项公路港建设工程，构建覆盖面更宽的公路港物流平台，完善全国运营体系。

二、做好统筹协调推进工作

（一）请各相关单位加快推进项目建设，定期汇总表中项目基本情况和进度，提出项目推进存在的困难、问题和建议，于每月28日前将相关情况报送国家发展改革委、交通运输部、铁路总公司。

（二）国家发展改革委、交通运输部、铁路总公司将定期召开交通物流融合发展项目协调推进会，听取有关方面关于项目进展情况的介绍，协调解决有关问题，部署重点工作任务，按计划推进项目建设。

（三）按照谋划一批、储备一批、开工一批、建设一批的原则，进一步深化拓展、滚动调整有关项目，以重点项目和重点事项推进的方式，不断推动交通物流融合发展。

（四）我们将结合项目储备和进展情况，择优遴选重大项目纳入国家重大项目储备库，并视情况在中央预算内资金和专项建设基金等方面给予支持。

附件：交通物流融合发展第一批重点项目（略）

交通运输部办公厅关于进一步加强农村物流网络节点体系建设的通知

（交办运〔2016〕139号 2016年10月31日）

各省、自治区、直辖市、新疆生产建设兵团交通运输厅（局、委）：

为深入贯彻中央1号文件和《物流业发展中长期规划（2014—2020年）》（国发〔2014〕42号）有关精神，进一步落实《交通运输部 农业部 供销合作总社 国家邮政局关于协同推进农村物流健康发展 加快服务农业现代化的若干意见》（交运发〔2015〕25号）的工作部署，加快推进农村物流县、乡、村三级网络节点体系建设，不断提升农村物流服务水平，经交通运输部同意，现就有关事项通知如下：

一、充分认识农村物流网络节点体系建设的重要意义

农村物流网络节点体系包括县级农村物流中心、乡镇农村物流服务站、村级农村物流服务点三个层级，是农村地区重要的公共服务基础设施，也是支撑农村物流健康发展的先行条件，对于保障城乡物资双向顺畅流动、提升农村基本公共服务水平、支撑农业现代化发展具有重要作用。当前，我国农村物流网络节点不健全、布局不合理、资源不集约、功能不完善，导致农村物流效率低下、运行成本较高，已成为制约我国物流业健康发展的短板和农业现代化建设的薄弱环节。

加强农村物流网络节点体系建设，是实现全面建成小康社会目标的客观要求，是破解制约农业农村发展瓶颈的重要举措，也是加快补齐物流业发展短板、降低城乡流通费用的重要抓手。各级交通运输主管部门要站在保障和改善民生、支撑农业现代化建设、服务国民经济发展大局的高度，采取积极有效措施，着力推进农村物流网络节点的集约化布局、标准化建设和规范化运营，为加快构建顺畅快捷、经济高效、便民利民的农村物流服务体系提供有力支撑。

二、工作目标

充分发挥交通运输在促进农村物流发展中的优势和作用，积极争取地方人民政府支持，着力加强部门合作和行业联动，推动现有交通运输、商贸流通、邮政快递、供销等网络设施

融合发展，按照“资源共享、多站合一、功能集约、便利高效”的原则，加快建成一批农村物流功能突出、服务“三农”效益显著的网络节点，推动实现“建设标准化、管理规范化、服务多元化”，全面提升农村物流服务水平。

三、工作重点

（一）优化节点布局，做好统筹规划。县级交通运输主管部门要主动会同农业、商务、供销、邮政等多部门、多单位，联合编制县域农村物流三级网络节点体系发展规划。科学分析县域内农村物流的需求特征，充分利用交通运输、农业、商务、供销、邮政等既有农村物流资源，合理确定县、乡、村三级农村物流节点的数量、布局、规模、功能，力争实现县域内农村物流网络节点的全覆盖。在规划布局中，要突出功能整合、资源共享、因地制宜、优势互补，可依托县公路货运站场等，建设（改造）县级农村物流中心，加强与商贸市场、农资中心、邮政集散中心等的衔接与融合；可依托乡镇农村客运站、电商服务中心、邮政局（所）和农资站等，升级改造建设乡镇农村物流服务站，实现功能叠加和多站合一；可利用行政村内的农家店、综合服务社、村邮站等，建设村级农村物流服务点，完善末端物流网络。

（二）完善站场功能，提升服务水平。省级交通运输主管部门应会同农业、商务、供销、邮政等部门，根据当地实际，科学制定农村物流网络节点建设标准，做到层次清晰、规模适度、功能完善、设施齐备。在体系布局上，宜按照“县级中转、乡镇级分拨、村级配送”的原则定位，进行节点层次划分和功能设置。县级农村物流中心原则上应设置运输组织、信息交易、仓储服务、快递电商等功能区块，并根据实际需要增设冷链物流等其他专业化服务。乡镇农村物流服务站和村级农村物流服务点原则上都应涵盖快递收寄、电商服务、信息采集、便民服务等基本功能，乡镇农村物流服务站还应具备短时保管和接取送达功能。要强化三级节点之间的高效衔接，以及节点内各项功能的统筹设置，充分发挥网络节点体系的整体效应。

（三）注重模式创新，强化运营管理。县级交通运输主管部门应协同相关行业管理部门，按照“规范、高效、经济、便民”的原则，制定农村物流站场运营服务规范，引导农村物流站场经营主体优化服务流程、公告服务标准、强化服务质量、加强安全应急管理、完善投诉处理机制，提升服务能力和水平。鼓励站场经营主体加快创新农村物流站场运营管理模式，按照“多方合作、共建共管、联营合作、利益共享”的原则，加强与农村商贸流通、供销合作、电商快递以及农产品经销、农资配送、农村合作社等市场主体的深入合作，提高资源集约利用效率，促进价值链、供应链、产业链协同创新。村级农村物流服务点可选择当地有较强经济实力、具备电脑和互联网操作技能的个人作为合伙人，实现农村物流末端网点与广大农村居民的融合对接。要强化农村物流站点服务形象管理，各省级交通运输主管部门应会同农业、商务、供销、邮政等部门共同设计发布本省农村物流站点的统一标识，突出交通运输形象标识，兼顾运营企业个性特色，力争实现省域范围内农村物流站点标志样式、颜色、编号“三统一”，方便广大人民群众识别，并对服务实施监督。

（四）加强信息化建设，实现互联互通。县级交通运输主管部门应根据实际需求，制定农村物流信息化建设的总体方案。依托县级农村物流中心、农村物流经营龙头骨干企业网站或相关物流信息服务平台，建设或改造县级农村物流公共信息平台，实现县域内跨行业农村物流信息的互联共享和系统共建。依托信息平台建立身份认证和信用体系，为车货匹配等提供安全可靠的征信渠道。按照“统一标准、互联互通、强化应用”的思路，推进乡镇农村物流服务站、村级农村物流服务点的信息化升级改造，加强村级农村物流信息终端设备的标准化配置，完善农村物流末端信息网络，把农村物流终端服务推送到广大农户。

（五）加强组织领导，强化政策支持。在县级人民政府的统一领导下，建立由交通运输、财政、国土、农业、商务、供销、邮政等多部门共同参与的农村物流工作领导小组，健全工作制度，落实责任分工，协同解决农村物流网络节点体系建设中的规划、土地、投资、运营等问题，统筹推进网络节点建设与发展。各级交通运输主管部门应加大对农村物流网络节点体系建设的支持力度，积极筹措资金，纳入政府支持范围的站场建设项目应符合《农村物流网络节点体系建设指南》（见附件）的相关要求。要严格站场建设项目的评估验收，经验收合格的项目，应在醒目位置悬挂本省农村物流站点统一标识，并加强对站场运营服务的动态监测及考核监督。各地交通运输主管部门要主动做好沟通协调，及时总结农村物流发展中的经验和做法，加强宣传推广，重大问题及时上报。

附件：农村物流网络节点体系建设指南（略）

国家发改委关于清理规范涉及铁路货物运输有关收费的通知

（发改价格〔2016〕2498号　2016年11月29日）

各省、自治区、直辖市发展改革委、物价局，中国铁路总公司：

为贯彻落实《国务院关于印发降低实体经济企业成本工作方案的通知》（国发〔2016〕48号）和《国务院办公厅关于转发国家发展改革委营造良好市场环境推动交通物流融合发展实施方案的通知》（国办发〔2016〕43号）要求，规范铁路货物运输收费行为，有效降低企业物流成本，促进交通物流融合发展，决定按照“正价清费、规范透明”原则，在全国范围内开展涉及铁路货物运输有关收费清理规范工作。现将有关事项通知如下：

一、清理规范范围

铁路货物运输过程中除铁路运价之外的各种收费（以下简称“涉铁收费”）。主要包括：地方政府及其所属部门依附铁路运输向货主、铁路专用线（含专用铁路，下同）产权或经营单位、铁路运输企业收取的费用；铁路运输企业向货主收取的铁路货物运输杂费、向专用线产权或经营单位收取的专用线代维修代维护等费用；专用线产权或经营单位向通过专用线发送、接取货物的货主收取的费用。

二、清理规范重点

（一）清理地方政府附加收费。重点清理地方行政部门或事业单位在铁路货物运输、专用线经营上的违规收费、违规参与收入分成等行为；取消地方越权设立的行政事业性收费；严格落实国家出台的取消、停征、免征行政事业性收费和政府性基金项目政策；取消不符合建立统一市场要求、歧视性的地方保护收费。

（二）规范、降低专用线产权或经营单位收费。加强专用线共用收费项目规范，统一服务内容相同或相近的收费项目名称；对纳入政府定价管理的收费，要加强成本监审，重新核定收费标准，降低偏高的收费标准；严格落实明码标价制度，督促专用线产权或经营单位在经营场所公示收费项目、收费标准、服务内容、收费依据等，增强收费透明度；禁止利用优势地位强制服务并收费、或少服务多收费等行为。

（三）规范铁路运输企业收费。加强对铁路运输企业收费行为监管，督促落实明码标价制度。重点规范铁路运输企业在提供抑尘、代办保险、保价等服务过程中强制服务并强行收费行为；为专用线提供代维修代维护服务过程中不服务只收费或少服务多收费行为；强制用户购买使用铁路运输企业指定的货物运输辅助材料、专用线维修维护材料等行为。

三、清理规范把握的政策要点

清理规范依据《价格法》《反垄断法》《中共中央、国务院关于治理向企业乱收费、乱罚款和各种摊派等问题的决定》（中发〔1997〕14号）、《国务院关于加强预算外资金管理的决定》（国发〔1996〕29号）、《国务院办公厅关于进一步加强涉企收费管理减轻企业负担的通知》（国办发〔2014〕30号）和《价格违法行为行政处罚规定》（中华人民共和国国务院令第585号）、《关于商品和服务实行明码标价的规定》（国家发展改革委第8号令）等有关规定进行，主要把握以下政策要点：

（一）各省、自治区、直辖市人民政府及其所属部门出台涉企行政事业性收费项目和标准，必须分别征得国务院价格、财政部门同意，并报国务院批准。省级以下地方政府及其所属部门不得越权设立行政事业性收费项目。有关部门和单位收取涉企行政事业性收费必须严格执行国家法律法规、国务院及其价格、财政部门的规定。

（二）地方政府及其所属部门、单位不得以任何理由、任何形式、任何名义继续收取或变相收取国家明令取消、停征、免征的行政事业性收费和政府性基金项目。

（三）各类经营单位不得利用市场优势地位，强制服务并收费或不服务只收费、少服务多收费。

（四）各类经营单位必须严格落实明码标价制度。

四、清理规范组织实施

此次涉铁收费清理规范工作由各省、自治区、直辖市价格主管部门牵头，会同有关部门组织实施；中国铁路总公司要做好本系统相关收费的自查自纠和清理规范，部署所属铁路运输企业配合、协助所在地做好相关工作。清理规范工作具体分为以下三个阶段：

（一）调查摸底（2017年2月底前）。深入企业开展调查研究，全面掌握了解本行政区域内涉铁收费具体情况和问题，对照相关政策和本通知要求，系统梳理、逐项分析，提出本行政区域内清理规范意见。

（二）集中清理（2017年4月底前）。结合调查摸底情况，制定本行政区域内涉铁收费的集中清理规范方案并组织实施，取消不合理收费项目，降低偏高的收费标准，依法查处各类违法违规价格行为。清理取消的收费项目、调整降低的收费标准以及查处的违规案件，要通过各地政府网站，以及新闻媒体向社会公布。

（三）建章立制（2017年6月底前）。建立目录清单制度，各地要在清理规范基础上，将保留的地方政府涉及铁路收费纳入本地区涉企行政事业性收费目录；对专用线产权或经营单位收费、铁路运输企业收费，要按照明码标价制度要求，建立健全收费公示制度，在营业场所公示收费项目、收费标准及服务内容、收费依据。研究探索涉铁收费统一公示制度，将本地区涉及铁路运输的地方政府收费、专用线共用收费，以及铁路运输企业收取的铁路运输杂费和专用线代维修代维护收费通过本地区指定平台集中公示，并根据情况变化进行动态调整，方便货主了解和社会监督。

各省、自治区、直辖市价格主管部门在清理规范工作中要加强与财政、交通、经信等部门的沟通，形成合力；要充分发挥12358价格监管平台和各级减轻企业负担举报系统作用，及时发现查处典型违规收费案件，增强清理规范工作的针对性、有效性；要加强与新闻媒体沟通，运用媒体准确解读相关政策，主动宣传清理工作取得的成效，及时解答和回应社会关注的热点收费问题，营造良好舆论氛围。国家发展改革委全程跟踪清理规范工作进展情况，必要时集中组织专项检查。各省、自治区、直辖市价格主管部门要在明年6月底前完成清理规范工作，并将清理规范具体情况和成效（详见附件）于明年7月底前报国家发展改革委（价格司）。

附件：涉及铁路货物运输有关收费清理情况统计表（略）

工业和信息化部　商务部关于加快我国包装产业转型发展的指导意见

（工信部联消费〔2016〕397 号　2016 年 12 月 6 日）

各省、自治区、直辖市及计划单列市、新疆生产建设兵团工业和信息化、商务主管部门，中国包装联合会，中国轻工业联合会：

包装产业是与国计民生密切相关的服务型制造业，在国民经济与社会发展中具有举足轻重的地位。为进一步提升我国包装产业的核心竞争力，巩固世界包装大国地位，推动包装强国建设进程，依据《中华人民共和国国民经济和社会发展第十三个五年规划纲要》《中国制造 2025》（国发〔2015〕28 号）和《关于开展消费品工业“三品”专项行动营造良好市场环境的若干意见》（国办发〔2016〕40 号）等文件，制定本指导意见。

一、重要意义

经过 30 多年的建设发展，我国包装产业已建成涵盖设计、生产、检测、流通、回收循环利用等产品全生命周期的较为完善的体系，分为包装材料、包装制品、包装装备三大类别和纸包装、塑料包装、金属包装、玻璃包装、竹木包装五大子行业。2015 年，全国包装企业 25 万余家，包装产业主营业务收入突破 1.8 万亿元。“十二五”期间，包装产业规模稳步扩大，结构日趋优化，实力不断增强，地位持续跃升，在服务国家战略、适应民生需求、建设制造强国、推动经济发展中的贡献能力显著提升，我国作为世界第二包装大国的地位进一步巩固。目前，包装工业已位列我国 38 个主要工业门类的第 14 位，成为中国制造体系的重要组成部分。

但在快速发展的同时，包装产业仍存在大而不强的问题。行业自主创新能力弱，重大科技创新投入和企业技术研发投入严重不足，高新技术难以实现重大突破，先进装备和关键技术进口依赖度高；企业高投入、高消耗、高排放的粗放生产模式仍然较为普遍，绿色化生产方式与体系尚未有效形成；包装制造过程自动化、信息化、智能化水平有待提高；产业区域发展不平衡、不协调；低档次、同质化产品生产企业重复建设问题突出，无序竞争现象未能得到遏制。

立足现有基础，补齐发展短板，提升品质品牌，必须加强转型发展的全面引导和系统设计。加快推进转型发展，是促进包装产业适应现代制造业发展要求，强化对国民经济支撑地位的必然选择；是解决制约产业发展“瓶颈”，有效增强核心竞争力的根本出路；是引领产业由被动适应向主动服务、要素驱动向创新驱动、传统生产向绿色生产转变，全面提升产业整体发展水平，推进包装强国建设进程的重大举措。

二、总体要求

（一）指导思想。

深入贯彻落实党的十八大和十八届三中、四中、五中、六中全会精神，牢固树立“创新、协调、绿色、开放、共享”的发展理念，以提高发展质量和效益为中心，以推进供给侧结构性改革为主线，以科技创新为动力，对接消费品工业“三品”专项行动，推动生产方式转变和供给结构优化。实施军民融合发展战略，构建军民包装标准通用、产品共用、技术互通的发展格局。产业保持中高速发展，迈向中高端水平，逐步实现由包装大国向包装强国转变。

（二）基本原则。

坚持市场主导，政府引导。强化企业市场主体地位，充分发挥市场在配置资源中的决定性作用，更好发挥政府规划和政策支持作用，优化市场秩序，完善监管体系。

坚持创新驱动，品牌引领。加快科技创新体系与服务平台建设，提升关键技术的创新能力。加快传统产品升级换代，大力培育包装品牌。

坚持协调发展，重点突破。构建包装产业与制造业、包装上下游产业、军用包装与民用包装、包装企业与科研院所以及包装各子行业之间的协同发展机制。加强要素优化配置、发展模式转变和产业集群建设，持续促进产业提质增效。

坚持绿色发展，适度包装。构建覆盖生产、流通、消费、回收与资源循环再利用的包装全生命周期绿色化网络体系。反对过度包装，采用设计合理、用材节约、回收便利、经济适用的包装整体解决方案，引导全社会树立适度包装理念。

（三）发展目标。

保持产业发展增速与国民经济增速同步，产业发展规模与配套服务需求相适应。到2020年，实现以下目标：

产业规模。包装产业年主营业务收入达到2.5万亿元，形成15家以上年产值超过50亿元的企业或集团，上市公司和高新技术企业大幅增加。积极培育包装产业特色突出的新型工业化产业示范基地，形成一批具有较强影响力的知名品牌。

自主创新。行业研发投入不断增大，规模以上企业科技研发经费支出明显增加。着力推动集成创新、协同创新和创新成果产业化，部分包装材料达到国际先进水平。

两化融合。大中型包装企业两化融合水平处于集成提升阶段以上的超过80%，中小企业应用信息技术开展研发、管理和生产控制的比例由目前30%提高到55%以上。数字化、网络化设计制造模式广泛推广，以数字化、柔性化及系统集成技术为核心的智能制造装备取得较大突破。

节能减排。全行业单位工业增加值能源消耗、二氧化碳排放强度、单位工业增加值用水量均下降20%以上，主要污染物排放总量明显下降。初步建立包装废弃物循环再利用体系。

军民融合。军民通用包装数量和质量显著

提升，标准达到国际先进水平，逐步形成体系完善、创新引领、高端聚集、高效增长的发展态势。建成一批军民融合包装基地，包装技术军民通用水平显著提升。

标准建设。深入开展包装基础标准、包装专业标准以及产品包装标准的研究，形成相关性、集合性、操作性强的包装标准体系。建设全国包装标准推进联盟和包装标准信息化专业网站，建成 5 个以上包装标准创新研究基地，遴选一批标准化示范试点企业。

三、主要任务

（一）实施“三品”战略，集聚产业发展优势。

增加包装产品品种。围绕包装产业供给侧结构性改革，在优化传统产品结构、扩大主导产品优势的基础上，主动适应智能制造模式和消费多样化需求，增强为消费升级配套服务的能力。通过创新设计方式、生产工艺以及技术手段等，大力研发包装新材料、新产品、新装备，推动产品品种增加和供给服务能力提升。重点发展绿色化、可复用、高性能包装材料，加快发展网络化、智能化、柔性化成套包装装备，大力发展功能化、个性化、定制化的中高端产品，通过丰富产品品种、优化产品结构拉动需求、驱动消费。

提升包装产品品质。引导企业从设计、选材、生产、检测、管理等各环节全面提升包装产品品质。积极采用低成本和绿色生产技术，发展低克重、高强度、功能化纸包装制品，增强纸制品防水、防潮、抗菌、阻燃等性能，拓展纸包装的应用范围；鼓励采用环保型原料和助剂发展可定制的环境友好型塑料包装制品，应用高阻隔、选择透过、环境感知以及宽幅制备等新技术，增强塑料包装制品防护、保质和智能属性；倡导以薄壁金属和覆膜铁、覆膜铝等新型材料生产金属包装制品，提升金属包装材料的利用率和抗腐蚀性能；创新包装计量、检验与检测技术，加快发展各类先进检测设备，不断完善质量检测体系与手段，有效强化包装产品的品质保障。

培育包装产品品牌。以绿色包装材料、智能包装装备、高端包装制品的研发为重点，加强品牌培育、评价、服务与引导，构建定位、设计、生产、营销、传播、保护一体化的品牌发展格局，打造一批具有较高国内市场占有率和较强国际市场竞争力的包装材料、包装装备和包装制品品牌。推进包装企业国际化战略的实施，支持有条件的企业推动装备、技术、标准以及服务走出国门，在境外设立研发、生产基地和营销网络，深度融入全球产业链、价值链和物流链，重点培植一批具有较强创新能力和国际竞争力的品牌企业。

（二）加强技术创新，增强核心竞争能力。

构建创新体系。围绕国家战略，重点实施包装产业创新能力提升计划，引导企业建立研发资金投入机制，加强技术中心、创新团队和众创空间建设，着力落实“双创”行动，鼓励包装企业构建创新创业融合孵化的平台与机制，切实提高企业的原始创新、集成创新、引进消化吸收再创新能力。优化科技资源配置，积极培育包装行业的国家级技术创新中心，重点建设一批面向产业前沿共性技术的技术创新联盟、协同创新中心、科技成果孵化基地以及成果推广与应用、公共技术服务、技术和知识产权交易等平台，形成系列具有自主知识产权和较强国际竞争力的核心技术群。加大领军人才和国家级创新团队的协同培养，强化创新人才的成长扶持，通过建立产业链上下游科技协作体、产业协同创新中心以及产学研合作示范基地，形成创新人才共育、共享机制。

突破关键技术。围绕绿色包装、安全包装、智能包装领域的关键技术，制定系统性技术解决方案，促进重大科技成果的孵化、应用与推广。加快建立包装云设计数据库，重点推行减量和生态设计，着力加强包装废弃物综合循环利用技术的研发与应用，全面提升绿色包装应用与创新水平。积极发展新型保质保鲜、包装防伪以及生产过程在线检测与监控等技术，重点突破食品药品包装中有害物质识别和迁移检测等技术瓶颈，显著提升食品、药品及军品包装安全保障能力。注重包装设计与信息技术的结合，积极应用环境感应新材料，实现包装微环境的智能调控，推进生产过程智能化，重点开展前瞻性的计量测试技术研究，满足包装产业全产业链、全寿命周期、全溯源链的计量测试需求。

强化示范应用。采取项目投入、应用示范、绩效奖励等方式，支持行业组织开展重大示范工程建设，主要包括：实施食品药品包装安全化工程，启动食品药品包装清洁安全生产和质量检测监管等重大专项，大力提升现有食品药品包装检测机构的技术水平，创建一批食品药品包装质量检测中心，建设食品药品质量包装安全追溯管理网络信息平台。实施包装制品高端化工程，在适度包装理念的指导下，组织一批包装制品设计创新、工艺优化和产业化重大专项，积极发展轻质高强纸、生物基高阻隔塑料、抗腐蚀超薄金属、轻量节能玻璃等材料，重点开发个性化、定制化、精细化、智能化的高端包装制品。实施包装印刷数字化工程，构建先进包装印刷数字化体系，利用互联网、大数据和人工智能等技术，发展云印刷、合版印刷、网络印刷及个性化印刷等新型包装印刷方式。实施包装产业信息化工程，启动包装大数据和工业云等重大专项，推广智能标签和智能终端等包装信息化关键技术，开展新一代包装信息化与工业化深度融合的集成创新和工程应用示范。实施包装装备智能化工程，组织开展高端包装装备关键技术及集成技术攻关，重点开发食品药品自动包装生产线、包装印刷集成制造装备以及现代物流全自动包装系统等重大智能制造成套装备，着力推动包装智能工厂/数字化车间应用示范。

（三）推动两化融合，提升智能制造水平。

加快信息化建设进程。加强包装企业两化融合管理体系系列标准建设和推广，推进信息技术向设计、生产、流通以及回收循环利用等环节渗透。依托互联网和物联网技术，加强包装电子商务、工业云和大数据等平台的构建，发展基于互联网的数据驱动、网络化协同制造、个性化定制、服务型制造、众包设计、云制造等包装生产服务模式，推动形成基于消费需求动态感知的产业经营方式，促进包装企业形成新的生产、制造、服务及商业模式。推广商品包装的箱码，推动全球统一编码标识（GS1）作为商品生产和流通的“身份证”与“通行证”，实现与国际信息数据的接轨。

提升包装智能化水平。以互联网和物联网技术为核心，建立设计、制造、技术与标准的开放共享机制，推动生产方式向柔性、智能、精细转变，大力推广集协同制造、虚拟制造及网络化制造等为一体的先进制造模式，构造智能包装生态链。大力开发网络化、智能化、柔性化成套装备和高性能包装机械手、包装机器人等智能装备，加快智能化包装设备及生产线技术标准研制，自主攻克优化设计、智能检测、在线计量和协同控制等包装成套装备共性技术，积极应用具有传感、判断与执行动作的智能端，研发包装专业软件和嵌入式系统，着力提高主要包装工序自动化程度和高速包装生产线及各类先进检测设备的制造水平。重点开发具有商品真伪鉴别、食品变质预警、居家用药提醒及儿童安全保障等功能的智慧型包装制品。

（四）加强标准建设，推动国际对标管理。

促进包装标准体系建设。深入研究标准规范，完善国家、行业、企业等多层次包装标准体系，推广包装基础模数（600mm×400mm）系列，以包装标准化推动包装的减量化和循环利用。支持行业建设标准推进联盟和标准创新研究基地，围绕反过度包装行动，对现已制定的建材、机械、电工、轻工、医疗机械、仪器仪表、中西药、食品、农畜水产、邮电、军工等14大类包装标准进行系统优化和水平提升，解决标准体系不完整、标准互相矛盾、标准水平滞后、可操作性不强等突出问题。

推动包装标准国际接轨。支持企业、高校和科研院所参与国际标准的制定，增强我国在国际包装界的话语权和在规则制定中的参与权。着力提高国际标准的采标率和转化率，完善包装标准推广应用机制，支持行业开展标准化试点示范，推进包装标准在产业发展中的应用与实施。加强标准化重大政策和重点工作的普及性宣传，有效强化包装企业的标准管理意识以及通过标准化建设实现降本增效的能力。

（五）优化产业结构，形成协调发展格局。

调整产业组织结构。大力拓展包装工业与国民经济各产业融合发展的广度和深度，推动技术、模式、产品、业态以及管理等各领域的创新，增强产业跨界融合发展能力。支持混合所有制经济发展，推动大中型企业的股权分置改革和细分市场的产业链整合，推动龙头企业采取联合、并购、控股等方式实施企业间、企业与科研院所间的资产重组，形成一批上下游一体发展的企业集团。组建以大型企业为龙头、中型企业为骨干、小微企业为重要补充的产业发展联盟，建立产业联盟示范区，逐步解决包装企业小、散、乱问题。发挥中小企业特色鲜明、机制灵活等特点，重点培育包装工业领域主导产品突出、专项服务卓越、竞争优势明显的专业化“小巨人”企业，形成大中小企业分工协作、互利共赢的产业组织结构。鼓励包装工业单项冠军企业树立“十年磨一剑”精神，长期专注于企业擅长领域，走“专特优精”发展道路。

促进产业协调发展。适应国家制定的东部地区率先发展战略，进一步发挥包装产业在本区域集聚度高、发展步伐快、辐射带动作用强的先发优势，遴选一批科技型、创新型中小企业和龙头骨干企业（集团），建设具有示范性的国际化研发中心、总部基地和包装制造产业园区。利用中部地区崛起、东北地区振兴和西部地区大开发契机，立足区位优势和区域发展需要，引导包装企业根据区域资源环境承载能力，合理承接转移产能，优化市场配置，设立一批产业转移示范区。扶持包装企业深度融入“一带一路”战略和国家开放发展格局，搭建国际产能和装备制造合作服务平台，加强国际市场拓展和产能国际合作。

（六）培育新型业态，拓展产业发展空间。

促进新型业态生长。大力发展服务型制造，利用现代信息网络技术，引导企业重塑生产方式与制造模式，重构与用户、市场之间的关系，拓展产业领域，延伸服务链条。对接上下游产业与终端需求，引导企业由传统包装制造商向包装整体解决方案提供商转型，推动企业由生产型制造向服务型制造转变。加快推动包装产业与生态农业、快速消费品业以及远程物流配送业等领域的跨界融合，发展现代物流包装产业。创新企业经营模式，构建网络营销平台和系统解决方案，积极发展包装电子商务产业。积极推进产业集聚，着力打造包装创意文化等特色产业集群，增强集群的资源集约效应、产业品牌效应、资本溢出效应以及技术共享效应，拉长产业链。

促进军民包装融合。统筹考虑产业发展需要和国防建设需求，从顶层设计、力量布局、技术创新、标准体系、监督评估等方面构建军民融合包装产业发展格局，提升包装产业军民通用化水平。加快军地协调、需求对接、信息互通、资源共享以及技术共用等体系建设，实现包装产业军民融合发展体制机制上的横向衔接和纵向贯通。促进军民融合的科研、生产与服务保障体系建设，重点推进包装产业军民信息与资源共享、技术开发与成果转化、知识产权保护与技术交易等工作。加强军地协同创新，增强军民通用技术转换能力，重点解决联合投送、多式联运等大型装备防护包装、应急物资软包装和特殊功能性包装的关键技术问题。开展包装装备及其运输网络的创新研究和军民融合包装示范工程建设，引领军民融合包装技术核心能力聚集，显著提升遂行多样化军事任务的防护包装保障水平。

（七）开展绿色生产，构建循环发展体系。

强化绿色发展理念。充分发挥包装企业在推广适度包装、倡行理性消费中的桥梁、纽带和引导作用，促进设计、生产及使用者在包装全生命周期主动践行绿色发展理念，选择合适品种率先落实生产者责任延伸制度。落实国家循环发展引领计划和能源、资源消耗等总量与强度双控行动，完善计量、监测、统计等节能减排的基本手段，从原材料来源、生产、废弃物回收处理等全生命周期的资源消耗、能耗、排放等方面开展对包装品的环保综合评估。研究制定包装废弃物回收利用促进政策，依托再生资源回收体系，利用互联网、大数据和云计算等现代信息技术和手段，优化包装废弃物回收利用产业链。鼓励有条件的企业与上游生产商、销售商合作，利用现有物流体系，尝试构建包装废弃物逆向物流体系。

发展绿色包装材料。加速推进绿色化、高性能包装材料的自主研发进程，研发一批填补国内空白的关键材料，突破绿色和高性能包装材料的应用及产业化瓶颈。研究制定绿色包装材料相关标准，建立包装材料选用的环保评价体系，重视包装材料研发、制备和使役全过程的环境友好性，推动绿色包装材料科技成果转化，推行使用低（无）VOCs 含量的包装原辅材料，逐步推进包装全生命周期无毒无害。倡导包装品采用相同材质的材料，减少使用难以分类回收的复合材料。以可降解、可循环等材料为基材，发展系列与内装物相容性好的食品药品环保包装材料，提高食品药品包装安全性。突破工业品包装材料低碳制备技术，推广综合防护性能优异、可再生复用的包装新材料，增强工业品包装可靠性。促进包装材料产业军民深度融合，推动特殊领域包装材料绿色化提升。

推广绿色包装技术。推行简约化、减量化、复用化及精细化包装设计技术，扶持包装企业开展生态（绿色）设计，积极应用生产质量品质高、资源能源消耗低、对人体健康和环境影响小、便于回收利用的绿色包装材料，提升覆盖包装全生命周期的科学设计能力。加大绿色包装关键材料、技术、装备、工艺及产品的研发力度，支持企业围绕包装废弃物的再次高效利用开展技术攻关。大力推广应用无溶剂、水性胶等环境友好型复合技术，倡导使用柔板印刷等低（无）VOCs排放的先进印刷工艺。重点开发和推广废塑料改性再造、废（碎）玻璃回收再利用、纸铝塑等复合材料分离，以及废纸（金属、塑料等）自动识别、分拣、脱墨等包装废弃物循环利用技术，采用先进节能和低碳环保技术改造传统产业，加强节能环保技术、工艺及装备的推广应用，推行企业循环式生产、产业循环式组合、园区循环式改造，推动企业生产方式绿色化。加强包装绿色制造企业与园区示范工程建设，建设一批绿色转型示范基地，形成一批引领性强、辐射作用大、竞争优势明显的重点企业、大型企业集团和产业集群。

四、保障措施

（一）完善包装管理体系。

完善包装法律制度，从市场秩序、技术标准、信用体系等方面规范包装企业的生产经营行为，健全商品包装的生产、流通、销售、回收、利用等体系。推进以“节能减排，环境友好”为核心的绿色包装制度与法规建设，制定《包装行业清洁生产评价指标体系》，开展包装企业清洁生产水平的系统评价，推行包装绿色评估和绿色认证制度。加强包装企业和包装产品市场规范管理。加大包装知识产权的保护力度，加强对假冒伪劣产品、侵权行为的打击，协同上下游产业完善市场治理体系、优化产业发展环境，确保包装产业稳定、健康、可持续发展。

（二）加大政策支持力度。

研究制定包装分类回收利用支持政策，支持将绿色包装产业列为国家重点鼓励发展的产业目录，加大对取得绿色包装认证的企业、创新型企业以及低成本、低能耗、近零排污包装工艺与设备研发的政策扶持力度，强化对核心技术的支持和品牌产品的推广，提高包装循环利用率。采取奖励、补助等方式，支持公共服务平台和应用示范项目建设。引导产业投资、风险投资等基金，支持创新产品研发和创新成果产业化，促进技术研发和成果孵化。支持行业组织搭建包装企业信用平台和金融服务平台，开展多种类型、多种形式的规范融资活动。

（三）强化教育科技支撑。

推动包装教育体系的不断完善，加快包装产学研合作战略联盟建设，分类引导包装高等教育、职业教育、终身教育的有序发展，不断创新校企合作人才培养模式，扩大具有国际视野的高层次、复合型创新人才培养规模，加大应用型、军地两用型人才培养力度，加快技能型人才培养步伐，实现人才培养与行业发展的对接与匹配。支持建设包装产业技术研发中心、协同创新中心、产学研示范中心（基地）和科技成果孵化中心（基地）等，促进重大科技成果培育、产出与转化，为包装产业的转型发展提供强劲支撑。

（四）发挥行业组织作用。

推动行业组织建设网络信息服务、科技创新服务、人才培养综合服务、面向政府的服务、国际交流合作等多元化、全链式的服务平台，建立包装行业数据库和信息共享机制，引导包装产业信息化示范区建设，提升行业组织的综合服务效能。加快构建以行业组织为主体、第三方机构为支撑、企业广泛参与、政府指导推动、社会监督协作的“五位一体”行业信用体系，建立包装企业诚信档案、行业信用数据库和企业信用等级评价制度，不断完善行业信用监管体制，创新行业信用评价模式。支持行业组织实施品牌战略，加快包装品牌的培育与推广。

五、组织实施

各地工业和信息化主管部门、商务部门要加强组织协调，可依据本指导意见，研究制定适合当地包装产业转型发展的具体实施方案或配套政策措施。各地行业组织要按照本指导意见，加强调查研究、协调沟通，围绕转型发展，编制包装产业发展规划，并加强规划的组织领导和有效实施，确保任务落实、措施到位。各企业要切实承担起落实本指导意见确定的各项任务的主体责任，结合企业实际细化落实，增强改善供给责任意识和主体作用，激发活力和创造力，推动包装产业转型升级、健康发展。

交通运输部 国家发改委关于印发《推进物流大通道建设行动计划（2016—2020 年）》的通知

（交规划发〔2016〕217 号 2016 年 12 月 7 日）

各省、自治区、直辖市及计划单列市、新疆生产建设兵团交通运输厅（局、委）、发展改革委：

现将《推进物流大通道建设行动计划（2016—2020 年）》（以下简称《行动计划》）印发给你们，请认真贯彻执行。

《推进物流大通道建设行动计划（2016—2020 年）》

为贯彻落实《物流业发展中长期规划（2014—2020 年）》《营造良好市场环境推动交通物流融合发展实施方案》，加快形成物畅其流、经济便捷的物流大通道，为国民经济和社会发展提供有力支撑，现制定行动计划如下。

一、重大意义

物流大通道是指由多种运输方式构成的跨区域、长距离、高强度货物流动走廊，具有交通资源密集、战略地位突出等特点。推进物流大通道建设，对于加强交通物流融合发展、提高物流业发展水平、促进区域协调发展、优化产业布局等具有重要意义。

推进物流大通道建设是适应经济新常态的客观要求。当前，我国经济发展进入“新常态”，亟待加快供给侧结构性改革、培育经济增长新动能。推进物流大通道建设，提高基础设施建设和物流融合发展水平，有助于进一步提高资源配置水平，促进实体经济“降本增效”。

推进物流大通道建设是支撑国家战略的有力举措。“十三五”及今后一段时期，我国将深入实施“四大板块”区域发展总体战略，重点实施“一带一路”、京津冀协同发展、长江经济带发展三大战略。推进物流大通道建设，强化跨国、跨区域物资交换，有利于促进区域联动、协调发展，进一步提高我国对外开放水平，提高国际竞争力。

推进物流大通道建设是提升综合运输整体

效能的重要手段。当前，我国物流大通道格局初步形成，但还存在基础设施衔接不畅、运输结构不合理、枢纽辐射带动作用不够、物流服务集约化程度不高以及跨区域、跨行业、跨部门政策协同不足等问题。推进物流大通道建设，有利于推动综合交通运输从设施供给为主向建设与服务并重转变，提升综合运输整体效能和服务水平。

二、总体要求

（一）指导思想。

全面贯彻落实党的十八大和十八届三中、四中、五中、六中全会精神，牢固树立和贯彻落实创新、协调、绿色、开放、共享发展理念，以促进物流业“降本增效”为核心，充分发挥市场配置资源的决定性作用和更好发挥政府作用，着力完善网络布局、提升枢纽功能、优化运输组织、改善通行管理、加强信息互联，把物流大通道建设成为服务国民经济发展的战略性经济走廊，为支撑供给侧结构性改革、实现经济社会转型升级提供强有力保障。

（二）发展目标。

到 2020 年，基本形成物畅其流、集约高效、智能绿色的物流大通道体系，通道集聚和辐射效应充分释放，服务功能和物流效率明显提升，支撑国家战略实施能力大幅增强。

——通道网络完善通畅。通道基础设施瓶颈制约得到有效缓解，网络结构显著改善，服务能力和水平有效提升。通道内货运结构进一步优化，铁路和内河水运货运能力和分担比例稳步提升。

——枢纽功能优化提升。以联运枢纽（城市）为核心，推动建设一批影响力大、辐射带动力强的货运枢纽（物流园区），完善提升多式联运、干支衔接、口岸服务等功能，港站枢纽的物流集聚效应充分发挥。

——运输组织集约高效。通道内海铁联运、江海直达运输、甩挂运输等先进运输组织方式得到广泛应用。主要城市群绿色货运配送体系初步形成。运输装备标准化、专业化水平明显提升。

——信息资源开放共享。通道内跨运输方式、跨部门、跨区域信息共享与管理协同水平显著提高。北斗导航、大数据等先进信息技术在通道内广泛应用，依托国家交通运输物流公共信息平台的信息共享有序开展。

三、空间格局

（一）通道方案。

以综合交通运输通道为依托，以物流需求为导向，以货流密度为主要考量依据，梳理出到 2020 年前重点推进的 11 条国内物流大通道，基本满足主要经济区、城市群、重要国境门户之间的通道空间布局优化和通道集聚、辐射功能强化的需要。并依托丝绸之路经济带六大经济走廊以及“海上丝绸之路”向外延伸，实现与国际物流通道有机衔接。具体如下：

——东北物流大通道。北起满洲里，南至北京、大连，沟通东北沿边各口岸，主要依托绥芬河至满洲里综合运输通道和沿海综合运输通道同江至大连段的公铁线路、港口等，强化东北地区进出关、产品物资外运及通过京津地区与全国其他地区的货运联系。

——南北沿海物流大通道。北起大连，南至海口、防城港，主要依托沿海综合运输通道大连至防城港段间公铁线路、沿海港口、海运航线等，强化我国南北沿海主要经济区间的货物交流和国际海运联系。

——京沪物流大通道。北起北京，南至上海，主要依托北京至上海综合运输通道中的公铁线路、京杭运河等，强化京津冀、山东半岛、长三角等东部发达地区间的货运联系。

——京港澳（台）物流大通道。北起北京，南至广州、深圳，沟通港澳台，主要依托北京至港澳台综合运输通道中的公铁线路，强化京津冀、长江中游、珠三角、海西等地区间的货运联系。

——二连浩特至北部湾物流大通道。北起二连浩特，南至北部湾港口群，主要依托二连浩特至湛江综合运输通道和蒙西—华中铁路等，支撑我国中部地区的资源和能源南北运输，强化内蒙古、山西、河南、湖南、广西等地区间的货物交流。

——西南出海物流大通道。北起西安、宝鸡，经成渝地区，至云南沿边和广西沿海地区，主要依托包头至防城港综合运输通道和临河至磨憨综合运输通道西安（宝鸡）至磨憨段、珠江—西江干流航道等，强化关中、成渝、滇中、北部湾等地区间的货运联系，并进一步连接沟通南亚、东南亚地区。

——西北能源外运及出海物流大通道。东起天津，西至乌鲁木齐，沟通新疆沿边各口岸，主要依托西北北部综合运输通道及荣乌高速、朔黄铁路等线路，强化三西（陕西、山西、蒙西）、两东（宁东、陇东）地区资源能源外运和沿线地区间的货运联系。

——青银物流大通道。东起青岛、日照等山东沿海城市，西至银川，主要依托青岛至拉萨综合运输通道青岛至银川段和山西中南部铁路（瓦日铁路）、新菏兖日铁路等，强化山东半岛、太原、银川等地区间的货运联系。

——陆桥物流大通道。东起连云港，西至新疆口岸（阿拉山口、霍尔果斯等），主要依托陆桥综合运输通道的公铁线路，强化我国陇海-兰新一线的跨地区货物交流，并承担“一带一路”陆桥国际运输保障功能。

——沿长江物流大通道。东起上海，西至成都，主要依托沿江综合运输通道上海至成都段的长江干流、沿线公铁线路等，强化长江经济带的沿线跨地区货物交流。

——沪昆物流大通道。东起上海（宁波），西至瑞丽，沟通云南沿边各主要陆路口岸，主要依托上海至瑞丽综合运输通道的公铁线路等，强化东部地区与西南各省间货运联系。

（二）节点方案。

在综合运输通道范围内，以货物转运集散功能及通过量为主要考量依据，综合考虑枢纽（城市）交通区位条件、经济发展水平、人口规模、特定货类分布以及国家重大发展战略等因素，到2020年前推动形成85个物流大通道节点，包括23个国家骨干联运枢纽（城市）、51个区域重点联运枢纽（城市）和11个陆路沿边口岸枢纽。

国家骨干联运枢纽（城市）（23个）：北京—天津、呼和浩特、沈阳、大连、哈尔滨、上海—苏州、南京、杭州、宁波—舟山、厦门、青岛、郑州、合肥、武汉、长沙、广州—深圳、佛山、南宁、成都—重庆、昆明、西安—咸阳、兰州、乌鲁木齐。

区域重点联运枢纽（城市）（52个）：福州、南昌—九江、石家庄、太原、长春、济南、海口、贵阳、西宁、银川、拉萨、徐州、包头、营口、齐齐哈尔、无锡、南通、秦皇岛、唐山、连云港、嘉兴、湖州、芜湖、烟台、日照、洛阳、宜昌、岳阳、珠海、湛江、汕头、柳州、泸州、宝鸡、大同、吉林、金华（义乌）、泉州、临沂、衡阳、东莞、鞍山、潍坊、大庆、蚌埠、邯郸、绵阳、南阳、钦州、温州、榆林、喀什。

陆路沿边口岸枢纽（11 个）：霍尔果斯、阿拉山口、瑞丽、磨憨、河口、凭祥、丹东、珲春、绥芬河、满洲里、二连浩特。

四、主要任务

（一）优化通道网络货运结构。

优化通道内运输结构。统筹利用通道交通资源，优化通道内各运输方式线路布局，提升物流网络的通达性、可靠性，满足多样化物流运输需求。合理引导各种运输方式充分发挥比较优势，全面加快铁路货运、内河水运发展，加快国家公路网建设，加快通道繁忙区段扩能改造，提升通道内关键线路技术等级，加强跨运输方式的衔接和协调，提高通道大容量、高强度物流服务能力，为市场主体一体化运作和网络化经营提供基础支撑。（牵头单位：交通运输部、发展改革委、铁路总公司，参加单位：国土部、铁路局）

加强通道与口岸衔接。推动铁路与霍尔果斯、绥芬河、磨憨、瑞丽等重要口岸的衔接，强化高等级公路与甘其毛都、磨憨、老爷庙等重要口岸的衔接，进一步改善通道跨境物流设施条件，提升通道贯通内外、高效衔接能力和水平。（牵头单位：交通运输部、发展改革委，参加单位：铁路局、铁路总公司）

（二）改善通道节点服务功能。

强化枢纽城市主题功能。以重要的联运枢纽（城市）为核心，打造由货运枢纽（物流园区）、运输通道、组织服务等物流资源共同组成的有机综合体。引导枢纽（城市）按照在区域物流发展中的定位，系统推进对外运输通道、园区项目集疏运系统、标准规范等要素协同发展，发挥节点辐射带动作用。建设上海、天津、大连、厦门等国际航运中心，打造北京、上海、广州等国际航空枢纽，推动具备条件的省会城市和中心城市建成大型铁路货运枢纽，强化地理位置优越、辐射面广的枢纽（城市）公路区域分拨功能。（牵头单位：交通运输部、发展改革委，参与单位：铁路局、民航局、铁路总公司）

推进枢纽节点物流设施建设。依托枢纽节点，推进具有较强公共服务属性和区域辐射能力的货运枢纽（物流园区）项目建设，重点支持具备多式联运、干支衔接、口岸服务等功能的货运枢纽（物流园区）项目。鼓励利用互联网技术推动线上线下互动、信息互联共享，实现货物流程可控、时效可期、快速集散。强化沿海、沿边口岸与内陆物流园区的战略合作，推动通关政策与物流业务流程协同。（牵头单位：交通运输部、发展改革委，参与单位：海关总署、铁路局、民航局、邮政局、铁路总公司）

完善物流枢纽站场集疏运体系。促进各种运输方式间、干线支线间货物高效转换。着力加强主要港口（包括内陆港）疏港铁路、疏港公路以及铁路枢纽站场外联公路、综合物流园区铁路专用线等重点项目建设，解决港口疏港铁路建设滞后等突出问题，破解铁路进港“最后一公里”瓶颈。加快推进高等级公路与铁路枢纽站场、港口、机场、大型物流园区的无缝衔接，完善公铁、公水、空陆联运设施，加强铁路货站、航空枢纽的公路集运和分拨站点配套建设。（发展改革委、交通运输部、铁路总公司、铁路局、民航局、邮政局按职责分工负责）

专栏1 枢纽城市推进工程

推进重点货运枢纽（物流园区）建设：一是重点建设全国性布局、具备多式联运功能的枢纽项目，鼓励铁路货运站场强化多式联运功能设施，推进临港物流园区与港口协同、联动发展，鼓励沿海港口积极发展内陆无水港，加快连接国际重要航空货运中心的大型货运枢纽项目建设，推进机场、铁路和公路站场、港口码头邮政和快递功能区建设。二是加快推进具备干支衔接、通用集散功能并能提供线上线下服务的货运枢纽（物流园区）项目建设，鼓励应用互联网技术实现车货配载、零担快运、区域分拨、城乡配送等功能融合发展。三是推进口岸功能与货运枢纽（物流园区）融合发展，完善保税物流、国际中转和分拨、通关结算等服务功能，推动海关特殊监管区域、国际陆港、口岸等协调发展。

畅通枢纽节点"微循环"：制定并组织实施"十三五"港口集疏运系统建设方案，重点针对港口、大型综合性物流园区集疏运铁路、公路短板进行补强。加强主要港口、大型铁路货场与物流园区之间的专用货运公路建设，优化港口集疏运网络，提高大型枢纽的集疏运效率。

（三）提升通道货运组织水平。

大力发展多式联运。依托通道，加快推进铁水（海铁）、公铁、公水、空陆等多种形式联运发展，全面推进集装箱、半挂车和大宗物资三大多式联运体系建设。依托北部、东部和南部集装箱主枢纽港区群，大力发展铁水（海铁）、公水集装箱多式联运。依托长江黄金水道，以上海、武汉、重庆三大航运中心和舟山江海联运服务中心、南京区域性航运物流中心等为载体，大力发展集装箱、大宗散货、汽车滚装及江海中转等多式联运。依托京津冀、长三角、珠三角等城市群航空货运枢纽及铁路物流中心（基地），大力发展空陆联运、航空快递、铁路快捷货运列车。依托东、中部地区通道，研究探索发展铁路双层集装箱运输、铁路驮背运输，积极推进冷链运输。鼓励铁路企业依托通道积极发展高效准时直达运输，稳步扩大"五定班列"运营规模，加快推进铁路零散快运、货运班列的货物集装化，提高联运作业装卸和转运效率。依托国际物流通道和重点陆路口岸，探索开展中俄、中蒙、中国—中亚、中国—东南亚跨境甩挂运输，推进中韩、中日陆海联运滚装甩挂运输有序发展。（牵头单位：交通运输部、发展改革委、铁路总公司，参加单位：民航局、邮政局）

推进干支协同运输。依托通道及其枢纽站场集疏运体系，推进通道内干线运输与节点端支线运输的统筹衔接，鼓励创新干支协同的一体化运输组织方式。鼓励铁路运输企业依托货运站场积极拓展接取送达服务，加强与公路货运企业的业务协作，完善门到门网点布局。加强通道与都市圈、城市群货运配送网络的有序对接。推进完善与长江、珠江等水运通道有机衔接的支线航运网络，积极发展干支直达、江海直达等水路运输组织方式。鼓励发展密切对接航空货运班机的公路集散配送服务。（发展改革委、交通运输部、商务部、民航局、铁路局、铁路总公司按职责分工负责）

专栏2 运输组织重点工程

多式联运示范工程：在陆桥、长江、京沪、京港澳（台）等物流大通道内分类组织开展多种形式的多式联运示范工程建设，视情每年选取15个左右多式联运示范项目，推进多式联运枢纽站场建设，加强快速中转转运设施装备技术研发，推广应用标准化运载单元和载运机具，建设多式联运信息平台，支持企业创新联运组织模式，研究制订统一的多式联运规则，大力推行“一单制”联运服务。

中欧班列资源整合：组织实施中欧班列建设发展规划，统筹利用中欧铁路东中西三条国际联运通道，优化运输组织和集疏运系统。加强阿拉山口、二连浩特和满洲里等沿边重点口岸及沿海、内陆、铁路等中欧班列重要枢纽节点能力建设。加快境外经营网点布局发展，强化货源支撑。大力推进统一品牌建设，加快打造具有国际竞争力和良好商誉度的世界知名物流品牌。

城市绿色货运配送：在哈长、京津冀、长三角、珠三角、长江中游、长株潭、成渝、郑汴洛等主要城市群，推进城市绿色货运配送发展，构建高效运行的城市群物流配送体系。支持干支衔接的大型货运枢纽（物流园区）建设，强化城际间网络甩挂、城区内集中（共同）配送节点建设，推广应用节能环保配送车型，完善城市配送车辆便利通行措施，建立以需求量调查为基础的配送运力投放机制，支持城市配送公共服务平台建设。

（四）强化通道运行协同管理。

提升通道运行协同治理能力。加强铁路系统内部统筹协调，提升跨路局车辆组织和线路调度效率。大力推进公路领域联合执法，加强货运车辆超限超载整治。加快健全大件运输跨省超限运输联合审批制度，强化综合协调和互联互认。健全港航、海事管理部门协同监管机制，强化涉水部门综合（联动）执法。理顺通航建筑物管理体制，建立上下游枢纽通航联合调度机制。（交通运输部、公安部、铁路局、铁路总公司按职责分工负责）

创新通道通行管控政策。积极推进大宗货物优先选开直达和双向循环直达班列，对高附加值快捷货物采用灵活编组。研究开行全天候动车组快件班列。针对东部沿海地区货运作业密集区域，探索在部分通道采取货运专用车道或专用道路等管理措施，提高既有通道资源的利用效率。在货流高低峰规律性较强的通道路段，研究和探索开设潮汐式客货分流车道，有序增加特定时段货车通行能力。制定并落实守信激励和失信惩戒制度，加快建立跨地区、跨行业信用奖惩联动机制。（发展改革委、交通运输部、公安部、铁路局、铁路总公司按职责分工负责）

（五）推进通道标准化信息化建设。

提升通道标准化水平。推动建立由物流单元、运载单元、运输工具、转运装备组成的运输装备标准体系，提高通道运输装备的匹配性、专业化和标准化水平，加强与国际标准的对接。研究制定并推广中置轴挂车、汽车列车、侧帘厢式半挂车等车型及相关配套标准。提高标准化托盘在通道重点企业中的普及率及循环共用。推进车辆外廓尺寸标准与标准托盘相衔接。研究出台多式联运电子单证、铁路货票等物流单证类标准及多式联运规则，完善各运输方式信息共享标准和机制。推进完善内陆集装箱、交换箱体、公铁两用挂车、公铁滚装运输专用载运工具、高铁快递等新型装备的技术标准。推进多式联运设施与装卸接驳平台设计标准建设，推进不同运输方式设施、设备无缝衔接。（发展改革委、交通运输部、工业和信息化部、公安部、邮政局、铁路总公司按职责分工负责）

推动通道信息资源开放共享。基于通道，推动构建集公路交通调查、高速公路电子收费、营运车辆联网联控、动态称重检测（WIM）和车辆自动识别系统（AVI）等于一体的公路货运管理信息系统。依托国家交通运输物流公共信息平台，加快通道基础公共信息交换网络建设，推动铁路、公路、水运、民航、邮政等跨方式的信息资源汇集和整合利用。积极推动交通、海关、检验检疫、工商、公安等跨部门信息共享。完善东北亚物流信息服务网络（NEAL-NET）合作机制，进一步拓宽跨国物流信息互联、交换和共享合作范围。（牵头单位：交通运输部、发展改革委，参与单位：工业和信息化部、公安部、海关总署、铁路局、民航局、邮政局、铁路总公司）

专栏3　标准化与信息化重点工程

装备标准化建设：大力推进货运车型标准化，结合《道路车辆外廓尺寸轴荷和质量限值》（GB 1589）修订，协同推进装卸设备、运载单元的标准化建设。推动装备研发（生产制造）企业联合货运（物流）企业，适时开展铁路专用平车、高铁快件、公铁两用挂车等运输技术装备的研发与推广应用。在渤海湾、琼州海峡、闽台及沿江等区域大力推广使用滚装运输、江海直达等专用船舶。

国家交通运输物流公共信息平台建设工程：构建跨界融通、政企互动的物流公共信息服务新体系。强化平台标准和安全保障体系建设，推进物流信息开放共享，加快铁路、公路、水运、航空、邮政等行业交换节点建设，依托国家平台积极开展物流园区、多式联运、甩挂运输等互联应用。

NEAL－NET 建设工程：结合“一带一路”国家战略相关工作，继续发挥 NEAL－NET 机制作用，重点推动中日韩三国及东盟等港口互联互通；在东北亚物流信息服务网络合作机制下，推进与“一带一路”沿线国家的物流信息合作共享；在东北亚三国港口信息互联共享的基础上，推动合作范围从海运环节向道路、航空、铁路环节拓展。

五、保障措施

（一）加强协同协作。

在现代物流部际联席会议制度框架下，根据任务分工和部门职责，完善会商沟通机制，协调解决通道建设中的规划、投资、便利通行、通关、安全应急管理等重大问题。创新中央和地方合作模式，研究建立通道沿线跨省联动合作机制，协同推进通道建设。指导地方政府加快构建属地内跨部门协同机制。

（二）做好组织实施。

各地交通运输、发展改革部门要充分认识推进通道建设的重要意义，健全统一领导、部门协同工作制度，认真研究制订工作方案并推进落实，在当地政府统一领导、统筹下，与相关部门协调配合，积极推动解决通道发展中面临的用地、融资、税收、通关等问题。

（三）落实配套政策。

积极争取中央和地方财政支持，引导金融机构加大对通道重大项目的信贷支持。优先安排车购税等专项资金和相关基金用于通道相关项目建设。研究并推进政府和社会资本合作（PPP）模式，引导带动社会资本参与通道重大项目、重点工程建设。

附图：物流大通道和节点示意图（略）

交通运输部 公安部 国家安全监管总局关于进一步加强道路运输安全管理工作的通知

（交运明电〔2016〕35号 2016年12月8日）

各省、自治区、直辖市、新疆生产建设兵团交通运输厅（局、委），公安厅（局），安全生产监督管理局：

近期，道路运输安全形势严峻，特别是山东、云南、河北、山西、福建、湖南等多地发生了常压液体危险货物充装、运输安全事故。事故暴露出道路运输，特别是常压液体危险货物充装及运输安全管理工作仍存在薄弱环节，安全隐患突出。为了做好当前道路运输安全生产工作，坚决遏制重特大事故发生，对道路运输安全生产工作提出以下要求：

一、立即部署开展道路运输安全大检查

当前已经进入冬季，春运将于2017年1月13日开始，这段时期历来是交通运输安全生产的关键时期。各级交通运输、公安和安全生产监督管理部门要认真学习习近平总书记等中央领导同志关于安全生产工作的重要指示批示，认真贯彻落实全国安全生产电视电话会议精神，充分认识道路运输安全生产的极端重要性，深刻吸取事故教训并举一反三，抓紧开展安全生产大检查，特别是加强常压液体危险货物充装、运输及包车、客运班线安全管理，严格落实相关企业安全生产主体责任，坚决遏制重特大安全事故发生，切实保障人民群众生命财产安全。各省交通运输、公安、安全生产监督管理部门要严格按照本通知要求，立即制定工作方案和实施步骤，加强监督检查，切实加强道路运输安全管理，确保各项措施落实到位。

二、开展常压液体危险货物罐车（以下简称槽罐车）安全隐患排查

道路运输企业要购置、使用符合有关法律法规及标准要求的槽罐车，不得擅自改装，要按照相关法律法规要求对车辆和罐体进行检验、维护和保养，保证车辆和罐体技术状况完好。

各级交通运输管理部门要立即对辖区内危险货物道路运输企业所属的槽罐车开展安全隐患排查，对于经检验机构检验认定为“不合

格”的槽罐车，或者未按照《道路运输液体危险货物罐式车辆 第1部分：金属常压罐体技术要求》（GB 18564.1）要求安装紧急切断装置的槽罐车，一律要求停止营运并进行整改，整改期间暂扣《道路运输证》，整改不合格的要退出营运市场。

三、严格液体危险货物装卸安全管理

危险化学品生产、经营和储存企业应当建立并执行发货和装载查验、登记、核准制度，按照强制性标准进行装载作业，需要添加抑制剂或者稳定剂的，应当按照规定添加，并告知承运人相关注意事项，不得为不具备危险货物道路运输资质的车辆充装危险货物。危险货物道路运输企业要严格按照设计用途使用槽罐车，不得随意变更充装介质。

交通运输管理部门、安全生产监督管理部门要加强联合检查，重点对危险化学品生产、经营和储存企业非法托运危险化学品、不执行发货和装载查验、登记、核准制度及违规装载等行为进行监督检查。交通运输管理部门要重点对危险货物道路运输企业安全生产责任制和安全生产管理制度落实情况、从业人员资质及教育培训情况进行监督检查。交通运输管理部门及安全监督管理部门在监督检查过程中发现问题的，要依法进行处罚，并按照职责分工立即下发整改通知书督促企业进行整改。

四、严格槽罐车停车场地及危险化学品储存安全管理

各级交通运输管理部门应当根据《道路危险货物运输管理规定》的要求，加强对危险货物道路运输企业停车场的监督检查。危险货物道路运输企业停车场应当封闭并设立明显标志，不得妨碍居民生活和威胁公共安全，必须配备相应的安全防护、环境防护和消防防护设备。对于不符合以上要求的，交通运输管理部门应当责令危险货物道路运输企业立即进行整改。

经营、储存危险化学品的，应当按照《危险化学品安全管理条例》的规定申请办理危险化学品经营许可证。未取得经营许可证，任何单位和个人不得经营危险化学品。未取得经营许可证从事危险化学品经营的，安全生产监督管理部门要依照《中华人民共和国安全生产法》有关未经依法批准擅自生产、经营、储存危险物品的法律责任条款并处罚款；构成犯罪的，依法追究刑事责任。

五、严格“两客一危”车辆运行安全管理

危险货物道路运输企业应当按照《危险化学品安全管理条例》《道路危险货物运输管理规定》等有关法规、标准要求，加强对槽罐车运行过程的安全管理。道路运输危险货物过程中，槽罐车卸料管根部球阀需处于关闭状态，驾驶人员不得随意停车。因住宿或者发生影响正常运输的情况需要较长时间停车的，驾驶人员、押运人员应当设置警戒带，并采取相应的安全防范措施；运输剧毒化学品或者易制爆危险化学品需要较长时间停车的，驾驶人员、押运人员应当向当地公安机关报告；运输剧毒化学品的，驾驶人应当按照公安机关批准的指定路线、时间行驶。

道路客运企业要切实做好驾驶人安全教育和车辆检查维护工作，严格执行凌晨2时—

5时停车休息制度或实行接驳运输，防止疲劳驾驶。客运站要做好恶劣天气下的应急保障工作，严格落实“三不进站、六不出站”制度。

各级公安机关交通管理部门要依托公路交警执法站和机动车辑查布控系统，加强对“两客一危”车辆的检查，严查超速、超员、超载、疲劳驾驶，不按规定路线行驶等交通违法行为，严管“两客一危”车辆道路通行秩序。各级交通运输管理部门要督促“两客一危”道路运输企业严格按照《道路运输车辆动态监督管理办法》的各项要求，加强对所属道路运输车辆和驾驶员的实时监控和管理，及时发现、提醒和纠正驾驶员超速行驶、疲劳驾驶、不按规定线路行驶等违法违规行为。

六、强化对“两客一危”道路运输企业信用监管

各级交通运输、公安、安全生产监督管理部门，要抓紧联合建立对“两客一危”道路运输企业的信用监管体系，加快促进部门间企业资质、执法监督等各类监管数据的交换与共享，健全对“两客一危”道路运输企业的信用评价和信用记录，将屡次违法违规的失信道路运输企业纳入黑名单，实施联合惩戒。

各省交通运输、公安、安全生产监督管理部门要将落实情况、检查发现的问题和整改结果于2016年12月31日前以书面总结形式分别报交通运输部、公安部和国家安全监管总局。

国家发改委　人民银行　中央网信办　公安部　交通运输部　商务部　工商总局　质检总局　食品药品监管总局关于全面加强电子商务领域诚信建设的指导意见

（发改财金〔2016〕2794号　2016年12月30日）

各省、自治区、直辖市和新疆生产建设兵团有关部门、机构，社会信用体系建设部际联席会议成员单位：

为建立健全电子商务领域诚信体系，褒扬诚信，惩戒失信，营造良好的市场信用环境，促进电子商务健康快速发展，经国务院同意，现提出以下意见。

一、充分认识加强电子商务领域诚信建设的重要意义

近年来，随着大数据、云计算等互联网技术的大规模应用，电子商务迅猛发展，已成为国民经济的组成部分和重要经济增长点。电子商务发展不仅创造了新的消费需求，拓宽了就业渠道，引发了新的创业和投资热潮，而且对推进供给侧结构性改革，扩大有效供给，加快转变经济发展方式，激发市场主体活力，增强经济发展内生动力起到了积极的推动和引领作用。

信用是电子商务发展的重要基础。经过多年探索创新，我国电子商务领域信用体系建设取得一定进展，但目前失信问题仍十分严重，假冒伪劣、以次充好、虚假广告、服务违约、虚假交易、刷单炒信、恶意差评以及滥用、泄露和倒卖个人信息等违法违规行为泛滥，严重影响正常市场秩序，侵害消费者合法权益，危及电子商务健康发展。大力加强电子商务领域诚信体系建设，着力解决电子商务交易各方信任缺失问题，有利于降低交易成本，更好发挥电子商务在促进大众创业、万众创新中的重要作用，为我国经济持续健康发展和全面建成小康社会提供重要支撑。

二、总体要求

（一）指导思想。全面贯彻党的十八大和十八届三中、四中、五中、六中全会精神，深入贯彻习近平总书记系列重要讲话精神，按照党中央、国务院决策部署，大力推动电子商务

领域信用记录共建共享，完善市场化信用评价体系，建立健全守信激励与失信惩戒制度，构建以信用为核心的市场监管体系，整顿规范电子商务市场秩序，营造诚实守信的电子商务发展环境，促进“互联网+”和大众创业、万众创新健康发展。

（二）基本原则。政府推动，社会共建。充分发挥政府的组织、引领和推动作用，加快推动制定电子商务领域诚信建设相关法律法规和标准规范。注重发挥市场机制作用，鼓励支持信用服务机构等社会力量积极参与，共同推进，形成工作合力。

多管齐下，协同监管。加强政府部门、有关社会组织联动，建立覆盖线上、线下，贯穿生产、交易、支付、物流、客服全流程的电子商务协同监管机制。综合运用随机抽查、专项检查、投诉处理、第三方评价等手段，加大对电子商务失信问题的监管力度。

标本兼治，全面推进。对人民群众反映强烈的电子商务领域突出失信问题，采取有效措施进行集中整治规范，净化市场环境。着力加强电子商务领域信用体系长效机制建设，建立完善信用记录，推动信息共享和应用，完善守信联合激励和失信联合惩戒制度。

明确主体，落实责任。有关监管部门加强对电子商务平台的监管，强化电子商务平台的主体责任。积极引导电子商务平台坚持规范发展，加强自身诚信建设，建立健全内部信用管理制度、投诉举报制度和对交易主体的信用监管机制，强化对市场主体的信用约束。

三、加强电子商务全流程信用建设

（三）建立实名登记和认证制度。电子商务平台要落实身份标识和用户实名登记制度，对开办网店的单位和个人核实身份，定期更新并依法报送相关行业主管、监管部门。以食品、药品、医疗器械、农产品、日用消费品等关系人民群众生命财产安全的产品为重点，严格依照法律法规规定办理工商登记和相关许可手续，并将营业执照或身份核验标识等信息向社会公开。建立产品许可官方网站信息链接。支持开展电子商务网站可信认证服务工作，推广应用网站可信标识，为电子商务用户识别假冒、钓鱼网站提供手段。

（四）完善网络交易信用评价体系。支持和鼓励电子商务平台结合自身特点，建立电子商务交易双方信用互评、信用积分制度，探索建立交易后评价或追加评价制度，将交易双方评价和服务承诺履约情况记入信用档案，并将评价结果和积分充分公开，供市场交易者参考。积极支持电子商务平台在对交易流程、流通环节进行实时动态监控的基础上，加强对失信行为的分类与甄别，并与第三方信用服务机构合作，防范信用炒作风险。支持开展第三方信用评价，建立对电子商务平台、入驻商家和上下游企业的综合信用评价机制。

（五）加强网络支付管理。加强电子商务平台与非银行支付机构的协调配合。充分发挥非银行支付机构在电子商务账款支付中的作用，防范网络欺诈等行为。进一步完善网络支付服务体系，推动网络支付业务规范化、标准化。

（六）建立寄递物流信用体系。完善商品寄递过程中的信息实时跟踪机制。加强对寄递物流企业及其从业人员的信用管理，探索建立监管部门、商户和消费者对寄递物流企业及其从业人员的信用评价机制。建立健全责任倒查和追究机制，对严重失信寄递物流企业限制入驻电子商务平台。

（七）强化消费者权益保障措施。支持和鼓励电子商务平台建立消费者权益保护基金，实施“先行赔付”制度。鼓励商户公开作出信用承诺，参加“规定期限内无条件退货”等活动。电子商务平台和有关市场监管部门建立健全消费者投诉举报制度，加强沟通衔接，及时处理回应消费者反映的问题。

四、全面推动电子商务信用信息共建共享

（八）建立健全信用记录。相关行业主管、监管部门要建立健全电子商务平台以及为电子商务提供支撑服务的代运营、物流、咨询、征信等相关机构和从业人员的信用记录，依托全国信用信息共享平台实现信用信息互联共享。涉及企业的相关信息按照企业信息公示暂行条例规定在企业信用信息公示系统公示。电子商务平台要建立完善交易双方信用记录，以实名注册信息为基础，及时将恶意评价、恶意刷单、虚假流量、图物不符、假冒伪劣、价格欺诈以及其他不诚信行为信息纳入信用档案，依法报送相关行业主管、监管部门。

（九）建立事前信用承诺制度。全面建立市场主体事前信用承诺制度，推动电子商务平台、入驻商家、个人卖家、物流企业等提供商品销售和服务的市场主体就遵纪守法、信息真实性、产品质量、服务保证、承担的责任与义务等情况作出信用承诺，以规范格式向社会公开，并承诺违法失信后将自愿接受约束和惩戒。信用承诺事项纳入市场主体信用档案，接受社会监督，并作为事中事后监管的参考。

（十）建立产品信息溯源制度。推行商品条码，围绕食用农产品、食品、药品、农业生产资料、特种设备、危险品、稀土产品等重要产品，推动生产经营企业加快建立来源可查、去向可追、责任可究的产品质量追溯体系，引导支持电子商务平台和物流企业建立产品上架、销售、配送、签收、评价、投诉全方位全过程的线上留痕监管体系。

（十一）推动建立线上线下信用信息共享机制。依托全国信用信息共享平台，依法依规归集电子商务领域信用信息，实现各地区、有关行业主管、监管部门信用信息的互联互通和共享交换。引导和规范征信机构依法采集、整合电子商务领域交易主体信用信息。支持地方政府与电子商务平台、征信机构等各类社会机构建立信用信息采集、共享和应用机制，实现电子商务领域信用信息交互融合、共同应用。

五、大力实施电子商务信用监管

（十二）加强第三方大数据监测评价。鼓励社会信用评价机构对电子商务平台定期进行信用状况评估，监测失信行为信息。制定相关程序规范，加强对商务“12312”、消费者“12315”、文化“12318”、价格“12358”、质量监督“12365”等举报投诉服务平台电子商务失信信息的整合、共享、推送。在“信用中国”网站和企业信用信息公示系统开通网络失信举报中心，畅通群众举报途径。全国信用信息共享平台要及时采集部门监管、大数据监测、群众举报等渠道形成的电子商务领域失信信息。

（十三）健全政府部门协同监管机制。构建以信用为核心，以实时监控、智能识别、风险预警、科学处置为主要特点的电子商务新型市场监管体系。建立常态化、长效化的多部门

联合执法检查工作机制。实施信用分级分类监管，建立集风险监测、网上抽查、源头追溯、属地查处、信用管理为一体的电子商务信用监督机制。

（十四）提高电子商务平台的信用管理水平。支持电子商务平台依法整合线上线下数据资源，对政府部门市场监管中产生的可公开信用信息与自身掌握的信用信息进行汇集整合和关联分析，构建大数据监管模型，及时掌握市场主体经营交易信用状况，有效识别和打击失信商家，为诚信商家和客户提供优良的交易环境及平台服务。

（十五）落实电子商务平台主体责任。电子商务平台要建立健全内部信用约束机制，充分运用大数据技术加强在商品质量、知识产权、服务水平等方面的信用管控。建立商家信用风险预警制度，对销售假冒伪劣商品、恶意刷单炒信的严重失信商家，电子商务平台应按照有关行业主管、监管部门要求，及时向社会公示相关信息，发布风险提示。电子商务平台要建立完善举报投诉处理机制，及时将掌握的涉嫌违法违规线索报送相关行业主管、监管部门，配合有关部门进行查处。对不积极履行主体责任的电子商务平台，有关行业主管、监管部门要及时采取约谈、通报等措施，并依法作出行政处罚。

（十六）更好发挥第三方机构和社会组织在电子商务信用监管中的积极作用。支持信用服务机构以需求为导向，依法采集电子商务平台、交易主体及其物流等相关服务企业的信用信息，加大信用产品研发力度，提供信用调查、信用评估、信用担保、信用保险等信用产品和服务。通过电子商务相关协会组织加强电子商务企业自我信用约束和行业自律。

六、广泛开展电子商务信用联合奖惩

（十七）加大信用信息公示力度。建立电子商务平台基本信息、信用信息及重大事件信息披露制度。推动电子商务平台在市场主体经营页面显著位置公示其营业执照、身份核验标识、信用等级等信息或包含以上信息的电子链接标识。引导电子商务平台在网站首页设立“信用中国”网站和企业信用信息公示系统查询窗口，提供市场主体信用信息查询服务。引导电子商务市场主体公示更多生产经营信息，特别是采购、销售、物流等方面的信用信息，完整公示产品信息和服务承诺。健全个人信息保护制度，保护电子商务领域消费者个人隐私。

（十八）加大对守信主体的激励力度。建立和规范电子商务领域守信主体“红名单”制度。在商贸活动中，加大对“红名单”主体推介力度，在公共服务、市场交易、社会管理等方面给予一定便利。鼓励电子商务平台对“红名单”主体在搜索排序、流量分配、营销活动参与机会、信用积分等方面给予倾斜，强化正面激励引导。推动金融机构加大对“红名单”企业支持力度，引导金融机构优化贷款流程，创新金融产品，积极做好金融服务。

（十九）加大对失信主体的惩戒力度。建立电子商务领域失信主体“黑名单”制度。加大对“黑名单”电子商务平台及相关服务企业的监管力度，提高检查频次，依法对企业有关失信人员实施不得担任企业法定代表人、负责人、董事、监事、高级管理人员职务，限制经营或融资授信等联合惩戒措施。支持电子商务平台按照有关管理规定，对“黑名单”主体实施限制入驻会员、降低信用等级、屏蔽或关闭店铺、查封电子商务账户、公开曝光等惩戒措施。

（二十）严厉打击整治电子商务领域违法失信行为。严厉打击制假售假、以次充好、虚假宣传、恶意欺诈、服务违约、恐吓威胁，以及通过恶意刷单、恶意评价、空包裹代发邮寄等方式伪造交易记录和物流信息实现“增信”“降信”的违法失信行为。加大对即时通信等社交网络服务的监管力度，对通过个人社交平台进行交易的行为加强监控和检查，依法查处违法交易行为。加大对物流配送环节违法违规行为的查处力度。严厉打击利用电子商务平台或物流体系非法采集、滥用、泄露和倒卖个人信息的行为。

七、保障措施

（二十一）加强诚信文化建设。利用微博、微信、电视、报纸、各类移动应用程序等媒体传播平台，多渠道、多形式树立电子商务领域诚信典型，曝光严重失信典型。以春节、国际消费者权益日、国庆节等为契机，开展形式多样的电子商务诚信主题宣传实践活动。发挥电子商务平台主体作用，加强对电子商务各类主体的诚信教育。支持鼓励电子商务平台将信用状况作为员工招聘、商家入驻的重要考量因素。

（二十二）加强法规标准建设。加快推进电子商务诚信建设相关法律法规建设。研究制定电子商务领域信用信息采集、共享、披露、管理、评价等方面相关标准规范。

（二十三）加强组织领导和工作协调。地方各级人民政府要加强对电子商务领域诚信建设的组织领导，督促各有关行业主管、监管部门抓好工作落实，对未按规定履行职责的行为依法追究责任。各有关行业主管、监管部门要把电子商务领域诚信建设摆在突出位置，切实加强组织领导，抓好任务落实。充分发挥社会信用体系建设部际联席会议作用，协调解决电子商务诚信建设中的重大问题。发展改革委会同有关部门负责对意见落实工作的统筹协调、跟踪了解、督促检查，确保各项工作平稳有序推进。

第二部分

物流统计

2016 年中国物流运行情况

2016 年我国物流运行总体平稳，社会物流总额增速小幅回升，社会物流总费用与 GDP 的比率稳步下降。

一、社会物流总额小幅回升

2016 年，我国社会物流总额为 229.7 万亿元，按可比价格计算，比上年增长 6.1%，增速比上年提高 0.3 个百分点。分季度看，一季度为 50.7 万亿元，比上年增长 6.0%，增速比上年提高 0.4 个百分点；上半年为 107.0 万亿元，比上年增长 6.2%，增速比上年提高 0.5 个百分点；前三季度为 167.4 万亿元，比上年增长 6.1%，增速比上年提高 0.3 个百分点。全年社会物流总额呈现稳中有升的发展态势。

从构成看，工业品物流总额为 214.0 万亿元，按可比价格计算，比上年增长 6.0%，增速比上年回落 0.1 个百分点；进口货物物流总额为 10.5 万亿元，比上年增长 7.4%，增速比上年提高 7.2 个百分点；农产品物流总额为 3.6 万亿元，比上年增长 3.1%，增速比上年回落 0.8 个百分点；再生资源物流总额为 0.9 万亿元，比上年增长 7.5%，增速比上年回落 11.5 个百分点；单位与居民物品物流总额为 0.7 万亿元，比上年增长 42.8%，增速比上年提高 7.3 个百分点。

二、社会物流总费用低速增长

2016 年，我国社会物流总费用为 11.1 万亿元，比上年增长 2.9%，增速虽比上年提高 0.1 个百分点，但明显低于社会物流总额、GDP 增速。其中：运输费用为 6.0 万亿元，比上年增长 3.3%，增速比上年提高 0.2 个百分点；保管费用为 3.7 万亿元，比上年增长 1.3%，增速比上年回落 0.3 个百分点；管理费用为 1.4 万亿元，比上年增长 5.6%，增速比上年提高 0.6 个百分点。

2016 年，我国社会物流总费用与 GDP 的比率为 14.9%，比上年下降 1.1 个百分点。

三、物流业总收入稳步增长

2016 年，我国物流业总收入 7.9 万亿元，比上年增长 4.6%。

2016 年物流统计数据表

	本期（亿元）	同比增长（%）
一、社会物流总费用	110627	2.9
运输费用	59595	3.3
保管费用	36654	1.3
管理费用	14379	5.6
二、社会物流总额	2297486	6.1
其中：农产品物流总额	36112	3.1
工业品物流总额	2139785	6.0
进口货物物流总额	105074	7.4
再生资源物流总额	9115	7.5
单位与居民物品物流总额	7399	42.8
三、物流业总收入	79317	4.6

注：①2016 年物流总费用与 GDP 的比率为 14.9%。物流业增加值占 GDP 的 5.1%，占服务业增加值的 9.8%。

②文中的同比增长数据，按四舍五入小数点保留 1 位的计算原则书写。

（国家发改委　中国物流与采购联合会）

2016 年中国物流运行情况分析

2016 年，我国物流运行总体平稳，物流需求结构优化，物流运行环境改善，物流企业经营有所好转。社会物流总费用与 GDP 的比率明显下降，物流运行质量提升，物流领域“降成本”取得了积极成效。

一、物流需求结构优化

2016 年，我国社会物流总额为 229.7 万亿元，按可比价格计算，比上年增长 6.1%，增速比上年提高 0.3 个百分点。分季度看，一季度为 50.7 万亿元、上半年为 107.0 万亿元、前三季度为 167.4 万亿元，分别比上年同期增长 6.0%、6.2%、6.1%，增速比上年同期分别提高 0.4 个百分点、0.5 个百分点、0.3 个百分点。总体来看，全年社会物流总额呈现稳中有升的发展态势，物流需求结构持续改善。2016 年我国社会物流总额及增长变化情况如图 1 所示。

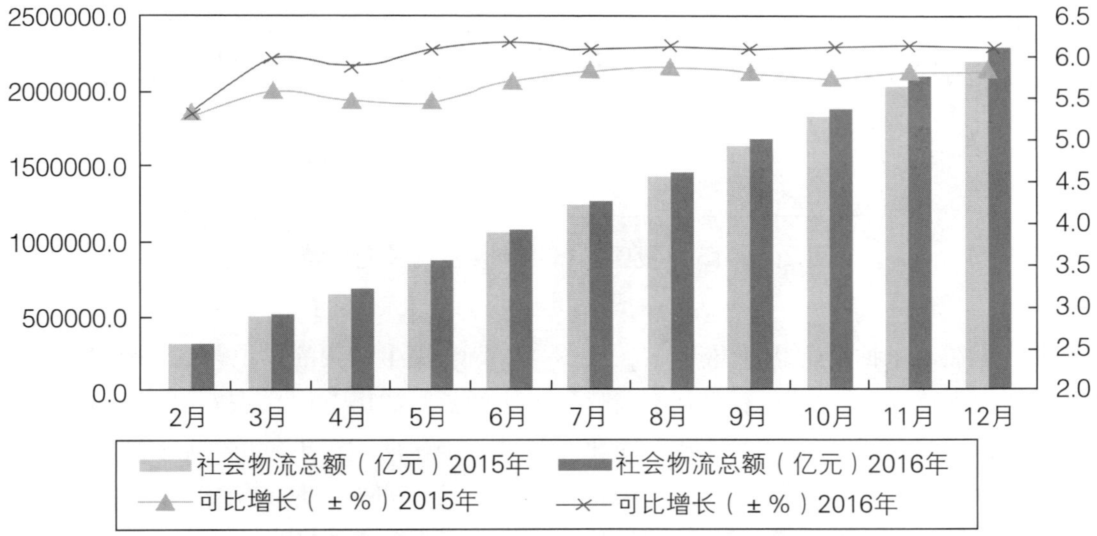

图 1　2016 年我国社会物流总额及增长变化情况

工业品物流需求缓中趋稳。2016 年，工业品物流总额，按可比价格计算，比上年增长 6.0%，增速比上年回落 0.1 个百分点；12 月当月增长 6.0%，较 11 月回落 0.2 个百分点。从各季度情况看：一季度增长 5.8%、上半年增长 6.0%、前三季度增长 6.0%，增速比上年同期分别回落 0.6 个百分点、0.3 个百分点、0.2 个百分点，年内增速呈现缓中趋稳的发展态势。从不同工业品物流需求来看，经济结构持续优化、新旧动能转换加快。一是采矿业、高耗能行业物流需求增速回落。采矿业物流需求由增转降，由上年增长 2.7% 转为下降 1%；六大高耗能行业物流需求逐季回落，一季度增长 6.3%、二季度增长 6.1%、三季度增长 5.1%、四季度增长 3.6%。二是装备制造业、高技术产业物流需求增速持续加快。装备制造业和高技术产业物流需求分别比上年增长 9.5% 和 10.8%，增速分别高于整个工业物流需求 3.5 个百分点和 4.8 个百分点，较上年分别加快 2.7 个百分点和 0.6 个百分点。

进口物流需求增速逐季回稳。2016 年我国进口物流总额同比增长 7.1%，增速比上年提高 6.9 个百分点。从各季度情况看，一季度增长 6.3%、上半年增长 7.6%、前三季度增长 7.1%，全年增速呈现前低后高、逐季回稳的向好态势，如图 2 所示。

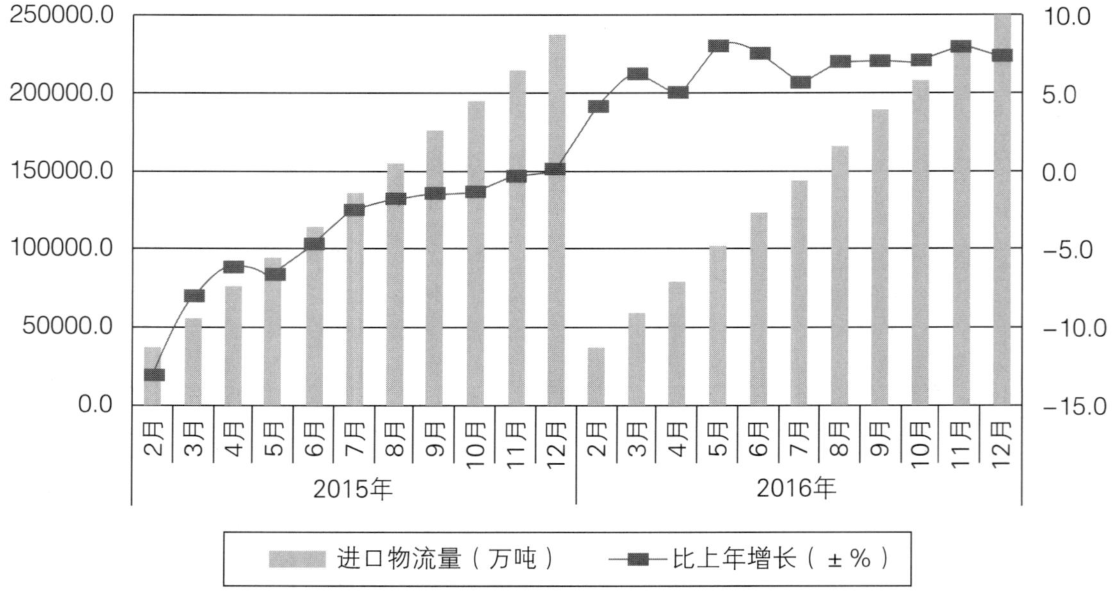

图 2　2016 年我国进口物流量及增长变化情况

从品种看，在需求回升等因素带动下，大宗商品及高新技术产品进口物流量均有不同程度增长。其中：进口铁矿石 10.24 亿吨，同比增长 7.5%；钢材 1321 万吨，同比增长 3.4%；涡轮喷气发动机进口同比增长 26.8%，计量检测分析自控仪器及器具同比增长 10.7%。

与民生相关的单位与居民物流需求保持快速增长。2016 年，消费对物流需求的拉动效应进一步显现。全年单位与居民物品物流总额同比增长 42.8%，增速比上年提高 7.3 个百分点，高于社会物流总额增长 36.7 个百分点。其中：一季度增长 45.6%，上半年增长

46.1%，前三季度增长44.4%，各季度呈加快增长态势。

电商等新业态物流需求持续高速增长。中国电商物流运行指数显示，2016年电商物流总业务量指数平均达到156.1点，12月达到228.1点，总业务量达到基期两倍以上。据国家邮政局数据显示，2016年我国快递服务企业业务量全年累计完成312.8亿件，同比增长51.4%，在“双11”等促销活动的强力拉动下，11月快递业务量完成37.6亿件，日均快递业务量超过1.25亿件，是上年同期的1.4倍。

二、物流运行质量提升

2016年，我国社会物流总费用为11.1万亿元，同比增长2.9%，增速比上年提高0.1个百分点，继续保持低速增长（见图3）。

在社会物流总费用中，运输费用为6.0万亿元，同比增长3.3%，增速比上年提高0.2个百分点；保管费用为3.7万亿元，同比增长1.3%，增速比上年回落0.3个百分点；管理费用为1.4万亿元，同比增长5.6%，增速比上年提高0.6个百分点。

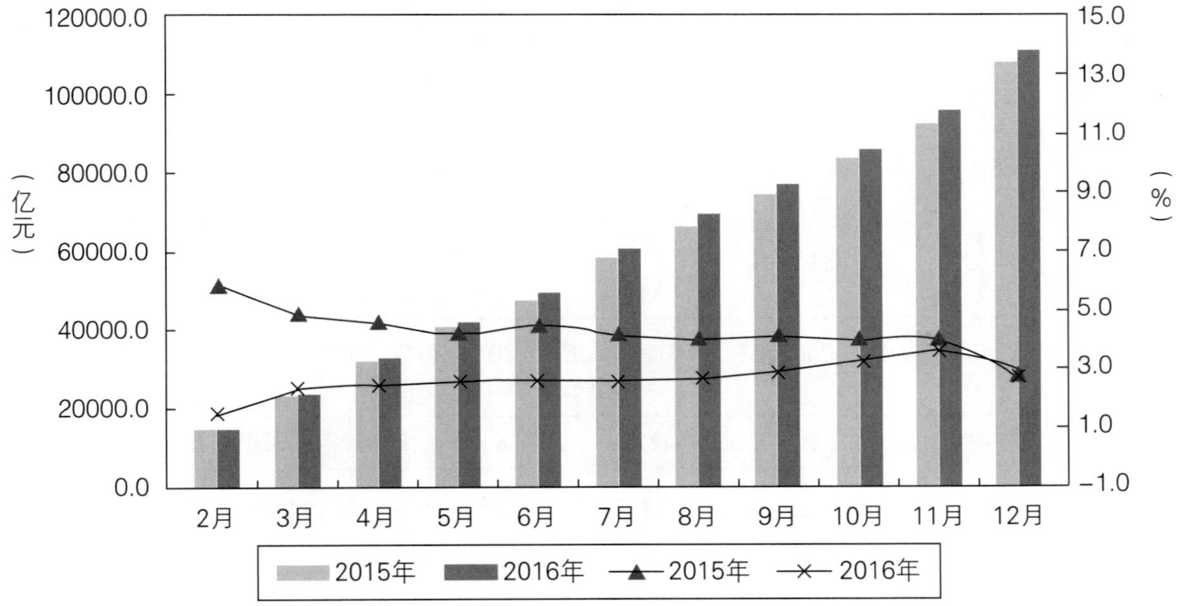

图3　2016年我国社会物流总费用及增长变化情况

2016年我国社会物流总费用与GDP的比率为14.9%，比上年下降1.1个百分点，表明2016年每万元GDP所消耗的社会物流总费用为1490元，比上年下降6.9%。经济运行中的物流成本有所下降，物流运行的质量有所提升，物流领域“降成本”取得了积极成效。

综合来看，影响社会物流总费用与GDP比率下降的因素主要有以下几个方面：

（一）经济发展方式转变是我国单位物流成本下降的重要因素。

社会物流总费用与GDP比率的下降得益于国民经济结构的不断优化。近年来国民经济增长方式转变，结构调整稳步推进，产业结构不断优化，经济结构由工业主导向服务业主导转变的趋势更加明显。通常来看，第一、二产业对物流的需求规模大于第三产业，因而物流成本也高于第三产业。伴随着第三产业增加值占 GDP 比重的增加，物流成本与 GDP 的比率不断降低。

当前，服务业已成为国民经济的第一大产业，对国民经济增长的贡献进一步提高。2016 年我国服务业增加值比上年实际增长 7.8%，服务业占 GDP 比重已上升为 51.6%（见图 4），比上年提高 1.4 个百分点，比第二产业高出 11.8 个百分点。根据历史数据测算，服务业增加值占 GDP 的比重每上升 1%，社会物流总费用与 GDP 的比率下降约 0.5%。2016 年产业结构优化影响这一比率比上年下降约 0.7 个百分点，相当于减少物流成本消耗约 5000 亿元。

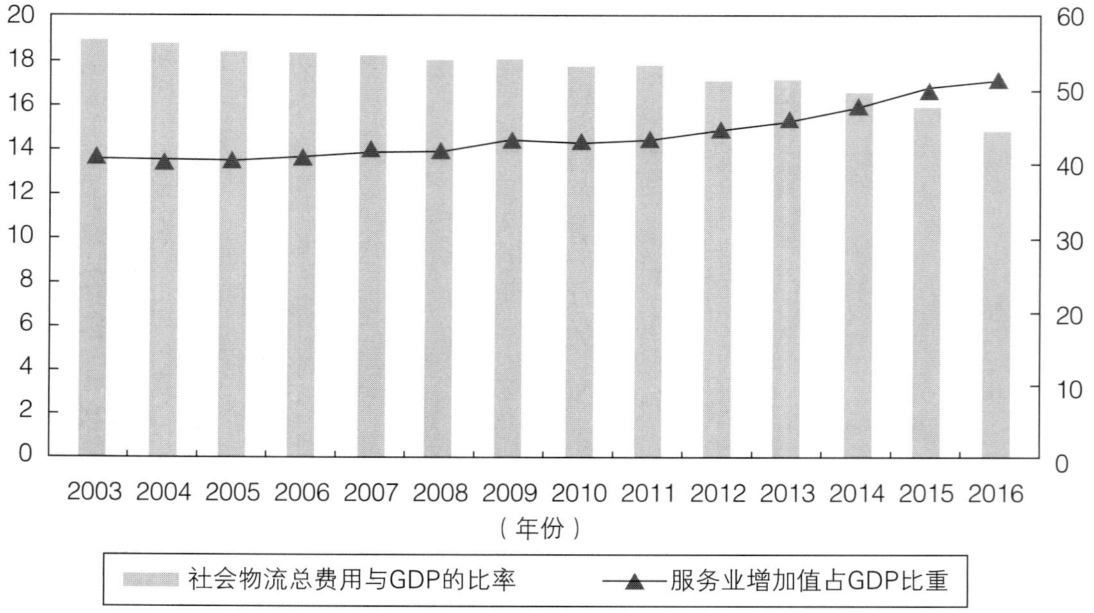

图 4　2003—2016 年我国社会物流总费用与 GDP 的比率与服务业比重对比情况

（二）深化供给侧结构性改革，推动物流管理水平、运行效率稳步提升。

1. 运输方式转型升级，运输成本低速增长

2016 年，我国物流运输以提高发展质量和综合效率为中心，以优化服务供给结构为主线，通过发展甩挂运输、多式联运等先进的运输组织方式，推动运输方式转型升级。运输费用与 GDP 的比率为 8.0%，比上年下降 0.03 个百分点，据此推算可减少运输成本消耗超过 200 亿元。

物流实物量稳中有升，货运量比上年增长 5.7%，增速同比提高 1.3 个百分点；货运周转量由下降 0.5% 转为增长 4%。随着物流实物量回升，运输费用增速小幅回升，但总体仍保持低速增长。运输费用增速分别低于货运量、货运周转量 2.4 个百分点和 0.7 个百分点，反映出物流运输服务价格总体仍处于较低水平。

2. “去库存” 成效显现，保管环节成本

回落

2016 年，在国家“去库存”等举措的稳步推进下，我国物流过程中的保管环节成本回落较为明显，与 GDP 的比率比上年下降 0.2 个百分点，据此推算可减少保管成本消耗约 1400 亿元。

有两个方面的变化可以说明“去库存”等相关举措取得初步成效：一是库存水平有所降低。2016 年年末，全国规模以上工业企业产成品存货增速比上年回落 0.1 个百分点；产成品存货周转天数为 13.8 天，比上年减少 0.4 天。二是产成品库存率有所下降，2016 年产成品存货率为 3.45% 左右，比上年下降 0.06%。

随着库存水平总体回落，相关的仓储保管等成本增速有所回落，物流资金占用成本随之明显下降。2016 年，保管费用中的仓储费用增速比上年下降 0.3 个百分点，据此推算可减少仓储物流成本约 400 亿元；在仓储成本回落的同时，相关的资金占用成本持续下降，保管费用中的利息费用比上年下降 2.7%，降幅进一步扩大 0.3 个百分点，据此推算可减少物流资金占用成本约 1000 亿元。

3. 物流管理水平提升，管理成本平稳增长

2016 年，我国社会物流管理环节成本保持平稳增长，与 GDP 的比率比上年下降 0.02 个百分点，物流管理水平有所提升，据此推算可减少管理成本消耗超过 100 亿元。

（三）物流市场化程度逐步提高，物流运行效率提升。

1. 物流市场规模稳步扩大

近年来，物流企业与相关行业深度融合，物流市场化程度稳中有升，物流市场规模稳步扩大。2016 年物流业总收入为 7.9 万亿元，比上年增长 4.6%，继续保持平稳增长态势。

2. 物流市场细分趋势明显，新业态快速发展

2016 年，伴随着产业结构调整和居民消费升级步伐不断加快，电子商务与邮政快递业等新业态发展明显快于传统行业。数据显示，快递服务企业业务收入比上年增长 43.5%，增速高于运输、仓储等行业。

3. 仓储物流周转效率加快

2016 年，中国仓储指数中的库存周转次数指数全年平均为 53.8%，比上年增长 6.5 个百分点，该指数自 3 月份起，连续十个月位于 50% 以上的扩张区间内。

4. 电商物流持续高效运行

2016 年，中国电商指数中的物流时效指数全年平均为 114.8 点，比上年回升 16.7 点，物流送达时效提高 17%。反映出电商物流时效性明显增强，运行效率维持较高水平。

三、物流运行环境改善

（一）物流基础设施环境持续改善。

1. 物流基础设施环境趋于改善，短板得到加强

物流运输通行设施改善。铁路、公路、水上运输建设改造持续加快，农村交通基础设施水平不断提升。新增高速公路 6000 多公里，总里程突破 13 万公里。新增内河高等级航道达标里程 500 公里，新增二级及以上公路 1.5 万公里，新改建农村公路超过 29 万公里。运输装备加速提档升级。货运车型、船型及多式联运等装备设施标准化稳步推进，老旧运输船舶和单壳油轮报废更新进一步加快。

2. 物流仓储保管设施改善

铁路总公司正在全国建设 208 个铁路物流基地。由国家发展和改革委、国土资源部、住房和城乡建设部委托中国物流与采购联合会评

定的首批 29 家示范物流园区名单发布。冷链等新兴物流基础设施持续改善，2016 年全国冷库预计新增 305 万吨，总量达到 4015 万吨，同比增长 8.2%，全国冷藏车的保有量预计新增 2200 台，将达到 11.5 万台，比 2015 年同比增长 23.6%。

（二）物流市场价格改善。

1. 物流市场价格总体趋于改善

数据显示，2016 年中国物流业景气指数中的物流服务价格指数平均为 49.9%，比上年下降 0.1 个百分点。进入第四季度，受运输需求回升及治超新政出台、韩进海运破产等因素影响，第四季度物流服务价格较前期有所回升，平均为 50.4%，比第三季度回升 1.1 个百分点，年内呈现逐季回升走势。

2. 干散货运输市场逐季回暖

2016 年，我国沿海散运市场呈现先抑后扬回暖走势。上半年，沿海散运市场延续低迷走势，运价持续探底并累创新低。5 月 13 日，上海航运交易所发布的中国沿海（散货）综合运价指数报收于 771.01 点，为 2001 年发布以来最低。下半年，市场供需情况明显改善，运价波动上行。截至 12 月 30 日，上海航运交易所发布的 CBFI 平均值为 917.48 点，同比上涨 7.6%。全年平均值为 898.12 点，总体略高于上年水平，比 2015 年回升 5.3%。

（三）物流运行政策环境改善。

1. 物流相关政策、规划密集出台

2016 年，国家相关部门针对交通物流融合发展、多式联运、电子商务物流等重点领域及物流业补短板、降本增效等重点问题出台了一系列政策措施。如“营改增”试点全面扩围，无运输工具承运业务和道路通行服务开票资格获得承认。商贸物流标准化试点推进，标准化托盘扩大使用范围。快递市场清理整顿工作开展，寄递物流渠道安全要求升级。全国现代物流工作部际联席会议积极发挥协调作用，支持物流业发展的部门间合力有所加强，物流业政策环境持续改善。

2. 政策推动供给侧结构性改革有所深化

2016 年 9 月，新《汽车、挂车及汽车列车外廓尺寸、轴荷及质量限值》（GB 1589—2016）修订和新一轮公路治超新政策相继出台，第四季度交通运输市场结构调整明显。从长期趋势看，新政将对交通运输市场产生一定影响，有利于交通运输供给侧改革，推动行业向标准化、集约化方向发展。从 2016 年内的情况看，对交通运输市场的影响体现在以下几个方面：

一是运输结构调整。受到新政策等因素影响，2016 年下半年铁路物流需求低位回稳；民航货运量加速增长，运输结构较上半年调整明显。数据显示，2016 年铁路货物发送量比上年下降 0.9%，降幅比上年收窄 11 个百分点，12 月实现止跌回稳。民航货运量同比增长 6.8%，比上年提高 0.8 个百分点。

二是运输费用增速有所加快。2016 年公路运输费用比上年增长 4.0%，比上半年提高 0.2 个百分点。显示出治超新政出台后，公路物流费用增长有所加快。

三是运输价格加速回升。从治超新政策出台后，公路物流价格在第四季度明显回升，平均为 113.9%，比第三季度回升 14.7%，10 月、11 月、12 月公路物流运价指数环比回升幅度均高于上年同期水平，波动幅度较前期明显增大（见图 5），反映出新政策对公路物流价格产生一定影响，公路市场低价竞争的态势短期内有所改变。

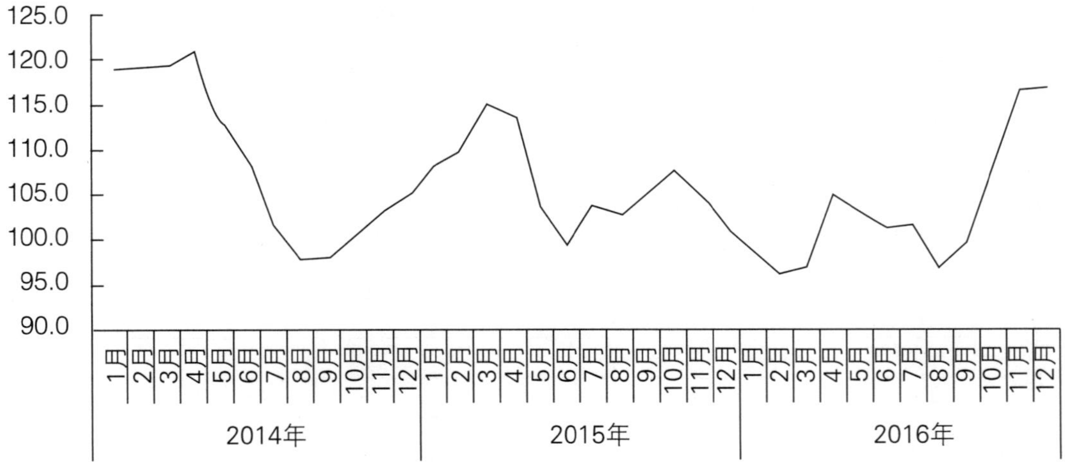

图5 2014—2016年中国公路物流运价指数情况

四、物流企业经营有所好转

2016年，我国物流市场需求整体稳中有升，物流服务价格总体平稳，物流企业经营整体有所好转。

1. 物流市场较为活跃

从中国物流业景气指数表现来看，物流市场较为活跃，整体呈现稳中向好的基本态势。从2016年全年来看，业务总量指数稳步回升，一季度52.1%，二、三季度回升至54%以上，四季度回升加快，至58.2%以上，全年平均水平55.2%，高于2015年0.2个百分点（见图6）。

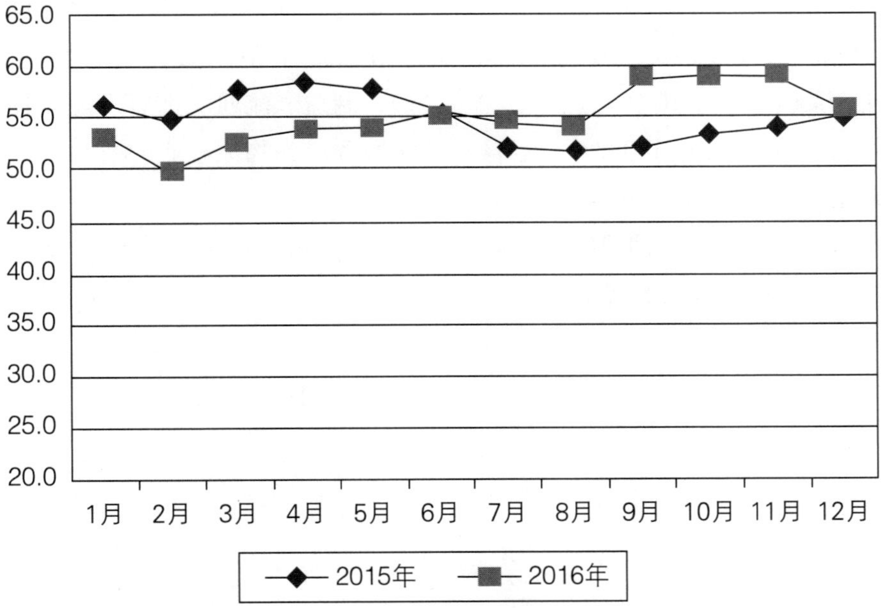

图6 2015—2016年中国物流业景气指数走势

2. 物流企业盈利水平有所好转

2016 年，物流企业需求较为活跃的同时，油价等相关成本比上年同期有所趋缓，物流企业盈利能力有所好转。数据显示，中国物流业景气指数中的主营业务利润指数比上年回升 1.1 个百分点；重点调查数据也显示，1—11 月，物流业务利润同比增长 7.9%。收入利润率为 9.6%，比上年同期提高 1.2 个百分点（见图 7）。

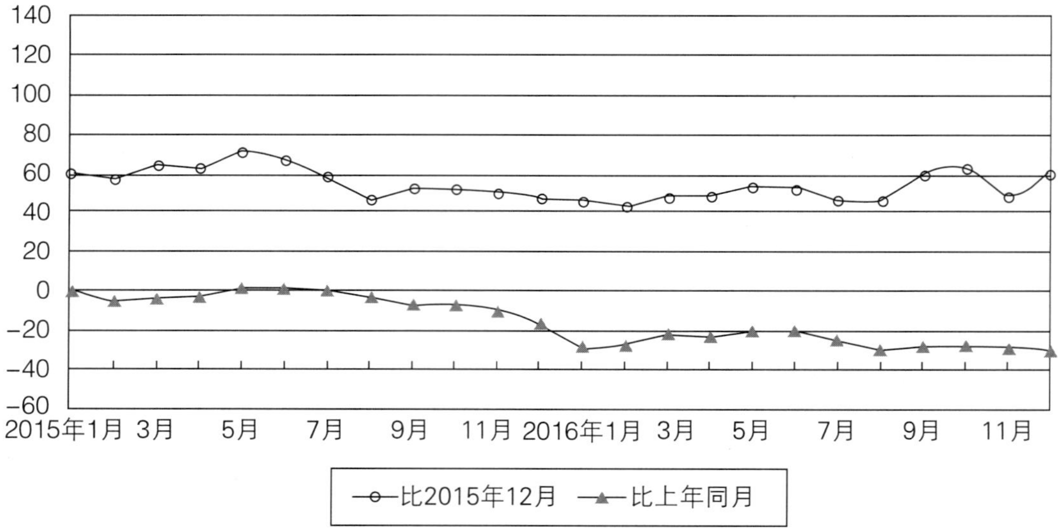

图 7 2015 年以来成品油综合价格变化情况

3. 物流一体化服务成盈利增长点

在重点物流企业中，2016 年 1—11 月不同类型物流企业利润涨跌不一。其中，综合型物流企业物流业务利润同比上升 143.3%；运输型物流企业物流业务利润同比上升 8.8%；仓储型物流企业物流业务利润同比下降 16.3%。显示出综合性物流服务日益成为物流企业发展的重要方向。整合零散分布的物流管理功能，向供应链上下游方向延伸扩展，提供包括采购、制造、流通、售后及逆向物流在内的一体化服务成为物流企业的盈利增长点。

（中国物流与采购联合会　中国物流信息中心）

全国重点物流企业统计调查报告

根据《社会物流统计核算与报表制度》要求，国家发改委、中国物流与采购联合会对2015年全国重点工业、批发和零售业企业物流状况和物流企业经营情况进行了统计调查。

一、调查样本概况

本次调查共收到1315家企业资料，其中：工业企业549家，占比42%；批发和零售业企业113家，占比8%；物流企业653家，占比50%。

二、物流企业经营情况

（一）物流企业业务量、收入增速稳中趋缓。

2015年物流企业主要业务量增速平稳，但比上年同期均有不同程度的回落，见图1。

物流企业货运量比上年增长0.5%，增速同比回落0.7个百分点；货运周转量比上年增长2.9%，同比回落1.5个百分点；配送量和流通加工量增速相对较高，分别比上年增长4.9%和3.7%，增速分别回落9.3个百分点和8.7个百分点。

在物流业务量增速回落的同时，物流企业物流业务收入增速随之放缓。数据显示，2008—2015年重点企业物流业务收入年均增速为10.7%，2015年比上年降低0.9%，增速同比回落4.7个百分点，回落幅度有所扩大，延续了2010年以来的回落走势，见图2。

其中：运输收入由比上年增长4.0%转为下降9.5%，主要是受到物流业务量增速放缓及运输服务价格回落等因素影响；仓储收入增长0.4%，比上年回落4.9个百分点。此外，与居民消费相关的物流服务收入增长势头仍然较为强劲，其中，配送、流通加工收入增长6.6%和7.4%，明显高于运输、仓储收入，但增速仍有所回落，比上年回落7.0个百分点和2.3个百分点，见图3。

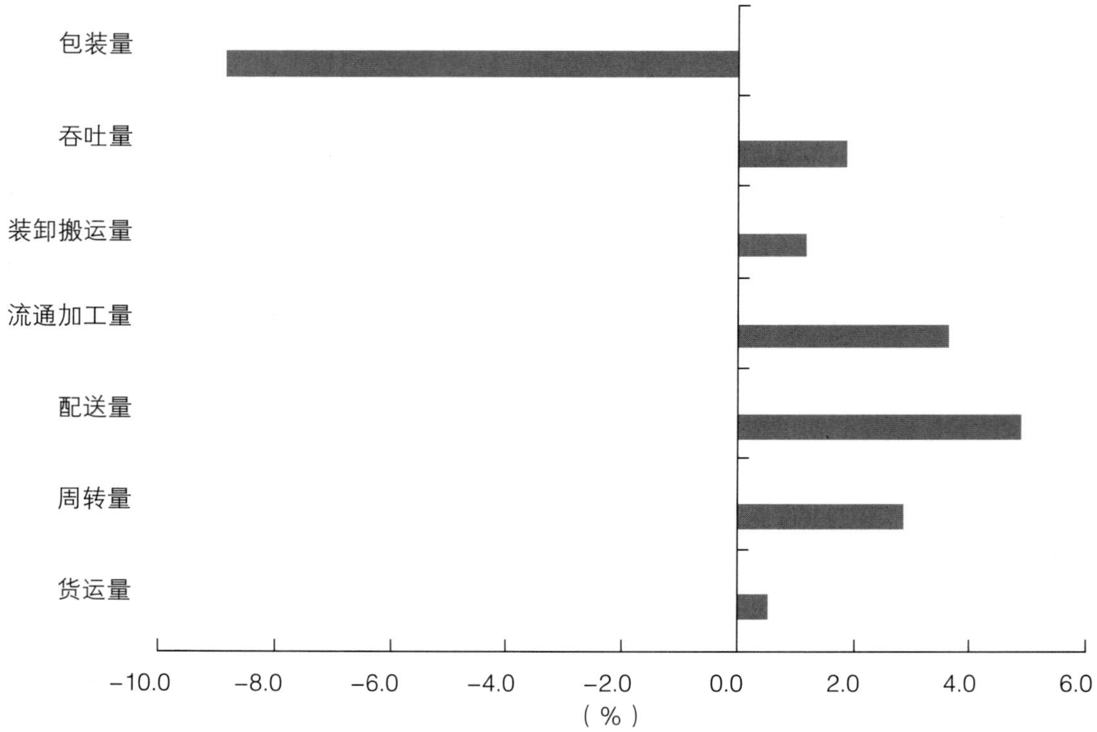

图 1　2015 年物流企业各项业务量增长情况

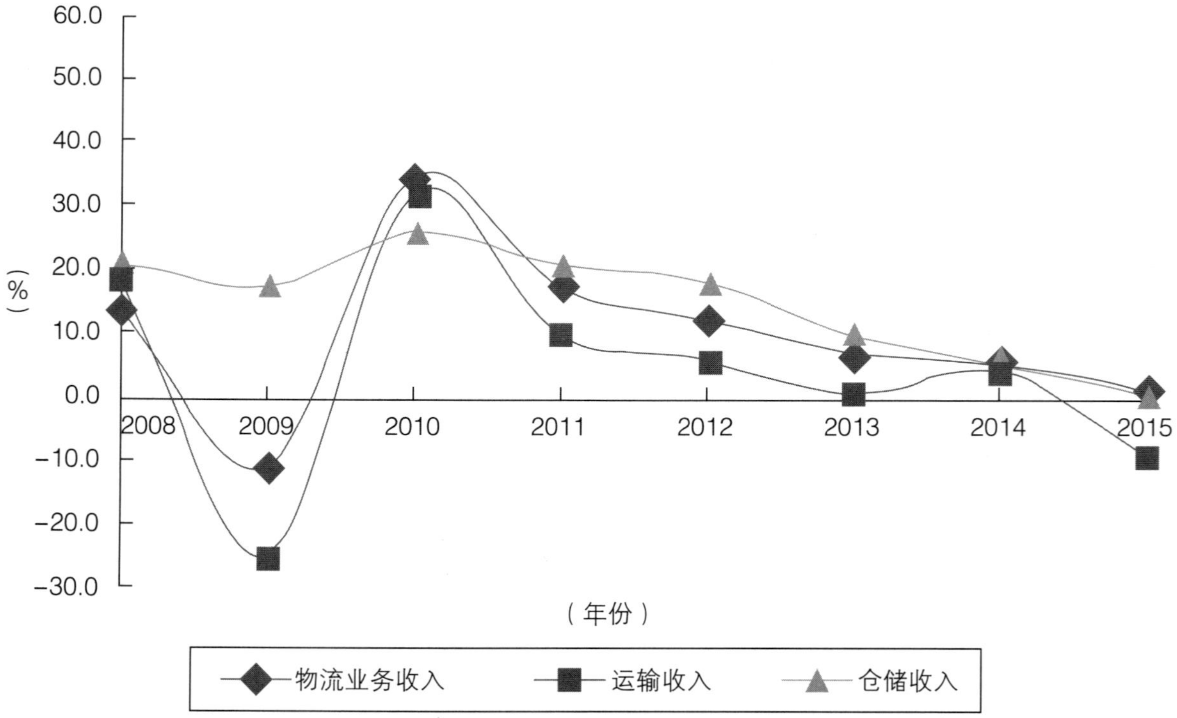

图 2　2008—2015 年物流企业收入增长情况

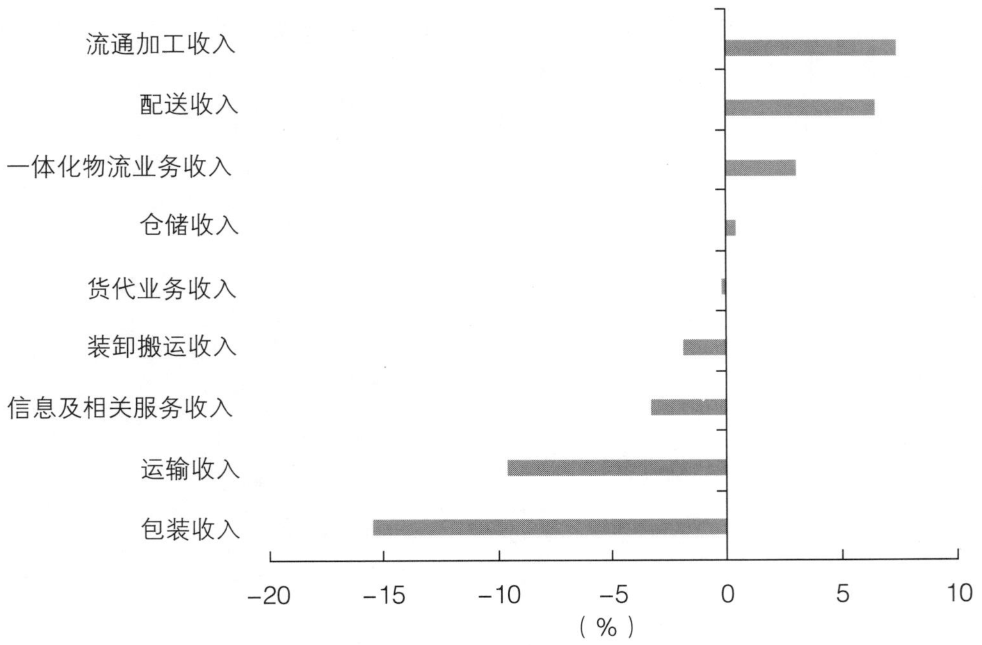

图3　物流企业物流业务收入增长情况

从收入构成看，物流业务收入结构调整明显。运输、仓储收入合计占比5成，一体化物流业务收入占比13.3%，配送、流通加工收入占比4.8%。从变化情况看，运输收入占比比上年下降2.7个百分点，一体化物流业务收入比上年提高0.9个百分点，配送收入比上年提高0.4个百分点。

（二）物流业务成本回升，仓储、人工成本加快上涨。

2015年物流企业物流业务成本比上年增长3.6%，增速同比提高1.6个百分点。2006—2015年重点企业物流业务成本年均增速11.5%，2015年物流业务成本增速虽有小幅回升，但总体仍低于近年的平均水平，总体仍处于低速增长。其中：受物流业务量下滑等因素影响，运输成本比上年下降8.7%，降幅扩大6.5个百分点；随着城市物流用地价格持续上涨，仓储成本呈现加快增长态势，比上年增长13.9%，增速同比提高2.3个百分点。

2015年物流企业人员劳动报酬比上年同期增长12.4%，同比提高1.5个百分点；物流人员报酬占物流业务收入比例为10.8%，同比提高1.1个百分点。

（三）物流企业资产规模平稳增长。

2015年物流企业资产总计比上年增长8.5%，增速比上年同期回落0.4个百分点。调查显示，近年来物流企业资产规模增长由高速增长向中高速增长转变，增势趋于平稳，见图4。

（四）物流企业利润有所下滑。

2015年物流企业物流业务利润额有所下滑，由上年增长5.0%转为下降4.3%，见图5。

物流企业平均收入利润率为6.1%，同比下降0.6个百分点。从物流企业类型看，综合型企业收入利润率为9.4%，同比提高0.5个百分点；仓储型企业收入利润率为6.7%，同比下降 0.2 个百分点；运输型企业收入利润率为 3.25%，同比下降 0.05 个百分点。在运输型企业中道路运输企业收入利润率为 4.5%，水上运输企业收入利润率为 2.2%，航空运输企业收入利润率为 8.3%，管道运输企业收入利润率则高达 30%，行业盈利水平分化趋势明显。

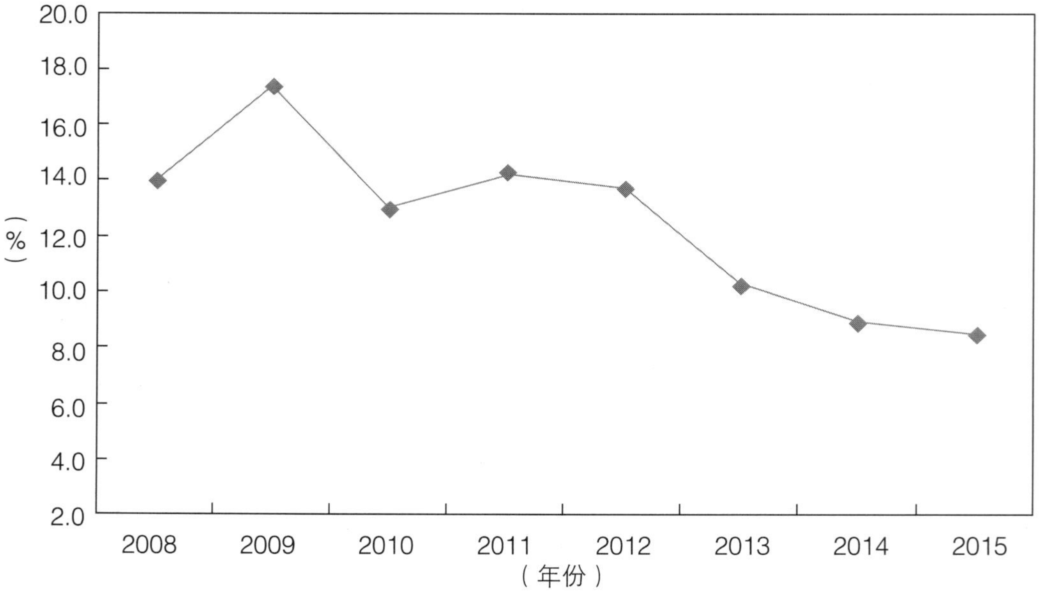

图 4　2008—2015 年物流企业资产总计增长情况

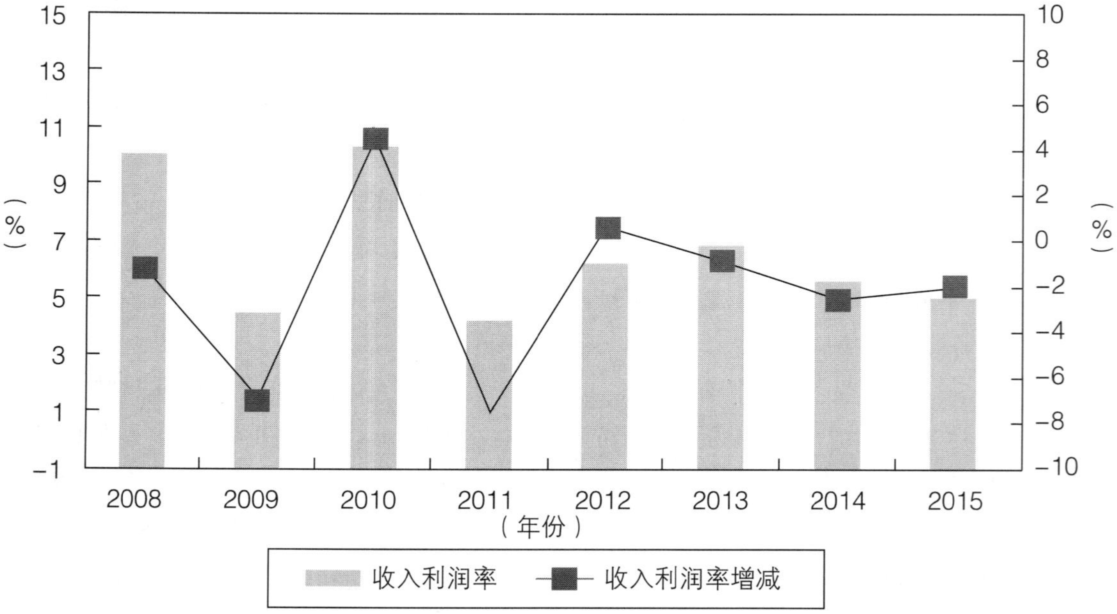

图 5　2008—2015 年物流企业收入利润率情况

综合来看，2015 年物流企业利润下降的主要原因有三点：

一是物流需求有所放缓。2015 年，工业企业生产和销售增长明显放缓，批发零售企业购进、销售总额也有所回落。

二是物流服务价格有所下降。2015 年，物流业景气指数中的物流服务价格指数为 49.9%，位于 50% 以下的收缩区间，比上年下降 0.5 个百分点，显示物流服务价格持续下降，且降幅有所扩大。其中，中国公路物流运价指数平均为 106.3 点，比上年下降 2.5%；中国沿海运价指数为 852.6 点，比上年下降 13.9%。物流服务价格的下降给物流企业盈利水平造成一定的影响。

三是物流企业成本持续增长。2015 年，物流企业每百元主营业务收入中的成本为 94.9 元，比上年增加 2.4 元；物流企业流动资金周转率比上年下降 0.03，流动资金趋紧，一定程度上推高了物流企业经营的成本。

（中国物流与采购联合会　中国物流信息中心）

2016 年 1—12 月中国物流业景气指数

（中国物流与采购联合会发布）

1 月

中国物流业景气指数（LPI）为 53.3%，较上月回落 1.7 个百分点。

业务总量指数回落，物流业务规模增势减弱。本月业务总量指数比上月回落 1.7 个百分点，但仍然保持在 50% 以上的较高水平，反映出随着传统节日春节的临近，物流业务活动规模增势减弱，但总体上物流活动仍较活跃。

设备利用率指数和从业人员指数回落。本月受生产建设活动放缓、物流业务规模增势减弱影响，设备利用率指数回落 1.9 个百分点，回落至 51.6%。从业人员指数比上月回落 3.4 个百分点，回落至 47.9%，预计 2 月份该指数将继续回落。

成本、价格和利润指数回落。本月物流服务价格指数回落 1.6 个百分点，回落至 47.7%；主营业务利润指数回落 3.7 个百分点，回落至 46.1%；主营业务成本指数回落 0.8 个百分点，回落至 54.7%。

本月新订单指数回落 1.9 个百分点，回落至 52.3%，业务活动预期指数回升 1.6 个百分点，回升至 54.9%，预示着进入 2 月，随着春节的到来，物流活动将继续有所减弱，节后将保持平稳运行的态势。

2 月

中国物流业景气指数（LPI）为 50%，较上月回落 3.3 个百分点。业务总量指数回落，物流业务规模增势减弱。本月，业务总量指数比上月回落 3.3 个百分点，位于 50% 荣枯线，反映出受节日因素影响，物流业务活动规模增势减弱。

物流服务价格回升，市场短时供需不平。本月物流服务价格指数环比回升 4 个百分点，位于 51.7%。反映出由于从业人员减少、用工成本增长、市场需求不减，导致物流服务价格较上月回升。

从业人员指数回落，节日效应释放明显。本月受生产建设活动放缓、物流业务规模增势减弱以及春节期间从业人员返乡等因素影响，从业人员指数比上月回落 0.3 个百分点，回落至 47.6%，连续两个月位于 50% 以下的收缩区间，且从业人员数量减少的幅度加大。

本月新订单指数回落 1.6 个百分点，回落至 50.7%，业务活动预期指数回升 4.8 个百分点，回升至9.7%，预示着进入新的生产建设周期，物流活动将趋于活跃，保持适度增长，平稳运行的态势。

3月

中国物流业景气指数（LPI）为52.9%，较上月回升2.9个百分点。

新订单指数上升，物流需求明显增加。本月新订单指数为52.9%，比上月回升2.2个百分点。显示出物流业需求向好，将保持稳中趋升的态势。从区域来看，东部地区、中部地区和西部地区新订单指数均保持在50%以上。

平均库存量指数和库存周转次数指数双升。本月库存周转次数指数回升2.4个百分点，回升至51.2%。平均库存量指数回升3.3个百分点，回升至52.4%。两项指数双升反映出随着节后生产建设活动加快，供应链上游物流业务活动趋于活跃。

成本和利润指数回升，企业经营情况有所改善。本月主营业务利润指数为回升至50.7%；显示出企业经营情况有所改善，但比业务活动指数低2.2个百分点，比主营业务成本指数低7.3个百分点，显示出物流企业利润回升主要源于业务规模的增加，依靠规模扩张获取增量收益的“高成本、低效益”粗放型经营模式没有改变，物流企业转型升级压力依然较大。

从业人员指数回升，企业用工压力仍存。本月从业人员指数回升2.4个百分点，回升至50%，显示出随着春节过后属于劳动密集型产业的物流行业吸纳就业的能力增强，但因人工成本增长过快等因素影响，企业仍面临用工难的压力。

资金周转率指数回升，企业资金情况有所改善。本月资金周转率指数为51.8%，比上月回升4.2个百分点。显示出由于资本市场的活跃带动物流市场业务活动，企业资金情况有所改善。

本月新订单指数回升2.2个百分点，回升至52.9%，业务活动预期指数回升2.3个百分点，回升至62%，预示着后期随着供应链上下游企业生产经营活动的全面启动，物流业务活动将趋于稳定。

4月

中国物流业景气指数（LPI）为54.2%，较上月回升1.3个百分点。

业务量指数上升，物流需求继续增加。本月业务量指数为54.2%，比上月回升1.3个百分点。显示出物流业需求继续向好，保持稳中趋升的态势。从企业类型来看，综合型、运输型和仓储型物流业均保持在50%以上，分别为52.6%、55.4%和58.3%。

平均库存量指数回落，库存周转次数指数回升。本月平均库存量指数为50.7%，回落1.7个百分点。库存周转次数指数为52.6%，回升1.4个百分点，显示出需求较旺，物流企业库存周转次数加快，库存量减少。

从业人员指数和设备利用率指数回升。本月受物流业务活动增加带动，物流从业人员继续增加、设备利用率有所提高。从业人员指数回升1.1个百分点，回升至51.1%；设备利用率指数回升0.1个百分点，回升至52.3%。

成本回落、价格回暖，企业效益有所改善。本月物流主营业务利润指数为52.2%，较上月回升1.5个百分点；物流服务价格指数回升1.3个百分点，为51.1%；主营业务成本指数回落2个百分点，为56%。反映出成本适度回落、价格逐步回暖，企业效益有所改善。

本月新订单指数回升0.6个百分点，回升至53.5%；业务活动预期指数回升0.4个百分点，回升至62.4%的较高水平。预示着后期社会物流运行会继续有所回升。

5 月

中国物流业景气指数（LPI）为 54.2%，与上月持平。

新订单指数上升，预示实体经济向好发展。本月新订单指数为 55%，回升 1.5 个百分点，反映出供应链上下游企业的物流需求进一步增加，预示出物流订单不断增加，物流需求旺盛，实体经济向好发展。

固定资产投资完成额指数回升，物流基础设施趋于改善。本月固定资产投资完成额指数回升 0.6 个百分点，为 54.7%。反映出物流运行的基础设施条件呈现改善态势。

成本回升、价格回落，企业效益有所趋紧。本月主营业务利润指数为 51.1%，较上月回落 1.1 个百分点；物流服务价格指数回落 1.3 个百分点，为 49.8%；主营业务成本指数回升 1 个百分点，为 57%。反映出受运营成本回升，物流服务价格低迷的影响，物流企业经营效益较上月有所减少。

本月新订单指数回升 1.5 个百分点，回升至 55%；业务活动预期指数回升 1.4 个百分点，回升至 63.8% 的较高水平。预示着后期社会物流运行将保持稳健的发展态势。

6 月

中国物流业景气指数（LPI）为 55.5%，较上月回升 1.3 个百分点。

新订单指数上升，物流需求继续增加。本月新订单指数为 56.8%，比上月回升 1.8 个百分点。显示出消费趋旺，物流业需求继续向好，保持稳中趋升的态势。从企业类型来看，综合型物流业、运输型物流业和仓储型物流业均保持在 50% 以上，全行业订单需求普遍增多，为下半年经济保持增长奠定基础。

设备利用率指数回升，物流活动仍较活跃。本月受物流业务总量增势回升带动，物流设备利用率提高，本月设备利用率指数为 57%，比上月回升 3.7 个百分点，保持在 55% 以上的较高水平，反映出物流活动仍较活跃。

从业人员指数回落，物流就业形势总体稳定。本月受农忙影响，从业人员指数回落 2 个百分点，回落至 49.1%，降至 50% 以下的收缩区间，呈较明显周期性变化特征。

物流服务价格地位趋稳，成本增速高于利润。本月物流服务价格指数为 50%，较上月回升 0.2 个百分点；主营业务成本指数为 54.2%，较上月回落 2.8 个百分点，显示出物流企业运营成本增速高于利润增速。

固定资产投资完成额指数回升，物流基础设施趋于改善。本月固定资产投资完成额指数回升 1.8 个百分点，为 56.5%。该指数连续四个月回升，反映出物流运行的基础设施条件呈现持续改善态势。

本月新订单指数回升 1.8 个百分点，回升至 56.8%；业务活动预期指数保持在高景气区间，为 60.9% 的较高水平。预示着物流企业对物流行业发展乐观，后期社会物流运行活动仍将保持较为活跃的发展态势。

7 月

中国物流业景气指数（LPI）为 54.8%，较上月回落 0.7 个百分点。

两项库存指数双升。本月平均库存量指数为 55.3%，较上月回升 2 个百分点；库存周转次数指数为 55.9%，较上月回升 3.8 个百分点。两项库存指数双升，且均位于景气区间，显示出物流业务活动依然活跃。

新订单指数回落。本月新订单指数为 54.8%，较上月回落 2 个百分点。虽有所回落，但仍位于较高景气区间，显示出物流需求增势将趋稳。

资金周转率指数回升。本月资金周转率指数回升 1.1 个百分点，至 51.8%。显示出资金状况趋于改善，对受洪涝灾害影响较大的企业，灾后重建工作有一定促进作用。

从业人员指数持平。本月从业人员指数为 49.1%，与上月持平，呈较明显的季节性变化特征，从历史数据看，该指数在未来两个月将逐步回升。

固定资产投资完成额指数回落。本月固定资产投资完成额指数回落 5.7 个百分点，为 50.8%。主要是受高温多雨等因素影响，东部和中部地区基建项目进展速度放缓，部分停滞。

本月新订单指数回落 2 个百分点，回落至 54.8%；业务活动预期指数为 58.6%，保持较高水平。预示着物流行业生产活动将逐步企稳。

8 月

中国物流业景气指数（LPI）为 54.3%，较上月回落 0.5 个百分点。

资金周转率指数回落。本月资金周转率指数为 49.8%，较上月回落 2 个百分点。显示出在当前 M1（狭义货币供应量）和 M2（广义货币供应量）数据之间的“剪刀差”不断扩大，企业投资意愿转弱的情况下，物流行业受到货币流动性下降的影响。

企业仍面临较大成本压力。本月主营业务成本指数为 52.9%，较上月回升 0.2 个百分点。显示出，物流企业业务成本增长压力仍较大。

价格利润持续低迷。本月物流服务价格指数为 49.1%，较上月回升 0.2 个百分点；主营业务利润指数为 48.7%，较上月回升 1.2 个百分点。显示出物流服务价格和主营业务利润仍位于收缩区间，但降幅有所收窄。

本月尽管新订单指数回落 1.2 个百分点，但仍保持 53.6% 较高水平；业务活动预期指数回升 1.9 个百分点，为 60.5%。预示着后期随着传统生产、建设旺季的到来，物流活动有望保持回升态势。

9 月

中国物流业景气指数（LPI）为 59%，较上月回升 4.7 个百分点。

设备利用率与从业人员指数回升。本月受物流需求回升和物流业务量增加带动，设备利用率指数环比回升 2.3 个百分点，回升至 57.2%，从业人员指数为 51.6%，环比回升 1.8 个百分点。

固定资产投资完成额指数回升，物流基础设施趋于改善。本月固定资产投资完成额指数为 50.3%，回升 0.6 个百分点，反映出物流运行的基础设施条件呈现改善态势。

平均库存量指数回落，库存周转指数回升。本月平均库存量指数为 54.8%，较上月回落 0.2 个百分点，反映出当前仍处于去库存的过程；库存周转次数指数为 58.5%，较上月回升 4.1 个百分点，反映出供应链上下游企业的经济活动较为活跃，库存量仍位于较高水平，库存周转加快，周转效率有所提高。

本月新订单指数较上月回升 3.2 个百分点，为 56.8%；业务活动预期指数为 60.6%，较上月回升 0.1 个百分点，预示随着物流运行的需求基础进一步巩固，物流业务活动仍将保持回升态势。

10 月

中国物流业景气指数（LPI）为 59.2%，较上月回升 0.2 个百分点。

设备利用率与从业人员指数回升。本月受物流需求回升和物流业务量增加带动，设备利用率指数环比回升 1.1 个百分点，回升至 58.3%，从业人员指数为 52.8%，环比回升 1.2 个百分点。其中邮政业从业人员指数回升幅度明显，呈周期性变化，显示出未来两月快递快运业用工需求较大。

固定资产投资完成额指数回升，物流基础设施趋于改善。本月固定资产投资完成额指数为52.6%，回升2.3个百分点，反映出物流运行的基础设施条件有所改善。

平均库存量指数回升，库存周转指数回落。本月平均库存量指数为57.8%，较上月回升3个百分点；库存周转次数指数为57.1%，较上月回落1.4个百分点。反映出为应对临近电商促销等活动，物流各行业增加与民生相关产品的库存，库存周转次数指数虽有所回落，但仍位于较高水平。

本月新订单指数较上月回落0.7个百分点，为56.1%；业务活动预期指数为58.3%，较上月回落2.3个百分点，两项指数均保持较高水平，预示物流业务活动仍将保持回升态势。

11月

中国物流业景气指数（LPI）为59.3%，较上月回升0.1个百分点。

新订单指数回升，物流需求持续旺盛。本月新订单指数为56.6%，比上月回升0.5个百分点，该指数连续三个月位于56%以上高景气区间，显示出物流需求持续旺盛。

平均库存量指数和库存周转次数指数双双回升。本月平均库存量指数回升1个百分点，为58.8%，库存周转次数指数回升0.9个百分点，为58%，该两项指数双双回升且保持在50%以上的景气区间，表明经济活动仍然较为活跃，同时表明物流效率有所提升。

设备利用率指数回升，利用效率提高。本月设备利用率指数环比回升0.2个百分点，回升至58.5%。显示出物流业务量的增加，带动物流服务相关设备利用率的提高。

资金周转率指数回落，资金环境趋紧。本月资金周转率指数为51.2%，比上月回落1.2个百分点，反映出经济社会运行中，资金环境有所趋紧。根据历史数据分析，该指数将在未来两个月有所回升。

本月新订单指数为56.6%，业务活动预期指数为59.3%。伴随着西方圣诞节、国内“双十二”线上电商活动以及节日陆续临近，物流业经济将保持回升态势。

12月

中国物流业景气指数（LPI）为56%，较上月回落3.3个百分点。

业务总量指数回落，物流业务规模增势减弱。本月业务总量指数比上月回落3.3个百分点，仍然保持在56%的较高水平，反映出临近年底，物流业务活动规模增势减弱，但总体上物流活动仍较活跃。

设备利用率指数和从业人员指数回落，从业人员指数回落更为明显。本月受生产建设活动放缓、物流业务规模增势减弱影响，设备利用率指数回落2.9个百分点，回落至55.6%。而加上临近春节的因素影响，从业人员指数回落更为明显，比上月回落3.7个百分点，回落至51.1%，该指数将在下月继续回落。

资金周转率指数回升，物流企业回款速度加快。本月资金周转率指数为54.7%，比上月回升3.5个百分点，显示出物流企业的回款速度加快，资金周转效率有所上升，物流企业资金环境转好。

本月新订单指数回落0.5个百分点，回落至56.1%，业务活动预期指数回落1.5个百分点，回落至57.8%，预示着未来1到2个月，受春节长假因素影响，物流活动将有所减弱。

（中国物流信息中心）

2016年1—12月中国制造业采购经理指数（PMI）

（中国物流与采购联合会、国家统计局服务业调查中心发布）

1月

中国制造业采购经理指数（PMI）为49.4%，比上月下降0.3个百分点。

特约分析师张立群认为："1月PMI指数较上月下降0.3个百分点，表明经济增长仍有下行态势。生产经营活动预期指数小幅下降，采购量指数、原材料库存指数、进口指数、产成品库存指数等都有不同幅度下降，表明企业开年的市场预期普遍比较谨慎。新出口订单指数下降，表明出口困难仍然较大。但从分行业指数看，汽车、电气机械器材制造等7个行业PMI指数高于50%；食品、造纸印刷等7个行业PMI指数较上月提高，表明经济结构变化的积极因素在聚集中。考虑到前期稳增长政策效果的进一步显现，以及今年将部署的各项政策的预期效果，预计经济增长总体仍将呈现企稳态势。"

生产指数为51.4%，比上月下降0.8个百分点。从企业规模来看，大型企业、中型企业生产指数高于50%，分别为52.6%、51.2%；小型企业低于50%，为46.3%。

新订单指数为49.5%，比上月下降0.7个百分点。从企业规模来看，大型企业新订单指数高于50%，为51.3%；中型企业和小型企业低于50%，分别为48.4%和44%。

新出口订单指数为46.9%，比上月下降0.6个百分点。从企业规模来看，大型企业、中型企业和小型企业新出口订单指数均低于50%，分别为46.9%、47.8%和42.7%。

积压订单指数为43.4%，比上月下降0.2个百分点。从企业规模来看，大型企业、中型企业和小型企业积压订单指数均低于50%，分别为44.9%、42%和39.4%。

产成品库存指数为44.6%，比上月下降1.5个百分点。从企业规模来看，大型企业、中型企业和小型企业产成品库存指数均低于50%，分别为44.5%、45.9%和42.5%。

采购量指数为49%，比上月下降1.3个百分点。从企业规模来看，大型企业采购量指数高于50%，为50.6%；中型企业和小型企业低于50%，分别为48.2%和43.7%。

进口指数为46.4%，比上月下降1.2个百分点。从企业规模来看，大型企业、中型企业和小型企业进口指数均低于 50%，分别为 46.4%、46.3%和 47.9%。

购进价格指数为 45.1%，比上月上升 2.7 个百分点。从企业规模来看，大型企业、中型企业和小型企业购进价格指数均低于 50%，分别为 44.2%、46%和 47.8%。

原材料库存指数为 46.8%，比上月下降 0.8 个百分点。从企业规模来看，大型企业、中型企业和小型企业的原材料库存指数均低于 50%，分别为 47.5%、46.7%和 43.4%。

从业人员指数为 47.8%，比上月上升 0.4 个百分点。从企业规模来看，大型企业、中型企业和小型企业的从业人员指数均低于 50%，分别为 48.1%、48%和 46.5%。

供应商配送时间指数为 50.5%，比上月下降 0.2 个百分点。从企业规模来看，大型企业、中型企业供应商配送时间指数高于 50%，分别为 50.7%、50.6%，小型企业低于 50%，为 49.1%。

生产经营活动预期指数为 44.4%，比上月下降 0.2 个百分点。从企业规模来看，大型企业、中型企业和小型企业生产经营活动预期指数均低于 50%，分别为 45.6%、43.5%和 40.8%。

2 月

中国制造业采购经理指数（PMI）为 49.0%，比上月下降 0.4 个百分点。

特约分析师张立群认为：“2 月 PMI 指数继续下降，表明当前经济增长仍存在下行压力。其中生产和采购量指数下降，应考虑春节因素的影响。购进价格指数、生产活动预期指数较大幅度提高，预示制造业生产经营活动有回暖迹象。PMI 的 12 个分项指数中，6 个提高，6 个下降，表明当前经济增长的趋势性特征还不明显。综合判断，经济仍处于底部企稳过程中。”

生产指数为 50.2%，比上月下降 1.2 个百分点。从企业规模来看，大型企业、中型企业生产指数高于 50%，分别为 51.9%、50.2%；小型企业低于 50%，为 42.5%。

新订单指数为 48.6%，比上月下降 0.9 个百分点。从企业规模来看，大型企业新订单指数高于 50%，为 50.5%；中型企业和小型企业低于 50%，分别为 47.5%和 41.6%。

新出口订单指数为 47.4%，比上月上升 0.5 个百分点。从企业规模来看，大型企业、中型企业和小型企业新出口订单指数均低于 50%，分别为 46.9%、49.3%和 46.1%。

积压订单指数为 43.9%，比上月上升 0.5 个百分点。从企业规模来看，大型企业、中型企业和小型企业积压订单指数均低于 50%，分别为 45.0%、44%和 38.0%。

产成品库存指数为 46.4%，比上月上升 1.8 个百分点。从企业规模来看，大型企业、中型企业和小型企业产成品库存指数均低于 50%，分别为 46.9%、48.3%和 40.3%。

采购量指数为 47.9%，比上月下降 1.1 个百分点。从企业规模来看，大型企业、中型企业和小型企业采购量指数均低于 50%，分别为 48.9%、49.7%和 39.3%。

进口指数为 45.8%，比上月下降 0.6 个百分点。从企业规模来看，大型企业、中型企业和小型企业进口指数均低于 50%，分别为 45.2%、48.9%和 41.4%。

购进价格指数为 50.2%，比上月上升 5.1 个百分点。从企业规模来看，大型企业、中型企业和小型企业购进价格指数均高于 50%，分别为 50.2%、50.3%和 50.0%。

原材料库存指数为 48.0%，比上月上升

1.2个百分点。从企业规模来看，大型企业、中型企业和小型企业的原材料库存指数均低于50%，分别为48.3%、49.0%和44.4%。

从业人员指数为47.6%，比上月下降0.2个百分点。从企业规模来看，大型企业、中型企业和小型企业的从业人员指数均低于50%，分别为47.1%、48.4%和48.0%。

供应商配送时间指数为49.8%，比上月下降0.7个百分点。从企业规模来看，中型企业供应商配送时间指数高于50%，为50.1%；大型和小型企业低于50%，分别为49.9%和48.8%。

生产经营活动预期指数为57.9%，比上月上升13.5个百分点。从企业规模来看，大型企业、中型企业和小型企业生产经营活动预期指数均高于50%，分别为59.1%、57.0%和53.9%。

3月

中国制造业采购经理指数（PMI）为50.2%，比上月上升1.2个百分点。特约分析师张立群认为："3月PMI指数明显提高，重回扩张区间，在考虑春节因素影响后，仍然可以认为经济增长已初步触底企稳。各项订单指数、采购量指数、生产经营活动预期指数都出现明显回升，表明企业生产经营活动趋向活跃；购进价格指数持续提高，可能预示去库存活动将发生转折性变化。"

生产指数为52.3%，比上月上升2.1个百分点。从企业规模来看，大型企业、中型企业生产指数高于50%，分别为54.4%、50.7%；小型企业低于50%，为48.8%。

新订单指数为51.4%，比上月上升2.8个百分点。从企业规模来看，大型企业新订单指数高于50%，为53.5%；中型企业和小型企业低于50%，分别为49.1%和48.0%。

新出口订单指数为50.2%，比上月上升2.8个百分点。从企业规模来看，大型企业新出口订单指数高于50%，为51.4%；中型企业和小型企业低于50%，分别为47.9%和46.0%。

积压订单指数为45.7%，比上月上升1.8个百分点。从企业规模来看，大型企业、中型企业和小型企业积压订单指数均低于50%，分别为46.4%、44.1%和45.5%。

产成品库存指数为46.0%，比上月下降0.4个百分点。从企业规模来看，大型企业、中型企业和小型企业产成品库存指数均低于50%，分别为46.0%、45.6%和46.3%。

采购量指数为52.6%，比上月上升4.7个百分点。从企业规模来看，大型企业、中型企业和小型企业采购量指数均高于50%，分别为53.7%、51.2%和50.9%。

进口指数为50.1%，比上月上升4.3个百分点。从企业规模来看，大型企业进口指数高于50%，为51.2%；中型企业和小型企业低于50%，分别为47.0%和48.5%。

购进价格指数为55.3%，比上月上升5.1个百分点。从企业规模来看，大型企业、中型企业和小型企业购进价格指数均高于50%，分别为55.6%、55.6%和53.1%。

原材料库存指数为48.2%，比上月上升0.2个百分点。从企业规模来看，大型企业、中型企业和小型企业的原材料库存指数均低于50%，分别为48.3%、48.5%和47.1%。

从业人员指数为48.1%，比上月上升0.5个百分点。从企业规模来看，大型企业、中型企业和小型企业的从业人员指数均低于50%，分别为48.5%、47.6%和47.4%。

供应商配送时间指数为51.3%，比上月上升1.5个百分点。从企业规模来看，大型企业、中型企业和小型企业的供应商配送时间指数均高于50%，分别为51.4%、51.0%和51.6%。

生产经营活动预期指数为62.6%，比上月上升4.7个百分点。从企业规模来看，大型企业、中型企业和小型企业生产经营活动预期指数均高于50%，分别为64.2%、61.3%和58.0%。生产指数为50.2%，比上月下降1.2个百分点。从企业规模来看，大型企业、中型企业生产指数高于50%，分别为51.9%、50.2%；小型企业低于50%，为42.5%。

4月

中国制造业采购经理指数（PMI）为50.1%，比上月下降0.1个百分点。特约分析师张立群认为："4月PMI指数小幅回落，但仍在扩张区间，表明中国经济增长继续保持企稳态势。PMI多项指数都有不同幅度下降，可能与季节性因素影响有关。购进价格指数呈现持续回升态势，反映市场供求关系和预期已出现趋势性改变，库存调整周期预计开始进入上升阶段。"

生产指数为52.2%，比上月下降0.1个百分点。从企业规模来看，大型企业、中型企业生产指数高于50%，分别为53.3%、52.6%；小型企业低于50%，为46.9%。

新订单指数为51.0%，比上月下降0.4个百分点。从企业规模来看，大型企业、中型企业新订单指数高于50%，分别为52.9%、50.1%；小型企业低于50%，为45.0%。

新出口订单指数为50.1%，比上月下降0.1个百分点。从企业规模来看，大型企业、中型企业新出口订单指数高于50%，分别为50.7%、50.0%；小型企业低于50%，为44.2%。

积压订单指数为44.8%，比上月下降0.9个百分点。从企业规模来看，大型企业、中型企业和小型企业积压订单指数均低于50%，分别为45.7%、44.1%和42.3%。

产成品库存指数为45.5%，比上月下降0.5个百分点。从企业规模来看，大型企业、中型企业和小型企业产成品库存指数均低于50%，分别为45.5%、45.8%和44.8%。

采购量指数为51.0%，比上月下降1.6个百分点。从企业规模来看，大型企业采购量指数高于50%，为52.7%；中型企业和小型企业低于50%，分别为49.8%和46.3%。

进口指数为49.5%，比上月下降0.6个百分点。从企业规模来看，小型企业进口指数高于50%，为53.2%；大型企业和中型企业低于50%，分别为49.8%和47.6%。

购进价格指数为57.6%，比上月上升2.3个百分点。从企业规模来看，大型企业、中型企业和小型企业购进价格指数均高于50%，分别为58.6%、56.9%和54.9%。

原材料库存指数为47.4%，比上月下降0.8个百分点。从企业规模来看，大型企业、中型企业和小型企业的原材料库存指数均低于50%，分别为47.5%、47.3%和47.0%。

从业人员指数为47.8%，比上月下降0.3个百分点。从企业规模来看，大型企业、中型企业和小型企业的从业人员指数均低于50%，分别为47.8%、48.0%和47.3%。

供应商配送时间指数为50.1%，比上月下降1.2个百分点。从企业规模来看，大型企业、中型企业的供应商配送时间指数均高于50%，分别为50.1%和50.3%；小型企业低于50%，为49.8%。

生产经营活动预期指数为60.3%，比上月下降2.3个百分点。从企业规模来看，大型企业、中型企业和小型企业生产经营活动预期指数均高于 50%，分别为 62.6%、57.5%和 55.4%。

5 月

中国制造业采购经理指数（PMI）为 50.1%，同上月持平。特约分析师张立群认为："5 月 PMI 指数与上月持平，表明经济增长继续保持企稳态势。产成品库存指数、采购量指数继续提高，表明补充库存活动仍在发展；购进价格指数、生产活动预期指数回落，反映市场预期有所减弱。新订单、出口订单指数下降，预示市场需求有所减弱。综合研判，经济仍处于企稳过程中。"

生产指数为 52.3%，比上月上升 0.1 个百分点。从企业规模来看，大型企业和中型企业生产指数高于 50%，均为 52.8%；小型企业低于 50%，为 49.6%。

新订单指数为 50.7%，比上月下降 0.3 个百分点。从企业规模来看，大型企业和中型企业新订单指数高于 50%，分别为 50.9% 和 51.1%；小型企业低于 50%，为 48.9%。

新出口订单指数为 50%，比上月下降 0.1 个百分点。从企业规模来看，中型企业新出口订单指数高于 50%，为 51.3%；大型企业和小型企业新出口订单指数低于 50%，分别为 49.6%和 49.5%。

积压订单指数为 45.1%，比上月上升 0.3 个百分点。从企业规模来看，大型企业、中型企业和小型企业积压订单指数均低于 50%，分别为 45.5%、45.0%和 43.5%。

产成品库存指数为 46.8%，比上月上升 1.3 个百分点。从企业规模来看，大型企业、中型企业和小型企业产成品库存指数均低于 50%，分别为 46.7%、46.8%和 47.3%。

采购量指数为 51.2%，比上月上升 0.2 个百分点。从企业规模来看，大型企业和中型企业采购量指数高于 50%，分别为 52.0% 和 51.2%；小型企业低于 50%，为 47.9%。

进口指数为 49.6%，比上月上升 0.1 个百分点。从企业规模来看，小型企业进口指数高于 50%，为 54.9%；大型企业和中型企业低于 50%，分别为 49.6%和 48.4%。

购进价格指数为 55.3%，比上月下降 2.3 个百分点。从企业规模来看，大型企业、中型企业和小型企业购进价格指数均高于 50%，分别为 56.3%、54.1%和 53.5%。

原材料库存指数为 47.6%，比上月上升 0.2 个百分点。从企业规模来看，大型企业、中型企业和小型企业的原材料库存指数均低于 50%，分别为 47.1%、48.9%和 47.2%。

从业人员指数为 48.2%，比上月上升 0.4 个百分点。从企业规模来看，大型企业、中型企业和小型企业的从业人员指数均低于 50%，分别为 48.3%、48.4%和 47.3%。

供应商配送时间指数为 50.4%，比上月上升 0.3 个百分点。从企业规模来看，大型企业 PMI 指数为 50%，中型企业和小型企业的供应商配送时间指数高于 50%，分别为 50.9% 和 51%。

生产经营活动预期指数为 55.9%，比上月下降 4.4 个百分点。从企业规模来看，大型企业、中型企业和小型企业生产经营活动预期指数均高于 50%，分别为 57.2%、55.8% 和 50.5%。

6 月

中国制造业采购经理指数（PMI）为 50.0%，比上月下降 0.1 个百分点。特约分析师张立群认为："6 月 PMI 指数继续小幅回落，表明经济运行仍存在下行压力。指数处于 50% 这一临界点，表明经济总体趋稳的态势尚未改变。订单指数继续下降，反映市场需求趋弱；

采购量指数，购进价格指数，产成品库存指数继续下降，反映企业信心持续回落。”

生产指数为 52.5%，比上月上升 0.2 个百分点。从企业规模来看，大型企业和中型企业生产指数高于 50%，分别为 54.3% 和 51.1%；小型企业低于 50%，为 47.8%。

新订单指数为 50.5%，比上月下降 0.2 个百分点。从企业规模来看，大型企业新订单指数高于 50%，为 52.3%；中型企业和小型企业低于 50%，分别为 49.1% 和 45.8%。

新出口订单指数为 49.6%，比上月下降 0.4 个百分点。从企业规模来看，大型企业新出口订单指数高于 50%，为 50.5%；中型企业和小型企业低于 50%，分别为 48.7% 和 44.2%。

积压订单指数为 45.0%，比上月下降 0.1 个百分点。从企业规模来看，大型企业、中型企业和小型企业积压订单指数均低于 50%，分别为 45.5%、44.7% 和 43.7%。

产成品库存指数为 46.5%，比上月下降 0.3 个百分点。从企业规模来看，大型企业、中型企业和小型企业产成品库存指数均低于 50%，分别为 46.8%、46.8% 和 44.8%。

采购量指数为 50.5%，比上月下降 0.7 个百分点。从企业规模来看，大型企业采购量指数高于 50%，为 51.8%；中型企业和小型企业低于 50%，分别为 49.4% 和 47.9%。

进口指数为 49.1%，比上月下降 0.5 个百分点。从企业规模来看，大型企业、中型企业和小型企业进口指数均低于 50%，分别为 48.9%、49.8% 和 49.2%。

购进价格指数为 51.3%，比上月下降 4 个百分点。从企业规模来看，大型企业、中型企业和小型企业购进价格指数均高于 50%，分别为 51.2%、50.9% 和 52.5%。

原材料库存指数为 47.0%，比上月下降 0.6 个百分点。从企业规模来看，大型企业、中型企业和小型企业的原材料库存指数均低于 50%，分别为 46.8%、47.4% 和 46.9%。

从业人员指数为 47.9%，比上月下降 0.3 个百分点。从企业规模来看，大型企业、中型企业和小型企业的从业人员指数均低于 50%，分别为 48.2%、47.2% 和 48.2%。

供应商配送时间指数为 50.7%，比上月上升 0.3 个百分点。从企业规模来看，大型企业、中型企业和小型企业的供应商配送时间指数均高于 50%，均为 50.7%。

生产经营活动预期指数为 53.3%，比上月下降 2.6 个百分点。从企业规模来看，大型企业、中型企业和小型企业生产经营活动预期指数均高于 50%，分别为 54.0%、53.6% 和 50.6%。

7 月

中国制造业采购经理指数（PMI）为 49.9%，比上月下降 0.1 个百分点。特约分析师张立群认为：“7 月 PMI 指数继续小幅下降，已低于荣枯分界线水平，表明经济运行仍存在下行压力。同时也应注意到，产成品库存、原材料库存、采购量等指数都有不同程度提高，购进价格指数有较大幅度提高，生产经营活动预期指数明显提高，表明企业信心和市场预期趋向增强。”

生产指数为 52.1%，比上月下降 0.4 个百分点。从企业规模来看，大型企业和中型企业生产指数高于 50%，分别为 54.1% 和 50.2%；小型企业低于 50%，为 47.7%。

新订单指数为 50.4%，比上月下降 0.1 个百分点。从企业规模来看，大型企业新订单指数高于 50%，为 52.6%；中型企业和小型企业低于 50%，分别为 48.6% 和 44.9%。

新出口订单指数为49.0%，比上月下降0.6个百分点。从企业规模来看，大型企业新出口订单指数高于50%，为50.3%；中型企业和小型企业低于50%，分别为47.0%和43.3%。

积压订单指数为45.5%，比上月上升0.5个百分点。从企业规模来看，大型企业、中型企业和小型企业积压订单指数均低于50%，分别为47.2%、43.3%和42.5%。

产成品库存指数为46.8%，比上月上升0.3个百分点。从企业规模来看，大型企业、中型企业和小型企业产成品库存指数均低于50%，分别为46.9%、46.1%和47.8%。

采购量指数为50.5%，与上月持平。从企业规模来看，大型企业采购量指数高于50%，为52.3%；中型企业和小型企业低于50%，分别为48.2%和47.9%。

进口指数为49.3%，比上月上升0.2个百分点。从企业规模来看，大型企业、中型企业和小型企业进口指数均低于50%，分别为49.9%、48.4%和45.6%。

购进价格指数为54.6%，比上月上升3.3个百分点。从企业规模来看，大型企业、中型企业和小型企业购进价格指数均高于50%，分别为54.4%、54.8%和54.9%。

原材料库存指数为47.3%，比上月上升0.3个百分点。从企业规模来看，大型企业、中型企业和小型企业的原材料库存指数均低于50%，分别为47.4%、47.4%和46.6%。

从业人员指数为48.2%，比上月上升0.3个百分点。从企业规模来看，大型企业、中型企业和小型企业的从业人员指数均低于50%，分别为48.5%、47.7%和48.0%。

供应商配送时间指数为50.5%，比上月下降0.2个百分点。从企业规模来看，大型企业和小型企业的供应商配送时间指数高于50%，分别为50.6%和51.5%；中型企业低于50%，为49.8%。

生产经营活动预期指数为55.3%，比上月上升1.9个百分点。从企业规模来看，大型企业、中型企业和小型企业生产经营活动预期指数均高于50%，分别为56.4%、53.9%和53.7%。

8月

中国制造业采购经理指数（PMI）为50.4%，比上月上升0.5个百分点。特约分析师张立群认为："8月PMI指数明显回升，重回荣枯线以上，预示近期经济增长趋稳。新订单、出口订单指数提高，反映市场需求有所改善；采购量、原材料库存、购进价格、生产活动预期等指数继续提高，反映企业信心进一步增强，生产活动进一步恢复。"

生产指数为52.6%，比上月上升0.5个百分点。从企业规模来看，大型企业、中型企业生产指数高于50%，分别为54.9%和50.1%；小型企业低于50%，为47.8%。

新订单指数为51.3%，比上月上升0.9个百分点。从企业规模来看，大型企业新订单指数高于50%，为53.6%；中型企业和小型企业低于50%，分别为49.1%和46.1%。

新出口订单指数为49.7%，比上月上升0.7个百分点。从企业规模来看，大型企业新出口订单指数高于50%，为50.6%；中型企业和小型企业低于50%，分别为48.1%和46.5%。

积压订单指数为45.0%，比上月下降0.5个百分点。从企业规模来看，大型企业、中型企业和小型企业积压订单指数均低于50%，分别为46.0%、44.0%和42.5%。

产成品库存指数为46.6%，比上月下降

0.2个百分点。从企业规模来看，大型企业、中型企业和小型企业产成品库存指数均低于50%，分别为47.1%、46.2%和45.4%。

采购量指数为52.6%，比上月上升2.1个百分点。从企业规模来看，大型企业、中型企业采购量指数高于50%，分别为54.7%和50.3%；小型企业低于50%，为48.7%。

进口指数为49.5%，比上月上升0.2个百分点。从企业规模来看，大型企业、中型企业进口指数低于50%，分别为49.7%和48.2%；小型企业高于50%，为52.0%。

购进价格指数为57.2%，比上月上升2.6个百分点。从企业规模来看，大型企业、中型企业和小型企业购进价格指数均高于50%，分别为57.9%、56.8%和55.0%。

原材料库存指数为47.6%，比上月上升0.3个百分点。从企业规模来看，大型企业、中型企业和小型企业的原材料库存指数均低于50%，分别为48.5%、46.1%和46.8%。

从业人员指数为48.4%，比上月上升0.2个百分点。从企业规模来看，大型企业、中型企业和小型企业的从业人员指数均低于50%，分别为48.9%、48.1%和47.2%。

供应商配送时间指数为50.6%，比上月上升0.1个百分点。从企业规模来看，大型企业和中型企业的供应商配送时间指数高于50%，分别为50.9%和50.3%；小型企业低于50%，为49.9%。

生产经营活动预期指数为58.2%，比上月上升2.9个百分点。从企业规模来看，大型企业、中型企业和小型企业生产经营活动预期指数均高于50%，分别为60.2%、55.4%和55.5%。

9月

中国制造业采购经理指数（PMI）为50.4%，与上月持平。特约分析师张立群认为："9月PMI指数与上月持平，继续保持在荣枯线以上，表明经济运行企稳态势在继续发展。从分项指数看，各项订单指数小幅波动，有升有降；采购量指数下降、进口指数提高；产成品、原材料库存指数小幅下降，生产活动预期指数继续提高。综合看，经济企稳的因素在逐步积累之中。"

生产指数为52.8%，比上月上升0.2个百分点。从企业规模来看，大型企业、中型企业生产指数高于50%，分别为56.1%和50.2%；小型企业低于50%，为44.2%。

新订单指数为50.9%，比上月下降0.4个百分点。从企业规模来看，大型企业新订单指数高于50%，为54.5%；中型企业和小型企业低于50%，分别为46.9%和43.9%。

新出口订单指数为50.1%，比上月上升0.4个百分点。从企业规模来看，大型企业新出口订单指数高于50%，为51.1%；中型企业和小型企业低于50%，分别为47.8%和47.2%。

积压订单指数为45.2%，比上月上升0.2个百分点。从企业规模来看，大型企业、中型企业和小型企业积压订单指数均低于50%，分别为46.2%、44.7%和41.9%。

产成品库存指数为46.4%，比上月下降0.2个百分点。从企业规模来看，大型企业、中型企业和小型企业产成品库存指数均低于50%，分别为47.5%、45.0%和44.7%。

采购量指数为51.9%，比上月下降0.7个百分点。从企业规模来看，大型企业、中型企业采购量指数高于50%，分别为54.2%和50.1%；小型企业低于50%，为45.9%。

进口指数为50.4%，比上月上升0.9个百分点。从企业规模来看，大型企业进口指数高于 50%，为 51.2%；中型企业和小型企业指数低于 50%，分别为 48.3%和 48.1%。

购进价格指数为 57.5%，比上月上升 0.3 个百分点。从企业规模来看，大型企业、中型企业和小型企业购进价格指数均高于 50%，分别为 58.4%、56.6%和 55.4%。

原材料库存指数为 47.4%，比上月下降 0.2 个百分点。从企业规模来看，大型企业、中型企业和小型企业的原材料库存指数均低于 50%，分别为 48.6%、45.5%和 46.2%。

从业人员指数为 48.6%，比上月上升 0.2 个百分点。从企业规模来看，大型企业、中型企业和小型企业的从业人员指数均低于 50%，分别为 49.3%、47.5%和 48.0%。

供应商配送时间指数为 49.9%，比上月下降 0.7 个百分点。从企业规模来看，大型企业和中型企业的供应商配送时间指数高于 50%，分别为 50.1%和 50.0%；小型企业低于 50%，为 48.8%。

生产经营活动预期指数为 58.4%，比上月上升 0.2 个百分点。从企业规模来看，大型企业、中型企业和小型企业生产经营活动预期指数均高于 50%，分别为 60.6%、56.3%和 53.2%。

10 月

中国制造业采购经理指数（PMI）为 51.2%，比上月上升 0.8 个百分点。特约分析师张立群认为："10 月 PMI 指数在荣枯线以上明显提高，表明经济增长趋稳态势已较为明朗。除新出口订单、进口指数有所下降外，其余指数均有不同程度提高，表明制造业企业信心普遍回升，生产经营活动趋向全面恢复。"

生产指数为 53.3%，比上月上升 0.5 个百分点。从企业规模来看，大型企业、中型企业生产指数高于 50%，分别为 55.4%和 51.4；小型企业低于 50%，为 48.1%。

新订单指数为 52.8%，比上月上升 1.9 个百分点。从企业规模来看，大型企业、中型企业新订单指数高于 50%，分别为 55.2%和 50.7%；小型企业低于 50%，为 47.0%。

新出口订单指数为 49.2%，比上月下降 0.9 个百分点。从企业规模来看，大型企业、中型企业和小型企业新出口订单指数均低于 50%，分别为 49.9%、48.5%和 43.5%。

积压订单指数为 45.8%，比上月上升 0.6 个百分点。从企业规模来看，大型企业、中型企业和小型企业积压订单指数均低于 50%，分别为 46.9%、48.8%和 46.9%。

产成品库存指数为 46.9%，比上月上升 0.5 个百分点。从企业规模来看，大型企业、中型企业和小型企业产成品库存指数均低于 50%，分别为 47.3%、46.5%和 46.0%。

采购量指数为 52.4%，比上月上升 0.5 个百分点。从企业规模来看，大型、中型企业采购量指数高于 50%，分别为 54.5%和 50.1%；小型企业低于 50%，为 48.2%。

进口指数为 49.9%，比上月下降 0.5 个百分点。从企业规模来看，大型企业进口指数高于 50%，为 50.0%；中型企业和小型企业指数低于 50%，分别为 49.8%和 48.8%。

购进价格指数为 62.6%，比上月上升 5.1 个百分点。从企业规模来看，大型企业、中型企业和小型企业购进价格指数均高于 50%，分别为 63.5%、62.0%和 59.9%。

原材料库存指数为 48.1%，比上月上升 0.7 个百分点。从企业规模来看，大型企业、中型企业和小型企业的原材料库存指数均低于 50%，分别为 48.5%、47.4%和 47.8%。

从业人员指数为 48.8%，比上月上升 0.2 个百分点。从企业规模来看，大型企业、中型企业和小型企业的从业人员指数均低于 50%，分别为 49.1%、48.4%和 48.5%。

供应商配送时间指数为 50.2%，比上月上升 0.3 个百分点。从企业规模来看，大型企业、中型企业和小型企业的供应商配送时间指数均高于 50%，分别为 50.4%、50.5%和 48.9%。

生产经营活动预期指数为 58.5%，比上月上升 0.1 个百分点。从企业规模来看，大型企业、中型企业和小型企业生产经营活动预期指数均高于 50%，分别为 60.9%、56.0%和 53.8%。

11 月

中国制造业采购经理指数（PMI）为 51.7%，比上月上升 0.5 个百分点。特约分析师张立群认为："PMI 指数继 10 月明显提高后，11 月继续提高，已经连续 4 个月保持在荣枯线以上。经济增长由落转稳的信号已经比较明确。产成品库存指数下降、原材料库存、采购量指数提高，表明企业补充库存活动趋于增加。"

生产指数为 53.9%，比上月上升 0.6 个百分点。从企业规模来看，大型企业和中型企业的生产指数高于 50%，分别为 57.1%和 50.9；小型企业低于 50%，为 46.4%。

新订单指数为 53.2%，比上月上升 0.4 个百分点。从企业规模来看，大型企业和中型企业的新订单指数高于 50%，分别为 55.8%和 51.2%；小型企业低于 50%，为 46.2%。

新出口订单指数为 50.3%，比上月上升 1.1 个百分点。从企业规模来看，大型企业的新出口订单指数高于 50%，为 51.6%；中型企业和小型企业低于 50%，分别为 48.4%和 43.2%。

积压订单指数为 46.7%，比上月上升 0.9 个百分点。从企业规模来看，大型企业、中型企业和小型企业的积压订单指数均低于 50%，分别为 47.7%、45.5%和 44.5%。

产成品库存指数为 45.9%，比上月下降 1.0 个百分点。从企业规模来看，大型企业、中型企业和小型企业的产成品库存指数均低于 50%，分别为 46.7%、45.1%和 44.3%。

采购量指数为 52.9%，比上月上升 0.5 个百分点。从企业规模来看，大型企业、中型企业的采购量指数高于 50%，分别为 55.4%和 51.3%；小型企业低于 50%，为 45.6%。

进口指数为 50.6%，比上月上升 0.7 个百分点。从企业规模来看，大型企业的进口指数高于 50%，为 51.5%；中型企业和小型企业低于 50%，分别为 48.1%和 48.6%。

购进价格指数为 68.3%，比上月上升 5.7 个百分点。从企业规模来看，大型企业、中型企业和小型企业的购进价格指数均高于 50%，分别为 69.5%、67.5%和 65.0%。

原材料库存指数为 48.4%，比上月上升 0.3 个百分点。从企业规模来看，大型企业、中型企业和小型企业的原材料库存指数均低于 50%，分别为 49.3%、48.2%和 45.2%。

从业人员指数为 49.2%，比上月上升 0.4 个百分点。从企业规模来看，大型企业、中型企业和小型企业的从业人员指数均低于 50%，分别为 49.8%、48.5%和 48.2%

供应商配送时间指数为 49.7%，比上月下降 0.5 个百分点。从企业规模来看，大型企业的供应商配送时间指数高于 50%，为 50.0%；中型企业和小型企业低于 50%，分别为 49.8%和 48.3%。

生产经营活动预期指数为 55.5%，比上月下降 3.0 个百分点。从企业规模来看，大型企业和中型企业生产经营活动预期指数高于

50%，分别为58.0%和53.1%；小型企业低于50%，为49.7%。

12月

中国制造业采购经理指数（PMI）为51.4%，比上月下降0.3个百分点。特约分析师张立群认为："经过连续3个月上升后，12月PMI指数小幅下降，继续保持在荣枯线以上，经济增长趋稳态势较为明确。新订单指数保持平稳，产成品库存指数继续下降，购进价格指数提高，表明市场需求对生产的拉动力度不减。"

生产指数为53.3%，比上月下降0.6个百分点。从企业规模来看，大型企业和中型企业的生产指数高于50%，分别为56.1%和50.8%；小型企业低于50%，为46.5%。

新订单指数为53.2%，与上月持平。从企业规模来看，大型企业和中型企业的新订单指数高于50%，分别为56.2%和50.4%；小型企业低于50%，为46.3%。

新出口订单指数为50.1%，比上月下降0.2个百分点。从企业规模来看，大型企业的新出口订单指数高于50%，为51.2%；中型企业和小型企业低于50%，分别为48.4%和44.3%。

积压订单指数为46.2%，比上月下降0.5个百分点。从企业规模来看，大型企业、中型企业和小型企业的积压订单指数均低于50%，分别为47.1%、45.6%和43.4%。

产成品库存指数为44.4%，比上月下降1.5个百分点。从企业规模来看，大型企业、中型企业和小型企业的产成品库存指数均低于50%，分别为45.0%、43.2%和44.2%。

采购量指数为52.1%，比上月下降0.8个百分点。从企业规模来看，大型企业的采购量指数高于50%，为54.7%；中型企业和小型企业低于50%，分别为49.3%和46.7%。

进口指数为50.3%，比上月下降0.3个百分点。从企业规模来看，大型企业的进口指数高于50%，为51.3%；中型企业和小型企业低于50%，分别为48.4%和42.9%。

购进价格指数为69.6%，比上月上升1.3个百分点。从企业规模来看，大型企业、中型企业和小型企业的购进价格指数均高于50%，分别为70.6%、68.7%和67.2%。

原材料库存指数为48.0%，比上月下降0.4个百分点。从企业规模来看，大型企业、中型企业和小型企业的原材料库存指数均低于50%，分别为49.7%、46.6%和43.6%。

从业人员指数为48.9%，比上月下降0.3个百分点。从企业规模来看，大型企业、中型企业和小型企业的从业人员指数均低于50%，分别为49.6%、48.1%和47.6%。

供应商配送时间指数为50.0%，比上月上升0.3个百分点。从企业规模来看，大型企业的供应商配送时间指数高于50%，为50.5%；中型企业和小型企业低于50%，分别为49.9%和48.1%。

生产经营活动预期指数为49.5%，比上月下降6.0个百分点。从企业规模来看，大型企业的生产经营活动预期指数高于50%，为51.3%；中型企业和小型企业低于50%，分别为47.4%和46.1%。

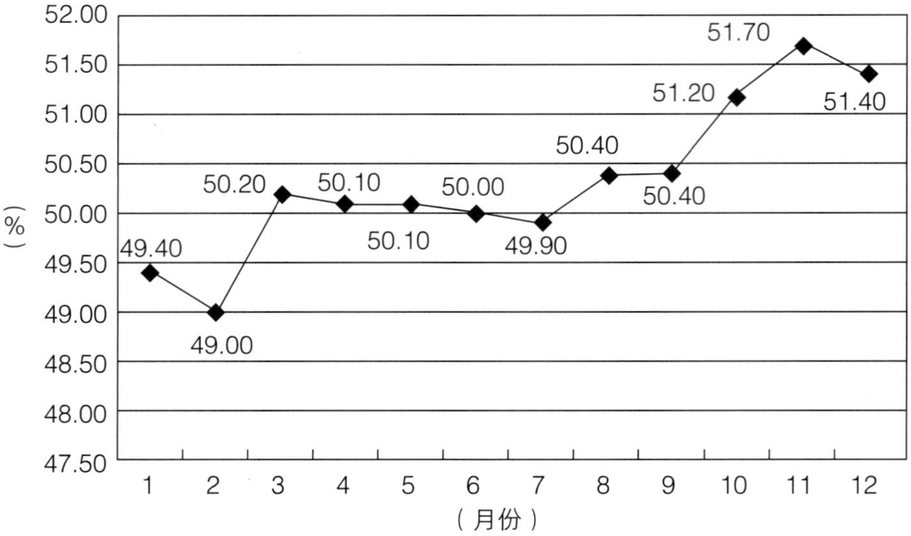

2016 年 1—12 月中国制造业采购经理指数走势

（中国物流信息中心）

2016年1—12月中国非制造业商务活动指数

（中国物流与采购联合会、国家统计局服务业调查中心发布）

1月

中国非制造业商务活动指数为53.5%，环比下降0.9个百分点。

中国物流与采购联合会副会长蔡进认为：1月，受资本市场短期波动的影响，非制造业商务活动指数有所回落，但整体运行稳定。民生消费热度不减，零售、餐饮、住宿业及消费品批发活动趋于活跃，土木工程建筑业活动商务活动指数上升，基础建设活动稳步推进。房地产业商务活动指数和新订单指数均有明显回落。

新订单指数为49.6%，环比下降2.1个百分点。分行业来看，建筑业新订单指数为53.1%；服务业新订单指数为49%。20个行业中，航空运输业、土木工程建筑业、零售业、金融业和电信广播电视和卫星传输服务业等12个行业高于50%；批发业低于50%；房地产业、生态保护环境治理及公共设施管理业和居民服务及修理业等7个行业低于50%。

新出口订单指数为47.3%，环比下降3.6个百分点。分行业来看，建筑业新出口订单指数为48.7%；服务业新出口订单指数为47.1%。20个行业中，铁路运输业、航空运输业、房屋建筑业、零售业、生态保护环境治理及公共设施管理业和餐饮业等8个行业高于50%；建筑安装装饰及其他建筑业、装卸搬运及仓储业、房地产业和电信广播电视和卫星传输服务业等12个行业低于50%。

投入品价格指数为49.9%，环比上升0.9个百分点。分行业来看，建筑业投入品价格指数为50.7%；服务业投入品价格指数为49.8%。20个行业中，餐饮业、住宿业、铁路运输业、建筑安装装饰及其他建筑业、租赁及商务服务业和房屋建筑业等12个行业高于50%；航空运输业、批发业、水上运输业、邮政业、土木工程建筑业和道路运输业等8个行业低于50%。

从业人员指数为48.8%，环比下降0.1个百分点。分行业来看，建筑业从业人员指数为53.7%；服务业从业人员指数为47.9%。20个行业中，建筑安装装饰及其他建筑业、航空运输业、金融业、土木工程建筑业、房屋建筑业和铁路运输业等8个行业高于50%；邮政业、住宿业、水上运输业、装卸搬运及仓储业、餐饮业和房地产业等12个行业低于50%。

业务活动预期指数为58.4%，环比上升0.1个百分点。分行业来看，建筑业业务活动预期指数为58.7%；服务业业务活动预期指数为58.4%。20个行业中，航空运输业、生态保护环境治理及公共设施管理业、铁路运输业、金融业、邮政业、零售业和电信广播电视和卫星传输服务业等19个行业高于50%；装卸搬运及仓储业低于50%。

2月

中国非制造业商务活动指数为52.7%，环比下降0.8个百分点。

中国物流与采购联合会副会长蔡进认为：2月，建筑业和大宗商品批发市场淡季回落，使得非制造业商务活动指数有所下行。节日消费带动相关服务业活跃；运输、餐饮等传统行业商务活动趋于上升，新兴消费市场持续走旺；信息消费、网络购物消费以及旅游等行业指数水平较上年同期有进一步提升，消费结构升级和多元化趋势进一步显现。尤其是服务业就业向好、价格趋升，表明服务业市场的内生动力增强。房地产业商务活动指数和新订单指数虽仍在50%以下，但较上月均有回升，市场交易初现小幅反弹，企业预期有所升温。

新订单指数为48.7%，环比下降0.9个百分点。分行业来看，建筑业新订单指数为48.1%；服务业新订单指数为48.8%。20个行业中，生态保护环境冶理及公共设施管理业、航空运输业、土木工程建筑业、道路运输业、餐饮业、电信广播电视和卫星传输服务业和邮政业等11个行业高于50%；批发业、住宿业、装卸搬运及仓储业、房屋建筑业和房地产业等9个行业低于50%。

新出口订单指数为47.7%，环比上升0.4个百分点。分行业来看，建筑业新出口订单指数为46.4%；服务业新出口订单指数为47.9%。20个行业中，铁路运输业、航空运输业、生态保护环境冶理及公共设施管理业、装卸搬运及仓储业和电信广播电视和卫星传输服务业等8个行业高于50%；住宿业、建筑安装装饰及其他建筑业、房屋建筑业和批发业等12个行业低于50%。

投入品价格指数为50.5%，环比上升0.6个百分点。分行业来看，建筑业投入品价格指数为50.8%；服务业投入品价格指数为50.4%。20个行业中，餐饮业、租赁及商务服务业、住宿业、房屋建筑业、零售业、铁路运输业和生态保护环境冶理及公共设施管理业等10个行业高于50%；邮政业、航空运输业、水上运输业、批发业和装卸搬运及仓储业等10个行业低于50%。

从业人员指数为48.9%，环比上升0.1个百分点。分行业来看，建筑业从业人员指数为50.4%；服务业从业人员指数为48.6%。20个行业中，航空运输业、土木工程建筑业、金融业和建筑安装装饰及其他建筑业等6个行业高于50%；装卸搬运及仓储业、住宿业、居民服务及修理业、房地产业和房屋建筑业等14个行业低于50%。

业务活动预期指数为59.5%，环比上升1.1个百分点。分行业来看，建筑业业务活动预期指数为66.3%；服务业业务活动预期指数为58.3%。20个行业中，互联网及软件信息技术服务业、房屋建筑业、住宿业、土木工程建筑业、金融业、电信广播电视和卫星传输服务业、批发业和邮政业等17个行业高于50%；餐饮业、道路运输业和航空运输业3个行业低于50%。

3 月

中国非制造业商务活动指数为 53.8%，环比上升 1.1 个百分点。

中国物流与采购联合会副会长蔡进认为：3 月，商务活动指数回升，市场基本面趋好。本月指数的回升，表明经济增长呈现向好迹象，我们认为继续回升基础仍在，中国经济增长的可持续性有望增强。

新订单指数为 50.8%，环比上升 2.1 个百分点。分行业来看，建筑业新订单指数为 50.5%；服务业新订单指数为 50.8%。20 个行业中，住宿业、互联网及软件信息技术服务业、金融业和电信广播电视和卫星传输服务业等 13 个行业高于 50%；餐饮业、居民服务及修理业、零售业和道路运输业等 7 个行业低于 50%。

新出口订单指数为 47.8%，环比上升 0.1 个百分点。分行业来看，建筑业新出口订单指数为 44.3%；服务业新出口订单指数为 48.4%。20 个行业中，水上运输业、餐饮业、互联网及软件信息技术服务业、建筑安装装饰及其他建筑业、住宿业和批发业 6 个行业高于 50%；铁路运输业、生态保护环境治理及公共设施管理业、零售业和土木工程建筑业等 14 个行业低于 50%。

投入品价格指数为 51.4%，环比上升 0.9 个百分点。分行业来看，建筑业投入品价格指数为 56%；服务业投入品价格指数为 50.6%。20 个行业中，房屋建筑业、土木工程建筑业、航空运输业、互联网及软件信息技术服务业、铁路运输业、餐饮业和住宿业等 14 个行业高于 50%；邮政业、租赁及商务服务业、水上运输业和零售业等 6 个行业低于 50%。

从业人员指数为 48.2%，环比下降 0.7 个百分点。分行业来看，建筑业从业人员指数为 47.3%；服务业从业人员指数为 48.4%。20 个行业中，航空运输业、金融业和互联网及软件信息技术服务业 3 个行业高于 50%；餐饮业、铁路运输业、建筑安装装饰及其他建筑业、零售业和生态保护环境治理及公共设施管理业等 17 个行业低于 50%。

业务活动预期指数为 59%，环比下降 0.5 个百分点。分行业来看，建筑业业务活动预期指数为 63.7%；服务业业务活动预期指数为 58.2%。20 个行业中，土木工程建筑业、生态保护环境治理及公共设施管理业、互联网及软件信息技术服务业、住宿业和批发业等 18 个行业高于 50%；道路运输业和餐饮业低于 50%。

4 月

中国非制造业商务活动指数为 53.5%，环比下降 0.3 个百分点。

中国物流与采购联合会副会长蔡进认为：4 月，商务活动指数略有回落，但仍保持稳健运行态势。特别是就业活动表现较好，从业人员指数较上月上升 1 个百分点。投入品价格指数升幅明显，连续三个月环比上升，包括用于基础建设的原材料价格和用于食品消费的原材料价格均有上升。房地产业活动有较为明显回落，价格上涨势头有所放缓，销售价格指数较上月回落。房地产业活动的回落意味着在住房供给过剩的背景下，行业活动的回升短期内缺乏连续性，去库存化进程仍有反复。

新订单指数为 48.7%，环比下降 2.1 个百分点。分行业来看，建筑业新订单指数为 50%；服务业新订单指数为 48.4%。20 个行业中，互联网及软件信息技术服务业、住宿业、生态保护环境治理及公共设施管理业、铁路运输业和房屋建筑业等 12 个行业高于 50%；居民服务及修理业、餐饮业、道路运输业、房地产业和土木工程建筑业等 8 个行业低于 50%。

新出口订单指数为 45.7%，环比下降 2.1 个百分点。分行业来看，建筑业新出口订单指数为 48.1%；服务业新出口订单指数为 45.2%。20 个行业中，铁路运输业、装卸搬运及仓储业、生态保护环境治理及公共设施管理业和租赁及商务服务业等 5 个行业高于 50%；房地产业、水上运输业、零售业、建筑安装装饰及其他建筑业、金融业、批发业和餐饮业等 15 个行业低于 50%。

投入品价格指数为 52.1%，环比上升 0.7 个百分点。分行业来看，建筑业投入品价格指数为 58.6%；服务业投入品价格指数为 50.9%。20 个行业中，房屋建筑业、餐饮业、土木工程建筑业、住宿业、房地产业和互联网及软件信息技术服务业等 13 个行业高于 50%；邮政业、水上运输业、道路运输业和建筑安装装饰及其他建筑业等 7 个行业低于 50%。

从业人员指数为 49.2%，环比上升 1 个百分点。分行业来看，建筑业从业人员指数为 51.4%；服务业从业人员指数为 48.9%。20 个行业中，生态保护环境治理及公共设施管理业、房屋建筑业、邮政业、航空运输业、水上运输业和互联网及软件信息技术服务业等 7 个行业高于 50%；居民服务及修理业、铁路运输业、零售业、电信广播电视和卫星传输服务业和餐饮业等 13 个行业低于 50%。

业务活动预期指数为 59.1%，环比上升 0.1 个百分点。分行业来看，建筑业业务活动预期指数为 66.7%；服务业业务活动预期指数为 57.8%。20 个行业中，航空运输业、生态保护环境治理及公共设施管理业、房屋建筑业、互联网及软件信息技术服务业、土木工程建筑业、邮政业和装卸搬运及仓储业等 18 个行业高于 50%；居民服务及修理业和道路运输业低于 50%。

5 月

中国非制造业商务活动指数为 53.1%，环比下降 0.4 个百分点。

中国物流与采购联合会副会长蔡进认为：5 月，市场运行总体平稳，新订单指数和销售价格指数的回升反映市场运行质量有所提升，有利于夯实经济增长的内生性基础。同时，市场运行也有所分化。资本市场和房地产市场均有所回落，特别是房地产市场的连续回落，反映出市场运行的结构性变化趋势，这种变化对经济运行产生的影响应当关注。

新订单指数为 49.2%，环比上升 0.5 个百分点。分行业来看，建筑业新订单指数为 52.1%；服务业新订单指数为 48.6%。20 个行业中，互联网及软件信息技术服务业、邮政业、生态保护环境治理及公共设施管理业、电信广播电视和卫星传输服务业和土木工程建筑业等 10 个行业高于 50%；居民服务及修理业、房地产业、住宿业、道路运输业、航空运输业和铁路运输业等 10 个行业低于 50%。

新出口订单指数为 49.5%，环比上升 3.8 个百分点。分行业来看，建筑业新出口订单指数为 48.6%；服务业新出口订单指数为 49.7%。20 个行业中，铁路运输业、房屋建筑业、生态保护环境治理及公共设施管理业、水上运输业和餐饮业等 8 个行业高于 50%；居民服务及修理业、住宿业、土木工程建筑业、零售业、装卸搬运及仓储业和邮政业等 12 个行业低于 50%。

投入品价格指数为 51.6%，环比下降 0.5 个百分点。分行业来看，建筑业投入品价格指数为 51.1%；服务业投入品价格指数为 51.7%。20 个行业中，餐饮业、土木工程建筑业、航空运输业、水上运输业、建筑安装装饰及其他建筑业和铁路运输业等14个行业高于50%；邮政业、房屋建筑业、居民服务及修理业和金融业等6个行业低于50%。

从业人员指数为49.1%，环比下降0.1个百分点。分行业来看，建筑业从业人员指数为49.9%；服务业从业人员指数为48.9%。20个行业中，航空运输业、生态保护环境治理及公共设施管理业、建筑安装装饰及其他建筑业、金融业和互联网及软件信息技术服务业5个行业高于50%；电信广播电视和卫星传输服务业、水上运输业、餐饮业和居民服务及修理业等15个行业低于50%。

业务活动预期指数为57.8%，环比下降1.3个百分点。分行业来看，建筑业业务活动预期指数为61.2%；服务业业务活动预期指数为57.2%。20个行业中，航空运输业、互联网及软件信息技术服务业、邮政业和建筑安装装饰及其他建筑业等18个行业高于50%；居民服务及修理业和道路运输业低于50%。

6月

中国非制造业商务活动指数为53.7%，环比上升0.6个百分点。

中国物流与采购联合会副会长蔡进认为：6月，商务活动指数、新订单指数和销售价格指数呈现回升走势，经济稳定运行的持续性在增强。特别是建筑业新订单指数回升幅度较大，说明投资需求增速加快，对未来经济稳定运行起到较好支撑作用。本月房地产市场虽有小幅回升，但指数持续运行在50%以下的较低水平，行业活动仍在收缩区间。

新订单指数为50.8%，环比上升1.6个百分点。分行业来看，建筑业新订单指数为58.8%；服务业新订单指数为49.4%。20个行业中，邮政业、建筑安装装饰及其他建筑业、互联网及软件信息技术服务业、航空运输业、土木工程建筑业和房屋建筑业等12个行业高于50%；居民服务及修理业、道路运输业、房地产业、餐饮业、批发业和水上运输业等8个行业低于50%。

新出口订单指数为48.6%，环比下降0.9个百分点。分行业来看，建筑业和服务业的新出口订单指数均为48.6%。20个行业中，建筑安装装饰及其他建筑业、航空运输业、互联网及软件信息技术服务业和生态保护环境治理及公共设施管理业等9个行业高于50%；铁路运输业、道路运输业、房屋建筑业、餐饮业、水上运输业和住宿业等11个行业低于50%。

投入品价格指数为51.6%，与上月持平。分行业来看，建筑业投入品价格指数为49.7%；服务业投入品价格指数为52%。20个行业中，航空运输业、餐饮业、水上运输业、零售业、批发业和租赁及商务服务业等14个行业高于50%；邮政业、土木工程建筑业、房屋建筑业和金融业等6个行业低于50%。

从业人员指数小幅下降。2016年6月，从业人员指数为48.7%，环比下降0.4个百分点。分行业来看，建筑业从业人员指数为52.5%；服务业从业人员指数为48%。20个行业中，房屋建筑业、航空运输业、邮政业、生态保护环境治理及公共设施管理业和土木工程建筑业等8个行业高于50%；水上运输业、居民服务及修理业、住宿业、餐饮业、建筑安装装饰及其他建筑业和零售业等12个行业低于50%。

业务活动预期指数为58.6%，环比上升0.8个百分点。分行业来看，建筑业业务活动预期指数为63.4%；服务业业务活动预期指数为57.7%。20个行业中，航空运输业、邮政业、生态保护环境治理及公共设施管理业和土木工程建筑业等18个行业高于50%；居民服务及修理业和道路运输业低于50%。

7月

中国非制造业商务活动指数为53.9%，环比上升0.2个百分点。

中国物流与采购联合会副会长蔡进认为：7月，服务业商务活动指数连续上升，市场运行趋好，消费需求增长的关键性作用持续显现，有利于增强经济持续稳定运行的基础。受雨季影响，建筑业需求有所放缓，但随着基础建设投资的逐步落实和灾后重建工作的启动，基建需求有望继续释放。房地产业指数变化显示行业运行总体偏弱。

新订单指数为49.9%，环比下降0.9个百分点。分行业来看，建筑业新订单指数为56.5%；服务业新订单指数为48.7%。20个行业中，航空运输业、生态保护环境治理及公共设施管理业、房屋建筑业、土木工程建筑业和建筑安装装饰及其他建筑业等12个行业高于50%；居民服务及修理业、水上运输业、房地产业、道路运输业和餐饮业等8个行业低于50%。

新出口订单指数为47.5%，环比下降1.1个百分点。分行业来看，建筑业新出口订单指数为49.3%；服务业新出口订单指数为47.2%。20个行业中，生态保护环境治理及公共设施管理业、航空运输业、房屋建筑业、铁路运输业、住宿业和互联网及软件信息技术服务业等7个行业高于50%；建筑安装装饰及其他建筑业、水上运输业、餐饮业和房地产业等13个行业低于50%。

投入品价格指数为51.4%，环比下降0.2个百分点。分行业来看，建筑业投入品价格指数为52.8%；服务业投入品价格指数为51.2%。20个行业中，航空运输业、租赁及商务服务业、房屋建筑业、餐饮业、铁路运输业、水上运输业和土木工程建筑业等16个行业高于50%；居民服务及修理业、生态保护环境治理及公共设施管理业、住宿业和邮政业4个行业低于50%。

从业人员指数为48.5%，环比下降0.2个百分点。分行业来看，建筑业从业人员指数为50.7%；服务业从业人员指数为48.2%。20个行业中，航空运输业、邮政业、土木工程建筑业、生态保护环境治理及公共设施管理业、金融业和铁路运输业6个行业高于50%；水上运输业、住宿业、装卸搬运及仓储业、餐饮业、道路运输业和居民服务及修理业等14个行业低于50%。

业务活动预期指数为59.5%，环比上升0.9个百分点。分行业来看，建筑业业务活动预期指数为66%；服务业业务活动预期指数为58.3%。20个行业中，航空运输业、电信广播电视和卫星传输服务业、土木工程建筑业、生态保护环境治理及公共设施管理业和房屋建筑业等18个行业高于50%；居民服务及修理业和道路运输业低于50%。

8月

中国非制造业商务活动指数为53.5%，环比下降0.4个百分点。

中国物流与采购联合会副会长蔡进认为：8月，服务业的持续上升带动非制造业保持适度较快增长。销售价格指数和就业指数均有回升，经济运行的积极信号有所增强。制造业回升带动大宗商品批发业指数回升明显，旅游消费拉动住宿餐饮等服务领域保持活跃。房地产业新订单指数回升，商务活动指数回落，指数均在50%以下，延续偏弱运行格局。

新订单指数为49.8%，环比下降0.1个百分点。分行业来看，建筑业新订单指数为50.8%；服务业新订单指数为49.6%。20个行业中，航空运输业、生态保护环境冶理及公共设施管理业和电信广播电视和卫星传输服务业等15个行业高于50%；居民服务及修理业、道路运输业、房地产业和房屋建筑业等5个行业低于50%。

新出口订单指数为48.8%，环比上升1.3个百分点。分行业来看，建筑业新出口订单指数为56.7%；服务业新出口订单指数为47.4%。20个行业中，建筑安装装饰及其他建筑业、房屋建筑业、铁路运输业、航空运输业、零售业和邮政业等9个行业高于50%；餐饮业、道路运输业、水上运输业和居民服务及修理业等11个行业低于50%。

投入品价格指数为52.6%，环比上升1.2个百分点。分行业来看，建筑业投入品价格指数为54%；服务业投入品价格指数为52.3%。20个行业中，航空运输业、批发业、房屋建筑业、水上运输业、道路运输业、土木工程建筑业和租赁及商务服务业等18个行业高于50%；居民服务及修理业和金融业2个行业低于50%。

从业人员指数为49.1%，环比上升0.6个百分点。分行业来看，建筑业从业人员指数为50.6%；服务业从业人员指数为48.9%。20个行业中，航空运输业、金融业、建筑安装装饰及其他建筑业、互联网及软件信息技术服务业、房屋建筑业和租赁及商务服务业6个行业高于50%；住宿业、居民服务及修理业、水上运输业、装卸搬运及仓储业和道路运输业等14个行业低于50%。

业务活动预期指数为59.4%，环比下降0.1个百分点。分行业来看，建筑业业务活动预期指数为63.2%；服务业业务活动预期指数为58.8%。20个行业中，邮政业、建筑安装装饰及其他建筑业、互联网及软件信息技术服务业和电信广播电视和卫星传输服务业等19个行业高于50%；航空运输业低于50%。

9月

中国非制造业商务活动指数为53.7%，环比上升0.2个百分点。

中国物流与采购联合会副会长蔡进认为：9月，市场需求升幅明显，带动非制造业活动运行加快，就业活动持续改善，企业预期升温，经济运行基本面继续向好的方向发展。基建投资需求释放与节日消费拉动是促成经济运行向好的主要动力，为四季度经济保持平稳运行奠定基础。本月房地产业商务活动指数小幅回落，新订单指数持续回升，特别是销售价格指数出现明显上升，创出今年以来新高，值得关注。要避免资产价格泡沫过快积聚。

新订单指数为51.4%，环比上升1.6个百分点。分行业来看，建筑业新订单指数为55.9%；服务业新订单指数为50.6%。20个行业中，邮政业、互联网及软件信息技术服务业、电信广播电视和卫星传输服务业和房屋建筑业等9个行业高于50%；航空运输业、生态保护环境冶理及公共设施管理业、水上运输业和房地产业等11个行业低于50%。

新出口订单指数为48.3%，环比下降0.5个百分点。分行业来看，建筑业新出口订单指数为44.4%；服务业新出口订单指数为49%。20个行业中，建筑安装装饰及其他建筑业、互联网及软件信息技术服务业、零售业和道路运输业等9个行业高于50%；生态保护环境冶理及公共设施管理业、铁路运输业、房屋建筑业、住宿业和餐饮业等11个行业低于50%。

投入品价格指数为51.7%，环比下降0.9个百分点。分行业来看，建筑业投入品价格指数为54.5%；服务业投入品价格指数为51.2%。20个行业中，建筑安装装饰及其他建筑业、住宿业、土木工程建筑业、零售业、房屋建筑业、铁路运输业、餐饮业和批发业等15个行业高于50%；航空运输业、生态保护环境治理及公共设施管理业和邮政业等5个行业低于50%。

从业人员指数为49.7%，环比上升0.6个百分点。分行业来看，建筑业从业人员指数为52.2%；服务业从业人员指数为49.3%。20个行业中，邮政业、航空运输业、建筑安装装饰及其他建筑业、金融业和电信广播电视和卫星传输服务业等9个行业高于50%；生态保护环境治理及公共设施管理业、装卸搬运及仓储业、水上运输业和餐饮业等11个行业低于50%。

业务活动预期指数为61.1%，环比上升1.7个百分点。分行业来看，建筑业业务活动预期指数为65.9%；服务业业务活动预期指数为60.2%。20个行业中，邮政业、互联网及软件信息技术服务业、零售业、房屋建筑业、电信广播电视和卫星传输服务业和金融业等19个行业高于50%；航空运输业低于50%。

10月

中国非制造业商务活动指数为54%，环比上升0.3个百分点。

中国物流与采购联合会副会长蔡进认为：10月，非制造业各指数显示出生产、投资、消费都呈现向好趋势。服务业中批发业活动趋升，反映企业生产经营可望加快。基建活动稳步推进，有望助推投资稳定。旅游相关的运输、餐饮和景区服务活动均表现良好，节日消费拉动效应显现。房地产指数低位徘徊，销售价格指数回落，价格增势放缓，部分城市调控政策效果初显。

新订单指数为50.9%，环比下降0.5个百分点。分行业来看，建筑业新订单指数为54.2%；服务业新订单指数为50.4%。20个行业中，铁路运输业、生态保护环境治理及公共设施管理业、互联网及软件信息技术服务业、邮政业和电信广播电视和卫星传输服务业等15个行业高于50%；装卸搬运及仓储业、房地产业和居民服务及修理业等5个行业低于50%。

新出口订单指数为51.4%，环比上升3.1个百分点。分行业来看，建筑业新出口订单指数为57.8%；服务业新出口订单指数为50.3%。20个行业中，生态保护环境治理及公共设施管理业、建筑安装装饰及其他建筑业、铁路运输业、房屋建筑业和互联网及软件信息技术服务业等12个行业高于50%；餐饮业、房地产业、装卸搬运及仓储业和批发业等8个行业低于50%。

投入品价格指数为53.7%，环比上升2个百分点。分行业来看，建筑业投入品价格指数为56.5%；服务业投入品价格指数为53.2%。20个行业中，批发业、房屋建筑业、水上运输业、建筑安装装饰及其他建筑业、航空运输业、土木工程建筑业和租赁及商务服务业等17个行业高于50%；居民服务及修理业、金融业和邮政业3个行业低于50%。

从业人员指数为50%，环比上升0.3个百分点。分行业来看，建筑业从业人员指数为53.9%；服务业从业人员指数为49.3%。20个行业中，航空运输业、邮政业、互联网及软件信息技术服务业、房屋建筑业、土木工程建筑业和金融业等7个行业高于50%；道路运输业、水上运输业、居民服务及修理业、餐饮业和住宿业等13个行业低于50%。

业务活动预期指数为60.6%，环比下降0.5个百分点。分行业来看，建筑业业务活动预期指数为64.7%；服务业业务活动预期指数为59.8%。20个行业中，邮政业、金融业、房屋建筑业和装卸搬运及仓储业等17个行业高于50%；住宿业位于50%；生态保护环境治理及公共设施管理业和航空运输业低于50%。

11月

中国非制造业商务活动指数为54.7%，环比上升0.7个百分点。

中国物流与采购联合会副会长蔡进认为：11月，非制造业商务活动指数连续三个月上升，新订单指数回升明显，经济运行保持稳步较快增长趋势。销售价格指数连续两个月稳定在51%以上，从业人员指数连续四个月保持环比上升，经济运行质量持续趋好。零售业、邮政快递业等与消费相关的服务业领域表现活跃，将成为近期拉动经济稳定增长的主要动力之一。建筑业商务活动指数高位回落，但新订单指数回升，后续投资需求有望持续释放。批发业商务活动指数仍保持在52%以上的较高水平，企业生产经营延续平稳较快增长趋势。本月，房地产业商务活动指数低位回调，新订单指数和销售价格指数均连续两个月回落，行业或将开始进入调整期，部分地区调控政策效果继续显现。

新订单指数为51.8%，环比上升0.9个百分点。分行业来看，建筑业新订单指数为55.1%；服务业新订单指数为51.2%。20个行业中，邮政业、互联网及软件信息技术服务业、水上运输业和铁路运输业等15个行业高于50%；航空运输业、生态保护环境治理及公共设施管理业和房地产业等5个行业低于50%。

新出口订单指数为50.9%，环比下降0.5个百分点。分行业来看，建筑业新出口订单指数为49.6%；服务业新出口订单指数为51.1%。20个行业中，邮政业、租赁及商务服务业、水上运输业、金融业和房屋建筑业等9个行业高于50%；批发业位于50%；生态保护环境治理及公共设施管理业、铁路运输业和居民服务及修理业等10个行业低于50%。

投入品价格指数为53.5%，环比下降0.2个百分点。分行业来看，建筑业投入品价格指数为58.8%；服务业投入品价格指数为52.5%。20个行业中，房屋建筑业、装卸搬运及仓储业、建筑安装装饰及其他建筑业、航空运输业、土木工程建筑业、餐饮业和居民服务及修理业等19个行业高于50%；租赁及商务服务业低于50%。

从业人员指数为50.6%，环比上升0.6个百分点。分行业来看，建筑业从业人员指数为55.9%；服务业从业人员指数为49.6%。20个行业中，邮政业、土木工程建筑业、房屋建筑业、建筑安装装饰及其他建筑业、航空运输业和金融业等8个行业高于50%；生态保护环境治理及公共设施管理业、水上运输业、道路运输业、餐饮业和房地产业等12个行业低于50%。

业务活动预期指数为60.7%，环比上升0.1个百分点。分行业来看，建筑业业务活动预期指数为64.5%；服务业业务活动预期指数为60%。20个行业中，铁路运输业、金融业、邮政业、航空运输业、电信广播电视和卫星传输服务业和互联网及软件信息技术服务业等19个行业高于50%；生态保护环境治理及公共设施管理业低于50%。

12月

中国非制造业商务活动指数为54.5%，环比下降0.2个百分点。

中国物流与采购联合会副会长蔡进认为：12月，商务活动指数连续三个月稳定在54%以上，新订单指数和销售价格指数均有上升，就业稳定在50%左右，非制造业经济稳健向好的运行态势未变。

新订单指数为52.1%，环比上升0.3个百分点。分行业来看，建筑业新订单指数为59.2%；服务业新订单指数为50.9%。20个行业中，房屋建筑业、金融业、电信广播电视和卫星传输服务业和航空运输业等14个行业高于50%；居民服务及修理业、房地产业和餐饮业等6个行业低于50%。

新出口订单指数为48.9%，环比下降2个百分点。分行业来看，建筑业新出口订单指数为53.4%；服务业新出口订单指数为48.1%。20个行业中，生态保护环境治理及公共设施管理业、建筑安装装饰及其他建筑业、装卸搬运及仓储业和航空运输业等10个行业高于50%；居民服务及修理业、餐饮业和住宿业等10个行业低于50%。

投入品价格指数为56.2%，环比上升2.7个百分点。分行业来看，建筑业投入品价格指数为63.5%；服务业投入品价格指数为54.9%。20个行业中，房屋建筑业、建筑安装装饰及其他建筑业、批发业、土木工程建筑业、水上运输业和道路运输业等20个行业均高于50%。

从业人员指数为50%，环比下降0.6个百分点。分行业来看，建筑业从业人员指数为54.9%；服务业从业人员指数为49.1%。20个行业中，房屋建筑业、航空运输业、建筑安装装饰及其他建筑业和互联网及软件信息技术服务业等7个行业高于50%；铁路运输业、水上运输业和住宿业等13个行业低于50%。

业务活动预期指数为59.5%，环比下降1.2个百分点。分行业来看，建筑业业务活动预期指数为64.2%；服务业业务活动预期指数为58.6%。20个行业中，建筑安装装饰及其他建筑业、金融业、邮政业和航空运输业等18个行业高于50%；居民服务及修理业和房地产业2个行业低于50%。

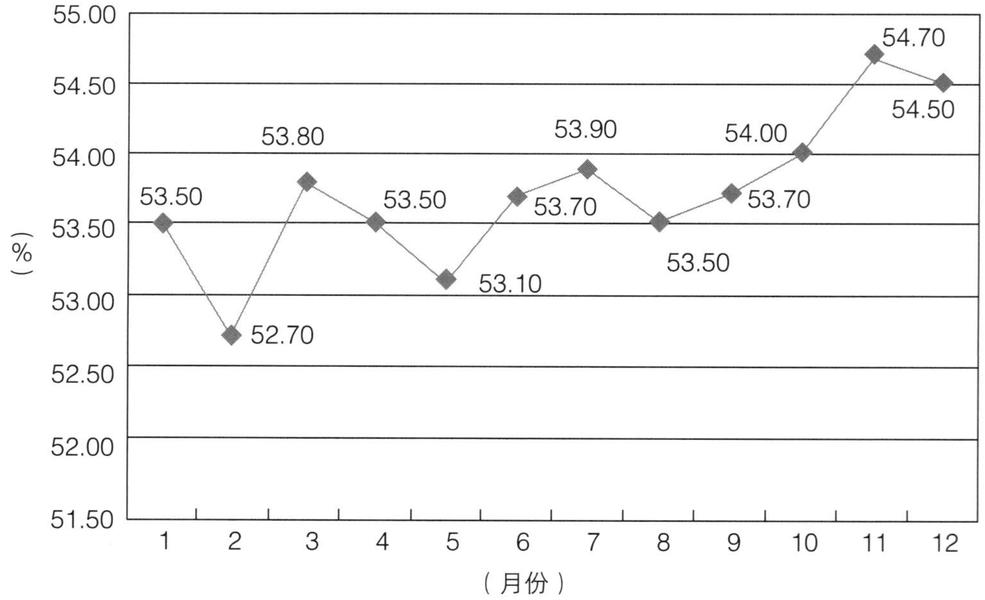

2016年1—12月中国非制造业商务活动指数走势

（中国物流信息中心）

第三部分

物流产业

2016 年中国交通运输发展情况

2016 年是我国“十三五”规划开局之年，围绕“四个全面”战略布局和创新、协调、绿色、开放、共享新发展理念，深入推进供给侧结构性改革，按照《国民经济和社会发展第十三个五年规划纲要》以及交通运输发展规划政策，我国交通运输建设发展取得开门红。全年交通运输、仓储和邮政业共完成固定资产投资 5.4 万亿元，比上年增长 9.5%，占全社会固定资产投资总额的 8.9%，增速比全社会固定资产投资增速高出 1.4 个百分点。

一、基础设施

（一）铁路。

2016 年，我国完成铁路固定资产投资 8015 亿元，全年投产新线 3281 公里，其中高速铁路 1903 公里。截至 2016 年年底，全国铁路营业里程达到 12.4 万公里，比上年增长 2.5%，其中高铁营业里程超过 2.2 万公里。路网密度 129 公里/万平方公里，比上年增加 3.2 公里/万平方公里。复线里程 6.8 万公里，电气化里程 8.0 万公里，复线率和电气化率分别达到 54.9% 和 64.8%。

（二）公路。

2016 年，我国完成公路建设投资 17975.8 亿元，比上年增长 8.9%。其中：高速公路建设完成投资 8235.3 亿元，比上年增长 3.6%；普通国省道建设完成投资 6081.3 亿元，比上年增长 14.0%；农村公路建设完成投资 3659.2 亿元，比上年增长 13.4%，新改建农村公路 29.9 万公里。

截至 2016 年年底，全国公路总里程 469.6 万公里，比上年年末增加 11.9 万公里；公路密度 48.9 公里/百平方公里，比上年提高 1.2 公里/百平方公里。二级及以上公路里程超过 60 万公里，比上年增加 2.6 万公里，占公路总里程的 12.8%，比上年提高 0.2 个百分点。高速公路里程 13.1 万公里，比上年年末增加 0.7 万公里，其中，国家高速公路 9.9 万公里，比上年年末增加 1.96 万公里。农村公路 395.98 万公里，其中村道 225.05 万公里。全国通公路的乡（镇）占全国乡（镇）总数 99.99%，其中：通硬化路面的乡（镇）占比达 99%、比上年年末提高 0.4 个百分点；通公路的建制村占全国建制村总数 99.94%，其中，通硬化路面的建制村占比达 96.7%、提高 2.2 个百分点。

（三）水运。

2016 年，我国内河及沿海建设完成投资 1417.4 亿元，比上年下降 2.7%。其中：内河建设完成投资 552.2 亿元，增长 1.0%；沿海建设完成投资 865.2 亿元，下降 5.0%。

1. 内河航道

截至 2016 年年底，我国内河航道通航里程 12.7 万公里，比上年年末增加 0.01 万公里。等级航道 6.63 万公里，占总里程的 52.3%，比上年提高 0.1 个百分点。其中，三级及以上航道 1.21 万公里，占总里程的 9.5%。

2. 港口

截至 2016 年年底，我国港口拥有生产用码头泊位 30388 个，比上年年末减少 871 个。其中：沿海港口生产用码头泊位 5887 个，减少 12 个；内河港口生产用码头泊位 24501 个，减少 859 个。全国港口拥有万吨级及以上泊位 2317 个，比上年年末增加 96 个，其中：十万吨级及以上泊位 362 个，比上年年末增加 31 个。沿海港口万吨级及以上泊位 1894 个，比上年年末增加 87 个；内河港口万吨级及以上泊位 423 个，比上年年末增加 9 个。万吨级及以上泊位中，专业化泊位 1223 个，通用散货泊位 506 个，通用件杂货泊位 381 个，分别比上年年末增加 50 个、33 个和 10 个。专业化泊位中，集装箱泊位 329 个，比上年年末增加 4 个。

（四）民航。

2016 年，全国民航固定资产投资总额为 1700 亿元，其中，基本建设和技术改造投资 782.4 亿元，比上年增长 1.7%。

截至 2016 年年底，我国共有民用运输机场 218 个，比上年年末增加 8 个，其中，定期航班通航机场 214 个，定期航班通航城市 204 个。年内定期航班新通航的城市有山西临汾、湖北十堰、福建三明、海南琼海、青海果洛、内蒙古乌兰察布、内蒙古扎兰屯、海南三沙、云南沧源。陕西安康机场停航，江西九江机场注销。年旅客吞吐量达到 1000 万人次以上的有 28 个，比上年增加 2 个。年货邮吞吐量达到 1 万吨以上的有 50 个，比上年减少 1 个。北京、上海和广州三大城市机场完成旅客吞吐量和货邮吞吐量分别占全国机场总量的 26.2% 和 49.6%，占比情况比上年略有下降。

（五）城市轨道交通。

截至 2016 年年底，我国大陆有 30 个城市开通轨道交通线路，运营总里程超过 4200 公里，其中，地铁线路 3269.7 公里，轻轨线路 298.8 公里。拥有轨道交通车站 2468 个，比上年增加 376 个。

（六）输油气管道。

截至 2016 年年底，我国陆上油气管道总里程超过 12 万公里，维持“气多油少”总体特征，天然气管道增量较大，原油、成品油管道增量较少。

2016 年我国交通基础设施规模统计情况见表 1。

表 1　2016 年我国交通基础设施规模

指标	单位	2015 年	2016 年	比上年增长（%）
铁路营业里程	万公里	12.1	12.4	2.5
高速铁路	万公里	2.2	1.9	-13.6
公路总里程	万公里	457.7	469.6	2.6

续 表

指标	单位	2015 年	2016 年	比上年增长（%）
高速公路	万公里	12.35	13.1	6.1
内河航道通航里程	万公里	12.7	12.71	0.1
等级航道	万公里	6.63	6.64	0.2
港口生产用码头泊位	个	31259	30388	-2.8
万吨级以上泊位	个	2221	2317	4.3
民用运输机场	个	210	218	3.8

二、运输服务

（一）运输总量。

2016 年，我国全社会完成客运量 192 亿人次、旅客周转量 31305.7 亿·人公里、货运量 440 亿吨、货物周转量 185295 亿吨·公里，分别比上年下降 1.2%、增长 4.1%、增长 5.7% 和增长 4.0%。全国港口完成货物吞吐量 132 亿吨，完成集装箱吞吐量 2.2 亿标准箱，分别比上年增长 3.5% 和 4.0%。其中：规模以上港口完成货物吞吐量 118.3 亿吨，集装箱吞吐量 2.18 亿标准箱，分别比上年增长 3.2% 和 3.6%；规模以上港口完成外贸货物吞吐量 37.6 亿吨，比上年增长 4.1%。

（二）运输结构。

在旅客运输方面，铁路在旅客运输中的比重明显提升，客运量占比达到 14.6%，旅客周转量占比达到 40.2%，分别比上年提高 1.5 个和 0.4 个百分点，旅客周转量超过公路客运 32.9% 的比重。近些年铁路客运平均运距基本保持在 440~450 公里范围，表明城际出行逐渐成为铁路旅客出行的主力军。同时，随着人们收入的增长，航空客运需求也不断上升，民航客运量保持两位数高速增长，客运量和旅客周转量分别比上年增长 11.8% 和 14.8%。公路运输总量及其在全社会客运中的占比进一步下降，客运量和旅客周转量分别比上年下降 3.5% 和 4.2%。

在货物运输方面，铁路运输下降势头出现反转，货物周转量有所提升，但在整个货物运输中的占比持续下降，货运量和货物周转量占比分别为 7.6%、12.8%，分别比上年下降 0.5 和 0.6 个百分点。公路货运量和货物周转量占比有所提升，由上年的 75.5% 和 32.7% 上升为 2016 年的 76.4% 和 33.0%。水路运输占比基本稳定，货物周转量占比持续保持在 51% 左右。民航货邮量进一步提升。全年快递服务企业完成业务量 312.8 亿件，同比增长 51.4%。

2016 年我国客货运输情况见表 2。

表 2　　2016 年我国客货运输发展情况

指标	单位	2015 年	2016 年	比上年增长（%）
旅客运输量	亿人	194.3	192.0	-1.2
铁路	亿人	25.3	28.1	11.0

续 表

指标	单位	2015 年	2016 年	比上年增长（%）
公路	亿人	161.9	156.3	-3.5
水运	亿人	2.6	2.7	0.1
民航	亿人	3.9	4.9	11.8
旅客周转量	亿人·公里	30059.0	31305.7	4.1
铁路	亿人·公里	11960.6	12579.3	5.2
公路	亿人·公里	10742.7	10294.8	-4.2
水运	亿人·公里	73.1	72.0	-1.4
民航	亿人·公里	7283.0	8359.5	14.8
货物运输量	亿吨	417.6	440.4	5.7
铁路	亿吨	33.6	33.3	-0.8
公路	亿吨	315.0	336.3	6.8
水运	亿吨	61.4	63.6	3.7
民航	亿吨	0.06	666.9	6.0
管道	亿吨	7.6	7.0	5.3
货物周转量	亿吨·公里	178356.0	185294.9	4.0
铁路	亿吨·公里	23754.3	23792.3	0.2
公路	亿吨·公里	57955.7	61211.0	5.6
水运	亿吨·公里	91772.5	95399.9	4.0
民航	亿吨·公里	208.1	221.1	6.3
管道	亿吨·公里	4665.0	4670.6	5.7

（三）运输质量。

2016 年，我国运输服务质量进一步提升，围绕旅客便捷出行和货物高效运输，以综合交通枢纽为载体的一体化、便捷化、多样化运输服务能力不断增强，城市群、城市、城乡公共运输服务快速发展。民航领域平均航班正常率为 76.6%，比上年提高 8 个百分点。依托现代互联网技术和服务模式，滴滴、摩拜等共享交通也成为新的热点，得到快速发展。全社会物流成本占 GDP 比重进一步下降，降至 14.8%。

三、运输装备

截至 2016 年年底，我国铁路机车拥有量 2.1 万台，比上年增加 87 台，其中内燃机车占 41.8%，电力机车占 58.1%。铁路客车拥有量为 7.1 万辆，比上年增加 0.3 万辆；动车组 2586 组、20688 辆，比上年增加 380 组、3040

辆。全国铁路货车拥有量为 76.4 万辆。全国拥有城市轨道交通运营车辆 2.3 万辆，比上年增长 19.3%。

全国民用汽车保有量达到 1.9 亿辆（包括三轮汽车和低速货车 955 万辆），比上年增长 12.8%，其中，私人汽车保有量 1.7 亿辆，比上年增长 15%。民用轿车保有量 1.1 亿辆，比上年增长 14.4%，其中，私人轿车 1.02 万辆，比上年增长 15.5%。拥有公路营运汽车 1436 万辆，比上年减少 2.5%，其中，载客汽车 84 万辆，载货汽车 1352 万辆，分别比上年增长 0.1% 和减少 2.7%。营运客车中，大型客车 30.6 万辆，占比为 36.4%。营运货车中，普通货车 946 万辆，专用货车 47.6 万辆，占比分别为 69.9% 和 3.5%。全国城市及县城拥有公共汽电车 60.9 万辆，比上年增长 8.3%，其中，BRT 车辆 7689 辆，比上年增长 24.8%。巡游出租汽车 140.4 万辆，比上年增长 0.8%。

全国拥有水上运输船舶 16 万艘，净载重量 26622.7 万吨，分别比上年减少 3.5% 和 2.3%。船舶集装箱箱位 191 万标准箱，比上年减少 26.6%。拥有城市客运轮渡 282 艘，比上年减少 9%。

全国民航运输飞机在册架数 2950 架，比上年增加 300 架。通用航空企业在册航空器总数 2096 架，其中，教学训练用飞机 621 架。

四、技术标准

2016 年，我国交通运输技术标准体系进一步完善。铁路领域发布了《铁路列车荷载图式》《动车组车体结构强度设计及试验》《列控中心技术条件》等 116 项铁路技术标准，发布了《铁路隧道设计规范》《铁路通信设计规范》《铁路动车组设备设计规范》等 11 项铁路工程建设标准。全年公路、水路交通运输科研基础条件建设完成投资近 15 亿元，共有重点实验室 50 个、行业研发中心 18 个以及行业协同创新平台 19 个。民航共验收科技成果 28 项，评选民航协会科学技术奖 26 项。

五、交通安全

2016 年，我国铁路领域全年发生特别重大、重大铁路交通事故，铁路交通事故路外死亡人数同比下降 10.1%。公路水路交通运输建设领域共发生生产安全事故 39 起，比上年增长 11.4%；死亡 67 人，比上年增长 36.7%。未发生重特大事故。共发生运输船舶水上交通事故 196 件，比上年下降 7.8%；死亡失踪 203 人，比上年下降 8.6%；沉船 82 艘，比上年下降 14.6%。民航领域未发生运输航空事故，运输航空百万小时重大事故率 10 年滚动值为 0.016（世界平均水平为 0.217）。自 2010 年 8 月 25 日至 2016 年年底，运输航空连续安全飞行 76 个月，累计安全飞行 4623 万小时。发生通用航空事故 10 起，死亡 19 人。

六、节能减排

2016 年我国交通运输绿色化发展深入推进。国家铁路能源消耗折算标准煤 1591.6 万吨，比上年增长 0.9%。单位运输工作量综合能耗 4.7 吨标准煤/百万换算吨公里，与上年持平。单位运输工作量主营综合能耗 4.15 吨标准煤/百万换算吨公里，比上年增长 2.0%。国家铁路化学需氧量排放量 1965 吨，二氧化硫排放量 23924 吨，分别比上年降低 2.0% 和 13.9%。国家铁路绿化里程 4.57 万公里，比上年增长 2. 7%。城市公交企业每万人次单耗 1. 6 吨标准煤，百车 · 公里单耗 48. 5 千克标准煤，分别比上年增长 5. 9% 和下降 0. 9%。公路班线客运企业每千人 · 公里单耗 14. 5 千克标准煤，百车 · 公里单耗 29. 7 千克标准煤，分别比上年增长 9. 6% 和下降 1. 5%。公路专业货运企业每百吨 · 公里单耗 1. 8 千克标准煤，比上年下降 4%。远洋和沿海货运企业每千吨 · 海里单耗 5. 0 千克标准煤，比上年下降 4. 9%。港口企业每万吨单耗 2. 5 吨标准煤，比上年下降 3. 0%。民航吨 · 公里油耗为 0. 29 公斤，较 2005 年（行业节能减排目标基年）下降 13. 8%。全年使用临时航路缩短飞行距离 979 万公里，节省燃油消耗 5. 3 万吨，减少二氧化碳排放约 16. 6 万吨。

总体而言，2016 年，我国交通基础设施建设仍然保持了较快的增长速度，但水运等部分领域投资增速趋缓，甚至出现了下降态势。运输量指标回转向好，尤其是客运方面的铁路动车组、民航等快速客运领域需求增长强劲，全社会货运需求逐步回暖，部分地区再度出现铁路运力紧张状况，水路运输价格止跌回升。交通运输与现代信息技术加深融合，依托互联网平台的售票、导航、停车、交通工具租赁等新兴服务得到快速发展，尤其是共享交通不断创新模式。随着“一带一路”倡议的实施，交通互联互通深入推进，中欧班列等国际运输服务发展势头良好，交通运输企业“走出去”的步伐进一步加快。

（樊一江　谢雨蓉　国家发改委综合运输研究所）

2016年中国港口物流业

2016年，我国经济发展缓中趋稳，国内生产总值（GDP）增速逐季上扬，外贸进出口总额负增长幅度收窄。港口行业在此背景下，生产总体保持平稳，增速虽不及前几年，但较2015年有明显回升（见图1）。

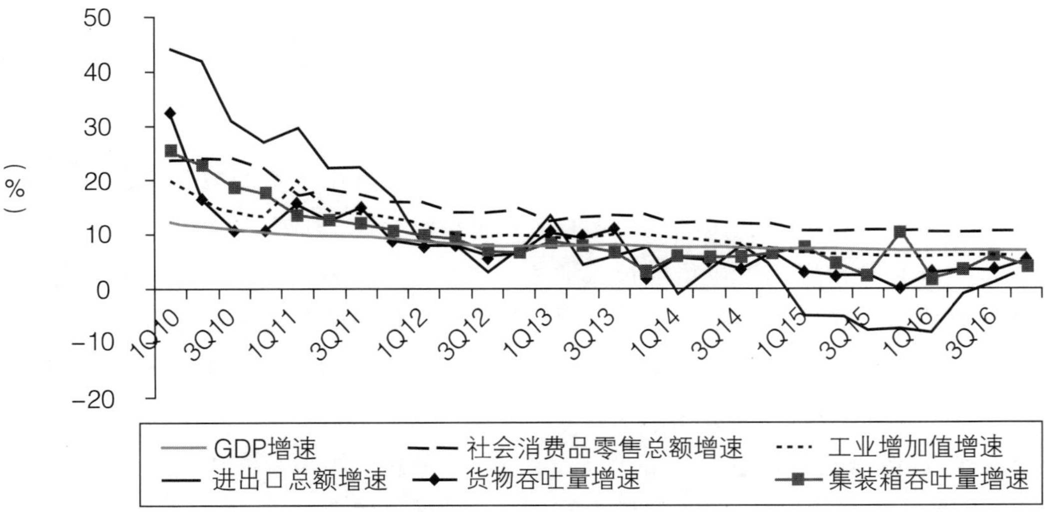

图1　我国主要经济指标与港口吞吐量增长变化趋势

数据来源：国家统计局，中华人民共和国交通运输部。

一、港口生产形势趋稳回暖

2016年在国内经济增速企稳、外贸下滑得到遏制的影响下，我国港口生产形势表现稳定，增速较上一年度有小幅回升，全年规模以上港口完成货物吞吐量118亿吨，同比增长3.2%，增速较2015年提升1.3个百分点。港口货物吞吐量的增长主要受益于内外贸双重提振。其中，外贸吞吐量完成37.62

亿吨，同比增长 4.1%（见表 1）。

表 1　　2008—2016 年我国规模以上港口货物吞吐量及集装箱吞吐量

年份		2008	2009	2010	2011	2012	2013	2014	2015	2016*
货物吞吐量	吞吐量（亿吨）	58.7	69.7	80.2	90.7	97.8	106.5	112	114	118
	同比增长（%）	11.6	18.7	15.1	13.1	7.8	8.9	5.2	1.9	3.2
外贸货物吞吐量	吞吐量（亿吨）	18.99	21.8	24.73	27.57	30.2	33.1	35	36.14	37.62
	同比增长（%）	6.0	14.8	13.4	11.5	9.5	9.6	5.7	3.2	4.1
集装箱吞吐量	吞吐量（亿标准箱）	1.29	1.22	1.45	1.64	1.77	1.89	2	2.12	2.2
	同比增长（%）	13.2	−5.4	18.9	13.1	7.9	6.8	5.8	2.8	3.7

注：* 表示 2016 年吞吐量为估计值。

（一）多数港口保持低速小幅增长。

与上一年度相比，2016 年我国港口负增长的幅度有所收窄，且规模以上港口负增长数量也有所减少。其中：随着国家铁路网建设与北方多条铁路投入运营，部分地区煤炭运输成本大幅下降，且受益于煤炭进口量的稳步增长，黄骅港等大宗散货运输港吞吐量持续高增长，同比增幅达到 46.7%，领跑我国主要港口。而秦皇岛港则由于货源被分流，吞吐量增速大幅下滑，全年完成货物吞吐量仅 1.86 亿吨，同比下跌 26.5%。除此之外，湛江港因新钢厂投产，增加原油和铁矿石运输需求，2016 年港口吞吐量实现两位数增长，达到 2.55 亿吨，同比增长 15.9%。

2014—2016 年我国主要港口货物吞吐量排名情况见表 2。

表 2　　2014—2016 年我国主要港口货物吞吐量排名

年份		2016		2015		2014	
排序	港口名称	吞吐量（亿吨）	同比增长（%）	吞吐量（亿吨）	同比增长（%）	吞吐量（亿吨）	同比增长（%）
1	宁波—舟山港	9.18	3.3	8.89	1.8	8.73	7.8
2	上海港	7	−2.4	7.17	−5.0	7.55	−2.7

续　表

年份		2016		2015		2014	
排序	港口名称	吞吐量（亿吨）	同比增长（%）	吞吐量（亿吨）	同比增长（%）	吞吐量（亿吨）	同比增长（%）
3	苏州（内河）港	5.74	6.3	5.4	12.7	4.79	5.5
4	天津港	5.5	1.9	5.4	0.0	5.4	7.8
5	广州港	5.22	0.2	5.21	8.5	4.8	5.5
6	唐山港	5.16	5.3	4.9	−2.2	5.01	12.3
7	青岛港	5.01	0.8	4.97	6.9	4.65	3.3
8	大连港	4.29	3.4	4.15	−3.0	4.28	5.2
9	日照港	3.51	−2.8	3.61	7.8	3.35	8.4
10	营口港	3.47	2.7	3.38	1.2	3.34	4.4
11	烟台港	2.65	5.6	2.51	5.9	2.37	6.8
12	湛江港	2.55	15.9	2.2	8.4	2.03	12.8
13	黄骅港	2.45	46.7	1.67	−6.2	1.78	4.1
14	南通（内河）港	2.23	1.4	2.2	0.0	2.2	7.3
15	南京（内河）港	2.17	0.9	2.15	2.9	2.09	3.5
16	深圳港	2.14	−1.4	2.17	−2.7	2.23	−4.7
17	厦门港	2.09	−0.5	2.1	2.4	2.05	7.3
18	北部湾港	2.04	−0.5	2.05	0.5	2.04	9.1
19	连云港	2.02	−4.3	2.11	0.5	2.1	4.0
20	秦皇岛港	1.86	−26.5	2.53	−7.7	2.74	0.4
21	重庆（内河）港	1.72	9.6	1.57	6.1	1.48	8.0
22	泰州（内河）港	1.68	−13.8	1.95	25.0	1.56	2.0
23	丹东港*	1.58	5.3	1.5	8.7	1.38	15.0
24	嘉兴内河*	1.47	−2.0	1.5	48.5	1.01	−8.2
25	福州港	1.46	−4.6	1.53	6.3	1.44	13.4
26	虎门港*	1.44	9.9	1.31	1.6	1.29	17.3
27	岳阳（内河）港	1.38	16.9	1.18	−1.7	1.2	9.1
28	镇江（内河）港	1.31	−11.5	1.48	6.5	1.39	−1.4
29	芜湖（内河）港	1.31	9.2	1.2	9.1	1.1	18.3
30	江阴（内河）港	1.3	3.2	1.26	1.6	1.24	−1.6

续 表

年份		2016		2015		2014	
排序	港口名称	吞吐量（亿吨）	同比增长（%）	吞吐量（亿吨）	同比增长（%）	吞吐量（亿吨）	同比增长（%）
31	泉州港	1. 25	2. 5	1. 22	8. 9	1. 12	1. 8
32	珠海港	1. 18	7. 3	1. 1	2. 8	1. 07	7. 0
33	海口港	0. 89	8. 5	0. 82	−7. 9	0. 89	6. 0
34	徐州*	0. 89	−1. 1	0. 9	−3. 2	0. 93	12. 0
35	锦州港*	0. 88	−12. 9	1. 01	1. 0	1	17. 6
36	杭州（内河）港	0. 73	−22. 3	0. 94	−6. 0	1	6. 4

注：*表示2016年吞吐量为估计值。

（二）外贸吞吐量涨势好于内贸。

从内外贸增长情况看，内外贸增速基本相近，外贸运输需求增长仍略好于内贸（见图2）。2016年，受进口能源、物资市场需求回升影响，外贸吞吐量增速好于内贸。下半年，在国内生产与消费持续乏力影响下，内贸吞吐量呈现负增长态势，外贸相对平稳。总体来看，2016年我国共完成外贸货物吞吐量36. 72亿吨，外贸货物占比不断提升，达到31. 9%，较2015年提升0. 2个百分点。外贸吞吐量的回升主要由于大宗散货能源价格较低，导致大宗能源货物的进口量涨势良好。

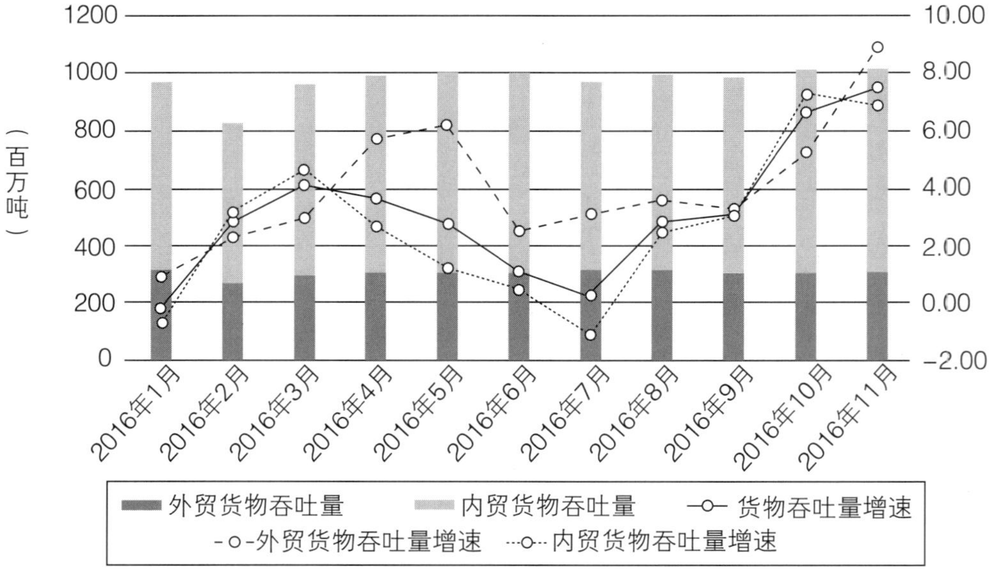

图2 2016年1—11月规模以上港口内外贸吞吐量

数据来源：交通运输部。

（三）内河港口发展迅速。

2016 年，我国沿海规模以上港口完成货物吞吐量 81.1 亿吨，同比增长 4.7%；内河港口完成货物吞吐量 37.0 亿吨，同比增长 3.8%。沿海港口涨势依旧好于内河，但吞吐量增速差距逐步收窄（见图 3）。其中，由于 7—8 月长江秋季洪水影响，内河港口吞吐量出现大幅下滑，同比负增长。

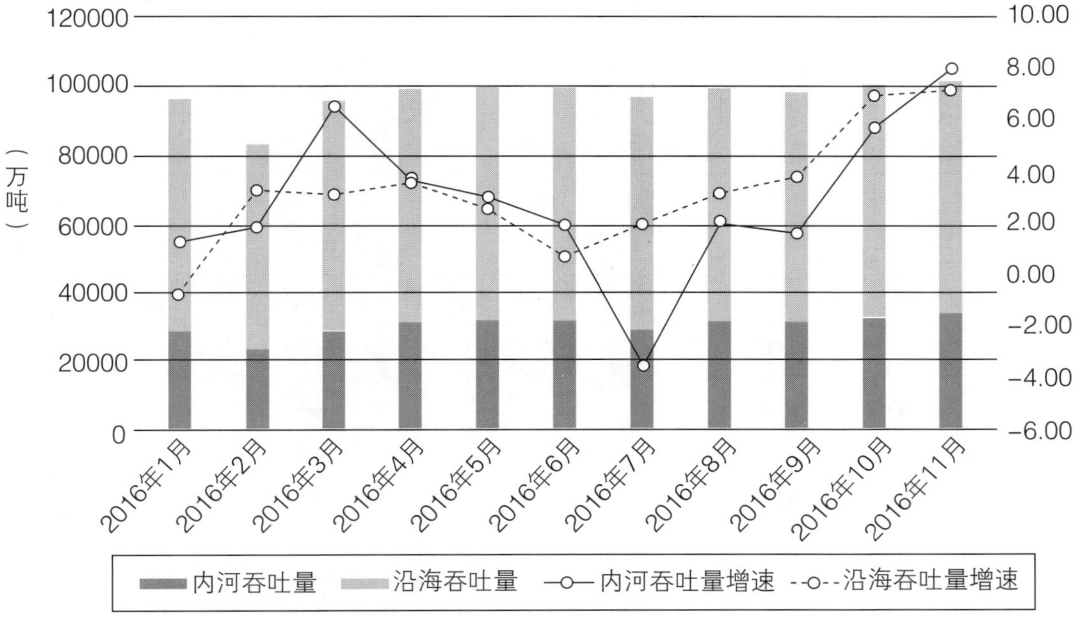

图 3　2016 年 1—11 月规模以上沿海和内河港口吞吐量增速走势

二、内贸拉动集装箱吞吐量企稳

2016 年，随着我国政府出台进一步支持外贸稳增长、调结构的政策逐步施行，效应不断显现，内贸需求稳步提升，同时集装箱进出口也呈现回稳向好势头。在此背景下，我国港口集装箱吞吐量增速较 2015 年有明显回升，全年完成集装箱吞吐量 2.2 亿标准箱，同比增长 3.7%，较 2015 年增速回升 1 个百分点。

在我国推进产业结构转型升级和供给侧结构性调整的背景下，集装箱适箱货种范围扩大，建材、钢材、散粮等件货和干散货装箱运输越来越多，带动了内贸集装箱的快速发展。2016 年，我国完成外贸集装箱吞吐量 1.35 亿标准箱，同比增长 3.3%；完成内贸集装箱吞吐量 0.85 亿标准箱，同比增长 6.9%，内贸集装箱吞吐量占整个集装箱吞吐量比重扩大（见图 4）。2016 年我国港口集装箱吞吐量排名情况详见表 3。

表 3　2016 年我国港口集装箱吞吐量排名

排名	港口名称	吞吐量（万标准箱）		同比增长
		2016 年	2015 年	（%）
1	上海港	3713	3655	1.6

续 表

排名	港口名称	吞吐量（万标准箱）		同比增长
		2016 年	2015 年	（%）
2	深圳港	2411	2421	-0.4
3	宁波—舟山港	2157	2062	4.6
4	广州港	1858	1740	6.8
5	青岛港	1801	1743	3.3
6	天津港	1450	1411	2.8
7	厦门港	960	918	4.6
8	大连港	959	945	1.5
9	营口港	601	592	1.6
10	苏州（内河）港	540	510	5.8
11	连云港	469	502	-6.5
12	虎门港*	361	250	44.4
13	佛山（内河）港*	318	302	5.2
14	日照港	301	281	7.1
15	南京（内河）港	281	307	-8.5
16	烟台港	260	245	6.1
17	福州港	257	237	8.4
18	泉州港	210	201	4.5
19	丹东港	199	183	8.7
20	唐山港	193	152	27.0
21	北部湾港	179	141	27.0
22	珠海港	165	134	23.1
23	中山港*	135	134	0.7
24	嘉兴港	134	123	8.9
25	海口港	134	127	5.5
26	汕头港*	124	118	5.1
27	江门港*	124	106	17.0
28	重庆（内河）港	115	109	5.5
29	武汉（内河）港*	108	104	3.8

注：* 表示 2016 年数据为估计值。

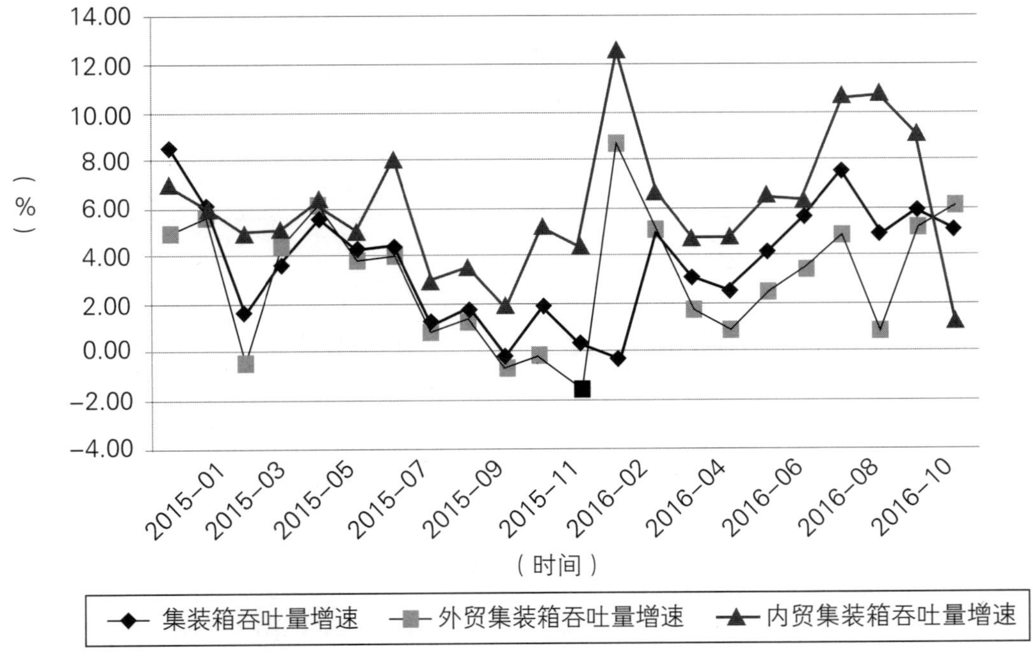

图4　2015—2016年我国规模以上港口集装箱吞吐量增幅走势

三、"一带一路"沿线外贸集装箱量提升

2016年我国外贸内支线增长势头良好，增幅达到42.7%。外贸内支线规模的增长体现出我国干支配合的港口网络体系越加成熟。从国际航线看，一方面，2016年我国至香港特区、日本、韩国、新加坡、台湾地区等的集装箱量均有不同程度的萎缩或增速下滑。另一方面，我国在"一带一路"倡议的推进下，与21世纪海上丝绸之路沿线地区的箱量实现良好增长，份额不断提升。

2014—2016年我国港口部分国际航线集装箱吞吐量变化情况参见表4。

表4　2014—2016年我国港口部分国际航线集装箱吞吐量一览

前11个月累计值	中国香港特区	日本	韩国	新加坡	中国台湾地区	美国	欧洲	占国际航线的比重（%）
2016年(万标准箱)	1085	702	648.8	349	232	1809	1939	66.19
增速（%）	-0.7	0.9	2.2	-2.0	-2.1	0.8	4.6	
2015年(万标准箱)	1093	696	635	356	237	1794	1854	66.32
增速（%）	-3.9	-4.1	2.9	-8.5	-3.7	7.9	-1.9	
2014年(万标准箱)	1137	726	617	389	246	1662	1889	68.42

续 表

前 11 个月累计值	中国香港特区	日本	韩国	新加坡	中国台湾地区	美国	欧洲	占国际航线的比重（%）
增速（%）	5.30	2.10	2.86	0.70	13.60	3.00	8.90	

数据来源：中华人民共和国交通运输部。

四、大宗能源货物保持良好增长

2016 年，受煤炭行业化解过剩产能政策实施的影响，煤炭产量、销量均出现下滑。由于国内实施煤炭的限产政策，刺激了进口煤炭大幅增加，2016 年我国进口煤炭 2.56 亿吨，同比增长 25.2%，其中，出口 878 万吨，同比增长 64.5%。我国规模以上港口完成煤炭及制成品吞吐量约为 21 亿吨，同比增长 1.4%，其中：黄骅港 2016 年完成煤炭吞吐量 1.92 亿吨，天津港完成煤炭吞吐量 1.10 亿吨。

铁矿石方面，由于 2015 年年末我国钢厂大幅度减产、大幅降低钢铁产量与矿石进口需求，导致市场供给不足，而年内受拉动内需与刺激进口政策影响，加之钢铁产业流通库存的消耗，市场需求出现阶段性回暖。2016 年我国进口铁矿石量达到 10.24 亿吨，同比增长 7.5%。

港口运输方面，2016 年我国共完成铁矿石吞吐量 17.3 亿吨，同比增长 5.5%。其中：日照港铁矿石吞吐量达到 1.25 亿吨，同比增长 5.3%；湛江港由于宝钢湛江钢铁基地顺利投产，带动铁矿石吞吐量大增至 3216 万吨，同比增长 60.7%。

此外，由于国内原油产量持续下降，使得原油对外依存度持续上升。我国原油进口量一直保持着较高的增速，其增长主要动力是地方炼油厂获得原油进口配额，同时新的石油战略储备库陆续投入使用，也拉动了原油进口的增长。2016 年，我国规模以上港口完成原油吞吐量 5.2 亿吨，同比增长 8.3%。

（谢文卿　上海海事大学　上海国际航运研究中心）

2016 年中国物流地产业

2016 年，全球主要经济体经济增长疲弱，外界政治和经济不确定性增强，贸易摩擦增加，我国经济在党和政府的领导下，克服困难，稳中求新，实现了经济的平稳增长。在这一大背景下，我国物流地产业建设持续发力，发展水平不断增加，成为我国物流发展乃至整体经济社会发展的重要推动力。

2016 年是我国经济发展和实施国家制定"十三五"发展规划纲要的关键时期，我国物流业各项指标平稳增长，物流固定资产持续增长，物流结构持续优化，物流地产发展环境不断改善，物流地产服务水平不断提升，整体发展态势良好。

一、物流相关行业固定资产投资稳步增长

国家统计局发布的初步数据显示，2016 年我国共完成固定资产投资额 59.65 万亿元，增速同比下降 1.9%，其中交通运输、仓储和邮政业固定资产投资保持增长，累计投资额达到 53628 亿元，累计增长率为 9.5%，增速高于固定资产投资额增速，成为我国固定资产投资一大增长点。2012—2016 年我国交通运输、仓储和邮政业固定资产投资额增长变化走势如下图所示，2016 年我国交通运输、仓储和邮政业固定资产投资累计值及增长速度如下表所示。

2016 年，我国铁路运输业固定资产投资额为 7748 亿元，同比下降 0.2%；航空运输业固定投资额为 2219.62 亿元，同比增长 20.6%，成为我国交通运输、仓储和邮政业固定资产投资的主要增长点；仓储业固定资产投资额为 6983.5 亿元，同比增长 5.5%，呈先高后低的态势，表明我国仓储业固定资产投资相对较为稳定，是我国物流地产行业稳定发展的一大体现；道路运输业固定资产投资额为 32937 万亿元，同比增长 15.1%，进一步巩固了其在我国物流相关行业固定资产投资中的地位。

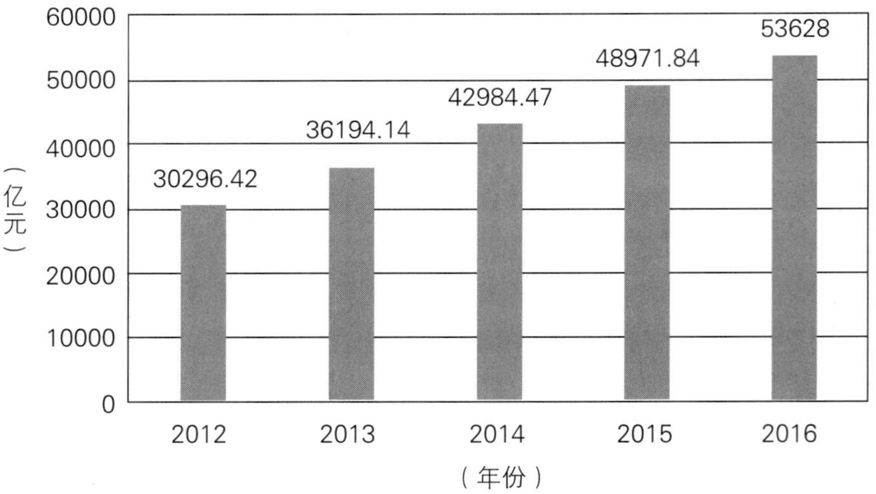

2012—2016 年我国交通运输、仓储和邮政业固定资产投资额变化

2016 年我国交通运输、仓储和邮政业固定资产投资累计值及增长速度

指标	一季度	二季度	三季度	全年
交通运输、仓储和邮政业固定资产投资额累计值（亿元）	7210.53	22376	37593.9	53628
交通运输、仓储和邮政业固定资产投资额增长速度（%）	7.9	12	11.9	9.5

二、物流地产经营整体平稳，部分项目面临经营压力

2016 年，尽管国际经济形势较为复杂，市场不确定性增强，同时，国内经济又处于转型升级期，面临着一定的经济下行压力，但我国物流地产市场整体经营较为良好。根据商业地产服务和投资公司世邦魏理仕（CBRE）提供的数据，2016 年北京、上海、广州等一线城市物流设施投资净回报率为 6% ~ 8%，要高于商业地产的为 4% ~ 5%，远高于住宅地产的为 2% ~ 3%，继续为地产行业投资的一大明星。

但在部分地区和企业经营状况出现分化。根据世邦魏理仕（CBRE）提供的数据，在一线城市，物流仓库的平均租金继续保持高速增长，其中：上海市物流仓库平均租金相较 2015 年的平均水平大涨 8.7%，居全国一线城市之首；深圳市以 6.7% 的涨幅居第二位；广州市物流仓库的平均租金涨幅约为 4.7%；北京市租金上涨幅度不大，为 2.4%。在二线城市，则由于不同地区的供求关系和经济发展情况，使得物流地产经营出现了一定程度的分化现象，物流仓库平均租金变动范围为 -3.7% ~ 9.4%，其中武汉、重庆等二线城市，由于物流地产的供过于求，租金出现了短期调整的迹象，城内部分区域的物流仓库平均租金有所下降。

三、外资投资物流地产热情不减，内资热情持续升温

2016年，我国房地产市场增长迅速，价格普遍上涨，根据国家统计局的数据，2016年12月，我国70个大中城市新建住宅价格同比增长10.5%。根据国土资源部的数据，2016年第四季度，全国105个主要监测城市住宅用地平均价格达到5918元/平方米，同比上涨7.91%。在房地产企业获取较高利润的同时，也积累了一定的风险，在这一大环境下，发展较为稳定、风险相对较低的物流地产成为房地产和物流企业进行固定资产投资的热点。

2016年，外资在我国物流地产领域继续保持较高的投资水平。截至2016年年底，全球最大的物流地产商普洛斯已在我国运营的园区数量达到242个，面积达到2772万平方米，占其全球物流地产管理面积的51.6%，和上一财年年末（2016年3月31日）相比，园区物业总面积增加了102万平方米，园区数量13个，市场覆盖增加了6个主要城市，继续保持高速的增长。

与此同时，中资企业在物流地产领域表现愈加活跃，以求在物流地产领域实现更大突破。2016年8月18日，中集集团与普洛斯公司在深圳签署战略合作协议，普洛斯凭借自身丰富的土地资源和物流设备优势，通过进入物流地产开发领域，对中集集团闲置土地资源进行开发和整合，实现更高的增长与收益。

传统房地产企业在物流地产领域加大投资。万科等公司在2015年纷纷进入物流地产领域后，在2016年，继续保持在物流地产领域的投资，万科在2016年上半年报告期内，增加物流地产业务项目2个，包括万昆长水物流园项目和万佛乐平物流园。同时，2015年开始开发的物流项目继续推进，建设面积达到37.4万平方米。

物流快递企业在物流地产领域也纷纷加大投入，争取在物流领域的竞争优势。顺丰2016年在广州佛山、山东威海、安徽芜湖等地建设电商物流产业园区，圆通在浙江嘉兴建设圆通全球航空智慧城，德邦与韵达在江苏泰州建设泰州电商速递产业园，中国邮政与恒大地产展开深度合作。物流快递企业在物流地产领域成为新的爆发点与增长点，成为物流地产领域发展的排头兵。

四、物流地产金融化趋势明显，融资途径日趋多样化

物流地产具有投资较大、周期较长、回报率较低、风险较低的特点，在经济快速发展的态势下，难以吸引追求高风险、高回报的民间资本，故在物流地产领域，金融工具成为了一条解决资金问题、提供投资渠道的重要途径，在推动物流业发展的同时，保障低风险资金的投资权益。

2016年，我国物流地产领域金融活动较为频繁，截至2016年年底，普洛斯在我国运营两只物流产业基金，共计100亿美元，在我国物流地产领域表现活跃；2009年在我国与加拿大养老基金投资董事会合作成立的嘉民中国物流基金（GCLP），保持较高的投资规模，并历经数次增资和补充投入。截至2016年年底，嘉民中国物流基金总投资额达到19.8亿美元，完成开发项目29个，总面积达到420万平方米。

同时，国内物流产业基金表现较为活跃。2016年11月，中国保险投资基金与招商局集

团共同成立中保投招商国协仓储物流股权投资基金，基金规模达到50.08亿元，重点布局节点城市仓储物流项目，实现投资的增值与增长。2016年6月，以政府为主导的上海合作组织（连云港）国际物流园发展基金正式以基金方式进行运作，通过对江苏省连云港国际物流园进行投资，推动当地物流地产的发展与整个物流体系的建设。

2016年物流地产领域的金融创新也较为活跃。2016年5月，苏宁云商发布《关于以部分供应链仓储物业为标的资产开展创新型资产运作模式》的公告，以不低于16.53亿元人民币价格出售自有物流资产，且将由中信证券旗下的中信金石基金公司发起成立资产支持专项计划（ABS）。这些资产包括成都、南昌、无锡等六处供应链自有仓储物业。基金由中信金石基金相关方发起设立，并由苏宁金石（天津）基金公司提供支持性服务。此举标志着物流地产资产证券化（ABS）正式成为我国物流投资市场的重要一员。

2016年，物流地产行业相关公司加快上市步伐，上市成为较为耀眼的融资途径。2016年7月，中国物流资产（CNLP，股票代码1589）在我国香港联合交易所挂牌上市，成为首家登陆香港联交所市场的我国内地物流地产企业，融资33.6亿港元，以扩张其在我国物流地产市场上的规模。2016年4月，中国国际海运集装箱股份有限公司（中集集团）发布定向增发报告，募集资金约60亿元，部分融资资金用于物流地产领域，提升其在物流地产领域的发展水平。2016年10月，中通快递在美国上市。其招股说明书表明本次募集资金主要用于购买土地等投资。

五、“一带一路”倡议助推外向物流地产实施转型

2013年9月，国家主席习近平在哈萨克斯坦纳扎尔巴耶夫大学发表演讲，正式提出了用创新的合作模式共同建设“丝绸之路经济带”的倡议构想。在2016年3月发布的《中华人民共和国国民经济和社会发展第十三个五年规划纲要》中，提出要推进一带一路建设，打造陆海内外联动、东西双向开放的全面开放新格局，并在正文中着重强调要建设上合组织国际物流园和中哈物流合作基地，将一带一路上的物流地产项目上升到国家的倡议高度上。

2016年9月，江苏省政府办公厅出台《关于支持上合组织（连云港）国际物流园和中哈物流合作基地建设发展的意见》，意见对于两大物流园的发展定位、发展规划、发展方向予以明确，并给予了具体的支持政策。

2016年，我国共有60个城市开展跨境电商业务，其中有13个城市建设了国家跨境电商综合试验区。根据海关统计数据显示，2016年，我国跨境电子商务进出口总值为499.6亿元，比上年同期增长了38.7%。

2016年，由于国际形势和中国经济发展的波动，我国外贸面临一定的发展阻力。根据国家统计局发布的初步数据，截至2016年年底，我国进出口总值约为3.68万亿美元，较2015年下降了6.8%。在这种情势下，物流地产对于对外贸易的支持显得尤为重要，跨境电商物流成为对外贸易的新增长途径，跨境电商产业物流园建设步伐也日益加快。2016年10月，北京商务委、北京海关等部门正式宣布，天竺综合保税区园区、北京邮政综合服务园区等6家跨境电商产业园区获得授牌，助力跨境电商

和跨境电商物流发展。2016年，郑州市通过推动建设郑州自贸区、郑州航空港经济综合实验区等，加快跨境电商物流产业园区建设，推动跨境电商和跨境电商物流的升级，为我国发展外贸经济提供新的探索。

六、电商物流大发展，促进物流地产持续升级转型

2016年，我国电商物流继续保持高速增长，对于物流业和物流地产行业的影响力明显增加。根据艾瑞咨询公司提供的数据显示，2016年，中国电子商务交易额初步估算为20.2万亿元，比上年增长19.8%，其中实物商品网上零售额比上年增长25.6%，占社会消费品零售总额的比重为12.6%，比上一年增长1.8%，初步预计2016年单位与居民物品物流总额可比增长43%左右。根据中国物流与采购联合会和京东集团联合发布的中国电商物流指数显示，2016年，我国电商物流总业务量指数平均达到156.1点，反映出全年电商物流业务量增速超过50%，其中农村业务量指数平均为191.5点，反映物流业务量增长速度接近200%。

在物流地产领域，电商物流已经成为物流地产的主要客户群体，对于物流地产的促进也有十分重要的影响。根据普洛斯发布的2016年年报显示，普洛斯前五大客户均为第三方物流企业和电商企业，其中京东、唯品会、亚马逊分别在普洛斯客户群中排名第二、第四、第五位，总占比接近10%。根据易商红木集团官方发布的信息，其物流地产项目中，核心用户电商企业如亚马逊、一号店等占据了主要的位置，也是他们利润的主要来源之一。电商物流的发展，使得我国物流地产的发展更具有保障。

由于电商物流的特殊性，其对于高端物流地产的需求也促进了物流地产行业的转型与升级。根据戴德梁行的资料，为了服务于电商物流，相比较于传统物流地产项目，物流地产建设与运营商普遍提高了建设与运营标准，并使用更多先进仓储设施，应用更多信息化手段以实现货物的快速运营与传递，保障电商物流运营的效果。普洛斯等物流地产商针对电商物流的发展，设计了更有针对性的服务方案，帮助电商物流提升自身效率的同时，提升自身物流地产项目的附加值，提升高端物流地产在自身建设水平中的比例。

（刘昀皓　冯耕中　西安交通大学管理学院

刘缨缨　西安市商用信息系统分析及应用工程实验室）

2016年中国保税物流业

2016年，党中央、国务院决定在辽宁省、浙江省、河南省、湖北省、重庆市、四川省、陕西省新设立7个自由贸易试验区（以下简称“自贸试验区”），标志我国自贸区建设进入新的发展时期。

一、国家出台法规、政策保障保税物流发展

2016年12月30日，中华人民共和国最高人民法院发布了《关于为自由贸易试验区建设提供司法保障的意见》（以下简称《意见》）。《意见》提出了提高认识，切实增强为自贸试验区建设提供司法保障的责任感和使命感；充分发挥审判职能作用，为促进自贸试验区健康发展提供司法保障；依法支持自贸试验区企业的创新做法，鼓励其探索新的经营模式；重视自贸试验区的特点，探索审判程序的改革与创新等具体要求。

2016年11月，国家税务总局、财政部和海关总署下发的《关于开展赋予海关特殊监管区域企业一般纳税人资格试点的公告》明确，在昆山综合保税区、苏州工业园综合保税区、上海松江出口加工区、河南郑州出口加工区、郑州新郑综合保税区、重庆西永综合保税区和深圳盐田综合保税区开展赋予企业增值税一般纳税人资格试点。

通过这次试点，可以建立起区内外企业之间的增值税抵扣链条，使监管区企业进项税额得到充分抵扣，有效降低税负，同时也将降低区内外企业的经营成本，减轻区内外企业的税收负担，进一步促进对外贸易发展。

二、海关特殊监管区域建设快速推进

2016年，上海、广东、天津、福建自贸试验区建设取得了良好的成效，彰显了自贸试验区的试验田作用。2016年9月，党中央、国务院决定在辽宁省、浙江省、河南省、湖北省、重庆市、四川省、陕西省新设立7个自贸试验区。此举标志着我国自贸试验区建设进入试点探索的新阶段。

新设的7个自贸试验区，将继续依托现有的已经国务院批准的新区、园区，牢牢把握住制度创新这一核心，进一步对接高标准国际经

贸规则，在更广领域、更大范围形成各具特色、各有侧重的试点格局，以推动全面深化改革、扩大开放取得重大成果。

（一）新增自贸试验区的特点及功能。

辽宁省主要是落实中央关于加快市场取向体制机制改革、推动结构调整的要求，着力打造提升东北老工业基地发展整体竞争力和对外开放水平的新引擎。

浙江省主要是落实中央关于“探索建设舟山自由贸易港区”的要求，就推动大宗商品贸易自由化、提升大宗商品全球配置能力进行探索。

河南省主要是落实中央关于加快建设贯通南北、连接东西的现代立体交通体系和现代物流体系的要求，着力建设服务于“一带一路”建设的现代综合交通枢纽。

湖北省主要是落实中央关于中部地区有序承接产业转移、建设一批战略性新兴产业和高技术产业基地的要求，发挥其在实施中部崛起战略和推进长江经济带建设中的示范作用。

重庆市主要是落实中央关于发挥重庆战略支点和连接点重要作用、加大西部地区门户城市开放力度的要求，带动西部大开发战略深入实施。

四川省主要是落实中央关于加大西部地区门户城市开放力度以及建设内陆开放战略支撑带的要求，打造内陆开放型经济高地，实现内陆与沿海沿边沿江协同开放。

陕西省主要是落实中央关于更好发挥“一带一路”建设对西部大开发带动作用、加大西部地区门户城市开放力度的要求，打造内陆型改革开放新高地，探索内陆与“一带一路”沿线国家经济合作和人文交流新模式。

与自贸试验区的发展情况不同，综合保税区的审批推进则继续以升级改造为主。综合保税区是目前我国境内开放层次最高、优惠政策最多、功能最齐全的海关特殊监管区域，是国家开放金融、贸易、投资、服务、运输等领域的试验区和先行区。截至2016年12月，我国已设立了60个综合保税区。其中，2016年国务院新批复的综合保税区有7个。

（二）新批复的综合保税区情况。

江阴综合保税区

2016年1月14日，国家批准设立江阴综合保税区。作为保税中心的升级版，江阴综合保税区集保税区、出口加工区、保税物流区、港口的功能于一身，在现有基础上可以全方位发展国际中转、配送、采购、转口贸易和出口加工等业务。综合保税区获批后，将集中力量做好封关运行前的各项准备工作，主动对接“一路一带”和长江经济带等国家战略，积极借鉴上海自贸区可复制的经验，加大综保区功能的政策宣传力度，吸引优质企业进驻，让区内企业充分享受到改革红利。

江阴国家综保区将严格按照海关总署对综保区的验收要求，以打造一流口岸为目标，以服务腹地企业为宗旨，继续集聚产业链，全力打造智能制造中心、现代物流中心、展示交易中心和贸易结算中心，并积极争取跨境电子商务试点，加快建成现代产业集聚区、保税物流示范区、服务贸易特色区。

昆明综合保税区

2016年2月24日，国家批准成立昆明综合保税区。昆明综合保税区分为A区和B区。其中：A区位于经开区昆明出口加工区内，规划面积0.58平方公里，目前已封关运行；B区选址于昆明长水国际机场附近，规划面积1.42平方公里。其中：A区将重点发展具有云南省，以及周边国家特色优势的资源性产业、珠宝玉石、生物医药及食品等产业，突出保税加工、保税物流功能；B区将以长水机场为依托，重点发展国际转口贸易、仓储、加工等产业，突出保税贸易、保税服务、保税物流、保税加工、保税展示等功能。

按照昆明市市政府的规划，昆明综合保税区将与滇中产业新区共同完成昆明综合保税区B区围网建设，确保顺利通过国家验收并封关运行。此外，2017年将启动昆明综合保税区产业功能配套区的基础设施建设。昆明市市政府提出，力争2020年昆明综合保税区A区和B区的外贸进出口总额占到云南省外贸进出口总额的20%。

南昌综合保税区

2016年2月24日，国务院批准成立南昌综合保税区。该区将建设成为南昌开放型经济的新平台、促进南昌临空经济区发展的新引擎，打造成为昌九一体化的重要节点，内陆地区“大通关”示范区、区域性货物集散中心、承接产业转移的新型基地、中三角重要的采供销平台。南昌综合保税区总规划面积为2平方公里，其中：区块一为原南昌出口加工区A区；区块二位于临空经济区内。南昌综合保税区封关验收后，原出口加工区未纳入综合保税区的区域围网予以撤除。

国务院批复明确要求，南昌综合保税区应发挥区位优势和政策优势，发展保税加工、保税物流、保税服务等业务；地方政府要严格履行土地利用报批手续，拟定综合保税区的开发实施方案和产业发展规划；海关等相关部门要切实做好监管和服务工作，促进南昌综合保税区健康有序发展。

哈尔滨综合保税区

2016年3月16日，国家正式批复成立哈尔滨综合保税区。哈尔滨自2015年启动综合保税区一期建设以来，先后完成区内道路基础施工、围网架设以及综保区综合业务楼主体封顶等建设，目前综保区一期围网内1.13平方公里的面积已达到封关标准。区内新建道路6条，总长度8.4公里，形成“二横三纵一环”的道路网络，拉伸起园区整体框架；供水、排水、电力、通信、供热、燃气等管线也全部配套到位，能够为入区企业提供“七通一平”的基础配套。

哈尔滨综合保税区内设跨境电商保税仓库、进口汽车整车仓库、航空零部件仓库、艺术品仓库、一般保税仓库等，还有金银金属、珠宝首饰、精密仪器、航空零件加工区。同时，还设有食品分装、贴标分装、液体分装以及其他保税加工区。此外，保税区还建设由金融、工商、税务、海关等相关部门咨询工作区等。

根据各个区域的设置，哈尔滨综合保税区将具有口岸、物流、加工三大功能，具体业务分为办理存储进出口货物和其他未办结海关手续的货物；国际转口贸易；国际采购、分销和配送；国际中转；检测和售后服务维修；商品展示等多项业务。

武汉新港空港综合保税区

2016年3月22日，国务院正式批复成立武汉新港空港综合保税区。武汉新港空港综合保税区总规划面积4.05平方公里，采用“一区两园”的模式，即毗邻阳逻港的阳逻港园区和依托武汉东西湖保税物流中心的东西湖园区。其中：阳逻港园区规划面积1平方公里，东西湖园区依托武汉东西湖保税物流中心进行建设，总规划用地面积约为3.05平方公里。未来，两个园区将通过差异化发展实现优势互补，形成“资源共享、错位布局、互为补充、共同发展”的战略局面。阳逻港园区重点开展国际采购、分销和配送，进出口贸易服务（含展览展示）、航运金融（含金融、保险）、船舶租赁、航运交易等新型服务业，实现内陆型海关特殊监管区域由货物贸易为主向货物贸易和服务贸易并举的转型升级；东西湖园区重点发展航空零部件生产、研发、飞机维修，高端电子产品生产，快速消费品分拨配送等业务，打造湖北省临空产业基地、面向世界的中部国际物流集散中心。

威海综合保税区

2016 年 7 月 21 日，国务院批复成立威海综合保税区。威海综合保税区将享受一系列优惠政策，包括境外货物入区保税或免税；货物出区进入境内区外销售按进口货物的有关规定办理报关手续，并按货物实际状态征税；境内区外货物进区视同出口，实行退税；区内企业之间的货物交易免征增值税和消费税。

设立威海综合保税区将有利于促进土地等资源要素向区内聚集，提高园区产业聚集度和节约集约发展水平，加快推进威海市重点区域和市域一体化建设。有利于更好地发挥政策叠加优势，加快发展保税加工、保税物流、保税服务、虚拟口岸等功能，同中韩自贸区地方经济合作示范区建设、服务贸易创新发展试点互相促进、共同提升。

马鞍山综合保税区

2016 年 8 月 26 日，国务院批复成立马鞍山综合保税区。马鞍山综合保税区选址在马鞍山郑蒲港新区现代产业园区内，北至望江一路、东至和州大道、南至郑蒲大道、西至 347 国道，规划面积 2.0 平方公里。保税区主要建设有核心区、保税物流区、保税加工区、联合查验区、产品展示区及保税企业区等。其中：核心区规划用地面积 140823 平方米（约 211 亩），总建筑面积 26317 平方米，规划建设“一横五纵一环”道路及外围道路 15.99 公里。

马鞍山综合保税区作为承接产业转移的重要平台，根据马鞍山郑蒲港新区现代产业园区发展电子信息、装备制造、生物医药等产业的定位，将吸引众多国内外高端项目落户，并带动上下游产业链集聚。马鞍山综合保税区的建设发展，必将进一步提升马鞍山市乃至安徽省的对外开放水平，成为安徽省向外型经济发展的重要增长极。

截至 2016 年 12 月我国已有的 60 个综合保税区情况简介见表 1，2006—2016 年我国综合保税区数量增长情况见图 1。

表 1　　截至 2016 年 12 月我国已有的 60 个综合保税区情况简介

序号	名称	成立时间	规划面积（平方公里）	备注
1	苏州工业园综合保税区	2006 年 12 月 17 日	5.28	我国首个综合保税区
2	天津滨海新区综合保税区	2008 年 3 月 10 日	1.967	
3	北京天竺综合保税区	2008 年 7 月 23 日	5.944	我国第一家直接依托空港口岸设立的综合保税区
4	广西凭祥综合保税区	2008 年 12 月 19 日	8.5	我国第一个在陆地边境线上设立的综合保税区

续 表

序号	名称	成立时间	规划面积（平方公里）	备注
5	海口综合保税区	2008 年 12 月 22 日	1.93	我国第一个省会城市综合保税区
6	黑龙江绥芬河综合保税区	2009 年 4 月 21 日	1.8	
7	上海浦东机场综合保税区	2009 年 7 月 3 日	3.59	
8	江苏昆山综合保税区	2009 年 12 月 20 日	5.86	
9	重庆西永综合保税区	2010 年 2 月 15 日	10.3	我国面积最大综合保税区
10	广州白云机场综合保税区	2010 年 7 月 3 日	7.385	我国最大的空港综合保税区
11	苏州高新技术产业开发区综合保税区	2010 年 8 月 25 日	3.51	我国首家通过“信息化围网”技术来进行监管的综合保税区
12	成都高新综合保税区	2010 年 10 月 18 日	4.68	
13	郑州新郑综合保税区	2010 年 10 月 24 日	5.073	
14	潍坊综合保税区	2011 年 1 月 25 日	5.17	
15	西安综合保税区	2011 年 2 月 14 日	6.17	西北地区第一个综合保税区
16	阿拉山口综合保税区	2011 年 5 月 30 日	5.6	新疆区首个综合保税区
17	武汉东湖综合保税区	2011 年 8 月 29 日	5.41	湖北省首个综合保税区
18	沈阳综合保税区	2011 年 9 月 7 日	7.1982	东北地区内陆城市第一个综合保税区
19	长春兴隆综合保税区	2011 年 12 月 16 日	4.89	
20	无锡高新区综合保税区	2012 年 5 月 10 日	3.497	
21	济南综合保税区	2012 年 5 月 15 日	5.22	
22	盐城综合保税区	2012 年 6 月 18 日	2.28	苏北地区第一家综合保税区
23	淮安综合保税区	2012 年 7 月 19 日	4.92	
24	曹妃甸综合保税区	2012 年 7 月 30 日	4.59	
25	太原武宿综合保税区	2012 年 9 月 2 日	2.94	山西省第一家综合保税区
26	银川综合保税区	2012 年 9 月 10 日	4	
27	南京综合保税区	2012 年 9 月 17 日	5.03	
28	西安高新综合保税区	2012 年 9 月 22 日	3.64	

续 表

序号	名称	成立时间	规划面积（平方公里）	备注
29	舟山港综合保税区	2012 年 9 月 29 日	5. 85	
30	衡阳综合保税区	2012 年 10 月 25 日	2. 5743	湖南省第一家综合保税区
31	南通综合保税区	2013 年 1 月 3 日	5. 29	
32	苏州太仓港综合保税区	2013 年 5 月 30 日	2. 07	
33	湘潭综合保税区	2013 年 9 月 9 日	3. 12	
34	贵阳综合保税区	2013 年 9 月 14 日	3. 01	我国首个山地生态型综合保税区
35	红河综合保税区	2013 年 12 月 17 日	3. 29	云南省第一个综合保税区
36	深圳盐田综合保税区	2014 年 1 月 22 日	1. 16	
37	合肥综合保税区	2014 年 3 月 27 日	2. 6	安徽省首个综合保税区
38	岳阳城陵矶综合保税区	2014 年 7 月 8 日	2. 98	
39	兰州新区综合保税区	2014 年 7 月 15 日	3. 39	
40	临沂综合保税区	2014 年 8 月 8 日	3. 7	
41	新疆喀什综合保税区	2014 年 9 月 2 日	3. 56	新疆区第二个、南疆地区首个综合保税区
42	石家庄综合保税区	2014 年 9 月 15 日	2. 86	河北省第二个综合保税区
43	南阳卧龙综合保税区	2014 年 12 月 2 日	3. 03	河南省第二个综合保税区
44	贵安综合保税区	2015 年 1 月 19 日	2. 2	
45	吴中综合保税区	2015 年 1 月 31 日	1. 38	出口加工区改造升级
46	吴江综合保税区	2015 年 1 月 31 日	1. 00	出口加工区改造升级
47	常熟综合保税区	2015 年 1 月 31 日	1. 27	出口加工区改造升级
48	镇江综合保税区	2015 年 1 月 31 日	2. 53	出口加工区改造升级
49	常州综合保税区	2015 年 1 月 31 日	1. 66	出口加工区改造升级
50	武进综合保税区	2015 年 1 月 31 日	1. 08	出口加工区改造升级
51	嘉兴综合保税区	2015 年 1 月 31 日	2. 98	出口加工区改造升级
52	东营综合保税区	2015 年 5 月 6 日	3. 1	山东省第五个综合保税区
53	南宁综合保税区	2015 年 11 月 2 日	2. 37	保税物流中心改造升级

续 表

序号	名称	成立时间	规划面积（平方公里）	备注
54	江阴综合保税区	2016 年 1 月 14	3. 6	保税物流中心改造升级
55	昆明综合保税区	2016 年 2 月 24 日	2	出口加工区改造升级
56	南昌综合保税区	2016 年 2 月 24 日	2	出口加工区改造升级
57	哈尔滨综合保税区	2016 年 3 月 16 日	3. 29	
58	武汉新港空港综合保税区	2016 年 3 月 22	4. 05	
59	威海综合保税区	2016 年 7 月 21 日	2. 29	
60	马鞍山综合保税区	2016 年 8 月 26 日	2	安徽省第 3 个综合保税区

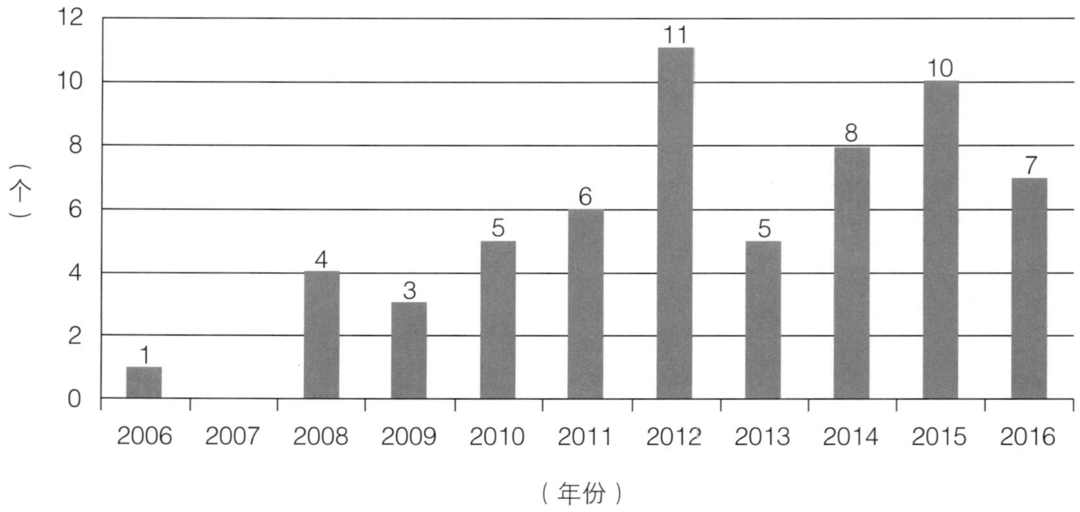

图 1　2006—2016 年我国综合保税区批复成立数量

三、海关特殊监管区域全年进出口数据分析

海关数据显示，2016 年 1—12 月，我国海关特殊监管区域（包括保税区、出口加工区、保税港区、综合保税区、保税物流园区和珠澳跨境工业区）进出口累计 5909. 3 亿美元，同比下降 7. 5%。其中：出口 2958. 5 亿美元，同比下降 8. 2%；进口 2950. 8 亿美元，同比下降 6. 9%。相比 2015 年，我国海关特殊监管区域总进出口额在 2016 年依然出现大致同水平的下滑，这与国际大环境和我国的政策导向都有一定关系。通过数据可知，我国海关特殊监管区域在我国外贸进出口事业中仍然有着举足轻重的作用。相关数据如表 2 和图 2 所示。

表 2　　2016 年 1—12 月全国海关特殊监管区域进出口数值统计

时间（月）	进出口		出口		进口	
	数值（亿美元）	同比增长（%）	数值（亿美元）	同比增长（%）	数值（亿美元）	同比增长（%）
1	448.3	-8.6	234.5	-7.4	213.9	-9.9
2	345.0	-8.8	173.6	-11.4	171.5	-6.0
3	515.1	6.5	251.4	8.3	263.6	4.9
4	478.8	0.2	233.5	1.9	245.4	-1.4
5	475.8	-2.8	233.4	-5.4	242.4	0.5
6	497.0	-6.2	240.7	-6.8	256.4	-5.6
7	489.4	-7.6	244.6	-5.5	244.9	-5.6
8	525.0	-2.9	255.9	-6.9	269.1	1.3
9	554.1	-9.4	279.1	-10.5	275.0	-8.2
10	514.5	-10.5	272.5	-10.0	241.9	-11.0
11	583.1	-7.1	302.9	-5.3	280.2	-8.9
12	595.1	-9.8	298.2	-11.8	296.9	-7.8
合计	5909.3	-7.5	2958.5	-8.2	2950.8	-6.9

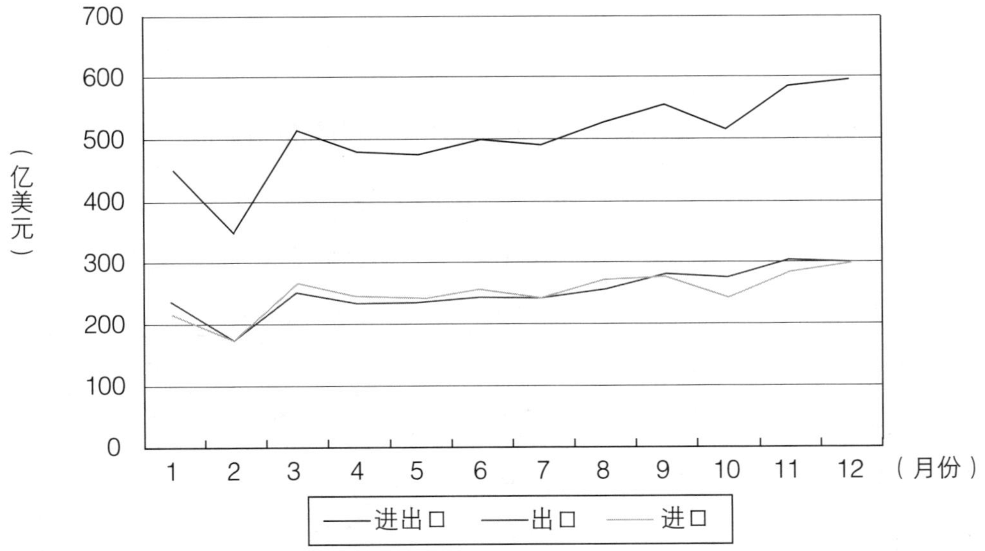

图 2　2016 年 1—12 月海关特殊监管区域进出口价值走势

四、不同类型海关特殊监管区域发展概况

纵观 2016 年 12 个月的数据，可以看出：我国综合保税区以 2293. 6 亿美元的进出口数额持续领先于其他各类海关特殊监管区域，从同比增量上，2016 年各海关特殊监管区均出现负增长。我国珠澳跨境工业区更是出现了 38. 6% 的负增长。相关数据如表 3 所示。

表 3　　2016 年 1—12 月海关特殊监管区域进出口数值汇总

监管区域类型	进出口（亿美元）	同比增长（%）	进口（亿美元）	同比增长（%）	出口（亿美元）	同比增长（%）
保税区	1907. 6	-5. 2	1234. 7	-4. 5	672. 8	-6. 4
出口加工区	982. 9	-19. 4	394. 3	-18. 2	672. 8	-6. 4
保税港区	608. 3	-1. 7	354. 4	-0. 3	253. 9	-3. 5
综合保税区	2293. 6	-4. 6	915. 6	-6. 5	1378. 0	-3. 3
保税物流园区	116. 9	-12. 4	50. 8	-13. 2	66. 2	-11. 7
珠澳跨境工业区	2. 8	-36. 3	1. 2	-33. 1	1. 6	-38. 6

（一）保税区进出口情况。

2016 年 1—12 月全国保税区进出口累计 1907. 6 亿美元，同比增长-5. 2%。其中：出口 672. 8 亿美元，同比增长-6. 4%；进口 1234. 7 亿美元，同比增长-4. 5%。2016 年有 9 个月份保税区的进出口额呈现负增长，直接影响 2016 年保税区进出口额全年负增长。相关数据如表 4 和图 3 所示。

表 4　　2016 年 1—12 月全国保税区进出口、出口和进口数值统计

时间（月）	进出口		出口		进口	
	数值（亿美元）	同比增长（%）	数值（亿美元）	同比增长（%）	数值（亿美元）	同比增长（%）
1	448. 4	-8. 6	234. 5	-7. 4	213. 9	-9. 9
2	345. 0	-8. 8	173. 6	-11. 4	171. 5	-6. 0
3	171. 5	2. 7	58. 3	6. 4	113. 2	0. 9
4	156. 3	0. 1	58. 6	14. 0	97. 7	-6. 7
5	162. 9	10. 9	60. 7	17. 9	102. 2	7. 1

续　表

时间（月）	进出口		出口		进口	
	数值（亿美元）	同比增长（%）	数值（亿美元）	同比增长（%）	数值（亿美元）	同比增长（%）
6	168.7	3.5	60.2	13.1	108.6	-1.2
7	168.1	1.6	61.4	10.8	106.7	-3.1
8	164.4	0.2	59.5	1.3	104.9	-0.4
9	173.2	-10.2	63.3	-14.8	109.9	-7.2
10	142.5	-12.4	49.3	-18.1	93.2	-9.1
11	180.0	-3.2	60.2	-17.1	119.9	5.8
12	185.3	-16.8	62.0	-27.7	123.3	-10.0
合计	1907.6	-5.2	672.8	-6.4	1234.7	-4.5

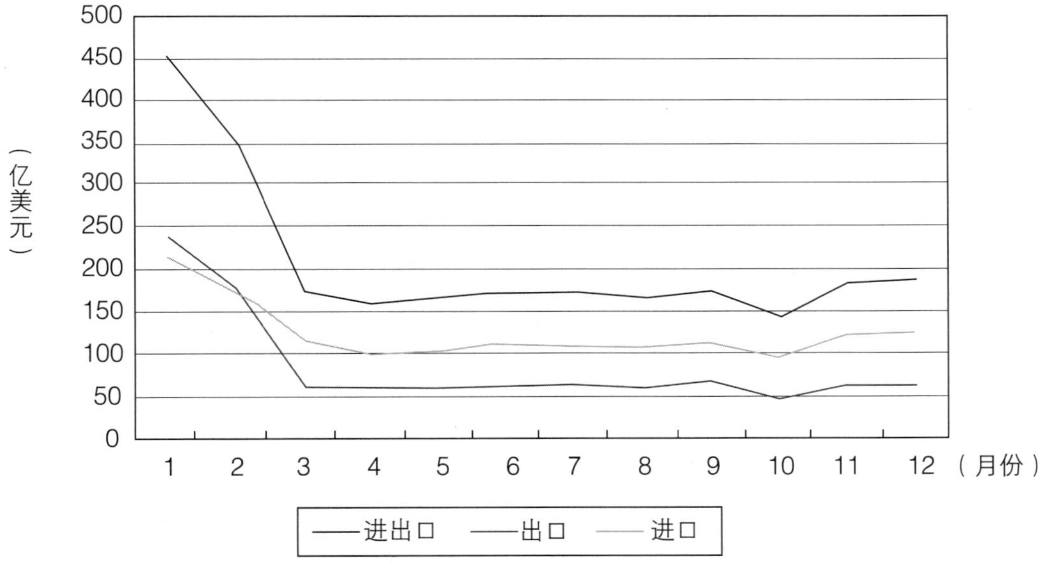

图3　2016年1—12月全国保税区进出口价值走势

（二）出口加工区进出口情况。

2016年1—12月全国出口加工区进出口累计982.9亿美元，同比增长-19.4%。其中：出口588.6亿美元，同比增长-20.1%；进口394.3亿美元，同比增长-18.2%。与2015年相比，全国出口加工区进出口总体下滑较为明显。如表5和图4所示。

表 5　2016 年 1—12 月我国出口加工区进出口、出口和进口数值统计

时间（月）	进出口（亿美元）	同比增长（%）	出口（亿美元）	同比增长（%）	进口（亿美元）	同比增长（%）
1	80.5	-10.5	48.4	-12.7	32.0	-26.7
2	62.1	-9.1	38.3	-10.2	23.7	-7.3
3	94.4	12.1	53.8	8.5	40.6	17.4
4	90.7	1.0	51.5	-1.5	39.2	4.3
5	89.8	-4.4	52.2	-12.8	37.6	10.5
6	86.5	-12.2	49.6	-15.5	36.9	-7.4
7	83.2	-23.6	51.1	-20.5	32.2	-28.1
8	91.4	-16.8	54.0	-20.9	37.4	-10.1
9	78.8	-27.1	45.9	-30.7	32.9	-21.5
10	77.7	-25.9	45.2	-30.2	32.5	-18.8
11	90.8	-27.7	56.4	-24.6	34.4	-32.3
12	95.3	-30.4	59.7	-25.5	35.6	-37.3
合计	982.9	-19.4	588.6	-20.1	394.3	-18.2

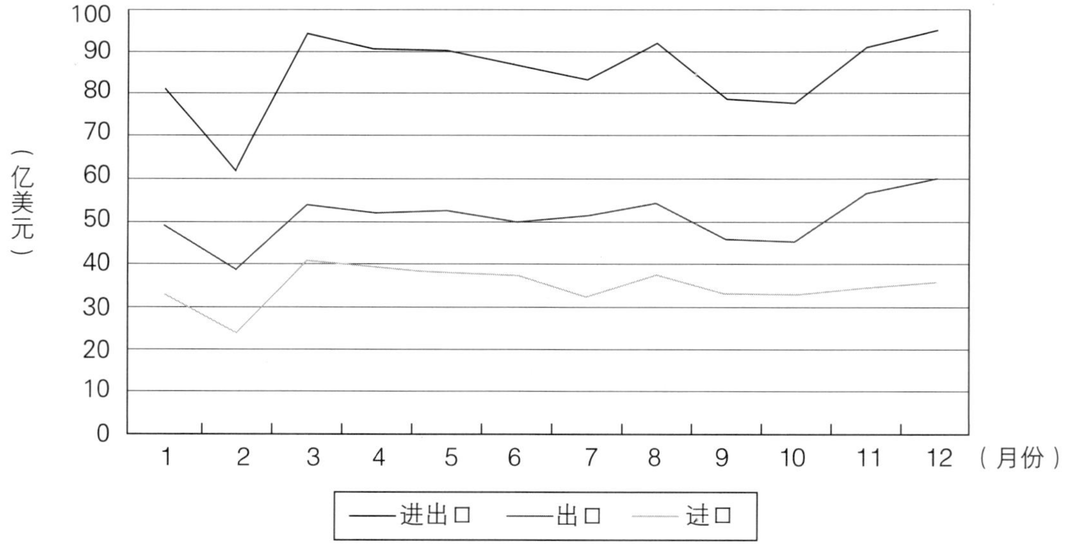

图 4　2016 年 1—12 月全国出口加工区进出口价值走势

（三）保税港区进出口情况。

2016 年 1—12 月全国保税港区进出口累计 608.3 亿美元，同比增长 -1.7%。其中：出口 253.9 亿美元，同比增长 -3.5%；进口 354.4 亿美元，同比增长 -0.3%。2016 年我国保税港区业绩表现好于 2015 年，整体下降幅度收窄。相关数据如表 6 和图 5 所示。

表 6　2016 年 1—12 月全国保税港区进出口、出口和进口数值统计

时间（月）	进出口		出口		进口	
	数值（亿美元）	同比增长（%）	数值（亿美元）	同比增长（%）	数值（亿美元）	同比增长（%）
1	41.2	-12.9	21.7	-2.8	19.5	-21.9
2	34.5	-13.2	14.4	-24.0	20.1	-3.5
3	46.8	16.2	17.5	-2.4	29.4	30.9
4	54.5	17.2	18.0	1.0	36.5	27.3
5	42.9	-8.6	19.6	-6.3	23.4	-10.5
6	52.3	-13.5	20.4	-19.2	31.9	-9.4
7	53.5	-3.4	23.2	-1.4	30.2	-5.0
8	65.3	25.7	27.8	19.4	37.6	30.8
9	59.5	-3.5	26.8	6.1	32.7	-10.2
10	45.6	-17.0	20.5	-17.7	25.2	-16.5
11	53.3	-3.9	22.5	19.3	30.8	-15.9
12	60.6	4.6	22.3	-7.9	38.3	13.7
合计	608.3	-1.7	253.9	-3.5	354.4	-0.3

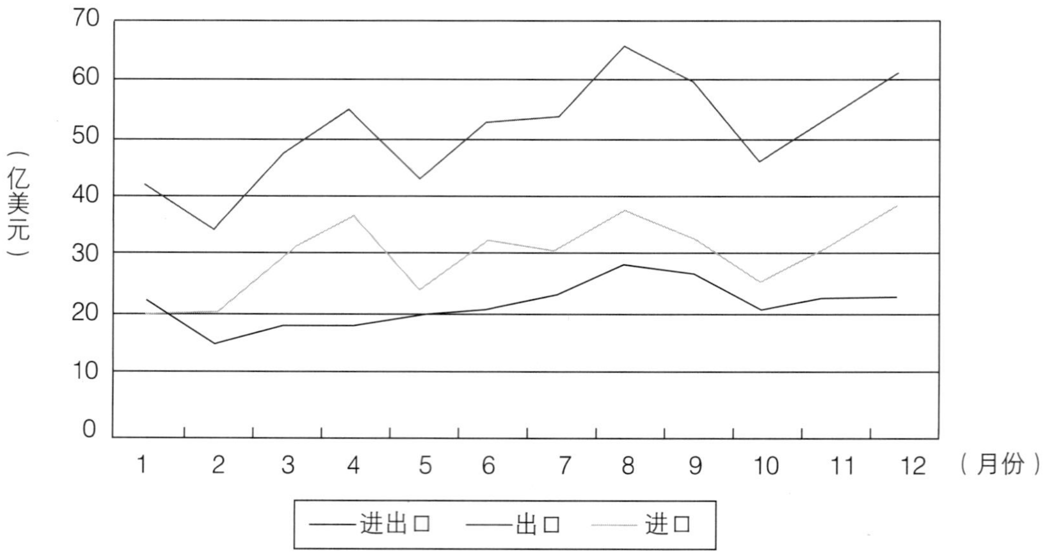

图5　2016年1—12月全国保税港区进出口价值变化走势

（四）综合保税区进出口情况。

2016年1—12月我国综合保税区进出口累计2293.6亿美元，同比增长-4.6%。其中：出口1378.0亿美元，同比增长-3.3%；进口915.6亿美元，同比增长-6.5%。和2015年比较，2016年综合保税区进出口均出现了负增长，说明2016年我国外贸形势异常严峻。相关数据如表7和图6所示。

表7　2016年1—12月全国综合保税区进出口、出口和进口数值统计

时间（月）	进出口		出口		进口	
	数值（亿美元）	同比增长（%）	数值（亿美元）	同比增长（%）	数值（亿美元）	同比增长（%）
1	165.9	-6.9	97.4	-10.3	68.5	-1.5
2	128.2	-7.3	77.7	-9.7	50.5	-3.4
3	191.4	6.3	116.1	12.0	75.4	-1.4
4	165.0	-3.5	97.7	-3.3	67.3	-3.8
5	167.4	-10.9	93.6	-13.4	73.8	-7.3
6	177.2	-9.1	102.7	-10.6	74.5	-7.0
7	173.2	-8.1	101.8	-6.7	71.4	-10.1
8	191.3	-6.7	106.7	-9.9	84.6	-2.2

续 表

时间（月）	进出口		出口		进口	
	数值（亿美元）	同比增长（%）	数值（亿美元）	同比增长（%）	数值（亿美元）	同比增长（%）
9	234.0	−2.0	138.0	−1.4	96.0	−2.8
10	243.0	0.6	155.0	5.1	88.0	−6.4
11	259.5	4.0	164.9	12.2	94.6	−7.8
12	245.1	6.1	151.4	7.3	93.7	4.4
合计	2293.6	−4.6	1378.0	−3.3	915.6	−6.5

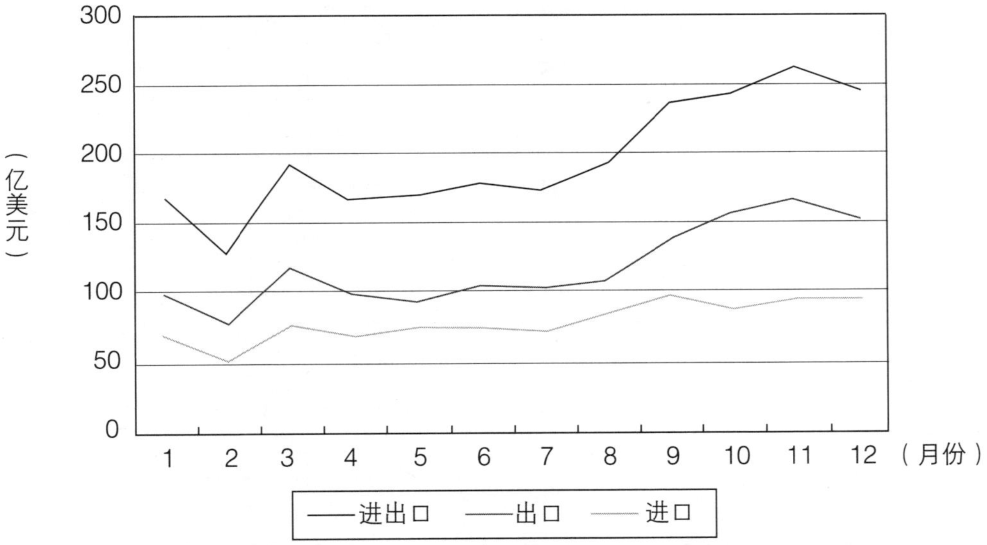

图 6　2016 年 1—12 月我国综合保税区进出口价值变化走势

（五）保税物流园区进出口情况。

2016 年 1—12 月我国保税物流园区进出口累计 116.9 亿美元，同比增长−12.4 %。其中：出口 66.2 亿美元，同比增长−11.7 %；进口 50.8 亿美元，同比增长−13.2 %。相关数据如表 8 和图 7 所示。

表 8　2016 年 1—12 月全国保税物流园区进出口、出口和进口数值统计

时间（月）	进出口		出口		进口	
	数值（亿美元）	同比增长（%）	数值（亿美元）	同比增长（%）	数值（亿美元）	同比增长（%）
1	10.7	−14.8	7.1	−7.2	3.6	−26.7

续 表

时间（月）	进出口		出口		进口	
	数值（亿美元）	同比增长（%）	数值（亿美元）	同比增长（%）	数值（亿美元）	同比增长（%）
2	8. 1	-12. 5	4. 4	-32. 5	3. 7	34. 7
3	10. 7	-6. 3	5. 8	-5 2	5. 0	-7. 6
4	12. 2	-13. 2	7. 6	19. 3	4. 6	-40. 1
5	12. 6	6. 4	7. 3	20. 1	5. 3	-7. 9
6	11. 6	-5. 6	7. 2	21. 6	4. 4	-30. 8
7	11. 2	3. 1	6. 9	11. 0	4. 3	-7. 5
8	12. 5	31. 4	7. 8	27. 5	4. 6	38. 5
9	8. 4	-15. 7	5. 0	-18. 3	3. 4	-11. 6
10	5. 5	-45. 2	2. 6	-49. 4	2. 9	-40. 9
11	5. 7	-45. 1	2. 4	-59. 4	3. 2	-25. 1
12	8. 6	-24. 8	2. 7	-60. 7	5. 9	28. 2
合计	116. 9	-12. 4	66. 2	-11. 7	50. 8	-13. 2

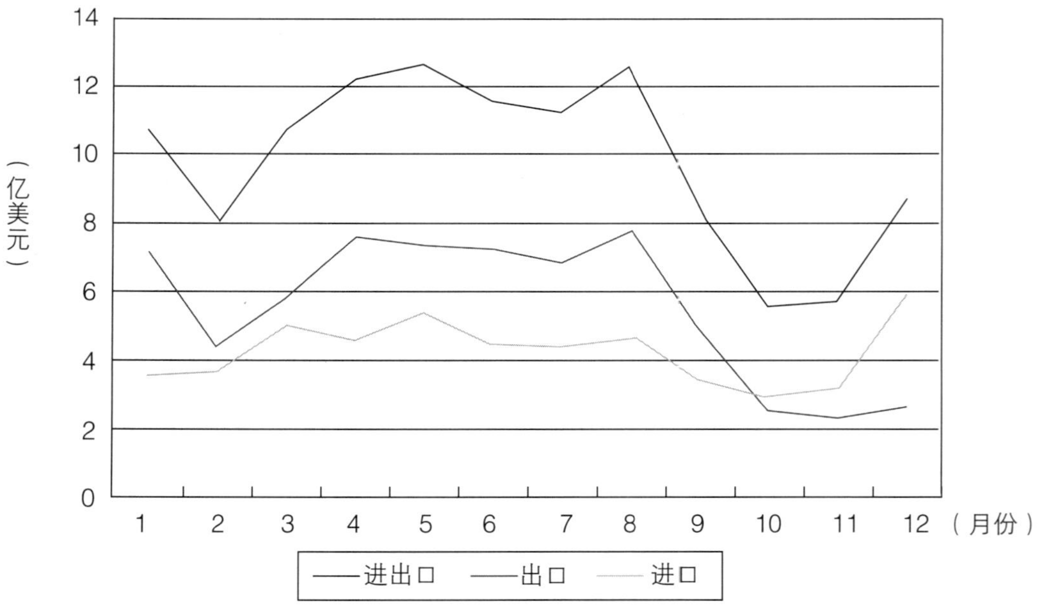

图 7　2016 年 1—12 月全国保税物流园区进出口价值变化走势

（六）珠澳跨境工业区进出口情况。

2016年1—12月珠澳跨境工业区进出口累计2.8亿美元，同比增长-36.3%；其中：出口1.6亿美元，同比增长-38.6%；进口1.2亿美元，同比增长-33.1%。相关数据如表9和图8所示。

表9　　2016年1—12月珠澳跨境工业区进出口、出口和进口数值统计

时间（月）	进出口		出口		进口	
	数值（亿美元）	同比增长（%）	数值（亿美元）	同比增长（%）	数值（亿美元）	同比增长（%）
1	0.2	-14.3	0.1	-24.5	0.1	-1.0
2	0.1	-32.1	0.0	-57.1	0.1	-4.5
3	0.2	-55.2	0.1	-28.4	0.1	-63.1
4	0.2	-60.8	0.1	-66.5	0.1	-56.0
5	0.2	-62.6	0.1	-72.8	0.1	-46.2
6	0.7	73.0	0.6	118.1	0.1	-17.7
7	0.2	-24.9	0.1	41.6	0.1	-55.7
8	0.1	-27.3	0.1	-24.7	0.1	-29.3
9	0.2	-11.2	0.1	10.0	0.1	-24.9
10	0.1	-75.7	0.1	-85.9	0.1	-17.6
11	0.2	-64.6	0.1	-83.7	0.2	34.0
12	0.2	-8.3	0.1	-1.9	0.1	-14.4
合计	2.8	-36.3	1.6	-38.6	1.2	-33.1

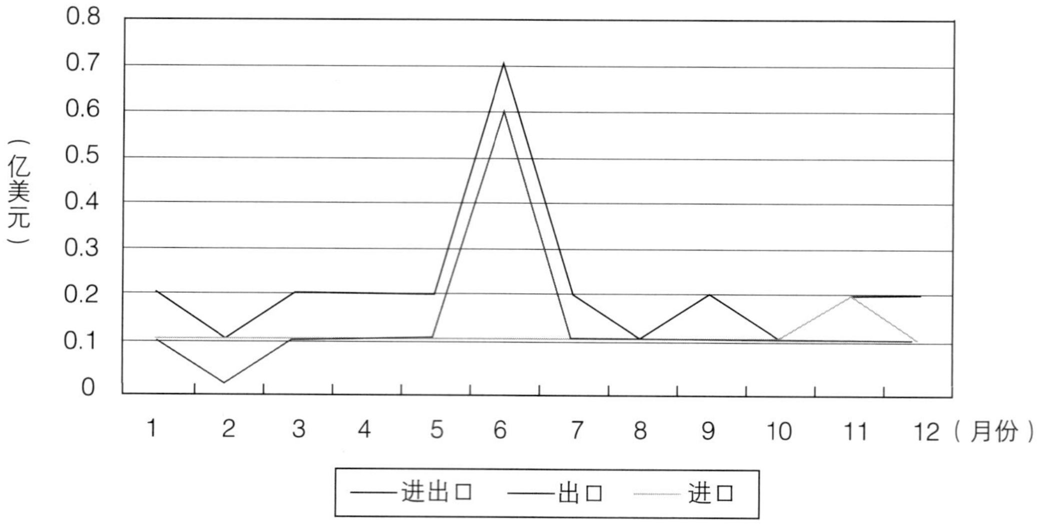

图 8　2016 年 1—12 月全国珠澳跨境工业区进出口价值变化走势

（田　征　锦州辽宁理工职业学院
孙宝祺　大连海事大学）

2016中国铁路物流

2016年是“十三五”开局之年。这一年，我国铁路货运系统面对经济发展新常态及供给侧结构性改革带来的政策市场变化新形势，主动适应、积极创新，各项工作都取得了新的进步。

一、铁路货运生产经营企稳回升

2016年，我国铁路系统在公益性运输、重点物资运输和军运、特运等方面依然承担着骨干作用。在供给侧结构性改革新形势下，铁路系统改革不断深入，取得了一系列成效。全国铁路全年累计完成货运量33.32亿吨，同比下降0.8%，降幅收窄11.1个百分点。其中：煤炭发运量19亿吨，同比下降4.7%；白货运量增长迅速，国家铁路全年发送集装箱约760万标准箱，发送商品汽车约290万台，散货快运量达到2.6亿吨左右，同比分别增长40%、53%和25%。铁路全年完成货物周转量23792.26亿吨·公里，同比由2015年下降13.7%上涨为增长0.2%。下半年由于公路治超导致部分公路货源转向铁路，加上煤炭去产能力度不断加大，部分企业库存吃紧，煤炭价格上涨引起市场短暂活跃，煤炭运量也有所回升。铁路货运量及货物周转量在经历上半年的低迷之后，从8月开始均实现连续5个月的同比正增长，总体呈现企稳向好的态势，如图1和图2所示。

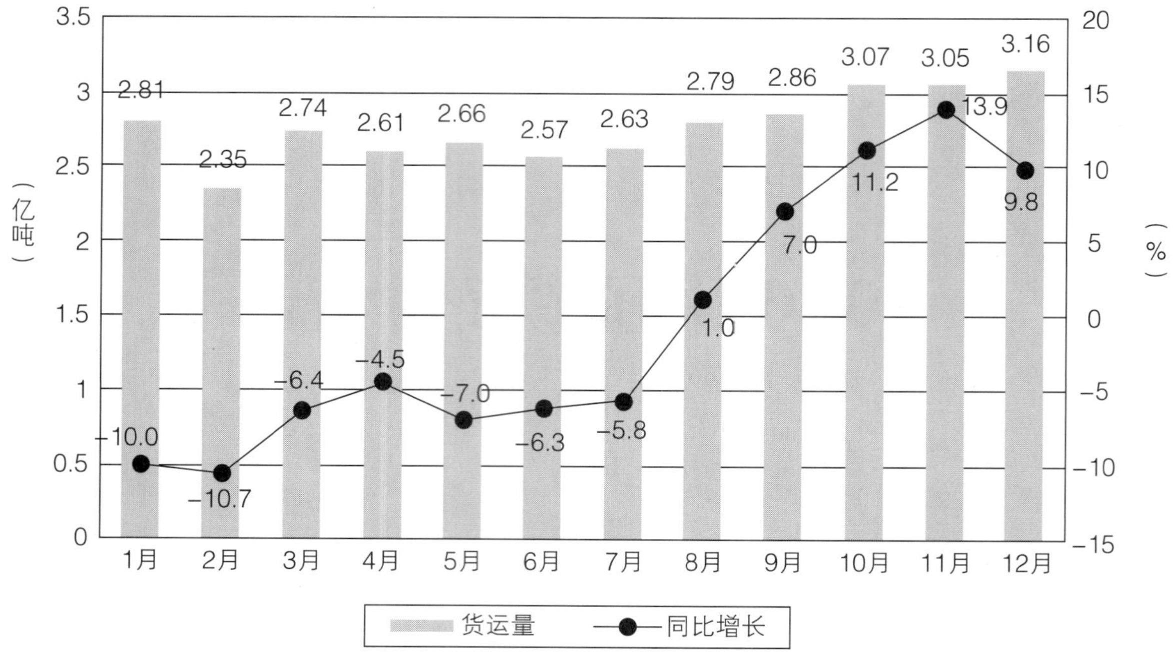

图 1　2016 年各月全国铁路货运量及同比增长走势

数据来源：国家统计局。

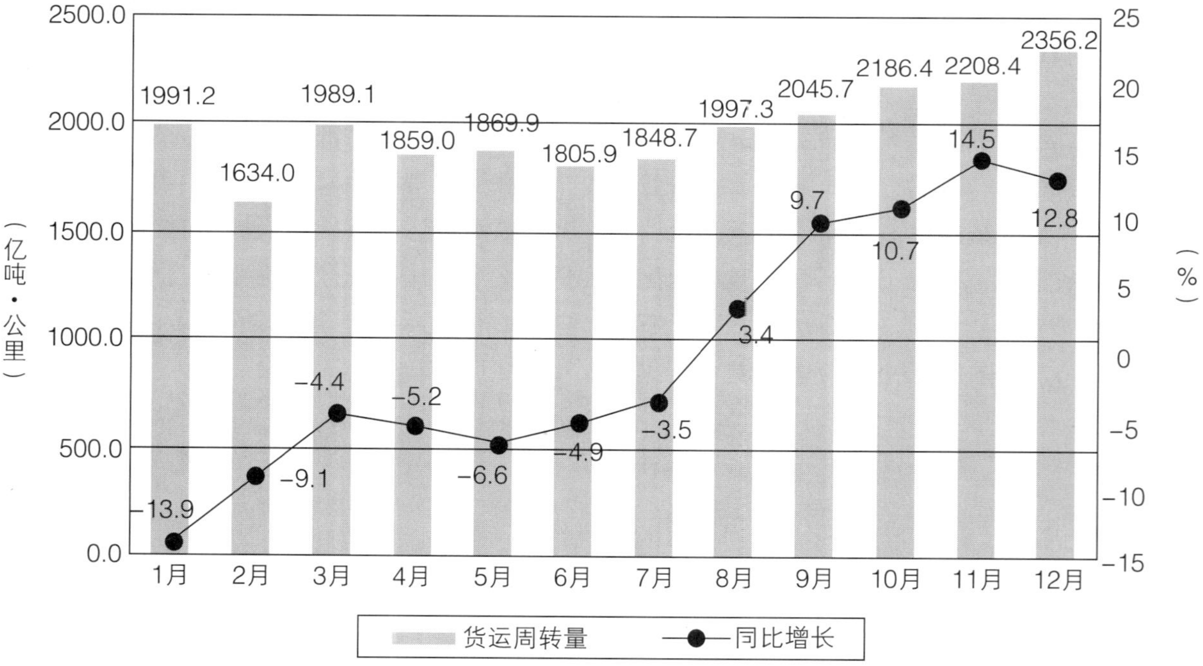

图 2　2016 年各月全国铁路货运周转量及同比增长走势

数据来源：国家统计局。

二、铁路基础设施建设有序推进

（一）现代铁路运输网络逐步成型。

2016 年，我国铁路建设以中西部地区为重点，注重提升路网整体能力，路网规模不断扩大。全年全国铁路固定资产投资完成 8015 亿元，投产新线 3281 公里，复线 3612 公里，电气化铁路 5899 公里；沪昆高铁全线运营，云桂铁路、渝万高铁相继投产。截至 2016 年年底，全国铁路营业里程达到 12.4 万公里，其中：中西部铁路营业里程达 9.5 万公里，高速铁路里程达 2.2 万公里以上。一个布局均衡、覆盖广泛、层次清晰的铁路网络正逐步成型，为既有线路释放运能，高速铁路开展快运业务创造了良好条件。

（二）铁路物流节点建设运营不断推进。

2015 年中国铁路总公司组织研究编制了《铁路物流基地布局规划及 2015—2017 年建设计划》，并初步完成了铁路物流节点网络规划顶层设计。2016 年在此基础上，全国各路局积极推进铁路物流中心建设工作，截至 2016 年年底，已有 28 个一级铁路物流中心建成或运营；有 127 个二级铁路物流中心基本建成运营，占比为 72.6%；有 50% 以上的三级铁路物流中心建成。待规划中的三级铁路物流中心全部建成后，将基本覆盖通达铁路的重要城市；基本联结“一带一路”“长江经济带”和“京津冀地区”三大国家战略规划的相关城市。

为深化供给侧结构性改革，推进铁路传统货场向现代物流中心转型升级，更好地指导铁路物流中心标准化、规范化建设工作，2016 年铁路总公司联合铁道第三勘察设计院集团有限公司、北京交通大学等单位研究编制并正式出台了《铁路物流中心设计规范》。该规范的编制借鉴了社会现代物流节点发展的经验，以物流需求调查、物流需求预测、物流组织为主线，遵循模块化设置、个性化选择的原则，着重强调了铁路物流中心建设应该在有效的市场调查基础上进行针对性设计，突出了对多式联运的适应性，体现了融入全社会物流系统、合作发展的设计新要求，为后续铁路与其他交通方式融合发展提供了保障。

在上述规划、规范的引领下，铁路系统还通过与社会企业合资合作，运用现代物流理念与技术，在中鼎物流园等一批现代物流节点探索了新型运营模式。2016 年 11 月 7 日正式开园运营的中鼎物流园位于山西转型综改示范区的核心区域，是由太原铁路局与山西省内外企业共同打造的全国首家以铁路为主导的多式联运现代物流园。园区包括多式联运港、铁路港、公路港、综合集散港、国际保税港和信息服务港，提供快递快运类、电商、车货信息匹配及各类综合物流服务。园区依托云计算、大数据及物联网等技术，与百度等公司合作开发了“智慧物流云平台”，利用平台“系统智能化派单”“仓库一体化管理”“车货数字化驱动”“资源信息化共享”及“市场实时化分析”六大技术优势打通线上线下，构建了铁路、公路、航空、水运等融合发展的多式联运物流生态体系。再如铁路集装箱中心站在原有基础上不断开拓创新，在做好基本运输业务的同时开发综合物流服务，拓展场站经营服务，2016 年营业收入平均上涨 33%，在推动铁路传统场站向现代物流中心转型的过程中取得了良好的成效，成为“一带一路”中欧、中亚班列组织、开行的重要作业基地，为铁路现代物流中心运营管理树立了良好的标杆。

（三）《中长期铁路网规划》绘就蓝图。

2016 年 7 月，国家发改委结合国家发展的新形势新要求，修编并印发了《中长期铁路网规划》。作为指导我国铁路发展的纲领性文件，该规划为推进铁路建设提供了基本依据。该规划以“支撑引领、创新发展”“科学布局、共建共享”“层次清晰、协调优化”“衔接高效、开放融合”“安全可靠、绿色集约”为原则，到 2020 年铁路网规模达到 15 万公里，其中高速铁路 3 万公里、覆盖 80% 以上的大城市，为完成“十三五”规划任务、实现全面建成小康社会目标提供有力支撑。到 2025 年，铁路网规模达到 17.5 万公里左右，其中高速铁路 3.8 万公里左右，网络覆盖进一步扩大，路网结构更加优化，骨干作用更加显著，更好发挥铁路对经济社会发展的保障作用。展望 2030 年，我国铁路基本实现内外互联互通、区际多路畅通、省会高铁连通、地市快速通达、县域基本覆盖。形成以“八纵八横”主通道为骨架、区域连接线衔接、城际铁路补充的高速铁路网，打造区际快捷大能力通道和面向“一带一路”的国际通道。

三、铁路物流技术装备不断创新

为适应经济新常态，积极推进供给侧结构性改革，2016 年全国铁路系统加大创新研发力度和资金投入，努力提升物流技术装备水平。研发并购置了约 3.5 万只 35 吨敞顶集装箱，为发货端或到货端没有专用线的客户提供“门到门”服务，提高集装箱运用效率和适用范围；研发并购置了 10 万只 1.5 吨小型箱，满足汽配、食品、饮料等零散白货运输需求；研制出 45 英尺宽体集装箱，适应家用电器等轻泡高附加值货物和出口货物运输需求；针对国内冷链运输需求，设计推出了可提供电源的“1+8”新型车组，并在大连、青岛、防城港投入运输，开行了百色至北京的冷藏水果专列。

在运输车辆方面，2016 年 11 月 10 日至 11 日，中国铁路总公司组织对我国第一代多式联运公铁驮背运输专用车（QT1、QT2 型）样车进行了试用评审。QT1 型驮背运输车用于公路汽车整车或半挂车运输，QT2 型驮背运输车专用于公路半挂车甩挂运输。驮背运输车的成功研制满足了公路货车整车、半挂车自行上下驮背车的要求，满足了由铁路完成中长距离运输及“门到门”服务的运输市场需求，填补了我国铁路技术装备上的一项空白，为我国加快发展多式联运，降低社会物流成本提供了重要的装备支持。

四、铁路物流线上线下加快融合

2016 年，铁路加快线上线下融合，积极开拓铁路物流“互联网+”新格局。铁路总公司深化货运电商平台等技术研究，优化 95306 网功能。各铁路局积极通过微信公众号、微博等平台进行货运营销，同时以改善客户体验为目标，开发了“上铁捷运”快捷货运平台、“铁 e 达”货运接取送达平台、“掌上滨江”APP 等各类平台、软件，方便客户通过平台在线下单、支付运费，为客户开辟了高效、快捷的物流通道。

中铁快运商城同样从线上和线下两方面入手，不断提升服务品质。线上优化商城界面及功能，线下提升配送、售后等环节服务质量。截至 2016 年年底，注册用户约 5.5 万人，全年累计完成订单 3200 余单，有效增加了铁路运量。

五、铁路物流服务品牌逐步建立

（一）“中欧班列”品牌推进“一带一路”。

自2011年3月19日首列中欧班列（重庆—杜伊斯堡）开行以来，中欧班列凭借其“快捷准时、安全稳定、绿色环保”的特点，成为“一带一路”国际物流陆路运输的骨干方式，成为推进“一带一路”建设的重要平台和载体，发展日益活跃。2016年，中欧班列开行范围不断扩大、回程班列显著增加、货物种类日益丰富、运量大幅增长、货值显著提升，发展势头良好。

据中国铁路总公司的数据，2016年中欧班列共开行1702列，同比增长109%；其中返程班列572列，同比增长116%。重庆、成都等城市中欧班列运营情况较好，2016年全年从重庆始发中欧班列420列，其中去程278列、回程142列，总货值170.4亿美元；从成都始发453列，其中去程287列，回程166列，总货值15.07亿美元。广州等地首发中欧班列，伦敦等欧洲主要城市也首次成为中欧班列的终点。全国已有近20个城市陆续开通了去往德国杜伊斯堡、西班牙马德里等10余个欧洲城市的班列。

2016年6月初，国家发改委、中国铁路总公司正式启用“中欧班列”统一品牌（见图3）。2016年6月20日，国家主席习近平同波兰总统杜达在华沙共同出席统一品牌中欧班列首达欧洲（波兰）仪式。统一品牌的发布对打造“中欧班列”国际竞争力和信誉度，推进中欧班列健康有序发展具有重要意义，也是中国铁路建立铁路物流品牌，走向国际的重要里程碑。

CR express　　CR express 中欧班列 CHINA RAILWAY Express

图3　“中欧班列”品牌统一标识

2016年10月8日，为实现中欧班列健康有序发展，推进“一带一路”建设工作领导小组办公室印发了《中欧班列建设发展规划（2016—2020年）》，全面部署今后5年中欧班列建设发展任务。这是中欧班列建设发展的首个顶层设计，明确了中欧铁路运输通道、枢纽节点和运输线路的空间布局规划，提出完善国际贸易通道、加强物流枢纽设施建设、加大货源整合力度、创新服务模式、建立完善价格机制、构建信息服务平台、推进便利化大通关7大任务及相关保障措施。计划到2020年，中欧班列年开行5000列左右，基本形成布局合理、设施完善、运量稳定、便捷高效、安全畅通的中欧班列综合服务体系。

（二）“电商黄金周”品牌助力“双十一”。

继2014年7月首列电商快递班列正式运行以来，面对电商、快递高速发展，铁路总公司在经过两年的局部试点的基础上，从2016年10月20日起，高铁快运服务实现在全国所有高铁列车经停的505个城市试行，为客户提供小件物品全程运送高端服务，开启了高铁全面探索物流市场的系统尝试。

2016年“双十一”期间，铁路总公司借鉴铁路旅客运输黄金周组织模式，充分依托高铁快运、铁路干线运输优势，加强与电商、快递企业合作，推出高铁快运“当日达”“次晨达”及电商班列“一日达”等快捷货运产品，打造铁路“电商黄金周”运输服务品牌，各路局也结合实际情况，推出快运产品，联合快递物流企业，助力“双十一”（见下表）。11 月 11 日至 20 日 10 天时间，铁路总公司共发送电商快递货物 1525 万件，通过高铁快运与电商、快递的无缝衔接和密切合作，加快了电商货物送达速度，降低了社会物流总成本，也为进一步融合发展开辟了新的空间。

2016 年全国各铁路局“电商黄金周”服务情况一览表

序号	铁路局	“电商黄金周”服务情况
1	哈尔滨铁路局	开行 11 趟高铁快运列车和 12 趟跨省快速班列、东北货物快运等货运列车；与顺丰、邮政、韵达等物流企业签订合作协议
2	沈阳铁路局	每天利用 8 列载客高铁列车开展跨局高铁快运业务；与顺丰等快递企业开展合作
3	北京铁路局	运用 26 列高铁列车和 4 列电商专列，搭建电商物流快递通道
4	太原铁路局	推出高铁快运“当日达”促销活动
5	呼和浩特铁路局	分城市推出“当日达”“次晨达”等产品；与邮政物流和顺丰等快递企业对接联系
6	郑州铁路局	打造两日达“中原普速快运品牌”和“当日达”“次晨达”“高铁快运品牌”；组织人员与顺丰、圆通等物流公司接洽合作
7	武汉铁路局	推出高铁快运“当日达”“次晨达”及电商班列“一日达”等快捷物流产品；与顺丰等快递企业开展合作
8	西安铁路局	推出高铁快运“当日达”“次晨达”“次日达”“隔日达”4 个产品；与顺丰合作快递速运业务
9	济南铁路局	推出高铁快运“当日达”“次晨达”和电商班列等多种快捷货运产品；与顺丰、韵达、京东等多家快递企业恰谈合作
10	上海铁路局	推出 47 趟高铁快运“当日达”“次晨达”产品，8 趟电商班列
11	南昌铁路局	与电商和快递企业合作，在赣闽两省始发开行的 13 列高铁列车上办理“当日达”高铁快运业务

续　表

序号	铁路局	“电商黄金周”服务情况
12	广铁集团	开办高铁快运“当日达”“次晨达”业务；携手京东、顺丰等电商和快递企业，开行3趟电商班列
13	南宁铁路局	打造南宁至武汉、南宁至杭州两条高铁快运当日达精品线路
14	成都铁路局	推出高铁快运批量运输、行李车限时快运、电商班列等货运新产品；与顺丰、京东、邮政等电商、快递企业合作
15	昆明铁路局	推出“快速班列”“特需班列”“云岭快运”三种货运产品
16	兰州铁路局	推出“当日达”“次晨达”等产品，推出“双十一”体验价优惠活动；与顺丰、京东、邮政等电商、快递企业合作
17	乌鲁木齐铁路局	开展局管内高铁快运业务；与顺丰开展合作
18	青藏铁路公司	推出部分城市间“当日达”产品

数据来源：根据网络资料整理。

六、铁路物流创新改革持续深化

（一）创新合作模式。

铁路面对白货市场，以《关于按板块做好白货营销的意见》为指导，将152类白货货源作为主要目标市场，细分市场板块，创新“总对总”、物流总包等物流服务模式。

2016年，铁路推进“总对总营销”成果显著。铁路总公司出台了“总对总”战略合作实施意见，明确了战略合作范围和原则，以及分级洽谈、板块营销、协议签订、项目落实、评价考核等工作流程和相关制度。2016年4月16日，中国铁路总公司和海尔集团在山东青岛海尔集团总部签订战略合作协议，铁总开始在全国多地为海尔集团开行海尔电器特需专列。此外，铁路还与格力、茅台等各行业大型企业开展总部间战略合作，各铁路局走访对接各大中型企业，筛选确定拟合作企业，开展“总对总”战略合作。

同时，铁路还重点针对食品饮料、医药、家电、日化、汽车等行业各自特点，分板块组织团队制定专业化、个性化的特色物流服务方案，签订物流总包合同，满足各行业的不同物流需求。

（二）完善价格机制。

铁路总公司稳步实施运价优化调整，在《铁路总公司关于推进铁路供给侧改革深化铁路现代物流建设若干措施的通知》（铁总运电〔2016〕54号）中提出扩大铁路局运价调整自主权，实现货运量止跌回升，其中直通运输运价自主下浮幅度由15%调整为30%，煤炭运价下浮不超过20%、港口矿石运价下浮不超过20%时均可由路局自定。同时加强运价监督和指导，制定了先降两端杂费、再降运费等相关要求。各铁路局充分用运价杠杆，严格规范操作，分货物品类施策，分不同企业施策，开发启动了一批公路货源回归项目。

（三）推动融合发展。

深化铁路与港航企业合作，加强与中国远洋海运等船公司和主要集装箱港口的合作；大力发展铁路箱下水业务，大力发展铁水联运，全路开行了107条集装箱铁水联运班列，基本建立了连接港口与内陆主要腹地的集疏运网络。推进EDI信息共享，实现了与营口、天津、青岛、连云港、宁波、厦门6个港口和中海集装箱运输股份有限公司的数据交换。

（张晓东　杨俊杰　北京交通大学交通运输学院物流工程系

韩伯领　李辰中　中国铁路总公司运输局）

2016年中国快递业

2016年是我国快递业进入“十三五”时期的第一年，连续6年依然保持高速增长的态势，并连续三年稳居全球快件量第一大国的地位。2016年中国快递发展指数（CEDI）为538.5，同比提高40.8%。2016年我国有3家民营快递企业成功上市，2家获得证监会上市批准，成为我国快递产业有史以来最辉煌的一年。

一、快递业发展基本概况

2016年，中国快递发展指数为1104.6，同比提高49.5%。业务量首次突破300亿件大关，达到312.8亿件，同比增长51.4%，居现代服务业前列，成为我国新经济的亮点。2016年，我国快递业快递日均处理量达到8571万件，最高日处理量超过2.5亿件；日均服务人次超过1.7亿，年人均快递使用量接近23件。2016年我国快递业实现业务收入接近4000亿元，比上年增长43.5%（如图1所示），是同期国内生产总值增速的6倍以上。我国已形成6家年营业收入超300亿元、10家年营业收入超100亿元的快递品牌集群。

据国家邮政局统计，2016年，我国快递服务企业业务量累计完成312.8亿件，同比增长51.4%；业务收入累计完成3091.4亿元，同比增长43.5%。其中：同城业务收入累计完成563.1亿元，同比增长40.5%；异地业务收入累计完成2099.3亿元，同比增长38.8%；国际/港澳台业务收入累计完成429.0亿元，同比增长16.1%，如图2所示。

2016年我国国内快递专用货机达到81架，全国快递服务网点乡镇覆盖率超过80%，全年农村地区收投包裹超过80亿件，全国铺设的快递智能自助柜在11万台左右。

据快递物流咨询网的测算，2016年我国专职从事快递业务的人员在185万人左右，从业人员的平均年龄在28岁左右，农村剩余劳动力占到了85%左右，男性占到87%左右。

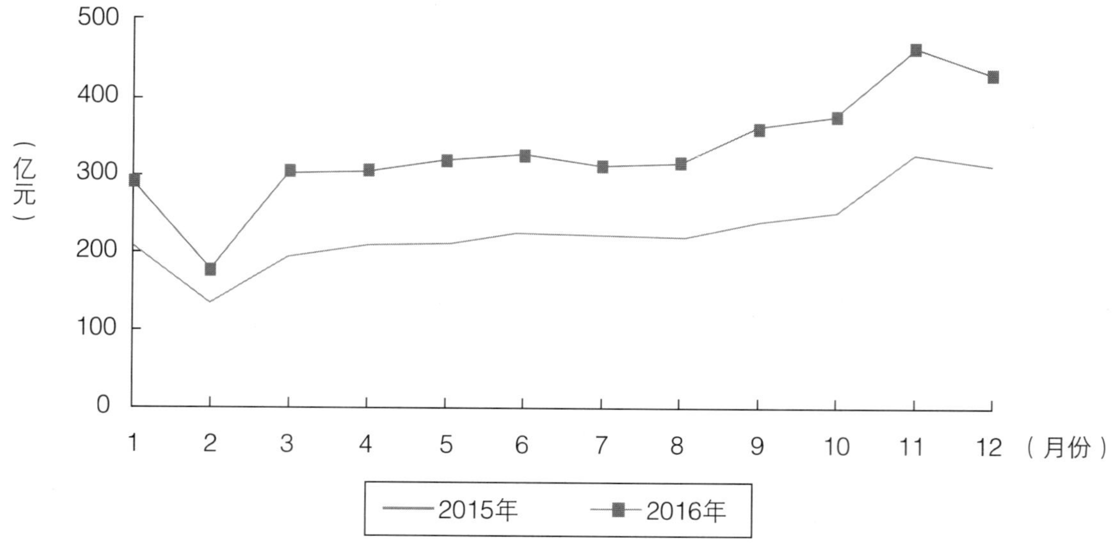

图 1　2015—2016 年我国快递业务收入走势

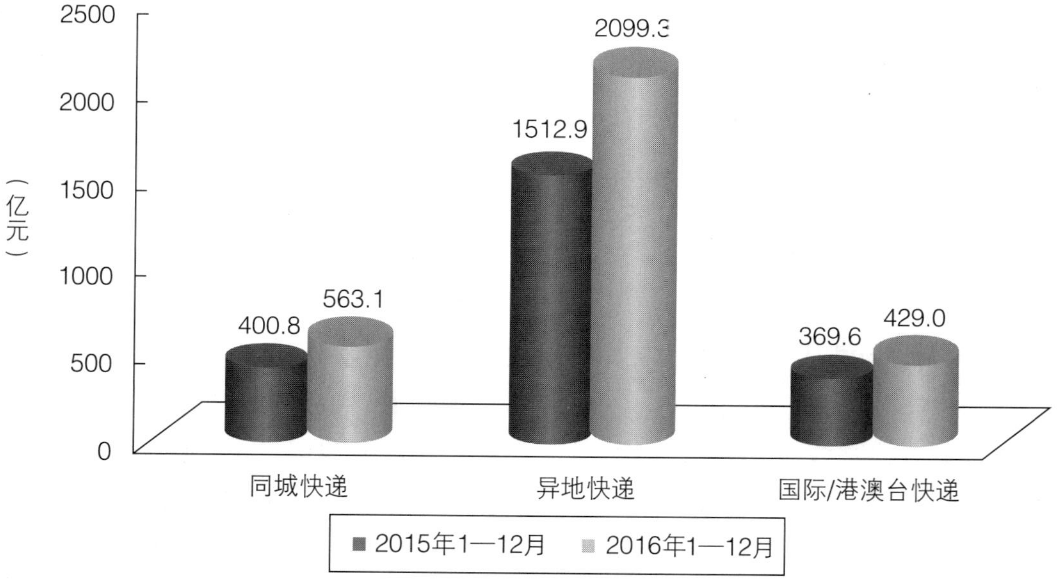

图 2　2015—2016 年我国快递业分专业快递业务收入比较

2016 年，我国快递业同城、异地、国际/港澳台快递业务收入分别占全部快递收入的 14.2%、52.8%和 10.8%（如图 3 所示）；业务量分别占全部快递业务量的 23.7%、74.3%和 2%（如图 4 所示）。与上年同期相比，同城快递业务收入的比重下降 0.3 个百分点，异地快递业务收入的比重下降 1.8 个百分点，国际/港澳台业务收入的比重下降 2.5 个百分点。

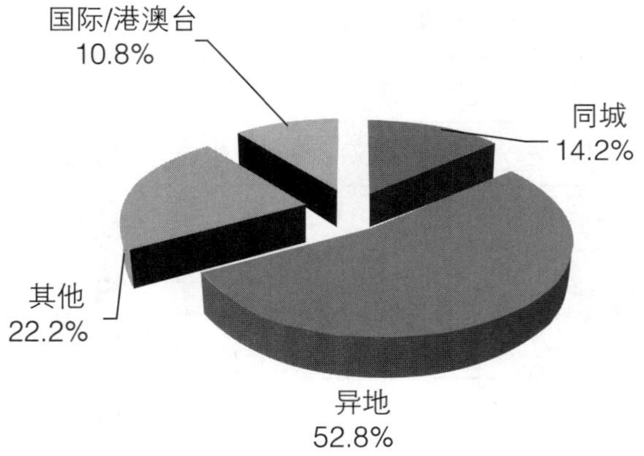

图 3　2016 年我国快递业的业务收入构成示意

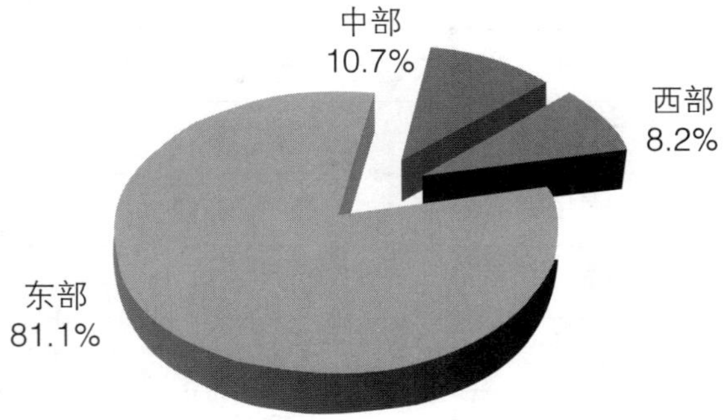

图 5　2016 年我国东、中、西部地区快递业务收入占比

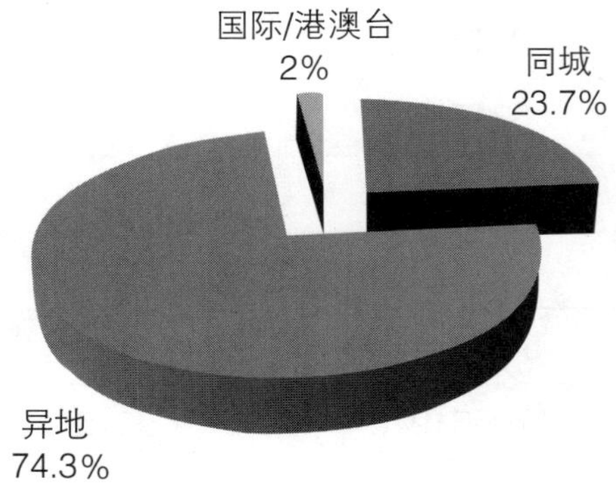

图 4　2016 年我国快递业务量构成示意

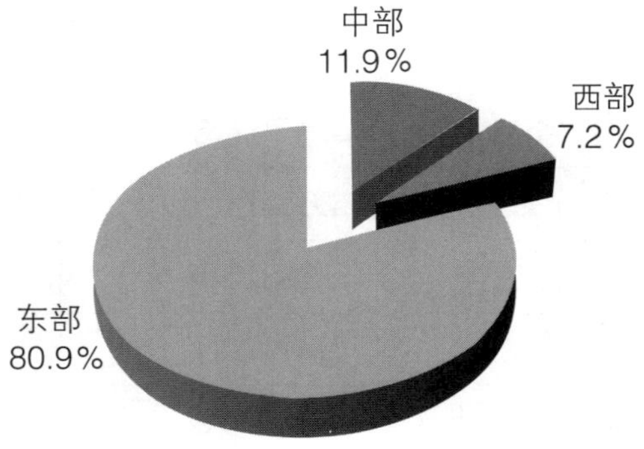

图 6　2016 年我国东、中、西部地区快递业务量占比

2016 年，我国东、中、西部地区快递业务收入占比分别为 81.1%、10.7% 和 8.2%（见图 5），业务量占比分别为 80.9%、11.9% 和 7.2%（见图 6）。与上年同期相比，东部地区快递业务收入比重下降了 0.8 个百分点，快递业务量比重下降了 1.1 个百分点；中部地区快递业务收入比重上升了 0.4 个百分点，快递业务量比重上升了 0.7 个百分点；西部地区快递业务收入比重上升了 0.4 个百分点，快递业务量比重上升了 0.4 个百分点。

2016 年，我国各省区市快递服务业业务量和业务收入均比上年有所增长，快递业务量同比增长位居前三甲的省区市分别为：广西壮族自治区、陕西省和安徽省；快递业务收入同比增长位居前三甲的省区市分别为：甘肃省、河北省和陕西省。各省区市快递业务量和业务收入的具体情况如表 1 所示。2016 年我国快递业务量排名前 50 位城市情况如表 2 所示。2016 年我国快递业务收入排名前 50 位城市情况如表 3 所示。

表 1 2016 年我国各省区市快递服务企业业务量和业务收入情况统计

省区市	快递业务量累计（万件）	同比增长（%）	快递收入累计（万元）	同比增长（%）
全国	3128315.1	51.4	39743601.3	43.5
北京市	196029.0	38.6	2565681.3	41.2
天津市	41005.4	60.0	634879.9	45.8
河北省	90392.4	64.6	942582.7	67.8
山西省	18665.2	62.6	221412.2	44.8
内蒙古自治区	8470.6	56.6	185011.0	50.4
辽宁省	39825.9	61.4	556909.3	40.7
吉林省	13894.0	54.1	251313.4	48.2
黑龙江省	21769.8	72.3	331634.7	55.4
上海市	260274.4	52.4	7095143.5	55.9
江苏省	283823.2	23.9	3391633.5	16.7
浙江省	598770.0	56.3	5412544.6	41.0
安徽省	68878.3	72.5	705619.0	53.0
福建省	128985.8	45.3	1348336.3	33.7
江西省	38304.6	63.2	412915.5	49.2
山东省	120533.9	64.2	1389811.6	43.2
河南省	83875.3	63.0	943664.1	49.5
湖北省	77348.1	52.1	871650.5	46.3
湖南省	48603.5	52.9	515976.6	52.2
广东省	767241.6	53.0	8802789.8	42.9
广西壮族自治区	22835.4	82.1	338879.1	55.6
海南省	4869.4	64.9	100338.6	58.2
重庆市	28382.5	38.3	389617.2	36.0
四川省	80147.8	64.2	963552.7	53.2
贵州省	11260.1	60.1	217919.1	64.6
云南省	17445.8	57.0	289569.0	44.0
西藏自治区	734.4	27.0	20713.0	23.1

续　表

省区市	快递业务量累计（万件）	同比增长（%）	快递收入累计（万元）	同比增长（%）
陕西省	36901.6	81.3	456462.2	67.3
甘肃省	6065.1	71.3	125040.5	72.4
青海省	1078.6	50.5	30040.5	64.7
宁夏回族自治区	3241.5	45.2	58591.2	21.2
新疆维吾尔自治区	8661.9	22.9	173369.1	34.1

表2　　2016年我国快递业务量排名前50位城市情况

排名	城市	快递业务量累计（万件）	排名	城市	快递业务量累计（万件）
1	广州市	286698.2	20	嘉兴市	33227.7
2	上海市	260274.4	21	合肥市	30324.2
3	深圳市	204503.2	22	佛山市	29683.2
4	北京市	196029.0	23	重庆市	28382.5
5	杭州市	180473.3	24	西安市	27716.4
6	金华市	168962.4	25	石家庄市	27643.0
7	东莞市	106895.6	26	济南市	26745.8
8	苏州市	85093.3	27	福州市	26427.2
9	成都市	61463.1	28	长沙市	26028.2
10	温州市	58652.7	29	青岛市	24978.4
11	泉州市	55419.5	30	中山市	24499.9
12	武汉市	54760.6	31	绍兴市	24411.8
13	宁波市	50677.5	32	汕头市	23086.0
14	台州市	49250.1	33	南通市	21628.0
15	南京市	47229.6	34	厦门市	20303.9
16	郑州市	42374.8	35	沈阳市	19289.1
17	天津市	41005.4	36	湖州市	18682.0
18	揭阳市	36316.5	37	保定市	18173.7
19	无锡市	34752.7	38	徐州市	17377.7

续 表

排名	城市	快递业务量累计（万件）	排名	城市	快递业务量累计（万件）
39	南昌市	17149.7	45	昆明市	11775.4
40	常州市	16435.8	46	太原市	11424.6
41	惠州市	15886.7	47	南宁市	11407.7
42	哈尔滨市	15528.2	48	宿迁市	11156.8
43	廊坊市	12864.5	49	扬州市	10736.3
44	临沂市	12195.1	50	潍坊市	10442.9

表 3　　2016 年我国快递业务收入排名前 50 位城市情况

排名	城市名称	快递业务收入累计（万元）	排名	城市名称	快递业务收入累计（万元）
1	上海市	7095143.5	19	佛山市	373903.2
2	深圳市	2983449.2	20	嘉兴市	359947.9
3	广州市	2754615.6	21	青岛市	345091.9
4	北京市	2565681.3	22	台州市	341953.1
5	杭州市	1956943.8	23	西安市	331604.9
6	东莞市	1226028.8	24	济南市	321886.8
7	金华市	1196523.3	25	合肥市	319580.1
8	苏州市	1141460.7	26	厦门市	307403.7
9	成都市	692310.4	27	石家庄市	305226.1
10	天津市	634879.9	28	中山市	287243.7
11	南京市	605723.4	29	长沙市	282125.1
12	武汉市	600679.5	30	福州市	272787.9
13	宁波市	583874.3	31	揭阳市	255856.8
14	郑州市	518040.7	32	常州市	245364.3
15	温州市	484986.5	33	沈阳市	240690.4
16	泉州市	462273.7	34	南通市	232568.8
17	无锡市	448137.9	35	哈尔滨市	224967.8
18	重庆市	389617.2	36	绍兴市	220890.7

续 表

排名	城市名称	快递业务收入累计（万元）	排名	城市名称	快递业务收入累计（万元）
37	南昌市	194381.5	44	长春市	156956.9
38	汕头市	189918.7	45	徐州市	144585.7
39	昆明市	184839.4	46	湖州市	141157.7
40	保定市	178000.5	47	烟台市	136052.2
41	惠州市	176004.3	48	廊坊市	127141.7
42	南宁市	171039.9	49	潍坊市	121581.9
43	大连市	167369.1	50	莆田市	118005.4

二、2016年快递业发展特点

2016年，我国快递业发展成绩斐然，具有以下特点。

（一）快递业务量和快递收入继续保持高速增长，继续保持全球快件量第一。

2016年，我国快递服务企业业务量累计完成312.8亿件，同比增长51.4%；业务收入累计完成3974.4亿元，同比增长43.5%。

据快递物流咨询网的分析，2016年我国快递业件均收入为12.7元，同比下降5.5%；国内快递异地件均收入为9.03元，同比下降11.8%；国内同城快递件均收入为7.6元，同比上涨6.6%；国际（港澳台）快递件均收入为68.5元，同比下降28.5%（详见图7）；“电商快件”占比在75%左右，同比增长5个百分点左右，占比大大高于发达国家，这与我国快递价格较低有直接的关联度。

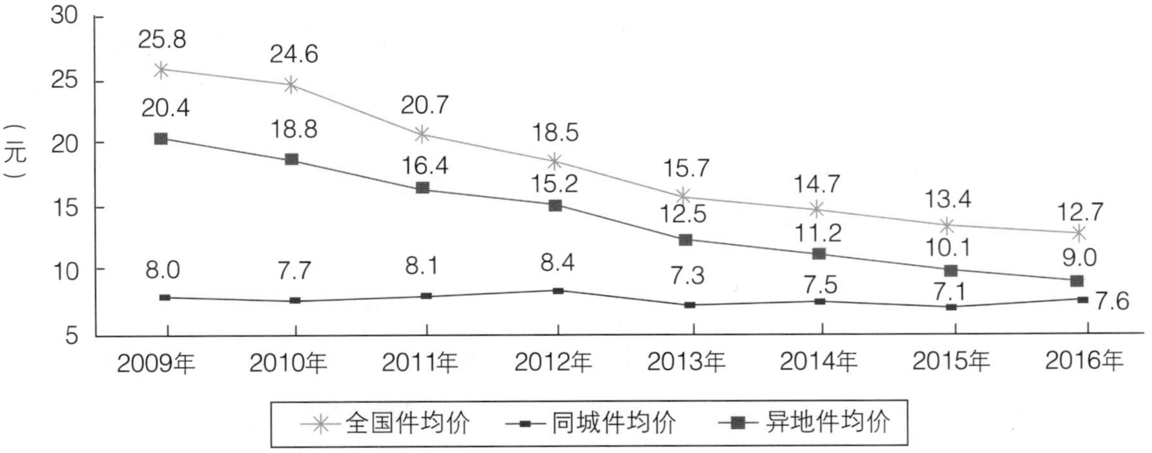

图7 2009—2016年我国快递业快递件均收入变化趋势

据快递物流咨询网的分析，2016 年我国快递业务增长的结构中，微商的贡献巨大，据估算其贡献率在 8% 以上。据快递物流咨询网的分析，2016 年，我国快递业民营快递所占业务量市场份额进一步提升，达到 90% 左右；收入占比 83% 左右。据国家邮政局的统计，快递服务品牌集中度指数 CR8 为 76.7，同比下降了 0.6。这是由于我国快递产业是以加盟制为主，即品牌集中度很高，产业集中度较低。

（二）各种利好政策陆续出台，促进快递产业向集约化发展。

2016 年 1 月中央一号文件发布，首次将实施“快递下乡”工程写入其中；6 月，国家邮政局要求做好《快递安全生产操作规范（YZ0149—2015）》的贯彻实施工作。由此，快递企业贯彻收寄验视、实名收寄、过机安检三项制度的自觉性大大增强；8 月，国家邮政局出台《推进快递业绿色包装工作实施方案》，谋划快递业绿色包装工作；北京按照“三统一”模式，解决了困扰行业多年的电动三轮车规范“上路”问题，为全国破解快递电动三轮车“上路难”的问题起到了示范效应。

（三）五家快递企业集中上市，奠定快递企业规范发展基础。

2016 年，有 3 家快递企业成功上市，其中一家在美国纽交所上市；2 家快递企业借壳上市获得证监会批准。除顺丰速运是速递板块整体上市外，其他均为特许商（总部）板块上市，即优质板块上市，不是整体上市。在国内上市的 4 家快递企业均为有条件上市，有对赌条件，即有三年业绩承诺。5 家上市快递企业其业务量的市场份额占到 70% 左右（即时快递除外），其有关上市相关情况见表 4。

（四）快递业新技术应用突飞猛进。

2016 年，我国快递业进入了“五机一柜两车时代”，即全货机、自动化分拣机、快递装卸伸缩机、电子运单打印机、安检机、快递智能自助柜、电动三轮车和电动汽车。主要品牌快递企业电子运单使用率已经达到 70% 左右；全行业新能源汽车使用量超过 4000 辆；全国布放智能快件箱累计超 11 万组，年投递快件逾 10 亿件；快递企业使用自动化分拣机超过 60 套；使用快件装卸伸缩机超过 2000 套；使用安检机超过 2 万套。

（五）快递企业联盟建立“黑名单”制度效果显现。

2016 年，我国快递业由 5 家快递企业发起，共有 33 家快递的企业、物流企业和协会参与的快递物流征信信息管理联盟，已经覆盖了快递物流业 200 多万从业人员信息。该平台将 30 种不良行为的个人和单位纳入“黑名单”。其中，包括盗窃快件、寄递危险品和违禁品等。截至 2016 年 12 月 31 日，快递物流征信系统内失信数据“黑名单”共有 21744 人。其中，男性占到了 81%，女性占到了 19%。征信平台对快递物流企业招聘筛选应聘者是否是“黑名单”人员、对不依法依规的从业人员起到了威慑作用。

（六）国际快递竞争已经开始显现。

2016 年，我国主要快递企业加大了国际快递的布局。其方式是自建+代理+加盟+合作。主要体现在 5 家上市公司的国际快递布局进一步加快。5 家公司已经在欧美发达国家、亚洲与我国相邻的国家开始提供快递服务。由于国际快递面临国际三大巨头的强势竞争，以及所在国当地快递企业的竞争，对于“走出国门”的内资快递企业来说，面临着报清关、各种运输方式、集散转运和同行竞争等各种挑战。因此，未来快递企业的国际化依然是“烧钱”抢占市场份额，并且是一项长期的战略。只有共同打造一个国际快递品牌，团结合作，才能与国际巨头抗衡。

（七）快递业同质化竞争的格局依然处于主导地位。

据对快递加盟商的调研，我国内资快递企业除了顺丰速运和邮政速递外，大多是加盟制模式+代理，其业务量占到80%以上。它们的特点是，快递产品单一，主要以最快的速度送达快件；竞争手段单一，主要是价格战；对电商的依赖度很高，电商快递的比重占到80%～90%；加盟商的利润率较低，呈现年年下滑的趋势，其利润率在3%～5%。快递加盟制总部利润较高，一般在8%～20%。

（八）快递智能自助柜竞争加剧，盈利模式仍在探索。

由顺丰速运主导的丰巢快递智能自助柜已经铺设3万多台，原有存量大约在8万台，共计11万台左右。但是，由于互联网思维“先占有资源再打造盈利模式、先亏损再盈利”的认知，造成涉足这个“最后一公里配送”最佳的模式的快递智能自助柜均处于亏损的状态。由于它是一个重资产的项目，恶性竞争造成铺设成本居高不下，对运维企业的资金压力巨大，市场盈利模式需要培育，部分运维企业面临出局的尴尬困境。

（九）快递市场划分更加明晰。

从现有的市场格局看，市场划分大致雏形是：中邮速递占有公务文件快递市场；顺丰速运、中邮速递、“三通一达”（占比较低）占有商务快递市场；顺丰速运、中邮速递、京东快递、如风达（凡客）、品骏物流（唯品会）等占有高端电商快递市场；三通一达”、百世快递、天天快递、全峰快递、中邮速递、邮政小包等占有经济型电商快递市场；中通快运、优速快递、速尔快递、德邦快递、安能快递、龙邦快递、苏宁快递、远成物流等占有大包裹快递市场；百度外卖、饿了么、美团（大众点评）、京东新达达、极客快送、闪送等占有即时快递市场；中外运敦豪（DHL）、UPS、FedEx（TNT）、中邮速递、顺丰速运、宅急便、佐川急便、“三通一达”等占有国际快递市场。

表4　2016年五家快递企业上市相关情况

公司名称	借壳公司	更名日期	市值（亿元）	2015年营业额（亿元）	2015年业务量（亿件）	2015年件均收入（元）	业务量年均复合增长率（2013—2015）	转运中心（个）	直营转运中心比例
顺丰速运	鼎泰新材	暂未	96.11	473	17	27.8	25%	58	—
圆通速递	大杨创世	2016.9.20	703.9	120	30.3	3.9	54%	72（自有60）	73%
申通快递	艾迪西	2016.12.30	436.28	77	25.68	2.9	32%	82（自有48）	59%
韵达速递	新海股份	2017.1.18	510.67	50.53	21.68	2.3	35.23%	57（自有54）	95%
中通快递	在美纽交所IPO	2016.10.27	99.84（美元）691.24（人民币）	61	29.5	2.1	80.70%	74（自有68）	92%

续 表

公司名称	加盟商（个）	服务网点（万家）	干线运输车辆（万辆）	全货机（架）
顺丰速运	直营	1.3	1.5	36（另租赁 20，预定 25）
圆通速递	2610	2.4	3.2（另未来三年计划新增采购干线运输车辆共 1156 辆）	5（另租赁 4，预定 15）
中通快递	1495	2	2（另未来三年计划在收购第三方物流公司车辆基础上，新增采购干线运输车辆共 1640 辆）	无
韵达速递	3253	2	2.8（自有 0.84）	无
中通快递	3541	2.5	0.33	无

公司名称	铁路电商班列车享	冷运仓库	募集资金	募资用途
顺丰速运	26 节（3 个铁路中转基地连接京津冀、长三角、珠三角）	33 个（超过 8 万平方米，自有冷运车 123 台，外协储备 8595 台）	80 亿元	用于顺丰控股航材购置及飞行支持项目、冷运车辆与温控设备采购项目、信息服务平台建设及下一代物流信息化技术研发项目、中转场建设项目
圆通速递			23 亿元	用于转运中心建设及智能设备升级项目、运能网络提升项目和智慧物流信息一体化平台建设项目
申通快递			28 亿元	用于中转仓配一体化项目、运输车辆购□项目、技改及设备购□项目以及信息一体化平台项目（包括采购安检机 2100 万元，计泡机 17240 万元，分拣机 5000 万元，巴枪 1400 万元）
韵达速递				
中通快递			14 亿美元	

（徐　勇　徐梦馨　快递物流咨询网）

2016 年中国国际货运代理业

2016 年，我国 GDP 保持了 6.7% 增长，外贸回稳向好，进出口降幅收窄，实现了“十三五”的良好开局，对中国国际货代物流业的平稳发展提供了有力支撑。国际货代业巩固传承既有服务，通过加大供给侧改革、加强资源整合、发展专业物流等举措，转变发展方式，调整优化结构，创新模式、技术和业态，扩大了行业生存空间，提升了企业效益。初步统计，规模以上货代企业营业额同比增长 7.2%。

一、2016 年行业发展形势

2016 年宏观经济中的积极因素为行业发展提供了有力支撑。

1. 货运总量稳中有升，主要运输方式增长较快

2016 年，我国货物贸易进出口总值为 24.3 万亿元人民币，降幅较 2015 年收窄 6.1 个百分点。进出口总额的降幅收窄带来了货运量的平稳增长。据交通运输部统计，2016 年，全国港口完成外贸货物吞吐量 38.51 亿吨，同比增长 5.1%；外贸集装箱吞吐量约 1.51 亿标准箱，同比增长 4%；民航国际航线完成货邮吞吐量 536.4 万吨，同比增长 9.1%，其中，内地到香港、澳门和台湾地区航线完成 93.6 万吨，同比增长 4.2%；中欧班列共开行 1702 列，同比增长 109%，其中返程班列 572 列，同比增长 116%。

2. “一带一路”建设提速，新兴专业物流发展快

2016 年，我国企业在“一带一路”沿线直接投资 145.3 亿美元，与“一带一路”沿线国家新签对外承包工程合同额 1260 亿美元，占我国对外承包工程新签合同额的 51.6%，完成营业额 760 亿美元，占比达 47.7%；截至 2016 年年底，我国企业在“一带一路”沿线国家已建立初具规模的境外经济合作区 56 家，累计投资 185.5 亿美元。互联互通、产能合作、产业园区等“一带一路”重大项目联动开发催生了工程物流、中欧班列、跨境电商等新兴专业物流的爆发式增长。国际货代企业通过工程物流、跨境电商等伴随上游企业加快“走出去”，加大海外网络布局，深度开展海外属地化物流和第三国业务，国际化经营水平显著提升。

3. “放管服”改革持续深化，制度性交易成本不断降低

2016年，国务院继续大力推行“放管服”改革，国家发改委部署实施物流业降本增效专项方案，全国通关一体化改革加快，全面清理和规范进出口环节收费，船舶代理行政许可资格被取消，办理无船承运业务登记更加简便快捷；99.5%的境外投资实现了备案管理，对外投资便利化水平大大提高。这些都给国际货代企业经营收益带来“红利”。

4. 行业规划相继出台，顶层设计进一步加强

2016年是“十三五”的开局之年，相关政府管理部门纷纷出台规划引领行业发展。商务部等13个部门印发《关于服务贸易发展“十三五”规划的通知》，专段详细勾画了国际货代的重点工作和发展方向，是指引行业“十三五”发展的总纲。2016年10月，国家发改委公布《中欧班列建设发展规划（2016—2020年）》，明确了中欧班列建设的发展目标、空间布局、重点任务和保障措施，为新形势下国际货代企业指明了方向和发展空间。

5. 综合运输体系日臻完善，行业服务需求得到提升

2016年，以互联互通为指向的连接内地、横贯海陆的“一带一路”国际物流通道加快构筑，带来了沿线区域海铁联运的提速升级和国内重点交通枢纽网络的快速推进，并为各种运输方式的高效组合、需求聚集及运营优化提供了创新空间。上游行业需求的升级和市场的复苏使得兼顾质量、成本、效率等高品质的综合性服务需求正成为国际货代服务创新的目标和重点。

二、行业企业发展情况

以商务部2016年国际货代企业备案数据为基础，结合2016年货代百强企业排名榜（以下简称百强榜），可以看出行业企业发展整体向好。

（一）行业企业经营整体平稳。

1. 行业企业主体数量比上年增长

截至2017年5月8日，在商务部备案的国际货代企业有56097家，其中法人企业42981家、分支公司13091家，分别同比2016年5月27日备案的企业增加11.84%、11.65%和12.41%。说明行业仍处于快速成长的发展期（特别是具有法律标志意义的法人企业数量增幅高于前14年（2004—2016年）平均增幅3.98%）。

2. 百强榜企业营业总收入同比增长7.2%

2016年百强综合榜（见表1）上榜企业营业总收入为3544.14亿元人民币，较2015年增长了7.2%，这是继2014年、2015年百强榜企业营业总收入连续两年下滑后再次由负转正，而且增速大大高于同期外贸进出口总额及外贸货运量的增幅。从榜单看，绝大多数上榜企业的营业收入都较2015年有不同程度的增长。其中：增速超过10%的有20家、超过30%的有6家、超过50%的有3家，说明企业竞争强劲且成长性较好。

3. 上榜企业营业收入均比上年增长

2016年百强分榜单中，海运50强（见表2）、空运50强（见表3）、陆运20强（见表4）、仓储20强（见表5）的营业收入分别较2015年增长了0.44%、5.23%、18.23%、41.81%，说明海运业已走出低谷，航空货运需求持续扩张，陆运得益于中欧班列的带动而快

速增长；合同物流、跨境电商物流以及高附加值产品对仓储资源需求旺盛需求使得仓储服务业收入强势增长。另外，2016 年百强榜、海运榜、空运榜、陆运榜、仓储榜、民营榜榜单（见表6）中，位于中间位的企业的营业收入分别较 2015 年对应榜单企业增长 11.8%、1.57%、6.4%、118.7%、36.3%、14.4%，整体均比上年增长，说明企业的发展铸就了行业的整体发展。

4. 百强榜前 10 名的企业营业收入占比为 65%

在 2016 年百强榜中，排在前 10 名的企业营业收入共计 3542.67 亿元，占百强企业营业总收入的 65%，说明行业的市场集中度较高，大型企业是支撑行业做大做强的主导力量。中国外运长航集团已连续多年跻身全球国际货代和第三方物流企业排名前 10 位，说明货代行业在国际上的影响力得到提升。

（二）企业类型均衡发展，区域分布符合外贸格局变化。

1. 国有企业是行业发展的主导力量

在 2016 年的百强榜中，有国有企业 25 家，营业收入占比为 55.67%；有外资企业 27 家，营业收入占比为 22.74%；有民营企业 48 家，营业收入占比为 21.59%。在百强榜排名前 10 名企业中，有国有企业 5 家、外资企业 4 家、民营企业 1 家。两组数据均反映出现阶段我国国际货代业的经营格局：国有企业数量虽只占在行业主体总数的 5%，但在竞争力、新业态拓展等方面仍是行业发展的主导力量；外资企业在国内加快全面布局和扩张，已成为行业发展不可或缺的重要力量；民营企业异军突起，占行业主体总数的 90%，在百强数量占比逐年增多，成为行业发展的生力军。

2. 企业的综合竞争力在提升

2016 年百强榜与海运榜、空运榜、陆运榜、仓储榜分等榜单上榜的企业的复合度高达 99%。说明随着市场竞争的加剧，企业由主业单一经营向功能集成的服务商转型的趋势在增强，行业企业的综合竞争力在提升。

3. 百强企业区域分布与外贸格局一致

2016 年百强榜上榜企业地区分布为：上海市 23 家，北京市 19 家，广东省 13 家，江苏省 9 家，浙江省 8 家，天津市和山东省各 7 家，辽宁省 6 家，重庆市、福建省和广西壮族自治区各 2 家，新疆维吾尔自治区和贵州省各 1 家。若按区域统计则是：东部地区 94 家、中部地区 4 家、西部地区 2 家。总体看，百强上榜企业的区域分布基本符合现阶段我国外贸格局的变化。如 2013 年，社会经济发展呈现“东稳西进”时，曾有 8 家西部地区的国际货代企业进入百强榜单。随着“一带一路”建设带来的新一轮对外开放的加快和长江经济带、京津冀协同发展等国家区域发展战略的实施，东部地区的经济又进入新的快车道，与之相适应，百强企业货代企业布局进入“新常态”。

表 1　　2016 年中国货代物流企业百强榜

名次	企业名称	总营业额（万元）
1	中国外运长航集团有限公司	8705557.92
2	中远海运国际货运有限公司	4441268
3	厦门象屿速传供应链发展股份有限公司	2987510.26

续 表

名次	企业名称	总营业额（万元）
4	中国物资储运总公司	1651231
5	锦程国际物流集团股份有限公司	1200984
6	敦豪全球货运（中国）有限公司	1150268
7	港中旅华贸国际物流股份有限公司	730825
8	中集现代物流发展有限公司	710158.18
9	德迅（中国）货运代理有限公司	625883
10	嘉里大通物流有限公司	565042.27
11	深圳市华运国际物流有限公司	498266
12	中亚宝丰国际物流有限公司	455492
13	振华物流集团有限公司	442276.36
14	全球捷运物流有限公司	416071
15	中成国际运输有限公司	415644
16	深圳市九立供应链股份有限公司	412829.13
17	日通国际物流（中国）有限公司	407994.58
18	上海亚东国际货运有限公司	355603.91
19	深圳市递四方速递有限公司	342523
20	天津大田集团有限公司	301272
21	中铁国际多式联运有限公司	290751
22	嘉宏国际运输代理有限公司	284042
23	东方国际物流（集团）有限公司	281396.62
24	海程邦达国际物流有限公司	280077
25	江苏众诚国际物流有限公司	269026
26	天津克运集运集团股份有限公司	265534
27	爱派克斯国际物流（中国）有限公司	242668.08
28	江苏飞力达国际物流股份有限公司	238498.35
29	近铁国际物流（中国）有限公司	238302.13
30	上海青旅国际货运有限公司	227499

续 表

名次	企业名称	总营业额（万元）
31	民生国际货物运输代理有限公司	223951
32	宁波雅戈尔国际贸易运输有限公司	221122
33	硕达（上海）国际货运有限公司	215060
34	新疆天业（集团）有限公司	211926
35	上海环世物流（集团）有限公司	201933. 76
36	连云港东大国际货运有限公司	197740
37	中远海运航空货运代理有限公司	156379
38	宁波港东南物流集团有限公司	150740
39	利通物流有限公司	149284. 97
40	上海美设国际货运有限公司	145958
41	新时代国际运输服务有限公司	143205
42	大连忠进国际货运有限公司	130671
43	江苏恒隆物流有限公司	129775
44	唯凯国际物流股份有限公司	127901
45	北京泽坤国际货运代理有限公司	114002. 95
46	青岛远洋大亚物流有限公司	111207
47	大连中铁外服国际货运代理有限公司	110802
48	宁波泛洋国际货运代理有限公司	106020
49	浙江简达物流股份有限公司	105329
50	中铁联合物流股份有限公司	102008
51	天津天保国际物流集团有限公司	100886. 41
52	广州欧华国际货运代理有限公司	97211. 97
53	嘉友国际物流股份有限公司	95690
54	日立物流（中国）有限公司	94816
55	密尔克卫化工供应链服务股份有限公司	93444
56	江苏远洋新世纪货运代理有限公司	90296
57	北京百福东方国际物流有限责任公司	90280

续 表

名次	企业名称	总营业额（万元）
58	深圳市柏威国际货运代理有限公司	86262.3
59	天津丰田物流有限公司	84946.2
60	环发讯通（天津）国际货运代理有限公司	83930
61	达升物流股份有限公司	77586
62	深圳市鸿安货运代理有限公司	74310.36
63	辽宁港捷国际物流有限公司	73697
64	江苏恒联国际物流有限公司	72425
65	深圳市海光国际物流有限公司	72335.08
66	广西超大运输集团有限责任公司	72296
67	中设国际商务运输代理有限责任公司	70895
68	深圳市世倡货运有限公司	69800
69	深圳市长帆国际物流股份有限公司	67762
70	深圳市华展国际物流有限公司	67506
71	中菲行国际货运代理（上海）有限公司	66860.9
72	深圳市安达顺国际物流有限公司	62512
73	中经得美国际快运代理有限公司	61945.36
74	辽宁富德国际货运有限公司	61156
75	北京盛伦国际物流有限公司	59828
76	中艺储运江苏有限责任公司	56352
77	山东朗越国际运输服务有限公司	55725
78	上海东浩外服国际物流有限公司	54630
79	航都（厦门）国际货运代理有限公司	49604
80	青岛启德物流有限公司	43223
81	江苏佳利达国际物流股份有限公司	43099
82	上海畅顺达国际物流有限公司	42603.88
83	青岛国泰通供应链有限公司	40603.05
84	重庆太平洋国际物流有限公司	40460

续　表

名次	企业名称	总营业额（万元）
85	中铁资源国际物流（北京）有限公司	40300
86	深圳天翼通国际货运代理有限公司	39822
87	民航快递有限责任公司	38914.1
88	上海高信国际物流有限公司	38877
89	青岛思锐国际物流有限公司	38495
90	江苏海航国际物流有限公司	36472
91	北方万邦物流有限公司	36367
92	上海华加国际货运代理有限公司	36212
93	中外运—日新国际货运有限公司	34835.9
94	上海格林福德国际货物运输代理有限公司	34067
95	浙江胜马国际货运代理有限公司	33539
96	环集供应链管理股份有限公司	32117
97	深圳市涵文国际货运代理有限公司	32051.5
98	广西瑞通运输集团有限公司	31628
99	宁波亚细亚集装箱货运有限公司	29909
100	重庆美联国际仓储运输（集团）有限公司	28597

表2　　2016年度中国货代物流企业海运五十强榜

名次	企业名称	海运营业额（万元）
1	中国外运长航集团有限公司	6287599.46
2	中远海运国际货运有限公司	4250413
3	锦程国际物流集团股份有限公司	897703
4	中集现代物流发展有限公司	438754.24
5	深圳市华运国际物流有限公司	399927
6	中成国际运输有限公司	361865
7	振华物流集团有限公司	359213.76
8	全球捷运物流有限公司	351556

续 表

名次	企业名称	海运营业额（万元）
9	江苏众诚国际物流有限公司	243445
10	港中旅华贸国际物流股份有限公司	226764
11	敦豪全球货运（中国）有限公司	224236
12	东方国际物流（集团）有限公司	208563.71
13	天津克运集运集团股份有限公司	198089
14	连云港东大国际货运有限公司	197740
15	上海亚东国际货运有限公司	187289.12
16	上海环世物流（集团）有限公司	179701.56
17	民生国际货物运输代理有限公司	174115
18	嘉宏国际运输代理有限公司	164640
19	厦门象屿速传供应链发展股份有限公司	159843.13
20	宁波港东南物流集团有限公司	150740
21	嘉里大通物流有限公司	146404.12
22	新疆天业（集团）有限公司	145550
23	上海美设国际货运有限公司	132210
24	江苏恒隆物流有限公司	129061
25	德迅（中国）货运代理有限公司	115578
26	宁波泛洋国际货运代理有限公司	106020
27	硕达（上海）国际货运有限公司	105471
28	青岛远洋大亚物流有限公司	104871
29	海程邦达国际物流有限公司	100265
30	日通国际物流（中国）有限公司	92576.01
31	江苏远洋新世纪货运代理有限公司	89571
32	浙江简达物流股份有限公司	84455
33	利通物流有限公司	84035.76
34	环发讯通（天津）国际货运代理有限公司	81447
35	深圳市海光国际物流有限公司	72335.08

续 表

名次	企业名称	海运营业额（万元）
36	深圳市世倡货运有限公司	69800
37	中设国际商务运输代理有限责任公司	69568
38	深圳市鸿安货运代理有限公司	68121.67
39	深圳市长帆国际物流股份有限公司	67360
40	达升物流股份有限公司	62111
41	辽宁港捷国际物流有限公司	58777
42	中国物资储运总公司	58216
43	中艺储运江苏有限责任公司	56261
44	深圳市华展国际物流有限公司	54126
45	辽宁富德国际货运有限公司	48740
46	近铁国际物流（中国）有限公司	44412.11
47	上海东浩外服国际物流有限公司	43563
48	青岛启德物流有限公司	42314
49	中铁资源国际物流（北京）有限公司	40300
50	江苏飞力达国际物流股份有限公司	39897.64

表3　　2016年度中国货代物流企业空运五十强榜

名次	企业名称	空运营业额（万元）
1	敦豪全球货运（中国）有限公司	656234
2	中国外运长航集团有限公司	460406.23
3	港中旅华贸国际物流股份有限公司	275093
4	爱派克斯国际物流（中国）有限公司	224557.88
5	上海青旅国际货运有限公司	219389
6	日通国际物流（中国）有限公司	166253.36
7	新时代国际运输服务有限公司	143171
8	中远海运航空货运代理有限公司	141215
9	嘉里大通物流有限公司	136293.72

续 表

名次	企业名称	空运营业额（万元）
10	唯凯国际物流股份有限公司	127170
11	锦程国际物流集团股份有限公司	126870
12	近铁国际物流（中国）有限公司	119720.68
13	北京泽坤国际货运代理有限公司	109419.66
14	硕达（上海）国际货运有限公司	103090
15	嘉宏国际运输代理有限公司	100723
16	海程邦达国际物流有限公司	74637
17	深圳市柏威国际货运代理有限公司	71335.3
18	广州欧华国际货运代理有限公司	71235.94
19	天津大田集团有限公司	63511
20	利通物流有限公司	60032.97
21	深圳市安达顺国际物流有限公司	59152
22	深圳市华运国际物流有限公司	53139
23	德迅（中国）货运代理有限公司	51601
24	中经得美国际快运代理有限公司	45528.92
25	上海畅顺达国际物流有限公司	42576.56
26	上海亚东国际货运有限公司	40430.89
27	深圳天翼通国际货运代理有限公司	39322
28	北京百福东方国际物流有限责任公司	39280
29	中亚宝丰国际物流有限公司	39061
30	山东朗越国际运输服务有限公司	35455
31	深圳市递四方速递有限公司	31849
32	东方国际物流（集团）有限公司	29757.05
33	中菲行国际货运代理（上海）有限公司	29715.77
34	东方中天（河南）航空服务有限公司	28306
35	北京腾昌国际物流有限公司	27038
36	江苏飞力达国际物流股份有限公司	23925.76

续 表

名次	企业名称	空运营业额（万元）
37	浙江简达物流股份有限公司	20874
38	上海环世物流（集团）有限公司	18938.14
39	航都（厦门）国际货运代理有限公司	18848
40	江苏恒联国际物流有限公司	18675
41	大连德力国际运输有限公司	17129
42	日立物流（中国）有限公司	16540
43	民航快递有限责任公司	15914.1
44	凯盛国际货运代理（上海）有限公司	15436
45	达升物流股份有限公司	15042
46	上海高信国际物流有限公司	14847
47	辽宁港捷国际物流有限公司	14477
48	厦门联合物流有限公司	13966
49	深圳市九立供应链股份有限公司	13625.58
50	中外运-日新国际货运有限公司	12638.10

表4　　2016年度中国货代物流企业陆运二十强榜

名次	企业名称	陆运营业额（万元）
1	中国外运长航集团有限公司	482758.92
2	深圳市九立供应链股份有限公司	395652.98
3	中铁国际多式联运有限公司	238658
4	天津大田集团有限公司	135241
5	大连中铁外服国际货运代理有限公司	110802
6	中国物资储运总公司	94324
7	日通国际物流（中国）有限公司	85005.86
8	嘉友国际物流股份有限公司	80988
9	锦程国际物流集团股份有限公司	69142
10	新疆天业（集团）有限公司	65180

续　表

名次	企业名称	陆运营业额（万元）
11	北京盛伦国际物流有限公司	48328
12	中集现代物流发展有限公司	35364. 03
13	敦豪全球货运（中国）有限公司	28678
14	上海亚东国际货运有限公司	26156. 61
15	振华物流集团有限公司	23007. 97
16	近铁国际物流（中国）有限公司	22034. 08
17	厦门象屿速传供应链发展股份有限公司	21392. 98
18	民生国际货物运输代理有限公司	21334
19	江苏恒联国际物流有限公司	17000
20	天津克运集运集团股份有限公司	15033

表 5　　　　2016 年度中国货代物流企业仓储二十强榜

名次	企业名称	仓诸营业额（万元）
1	中国外运长航集团有限公司	365692. 56
2	中国物资储运总公司	296360
3	中集现代物流发展有限公司	170961. 17
4	江苏飞力达国际物流股份有限公司	128770. 77
5	嘉里大通物流有限公司	79279. 21
6	全球捷运物流有限公司	64515
7	日通国际物流（中国）有限公司	63651. 54
8	锦程国际物流集团股份有限公司	56913
9	厦门象屿速传供应链发展股份有限公司	53601. 67
10	天津克运集运集团股份有限公司	52412
11	深圳市递四方速递有限公司	51557
12	近铁国际物流（中国）有限公司	42029. 95
13	振华物流集团有限公司	32462. 35
14	港中旅华贸国际物流股份有限公司	28561

续　表

名次	企业名称	仓储营业额（万元）
15	日立物流（中国）有限公司	27499
16	天津大田集团有限公司	25173
17	北京百福东方国际物流有限责任公司	21000
18	深圳市华运国际物流有限公司	20277
19	东方国际物流（集团）有限公司	19856.37
20	嘉宏国际运输代理有限公司	18679

表 6　　2016 年度中国货代物流企业民营五十强榜

名次	企业名称	总营业额（万元）
1	锦程国际物流集团股份有限公司	1200984
2	深圳市华运国际物流有限公司	498266
3	全球捷运物流有限公司	416071
4	深圳市九立供应链股份有限公司	412829.13
5	深圳市递四方速递有限公司	342523
6	天津大田集团有限公司	301272
7	海程邦达国际物流有限公司	280077
8	江苏众诚国际物流有限公司	269026
9	天津克运集运集团股份有限公司	265534
10	江苏飞力达国际物流股份有限公司	238498.35
11	民生国际货物运输代理有限公司	223951
12	宁波雅戈尔国际贸易运输有限公司	221122
13	上海环世物流（集团）有限公司	201933.76
14	连云港东大国际货运有限公司	197740
15	宁波港东南物流集团有限公司	150740
16	上海美设国际货运有限公司	145958
17	大连忠进国际货运有限公司	130671
18	江苏恒隆物流有限公司	129775

续 表

名次	企业名称	总营业额（万元）
19	唯凯国际物流股份有限公司	127901
20	北京泽坤国际货运代理有限公司	114002.95
21	浙江简达物流股份有限公司	105329
22	广州欧华国际货运代理有限公司	97211.97
23	嘉友国际物流股份有限公司	95690
24	密尔克卫化工供应链服务股份有限公司	93444
25	北京百福东方国际物流有限责任公司	90280
26	深圳市柏威国际货运代理有限公司	86262.3
27	达升物流股份有限公司	77586
28	江苏恒联国际物流有限公司	72425
29	深圳市海光国际物流有限公司	72335.08
30	广西超大运输集团有限责任公司	72296
31	深圳市世倡货运有限公司	69800
32	深圳市长帆国际物流股份有限公司	67762
33	深圳市华展国际物流有限公司	67506
34	深圳市安达顺国际物流有限公司	62512
35	辽宁富德国际货运有限公司	61156
36	北京盛伦国际物流有限公司	59828
37	山东朗越国际运输服务有限公司	55725
38	青岛启德物流有限公司	43223
39	江苏佳利达国际物流股份有限公司	43099
40	上海畅顺达国际物流有限公司	42603.88
41	青岛国泰通供应链有限公司	40603.05
42	深圳天翼通国际货运代理有限公司	39822
43	江苏海航国际物流有限公司	36472
44	上海格林福德国际货物运输代理有限公司	34067
45	浙江胜马国际货运代理有限公司	33539

续 表

名次	企业名称	总营业额（万元）
46	广西瑞通运输集团有限公司	31628
47	宁波亚细亚集装箱货运有限公司	29909
48	重庆美联国际仓储运输（集团）有限公司	28597
49	东方中天（河南）航空服务有限公司	28306
50	河南世通国际物流有限公司	26063

三、行业协会发挥积极作用

行业组织成为新形势下推动货代行业转型和创新发展的一个重要平台。2016 年，中国国际货运代理协会在理事会的正确决策和会员企业的积极支持下，知难而进，顺势而为，完成了以下主要工作。

（一）编制行业报告和规划，谋划行业发展。

2016 年 9 月，协会承接了商务部《中国国际货运代理行业发展报告》（以下简称《报告》）（2010—2015）编制项目。在时间紧、要求高等情况下，协会组织相关专家，加班加点，如期完成任务。《报告》回顾了“十二五”时期国际货代业发展的环境及主要成就，总结了现阶段行业发展的特点及主要问题，并展望了未来发展趋势，《报告》与 2009 年协会组织编写的首部《中国国际货运代理业发展报告》构成了记录行业发展的完整史料，对国际货代企业对行业历史发展沿革的进程及成果了解行业现状、研判未来形势、明晰发展战略有重要参考价值。

2016 年 3 月，协会以国家“十三五规划”为指引，结合行业实际，编制了《中国国际货代物流业“十三五”发展规划》获理事会通过，成为指导行业发展和规范协会工作的基本遵循。

（二）深度参与 FIATA 事务，促进国际交流。

2016 年，协会赵沪湘会长率队参加了国际货运代理协会联合会（FIATA）总部工作会议、亚太地区会议和年度大会，同时认真履行担任 FIATA 主席的职责，积极参入到与联合国贸发组织、国际民航组织（ICAO）等有关机构的沟通交流。7 月，代表 FIATA 与国际航空运输协会（IATA）签署合作协议，旨在通过两个国际组织间的平等对话，在航空公司和空运货代间建立一种新型的紧密合作关系，尝试通过共同管理以取代现行的 IATA 单方对空运货代的管理体制。赵沪湘会长在参与国际事务的协商、协调中以实力和智慧提升了中国，包括我们货运代理业在国际上的地位和影响力。

2016 年 5 月，由协会协办、中国外运长航集团承办的 FIATA/UIC 国际铁路联盟铁路联合工作组第二次扩大会议在深圳召开，欧亚非美四大洲 20 多个国家或地区的国际组织、政府主管和企业代表 90 余人参会。会议围绕“一带一路”建设，畅谈了中欧铁路运输发展前景，重点探讨了中欧班列运行情况和存在问题，并通过实地参观广东石龙港铁路联运项目增强与会代表对中国推进“一带一路”建设蓝图的理解。

2016年9月，协会与世界货物运输联盟（WCA）在上海成功举办第13届中外货代物流企业洽谈会，吸引来自120多个国家或地区约1100名代表参会，其中外方代表占比达55%。洽谈会已成为以中国为轴心的国际同业交流和共谋发展的年度盛会。

（三）夯实行业基础工作，助力行业规范。

2016年，受商务部服贸司委托，协会组织相关省市协会、企业和专家完成了《国际货代企业管理暂行规定》修改稿，并于2017年呈报商务部；在商务部服贸司主导下，由协会牵头制定了《中国国际货代行业重点联系企业制度》，并从各省市区选取了122家企业进入首批名单；2016年协会在FIATA指导下组织各方力量，做好中国国际货运代理协会（CIFA）培训和FIATA培训的标准对接和证书互认。使获得CIFA证书且符合一定条件的考生可自愿申请FIATA证书；在国际民航组织的大力支持下，ICAO-FIATA空运危险品培训项目已在中国落地。2016年成功举办了有42名学员参加的ICAO-FIATA项目首批培训师的培训班。同时继续积极探讨国际货运代理职业教育与职业发展的方向，促进职业培训国际化。

（中国国际货运代理协会）

山西晋云现代物流有限公司

以平台集聚产业　以产业整合资源　以资源催生服务　以服务助力发展

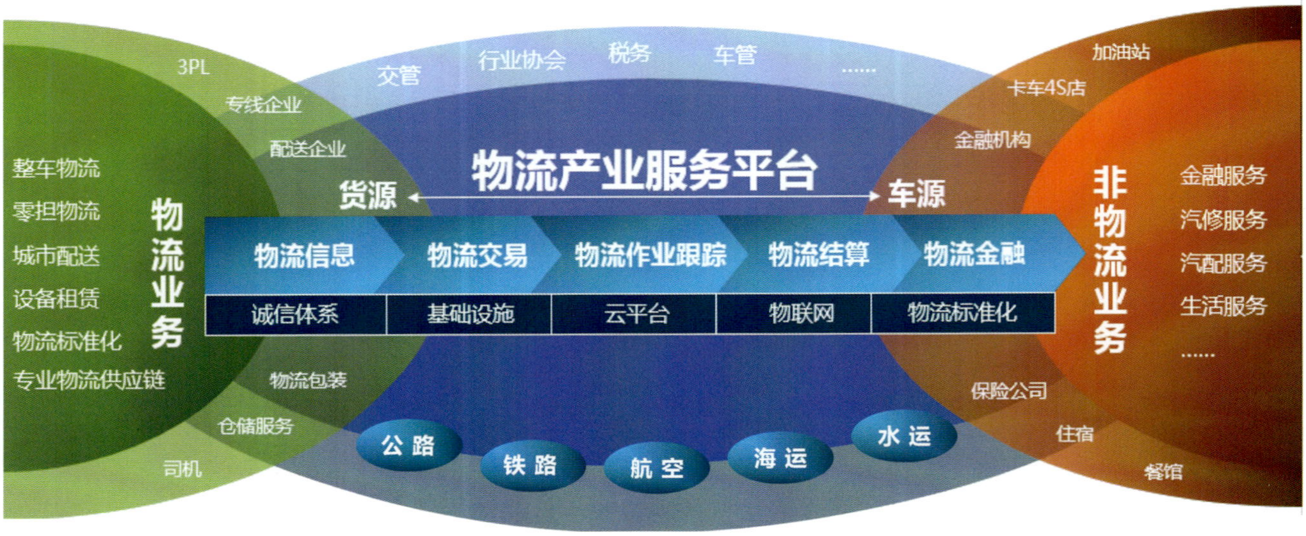

山西晋云现代物流有限公司（简称“晋云公司”）是太原铁路局深入贯彻落实总公司党组推进现代物流转型发展重大战略部署，按照路局推进现代物流发展的总体规划，建立适应市场机制的现代物流组织架构，2016年5月经路局党政联席会议研究决定成立的现代物流企业。晋云公司负责太原铁路局“1+3+13+300+N”现代物流网络规划与实施及物流经营模式的研究与组织，以第四方物流为定位，全力打造全国一流物流企业。

构建中鼎智慧物流云平台

太原铁路局与百度公司合作，按照“云聚万商、流通万家”的发展初衷和“一站式、一单制、一体化”的发展目标，牢牢把握“引流上线、以流经商”降低社会物流成本的思路，坚持市场化方向，举全局之力，汇全局之智，行全局之能，运用“互联网+”、大数据、物联网、智慧物流等理念，以“云”技术和“宽带山西”为支撑，建设现代物流服务的神经系统和指挥中枢，打造中鼎智慧物流云平台。在融合社会物流信息资源的基础上，贯通“1+3+13+300+N”等所有物流园，向全省全国所有企业开放，实现物流服务、商品交易、金融服务线上线下协同发展、高效运作的物流新生态全流程、全方位服务。

开发流程

十大系统 ：一级功能 76项　二级功能240项　三级功能629项

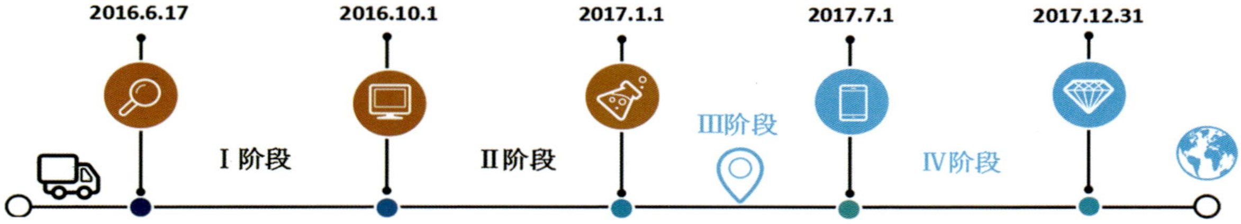

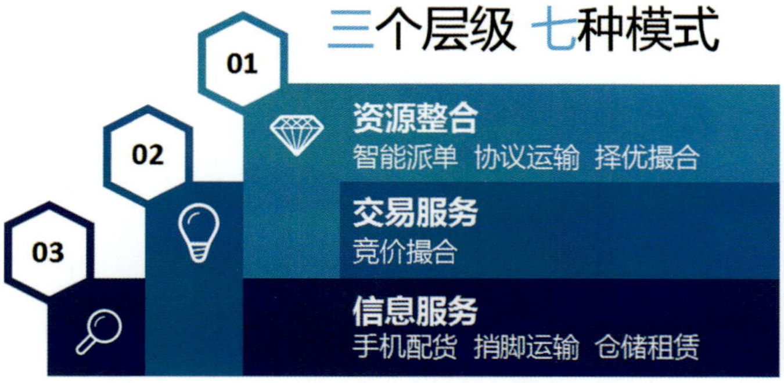

会员体系

为牢固维系中鼎智慧物流云平台客户资源体系，确保云平台持续稳定运营。以构建会员制为基础，不断提升会员服务品质，提高云平台综合服务水平，保障会员资料信息安全与专享服务权利，推出会员制管理。

信用体系

一是客户在平台的交易情况和资质认定水平；二是平台可以与第三方征信服务企业合作，近一步地为融资借贷等金融服务提供征信信息。

价格体系

平台根据历史交易数据和市场数据构建物流平台按货品类、运力载具、线路等维度的价格数据，支持平台资源整合类服务的合理报价。

运力池

包括各种运力属性、运力价格、运输节点、运输网络、运输流量及追踪数据，对不同属性的运力数据统一管理，吸引更多的优质运力加入平台，支持平台分类统计、大数据分析、用于业务结算和管理模式决策。

仓储池

包括仓储节点、仓库仓位数据、仓储价格、仓储网络、物流园区、出入库流量、集货、配货数据。通过云系统实现对整个仓储池数据的管理和仓储网络的监控、流量大小。

需求池

即物流需求数据，包括对运力的需求、仓储的需求、分货、集货、流通加工乃至供应链的需求。这些数据是驱动平台物流业务的源头，也是大数据分析的物流交易入口。

资金池

包括平台各类业务产生的资金数据，包括物流交易数据、物流金融增值服务数据。该类数据需要对接平台运营企业的财务系统，完成对平台资金的各类分析和全流程监控。

建设多式联运标准体系

梳理多式联运业务的共性特点，结合1+3+13+300+N的实体物流网络，以“一单制”为核心，建立围绕云平台开展的多式联运标准规范，最终形成国家级的多式联运物流标准。

2013年铁路实施货运改革以来，广铁集团加快推进现代物流建设，建设了长沙霞凝、东莞石龙、广州大朗、深圳平湖南等一批现代物流基地；落实路企战略合作，2016年与韶钢、华菱集团、海螺水泥等7家大型企业签订战略合作协议；加强港口合作，与广州港、城陵矶港、华菱港、惠州港等6大港口开展联合营销；发展点对点白货快捷运输，打造“方便、快捷、准时、安全、优质”的货运品牌，构建了珠三角至全国各主要城市的班列网络；大力拓展国际联运业务，开行中欧（亚）班列192列，可到达欧（亚）洲10个国家的25个城市。

“走出去”发展战略：借助“一带一路”及供给侧改革政策，抓住兰渝线开通带来的西北西南间物流格局的发展机遇，依托路局物流网络及设施设备形成的能力优势，践行跨路局、跨区域、跨行业、跨模式融合发展策略，与地方政府、生产加工及其他物流企业通力合作，降低区域物流成本，挖掘企业供应链潜力，实现路地企融合发展。

“大交通”联运体系：贯彻落实货车客车化开行思路，大力优化快速货物班列、国际联运班列、铁水联运班列、零散货物快运、批量零散货物快运等运营组织模式，打造铁路货运产品集群；与平台公司、外贸企业等通力合作，量身定制物流解决方案，增加回程货源品类，提升回程货源增量，助力区域外向型经济发展。

“智物流”建设力度：以设施设备自动化、物流园区智慧化、营销管理智能化为方向，走产、学、研相结合道路，大力推进技术创新、管理创新。提升装卸、包装、分拣作业自动化水平；推动物流园区功能、布局、信息化整体融合优化；开发营销管理智能化平台，实现货运生产分析、营销决策、用户决策辅助系统的智能化。

“深服务”扩散思维：建设职业化、专业化职工队伍，培养高技能人才，为开展现代物流奠定基础。选拔优秀人才进驻重点企业，高质量做好专业团队驻企工作，做到驻企人员、服务内容、考核工作“三到位”，为企业提供运价测算、项目申报、票据传递等“一站式”服务，实现路企联动发展。

客服电话：0931—95306

河南中原铁道物流有限公司

中原铁道物流一切为了客户

河南中原铁道物流有限公司（以下简称“公司”）是隶属于郑州铁路局的专业化物流企业，国家综合服务型5A级物流企业，国家3A级信用等级认证企业，河南省信用建设示范单位。

公司在稳固既有市场、拓展经营领域、探索合作模式方面取得实效，使各项工作向着更高水平和一流目标发展。目前，公司拥有客票代售网点277个、经营实体3个。公司积极搭建快运物流新平台，创新“内贸+外贸”混合编组物流新模式，突出“高频次、小批次、公交化”的运输特点，成功开行郑州圃田至新疆乌西特需班列。2016年实现收入2.62亿元。

公司具有国际国内贸易和物流、货运延伸服务、国内快递、煤炭销售等经营资质，提供国内全程物流服务、国际货运代理、高铁物流、城市货物配送、运输业务、信息查询、铁路客票代售、软件开发，以及仓库、场地、设施、设备的租赁和餐饮服务。拥有中部金属现代钢铁物流园、许昌粮食铁路物流园、新郑煤炭物流基地等经营实体。

公司是中国物流与采购联合会常务理事单位、中国铁路企业管理协会常务理事单位、河南省物流与采购联合会副会长单位、河南省物流协会副会长单位、国际物流与运输学会会员单位。公司先后获得全国物流协会“中国物流杰出贡献企业”“河南省物流企业最佳成就企业奖”“河南省物流卓越企业”“最佳河南物流园区”等称号。

联系电话：0371-68360219/0165/7629/1317
联系地址：河南省郑州市国家经济开发区经北四路126号

张家港玖隆钢铁物流园

——首批国家级示范物流园区之一

张家港玖隆钢铁物流园（以下简称“园区”）由江苏大型钢铁民营企业沙钢集团于2010年牵头发起，2014年由中央企业中船集团和沙钢集团合资重组。

园区立足于传统钢铁产业通过发展现代物流业实现转型升级，打造具有全国示范意义的“规模化集聚、网络化布局、供应链集成、智能化管理、一体化服务、平台化运作”第三方钢铁专业物流平台，重点打造华东地区钢材物流的“信息中心、交易中心、结算中心、价格中心、加工中心”五大中心，“钢材仓储、物流配送、延伸加工、金融服务、电子商务、保税物流”六大综合性服务平台。

受益于“十三五”的开局新形势，园区在沙钢集团、中船集团两大股东的鼎力支持下，发挥混合所有制特色优势，充分体现了钢铁物流对钢铁行业转移的承接能力和产业的集群效应，经济指标在全国物流园区中名列前茅。目前累计入驻企业1600余家（包含贸易、仓储、加工、金融等企业），注册资本160亿元，2016全年园区实现营业收入1600亿元。

园区招商热线

0512-58953599/58586307

www.e9656.com

蓝海物流

抚州物流中心鸟瞰图

南昌物流中心

上饶物流中心鸟瞰图

宜春物流中心鸟瞰图

九江物流中心鸟瞰图

厚德载物 流畅天下

江西蓝海物流科技有限公司（以下简称“公司”）属江西新华发行集团有限公司全资子公司，是国家 4A 级物流企业。注册资金 10612 万元，成立于 2006 年，为中国物流与采购联合会理事单位、中国交通运输协会装备委员会理事单位、江西省交通运输与物流协会副会长单位。

公司的主要经营范围：普通货运、国内贸易、广告、物流媒体、物流技术咨询、货物装卸、搬运服务、货物仓储、供应链服务、运输代理服务、进出口贸易、陆路国际货运代理等。公司有江西新华物流有限公司、江西蓝海供应链管理有限公司两个直属子公司和六个分公司：九江物流中心、抚州物流中心、萍乡物流中心、上饶物流中心、景德镇物流中心、宜春物流中心。公司现有员工 200 人，管理人员占 15% 左右，大专以上学历占 50% 以上。2012 年荣获中国交通运输协会颁发的“2012 年全国先进物流先进企业”，2013 年荣获商务部颁发的“典型调查统计企业”，中国物流与采购联合会颁发的“企业信用评价 AAA 级信用企业”，江西省商务厅颁发的“江西省重点商贸物流企业”等称号。2016 年，荣获中华人民共和国人力资源和社会保障部、中国物流与采购联合会联合颁发的“全国物流行业先进集体”称号。2016 年被商务部评定为第一批智慧物流配送示范单位。

公司以出版物流为基础，积极拓展第三方物流，得到了快速发展，形成了城市配送、城际配送、供应链服务、专线配送等多业态、跨区域的发展布局。2012 年公司投入 67000 万元重点打造现代出版物流港项目，逐步构建全省乃至全国无盲点的网络和服务，全力打造现代化的物流企业集团。目前，九江、抚州、上饶、景德镇、宜春物流中心相续投入运营，运营情况良好，其他物流分中心各项施工进程进展顺利。

由江西新华发行集团有限公司向国家新闻出版广电总局申请承担的《新闻出版领域物联网技术应用行业标准体系架构》标准已正式立项并签订合同，其中的物联网技术应用实验室落户蓝海物流。向国家新闻出版广电总局申请的“物联网出版融合实验室”于 2016 年 11 月 4 日正式获得国家新闻出版广电总局批准成立。另外，为了进一步提升公司的物流现代化水平，提升工作效率，公司还在积极推进仓库技术改造工作，全力打造一个现代化的物流企业。

联系地址：江西省南昌市新建区望城新区新兴东大道 780 号 **联系电话：**0791-82298589 **联系邮箱：**89119210@qq.com

中国财富出版社

CHINA FORTUNE PRESS

（原中国物资出版社）

中国财富出版社是经新闻出版总署新出审字［2012］15号批复，于2012年3月由中国物资出版社更名而来。下设物流图书出版分社、科技与职业教育出版分社、人文社会科学出版分社、经济与管理出版分社四个分社。是国务院国有资产监督管理委员会举办的全民所有制单位，由中国物流与采购联合会管理。

物流图书出版分社作为中国财富出版社的品牌分社，以成为物流知识的传播者和物流教育的出版者为出版宗旨，以“读物流书， 看财富版；出物流书，到财富社”为出版目标。出版范围包括物流类高等教育教材和职业教育教材、物流学术专著、国外物流版权引进、物流企业实务、物流工程与技术普及读物以及物流行业各类报告、年鉴等。其中“中国物流专家专著系列”是年度广受作者欢迎的出版项目。

地址：北京市西城区月坛北街25号

电话：010-68391563　68392731　68392950

面向全国发行
华南独家
专注物流创新
传递物流价值
平面/微博/微信
App/专稿/新闻稿
推广套餐
物流
LOGISTICS MAGAZINE
全年平面广告
行业研讨会
客户采访
研究/公关/活动
三线联动
①关注②设备③专题
④供应链⑤专栏⑥营销
一册在手
点燃物流人的智慧
资深行业媒体
发行方式：订阅(15元)+定向赠阅+展会及行业研讨会赠阅
《物流》杂志创刊于2000年9月，是目前中国物流行业的核心媒体，专注于传播国内外先进的物流管理理念和报道先进物流管理技术，及时深度剖析国内外物流界的人物、事件。
广州市海珠区新港西路135号中大科技园综合楼A座1207室
联系电话：黄小姐 15918832049
E-mail: wl@logisticsm.net
www.logisticsm.net

中国物流年鉴

2017（下册）

CHINA LOGISTICS YEARBOOK 2017

CFLP

中国物流与采购联合会编

中国财富出版社
CHINA FORTUNE PRESS

图书在版编目（CIP）数据

中国物流年鉴．2017：全2册/中国物流与采购联合会编．—北京：中国财富出版社，2017.9
ISBN 978－7－5047－6597－0

Ⅰ．①中…　Ⅱ．①中…　Ⅲ．①物流—中国—2017—年鉴　Ⅳ．①F259.22－54

中国版本图书馆CIP数据核字（2017）第242959号

策划编辑　郑欣怡　　**责任编辑**　孙会香　王伟莹
责任印制　方朋远　　**责任校对**　孙丽丽　卓闪闪　　**责任发行**　敬　东

出版发行　中国财富出版社
社　　址　北京市丰台区南四环西路188号5区20楼　　**邮政编码**　100070
电　　话　010－52227588转2048/2028（发行部）　010－52227588转307（总编室）
　　　　　010－68589540（读者服务部）　010－52227588转305（质检部）
网　　址　http://www.cfpress.com.cn
经　　销　新华书店
印　　刷　北京七彩京通数码快印有限公司
书　　号　ISBN 978－7－5047－6597－0/F·2818
开　　本　889mm×1194mm　1/16　　**版　　次**　2017年10月第1版
印　　张　43.5　　**彩　页**　88　　**印　　次**　2017年10月第1次印刷
字　　数　1218千字　　**定　　价**　480.00元（全2册）

《中国物流年鉴》（2017）编委会

王德文　毅德国际控股有限公司总裁
牛　斌　中国西部现代物流港党工委书记、管委会主任
尹国杰　湖南星沙物流投资有限公司董事长
邓德艾　湖南现代物流职业技术学院院长
古堂生　广西玉柴物流股份有限公司董事长
冉　旭　平安银行现代物流金融事业部总裁
乐　岩　武汉商贸职业学院物流学院院长
刘秉镰　南开大学校长助理，经济与社会发展研究院院长、教授、博导
江　健　北京福田智科物流有限公司总经理
杨应龙　长沙金霞经济开发区党工委书记
李国伟　河南中原铁道物流有限公司副总经理
李金平　广东林安物流集团董事长
何明珂　北京物资学院副院长、教授
汪　鸣　国家发展和改革委员会综合运输研究所所长、研究员
沈　冰　太原铁路局货运处处长兼山西晋云现代物流有限公司总经理
沈绍基　中国仓储与配送协会副会长
宋远方　中国人民大学商学院教授
张　历　玖隆钢铁物流有限公司总经理
张玉庆　希杰荣庆物流供应链有限公司董事长
张秋文　东风车城物流股份有限公司总经理
陈嘉良　联邦快递（中国）有限公司中国区总裁
陈镜治　香港物流协会会长
武　勇　广州铁路（集团）公司董事长、总经理
周建亚　武汉工商学院物流学院名誉院长
郑　列　中物华商集团股份有限公司总裁
郑松兴　华南城控股有限公司执行董事兼集团主席
郑保云　江铃汽车销售有限公司书记
单立军　乌鲁木齐铁路局局长
房新胜　青岛铁路经营集团有限公司董事长、总经理

孟庆欣　国家统计局贸易外经统计司司长
赵红鹰　中铁物资集团有限公司党委书记、董事长
赵希和　江西新华发行集团有限公司副总经理、江西蓝海物流科技有限公司总经理
赵沪湘　中国国际货运代理协会会长
钟荣钦　台湾物流协会秘书长
施文进　惠龙易通国际物流股份有限公司董事长
姜超峰　中国物资储运协会名誉会长
贺建良　宁波经济技术开发区现代国际物流园区管委会主任
柴再希　天津元顺物流集团有限公司董事长
徐胜明　四川安吉物流集团有限公司董事长
郭戈平　中国连锁经营协会会长
唐小宇　遵义市铁路建设投资（集团）股份有限公司党委书记、董事长
黄有方　上海海事大学校长、教授、博导
曹勇伟　上海领鲜物流有限公司总经理
盖守岭　山东聊城盖氏邦晔物流有限公司董事长
盖忠琳　山东盖世国际物流集团有限公司党委书记、总经理
梁伟华　中国物流股份有限公司董事长、党委书记
韩　骏　中远海运物流有限公司董事长、总经理
韩东亚　安徽合肥商贸物流开发区党工委书记、管委会主任
舒　谦　宝湾物流控股有限公司总经理
雷钧友　秀山华渝物流投资有限公司总经理
谯智毓　重庆公运东盟国际物流有限公司总经理
薄世久　北京长久物流股份有限公司董事长

特别支持单位

中远海运物流有限公司

平安银行现代物流金融事业部

上海安能聚创供应链管理有限公司

一汽物流有限公司

长沙金霞经济开发区
CHANGSHA JINXIA ECONOMIC DEVELOPMENT ZONE

毅德国际控股有限公司

北京福田智科物流有限公司

联邦快递（中国）有限公司

华南城控股有限公司

河北御捷马专用车制造有限公司

惠龙易通国际物流股份有限公司

《中国物流年鉴》（2017）

主　　办	中国物流与采购联合会
承　　办	《中国物流与采购》杂志社
主　　编	何黎明
副 主 编	崔忠付　蔡　进　贺登才
编辑部主任	刘乃杰
编辑部副主任	徐小青
编　　辑	崔　冬　朱贝特　杜　林　贾　丽
发　　行	高　威
广告设计	阳光设计工作室

编 辑 部	010-68392774　010-68392214（兼传真）
邮　　箱	xxq6429@163. com　gwrshk@126. com
	zgwlnj@126. com
发　　行	010-68391021　010-63738995　010-68392214
传　　真	010-83203997

《中国物流年鉴》（2017）供稿者

（按姓氏笔画排序）

马增荣　王　芮　王文浩　王占中　王立东　王国文　王国清　王继祥　王萧懿　甘凯龙　文德华
田　征　申欣冉　冯耕中　朱冬蕾　刘长庆　刘汉才　刘伟华　刘昀浩　刘缨缨　闫　鸣　闫淑君
江　滢　孙宝祺　孙熙军　杨俊杰　李　政　李　鹏　李　静　李红梅　李辰中　励方奎　肖　虹
吴晓丹　余栋梁　沈　冰　张　洁　张晋姝　张晓东　陈　彬　周　旭　周斌斌　胡一焱　查莉华
侯海云　姜　旭　耿祥伟　顾宁军　顾国祥　晏庆华　徐　勇　徐梦馨　唐　英　黄经涛　崔　霞
蒋长兵　韩兆轩　韩伯领　谢文卿　谢雨蓉　谢宝贵　赖志杰　鲍　帅　窦梦頔　樊一江　潘增友
鞠少珊　穆宏志

国家发改委　国家发改委综合运输研究所　江苏省经信委　山东省统计局　江西省发改委　山东省经信委　甘肃省工业和信息化委员会　青海经信委　南京市统计局　青岛市交通运输委员会　威海市经信委　临沂市经信委　临沂市统计局　武汉市物流局　中国粮食行业协会　河北省现代物流协会　内蒙古物流协会　吉林省物流与采购联合会　浙江省物流与采购协会　安徽省物流与采购联合会　江西省交通运输与物流协会　河南省物流与采购联合会　海南省物流与采购联合会　四川省现代物流协会　陕西省物流与采购联合会　宁夏现代物流协会　中国仓储与配送协会　中国国际货运代理协会　中国物流信息中心　中物联大宗商品交易市场流通分会　中国汽车技术研究中心　中国工程机械工业协会工业车辆分会　上海国际航运研究中心　快递物流咨询网　天津大学　吉林大学　北京物资学院　上海海事大学　西安交通大学　浙江工商大学　大连海事大学　北京交通大学　《中国出版传媒商报》社　北京兰格电子商务有限公司　鞍山钢铁集团公司　CSCMP 中国代表处

《中国物流年鉴》（2017）
广告提供单位

上册

平安银行股份有限公司	联邦快递（中国）有限公司	秀山华渝物流投资有限公司
东风柳州汽车有限公司	四川安吉物流集团有限公司	重庆公运东盟国际物流有限公司
我的法务网	华南城控股有限公司	鞍钢汽车运输有限责任公司
一汽物流有限公司	宝湾物流控股有限公司	国药集团医药物流有限公司
上海安能聚创供应链管理有限公司	林安物流集团	东风车城物流股份有限公司
长沙金霞经济开发区管理委员会	普洛斯投资（上海）有限公司	天津元顺物流集团有限公司
北京长久物流股份有限公司	中物华商集团股份有限公司	上海领鲜物流有限公司
遵义市铁路建设投资（集团）股份有限公司	安徽合肥商贸物流开发区	惠龙易通国际物流股份有限公司
毅德控股集团	山东物流集团有限公司	福建八方物流股份有限公司
江铃汽车销售有限公司	中铁物资集团有限公司	邵东星沙物流股份有限公司
宁波经济技术开发区现代国际物流园区	青海省物资产业集团总公司	天津物产集团有限公司
希杰荣庆物流供应链有限公司	山东盖世国际物流集团有限公司	湖北战友企业管理集团有限公司
北京福田智科物流有限公司	中国西部现代物流港管理委员会	广西玉柴物流股份有限公司

下册

平安银行股份有限公司	聊城盖氏邦晔物流有限公司	中国财富出版社
中国物流股份有限公司	宜昌三峡物流园有限公司	《物流》杂志
太原铁路局山西晋云现代物流有限公司	江西蓝海物流科技有限公司	《中国储运》杂志
广州铁路（集团）公司	大冶有色物流有限公司	万联网
兰州铁路局	广东秦粤物流有限公司	上海安能聚创供应链管理有限公司
乌鲁木齐铁路局	武汉商贸职业学院物流学院	中远海运物流有限公司
济南铁路经营集团有限公司	湖南现代物流职业技术学院	北京长久物流股份有限公司
青岛铁路经营集团有限公司	上海优刻得信息科技有限公司	宁波经济技术开发区现代国际物流园区
河南中原铁道物流有限公司	《中国物流与采购》杂志	北京福田智科物流有限公司
玖隆钢铁物流有限公司	联物流平台私有云服务	江铃汽车销售有限公司
河北御捷马专用车制造有限公司	《现代物流报》	黑龙江农垦北大荒物流集团有限公司

编辑说明

一、《中国物流年鉴》（以下简称《年鉴》）是中国物流与采购联合会主办、《中国物流与采购》杂志社承办的大型文献性工具书。自2002年创办至今，《年鉴》的编纂质量不断提升，发行量和发行范围不断扩大，获得了业界广泛好评。《年鉴》独有的权威性、可读性和资料性，使其成为业界人士查询、引用、论证、存档不可或缺的“工具”。

二、2016年是物流行业坚持贯彻新发展理念，深入推进供给侧结构性改革，主动适应经济发展新常态，物流业总体运行保持稳中有进、降本增效的一年。

一年来，以“互联网+高效物流”为标志的“智慧物流”加速起步，催生了一批新模式、新业态、新技术。无车承运人试点启动，线上与线下加速融合。车联网、自动仓库、无人机送货、智能快递柜、仓储机器人等先进技术装备推广应用。

一年来，行业配合京津冀协同、长江经济带、“一带一路”建设国家发展倡议，调整完善现代物流服务体系。物流业与交通运输业深度融合，国家第一批多式联运示范工程项目、首批示范物流园区正式推出。农村物流加紧布局，快递下乡力度加大，国际物流跨越式发展。

一年来，国务院及有关部门贯彻落实《物流业发展中长期规划（2014—2020年）》，就交通物流融合发展、互联网+高效物流、无车承运人试点、车型标准化、商贸物流标准化、服务型制造、通关一体化、物流业补短板和降本增效等出台了一系列政策措施，物流业政策环境持续改善。

一年来，中国物流与采购联合会积极进取，扎实工作，召开了第六次会员代表大会，选举产生了新一届领导班子；与人力资源和社会保障部联合举行了全国物流行业先进集体、先进工作者和劳动模范表彰活动；务实求真反映企业诉求，协助政府决策，在标准、统计、科技、教育、培训、评估、诚信、新闻出版和理论研究等方面不断深化、细化的基础工作，努力引领行业发展。

三、2017版《年鉴》的组稿、编纂工作得到了国家发展改革委、商务部、交通运输部、国家统计局等有关部委和部分省、自治区、直辖市政府部门、物流行业社团组织、相关行业协会、中国物流信息中心、全国物流标准化技术委员会等机构，以及中远海运物流有限公司、平安银行现代物流金融事业部、上海安能聚创供应链管理有限公司、一汽物流有限公司、联邦快递（中国）

有限公司等知名企业的大力支持，对此我们表示衷心的感谢。

四、对不太符合《年鉴》编辑要求的来稿，编辑人员做了谨慎删改。由于时间有限，这部分稿件未交原请作者核校，希予见谅。

五、因编辑部人员水平有限，如有不妥之处，恳请批评指正。

六、2017 版《年鉴》在框架结构和主体内容上延续了 2016 版风格，力求真实展示行业发展变化的全貌，增加了大数据和图表的内容，继续扩充了地区物流的篇幅，使《年鉴》更具可读性和资料性。

欢迎大家继续对 2018 版《年鉴》的组稿和编辑工作给予支持！

《中国物流年鉴》编辑部

二〇一七年八月三十日

前　言

2016年，我国物流业全面贯彻党中央、国务院决策部署，以推进供给侧结构性改革为主线，创新中求发展，总体运行缓中趋稳、稳中向好，实现了“十三五”良好开局，为稳增长、促改革、调结构、惠民生、防风险各项工作做出了重要贡献。

一是总体运行趋稳提质。全年实现社会物流总额229.7万亿元，同比增长6.1%；社会物流总费用与国内生产总值（GDP）的比率为14.9%，比上年下降1.1个百分点，社会物流运行质量和效益稳中见升。

二是市场供需求结构深度调整。从需求看，工业品物流中，高技术产业和装备制造业物流需求进入较快增长区间；与消费相关的单位与居民物品物流总额，全年保持40%以上的高速增长态势。“双十一”期间，中国电商物流指数上升为213.5点，比2015年增加49点。与电商消费相关的快递业务量和业务收入全年完成313.5亿件和4005亿元，分别增长51.7%和44.6%。随着消费升级和食品安全受到关注，冷链物流市场需求已达2200亿元，同比增长22.3%。消费领域物流需求个性化、品牌化趋势明显。

三是供给质量有所改善。中国公路物流运价指数比2015年同期增长15.3%，车辆平均运输里程和运输时间持续提升。国家铁路发送货物26.5亿吨，连续5个月实现正增长。受韩进海运破产影响，航运价格企稳回升。2016年12月30日，中国出口集装箱综合运价指数为951.66点，较年初上涨224.75点。物流企业规模化、集约化发展，A级物流企业超过4000家。

四是发展方式变革创新。兼并重组、联盟合作案例增多；战略联盟、加盟合作走向深化；跨界融合、平台整合，经营模式不断创新；供应链全链条服务升级；物流企业结缘资本市场，一批快递、物流企业相继登陆A股市场，一批创新企业跻身“新三板”，一批新兴企业吸引新一轮融资，引得各类资本加快进入物流市场。

五是“互联网+”高效物流深入推进。“智慧物流”加速起步，催生了一批新模式、新企业、新业态。“互联网+智慧物流”助推行业企业加速发展；“互联网+高效运输”开启公路货运提质增效新模式；“互联网+智能仓储”推进智能仓储在高端细分领域快速落地；“互联网+便捷配送”带动共享经济模式在物流业试水。

六是相关规划、政策密集出台。一年来，国务院及有关部门贯彻落实《物流业发展中长期规划（2014—2020年）》，针对交通物流融合发展、互联网+高效物流、多式联运、电子商务物流、服务型制造、节能环保、物流业补短板和降本增效等出台了一系列规划政策措施，各地政府部门贯彻落实国家政策，出台相关配套措施。“营改增”试点全面扩围，无运输工具承运业务和道路通行服务开票资格获得承认；车型标准化工作有序推进，为期一年的新一轮治超工作开展，车辆运输车治理取得成效；无车承运人试点启动，一批试点企业名单发布；商贸物流标准化试点推进，标准化托盘扩大使用范围；快递市场清理整顿工作开展，寄递物流渠道安全要求升级；全国现代物流工作部际联席会议积极发挥协调作用，支持物流业发展的部门间合力有所加强，物流业政策环境持续改善。

当然，物流业发展仍面临不少问题。如有效需求不足和供给能力不够；社会物流总费用仍然较高，企业盈利水平持续下降；传统增长方式难以为继、产业结构不平衡更加凸显；物流基础设施总量过剩和结构性短缺互见并存；体制机制约束依然明显，市场环境治理和诚信体系建设有待加强；用户对物流服务质量的要求与物流企业服务能力之间以及物流企业对政策环境的预期仍有较大差距等。这些问题需要我们坚持深化改革，用大智慧、下大气力认真解决。

我国物流业仍然处于可以大有作为的战略机遇期。伴随着供给侧结构性改革的深化，我国物流业将会在物流需求、供给主体、基础设施、资源要素、发展方式、增长动力和政策环境多个方面发生深刻变化，物流市场格局也将出现新的调整。中国物流与采购联合会作为行业社团组织，将按照党中央、国务院决策部署，坚持“创新、协调、绿色、开放、共享”的新发展理念，加强调查研究、积极反映企业诉求、协助政府推进相关政策落地，与业内人士携手共同为推动物流业向更高水平迈进做出积极贡献。

《中国物流年鉴》是中国物流与采购联合会主办、《中国物流与采购》杂志社承办的大型文献性工具书。十几年来，《中国物流年鉴》坚持用数据和事实反映物流业发展变化的轨迹、记录我国物流业发展的历程，赢得了业界好评。面对我国物流业不断发展变化的新形势，《中国物流年鉴》将继续以求真务实、严谨负责的态度做好资料收录及书稿编辑工作。同时，真诚地希望业界同人提出宝贵意见，使其越做越精、越做越好。

二〇一七年八月三十日

目　录

上　册

第一部分　物流政策法规

第二部分　物流统计

第三部分　物流产业

下 册

第四部分 行业物流

第五部分 地区物流

第六部分 物流技术与装备

第七部分 物流教育、信息化、标准化

第八部分 部分优秀物流企业及经典案例

第九部分　物流综合

第四部分

行业物流

2016 年中国制造业物流

2016 年是我国“十三五”规划的开局之年，也是建设全面小康社会最关键的一年。受世界整体经济形势下滑、国内经济结构转型升级的影响，我国经济呈现中速增长的新常态，工业经济增长动能转换加速，工业生产平稳增长。物流业深入推进供给侧结构性改革，总体运行稳中有进，社会物流运行质量和效益稳中见升。总体来看，制造业物流加快转型升级，高端制造和服务制造成为主流趋势，深入推进融合发展，涌现了许多创新的物流服务模式。

一、2016 年制造业发展的主要特点

（一）经济增速总体放缓，工业运行稳中向好。

2016 年，受世界整体经济格局以及国内产业经济结构调整影响，我国经济增速总体放缓，国内生产总值（GDP）增速呈现中速增长趋势，三大产业全年呈现出不同的发展增速。第一产业稳中有降，增速为 3.5%；第三产业增速为 7.6%；以制造业为主的第二产业，增速保持在 6.1% 与 2015 年基本持平。具体趋势如图 1 所示。

根据国家统计局中国经济景气监测中心报告，2016 年全国规模以上工业增加值同比增长 6.0%，运行总体平稳，如图 2 所示。在规模以上工业中，分门类看，采矿业下降 1.0%，制造业增长 6.8%，电力、热力、燃气及水生产和供应业增长 5.5%。工业增速保持稳定，对于宏观经济平稳运行发挥了重要作用。

（二）PMI 指数企稳态势巩固。

2016 年，我国制造业 PMI 平均水平为 50.3%，高于 2015 年 0.4 个百分点，企稳态势逐渐巩固，向好发展态势更为明显。

分企业规模看，大型企业的 PMI 为 53.2%，仍高于临界点，是制造业平稳运行的主要支撑；中型企业的 PMI 为 49.6%，落至临界点以下；小型企业的 PMI 为 47.2%，继续位于收缩区间。

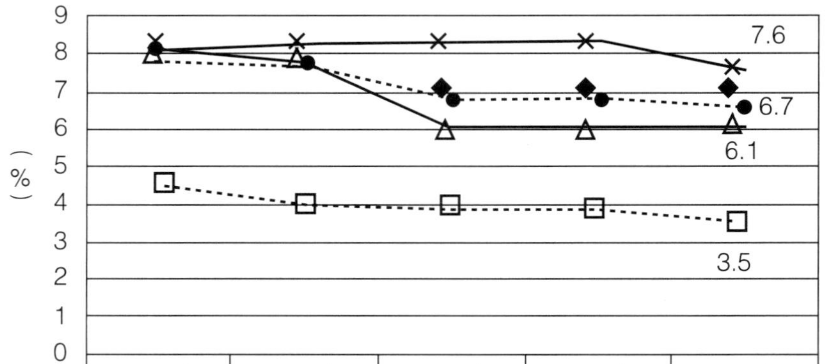

	2012年	2013年	2014年	2015年	2016年
GDP	7.8	7.7	6.9	6.9	6.7
第一产业	4.5	4.0	3.9	3.9	3.5
第二产业	8.1	7.8	6.0	6.0	6.1
第三产业	8.1	8.3	8.3	8.3	7.6

图 1　2012—2016 年 GDP 及三大产业增速①

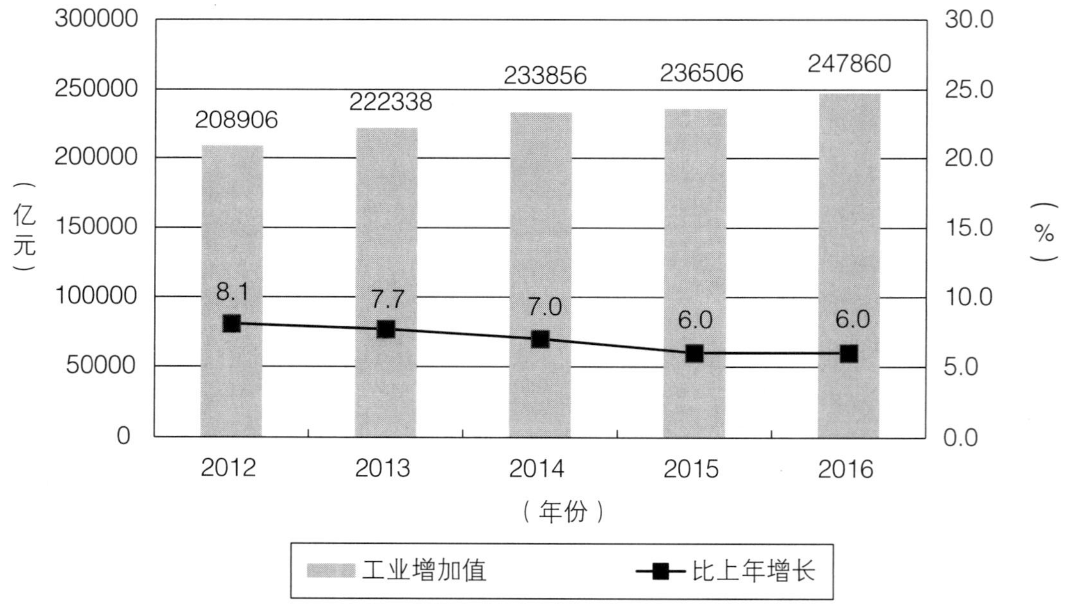

图 2　2010—2016 年全国规模以上工业增加值及增速走势

（三）工业经济运行质量有所提升。

根据国家统计局数据，2016 年 1—11 月，我国规模以上工业企业主营业务收入为 1031208.4 亿元，同比增长 4.4%，其中制造业

① 数据来源：国家统计局，http：//www.stats.gov.cn/。

主营业务收入930886.9亿元，同比增长5.2%。1—11月，全国规模以上工业企业实现利润总额60334.1亿元，规模以上工业利润同比增长9.4%，企业效益向好态势逐步稳固。分项来看，制造业利润率呈现一枝独秀，同比增长13.7%，而采矿业、电力、热力、燃气及水生产和供应业则分别呈现-36.2%和-10.1%的负增长，如表1所示。

表1　2016年1—11月我国规模以上工业企业主要财务指标①

分组	主营业收入		利润总额	
	1—11月（亿元）	同比增长（%）	1—11月（亿元）	同比增长（%）
总计	1031208.4	4.4	60334.1	9.4
其中：采矿业	44135.5	-5.9	1549.8	-36.2
制造业	930886.9	5.2	54306.8	13.7
电力、热力、燃气及水生产和供应业	56186.0	1.0	4477.5	-10.1
其中：国有控股企业	208311.4	-0.9	10974.9	8.2
其中：集体企业	6061.5	-0.4	420.6	-3.7
股份制企业	732748.2	5.1	41342.4	9.9
外商及港澳台商投资企业	227568.6	2.9	15073.6	10.8
其中：私营企业	367679.0	6.3	21169.0	5.9

从具体行业的数据②来看，2016年1—11月，在41个工业大类行业中，30个行业的利润总额同比增加、1个同比持平、10个同比减少。在主要行业利润增长情况中，呈现出两级分化的趋势。一方面，新兴的制造业和国民经济需求较大的制造业利润增速较快，如石油加工、炼焦和核燃料加工业同比增长2.2倍，黑色金属冶炼和压延加工业同比增长2.7倍，有色金属冶炼和压延加工业同比增长37.4%，计算机、通信和其他电子设备制造业同比增长17.7%，化学原料和化学制品制造业同比增长14.4%，汽车制造业同比增长12.7%，电气机械和器材制造业同比增长12%，非金属矿物制品业同比增长11.3%；另一方面，传统的制造业增速较缓，农副食品加工业同比增长6.3%、

① 图表来源：国家统计局统计数据，http：//www.stats.gov.cn/，作者已经进行整理。

② 2016年1—11月中国规模以上工业增加值情况分析，中国报告网，http：//data.chinabaogao.com，2016-12-25。

纺织业同比增长 4.4%、专用设备制造业同比增长 3.5%、通用设备制造业同比增长 1%。

（四）去产能工作初见成效。

产能过剩问题是“十二五”以来国家经济建设的重要问题之一，去产能成为 2016 年我国供给侧结构性改革的五大任务之首。2015 年，在国家政策的指导下，钢铁、煤炭、玻璃、电解铝等产能严重过剩的行业爆发了“倒闭潮”，钢铁煤炭等价格暴跌，水泥、平板玻璃、生铁、粗钢等行业的累计产量分别下降了 4.6%、8.3%、3.3%、2.2%，去产能工作初见成效。2016 年全年压减 6500 万吨钢铁产能和 2.9 亿吨以上煤炭产能，降成本政策效果初步显现。

为进一步加快去产能工作力度，2016 年 9 月 22 日，宝钢股份、武钢股份两家公司同时发布《吸收合并报告书》，宝钢集团成为重组后的母公司，武钢集团整体无偿划入，成为其全资子公司。宝钢武钢合并跻身全球第二大钢企。2016 年 12 月 1 日，中国宝武钢铁集团有限公司在上海揭牌成立，此次重组是业内首个集团重组与上市公司合并同步推进的央企联合重组。宝钢与武钢合并后，部分核心产品的市场占有率将大幅提升，如二者取向硅钢的市场占有率达到 70%，高端汽车板市场占有率约 60%。合并后的公司产能超过 7000 万吨，跃居全国第一，对于铁矿石的需求约 1 亿吨，约占全球铁矿石贸易总量的 7%，央企“巨无霸”诞生。

2016 年，钢铁行业另有多家国企上市公司涉及并购重组事件，分别为华菱钢铁、重庆钢铁、山东钢铁、鲁银投资、韶钢集团等。2016 年，在一些重组措施的指引下，我国供给侧结构性改革的五大重点任务在工业领域取得阶段性成果。钢铁、煤炭行业完成了去产能的年度目标任务，11 月末，钢铁、煤炭、水泥、平板玻璃等行业库存同比继续下降，延续年初以来的去库存态势，去产能政策初见成效。

（五）高端制造业发展迅速。

2016 年，我国工业内部新旧动能转换的迹象明显。一方面，经初步季节调整，2016 年三季度，装备制造业生产合成指数为 108.9（上年同期为 100），比上季度上升 0.7 点，连续 3 个季度生产增速持续加快，前三季度，高技术产业和装备制造业增加值同比分别增长 10.6% 和 9.1%，较上半年加快 1.0 个和 0.4 个百分点，分别比规模以上工业增速高 4.6 个和 3.1 个百分点；另一方面，随着持续快速增长，高技术产业和装备制造业的比重不断提高，对工业发展推动作用明显增强。前三季度高技术产业和装备制造业占规模以上工业增加值比重比上年同期提高 1.8 个百分点，已经接近 45%。其中，高新技术制造业比重达到 12.2%，对工业增长的贡献率超过了 20%。由表 2 和图 3 装备制造业景气指数及趋势可以看出，装备制造业需求回升，发展态势良好。

然而，制造业细分行业之间存在明显差异。在监测的行业中，钢铁、煤炭、IT 设备制造、有色金属行业景气指数上升，特别是煤炭行业景气指数比二季度上升 0.9 点，对于工业景气指数保持平稳发展发挥了积极作用。相比较而言，石油、文娱用品、医药和服装行业景气指数有所下降。

表 2　　我国装备制造业景气指数①

季度＼年份	2014	2015	2016
第一季度	95. 9	94. 7	93. 8
第二季度	95. 0	94. 0	94. 0
第三季度	94. 9	93. 8	94. 7
第四季度	94. 8	93. 8	—

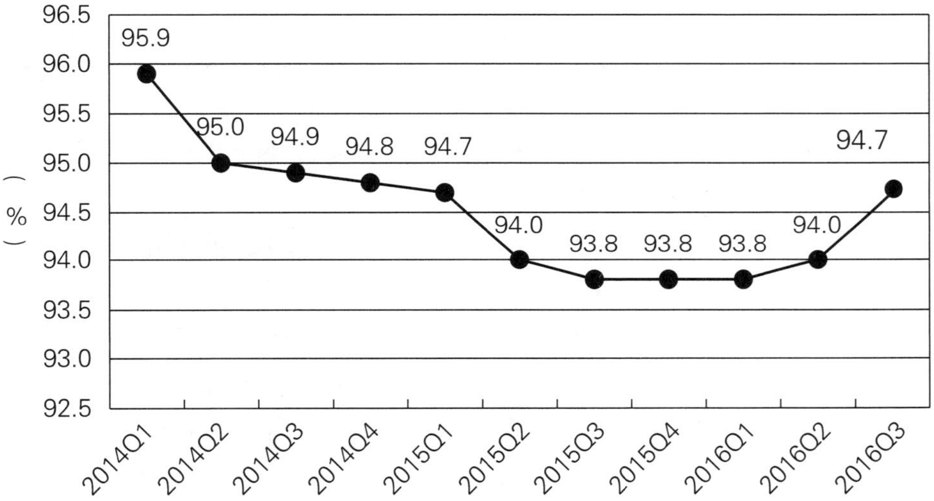

图 3　2014—2016 年各季度装备制造业景气指数②

（六）制造业出口形势严峻，民间投资增速持续下滑。

2016 年，受全球贸易延续萎缩、外需持续低迷的影响，我国进出口持续“双降”局面。从表 3 可以看出，2016 年 1—12 月我国对主要经济体出口几乎都是呈负增长，出口形势十分严峻。外需的持续低迷直接导致我国净出口总值的持续下降，据海关统计，2015 年我国净出口总额下降 7%，出口总额下降 1. 8%；2016 年上半年净出口总额和出口总额分别下降 3. 3% 和 2. 1%。表 3 反映了 2016 年 1—12 月我国对主要经济体出口情况，从中可以看出，2016 年我国出口几乎都是负增长，形势十分严峻。

①② 图表来源：国家统计局统计数据，http：//www. stats. gov. cn/，作者已经进行整理。

表 3　　2016 年 1—12 月我国对主要经济体出口情况①

国家或地区	出口额（美元）	同比增速（%）
美国	385203733	-5.9
欧盟	338961544	-4.7
东盟	255571521	-7.8
日本	129244936	-4.7
印度	58317412	0.2
俄罗斯	37297041	7.3
巴西	21968124	-19.9

2016 年，我国工业和制造业投资增速持续放缓。制造业投资增速连续五个月在 3% 水平上下波动。同时，我国投资率与投资效益之间的矛盾更加凸显。部分省份投资与 GDP 之比超过 100%，最高达 130%。而工业企业投资回报率却持续下滑，目前仅为 4% 左右，远低于 2015 年 6.4% 的水平。工业投资回报率远低于房地产投资，甚至低于一年期基准贷款利率，导致工业发展后劲不足，经济脱实向虚问题加重。

受行业准入限制、融资约束、投资回报率低等多重因素影响，工业领域民间投资低迷问题更为明显。2016 年 1—10 月，我国工业领域民间投资同比仅增长 2.6%，连续八个月低于工业投资增速，较 2015 年同期下降 6.6 个百分点。而民间投资占工业投资份额高达 79.6%。民间投资持续低迷，导致整个工业投资的萎缩，阻碍实体经济中长期增长。

二、制造业物流发展主要特点

（一）物流业运行总体平稳，物流需求增速稳中有升。

如图 4 所示，根据中国物流信息中心统计数据显示，2016 年，中国社会物流总额为 229.7 万亿元，按可比价格计算，同比增长 6.1%，增速比上年同期提高 0.3 个百分点。其中，中国工业品物流总额 214 万亿元，按可比价格计算，同比增长 6.0%，比上年同期回落 0.1 个百分点。工业品物流占社会物流总额的 93.16%，自 2010 年以来连续多年呈现稳步增长趋势（折线上方数据为社会物流总额同比增长值，下方数据为工业品物流总额同比增长值）。

① 数据来源：国家统计局统计数据，http：//www.stats.gov.cn/。

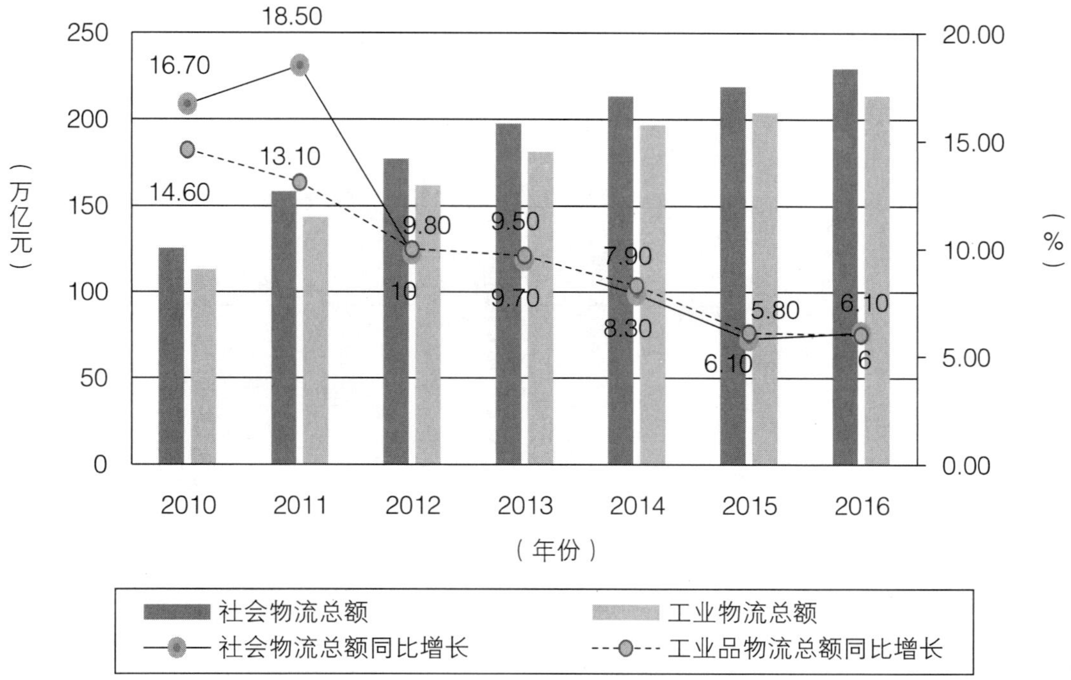

图 4 2010—2016 年社会物流总额和工业品物流总额及其同比增长值①

随着我国供给侧结构性改革的不断深入，我国物流需求的结构得到明显的改善。由图 4 所示，工业品物流费用占比增加，需求回升，结构调整明显，新旧动能转换加快，产业逐步向中高端迈进。一方面，采矿等传统高耗能行业物流需求持续回落。2016 年前三季度，采矿业同比下降 0.4%，上半年增长 0.1%；六大高耗能行业同比增长 5.8%，较上半年回落 0.4 个百分点，采矿等高耗能行业各季度呈回落走势；另一方面，高新技术产业物流需求加速增长。装备制造业和高新技术产业物流需求同比分别增长 9.1% 和 10.6%，比上半年分别加快 1 和 0.4 个百分点；装备制造业和高新技术产业占工业比重分别达到 32.6% 和 12.2%，比 2015 年同期分别提高 1.2 和 0.6 个百分点。

（二）降本增效政策相继发布，物流成本持续回落。

2016 年，中央经济工作会议把降成本列入五项重点经济工作之一。年内国家陆续出台了包括《营造良好市场环境推动交通物流融合发展实施方案》《物流业“降本增效”专项行动方案（2016—2018）》《促进物流业“降本增效”的若干意见》在内的“降本增效”一系列政策措施。在系列组合措施的引导下，2016 年我国的物流成本持续回落，物流运行质量有所提升。根据中国物流与采购联合会、中国物流信息中心发布的《全国重点企业物流统计调查报告》，2015 年我国工业企业物流费用率（物流费用占销售额的比重）为 8.7%，比上年

① 数据来源：国家统计局统计数据，http：//www. stats. gov. cn/。

下降 0.2 个百分点①。2008 年以来，我国工业企业物流费用率总体呈下降走势，2015 年降至近年来最低水平，比 2008 年下降 1.1 个百分点（见图 5）。

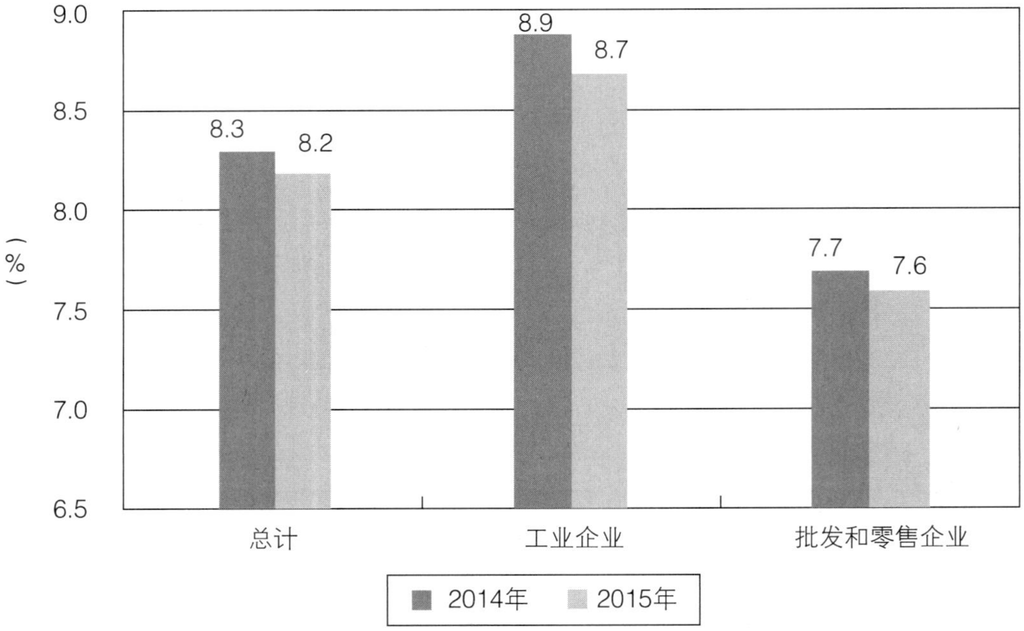

图 5　2014—2015 年我国工业、批发和零售业企业物流费用率情况

据《全国重点企业物流统计调查报告》，2015 年我国工业企业购销比率（企业购进总额与销售总额的比率）为 74.5%，同比下降 1.3 个百分点，达到 2008 年以来的历史新低。这一比率的下降反映出 2015 年工业企业原材料库存及资金占用成本有所下降，采购环节更为合理，物流管理水平有所提升。

（三）物流业投资增速趋缓，基础设施建设向自动化、智能化转型。

2016 年，我国投资结构出现明显变化，投资增速显著回落。2016 年，全国固定资产投资（不含农户）596501 亿元，比上年名义增长 8.1%（扣除价格因素实际增长 8.8%），从环比速度看，12 月份固定资产投资（不含农户）增长 0.53%。分产业看，第二产业中，工业投资 227892 亿元，比上年增长 3.5%，其中，采矿业投资 10320 亿元，下降 20.4%；制造业投资 187836 亿元，增长 4.2%。第三产业中，完成基础设施投资（不含电力、热力、燃气及水生产和供应业）118878 亿元，比上年增长 17.4%，其中，与物流业相关的道路运输业投资增长 15.1%，增速回落 1.8 个百分点；铁路运输业投资下降 0.2%。2016 年各产业固定资产投资情况，如表 4 所示。

① 中国物流与采购联合会，中国物流信息中心．全国重点企业物流统计调查报告，http：//www.clic.org.cn/wltjwlyx/278662.jhtml．2016-12-30。

表 4　　2016 年各产业固定资产投资情况①

指标	2016 年	
	绝对量	同比增长（%）
全国固定资产投资（不含农户）	596501	8. 1
分产业：第二产业	231826	3. 5
第三产业	345837	10. 9
分行业：交通运输仓储和邮政业	53628	9. 5
其中：铁路运输业	7748	−0. 2
道路运输业	32937	15. 1

制造企业加快物流系统升级改造。根据《中国仓储行业发展报告（2016）》显示，我国营业性通用仓库面积已近 10 亿平方米，其中立体仓库占比接近 30%。各类专业仓储设施建设持续向好，自助仓储进入快速发展期和整合期，各类仓配技术普及与创新应用取得较大进展，仓储机械化、信息化、自动化水平有所提高，托盘、货架、输送分拣等设备的应用不断升级，智能仓储、仓储互联网化引领行业转型升级。许多制造企业采用工业机器人、自动化立体仓库等智能制造装备，推进智能化物流系统集成，物流自动化进程加快。

三、制造业与物流业联动发展

（一）新形势对两业联动发展的影响。

2016 年，我国经济、技术和竞争形势都出现了新特点和新变化，供需格局出现了调整，对制造业与物流业联动（以下简称“两业联动”）发展产生了重要影响。

从需求方面来看，首先，随着供给侧结构性改革深入推进，去产能、去库存力度不减，钢铁、煤炭、房地产、建筑业等占比较大的大宗商品物流需求增长乏力，将直接影响行业发展基本面。其次，制造业的大规模定制化发展使得与之联动的物流业也向大规模定制化方向发展，物流运作更趋于小批量多批次，物流的响应速度也需要不断提升。受此影响，传统的物流外包的模式并不能适应新的需求模式，两业联动开始朝供应链合作模式发展，联动的机制体制开始创新。

从供给方面看，首先受“互联网+”发展形势影响，越来越多的物流信息平台开始兴起并在物流运行中发挥重要的作用。然而，目前两业联动还是“一对一”联动为主，制造企业与物流企业的运行系统都是独立的、封闭的，让物流信息平台企业无法加入到联动中。其次，平台作为资源整合商，其运用模式有其标准化规定，难以满足制造业一些个性化物流需求，使得物流信息平台企业和制造业难以进行联动。因此，目前物流信息平台多是作为物流企业的提供商，为物流商提供运力支持而间接

① 图表来源：国家统计局统计数据，http：//www. stats. gov. cn/，作者已经进行整理。

加入到两业联动中来，但难以直接加入到两业联动。

从技术方面看，从《中国制造2025》到无人仓、自动分拣系统、智能仓库机器人在物流领域的应用，技术变革让物流业和制造业的智能化水平都得到了提升。依托射频识别技术（RFID）、全球定位系统（GPS）、无线视频等先进的现代化设备，物流业能够为制造业提供实时的物流跟踪，两业联动的模式日趋透明化。此外，物流技术的变革推动了供应链一体化平台的建设，如海尔日日顺，已经涵盖了从采购到渠道分销的整条供应链，技术的应用有效地提高了联动的效率，大大地降低了运营、管理成本。

从管理模式方面看，“互联网+”时代下，制造业都纷纷开启线上渠道，这就使得原来的联动开始转向“线上+线下+物流”三方面发展。制造企业与物流企业联手开展建设与线上销售渠道匹配的物流渠道，以保证其市场占有率。一些新的商业模式变革让两业联动更加紧密，促进了“产销结合”的发展，目前一些制造企业如海尔集团采取“制造订单即物流订单”模式，一切以客户订单为中心，开展“直产直销”的新纪元。

（二）两业联动发展的相关进展。

2016年，我国制造业与物流业两业联动发展出现新局面，在联动范围、联动关系和联动模式上都呈现出新的特点。

首先，在两业联动的范围方面看，联动开始由原来单一业务外包开始转向供应链合作，联动范围越来越广。最初，制造企业仅仅是将自己的部分供应链业务，如运输配送、仓储管理或原材料物流外包给物流企业，而目前随着制造业成本压力不断增大、物流企业服务能力的不断提高以及联动风险管控水平的加强，许多制造企业开始寻求供应链服务的总包商，如华为将整条供应链外包给中外运敦豪国际航空快递有限公司（DHL）和中外运。

其次，从两业联动的关系上而言，制造企业和物流企业由原来的契约关系转为战略合作关系。之前的两业联动均是简单的外包形式，制造业和物流业往往是站在谈判桌的两端，寻求自身利益的最大化，而随着联动的不断深入，制造业和物流业的命运变得息息相关，形成互赢共生的战略合作伙伴关系。

最后，从两业联动的具体运营上看，出现多种运营方式：一是多式联运开始广泛应用。在运输方式上，因为制造业销售需求形势欠佳，所以对物流企业的成本管控就提出了更高的要求。在运输模式上，多式联运有利于降低物流成本，成为制造业与物流业联动创新的突破口，被物流企业广泛采纳。二是供应链逐步实现全程透明化。透明化的管理能够有效地控制成本、提高服务水平。例如，在快递企业，利用GPS、地理信息系统（GIS）等技术，能够对制造企业的订单物流信息进行全程跟踪，对制造企业的生产配件提供实时支持。三是技术进步驱动了两业联动管理模式的创新。移动互联、大数据等技术为两业联动的发展提供了无限的想象空间，例如海尔跟日日顺的合作，在技术支持下，海尔工厂和日日顺实现了信息的实时共享，统一生产和物流订单，并且取消物流成品缓存区，使“直产直销”成为可能。四是两业信息系统开始转为开放共享方向发展。两业联动之前多采用一对一的联动方式，物流业和制造业的电子数据交换（EDI）系统都是封闭的、独立的，专供两个企业的信息交换使用，带来极高的建设成本和维护成本。而目前的信息系统开始转为开放、共享型，尤其是多家小型制造企业和物流企业使用同一套信息系统，有效地降低了信息建设方面的成本。

（三）两业联动面临的问题。

随着两业联动的深入发展，在物流企业建设、制造企业建设、政府政策完善以及联动的环境等方面出现新的问题。根据对中外运北京公司、中外运苏州公司和广州风神物流、海尔日日顺物流、天津德利得物流公司、中铁快运等公司的调研发现，目前两业联动过程中存在不少问题，具体见表5。

表5　两业联动过程中出现的相关问题

现存问题分类	问题内容
物流企业本身	物流企业人才、技术、装备相对制造业不匹配 企业资金较少，面临信息系统、设施设备等投资及管理方式上的压力 达不到透明化的要求 缺少专业化的管理团队，需要建立专业化的团队，提高专业服务能力 企业自身缺乏机制创新
制造企业本身	制造业不景气，导致与之联动的物流企业面临着巨大的成本以及市场规模增长后劲不足的压力 信息保密等原因导致制造业对于物流业合作开放的深度不够 制造企业供应端的物流没有释放
政府本身	国家在产业扶持政策方面对物流企业的扶持力度不够 政府对物流企业的信息化扶持力度不够 运输治理使得物流企业面临巨大成本压力
两业联动环境	两业联动依赖的基础活动，如末端城市配送，操作效率没有得到提高
两业联动方式	两业联动的信任缺乏第三方信用评价体系 企业间没有形成内在驱动力 双方对联动服务及效益评价的认定不一致 大型制造企业还是采取一对一的联动方式，平台介入较少

数据来源：本研究团队于2016年11—12月的一项全国调查。

除了表中的问题，在以下几方面也存在一些问题：

在物流企业建设方面，制造业正在迅速地向自动化和智能化方向发展，但物流企业技术、装备均未得到技术上的提升。政府在投资上偏向制造业较多而对物流业扶持较少，物流企业面临着信息系统、设施设备等投资资金及管理方式上的压力。同时，物流企业还无法实现客户对物流运输透明化的要求，物流企业还缺少专业化的管理团队也是当前两业联动的难点。

在制造企业建设方面，由于制造业不景气，导致与之联动的物流企业面临着巨大的成本以及市场规模增长后劲不足的压力。同时，产品制造信息保密等原因导致制造业对于物流业合作开放的深度不够。尽管物流企业希望能够更多地融合到制造企业的供应链中，但制造企业供应端方面的物流释放空间仍然很大。

从政策角度来看，一方面，中央和地方各级政府在产业政策扶持方面，对制造企业与物流企业的关注多并不平衡。例如，广州风神物流公司反映，从工业 4.0 的提出开始，政府对制造企业的智能化升级扶持政策及扶持资金都有相继推出，但是这些政策的受惠群体却不包括物流企业；另一方面，“治限治超”政策对制造业物流影响较大，使得物流企业面临巨大成本压力，政府在降低物流业成本方面的推动作用还需要进一步发挥。

在两业联动方的发展环境仍有待进一步完善。例如，现有的制造业与物流业联动还是以一对一的单点联动方式为主，物流信息平台企业的介入作用尚需进一步发挥；已有的两业联动发展政策的针对性不强，企业联动内在驱动力不足。目前两业联动缺乏第三方信用评价体系和两业联动评估体系，造成制造企业服务要求没有量化或评价标准不明确，导致供需双方理解容易出现偏差，也导致双方对联动服务及效益评价的认定不一致。

（刘伟华　申欣冉　朱冬蕾　窦梦頔　天津大学管理与经济学部）

2016年中国钢铁物流

2016年，我国以推进供给侧结构性改革为主线，适度扩大总需求、坚定推进改革、妥善应对风险挑战、经济结构继续优化、质量和效益提高、经济社会保持平稳健康发展，实现了“十三五”良好开局；一些重要经济指标逐步稳定向好，工业增加值增速、企业效益、固定资产投资均企稳回升，尤其是民间投资止跌回稳，PPI（生产价格指数）由负转正并进一步上升，社会预期得到新的改善。经济大环境变化对钢铁行业持续产生影响，钢铁行业去产能持续开展，钢材价格震荡大幅上行，钢铁企业经营状况普遍好转，盈利水平得到明显改善，钢铁行业物流运行环境得以优化。

一、钢铁产业发展情况

2016年，伴随着我国钢铁行业继续深入推进供给侧结构性改革、大力化解过剩产能和各项政策措施陆续出台，市场出现积极变化，钢铁行业运行态势稳中向好。

（一）钢铁价格震荡大幅上行。

2016年，我国钢铁市场结束了“十二五”时期长达5年的持续下行周期，进入震荡上行的通道。据兰格钢铁云商平台监测数据显示，截至2016年12月30日，兰格钢铁全国钢材综合价格指数为135.3，同比上升70.1%。其中：长材价格指数为135.0，同比上升63.0%；板材价格指数为136.1，同比上升78.8%；型材价格指数为132.1，同比上升60.3%；管材价格指数为135.2，同比上升65.4%（见图1）。

2016年，兰格钢铁云商平台监测的8大钢材品种、10大城市均价上涨额度均超1200元（吨价，下同）。其中：冷轧卷上涨额度最大，为2144元；H型钢上涨额度最小，为1247元；其他品种上涨额度居中，在1270元至1770元。从涨幅来看，热轧卷板涨幅最大，为83.1%；H型钢涨幅最小，为60.5%；其他涨幅在63%~83%。

（二）钢铁产量同比小幅上升。

2016年，受钢材价格持续反弹、钢铁企业生产积极性加大影响，我国钢铁产量呈现小幅上升局面。据国家统计局数据，2016年，我国粗钢累计产量达80837万吨，同比增长1.2%；钢材累计产量达113801万吨，同比增长2.3%。2016年粗钢平均日产220.9万吨，较2015年全年平均日产220.2万吨增加了0.7万吨（见图2）。

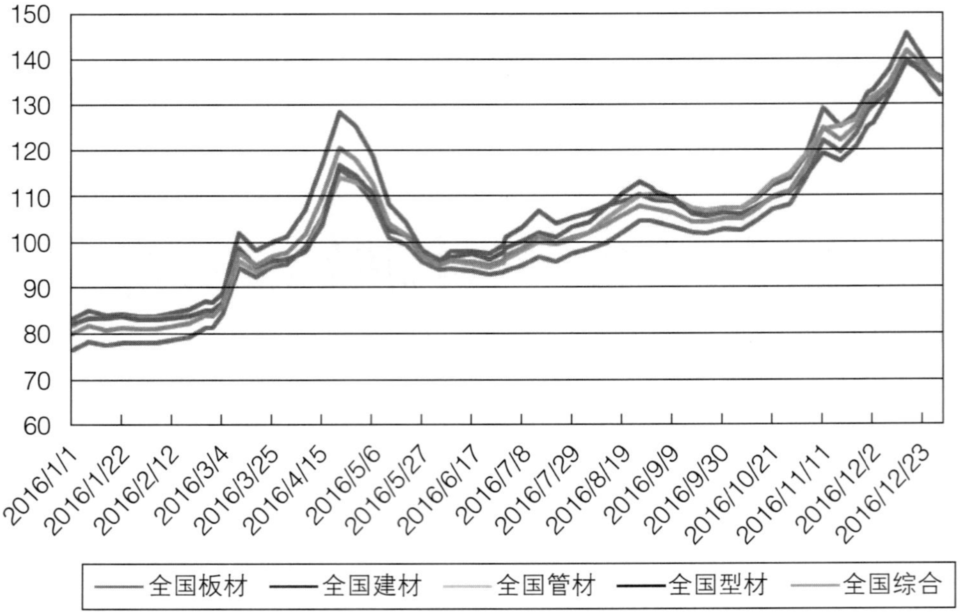

图 1　2016 年兰格钢铁价格指数走势

数据来源：兰格钢铁研究中心。

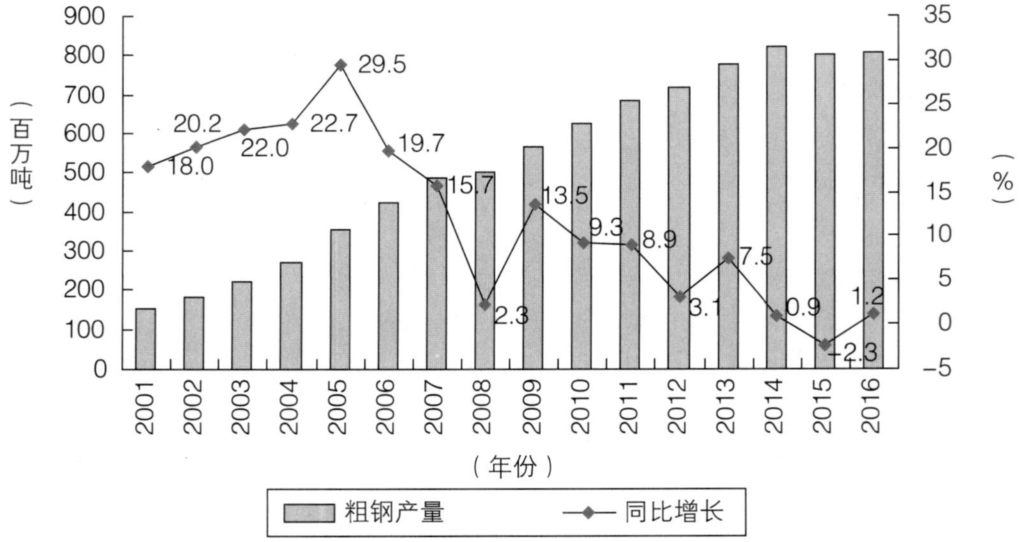

图 2　2001—2016 年我国粗钢产量及同比增速变化

数据来源：国家统计局、兰格钢铁研究中心。

2016 年，我国粗钢表观消费量同比止降回升。2014 年，我国粗钢表观消费量同比下降 3.3%；2015 年，我国粗钢表观消费量同比下降 5.4%；2016 年，我国粗钢表观消费量为 70707 万吨，同比增长 1.8%，止降回升。

（三）钢铁行业盈利大幅上升。

2016 年，由于国内钢材价格涨幅明显，钢铁行业利润大幅上升。据国家统计局数据显示，2016 年，全国钢铁行业黑色金属冶炼和压延加工业主营业务收入为 63174.3 亿元，同比下降 0.7%；利润总额 1659.1 亿元，同比增长 232.3%，由 2015 年的负增长转变为大幅正增长（见图 3）。就销售利润率来说，2016 年，黑色金属冶炼和压延加工业销售利润率由 2 月的 0.29% 持续震荡上升，12 月内达年高点，为 2.63%。

2016 年，中国钢铁工业协会统计的会员钢铁企业实现销售收入 28022 亿元，同比下降 1.81%；利润总额为 303.78 亿元，同比实现扭亏为盈；会员钢铁企业的亏损面和亏损额均大幅下降。

2011—2016 年我国钢铁行业主营业务收入及利润总额同比变化走势，如图 3 所示。

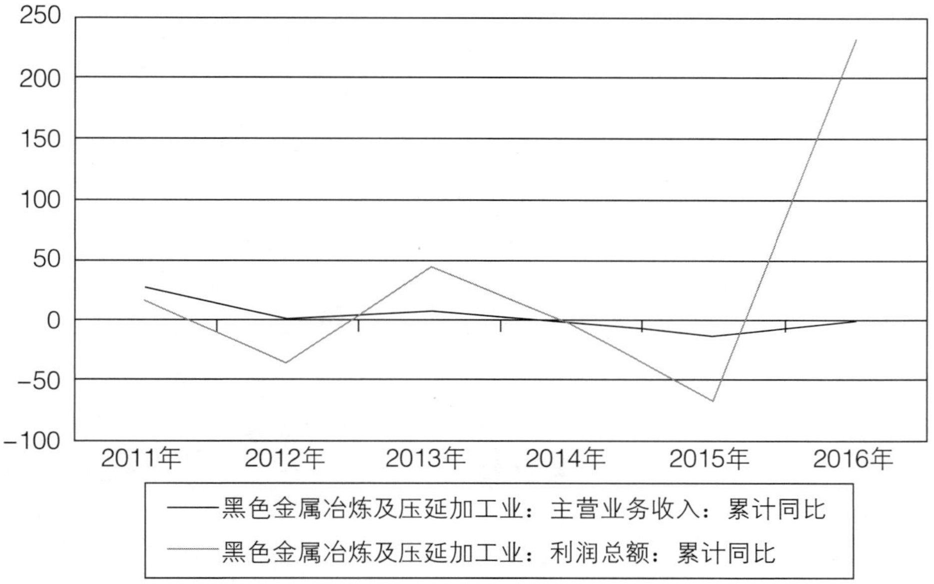

图 3　2011—2016 年我国钢铁行业主营业务收入及利润总额同比变化走势

数据来源：国家统计局、兰格钢铁研究中心。

（四）化解过剩产能取得成效。

2016 年 2 月，国务院发布《关于钢铁行业化解过剩产能实现脱困发展的意见》，明确用 5 年时间化解钢铁过剩产能 1 亿～1.5 亿吨。随着 5 月 18 日财政部《工业企业结构调整专项奖补资金管理办法》的发布，有关钢铁、煤炭化解过剩产能方面的奖补资金、财税支持、金融支持、职工安置、国土、环保、质量、安全在内的八项配套政策以及整体实施方案全部出台，我国钢铁行业去产能进入全面执行期，各省市在三季度陆续公布各自的化解过剩产能的目标。据兰格钢铁研究中心监测数据显示，全国 27 个省市自治区以及宝钢、武钢、鞍钢三大央企 2016 年公布去产能目标超 9000 万吨，是国家制定的 2016 年去产能目标 4500 万吨的两倍之多。

2016 年，国务院、各大部委积极开展环保检查和去产能督查工作；工信部、国家发改委会同相关部门联合开展淘汰落后、违法违规建设项目清理和联合执法三个专项行动，带队赴地方开展专项督查、验收抽查和调研工作，严肃处理一批违法违规企业。全年全国压减落后过剩钢铁产能6500万吨以上，是原计划4500万吨的144%，有力地促进了钢铁行业效益回升和提质增效，企业和社会信心不断增长。

二、钢铁物流业发展情况

2016年，我国钢铁物流行业发展呈现新的特征，钢铁流通市场景气度明显上升，钢材流通环节库存量压缩，钢材出口略有下降，钢铁行业物流标准化工作步入正轨。

（一）钢铁流通市场景气度明显上升。

2016年，我国钢铁需求整体稳中有升，钢铁流通市场活跃度和景气度明显上升。从兰格钢铁云商平台统计发布的钢铁流通业PMI（采购经理指数）指数来看，全年钢铁流通业PMI指数普遍高于上年（见图4），处于临界点之上的月份有5个，较上年增加了4个月。2016年钢铁流通业PMI指数平均水平为49.6%，高出2015年2.0个百分点。

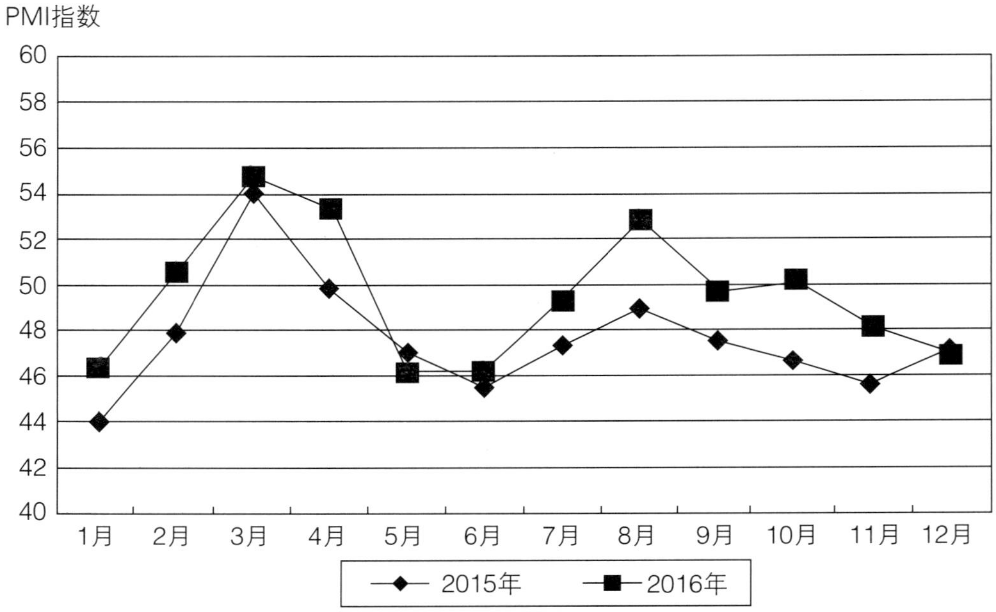

图4　2015年和2016年我国钢铁流通业PMI指数变化走势

数据来源：兰格钢铁研究中心。

（二）钢材社会库存下降。

2016年，我国钢材社会库存变化与往年有明显不同：一是最高点时库存创新低。据兰格钢铁云商平台监测数据显示，2016年3月10日，全国钢材社会库存达到全年最高点，为1101.6万吨，较上年最高点减少278.6万吨，同比下降20.2%。二是年底钢材社会库存同比回升，建筑钢材显现冬储特征。2016年12月30日，全国29个重点城市钢材社会库存量为811.4万吨，同比上升2.9%，其中：建筑钢材社会库存465.6万吨，同比上升26.7%；板材社会库存345.8万吨，同比下降17.9%（见图5）。三是最高点与最低点振幅变小，反映中间环节逐渐被压缩。2016年全国钢材社会库存最高点与最低点相差376.6万吨，较上年（603.5万吨）减少226.9万吨。

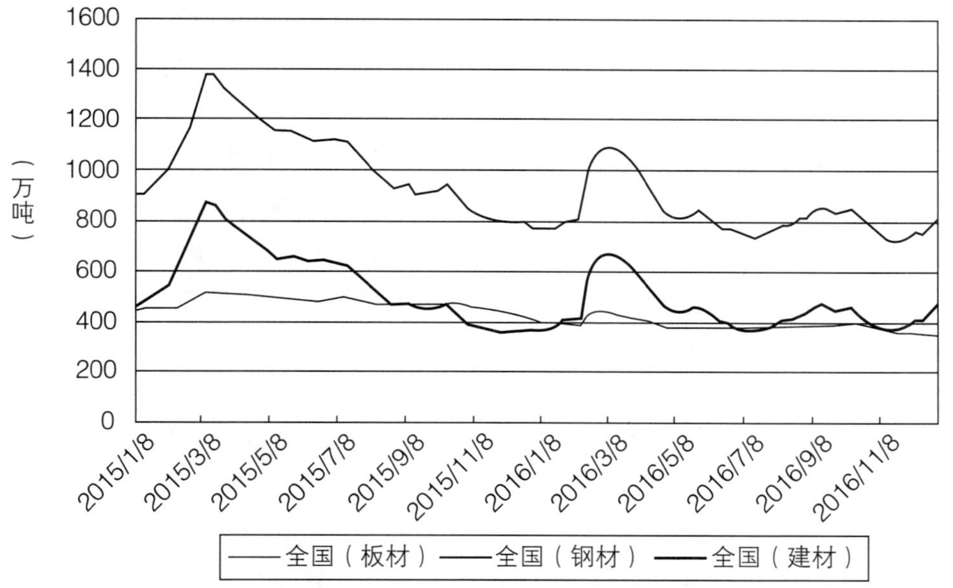

图 5　2015 年和 2016 年我国钢材社会库存变化情况

数据来源：兰格钢铁云商平台。

（三）钢材出口量同比下滑，钢材进口现回升。

2016 年，在钢材市场价格持续震荡上行以及钢铁贸易摩擦频发的情况下，我国钢材出口同比出现回落。来自中国海关的统计数据显示，2016 年，我国累计出口钢材 10843 万吨，同比下降 3.5%；累计进口钢材 1321 万吨，同比增长 3.4%；同期净出口钢材 9522 万吨，同比下降 4.4%（见图 6）。

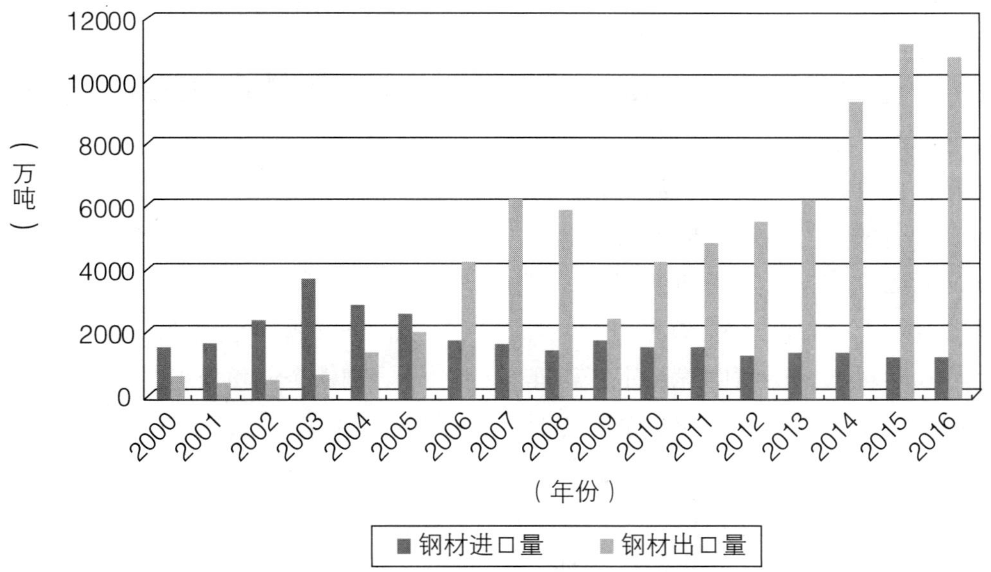

图 6　2000—2016 年我国钢材进出口情况变化

数据来源：中国海关，兰格钢铁研究中心。

2016年是我国钢铁行业贸易摩擦高发的一年，5月份，美国国际贸易委员会对我国输美碳钢产品发起中国钢铁贸易史上首次“337调查”，涉及宝钢、河钢、武钢、首钢、沙钢、鞍钢等40家中国钢铁企业及美国分公司。全年除“337调查”之外，各种反倾销、反补贴、保障措施调查也对我国钢铁产品持续开展，据兰格钢铁研究中心监测数据显示，2016年，我国钢铁出口产品遭遇来自20个国家和地区发起的48起贸易救济调查，其中：反倾销案件32起，反补贴案件9起，保障措施案件7起。与2015年相比，国家数量增加6个、案件数量上升了29.7%。贸易摩擦的频发对国内钢铁出口产生较大抑制作用，以美国为例，2016年我国出口美国钢材116.8万吨，2015年同期为242.4万吨，同比下降51.8%。

（四）新标准推升钢铁产品整体流通成本。

2016年9月21日起交通运输部、公安部实行新的《超限运输车辆行驶公路管理规定》，在全国范围内重点开展三个“专项行动”，即开展为期一年的整治货车非法改装专项行动和整治公路货车违法超限超载行为专项行动，开展为期两年的车辆运输车联合执法行动。通过实施新的运输标准，运输车辆最大载重均有不同程度的下调，将直接影响钢铁物流运输的效率，增加物流运输成本。新运输标准的实施使得钢铁行业物流运输成本增加了30%以上，部分地区的运输费用上调幅度达到80%。

新的运输标准从国家层面明确规定了汽车运输的超限标准，属于强制性国家标准，也是钢铁物流汽车运输时必须遵循的标准。钢铁物流可依托新的运输标准，开展钢铁物流汽运环节的标准化相关工作，建立钢铁物流汽运环节的行业标准框架体系，确定框架体系下各对应标准的构成，开展相关标准的制修订工作。新的运输标准对开展钢铁物流标准化工作可以起到推动和促进作用，也具有重要的引导和指导意义。

（五）全国物流标准化技术委员会钢铁物流标准化工作组成立。

我国钢铁行业物流量庞大，然而相关物流标准缺失成为钢铁行业整体发展的薄弱环节。因此，制订既实用又能引领行业及企业规范化发展的相关标准是行业目前的紧要任务。

为推动我国钢铁物流标准化工作尽快步入正轨，2016年11月15日，全国物流标准化技术委员会钢铁物流标准化工作组在北京成立。全国物流标准化技术委员会钢铁物流标准化工作组秘书处设在冶金工业规划研究院，负责钢铁物流标准化工作，组织制修订钢铁物流标准，开展标准宣贯和培训，指导和推动钢铁物流的标准化应用和发展。这将为解决我国钢铁物流标准化严重滞后的问题带来组织保证；也将为建立及健全我国钢铁物流标准体系、提升钢铁物流标准化水平贡献力量，为钢铁物流健康有序发展提供保障和动能。

三、钢铁产业和产业物流发展的新亮点

2016年，我国钢铁产业和产业物流发展出现新亮点。

（一）钢铁产业发展的亮点。

1. 钢铁企业积极参与一带一路建设，推进国际产能合作

2016年是国际产能合作的布局之年。国际产能合作将形成世界经济增长的新动能和国际产业体系重构的新动力。我国钢铁企业契合“一带一路”建设，积极推进国际产能合作，加快国际化进程，不断提高国际合作竞争力，

逐步在更高层次上嵌入世界产业发展链条，实现优势互补与合作发展。

2016 年，鞍钢集团独家中标巴基斯坦城市轨道交通项目首批 8000 吨钢轨需求合同，这是鞍钢继中标大沃风电工程供货任务后，在“一带一路”建设方面又一重要收获。宝武鄂钢获得中马友谊大桥的桥梁钢供货权，成为该桥梁项目的国内唯一供货企业。

河钢集团与塞尔维亚共和国政府正式签署了斯梅代雷沃钢厂收购协议，这是中国钢铁企业国际化经营的重要成果，得到习近平主席的充分肯定。文安钢铁与中冶集团签订合作备忘录，共同在马来西亚投资 30 亿美元，建设年产 500 万吨钢、300 万吨水泥、200 万吨焦炭的资源综合利用型钢铁企业。

2. 宝武重组有效提升我国钢铁产业集中度

2016 年 6 月 26 日，宝钢集团与武钢集团宣布启动战略重组。12 月 1 日新组建的中国宝武钢铁集团在上海举行成立大会。由于宝钢、武钢重组成立宝武集团，2016 年，我国钢铁产业集中度有所提高，扭转了钢铁产业集中度连续 4 年下降的趋势。集中度（CR10）上升为 35.9%，同比增加 1.7 个百分点；集中度（CR4）上升为 21.7%，同比增加 3.1 个百分点。倘若 2016 年宝钢、武钢并未实现重组，则 2016 年我国钢铁工业的 CR10 为 34.1%，同比下降 0.1 个百分点；CR4 为 18.6%，与 2015 年相当。

从行业发展来看，宝钢、武钢的兼并重组为钢铁行业起到了示范作用。宝武钢铁集团深度整合的经验，对完善企业实施兼并重组的政策环境具有积极引导作用。此外，宝钢、武钢的兼并重组对推进钢铁行业去产能具有示范效应，2016 年宝钢化解过剩产能实际完成 555 万吨，武钢化解过剩产能实际完成 442 万吨，两家合计完成 997 万吨。根据安排，2017 年宝武集团还将去产能 545 万吨。这样，宝武大约 17% 的总产能将在两年间化解。从行业发展来看，钢铁企业间兼并重组是钢铁工业加强资源整合、提高产业集中度的有效措施，是化解钢铁产能过剩矛盾、调整优化产业结构、提高发展质量效益的重要途径。

2003—2016 年我国钢铁产业集中度变化，如图 7 所示。

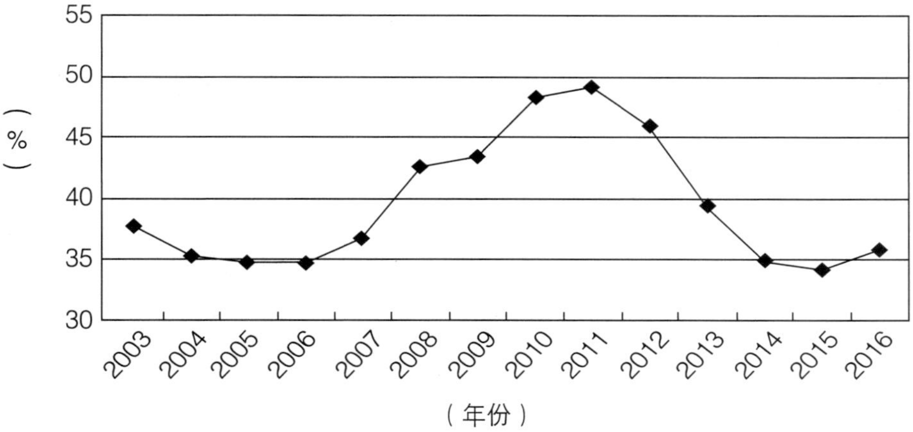

图 7　2003—2016 年我国钢铁产业集中度变化

数据来源：兰格钢铁研究中心。

（二）钢铁物流发展的新亮点。

1. 钢铁电商交易规模和占比均有所提升

2016 年，我国钢材市场结束了近 5 年的单边下滑走势，供给侧结构性改革对钢铁行业带来的深远影响进一步深化。钢材市场的变化与钢铁行业本身的深刻变革给钢铁电商带来的“红利”得到了显现。

据《中国冶金报》对国内欧冶云商、兰格云商、找钢网、天物大宗等 12 家主要钢铁电商平台的跟踪统计，2016 年 12 家主要钢铁电商平台的总交易量约为 2.19 亿吨，同比增长 20.3%。其中欧冶云商的总交易量和增幅分别为 3876 万吨和 280%，均排名第一。扣除欧冶云商的交易量后，其他 11 家平台合计的总交易量增幅为 5%。

从电商平台交易规模占我国钢材总产量比例来看，2016 年我国钢材产量 11.38 亿吨，上述 12 家电商平台的总交易量占全国钢产量的比重为 19.2%，比 2015 年的 16.2% 高出 3.0 个百分点。

2. 钢铁电商平台在线供应链金融获得进展

融资难和融资贵一直是钢铁行业长期面临的产业难题。目前，有不少钢铁电商平台引入供应链金融，钢铁电商平台通过提供在线供应链金融服务，能够为平台的中小钢贸企业会员提供线上融资服务，具体包括代采购融资服务、货押融资服务和保理融资服务等模式，解决中小钢贸企业的融资难的问题，降低企业融资成本，同时增加了电商平台的盈利增长点。

2016 年各大钢铁电商平台的供应链金融获得比较大的进展。如欧冶云商平台 2016 年融资发生额达 200 亿元，同比增长了 5 倍；天物大宗在 2016 年获得银行授信 300 亿元，累计放款 64 亿元；五矿阿里钢铁平台的金融产品“赊销宝”在 2016 年获得金融机构 20 亿元授信，买家会员通过审核后即可享受最高 100 万元额度的 30 天采购账期。

钢铁电商平台以分布式云仓管理为基础，整合分拨、配送、加工、包装等一体化服务，利用互联网信息技术实时掌握供应链条中的交易、结算、配送、融资等过程，从而实现商流、物流、信息流、资金流四流合一的封闭循环，提供“从预付到应收”全链条一体化的钢铁供应链金融服务。

总体来说，2016 年供应链金融已在钢铁行业全面崛起，“互联网+”时代下，通过依托 B2B 和供应链金融的有效结合，整合多方资源，完善交易闭环，优化整个线上供应链体系，实现钢铁物流行业快速发展。

（王国清　刘长庆　北京兰格电子商务有限公司）

2016 年中国粮食物流

一、粮食生产概况

2016 年我国粮食总产量达到 61623.9 万吨，比 2015 年减少 520.1 万吨，减少 0.8%。其中：谷物产量 56516.5 万吨（11303.3 亿斤），比 2015 年减少 711.5 万吨（142.3 亿斤）、减少 1.2%；夏粮产量 13920.4 万吨，比 2015 年减少 1.4%；早稻产量 3277.7 万吨，比 2015 年减少 2.7%；秋粮产量 44425.8 万吨，比 2015 年减少 0.5%。尽管 2016 年是在我国粮食生产实现历史罕见的“十二连增”后首次减产，但是产量连续四年保持在 60000 万吨以上，标志着我国粮食综合生产能力稳定在较高水平。然而，在产量大幅增长的同时结构性矛盾越来越凸显。从品种上看，玉米、稻谷阶段性过剩特征明显，小麦优质品种供给不足，大豆产需缺口巨大。2016 年我国全年进口大豆 8391 万吨，再创历史新高，同比增加 2.7%。从布局上看，粮食生产日益向东北等水热条件并不占优的北方核心产区集中，13 个粮食主产区占全国粮食产量的 75% 以上，粮食跨区域流通和平衡的压力越来越大。从市场价格看，当前我国粮食价格处于全球“高地”，呈现产区与销区、原粮与成品粮、国内市场与国际市场粮食价格“三个倒挂”的局面，“稻强米弱”、“麦强粉弱”状态长期存在。2009 年至今我国已经连续 8 年成为谷物净进口国，2016 年我国粮食净进口量为 2136.1 万吨，同比减 33.6%。其中：大米进口 356.2 万吨，同比增加 5.5%；小麦进口 341.2 万吨，同比增加 13.5%；玉米进口 316.8 万吨，同比减少 33.0%。从国际粮食供求形势看，来自联合国粮农组织的最新预测表明，2016 年世界谷物总产量达到 26 亿吨，创历史最高纪录水平，比 2015 年增加 7000 万吨、增长 2.77%；2016 年世界粮食期末库存量增加至 7.01 亿吨，与当年度期初相比增加 385 万吨、增长 0.58%。

面对经济发展进入新常态，针对部分粮食品种阶段性过剩、粮食收储矛盾突出、粮食价格形成机制尚不完善以及粮食流通环节“高库存、高进口、高成本”、安全储粮难度加大等困难和矛盾，中央发出了第 13 个涉农中央 1 号文件，财政预算“三农”支出继续增加。国家有关部门认真贯彻落实党中央、国务院关于保障国家粮食安全的战略部署，以推进粮食供给侧结构性改革为主线，适时采取一系列粮食宏观调控措施，切实做好“促改革、稳市场、保安全、强能力”等方面的工作，为保持经济平稳健康发展和社会大局稳定贡献力量。

二、粮食流通概况

2016年，我国粮食系统认真落实党中央、国务院关于粮食工作的决策部署，着力推进粮食流通各项工作，为保障国家粮食安全做出了积极努力。

（一）适时调整政策，保护农民利益。

面对我国粮食连年丰收、收储矛盾十分突出的新形势，为保护与调动农民种粮积极性，进一步促进粮食生产稳定发展，保障农民种粮收益，考虑粮食生产成本增加等因素，2016年我国继续在小麦、稻谷主产区实行最低收购价政策，当年生产的早籼稻（三等，下同）、中晚籼稻和粳稻最低收购价格分别为每50公斤133元、138元和155元；当年生产的小麦（三等）最低收购价每50公斤118元。建立了玉米收储制度改革和收购工作协调机制，强化价格监测，落实补贴政策，指导央企入市，推动落实玉米收储“市场化定价”加“政府补贴”的新机制。全年共收购粮食9200亿斤，没有出现大规模农民“卖粮难”“打白条”现象，粮食市场供应保持良好态势。

（二）稳定市场供应，去库存见成效。

2016年我国自然灾害多发频发，特别是洪涝灾害非常严重。针对夏粮受灾较重情况，江苏省、安徽省、河南省、湖北省和新疆维吾尔自治区等地纷纷出台了省区级临储、专项收购、设备购置补贴、贷款贴息等政策措施，积极抓好超标小麦收购。先后启动临储玉米划转轮换销售、超期和席茓囤储存粮食定向销售、2013年“分贷分还”临储玉米和大豆销售等。2016年累计销售政策性粮油1236亿斤，是上年成交量的3.3倍。江苏和安徽两省政府还安排专项资金，对企业竞买国家政策性粮食给予补贴。全年粮食系统始终把安全储粮和安全生产摆在突出位置，开展秋冬安全储粮和安全生产大检查，全国没有发生严重霉粮、坏粮事故。

（三）“粮安工程”建设持续推进，粮食现代仓储体系基本形成。

2016年，全国“粮安工程”总投资53.7亿元，加上前3年中央投资累计达300多亿元，带动地方和企业配套投资近1000亿元，极大地改善了我国粮食流通基础设施条件。一是粮食现代仓储体系基本形成。近年来新建仓容1582亿斤，其中2016年新建仓容近200亿斤，现代化仓型比例大幅提高，“危仓老库”维修改造带动了功能提升。二是粮食物流设施得到加强。三是行业信息化建设取得积极进展。制定发布行业信息化建设指导意见，安排17个省区市开展省级粮食管理平台建设和粮库智能化改造。安徽省、江苏省、湖北省已率先开发建设了省级综合信息平台。四是粮食质量监测体系进一步健全。近年来安排中央预算内投资30.3亿元支持建设粮食物流设施，形成了一批多功能粮食物流园区。南宁中国—东盟粮食物流园区、西安粮食物流枢纽、贵州西南粮食城等项目积极推进。近几年安排中央预算内投资6.2亿元，347个国家粮食质量监测站的能力和水平得到明显提升。同时，节粮减损、放心粮油、应急网络、市场监测、农户科学储粮等工作扎实稳步推进。

（四）国家粮食安全保障制度取得新进展。

粮食安全省长责任制是保障国家粮食安全的一项重要制度安排。《国务院关于建立健全粮食安全省长责任制的若干意见》下发以来，各地高度重视，各省级人民政府下达了粮食安全责任书，层层压实了责任。地方粮食部门积极落实储备粮增储任务，加强粮食质量安全监测监管，推进产销衔接合作和国有粮企改革，保证了区域粮食市场安全。2016年启动了考核工作，各省区市政府都出台了考核办法，成立了考核工作领导小组，天津、山西、吉林、上海、江苏、安徽、江西、湖南、广西、海南、四川、云南、甘肃等省区市将粮食安全责任落实情况纳入省政府绩效考核，绝大部分省级政府下达了2016年粮食安全责任书。

（五）深化改革为粮食流通工作增添新动力。

2016年，我国粮食系统深化改革步伐加快，有力地推动了粮食流通工作扎实开展。

多项政策陆续出台助力粮食流通工作推进。2016年7月，国家粮食局为加快推进粮食行业供给侧结构性改革，促进粮食流通事业持续健康发展，切实保障国家粮食安全，下发了《关于加快推进粮食行业供给侧结构性改革的指导意见》，明确了改革目标和重点任务，提出要着力提升粮食流通社会化服务水平，推动粮食流通能力现代化建设，切实解决我国粮食流通成本过高的问题，明确要从统筹推进粮食仓储设施建设、加快粮食现代物流体系建设、全面推动行业信息化建设、加强粮食应急供应能力建设等方面入手补上粮食流通的“短板”。湖北、贵州、云南、安徽和山东等省结合本地实际先后制定出台了实施意见。2016年11月，国家发展改革委、国家粮食局组织编制发布了《粮食行业“十三五”发展规划纲要》以及信息化、物流、加工、科技4个子规划，明确了责任分工、细化了任务指标。此外，粮食系统的《粮食法》立法进程不断推进，修订粮食收购资格审核管理办法，优化中央储备粮代储资格认定程序。

国有粮食企业改革取得新进展。2016年，全国国有粮食企业实现统算盈利110亿元，湖南省已有6家粮油企业上市。粮食领域“放管服”改革持续深化。粮食领域审批制度改革加快推进，“双随机、一公开”监管得到强化，粮食执法检查有力实施，粮食经营者信用体系建设扎实推进。

（韩兆轩　中国粮食行业协会）

2016 年中国汽车物流

2016 年是我国汽车物流市场转变的一年，主要表现为三个方面：一是行业结束了近十年“双排车”运输的违规现象，汽车整车物流行业由原先低价竞争模式逐步向高质量的物流服务转变，行业更加注重资源整合、运输组织优化、设施设备改进带来的运输效率提升，铁路、水路运输比例明显提升，以多式联运为载体的综合运输体系进一步完善；二是汽车物流向汽车产业链上下游不断延伸，向相关专业物流领域及跨界领域横向拓展，同时汽车物流各环节服务的专业化、精细化程度不断提升；三是汽车物流发展更加注重技术创新与应用，不断使用新技术、新装备，基于互联网建立汽车物流服务平台，提供新的服务方式，拓展新的业务模式。

一、汽车物流市场保持高速增长态势

汽车行业作为我国经济发展的支柱型产业之一，近些年一直保持稳定增长态势，2016 年我国汽车产品结构调整和更新步伐持续加快，汽车行业产销量均保持了高速增长态势。据中国汽车工业协会统计数据，2016 年我国汽车产销达 2811. 88 万辆和 2802. 82 万辆，同比增长 14. 46% 和 13. 65%，增幅比上年提升 11. 21 个百分点和 8. 97 个百分点，2009—2016 年我国汽车年产销量及其增长速度如图 1 所示。

其中：乘用车产销分别完成 2442. 1 辆和 2437. 7 万辆，比上年同期分别增长 15. 5% 和 14. 9%，增速高于汽车产销总量的 1. 0% 和 1. 3%，其快速增长对于汽车产销增长起到关键作用；商用车产销分别完成 369. 8 万辆和 365. 1 万辆，与上年同期相比产销分别增长了 8% 和 5. 8%，增幅进一步提高，分车型产销情况看，客车产销比上年同期分别下降 7. 4% 和 8. 7%，货车产销比上年同期分别增长了 11. 2% 和 8. 8%。货车自 2016 年 3 月起产销持续上升，拉动作用明显。

2016 年我国汽车销售市场中乘用车占比高达 86. 97%，详情如图 2 所示。

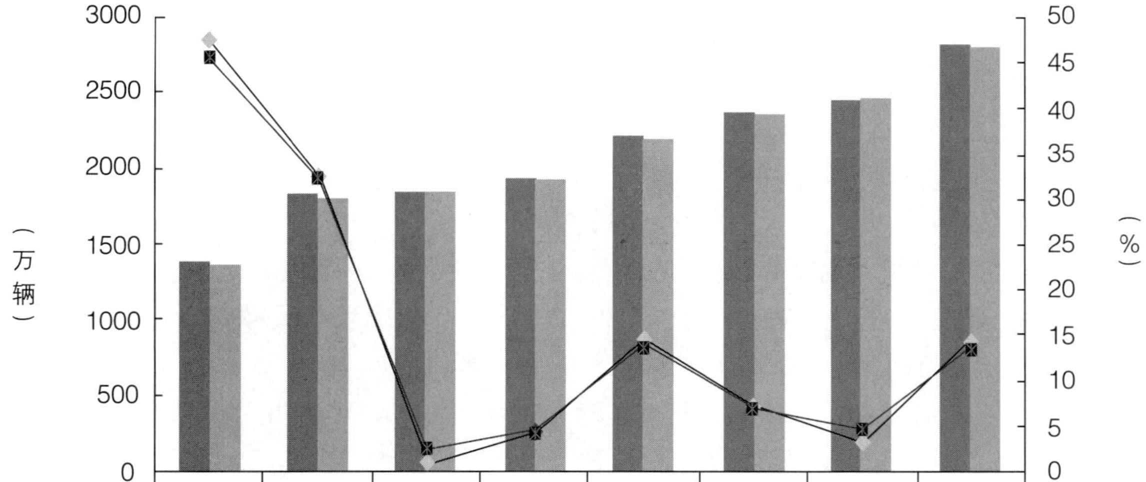

	2009	2010	2011	2012	2013	2014	2015	2016
汽车年产量	1379.1	1826.47	1841.89	1927.18	2211.68	2372.29	2450.33	2811.88
汽车年销量	1362.16	1804.19	1850.51	1930.64	2198.41	2349.19	2459.76	2802.8
产量同比增长	47.57	32.44	0.84	4.63	14.76	7.30	3.25	14.50
销量同比增长	45.48	32.45	2.45	4.33	13.87	6.90	4.68	13.70

图1　2009—2016年我国汽车年产销量及其增长速度

数据来源：中国汽车工业协会。

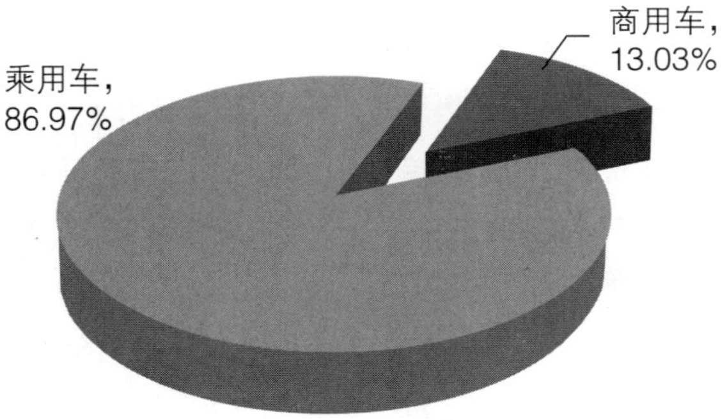

图2　2015年我国乘用车、商用车销量市场份额

数据来源：中国汽车工业协会。

汽车产销市场快速增长直接影响了汽车物流的快速发展，汽车物流沿着零部件供应商物流、入厂物流、整车物流、售后服务备件物流等产业链的上下游纵向拓展，各环节物流发展快速。

二、整车物流行业逐渐规范运行

“全行业违规”“超限超载”一直以来是汽车整车物流行业的顽疾，“双排车”成为汽车整车物流运输的主要工具，车辆违规运输导致了车辆安全性差、违规运输罚款成本高、带路费情况普遍、运输价格过低等一系列问题，严重影响并制约了汽车整车物流行业的发展。2016年是整车物流行业转折的一年，8月18日交通运输部、国家发改委、工信部、公安部、国家质量监督检验检疫总局联合印发了《车辆运输车治理工作方案》（交办运〔2016〕107号），方案中明确了车辆运输车的治理思路、目标及路径，与以往治超不同的是，此次车辆运输车治理突出特点是“多部门协调，分阶段治理”，文件由交通运输部、公安部、工信、发改、国家发改委和国家质检总局五部门联合印发，通过“双排”变“单排”，“单排”变“合规”的路径，利用1年9个月的时间逐步淘汰不合规的车辆，自2016年9月21日治超开始以来，基本杜绝了“双排车”上路运行，汽车整车物流行业的“顽疾”慢慢改善，虽然在治理过程中，仍存在不按过渡期执法、带路人员威胁、交带路费上路等个别现象，但整车物流运营环境得以改善，整车物流行业总体发展趋势良好。

通过4个多月的治理，整车物流行业发生了巨大的变化，主要表现在以下四个方面。一是运输装备更加先进，原有的合规车型——六位半挂车，单次运输量小、运输效率低，不能满足市场的需求，新国标中增加中置轴车辆运输车这一新车型，能够有效提高运输效率，目前多家专用车厂已经研发了中置轴车辆运输车，陆续完成相关公告，2017年将会面向市场广泛销售。二是运输效率不断提升，车辆运输车的单车运输效率下降了近30%，为了弥补单次运力造成的运力损失，企业通过调整运输组织来增加运输效率，单车平均月运输里程有所增加。三是运输价格回归合理。由于原有的车辆运输车采取超限运输方式，成本混乱不清，因之形成的整车物流合作价格扭曲，公路运价低至0.8元/车·公里，治超后，全行业运输价格上涨，恢复到合理运输价格。四是铁路和水运能力进一步释放，综合运输体系不断发展。

三、综合运输体系建设更加深化

随着治超工作的顺利进行，公路的运输价格不断上涨，铁路和水运的优势不断显现，物流企业急迫需要通过采用多式联运、循环运输等组织模式来降低物流成本。由此，2016年我国综合运输体系建设发展迅速。

（一）汽车物流铁路运输发展情况。

中铁特货是全国铁路专业从事汽车物流业务的主体，对全国铁路汽车运输物流业务实行统一管理、统一组织、统一运作。2016年共完成汽车整车运输量291万辆，较2015年增长55%；增加了3000辆铁路商品车运输专用车辆；在全国建有35个整车物流基地，占地面积达到223万平方米，可同时存储11万辆车。与此同时铁路运输效率也不断提升，2016年整车运输周转时间为11.2天，相比2015年提高23.8%。

2012—2016年我国汽车整车铁路运输量，如图3所示。

2016年，我国铁路运输发展迅速，铁路具有安全、环保、大批量的运输特点，相对于公路来说，在500公里以上的中长距离运输上具有很大的优势。同时，铁路运输也在不断创新，中铁特货采取了多种多样的铁路运输模式，主要有站到站、站到店、站到库、厂到店。可根据不同需求进行选择。其中，铁路汽车整车“库前移”模式是中铁特货公司和各主机厂、物流公司合作中最成功的一种物流运作模式，在整体物流运作上将双方的优势发挥到了极致，具有提高周转速度、产品调拨快捷、物流运输灵活、物流成本降低等诸多优势。

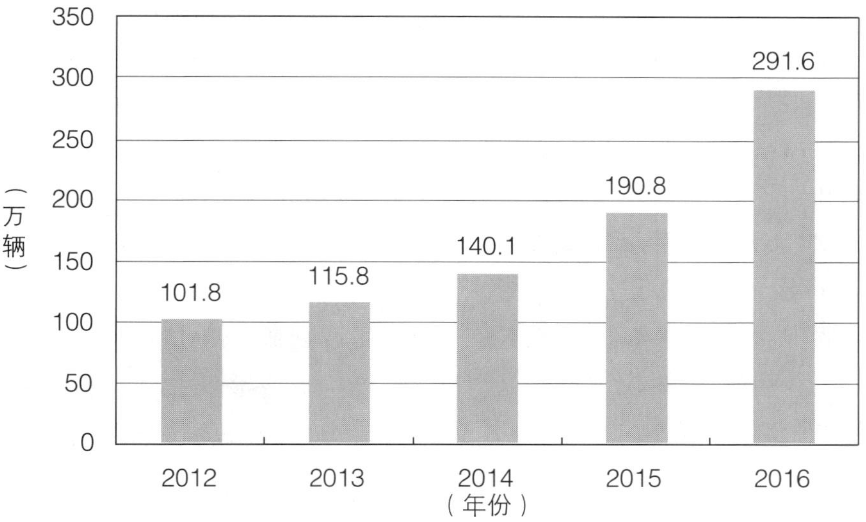

图 3　2012—2016 年我国汽车整车铁路运输量

数据来源：中铁特货运输有限责任公司。

（二）汽车物流水路滚装运输发展情况。

汽车整车水路运输主要采用滚装运输的模式，目前全国沿海沿江已经成熟开展商品车整车滚装水运业务的港口有：大连港、天津港、烟台港、上海港、广州港、海口港、重庆港、武汉港、芜湖港、南京港等，我国滚装码头布局初步成形，呈现沿海沿江进出口岸滚装码头为主，其他内陆进口口岸为辅的格局。

2016 年我国有 2 个新的滚装码头投入使用。一个是江苏盐城大丰港汽车滚装码头（包括一个 7 万总吨滚装泊位，年商品车吞吐能力 40 万台），于 2016 年 1 月由中甫（上海）航运有限公司的“世源”轮完成大丰港汽车滚装码头开港首航任务；一个是宁波—舟山港梅西汽车滚装码头，于 2016 年 8 月正式启用。在这之前韩国 EUKOR 海运、中甫航运、安盛船务等均在该码头做过内外贸小批量运输。

2016 年，我国滚装运量约为 250 万辆，其中：江运发运量约 95 万辆，海运发运量约 155 万辆，汽车滚装运输占比较上年上涨 3%。我国沿海沿江主要从事内贸滚装运输的企业并不多，其中：中甫航运、安盛船务主要提供沿江及沿海航线滚装运输服务；中远航运、中海汽船和深圳长航主要提供沿海航线滚装运输服务；武汉长航、民生物流主要提供沿江航线滚装运输服务。

目前我国内贸滚装航运企业运营中的滚装海船共有 34 艘，其中：安盛船务有 11 艘沿海滚装船、深圳长航有 13 艘沿海滚装船、中远航运有 5 艘沿海滚装船、中甫航运有 4 艘沿海滚装船、大丰港悦达物流有 1 艘沿海滚装船。目前，我国内贸滚装航运企业运营中的滚装江船共有 39 艘，其中：民生物流运营 17 艘江船、武汉长航运营 11 艘江船、安盛船务运营 7 艘江船、华阳嘉川船务运营 4 艘江船。2016 年我国水运市场发展十分迅速，共计新增内贸滚装运输船 11 艘。

（三）汽车物流集装箱运输发展情况。

集装箱是多式联运的主要载体，由于汽车产品的特殊性，目前我国国内对汽车集装箱运输使用的并不广泛。中海集研发了海运集装箱运输汽车，采用汽车支架对乘用车进行装载加固，放入集装箱中进行运输，目前汽车支架可适于 40 英尺高箱和 40 英尺标准集装箱，最大可装运 4 辆汽车，20 英尺标准集装箱最大装运 2 辆汽车。集装箱运输可以有效解决汽车物流多式联运过程中乘用车装载次数少，减少货损，提高运输质量，同时将汽车作为普通货物运输，减少了公铁水等专用运输装备的研发，有利于推动多式联运发展。

四、整车后市场物流越来越受到关注

在整车物流新领域方面，主要体现在个人在用车物流、二手车物流、报废汽车物流等方面。

个人在用车物流是指由于个人旅游和探亲等情况产生的异地用车物流需求，随着人们对生活质量要求的提高，人们对于旅程舒适度的要求也越来越高，异地用车的需求也较为旺盛，个人车辆的物流需求会逐渐增加，目前整车物流企业已经开始关注这一领域，实现个人用户异地使用私家车的需求。

二手车物流由于二手车异地销售引起的，由于各地限购政策不同、区域间汽车保有量不同、消费水平存在差异等因素，异地销售二手车已经成为市场趋势。据中国汽车流通协会的数据统计，2016 年我国二手车交易量累计同比增长 10.33%，达到 1039.07 万辆，市场增长带来的是旺盛的物流需求。详情见图 4。

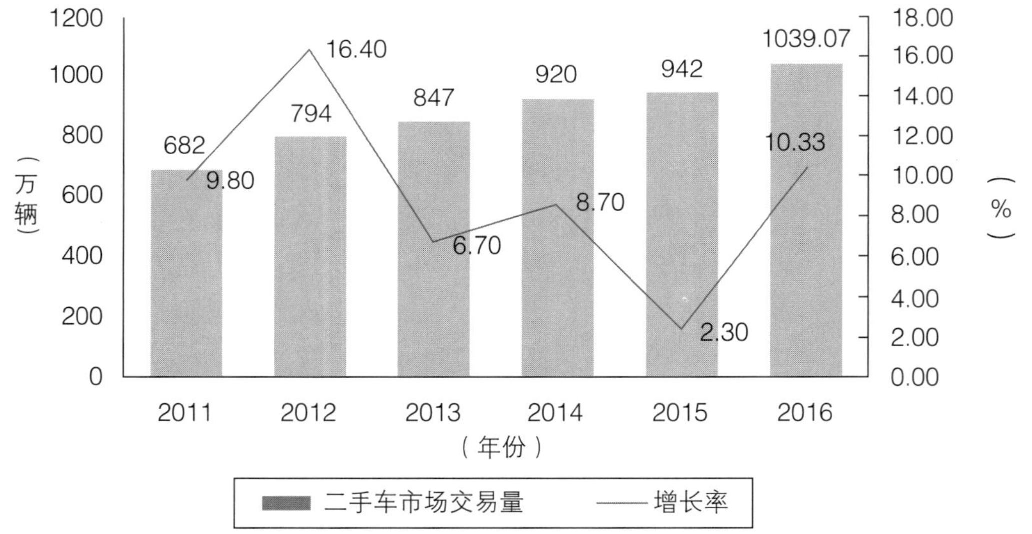

图 4 2011—2016 年我国二手车市场交易量情况

数据来源：中国汽车流通协会。

伴随着我国汽车保有量的不断增加，报废汽车量将不断增加，报废汽车的回收和再利用成为业内讨论的热点话题，同样带来的回收物流领域更加值得关注。

五、汽车零部件物流市场备受关注

从供应链的角度来看，目前我国汽车物流主要分为零部件供应商物流、零部件入厂物流、整车物流、售后服务备件物流，其中：零部件供应商物流、零部件入厂物流、售后服务备件物流属于汽车零部件物流，上游正从零部件入厂物流向汽车零部件供应商的管理上延，下游从主机厂售后服务备件物流向更广义的维修保养和美容等后市场物流服务延长，零部件物流的发展备受企业、行业的关注。

（一）零部件供应商物流。

汽车零部件供应物流对于主机厂的正常生产与下游零部件物流环节都有着决定和牵制的作用，在整个供应链物流中有着十分重要的作用。目前全球排名前 100 名零部件供应商中 80% 都选择在国内开展业务，对我国零部件产业发展起到利好作用，同时也对中国自主零部件生产企业造成了巨大的压力。零部件供应商物流需求十分巨大，但是运作方式相对松散，外资企业、合资企业、本土企业在零部件供应方面有各自的体系，合作发展与资源共享能力不足，今后可以通过利用公共信息平台等方式，实现不同企业间的物流资源整合，从而有效提高零部件供应效率，降低物流成本。

（二）零部件入厂物流。

零部件入厂物流是与主机厂生产最密切相关的物流环节，汽车零部件入厂物流要领先于其他行业的生产物流环节，配合主机厂订单式、即时生产模式（JIT）等生产模式，入厂物流的精细化管理尤为重要。

在零部件供应物流与入厂物流的管理中，零部件包装器具使用与管理是与物流成本息息相关的重要内容，零部件包装器具的标准化、系列化、模块化，以及包装器具的循环使用、清洗保养、回收利用等多个方面一直是困扰零部件物流企业的难点。专业的第三方包装器具企业探索研究了多种多样的包装解决方案，为汽车物流企业提供服务，从汽车物流的实际问题出发，提供包装器具租赁和管理服务，包装器具的第三方管理模式不仅可以避免主机厂以及汽车零部件企业包装器具的一次性投入，还能提供更加专业、更加系统化的包装器具管理，减少遗失率和报废率。

（三）售后服务备件物流。

截至 2016 年年底，我国汽车保有量达 1.94 亿辆，其中私家车保有量达到 1.46 亿辆。汽车保有量保持迅猛增长趋势，当年新注册登记的汽车达 2752 万辆，保有量净增 2212 万辆，均达历史最高水平。汽车保有量的不断增加带来的是汽车后市场服务需要进一步完善，汽车售后服务备件物流是后市场物流服务中的核心板块，越来越受到重视。同时，汽车美容、保养、维修等重要领域带来的物流机遇是汽车物流行业需要抓住的机会，以售后服务备件物流为核心的汽车后市场物流成为各汽车物流企业关注的重点板块，在未来具有巨大的发展潜力。

2011—2016 年我国私家车保有量情况，如图 5 所示。

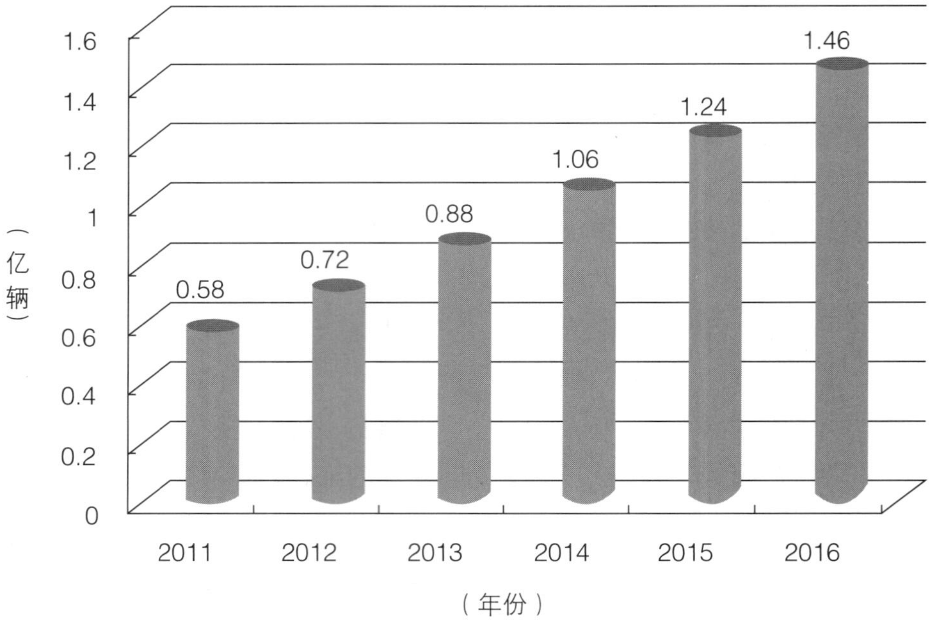

图 5　2011—2016 年我国私家车保有量情况

数据来源：公安部交管局统计。

六、汽车物流企业业务不断拓展创新

汽车物流领域的领军企业在原有业务的基础上不断在向整个汽车产业链上下游延伸，依托互联网发展新的业务模式，拓展跨界领域，积极布局和拓展国际市场，对推动行业发展起到了至关重要的作用。

在海外业务拓展方面，安吉物流在泰国成立海外分公司，主要经营进出口、入厂、整车、售后四个物流业务，运作仓储面积达到 2.76 万平方米，运输线路覆盖全泰国地区；长久物流于 2014 年 3 月成立了德国长久全资子公司，经营“哈欧国际货运班列”，2016 年 2 月 27 日新增“哈俄铁路线”，由此扩大了国际物流的运输规模。

在依托互联网开展新业务模式方面，安吉物流推出了“车好运 APP”，为社会车辆提供高效的车辆托运平台，所服务的对象涵盖二手车、租赁车、商务用车、旅游用车等所有类型的车辆，全面满足物流公司、中小企业及个人的长途整车运输需求；长安民生物流推出“e 车运”，是一个 O2O 汽车托运电商服务平台，通过此平台提供整车物流、零部件仓储配送、取货物流、多式联运、国际货代、售后物流、散件组装件包装（KD）、出口加工及报税物流、其他增值服务等汽车和供应链物流一体化服务。

汽车物流企业业务的不断发展积极地推动了整个行业的进步，2016 年，长久物流作为首家在国内 A 股上市的企业，代表着汽车物流行业也逐步向资本市场靠近，未来汽车物流企业的发展会越来越好。

七、汽车物流标准不断完善

（一）车辆运输车相关标准出台，中置轴车辆运输车合法化。

2016 年 7 月 26 日由工业和信息化部组织全国汽标委修订的强制性国家标准《汽车、挂车及汽车列车外廓尺寸、轴荷及质量限值》（GB 1589—2016）由质检总局、国家标准委正式批准发布。GB 1589 中对车辆运输挂车的长度和宽度进行了调整，半挂车的长度增加为 13.7m，宽度为 2.55m，此次标准引入了新的车型——中置轴车辆运输列车，此车型在国外被普遍应用，可以有效提高车辆装载率，提升车辆运输效率。

国家标准《车辆运输车通用技术条件》（GB/T 26774—2016）也同时发布。此标准对于车辆运输车的通用技术做了明确规定，对于车辆通用交换性有具体要求。车辆标准的出台为汽车整车物流行业技术装备的提升起到了至关重要的作用。

（二）汽车物流行业标准体系继续完善。

在全国物流标准化技术委员会推动下，分会和上海海通码头、北京交通大学牵头编制的国家标准《汽车整车出口物流标识规范》（20132702-T-469）已进入报批阶段。《乘用车物流质损判定及处理规范》《乘用车运输服务规范》《乘用车水路运输服务规范》《乘用车仓储服务规范》四项行业标准进行修订，预计 2017 年发布。

（三）组建汽车物流团体标准化工作组。

根据《中国物流与采购联合会团体标准管理办法》（物联标字〔2015〕107 号）文件要求，经联合会领导批准，汽车物流分会牵头组建了汽车物流团体标准化工作组，标准工作组由来自零部件物流、整车物流、标准制定等多个领域的企业、高校、协会专家构成，陆续开展团体标准制定工作。

八、行业研究工作进一步深入

汽车物流行业的研究包括行业数据统计、政策研究解读、企业项目研究、行业报告发布等多个方面，全面分析、研究、总结行业中发展遇到的问题，以及创新发展的探索。

（一）汽车物流政策研究不断深入。

由汽车物流分会组织，通过专家解读、研究分析积极推动汽车物流相关政策的实施与宣传，分会发布了《关于车辆运输车治理过渡期有关事宜的指导意见》，帮助企业更好地理解过渡期运行政策；同时，针对车辆运输车全行业超限超载导致的运输成本混乱不清，制定了影响整车物流公路运输成本和价格的指标体系，供企业参考。

（二）行业数据统计工作持续开展。

自 2015 年开始，为了解汽车物流行业发展现状，分析行业发展中遇见的问题，开展了汽车物流企业统计指标的调查活动，包括汽车物流企业总体情况、零部件物流业务、整车物流业务、售后服务备件物流业务 4 个板块 126 项指标的数据调研，并进行了数据分析和系统总结，帮助企业对标，为评选行业标杆企业提供依据。

（三）行业权威报告持续发布。

2016 年下半年发布了《2016 中国汽车物流发展报告》，报告中涵盖了汽车物流调查报告、专题报告、创新报告等众多部分，对汽车物流年度的总结和发展起到了重要的意义。同时发布《全国整车物流多式联运节点及仓储资源分布图》，图中标注了全国汽车物流整车仓储资源，为主机企业全国布局、仓储选址、寻求优质物流合作伙伴提供规划参考，同时也推动物流企业在整车物流主营业务基础上发展其他增值业务。

（四）企业创新研究不断。

2016 年，各汽车物流企业在行业创新方面进一步探索，在汽车整车物流、零部件入厂物流、售后服务备件物流、综合类四个方面涌现出 36 个优秀创新项目。

（中国物流与采购联合会汽车物流分会）

2016年中国书业物流

2016年，随着移动互联网、大数据等技术的不断发展，传统出版发行业的经营模式和生态正在发生巨大的变化，“互联网+”成为行业发展的趋势。而书业物流对潮流的发展更为敏感，面对书业市场的新形势，书业物流企业一方面要坚守传统的以图书、教材教辅文化产品配送市场，不断整合文化产品资源；另一方面要持续开拓第三方物流配送业务。在供应链管理方面，利用物联网技术对物流的管理模式和作业方式进行变革，通过提高仓储管理水平，提升配送专业化、标准化服务水平，提升物流配送效率，实现降低物流成本的目标。

一、民营书企自建物流中心渐热

民营书企发力大物流、盘整供应链、延展新业态成为2016年书业物流的一个热点。而此前，民营书企往往不敢或不愿投入巨大的建设成本。

在国家对实体书店给予扶持政策的红利下，2016年我国实体书店经营回暖，一些民营书店加快开店步伐。急速扩张的背后，是其完善的物流体系的支撑。随着书店规模不断增长和经营模式的变化，物流所发挥的作用和功能也有所变化。首先是配送的产品种类比过去增多，需要针对不同种类的产品提供不同的物流解决方案。其次，连锁门店拓展速度加快，除保障日常店面配送工作外，还增加了大量的项目型工作。书业物流系统伴随书店发展不断发展壮大，在物流团队建设、信息化技术研发和硬件设施升级等方面得到了很大的改善、提升和优化。

完善的物流体系是支撑书店扩张、发展的关键之一。随着书店转型的不断深入，主打个性化、品牌化的书店越来越多，书店除对图书的需求外，还有多元产品配送等其他需求，传统物流越发难以满足书店多样化的需求。因此发力物流中心建设，是民营书店发展的必然选择，也是其转型升级发展的大势所趋。

继上海钟书实业有限公司2012年在湖北孝感市建设了华中出版物物流配送中心、尝试区域连锁配送储运业务后，2016年5月，新知集团在云南玉溪澄江梯古工业园区8万平方米的中国国际出版物团购物流中心落成使用；

2016 年 8 月，陕西嘉汇汉唐书城参与筹建了西安西部出版物交易中心；言几又集团物流中心和湖南弘道书店 1 万余平方米的自有物流仓储中心将在 2017 年启用。而在更早之前的 2008 年，西西弗书店就开始自建物流体系——书业物流中心建设方兴未艾。

民营书企的物流中心功能在向为书业、企业提供更好服务的方向靠拢。民营书业物流为电商服务、为集团（馆配和教材）以及第三代书店服务，不仅仅只是图书的配送，还将文化创意产品、设计师原创产品都纳入其中。物流已经成为决定书店连锁在市场竞争中赢得市场的重要决定因素。从 2008 年以来，西西弗公司先后自建物流配送中心 7 个，分别位于贵阳、重庆、深圳、上海、成都、武汉和北京等重要城市。各物流仓储面积均在 1000~1500 平方米，主要负责门店所需的图书、文创产品以及咖啡原料的配送。

物流更稳定、房租成本更易掌控，长远来看对民营书企成本控制有利。近年新知集团在国内连锁书城及国际连锁华文书局上的持续发力，原本的物流体系难以支撑快速发展的书店建设。自 2011 年开始，新知集团就着手计划进行物流中心的打造。2016 年 5 月 24 日，投资 1.3 亿元的中国国际出版物团购物流中心正式落成，中心投入运营后即发挥了该园区紧邻泛亚铁路和昆明新南站的区位优势，使自有物流能够做到及时调整、及时处理，解决了集团物流成本高企的难题。依靠物流中心的功能，新知集团持续发展的连锁书城及国际连锁华文书局，将业务逐渐覆盖到全球 180 多个国家和地区，物流中心的辐射范围不仅扩至南亚、东南亚、南非，还将辐射至欧洲、美洲、大洋洲国家；新知集团也将主动服务和融入国家发展战略，抓住“一带一路”和“辐射中心”等重大发展机遇，拓展对外传播的渠道和平台，积极开展文化走出去，推动“亲诚惠容”外交理念在周边国家落地生根，为我国优秀文化的国际传播力工程建设和对外话语权体系建设做出了贡献。

无独有偶，言几又集团物流中心的建成运营，不仅对完善规范市场经营具有重要作用，同时承载着言几又体系所有门店销售商品的后台物流支持。虽然从 2006 年开始，言几又书店旗下的各个分公司搭建了自有的物流体系，但规模较小功能单一。随着书店发展的不断壮大，这种物流模式存在的管理难、成本高等缺点也越发显露。整合物流资源，建全职能体系势在必行。以前是从供应商发货到分公司，从表面上看效率比较高，但各地的物流规模小，处理耗时费力。现在实行集中统一管理，虽有 3 天时间差，但可以在物流环节进行分类，直接对应到门店的货架，将末端的工作移到前端，能更好地把控物流质量、提升效率。

大物流建设也能够更有效地打造供应链管理能力，更好地为民营书业发展服务。西安西部出版物交易中心是西部地区规模最大、品类最全、信息化程度最高的集采、供货、销售、仓储、物流、电子商务等功能于一体的出版物交易及服务平台。一方面，为嘉汇汉唐书城供货；另一方面，通过集约化对陕西省内的一些中小型书店的采购进行合并，通过物流为其供货。通过企业资源计划（ERP）系统的信息化管理，西安西部出版物交易中心实现了库存、书店与书店三方间的信息沟通，缩短了物流配送时间，也解决了向出版社采购图书时，出现缺货必须要等其他书店退货才能发货的难题。

民营书业物流建设渐热，物流所承担的职

责，也由过去提供“点到点”的货运服务升级为企业的业态升级、服务升级的综合管理系统。但也有一些民营书店负责人表示，物流建设前期需要大量的投入人力和资本，如果没有门店和业务量的支持很难持久维系，民营书店在涉足物流时仍需慎重。

二、出版业物联网标准首出台，进入智慧物流时代

2016年4月26日，由江西新华发行集团牵头开展的出版业第一个物联网技术应用标准——《新闻出版领域物联网技术应用行业标准体系框架》制定工作正式启动。根据规划，《新闻出版领域物联网技术应用行业标准体系框架》的制定工作将分为三个阶段实施：第一阶段要初步形成较为成熟可靠的应用规范和体系，为智慧出版发行行业云平台奠定基础；第二阶段则是建立物联网技术应用示范推广基地，在国家新闻出版广电总局的支持帮助下，与国内若干家出版、印刷、发行、物流企业合作，建立示范应用单位，通过物联网技术的应用，优化行业现有供应链，搭建智慧出版发行行业云平台；第三阶段则是推进物联网与云计算、大数据的结合，升级智慧出版发行行业云平台，并在全行业进行推广。

国家新闻出版广电总局数字出版司副司长冯宏声认为：“物联网的到来不是对出版业的颠覆，反而是给出版业的发展带来了机会。依托物联网技术，出版业可以重新进行认识和规划，加快把物联网融入出版业。”

江西出版集团董事长赵东亮表示，物联网技术的创新应用，能有针对性地提升各环节的精细化管理水平，为出版业的智能化生产、定制化生产提供支持，从而加快出版业向数字化、智能化转型升级。经过物联网技术的应用后，仓储容量将在面积不扩大的情况下提升3倍，物流环节的运作效率提升近20倍。

江西新华发行集团能成为该标准的牵头制定单位，与其近年来在物联网产业的布局不无关系。江西新华发行集团近几年制定了“互联网+物联网”的战略，进行了物联网技术应用局部性和阶段性探索，其控股单位江西出版集团2014年完成了对物联网企业美国意联科技公司的收购，获得了190余项超高频RFID核心技术和专利。

为了适应技术创新和产业发展模式的变化，江西新华发行集团高度重视科技创新，大力实施创新驱动战略，以“互联网+”为主力路径，确立了打造六大平台引领转型升级的格局。其六大平台分别是城市文化综合服务平台、出版物发行行业物联网平台、“新华壹品”校园文化综合服务平台、新华云智慧教育平台、O2O新商业模式交易平台、智慧物流配送平台。六大平台的打造将推进文化与科技、文化与教育、文化与市场的融合。其中，出版物发行行业物联网平台是其中最具科技含量的平台。该平台的核心理念，就是把物联网技术应用到出版发行业，通俗讲就是为每本书嵌入一个“电子身份证”，让每一本的生产、运输、销售都形成数据和可追溯，从而实现智能化的管理。

目前，江西新华发行集团正在从实验室应用转向实际应用，把《框架体系标准》先在江西的出版发行业进行试点应用，将物联网相关技术和解决方案植入出版、印刷、物流、门店的全流程，探索“物联网+图书+大数据”的新型智能化出版物流通模式。这个平台的建

设，将有效解决行业缺乏大数据支撑、防伪追溯技术手段薄弱、盗版、地区之间无序串货等一系列痛点。平台最终的建设目标是，通过物联网、大数据、云计算等技术的应用，搭建面向全国出版发行业的智慧出版发行行业云平台，开放共享，让产业链上所有的参与者都可以从平台上实时调取数据，实现行业管理的智能化、数字化、定制化，其价值巨大，可以说将带来出版发行业的一场技术革命。

江西新华发行集团在书业物流建设方面走在了前列。其他新华发行集团物流中心建设仍在继续，如内蒙古新华发行集团 2016 年物流基地建设进展颇快，新华文化物流基地将在 2017 年开工。

物流中心的打造预示着书业的发展再次迈入了新的阶段。信息化时代带来了大数据，大数据带来了客流和商流，到物流时代，则为图书企业带来了更多机遇与可能。如西安西部出版物交易中心项目计划推进园区建设，扩大经营面积，打造西安西部出版创意产业园。创意产业园内不仅包括现在大力推进的物流项目、原始设备制造商（OEM）、教学装备等相关产业，同时还将为书店推出配套产业及文化教育产品。再比如，2016 年，广西新华书店集团在第三方物流业务取得新成绩。由传统物流向快消品商圈供应链的上游延伸，全年收入同比增长 97.03%。

三、未来或将向个性化发展

值得一提的是，2016 年，“电商+社群”的营销模式非常火热，一定程度上改变了书业的销售渠道、销售网络的格局。在社群电商的影响之下，传统的中盘商正在改变以折扣为利器的竞争方式，转而更加关注用户体验。图书的物流和信息流正在由单一的单向“动脉”流动、“局部静脉栓塞”，变为既有“动脉”，又有“静脉”的良性的循环流动。社群电商的精准营销，目标群体极为清晰，订数准、零退货、零积压、回款周期短，库存周转率高，这对整个出版行业来讲，无疑是重大利好。经销商的推广、推荐作用和终端读者的选择和拉动作用在悄然发生变化，终端营销变得比以往任何时候都更加重要。

随着消费升级，未来对书业物流服务需求可能更倾向于定制化和个性化，随着新技术的不断成熟及应用，物流在提升客户体验感，增强客户黏性等方面将起到至关重要的作用。实体书店商业模式的创新，将与完善的物流配送网络息息相关。现代化的物流体系在书业中的作用将更加突显。

（穆宏志　中国出版传媒商报社）

2016 年中国冷链物流

一、冷链物流整体情况

2016 年，我国冷链市场需求进一步扩大，基础设施建设更趋理性。据中物联冷链委统计预测，2016 年我国冷链物流需求总量达到 12500 万吨，冷链物流总额达 3.4 万亿元，冷链物流业总收入达 2250 亿元。2016 年全国冷链物流市场需求将达到 2200 亿元，同比增长 22.3%。2016 年我国冷库预计新增 305 万吨，总量达到 4015 万吨（折合 10037 万立方米），同比增长 8.2%。2016 年全国冷藏车保有量预计新增 21600 台，总保有量达到 115000 台，比 2015 年同比增长 23.1%。2012—2016 年我国冷链物流需求总量增长情况如图 1 所示，2012—2016 年我国冷链物流总额增长情况如图 2 所示，2012—2016 年我国冷链物流业总收入情况如图 3 所示。

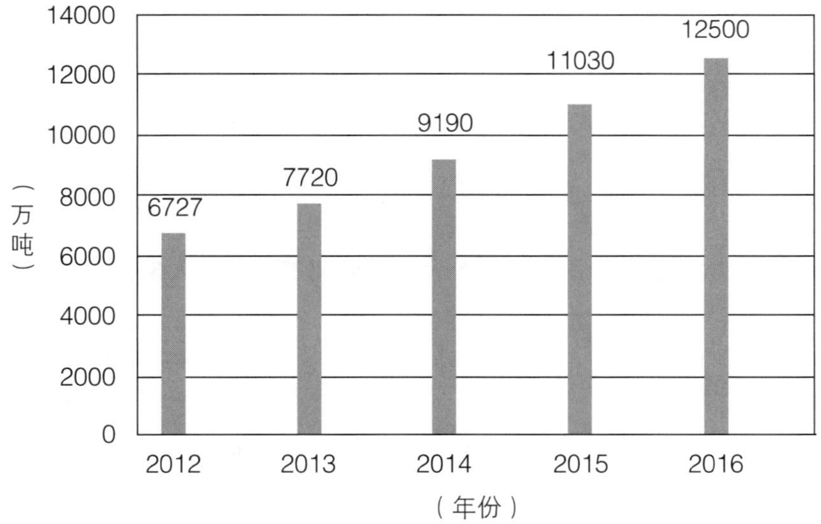

图 1 2012—2016 年我国冷链物流需求总量增长走势

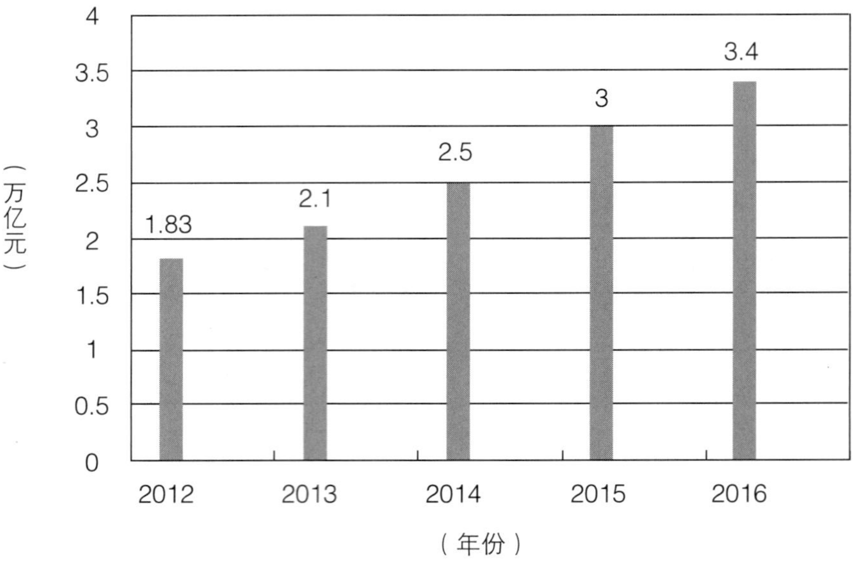

图 2 2012—2016 年我国冷链物流总额增长走势

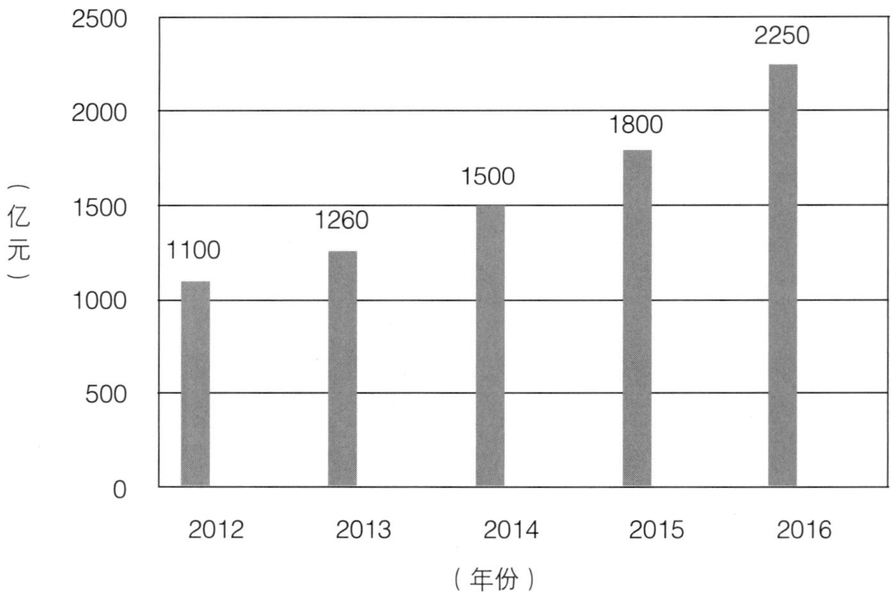

图 3 2012—2016 年我国冷链物流业总收入走势

二、冷链物流发展现状

2016 年我国经济发展所面临的内、外部环境依然复杂，世界经济虽已呈现出回暖迹象，但步履维艰，贸易保护主义风潮仍旧有蔓延趋势；国民经济处于潜在增长率下移、结构调整和深层次改革的叠加阶段，结构性矛盾突出，经济运行存在着特有的复杂性和不确定性，仍然存在较大的下行压力。

在宏观经济的大环境之下，冷链物流市场中部分传统业务受到一定的影响，比如速冻食品、肉制品加工制造的合约冷链物流业务。但由于国家对食品安全监管的力度加大和国民消费水平的不断上涨，冷链市场整体依然处于稳步发展态势，整体发展呈现出以下新趋势：

一是企业自建冷链物流体系逐步走向第三方服务。过去很长时间，企业自建物流往往服务于内部业务体系，随着专业能力的提升和体量的增大，很多企业的内部物流部门被剥离出来成为独立的企业，内外服务比例开始倾斜。比如原来的双汇物流、领鲜物流、蜀海供应链和现在的京东物流、安鲜达物流，都是如此，物流资源正在被最大化地发掘。

二是流通渠道变革导致冷链企业服务对象和服务方式在发生转变。“移动互联网+零售”、餐饮，衍生出多元化、全渠道的流通模式和消费场景，比如生鲜电商、零售 O2O、餐饮外卖等。这也给冷链企业带来了新的机遇和挑战，机遇在于服务的客户更加多样，挑战在于传统的服务方式不能满足新需求。有很多冷链企业已经感知到这种变化，并积极去适应这种变化。

三是成本的不断上涨使得甲方企业更加重视供应链优化。以零售企业为例，随着租金、人工、物流费用的上涨，企业开始在供应链管理上寻求破解之道，而自建冷链配送中心（DC）就是其中妙招。以前是由厂家或者经销商直接送货给各地门店，现在则需要将货物送到 DC，再统一配送到门店，在降低成本的同时也提高了效率。沃尔玛、大润发、家乐福等都在尝试这种由供应商直配门店，向零售企业主导的配送中心模式转变的方式。

四是行业竞争加剧，企业抱团发展。“抱团合作”是 2016 年冷链圈内的“热词”。“抱团合作”是行业企业在新形势下求发展、求生存的积极选择，海航冷链产业基金、全可冷链，就是“抱团合作”发展的先行者。目前行业企业面对的竞争越来越激烈，客户的需求正在从单一的服务需求上升到全面的需求，甚至从区域的需求发展到全国性的需求。此时单个的企业势单力薄，已无法应对。团结合作、抱团发展、优势互补、形成合力，方可实现补短板、提升企业竞争力的效果。

五是传统物流大鳄跨界冷链物流市场。近几年，顺丰、中通、中国邮政、中远等相继进入冷链物流市场，中国铁路总公司和各地铁路局更是开通多条线路的冷链班列，未来还将有更多的传统物流企业分羹冷链市场，它们有庞大的基础网络和设施，有雄厚的资金，有大量的人才，必将对冷链物流市场格局产生影响。

六是自贸区和跨境电商带动冷链新业务增长。上海、福州、广州、天津自贸区的食品贸易业务日益增多，很多冷链企业和设施已经在自贸区建立并运营，比如洋山港冷链交易中心、福建马尾电子保税冷链库，有的甚至已布局冷链海外仓，以便在跨境冷链业务中占得先机。2016 年国务院批复在天津市、上海市、重庆市、郑州市等 12 个城市设立跨境电子商务综合试验区，也给冷链发展提供了绝佳的发展机会，大连港、郑州机场等也已经率先开展冷链布局。

七是与冷链相关的平台型企业陆续出现。随着冷链行业向精细化、细分化方面不断发展，与冷链相关的平台型企业不断涌现并越来越凸显价值，第一类是物流平台型企业，如码上配、唯捷城配；第二类是信息流平台企业，如链库、冷链马甲；第三类是商流平台型企业，如良中行、格利食品网、美菜。它们利用各自掌握的核心平台价值，正在影响和改变现有的冷链模式。

八是零担、宅配业务成为冷链市场强力增长点。冷链零担的爆发，主要取决于生鲜电商的快速发展，以及餐饮、零售品牌在全国门店的扩张，据调研统计显示，2016 年我国冷链零担市场规模突破 50 亿元。生鲜电商催生冷链宅配市场发展，冷链宅配也因此成为很多企业新的增长源，京东、易果等发力布局冷链“最后一公里”就是对此的最好注解。

（中国物流与采购联合会冷链委员会）

2016 年中国电商物流

2016 年，我国电商物流行业秉持创新、开放、共享理念，继续保持快速增长势头，东中西部发展良性互动，农村电商继续领跑业务量增长，跨境电商持续繁荣，物流整体运作效率有效提升，以电商物流为代表的新兴经济亮点纷呈、快速发展，已经成为消费领域最具影响力和活力的组成部分，也是推动经济增长的重要引擎。

一、电商物流成为经济新动力

2016 年是“十三五”开局之年，宏观调控坚持稳中求进主基调，克服困难挑战，积极推进供给侧结构性改革，适当扩大总需求，经济总量保持了平稳增长，三次产业结构继续优化，宏观经济稳中有进、稳中提质。据国家统计局初步核算，全年实现国内生产总值 74.4 万亿元，同比增长 6.7%。第三产业增加值 38.4 万亿元，同比增长 7.8%，占国内生产总值（GDP）比重为 51.6%，比上年提高 1.4 个百分点。第三产业对国民经济增长的贡献率为 58.2%，比上年提高 5.3 个百分点，比第二产业高出 20.8 个百分点。服务业对国民经济增长的贡献率进一步提高。

2016 年我国社会物流需求稳中有升，全年社会物流总额为 229.7 万亿元，同比增长 6.1%；社会物流总费用为 11.1 万元，同比增长 2.9%，增速与上年基本持平。社会物流总费用与 GDP 的比率降至为 14.9%，物流运行质量和效益稳步提升。以电商物流为代表的新兴经济方兴未艾，日趋繁荣，逐步成长为经济新动力。2016 年全国社会消费品零售额 33.2 万亿元，同比增长 10.4%。全国电子商务交易额达到 26.1 万亿元，比上年增长 19.8%。其中：实物商品网上零售额比上年增长 25.6%，比社会消费品零售总额增速高出 15.2 个百分点，实物商品网上零售额占社会消费品零售总额的比重为 12.6%，比上年提高 1.8 个百分点。在实物商品网上零售额中，吃、穿和用类商品分别增长 28.5%、18.1% 和 28.8%。2016 年单位与居民物品物流总额可比增长 42.8%，比上年提高 7.3 个百分点。电商物流强有力地支撑了消费领域物流需求的增长。

二、电商物流运行的特点

据中国物流与采购联合会与京东集团联合调查发布的中国电商物流运行指数来看，2016年我国电商物流业发展呈现以下特点。

（一）业务量增长保持较高增速。

电商物流已经深度融入社会生产生活各个领域，业务量规模反映的是消费过程中实实在在的物流业务订单，这与以往的虚拟互联网经济有着本质的不同，因此电商物流成为实体经济的一部分，业务量增长变化也是实体经济的客观反映。据同比指数显示，2016年中国电商指数中总业务量指数平均达到156.1点，反映出全年电商物流业务量增速超过50%。据定比指数显示，以2015年1月份为基期100点，2015—2016年总业务量定比指数呈高速增长态势，2016年12月达到228.1点，反映出经过两年的增长，总业务量达到基期两倍以上。

（二）全年出现三大业务量高峰。

整体来看，电商物流行业呈现全年无淡季、旺季更旺的运行特征。首先，圣诞、元旦、春节等传统节庆消费旺季。据统计数据显示，淘宝2017年春节期间年货成交额增长36%。其次，每年6—7月是年中消费旺季。以京东“618”大促为例，6月1—18日京东累计订单过亿，6月18日消费者下单空前高涨，业务量集中爆发，当日订单量同比增长超过60%，其中移动端下单量占比达到85%，是上年同期的2.2倍。最后，每年的“金九银十双十一”是全民消费的又一个旺季。数据显示，2016年“双十一”期间总业务量指数比上年增加142.6点、增长45.7%，单日再创历史新高，11月11日当天的总业务量指数为1313.3点，比上年同期高492.5点、增长60%。电商平台交易额也创新高，“双十一”期间，京东交易额同比增长60%。

（三）农村电商物流发展迅猛。

2016年农村业务量指数平均为191.5点，反映物流业务量增长速度接近200%，比同期总业务量指数高出35.4点，意味着增速比总业务量高出30个百分点以上。分地区来看，农村业务量指数东部地区180.1点、中部地区209.7点、西部地区202.3点、东北地区212点，业务量与上年全年相比均保持了一倍以上甚至两倍的增速。京东大数据显示，由江苏、河北、浙江、山东、广东、四川、河南7省组成的农村电商网购第一梯队，东中西东北地区均有省份上榜，合计占全国农村业务量一半以上，反映出随着互联网普及和农村物流网络的完善，制约农村物流信息不畅、物流基础等瓶颈问题在一定程度上得到缓解，中西部特别是偏远地区的消费需求有效释放。各级政府、电商企业加大对电商物流的支持力度，宁夏回族自治区、浙江省、河北省打造电商物流示范基地，江苏省、湖北省积极推进城镇乡村网点建设实现全区县覆盖；淘宝村淘、苏宁易购服务站，圆通“通乡镇、通村组”，申通“千县万镇”，韵达“乡镇拓展”等计划，积极将渠道向西向下布局。2016年我国发现淘宝村1311个、淘宝镇135个，比2015年增长68.1%和90%，产品“进城”和商品“下乡”双向流通格局正在加紧形成。

（四）电商物流行业服务能力稳步提升，满意度保持较高水平。

在业务量高速增长压力下，电商物流和快递企业加大基础设施投入和新技术应用、加强网络布局和资源共享，不断提升消费旺季和尖峰时刻的应对能力，服务能力与旺盛需求形成了良性互动，成长出一批规模大、能力强、效率高、有口碑的电商物流和快递企业，行业物流时效、履约水平和运作效率都有明显提高。

2016 年物流时效指数平均为 114. 8 点，比 2015 年回升 16. 7 点，物流送达时效提高 17%，反映出从下订单到送达客户的物流时间缩短，物流时效性明显增强。2016 年物流时效指数走势如图 1 所示。

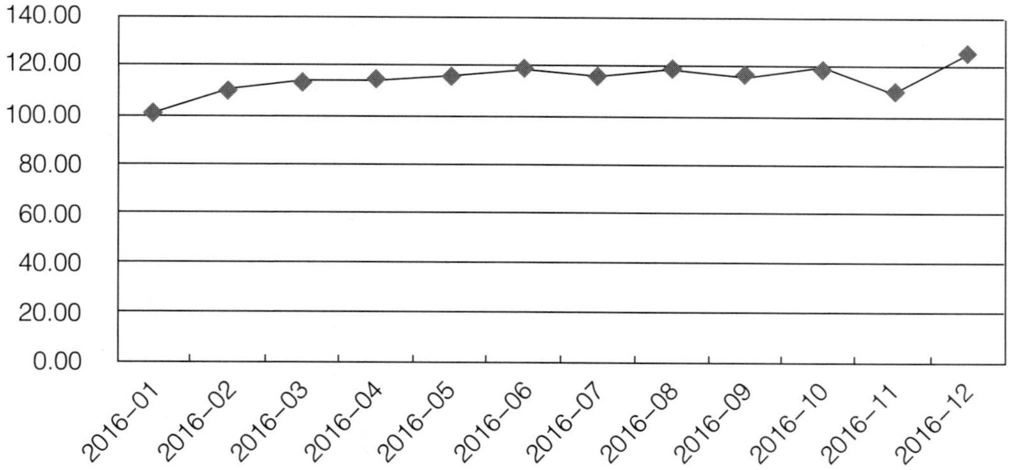

图 1　2016 年物流时效指数

2016 年 11 月，京东推出京准达服务，客户可在指定时段收货，反映出电商物流在追求更快的同时，更加专注个性化客户的物流需求。2016 年履约率指数平均为 103. 3 点，比 2015 年略有提升，反映出电商物流企业按照约定时间送达订单的比例进一步提高。2016 年履约率指数走势如图 2 所示。

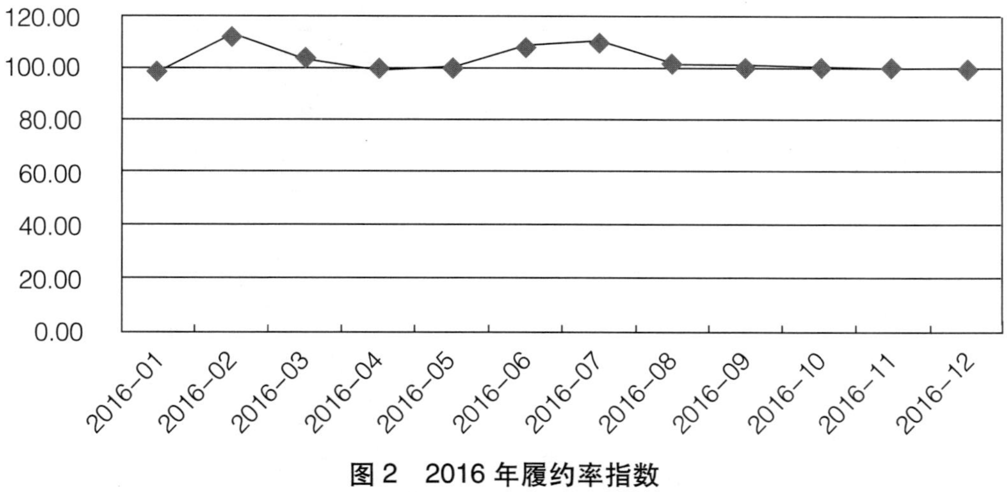

图 2　2016 年履约率指数

2016 年实载率指数平均为 111.5 点，比 2015 年提高约 10%，反映出物流运输设备的利用效率总体保持提升态势。2016 年实载率指数走势如图 3 所示。2016 年电商物流满意度指数为 100.7 点，保持 100 点以上的较高水平。总体来看，电商物流服务能力得到了消费者的充分认可。

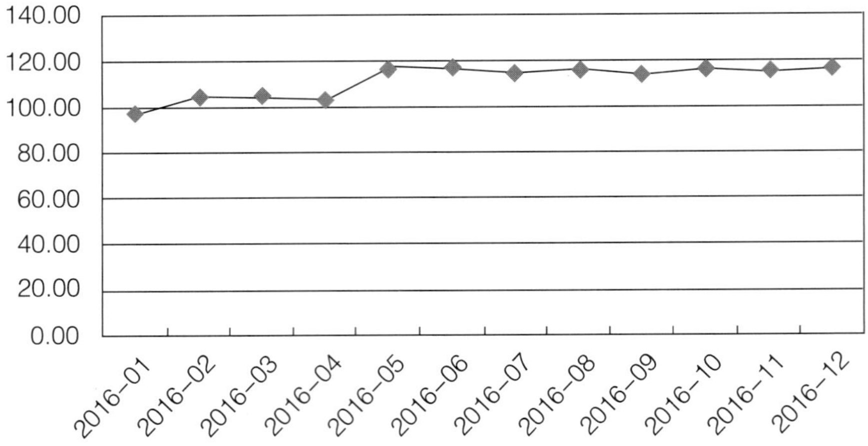

图 3　2016 年实载率指数

（五）吸纳从业人员规模不断扩大。

2016 年，从业人员指数平均为 136.9 点，反映出电商物流行业从业人员规模比去年全年增长 30% 以上，其中上半年基本都在 140 点以上高位，三季度有所回落，9 月 119.1 点触底反弹，四季度随着消费旺季的来临，电商物流岗位需求迅速增长，各大电商不仅安排了大量的临时性一线人员，还加大了对一线作业岗位的支持力度，年底两月从业人员指数分别回升到 140.7 点和 143 点（见图 4）。尽管 1 月春节放假等因素导致了短暂的劳动力供需缺口，但从业人员增长依然达到 38.6%。

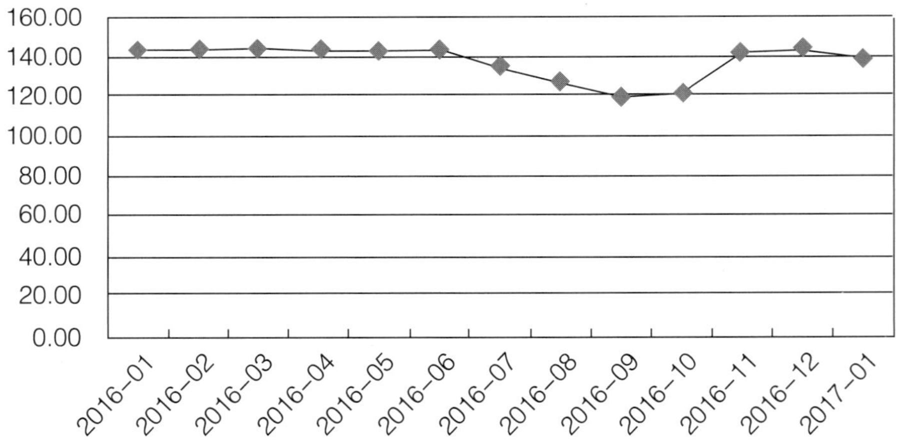

图 4　2016 年从业人员指数

（六）跨境电商物流高速增长。

2016 年，我国共有 60 个城市开展了跨境电商业务，其中 10 个城市经批准开展跨境电商进口业务，杭州、天津、上海、重庆、合肥、郑州、广州、成都、大连、宁波、青岛、深圳、苏州 13 个城市获批设立国家跨境电商综合试验区。2016 年政府工作报告中明确指出，鼓励商业模式创新，扩大跨境电商试点，支持企业建设出口产品“海外仓”。2016 年 4 月之后跨境电商新政迅速调整并设立了缓冲期，明确了行业未来发展的税收政策取向，跨境电商竞争环境更加公平有序，对行业健康可持续发展来说是长期利好。随着自贸区、综合试点城市和综合试验区相继出台贸易便利化措施，如简化进出口报关流程，统一跨境电商进口信息系统，释放出制度创新红利。受需求和政策利好双重推动，跨境电商企业数量不断扩大，一些企业加快海外物流网络布局。菜鸟网络物流覆盖全球 200 多个国家和地区，全球跨境物流日处理能力超过 400 万单，顺丰速运直发业务覆盖全球近 250 个国家和地区，洋码头布局全球物流中心，大龙网启动中国在欧洲最大跨境电商产业园。

跨境电商物流业务出现爆炸式增长，成为我国外贸重要的增长点。据海关数据显示，2016 年全国跨境电子商务进出口总值 499.6 亿元，比上年同期增长 38.7%，增速比全国进出口总值增速高出 37.6 个百分点。

（七）开放、共享、融合、创新成为电商物流发展常态。

2016 年共建、共享成为电商物流发展的基本趋势。随着成本的上升和个性化物流需求的增长，单一物流体系支撑整个供应链运营不仅耗费资源，而且难度极大，资源共建共享以及整合协同将是电商物流发展的基本趋势。2016 年，京东物流启动开放战略，依托自建物流网络，为社会商家提供仓配一体化物流服务；菜鸟网络联合快递企业成立菜鸟联盟，用平台生态的方式形成物流生态平台；顺丰全面打入医药、冷链、生鲜电商物流市场，都印证了电商发展的这一基本趋势。

全面提升物流供应链服务能力。加强全产业链的掌控和服务能力成为凸显电商物流服务价值的必然选择。京东物流向社会推出了仓、配、客、售后全供应链一体化服务，为京东平台商家、品牌商、垂直平台等提供线上线下、全渠道的供应链整体解决方案，发挥前台供应链优势，优化整个供应链的效率。苏宁物流加速在供应链物流、仓配物流、电商配送、冷链物流、跨境物流以及农村电商等业务的布局，全面提升物流供给和服务能力。

大力推进线上线下深度融合。沃尔玛增持京东，入股新达达，合作开展 O2O 业务，将沃尔玛线下需求导入京东平台，而京东物流将为沃尔玛山姆会员店提供统一高效的仓配一体化物流服务。京东入股永辉超市，加大物流末端网点建设，提升线下客户感知体验，促进线下线上紧密融合。苏宁布局建设改造一批新门店，提升实体门店的休闲、购物、售后、物流等线下综合服务能力，促进苏宁易购与实体门店的虚实互补、虚实结合。

“互联网+”推进智能化自动化智慧化物流，破解降本增效难题。京东成立 X 事业部，专注于“互联网+”物流，以技术和科技强化物流体系，为京东自动化分拣中心等物流仓储提供智慧支持。苏宁打造智慧物流基地，苏宁云仓在仓储规模、日出货量、自动化水平等整体科技能力和智能化水平方面处于领先水平，日处理包裹 181 万件的能力是同类仓库处理能力的 4.5 倍以上。

2016年，电商物流顺应经济社会发展结构优化、转型升级、创新发展大势，在经济存在下行压力下逆势增长，在改善有效供给、促进消费升级、稳定人员就业、扩大国际国内市场、降低运行成本、提高经济运行质量和效率方面发挥了突出作用。从宏观经济、政策红利和重点行业需求来说，电商物流具备持续发展的有利条件，可以预期，未来电商物流将继续保持快速增长的良好态势。

（中国物流与采购联合会　京东集团）

2016 年中国商贸物流

2016 年，我国商贸物流继续保持增长态势。物流需求平稳增长，与民生相关的电商物流、冷链物流、汽车物流和跨境电商发展态势良好，大宗能源原材料领域商贸物流需求继续低迷，物流需求结构继续优化。

在需求增长的同时，商贸物流成本水平进一步下降。物流成本水平的下降，一方面是发展阶段的必然结果，从发达国家的历史进程看，随着经济结构的转变，服务业比重的上升，经济发展所需的物流实物量增长适当回落，物流成本水平随之回落，而当前是我国由“规模扩张型”向“质量效益型”转变的关键时期，随着产业之间、地区之间的发展更趋于协调，社会物流成本水平也进入到稳中有降阶段；另一方面从发展模式来看，我国物流发展正在由“实物配送”向“一体化物流”转型，物流一体化、精细化管理、供应链协同逐渐发展完善，极大地提高了物流的运作效率，突出表现在商贸企业的物流费用率呈现下降趋势，显示出商贸物流效率有所提高。

2016 年，我国商贸物流重点领域快速发展，以电商物流、冷链物流为代表的新兴经济有力地支撑了民生发展和物流需求的增长，也有力地促进了宏观经济的提质增效。从重点行业来看：一是电商物流增速上持续高位，发展格局上东中西部良性互动，发展动力上农村电商领跑全国，需求上内外联动跨境电商持续繁荣，整体运作效率得到有效提升。二是冷链物流实现稳步发展。经过多年的持续努力，冷链物流基础设施正逐步完善，冷链供给能力和服务水平大幅提升，需要大力推动冷链标准化建设，提高冷链有效供给水平。三是超限治理将进一步完善市场环境，倒逼汽车物流市场优化升级，随着市场竞争的加剧，公路和铁路物流模式齐头并进，汽车多式联运渐成趋势。四是连锁零售向全渠道转型升级，面对互联网催生的新业态、新模式，传统连锁零售企业主动拥抱互联网，推进线上线下融合发展，提升全渠道销售能力，实现资源共享和优势互补，努力提高服务质量和竞争能力。五是跨界电商和“一带一路”物流态势良好。六是餐饮物流需求继续扩张。

一、商贸物流运行总体平稳

（一）社会物流总需求稳中有进。

2016 年，我国社会物流总额 229.7 万亿元，可比增长 6.1%，增速比上年提高 0.3 个百分点（见图 1）。数据显示我国社会物流总需求保持了稳中有升、稳中有进的良好势头。需求结构也出现了积极变化，居民消费领域物流需求持续旺盛，工业物流中高技术、高端制造物流需求较快增长、大宗商品物流需求较为低迷，反映出经济结构持续优化、新旧动能正在加快转换的阶段性特征。

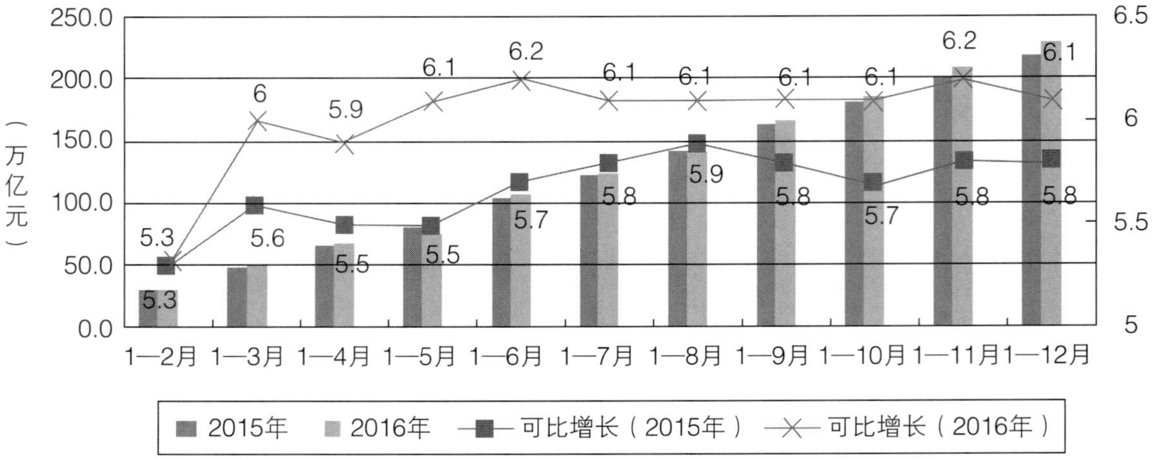

图 1　2016 年我国社会物流总额及可比增速走势

数据来源：中国物流信息中心。

（二）消费领域物流需求高速增长。

2016 年，我国社会消费品零售总额 33 万亿元，同比增长 10.4%，增速同比回落 0.3 个百分点，整体呈现平稳较快增长态势（见图 2）。

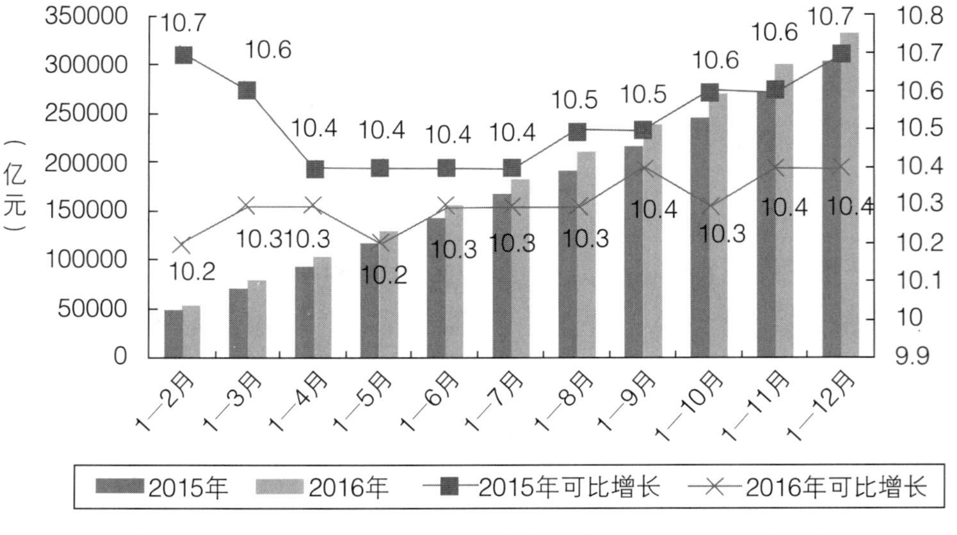

图 2　2015—2016 年我国社会消费品零售总额及可比增速走势

数据来源：国家统计局。

从各地区来看，中西部地区社会消费品零售总额增速快于东部地区。2016 年有 16 个省区市社会消费品零售总额增速高于全国，来自中部和西部的有重庆、贵州、安徽、云南、江西、河南、湖北、湖南、四川、青海、陕西、广西 12 个地区，其中重庆、贵州分别增长 13.2% 和 13%，高出全国 2.8 和 2.6 个百分点，安徽、云南、江西、河南、湖北、四川、湖南等省高出全国 1 个百分点以上，保持了平稳快速增长。东部也有福建、浙江、江苏、河北等省高于全国水平。东北 5 地区中，黑龙江和吉林分别增长 10% 和 9.9%，辽宁增长 4.9%。2016 年全国 15 个省区市社会消费品零售总额增长情况如图 3 所示。

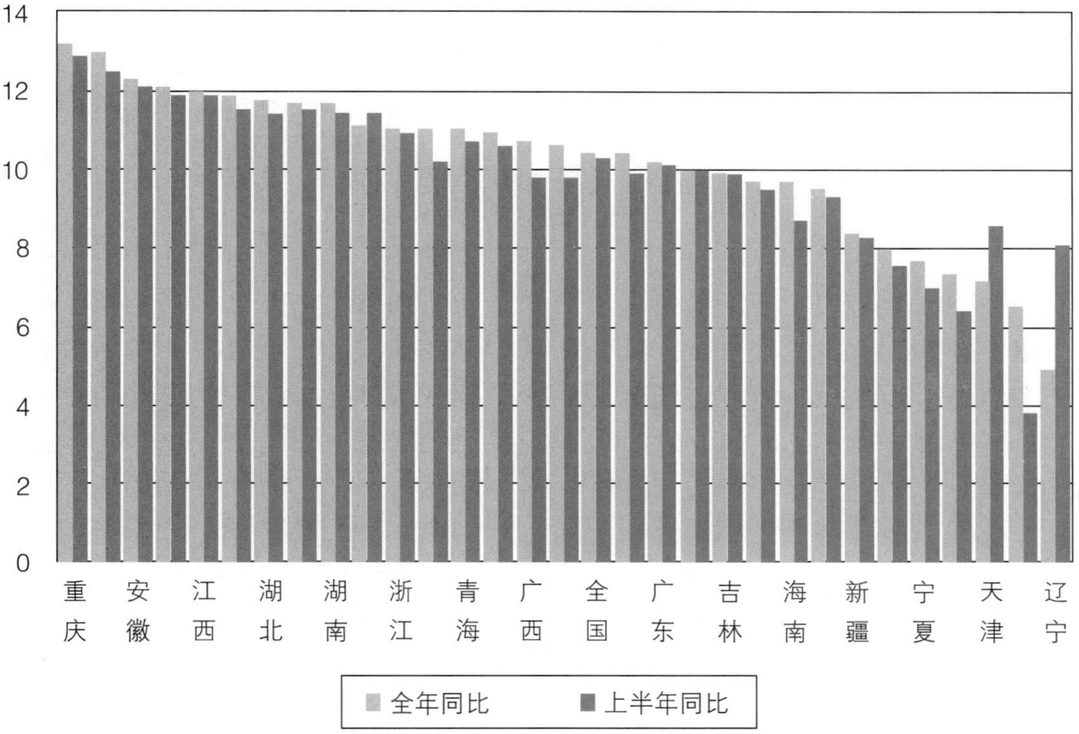

图 3　2016 年全国及 15 个省区市社会消费品零售总额增长情况

数据来源：各省、自治区、直辖市。

消费对物流需求的拉动效应进一步显现，2016 年全国单位与居民物品物流总额达到 7399 亿元，按可比价格计算，同比增长 44.4%，增速比上年同期提高 7.3 个百分点。其中，一季度增长 45.6%，上半年增长 46.1%，前三季度增长 44.4%，各季度的增速均保持在 45% 左右的较高水平。2015—2016 年全国单位与居民物品物流总额增长走势对比如图 4 所示。

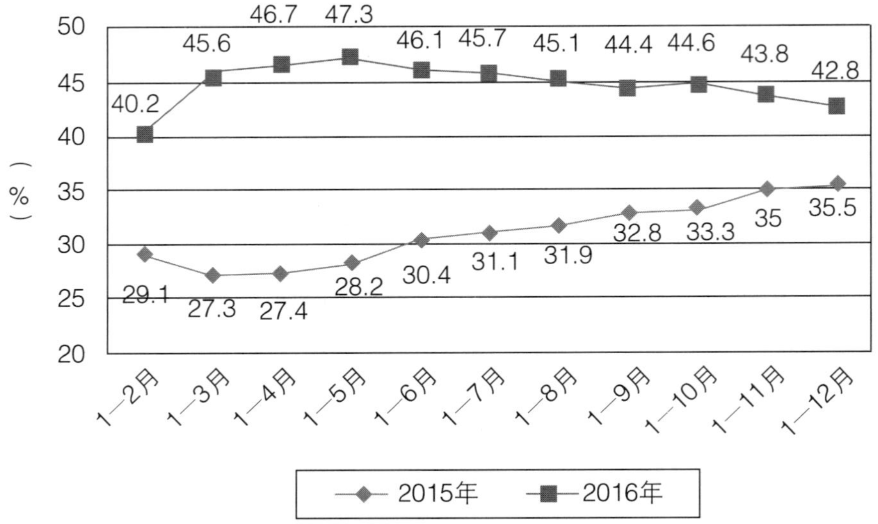

图 4　2015—2016 年全国单位与居民物品物流总额增长走势

数据来源：中国物流信息中心。

（三）生产资料商贸物流企稳。

根据中国物流信息中心统计，2016 年全社会生产资料销售总额达到 60.4 万亿元，按可比价格计算，比上年增长 7.3%，增速比上年同期回落 0.9 个百分点。随着国家去产能、去库存的深入推进，三季度以来生产资料市场呈现出回升趋势，不仅需求有所回升，供给质量和供需对接也明显改善，市场价格止跌回稳。2015 年和 2016 年我国生产资料销售总额及增速走势对比情况如图 5 所示。

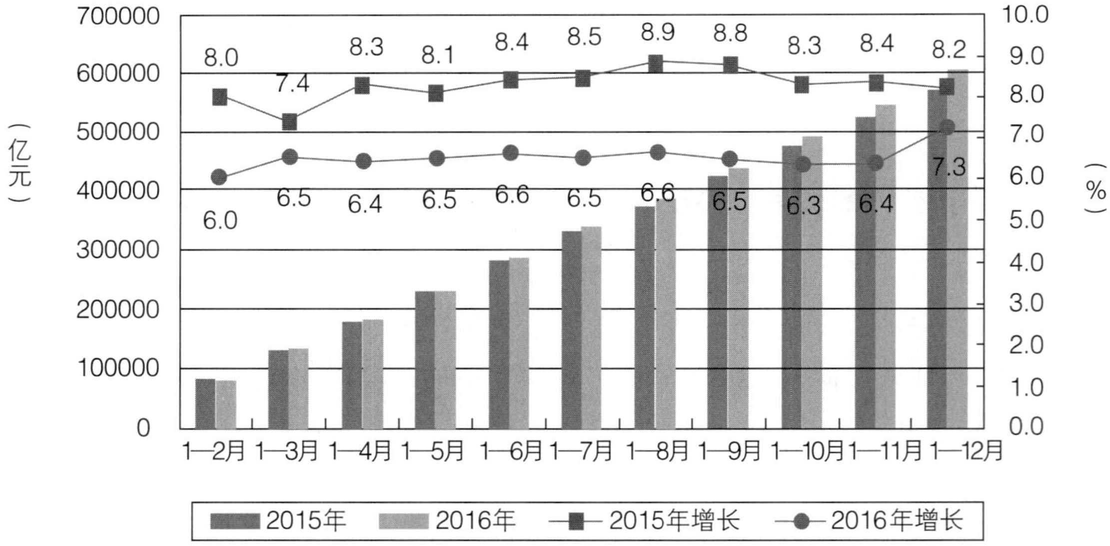

图 5　2016 年我国生产资料销售总额及可比增速走势

数据来源：中国物流信息中心。

（四）进出口物流需求逐季回稳。

据海关统计，2016 年我国进出口总值为 24.3 万亿元，同比下降 0.9%。其中：出口 13.8 万亿元，同比下降 2%；进口 10.5 万亿元，同比增长 0.6%。全年走势呈现前低后高，逐季回稳的向好态势。

出口方面，机电产品、传统劳动密集型产品依然为出口主力。2016 年，我国机电产品出口 8 万亿元，占我国出口总值的 57.7%。其中：医疗仪器及器械出口同比增长 6.1%，蓄电池出口同比增长 4%。同期，传统劳动密集型产品合计出口 2.9 万亿元，比上年下降 1.7%，占出口总值的 20.8%。

进口方面，大宗商品及高新技术产品进口物流量均有不同程度增长。其中：进口铁矿石 10.2 亿吨，比上年增长 7.5%；钢材 1321 万吨，比上年增长 3.4%；涡轮喷气发动机进口比上年增长 26.8%，计量检测分析自控仪器及器具比上年增长 10.7%。据中国物流信息中心统计，2016 年我国进口物品物流总额达到 10.5 万亿元，同比增长 7.1%，增速比上年提高 6.9 个百分点。

二、商贸物流运行成本有所下降

（一）社会物流总费用低速增长。

2016 年，我国社会物流总费用为 11.1 万亿元，同比增长 2.9%，增速比上年提高 0.1 个百分点，增长速度与过去几年相比明显放缓（见图 6）。

在社会物流总费用的三大费用中，反映运输环节的费用为 6 万亿元，比上年增长 3.3%，增速比上年提高 0.2 个百分点。其中：铁路运输费用下降 2.8%，道路运输费用增长 4%，水路运输费用增长 2.4%，航空运输费用增长 6.7%，装卸搬运费用增长 3.7%。反映保管环节的费用为 3.7 万亿元，比上年增长 1.3%，增速比上年同期回落 0.3 个百分点。其中：资金占用成本（利息费）达到 1.5 万亿元，下降 2.7%，仓储费用增长 5%，流通加工费用增长 5.8%。反映管理环节的费用为 1.4 万亿元，比上年增长 5.6%，增速比上年同期提高 0.6 个百分点。

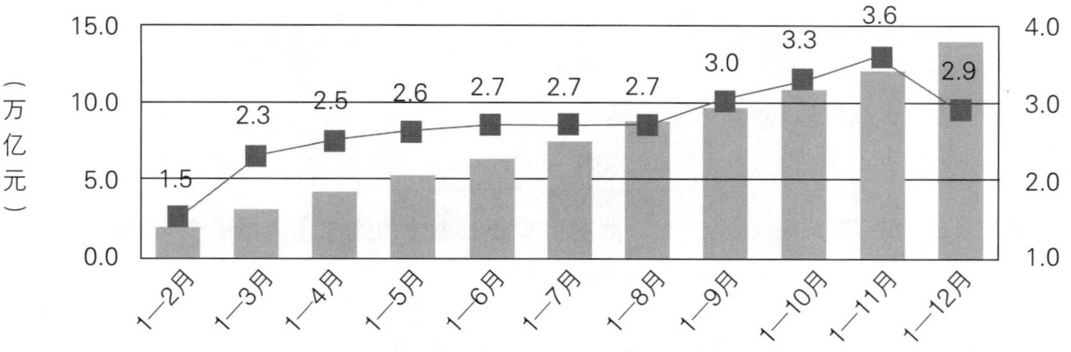

图 6　2016 年我国社会物流总费用及增长变化情况

数据来源：中国物流信息中心。

从比重来看，运输费用占53.6%，比上年同期回落0.1个百分点；保管费用占33.3%，比上年同期回落0.4个百分点；管理费用占13.1%，比上年同期上升0.5个百分点。

（二）社会物流总费用与GDP比率进一步回落。

2016年，我国社会物流总费用与GDP的比率为14.9%，比上年下降1.1个百分点，表明2016年每万元GDP所消耗需要的社会物流总费用为1490元，比上年下降6.9%。社会物流总费用与GDP的比率连续四年持续下降，表明我国商贸物流成本水平进入到加速回落期，与我国经济结构优化、运行效率提升和物流的高效运作密切相关。

（三）商贸行业物流费用率稳中趋降。

近年来，我国批发和零售企业的物流费用率一直低于工业企业的物流费用率，且呈现下降走势。（物流费用率=企业物流成本/销售额×100%，即物流成本占销售额的比重）

中国物流信息中心重点企业物流统计调查资料显示，2015年我国工业、批发和零售业企业物流费用率为8.2%，比上年下降0.1个百分点。其中：批发和零售业企业物流费用率为7.6%，比上年下降0.1个百分点，比工业企业物流费用率低1.1个百分点；比2008年下降0.7个百分点，显示出商贸行业物流运行效率不断提升。2013—2015年我国工业、批发和零售业企业物流成本费用率变化情况如图7所示。

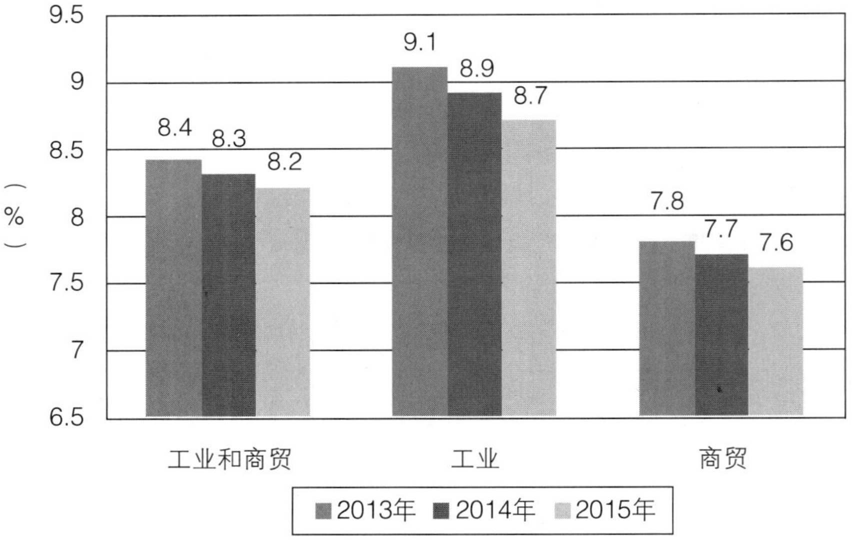

图7 2013—2015年我国工业、批发和零售业企业物流成本费用率变化对比

数据来源：中国物流信息中心，2016年重点物流企业成本调查。

分行业看，2015年批发业物流费用率低于零售业物流费用率。与上年比较来看，批发业物流费用率同比持平，零售物流费用率水平有所下降。2015年批发业物流费用率为7.5%，与上年持平。零售业物流费用率为7.8%，比上年下降0.3个百分点。

在批发业中，食品饮料烟草制品批发、文化体育用品器材批发、医药医疗器材批发三个行业的物流费用率较高，分别为10.4%、10.3%和9.9%，而农林牧产品批发、机械五金电子产品批发两个行业的物流费用率较低，分别为7.2%和6.3%。

在零售业中，食品饮料烟草制品零售等分行业的物流费用率较高，为17%，而医药零售、综合零售和家电零售的物流费用率较低，分别为12.3%、13.0%和1.8%。

2014和2015年我国重点商贸行业物流费用率比较情况（见下表）。

2014和2015年我国重点商贸行业物流费用率比较

分类	2015年费用率（%）	2014年费用率（%）	同比增长（%）
商贸行业	7.6	7.7	-0.1
一、批发业	7.5	7.5	0
农、林牧产品批发	7.2	6.9	0.3
食品、饮料及烟草制品批发	10.4	10.4	0
纺织、服装及日用品批发	6.2	7.3	-1.1
文化、体育用品及器材批发	10.3	10.5	-0.2
医药及医疗器材批发	9.9	9.9	0
矿产品、建材及化工产品批发	7.5	7.6	-0.1
机械设备、五金交电及电子产品批发	6.3	6.2	0.1
二、零售业	7.8	9.1	-1.3
综合零售	13.0	13.0	0
食品、饮料及烟草制品专门零售	17.0	17.3	-0.3
纺织、服装及日用品专门零售	—	22.0	—
医药及医疗器材专门零售	12.3	12.2	0.1
家用电器及电子产品专门零售	1.8	2.03	-0.23

数据来源：中国物流信息中心，2016年重点物流企业成本调查。

（四）经济结构的持续优化。

近年来，我国经济结构不断调整优化，服务业对国民经济增长的贡献进一步提高，已成为国民经济的第一大产业。2016年我国服务业增加值同比增长7.8%，占GDP比重已上升为51.6%，比上年提高1.4个百分点，比第二产业高出11.8个百分点。根据历史数据测算，服务业增加值占GDP的比重每上升1%，社会物流总费用与GDP的比率下降约0.5%。2016年产业结构优化影响这一比率比上年下降约0.7个百分点，相当于减少物流成本消耗约5000亿元。

（五）“去库存”成效明显。

随着宏观经济供给侧结构性改革的持续推

进，落实“三去一降一补”重大任务的措施相继出台，经济运行的质量和效率明显提高，社会物流总成本水平有所下降，其中“去库存”成效显现，据初步统计保管环节成本可节省1400亿元。

“去库存”，表现在库存水平的下降，对应的是物流保管环节的仓储费用和资金占用费用的减少。一是库存水平有所降低。2016年年末，规模以上工业企业产成品存货增速比上年回落0.1个百分点；产成品存货周转天数为13.8天，比上年减少0.4天。二是产成品库存率有所下降，2016年产成品存货率为3.45%左右，比上年下降0.06%。随着库存水平总体回落，相关的仓储等成本增速有所回落，物流资金占用成本随之明显下降。

2016年，保管费用中的仓储费用增速比上年下降0.3个百分点，推算可减少仓储成本约400亿元；在仓储成本回落的同时，相关的资金占用成本持续下降，资金占用费用比上年下降2.7%，降幅进一步扩大0.3个百分点，推算可减少物流资金占用成本约1000亿元。

（六）政策红利助力降本增效。

2016年下半年，国务院和相关部门相继出台了一系列降低实体经济成本，促进物流业降本增效、交通物流融合发展和推动商贸物流标准化的重要举措，从制度性层面有力地降低了社会物流运行的交易成本。

2016年6月，国办转发国家发展改革委《营造良好市场环境 推动交通物流融合发展实施方案》，要求建设资源共享的交通物流平台，打通衔接一体化的全链条交通物流体系，创建协调联动的交通物流新模式，提出进一步完善市场准入制度，完善无车承运人管理制度，加大公路治超力度等具体措施。

2016年8月，国务院印发《降低实体经济企业成本工作方案》，对开展降低实体经济企业成本工作作出全面部署，明确提出降低物流成本。各地区积极行动，江苏省规范港口、机场、铁路经营服务性收费，重庆市对本地管辖的行政事业性收费进行全面清理简化整合，放开经营性项目的市场准入，强化监督检查落实，提高企业办事便利性和时效性。交通运输部出台《关于推进供给侧结构性改革促进物流业“降本增效”的若干意见》，以提升运输链综合效率为着力点，提出进一步推广多式联运，铁路货运集装箱运输比例达15%左右，重点港口集装箱铁水联运比例年均增长10%左右等目标。与此同时，交通运输部加快公路甩挂运输、无车承运人等快速发展，全国公路共取消政府还贷二级路收费站49个、收费里程6119公里，落实“绿色通道”和重大节假日免费通行等政策，累计减免通行费约500亿元。

2016年9月，国办转发国家发展改革委《物流业降本增效专项行动方案（2016—2018年）》，提出优化行业行政审批和事项办理流程，优化货运车辆通行管控，优化货物通关便利化，提高通关效率等简政放权新举措，提出企业汇总纳税、规范收费行为等一系列降税清费新措施。

（七）标准化提升物流运作效率。

商务部加强商贸物流顶层设计，持续推进商贸物流标准化工作。近三年，商务部会同财政部、国家标准委开展了商贸物流标准化专项行动，以标准托盘及其循环共用为切入点，研究建立以标准托盘应用为核心的商贸物流标准体系，推广包括标准托盘、物流包装等标准物流设施设备的应用，切实提高了上下游物流设施设备和服务标准化水平，2016年9月商务部发布《托盘租赁企业服务规范》《托盘共用系统运营管理规范》《共用系统托盘质量验收规范》等物流领域行业标准。据相关机构统计，标准化试点的重点企业提升装卸货效率 3 倍以上、货损率降低 20%~70%、综合物流成本平均降低 10%。试点城市租赁标准托盘同比增长 97.18%，平均综合物流效率提升 3.8%。

物流标准化试点成果显著，以上海为例，1 号店开展托盘循环共用及带托运输的供应商实现 100%，交货时间从原先每次 2~3 小时，提升到每次 20~30 分钟，节省了 90% 的收货时间，破损率降低 50%，库存周转率显著提升。苏宁上海基地实施标准化、托盘联运以后，仓库利用率提高 20%，仓库装卸作业效率提升 40%，破损率由原先的 0.7% 下降到 0.3%。中国外运长航集团在“带托运输”实施中，项目作业率提高 75%，车辆周转率提高 1.5 倍，货运破损率降低 50%，整个项目的供应链成本下降 10% 左右。

三、重点物流企业经营有所好转

（一）重点物流企业业务收入降幅收窄。

2016 年 1—11 月，重点物流企业累计实现物流业务收入同比下降 9.6%，降幅比上年同期收窄 14.5 个百分点。

分物流企业类型看，综合型物流企业业务收入同比下降了 11%，降幅比上年同期收窄 14.4 个百分点；运输型物流企业业务收入同比下降 39.2%，降幅比上年同期有所扩大；仓储型物流企业业务收入同比增长 18.2%，与上年相比，业务收入增长由负转正。

（二）重点物流企业效益恢复性增长。

2016 年 1—11 月，重点调查物流企业累计实现物流业务利润同比增长 7.9%，与上年下降 21% 相比，实现恢复性增长。分物流企业类型看，综合型物流企业业务利润增长 8.8%，增速比上年提高 22.8 个百分点；仓储型物流企业业务利润下降 16.3%，降幅比上年收窄 7.9 个百分点；运输型物流企业业务利润增长明显。

四、商贸物流重点领域运行情况

2016 年，我国商贸物流重点领域快速发展，突出表现在增速上电商物流持续高位，发展格局上东中西部良性互动，发展动力上农村电商领跑全国，需求上内外联动跨境电商持续繁荣，整体运作效率得到有效提升，以电商物流、冷链物流为代表的新兴经济有力地支撑了民生发展和物流需求的增长，也有力地促进了宏观经济的提质增效。

（一）电商物流继续快速增长。

2016 年，我国电子商务交易额达到 26.1 万亿元，比上年增长 19.8%；其中实物商品网上零售额比上年增长 25.6%，增速比社会消费品零售总额增速高出 15.2 个百分点，实物商品网上零售额占社会消费品零售总额的比重为 12.6%，比上年提高 1.8 个百分点；在实物商品网上零售额中，吃、穿和日用类商品分别增长 28.5%、18.1% 和 28.8%。2016 年 3 月，商务部、国家发展改革委、交通部等 6 部委联合发布了《全国电子商务物流发展专项规划（2016—2020 年）》，提出了七大发展任务和八大重点工程，为电商物流发展营造了良好的外部环境，在政策利好和市场需求拉动下，电商物流保持了强劲增长势头。

1. 规模增速达 50% 以上

中国物流与采购联合会与京东集团联合调查的中国电商物流运行指数显示，2016 年总业务量同比指数平均达到 156.1 点，反映出全年电商物流业务量增速超过 50%。从总业务量定比来看，2015 年 1 月为基期 100 点，2016 年 12 月总业务量规模达到基期的两倍以上。与电商物流密切相关的快递业务量继续呈现高速增长，国家邮政局统计，2016 年我国快递服务企业业务量全年累计完成 312.8 亿件，同比增长 51.4%。

2. 全年无淡季、旺季更旺

电商物流行业呈现全年无淡季、旺季更旺的运行特征，全年出现三大需求高峰。一是“金九银十双十一”全民消费旺季。中国电商物流运行指数显示，2016 年“双十一”期间总业务量指数比上年同期增长 45.7%，“双十一”当天总业务量指数为 1313.3 点，创历史新高，比上年同期增长 60%。在“双十一”等促销活动的拉动下，11 月日均快递业务量超过 1.25 亿件，同比增长 44.5%。二是圣诞、元旦、春节等传统节庆消费旺季，淘宝 2017 年春节期间年货成交额增长 36%。三是 6—7 月年中消费旺季，京东 6 月 1—18 日累计订单过亿，6 月 18 日当日订单量同比增长超过 60%。

3. 运作效率有效提升

电商物流和快递企业持续加大设施投入，加强网络布局和资源共享，提升消费旺季和尖峰时刻的应对能力，2016 年行业物流时效、履约水平和运作效率都有较好提升。物流时效指数平均为 114.8 个百分点，物流送达时效提高 17%，反映出从下订单到送达客户的物流时间缩短，物流时效性明显增强。履约率指数平均为 103.3 个百分点，略有提升，反映出按照约定时间送达订单的比例进一步提高。实载率指数平均为 111.5 个百分点，同比提高约 10%，反映出物流运输设备的利用效率总体保持提升态势。

4. 农村物流增长迅猛

近年来，随着互联网、物流网络等基础设施的完善和消费能力的显著提升，农村消费需求得到充分释放，中国电商物流运行指数显示，农村电商增长继续领跑全国，2016 年农村业务量指数平均为 191.5 个百分点，反映出农村地区的电商物流业务量增长速度接近 100%，比同期总业务量指数高出 35.4 个百分点，意味着增速比总业务量高出 30 个百分点以上，以 2015 年 1 月为基期，2016 年 12 月电商物流农村业务量定基指数达到 309.8 个百分点，比基期高出 200 个百分点，表明近两年来农村电商业务量增长超过 200%。分地区来看，农村业务量指数东部地区为 180.1 个百分点、中部地区为 209.7 个百分点、西部地区为 202.3 个百分点、东北地区为 212 个百分点，业务量与上年相比均保持了一倍以上甚至两倍的增速。

各级政府和电商物流企业加大对农村电商的支持力度，宁夏回族自治区、浙江省和河北省打造电商物流示范基地，江苏省和湖北省积极推进城镇乡村网点建设实现全区县覆盖。河南省积极开展农村电商县级示范工程，成效显著，2016 年河南全省共有 21 个县为国家级示范县，建成县、乡、村三级服务网络，其中电子商务服务县级中心 22 个、乡镇服务站超过 200 个、村级服务点 4000 多个，共开设网店 2.1 万多个，电商交易额累计突破 330 亿元，网络零售额达 180 亿元，带动农村电商就业人员近 6.6 万人。苏宁易购线下建立服务站，线上引入“中华特色馆”，圆通“通乡镇、通村组”，申通“千县万镇”，韵达“乡镇拓展”等计划，积极将渠道向西向下布局。2016 年，全国发现淘宝村 1311 个、淘宝镇 135 个，比 2015 年增长 68.1% 和 90%，产品“进城”和商品“下乡”双向流通格局正在加紧形成。京东大数据显示，由江苏、河北、浙江、山东、广东、四川、河南 7 省组成的农村电商网购第一梯队，东中西东北地区均有省份上榜，合计占全国农村业务量一半以上，反映出随着互联网普及和农村物流网络的完善，制约农村物流信息不畅、物流基础等瓶颈问题在一定程度上得到缓解，中西部特别是偏远地区的消费需求有效释放。

（二）冷链物流实现稳步发展。

2016 年，在政策利好和需求向好的双重作用下，我国冷链物流市场实现稳步发展。

1. 市场需求持续扩张

2016 年，居民消费能力和水平稳中提升，日常所需的生鲜蔬菜和肉蛋类等商品保持平稳增长，全年蔬菜总产量达到 8 亿吨，比上年增长 1.9%。水果 2.83 亿吨，比上年增长 3.4%。猪牛羊禽肉 8540 万吨，比上年下降 1%。水产品 6900 万吨，比上年增长 3%。禽蛋产量 3095 万吨，比上年增长 3.2%。牛奶 3602 万吨，比上年下降 4.1%。全国生产乳制品 2993 万吨，比上年增长 7.7%。

2006—2016 年全国蔬菜和水果总产量情况如图 8 所示，2006—2016 年全国肉类、牛奶和乳制品总产量情况如图 9 所示。

与此同时，居民对冷冻冷藏类商品消费保持旺盛需求，2016 年，全国生产乳制品 2993 万吨，同比增长 7.7%，其中液体乳 2737 万吨，同比增长 8.5%。全国生产冷冻水产品 862 万吨，同比增长 2.7%；冷冻饮品 331.5 万吨，同比增长 6.9%。全国生产鲜、冷藏肉产量 3637 万吨，同比下降 1.1%。2010—2016 年全国重点冷冻食品产量变化走势，如图 10 所示。

据中物联冷链委测算，2016 年全国冷链物流市场规模达到 2200 亿元，同比增长 22.3%，初步预计未来 3~5 年年均增长速度也将在 20% 以上。

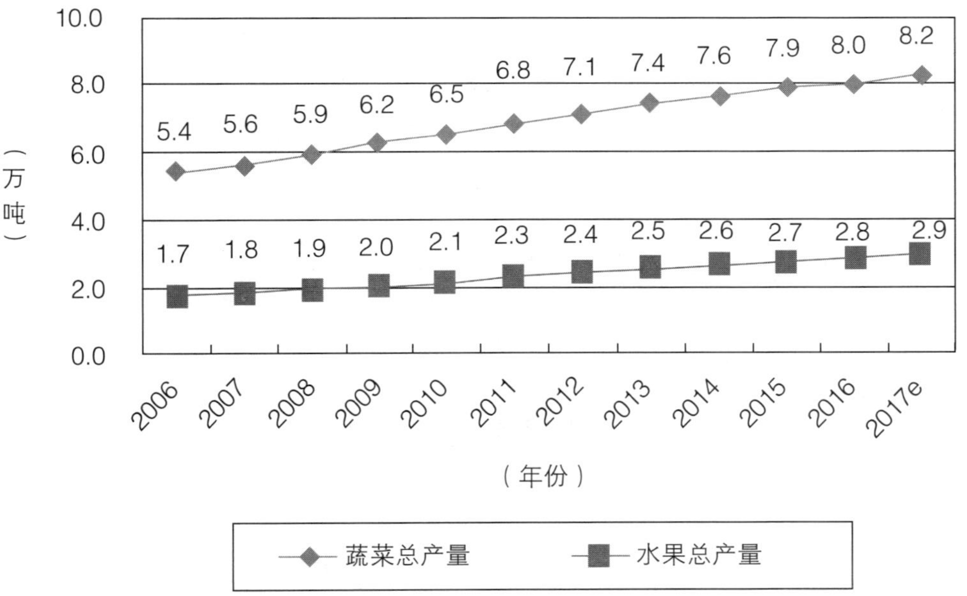

图 8　2006—2016 年我国蔬菜和水果总产量

数据来源：国家统计局。

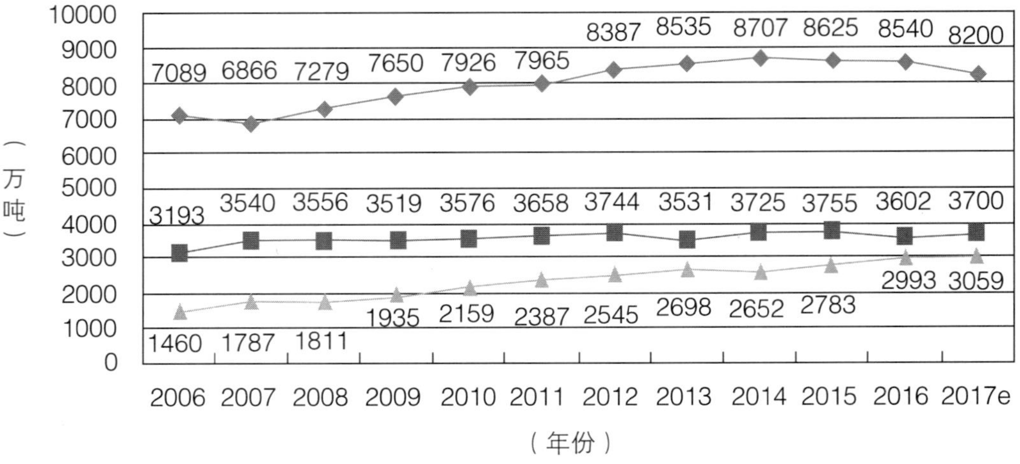

图 9　2006—2016 年全国肉类、牛奶和乳制品产量走势

数据来源：国家统计局。

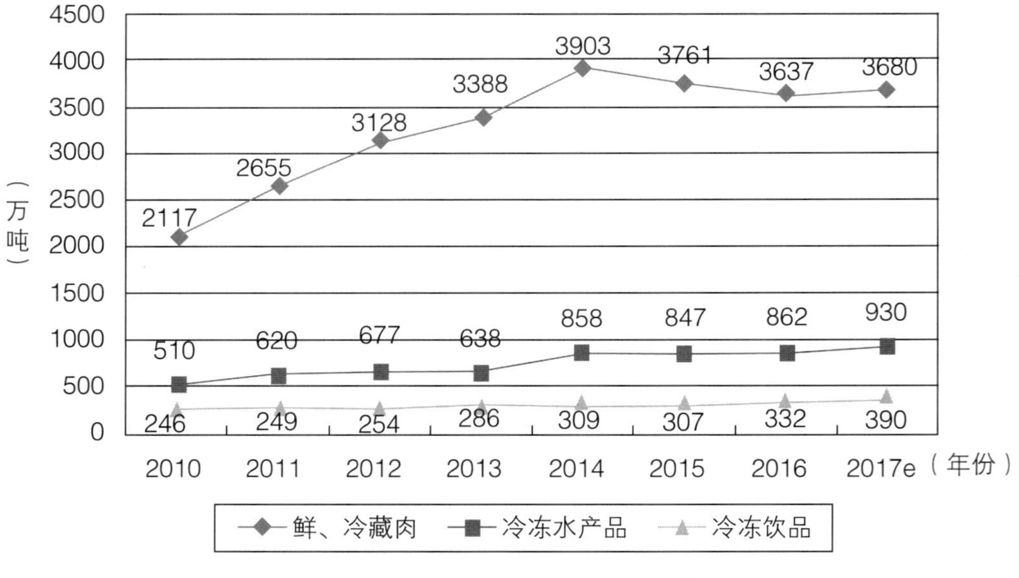

图 10　2010—2016 年全国重点冷冻食品产量

数据来源：国家统计局。

2. 冷链水平整体提升

2016 年，全国冷库总量达到 4015 万吨，同比增长 8.2%，截至 2016 年年末全国冷藏车保有量 11.5 万台，比上年同期增长 23.6%。产地冷库建设增多，冷藏库、保鲜库、气调库体量也有所增加，冷库扎堆建设情况有所改善，冷库市场结构趋于合理。

3. 政策环境持续利好

2016 年，国务院和各级政府部门高度重视冷链物流发展，不断加大对冷链物流的政策支持力度。2016年中央一号文件再次惠及农业，明确指出将进一步完善农产品冷链物流体系，开展冷链物流标准化示范。国办《关于深入实施“互联网+流通”行动计划的意见》，明确提出支持建设农产品流通全程冷链系统，重点加强全国重点农业产区冷库建设。财政部、商务部《关于中央财政支持冷链物流发展的工作通知》，对全国10个示范省市给予冷链项目建设资金支持。国家发改委《“互联网+”高效物流实施意见》鼓励建设低耗节能型冷库。中国铁路总公司印发《铁路冷链物流网络布局“十三五”发展规划》，提出构建畅通高效的铁路冷链物流网络通道结构，形成布局合理、功能完善的铁路冷链物流网络。《京津冀农产品流通体系创新行动方案》要求建立安全稳定、创新高效的首都农产品冷链流通体系。上海、北京、云南、重庆、山东、宁夏等省区市也出台了本地化的冷链物流发展政策。

4. 坚持标准示范引领

商务部、国标委联合印发《关于开展农产品冷链流通标准化示范工作的通知》，按照“由点到链，由易到难”的思路，确立了三项关键示范任务：一是建立健全农产品冷链流通标准体系，以弥补当前农产品冷链物流领域的标准、规范、规则的短板，做到“有标可循”，方式上鼓励推广企业标准，适时向团体标准转化，为下一步总结经验，建立行业标准和国家标准做好准备。二是切实提高冷链标准应用水平，不仅要提高冷库、冷链车辆的标准化水平，也要与冷链相关的设备设施标准做好统一对接，标准关键在于宣贯和应用。三是创新监管方式，探索建立行业管理与社会监督相结合的监管体系和监管模式，利用自建或者第三方平台构建可视化、全链条的监管平台，满足部门监管、生产监管、消费者知情等多种社会需要。2016年年底，全国共确定了285家农产品冷链流通标准化试点企业和31个城市。细分领域的标准进一步完善，2016年11月，国家发改委发布《肉与肉制品冷链物流作业规范》《道路运输食品冷藏车功能选用技术规范》《冷链物流从业人员职业资质》等行业标准，并将于2017年1月正式实施。

冷链物流企业跨界融合、服务模式多元创新。顺丰和苏宁在完成电商平台的布局同时，利用线上流量和线下渠道相继开展冷链业务，罗牛山冷链物流立足海南产地优势，建立国际先进水平的冷链物流园区，实现仓储环节智能控温、调拨环节自动化分拣，冷链全流程可视、可追溯，具备冷链加工配送、食品质检、信息追溯、批发交易功能。鲜易供应链构建链接生产、仓储、运输、加工、集采、交易、配送的一体化温控供应链，全国布局20多个温控基地，冷链网络覆盖28个省区市，为全国核心城市的3000多家门店提供城市冷链配送服务。

（三）汽车物流市场转型优化。

从供应链上游的主机厂零部件采购、生产，到整车运输，再到下游零部件物流和汽车售后备件物流市场，汽车物流各个环节都有独特的物流需求，都具备广阔的市场需求空间。2016年，我国汽车物流市场保持快速增长，铁路和公路物流模式齐头并进，行业发展不断优化。

1. 市场规模持续扩大

我国是汽车消费大国，中国汽车工业协会数据显示，2016年我国汽车产销分别完成2812万辆和2803万辆，同比分别增长14.5%和13.7%，增速比上年同期提高11.2个和9个百分点。从整体走势看，销量累计呈“直线上升”走势，全年汽车产销两旺。其中，乘用车产销分别完成2442万辆和2438万辆，同比分别增长15.5%和14.9%。在汽车产销快速增长的带动下，2016年汽车物流市场规模继续扩大，2016年前10个月，安吉物流华中西北片区运输业务量达到150万辆，达到预期值的135%，长久物流全年整车运输308万台，同比增长21.3%，服务水平也在不断完善，供应链更趋完整，实现了从零部件入厂物流向零部件供应商管理的纵向延伸，从售后服务备件物流向报废汽车以及其他后市场服务的横向拓展。

2. 借力资本拓展市场

2016年7月，长久物流率先成功实现汽车物流企业（首次公开募股）IPO，成为“中国汽车物流第一股”。长久物流主要通过物流网络、物流方案及车辆调度管理，将规模集中的汽车主机厂商和相对分散但调度灵活的社会运力进行有效对接，实现了 客户需求、运力资源、信息资源的高效整合。

长久IPO共募集资金5.8亿元，主要用于加强全国性网络布局、增强主营业务竞争力和提高国际物流服务能力。从投资方向看，长久作为第三方汽车物流企业，在物流基地类投资占70%，分别在东北长春和安徽芜湖布局建设零部件物 流基地，反映出尽管整车物流收入占到全部收入的97%以上，企业仍将零部件物流作为未来的重点投资方向。智慧物流信息化投资占到6.7%，反映出逐步向智慧物流方向转型，努力实现自身的优化升级。近年来，我国高端汽车保有量不断上升，进口汽车物流需求飞速增长，长久也加大在国际汽车物流领域的投资力度，进口整车物流投资占到23.3%。

3. 新政促进深度变革

2016年9月，交通运输部发布的《超限运输车辆行驶公路管理规定》实施以后，短时间内造成了汽车物流运力趋紧和主机生产厂库存积压。汽车物流企业采取多种措施，如加强运力协调和联动、开展运价协商和调整，积极适应政策变化。与此同时，铁路汽车物流企业主动应对市场变化，如中铁特货充分利用铁路既有场地，开辟铁路商品汽车装卸作业站，将生产企业汽车中转库前移至铁路货运枢纽，延伸铁路商品汽车物流覆盖区域，构建覆盖全国230多个城市的铁路商品汽车物流配送网络，通过深化与主机厂的合作，采取灵活多样的运输模式，充分发挥铁路在途时间短、运量大的物流优势，提升市场渗透率。

（四）连锁零售向全渠道转型。

1. 连锁配送更趋多元

配送模式不断创新和发展，逐步发展成为供应商自营、连锁经销商自建配送体系配送、第三方物流企业配送等多种配送方式，满足了不同商品和流通环境的需要。一是自营配送。这是目前连锁企业广泛采用的一种配送模式，稻香村、7-11就是这一类模式。连锁企业组建配送中心，实现对内部各门 店的货物进行配送，优势是计划性强、灵活性高、质量和时效可控，缺点是自建成本较高和建设周期较长，后期可由自建物流向社会化配送转型。二是供应商配送，由供应商直接将商品送到门店的配送方式，优势是能够节省物流投入，缺点是物流质量、时效、范围得不到有效控制。三是社会化配送，由第三方专业物流公司为连锁企业承担配送任务，优势在于专业化能力强，可以发挥规模化优势，能够降低配送环节单位成本，随着专业化公司服务能力和水平的提升，许多连锁企业正在积极转向社会化配送模式。四是共同配送，连锁企业为实现整体的配送合理化，与相关企业之间互相提供便利的协作型配送模式。共同配送有利于企业资源、流程的整合优化，综合降低配送成本，增强市场竞争力和市场敏捷度。

2. 实体零售缓中趋稳

随着电子商务的迅速发展，过去5年我国零售市场整体呈现出“线下冷、线上热”的基本特征。根据中国连锁经营协会数据，2010—2016年连锁百强销售增幅持续回落，年销售增速分别为21%、12%、10.8%、9.9%、5.1%、4.3%和3.5%，传统实体连锁零售业务不断收缩。从2016年的情况看，便利店销售增幅高达16.7%，专业店和专卖店增长6.5%，实现了“小而美”，而购物中心增长1.6%，超市和大型超市仅增长1.5%，百货店则下降2.5%，连锁零售经营呈现差异化增长。面对业务增长放缓、成本高企的压力，百强连锁企业通过关闭门店、减员增效等多种措施，努力改善经营状况。2016年，百强企业总用工人数下降5%，70%的企业单店平均用工人数有所下降，其中一半的企业减少用工10%以上。有36家百强企业门店数量比上一年有所减少，通过关闭低效门店，租金支出同比下降0.5%，租金占销售额比重为2.4%，同比下降0.1个百分点，企业经营质量得到改善。

3. 全渠道经营势在必行

根据中国连锁经营协会的报告，中国零售业消费市场稳居全球网络零售市场第一，预计到2019年中国网络零售占全球市场的比重更有望突破50%，成为全球网络零售市场的关键增长动力。从连锁实体来看，2016年全国连锁百强企业网上销售额接近1200亿元，比上年增长69%，占企业销售总额的5.7%。其中，移动端的销售额占到网上销售的56.7%，比上年提高了16.1个百分点。从网络零售企业情况看，2016年京东集团实现实物交易额6582亿元，同比增长47%，完成实物订单量16亿件，同比增长55%。2016年苏宁易购线上实物商品交易额为805.1亿元，同比增长60.1%。2016年国美线上交易额同比增长110.1%。

面对市场上消费者为主导和互联网化的新趋势、新特点，连锁零售企业主动拥抱互联网，推进线上线下融合发展，提升全渠道销售能力，实现资源共享和优势互补，努力提高服务质量和竞争能力。永辉超市入驻京东到家，双方实现业务拓展与互惠互利。百联集团和阿里巴巴“联姻”，沃尔玛与京东深度合作，苏宁易购大力发展移动端，重点强化智能推荐、精准营销能力，苏宁易购手机客户端新增下载用户数、活跃用户数提升显著，2016年12月移动端订单数量占线上整体比例提升至83%。物美与多点深度合作，重塑采购、商品管理等环节，重点发力物流和配送，提供商品快速送达服务，确保用户线上线下购物体验的无缝对接。

（五）国际物流积极发展。

1. 跨境电商高速增长

2016年年初，国务院在杭州国家跨境电商综合试验区的基础上，新增天津、上海、重庆、合肥、郑州、广州、成都、大连、宁波、青岛、深圳、苏州共12个综试区。综合试验区主要任务是建立以信息为基础、以信用为核心、以技术为 支撑的跨境电子商务新型监管服务模式，构建“六体系两平台”（信息共享体系、金融服务体系、智能物流体系、电商信用体系、统计监测体系和风险防控体系，以及线上“单一窗口”平台和线下“综合园区”平台），实现跨境电子商务自由化、便利化、规范化发展。目前，绝大部分试点城市已公布工作方案，并着手推进政策落实。

2016 年，我国跨境电子商务发展势头良好。据中国电子商务研究中心统计，全年全国进口跨境电商交易规模达到 1.2 万亿元，同比增长 33.3%。跨境电商综合试验区业务量规模增长强劲，广州跨境电商进出口总值达 146.8 亿元，同比增长 1.2 倍，占全国跨境电商进出口总值的 29.4%。郑州跨境电商进出口单量达到 8290 万单，其中：进口 5352 万单，同比增长 18.9%；出口 2938. 万单，同比增长 48.8%。厦门进出境跨境电商商品 3014 万件，同比增长 54.2%。

2. “一带一路”势头良好

2016 年，我国与“一带一路”沿线国家的进出口总额为 6.3 万亿元，同比增长 0.6%。其中：出口 3.8 万亿元，增长 0.7%；进口 2.4 万亿元，增长 0.5%。我国对部分“一带一路”沿线国家出口继续保持增长。2016 年，我国对巴基斯坦、俄罗斯、波兰、孟加拉国和印度等国出口分别增长 11%、14.1%、11.8%、9% 和 6.5%。同期，我国对欧盟出口增长 1.2%、对美国出口微增 0.1%、对东盟出口下降 2%，三者合计占我国出口总值的 46.7%。

我国与沿线国家的经济已经深度融合，我国企业已经在“一带一路”沿线 20 多个国家建设了 56 个经贸合作区，涉及多个领域，累计投资超过 185 亿美元，为东道国创造了近 11 亿美元的税收和 18 万个就业岗位。在沿线国家新签对外承包工程合同为 1260 亿美元，增长 36%。对沿线国家投资 145 亿美元，占我国对外投资总额的 8.5%。一批重大标志性项目建成投产或开工建设。

“一带一路”沿线国家物流基础设施水平偏低，一方面，需要国内企业积极参与建设开发；另一方面，商贸物流企业要积极响应“一带一路”倡议，主动寻求“一带一路”合作机会。中交集团积极推进“海外优先发展”战略，目前集团在建海外项目 28 个，其中 27 个分布在“一带一路”沿线，海外业务从过去港口项目为主，发展到桥梁、公路、铁路、市政、地铁等物流基础设施建设。中国铁路总公司和俄罗斯股份有限公司共同推出跨境电商物流服务，计划开通北京至莫斯科的跨境电商班列，为跨境电商提供物流服务。菜鸟网络物流覆盖能力已至全球 224 个国家和地区，初步建立具有全球配送能力的跨境物流骨干网。顺丰速运直发业务已覆盖全球 241 个国家和地区，并通过建立 20 个全球仓网来覆盖 4 个主要目标市场。

（六）餐饮物流需求扩张。

随着经济的发展和城乡居民可支配收入的提高，我国餐饮市场发展迅速，带动了餐饮物流市场的蓬勃发展。我国餐饮物流市场体量大，正处于需求快速增长期，从过去五年的数据看，年复合增长速度达到 10.7%。根据国家统计局统计，2016 年全国餐饮行业收入规模达到 3.6 万亿元（如图 11 所示），同比增长 10.8%，12 月当月全国餐饮行业收入 3353 亿元，同比增长 10.6%。

在餐饮物流市场快速扩张的同时，移动互联网飞速发展和普及，“互联网+”餐饮的饮食文化迅速融入城市日常生活，推动餐饮和外卖 O2O 网络平台日渐兴起，为餐饮外卖物流活动提供了重大发展机遇。随着餐饮物流服务的不断完善、消费模式不断变革，可以预见互联网餐饮外卖市场在未来几年内仍将保持高速增长的态势，初步预计 2018 年我国互联网餐饮外卖市场交易规模将达到 2500 亿元左右。

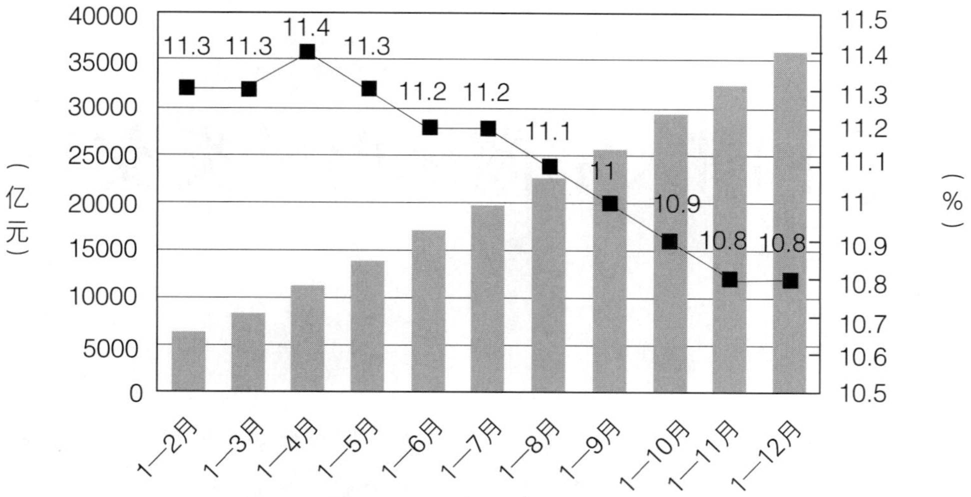

图 11　2016 年我国餐饮业收入变化走势

数据来源：国家统计局。

（商务部流通发展司　中国物流信息中心）

2016 年中国大宗商品电子类交易市场

一、大宗商品电子类交易市场进入提质增效发展新阶段

2016 年，我国大宗商品电子类交易市场的市场结构、经营主体和发展环境发生了重大变化：一是传统商品交易市场转型升级速度加快，在数量上已成为大宗商品电子类交易市场的主体。二是市场经营主体的综合实力进一步增强。具有金融、贸易、投资背景的各类大型国有企业、互联网企业以及期货业、证券业、金融业等，大量进入大宗商品电子交易市场领域。三是市场清理整顿初见成效，规范化水平进一步提升，投机类市场数量快速增长的势头得到遏制，行业发展环境明显好转。

2016 年我国大宗商品电子类交易市场省市分布情况，如表 1 所示。

表 1　2016 年我国大宗商品电子类交易市场省市分布情况

省区市	数量（家）	省区市	数量（家）
山东省	124	安徽省	28
广东省	111	陕西省	28
浙江省	93	云南省	27
上海市	79	广西壮族自治区	26
江苏省	75	福建省	26
北京市	69	内蒙古自治区	25
辽宁省	65	江西省	25
天津市	48	黑龙江省	22

续 表

省区市	数量（家）	省区市	数量（家）
湖南省	46	宁夏回族自治区	14
河南省	44	吉林省	13
新疆维吾尔自治区	38	甘肃省	12
河北省	35	青海省	7
贵州省	34	海南省	6
湖北省	33	西藏自治区	3
四川省	30	香港特别行政区	2
重庆市	29	总计	1231
山西省	14		

据中国物流与采购联合会统计，截至2016年年底，我国大宗商品电子交易市场总数达到1231家，同比增长20.6%，实物交易规模超过30万亿元。从地域分布看，较2015年更趋均衡。大宗商品电子商务与传统产业的融合创新步伐正在加速，在产业结构调整中的作用进一步增强。其中：东部地区（包括北京市、天津市、河北省、上海市、江苏省、浙江省、福建省、山东省、广东省、海南省）市场数量继续保持全国首位，较上年同比增长13.7%，约为全国市场总量的54.2%，占比继续下降；东北地区（包括：辽宁省、吉林省、黑龙江省）增长速度最快，同比增长40.8%；西部地区（包括：内蒙古自治区、广西壮族自治区、重庆市、四川省、贵州省、云南省、西藏自治区、陕西省、甘肃省、青海省、宁夏回族自治区、新疆维吾尔自治区）与中部地区（包括：安徽省、山西省、江西省、河南省、湖南省、湖北省）同比增长分别为30.6%和24.2%。具体如表2所示。

表2　2013—2016年我国大宗商品电子类交易市场区域分布变化情况

区域	2013年	2014年	2015年	2016年	占比（%）	同比增长（%）
东部	330	453	586	666	54.2	13.7
中部	68	102	153	190	15.4	24.2
西部	97	134	209	273	22.2	30.6
东北	42	49	71	100	8.2	40.8
全国	538	739	1021	1231	100	20.6

二、线上线下融合成为转型升级发展新趋势

2016 年，我国大宗商品交易市场线上线下融合发展趋势明显，已成为传统商品交易市场转型升级的重要途径，尤以农业电商和钢铁电商发展迅速。从市场行业分布看，得益于传统商品交易市场的转型升级，农产品类市场数量仍居首位，约占全国市场总量的 28.5%，同比增长 18.6%；其次为金属类市场，约占 18%，同比增长 12.1%。此外，畜禽、林木、白酒、茶叶、矿产类大宗商品交易市场发展迅猛，综合性市场数量增多，跨行业、跨产业发展成为重要趋势，具体如表 3 所示。

表 3　　2016 年我国大宗商品电子类交易市场细分行业占比及同比增长情况

细分行业	占比（%）	同比增长（%）	细分行业	占比（%）	同比增长（%）
农产品	28.5	18.6	矿产品	2.9	33.3
金　属	18.0	12.1	酒　类	2.8	13.3
化　工	8.5	5.0	渔产品	1.7	31.3
能　源	5.7	16.7	综合类	14.5	27.9
畜牧禽	3.5	38.7	其　他	10.6	39.4
林　木	3.2	34.5			

据商务部统计数据，从商务部重点联系市场看，2016 年成交额同比增长 18.8%，比上年度扩大 14.7%。其中：农产品市场增速最快，成交额同比增长 52.3%；利润额同比增长 14.3%，较 2015 年下降相比明显改观，尤其是煤炭、钢铁等生产资料市场利润额同比增长达 46.5%。工业消费品市场和其他专业市场同比分别增长 16.8% 和 13%。在农产品电商方面，2016 年 1—9 月全国农产品电商交易额突破 1700 亿元。商务部预计 2016 年全国农产品电商交易额将突破 2200 亿元，占整个电商交易额的比重从 4.6% 上升到 6.2%，增幅达 35%，农产品在线经营企业和商户达 100 万家。

从企业来看，我国已形成一批以义乌小商品城、海宁中国皮革城、中国轻纺城等为代表，具有全国甚至国际影响力的专业市场，一些商品“买世界、卖世界”的格局逐步形成。例如，常熟服装城完善电子商务产业园区建设，2016 年签约入驻电子商务企业 143 家，交易额 6.58 亿元，同比增长 31.7%；中国轻纺城以实体市场为依托，打通“网上轻纺城”和“全球纺织网”两个平台，全年实现在线交易额 220.76 亿元，同比增长 26.3%；义乌小商品城“义乌购”2016 年在线交易额突破 60 亿元，比 2015 年增长近 50%。

三、大宗市场跨境电商成为外贸新增长点

2008—2016 年，我国跨境电商的交易额年

均增速接近30%，保持快速增长态势，进出口贸易的渗透率逐年攀升。大宗商品交易市场跨境电子商务正在成为投资与创业的新热点，并逐渐成为我国外贸增长的新动力。据艾媒咨询发布的《2016—2017中国跨境电商市场研究报告》显示，2016年中国跨境电商交易规模达到6.3万亿元；预计，2018年中国跨境电商交易规模预计将达到8.8万亿元。在跨境电商中，根据中国电子商务研究中心的监测数据，2016年我国B2B交易的占比高达88.5%，占绝对优势。

根据商务部统计数据，2016年重点联系市场进出口总额同比增长35.6%，比2015年扩大18.7个百分点，其中：出口额同比增长31.9%，进口额同比增长49.4%。我国大宗商品交易市场正纷纷加快实施“走出去”战略。例如，找钢网自2016年开始布局打造全球化大宗商品全产业链生态体系，建设辐射全球的营销服务网络，目前，韩国、越南、泰国、阿联酋四家海外分公司已投入运营；欧冶云商围绕“一带一路”建设已完成4家海外仓布局。临沂国际商品交易中心从国际物流、发展论坛、金融服务等方面全面推进商城国际化。又如，湖北高桥大市场启动“国际采购中心”建设和“旅游购物”出口方式试点，2016年四季度进出口环比增长2倍。汉口北国际商品交易中心全年出口额同比增长4倍以上，河北白沟箱包市场四季度出口环比增长4.3倍。

与传统贸易相比，大宗商品交易市场跨境电商缩短了从批发到零售的多个环节，有效降低了各种商业成本，拓展了对外贸易的新渠道，积极推动了我国对外贸易的转型升级发展，不仅有利于提升国内居民福利，也有利于良好的营商环境，为经济发展注入新的动力。与此同时，跨境电商还有利于促进全球贸易便利化，改变传统的世界贸易格局，并引发世界经济贸易的巨大变革。

四、“互联网+流通”为市场发展提供新动力

一方面，物联网、大数据、云计算、区块链等新兴网络技术的快速发展为商品交易市场的转型升级提供了重要支撑。在物流服务领域，我国物流业跨界融合、平台整合，经营模式不断创新。例如，传化物流、林安物流相继推出相关货运产品，物流园区开始从物业管理走向仓干配市场运营。又如，顺丰冷运食品陆运干线网启动，发力冷运全链条供应链市场。远成物流进入快递快运、冷链、供应链、地产等领域，打造卓越综合物流服务品牌。各类企业深入推进平台战略，平台型企业整合提升，自营类企业向社会开放仓配网络，加快商业模式迭代，积极向线下延伸，强化货源组织和服务体验，线上线下深度融合。

另一方面，货物跟踪定位、无线射频识别、电子数据交换、可视化技术、移动信息服务等技术在物流行业的广泛应用，也推动了大宗商品交易市场电子商务的发展和服务模式的创新。例如，通过与第三方、第四方现代物流企业的合作，找钢网、广西糖网食糖批发市场、广东塑料城、义乌小商品城等商品交易市场构建“求车、求货、求仓”系统，形成了“互联网+车货匹配”“互联网+货运经纪”“互联网+甩挂运输”“互联网+合同物流”“互联网+智能仓储”“互联网+智慧物流”等多种“互联网+”高效物流创新模式，市场的综合服务功能得到了快速提升。

五、大宗商品电子类交易市场发展的战略机遇与发展要点

我国大宗商品电子交易市场进入提质增效发展新阶段后，将会面临新的挑战，比如电子商务的挑战、市场转型升级的挑战、提升服务水平的挑战、完善监管体制的挑战等。特别是随着新一轮科技革命和产业变革，大宗商品的流通方式也会不断提升、创新和发展。

从近几年的发展情况来看，我国大宗商品现代流通业的转型升级和模式创新应重点关注和把握以下战略机遇与发展要点。

一是平台化发展。大宗商品平台经济是以市场需求为导向，以提高效率和效益为目标，以资源配置型平台企业为载体，以智慧供应链为核心，全面融合产业链、提升价值链、提高市场资源配置效率的新型社会生产流通组织形式和经济形态。实践表明，大宗商品平台经济带动了制造业和服务业的集聚发展，促进了商品、要素和服务市场的融合，提高了市场资源配置效率，在实现产业经济、区域经济和国民经济的可持续增长中具有重要作用。例如，广西糖网、余姚塑料城、四川白酒、天物大宗等平台企业，在产业集聚、辐射带动、消费升级和效率提升中发挥了积极的推动作用。平台经济已成为当前各级政府强化竞争优势，把握发展主动权，拉动区域经济增长的突破口。

二是智慧供应链。供应链应用创新是平台企业的核心竞争力。从国内外发展趋势来看，供应链大规模整合已成为经济发展的最新趋势，供应链的整合能力和效率已成为衡量企业、产业是否处于优势地位，乃至一国经济全球竞争力的重要指标。2016 年以来，大宗商品供应链服务平台和服务企业发展迅猛。围绕着实现产品设计、采购、生产、销售、交付等全过程的企业间协同，大宗商品的供应链已由产业供应链发展到跨产业和跨区域的平台供应链，并正在形成新的跨行业、跨产业和跨国界的大宗商品平台生态圈。

三是“互联网+”。互联网、大数据、云计算、区块链等信息技术的广泛应用，不仅推动了线下实体贸易习惯向线上延伸和升级，也促进了大宗商品交易市场平台服务能力的快速提升。随着“互联网+智慧物流”“互联网+物流金融、互联网+订单农业、互联网+车货匹配”等各种新技术、新产品、新应用、新模式竞相呈现，新的商业机会和创新模式正在孕育和诞生。

四是跨境电商。在我国与“一带一路”沿线国家的经贸合作中，钢铁、能源、化工、矿产、农产品等大宗商品的国际贸易具有举足轻重的地位。随着“一带一路”建设加速向周边国家推进，作为新的外贸方式和交易模式，跨境电商给大宗商品交易市场带来了难得的历史发展机遇，不仅拓展了商品流通的规模和市场的空间，同时，我国大宗商品交易市场市场的国际化进程也将随之不断加快。

（周　旭　中国物流与采购联合会大宗商品交易市场流通分会副会长）

2016年中国药品流通

一、药品流通行业发展概况

2016年是“十三五”全国药品流通行业发展规划的开局之年，是国家深化供给侧结构性改革的第一年，进入了新一轮“三医联动”改革加速推进期。国家相继出台《“健康中国2030”规划纲要》《“十三五”期间深化医药卫生体制改革规划》《全国药品流通行业发展规划（2016—2020年）》等一系列政策文件。在此背景下，药品流通行业积极贯彻落实医改政策要求，努力探索创新发展思维，提高医药供应链管理水平，推进药事服务及健康管理服务模式升级，加速跨界资源融合，行业发展站上了新的起点。

（一）整体规模。

2016年药品流通市场销售规模稳步增长，增速略有回升。商务部药品流通统计系统数据显示，全国七大类医药商品销售总额为18393亿元（销售总额为含税值），扣除不可比因素同比增长10.4%，增速较上年上升0.2个百分点（见图1）。其中，药品零售市场3679亿元，扣除不可比因素同比增长9.5%，增速同比上升0.9个百分点。

国家食品药品监督管理总局的数据显示，截至2016年11月底，全国共有药品批发企业12975家；药品零售连锁企业5609家，下辖门店220703家；零售单体药店226331家，零售药店门店总数447034家。

（二）企业效益。

2016年，全国药品流通直报企业主营业务收入为13994亿元，扣除不可比因素同比增长11.6%，增速同比上升0.7个百分点；利润总额为322亿元，扣除不可比因素同比增长10.9%，增速同比上升0.3个百分点；平均毛利率为7.0%，同比上升0.1个百分点；平均费用率为5.2%，同比下降0.2个百分点；平均利润率为1.8%，同比上升0.1个百分点；净利润率为1.5%，同比上升0.1个百分点。

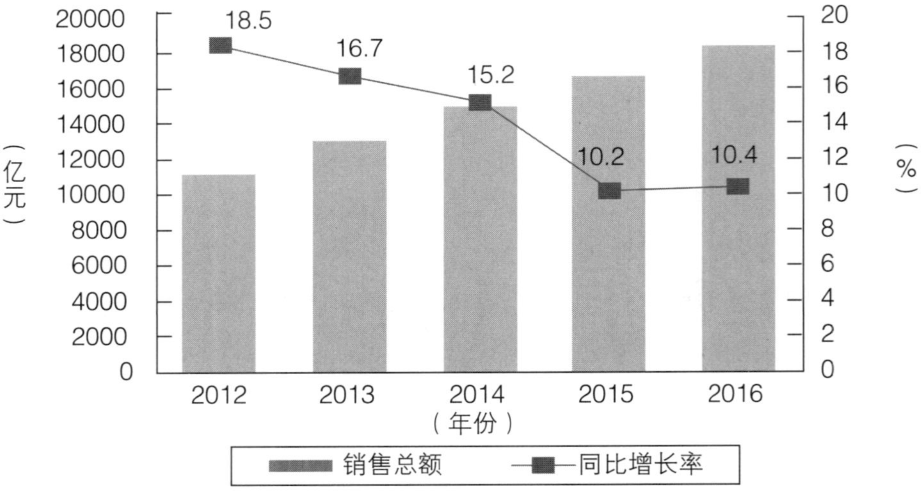

图 1 2012—2016 年药品流通行业销售趋势

（三）销售品类与渠道结构。

2016 年，全国药品流通按销售品类分类，西药类（包括化学药品制剂、化学原料药及其制剂、放射性药品、血清疫苗、血液制品和诊断药品等，但不包括化学试剂等）销售居主导地位，销售额占七大类医药商品销售总额的 74.4%；其余六大类医药商品销售占总额的比例分别为：中成药类占比 15.0%，中药材类占比 3.0%，医疗器材类占比 3.3%，化学试剂类占比 1.2%，玻璃仪器类占比 0.1%，其他类占比 3.0%。

据中国医药商业协会典型样本城市零售药店 2016 年品类销售统计，零售药店销售额中的药品类居主导地位，占零售总额的 80.2%。其中：西药占比 46.0%（化学药品占比 38.7%、生物制品占比 7.3%）、中成药占比 27.3%、中药饮片占比 6.9%；非药品销售占比 19.8%，其中食品（含保健食品）占比 11.6%、医疗器械（含家庭护理）占比 5.7%、而药妆品与日用品和其他商品三类总占比不足 3.0%。如图 2 所示。

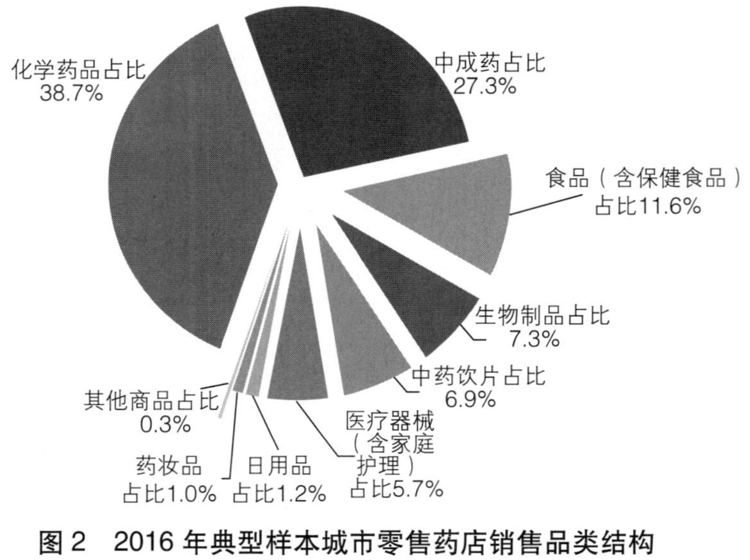

图 2 2016 年典型样本城市零售药店销售品类结构

按销售渠道分类，2016 年对生产企业销售额 60 亿元，占销售总额的 0.3%；对批发企业销售额 7520 亿元，占销售总额的 40.9%，同比下降 0.9 个百分点；对终端销售额 10813 亿元，占销售总额的 58.8%，同比上升 0.6 个百分点。其中：对医疗机构销售额 7673 亿元，占终端销售额的 71.0%；对零售终端和居民零售销售额 3141 亿元，占终端销售额的 29.0%。

（四）销售区域结构。

2016 年，全国六大区域销售额占全国销售总额的比重分别为：华东区域占比 37.4%、华北区域占比 16.2%、中南区域占比 23.7%、西南区域占比 13.0%、东北区域占比 5.1%、西北区域占比 4.6%。其中：华东、华北、中南三大区域销售额占到全国销售总额的 77.3%，同比上升 0.1 个百分点。

三大经济区药品销售额占全国销售总额的比重分别为：京津冀经济区 13.8%、长江三角洲经济区 22.8%、珠江三角洲经济区 8.7%。

2016 年销售额居前 10 位的省市依次为：广东省、北京市、上海市、浙江省、江苏省、安徽省、山东省、河南省、四川省和云南省。上述省市销售额占全国销售总额的 64.2%，同比上升 0.4 个百分点。

（五）所有制结构。

在全国药品流通直报企业中，国有及国有控股药品流通企业主营业务收入 8489 亿元，占直报企业主营业务总收入的 60.7%；实现利润 168 亿元，占直报企业利润总额的 52.2%。股份制企业主营业务收入 3871 亿元，占直报企业主营业务总收入的 27.6%；实现利润 114 亿元，占直报企业利润总额的 35.5%。

2016 年药品流通企业主营业务收入所有制结构如图 3 所示，2016 年药品流通企业利润总额所有制结构如图 4 所示。

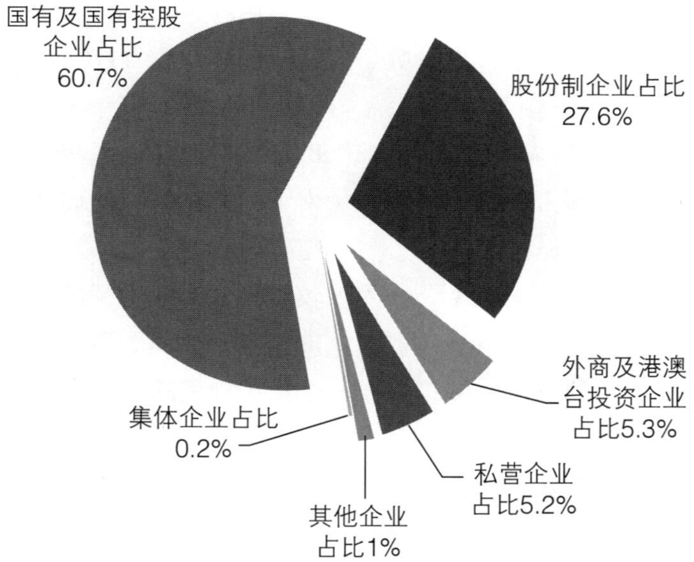

图 3　2016 年药品流通企业主营业务收入所有制结构

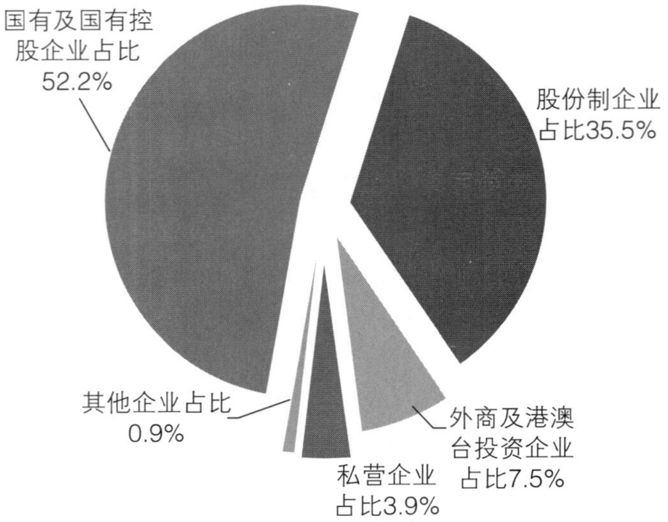

图 4 2016 年药品流通企业利润总额所有制结构

（六）医药物流配送情况。

据不完全统计，2016 年全国医药物流直报企业（192 家）无税销售额 9006 亿元，其中具有独立法人资质的企业销售额占 83.0%。配送客户数量逾 122 万家。共拥有 674 个物流中心，仓库面积约 723 万平方米。其中：常温库占比 26.0%，荫凉库占比 71.8%，冷库占比 2.2%；仓库存储标准托盘货位数约 279 万个，托盘数量约 188 万个；拥有专业运输车辆 13534 辆，其中：冷藏车占比 11.1%，特殊药品专用车占比 2.2%。基本药物本省配送额占 88.8%，对外省配送额占 11.2%。

（七）医药电商情况。

据不完全统计，2016 年医药电商直报企业（采用数据量：仅有 B2B 业务的企业为 40 家，仅有 B2C 业务的企业为 47 家，兼有 B2B 和 B2C 业务的企业为 6 家）销售总额达 612 亿元。其中：B2B（企业对企业）业务销售额 576 亿元，占医药电商销售总额的 94.2%；B2C（企业对顾客）业务销售额 36 亿元，占医药电商销售总额的 5.8%。B2B 业务中移动端占 4.3%，B2C 业务中移动端占 46.0%。订单总数 4305 万，其中 B2B 订单数 1632 万，订单转化率 96.7%；B2C 订单数 2673 万，订单转化率 86.3%。B2B 网站活跃用户量 27 万，平均客单价 3652 元，平均客品数 791 个；B2C 网站活跃用户量 11162 万，平均客单价 148 元，平均客品数 11 个。B2B 日出库完成率 98.4%，B2C 日出库完成率 96.5%。B2B 电商业务费用率 16.5%，B2C 电商业务费用率 22.2%，均远超行业平均费用率。B2B 与 B2C 销售结构差异较为明显，B2B 业务主要集中在西药类，而 B2C 业务中其他类（包含保健品类、化妆品及个人护理用品、计划生育及成人用品等）占比最高。

2016 年药品流通直报企业 B2B 业务销售结构如图 5 所示，2016 年药品流通直报企业 B2C 业务销售结构如图 6 所示。

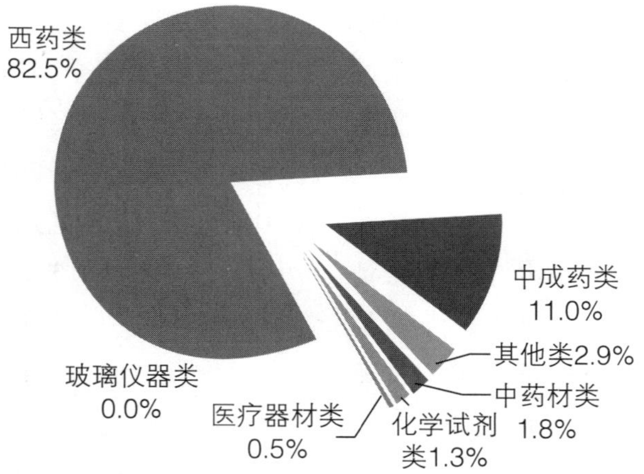

图5 2016年药品流通直报企业B2B业务销售结构

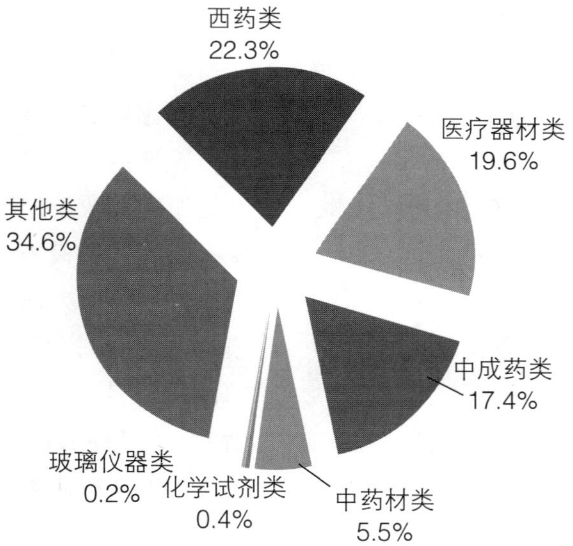

图6 2016年药品流通直报企业B2C业务销售结构

（八）企业上市情况。

2016年全国新增2家药品流通行业上市公司，分别是华润医药和鹭燕医药。2016年药品流通行业23家上市公司营业收入总额为8246亿元，同比增长15.5%；2016年年末最后一个交易日市值总计为4627亿元，平均市值达201亿元。其中市值在100亿元以上的企业有16家，分别是国药控股、上海医药、华润医药、华东医药、九州通、国药一致、瑞康医药、中国医药、同济堂、海王生物、国药股份、老百姓、柳州医药、一心堂、益丰药房和嘉事堂，国药控股、上海医药和华润医药的市值均超过400亿元。23家药品流通行业上市公司披露的2016年对外投资活动共有86起，涉及金额125亿元。

（九）执业药师注册情况。

据国家食品药品监督管理总局统计，截至2016年12月31日，全国注册执业药师总数达到 342109 人，同比增加 84476 人；执业药师注册率达 52.7%，同比下降 9.6 个百分点；全国每万人口注册执业药师数为 2.5 人，同比增长 31.6%。

（十）社会经济贡献。

据国家统计局的统计，2016 年全国社会消费品零售总额为 33.2 万亿元，第三产业增加值为 38.4 万亿元，药品流通行业全年销售总额占第三产业增加值的 4.8%，同比下降 0.1 个百分点。其中：药品零售总额占社会消费品零售总额的 1.1%，占第三产业增加值的 1.0%，均与上年持平。

2016 年全国药品流通直报企业纳税额（所得税）为 73.49 亿元，扣除不可比因素同比增长 9.9%。全行业从业人数约为 545 万人。

二、药品流通行业运行的主要特点

（一）药品批发企业销售增长放缓，集中度略有上升。

从销售增速看，大型药品批发企业销售增速高于行业平均水平，但有所放缓。2016 年，药品批发企业主营业务收入前 100 位同比增长 14.0%，增速下降 1.6 个百分点。其中：4 家全国龙头企业主营业务收入同比增长 12.2%，增速下降 7.5 个百分点；15 家区域龙头企业主营业务收入同比增长 17.6%，增速提高 5.2 个百分点。

从市场占有率来看，药品批发行业集中度进一步提高。2016 年，在药品批发企业主营业务收入排序位列前 100 位的企业占据了同期全国医药市场总规模的 70.9%，同比上升 2.0 个百分点。其中：4 家全国龙头企业主营业务收入占同期全国医药市场总规模的 37.4%，同比上升 0.5 个百分点；15 家区域龙头企业主营业务收入占同期全国医药市场总规模的 18.4%，同比上升 1.1 个百分点；排序最后一位的企业主营业务收入由 2015 年的 11.5 亿元增长到 2016 年的 12.4 亿元。

随着各项医改政策的逐步落实，药品批发行业整合进一步加快。数据显示，在市场上占有一定规模的药品批发企业都在积极布局，努力提高经营能力、运营能力和管理能力，向网络化、集约化和信息化目标不断迈进，有利于推进现代药品流通体系建设。

（二）药品零售企业销售有所回升，连锁率持续提高。

2016 年，药品零售市场销售额为 3679 亿元，同比增长 9.5%，增速同比上升 0.9 个百分点，保持稳定增长态势。随着国家各项医改及健康产业政策的陆续出台，药品零售市场迎来了新的发展机遇。药品零售企业纷纷围绕大健康产业发展方向，把握医改契机，创新服务模式，拓展增值服务。部分企业以网上药房、中医馆、药（美）妆店、品牌专卖店、DTP（特药及慢性病服务）药房、药店联盟等多种形式，推动行业创新发展；部分企业参与基层医疗机构“医药分开”“分级诊疗”进程，开展社区配药点建设、处方外配、药（库）房托管等院店合作业务。

2016 年，以上市公司为代表的大型零售连锁企业兼并速度加快，零售连锁率持续提升。截至 2016 年 11 月，零售连锁率已达到49.4 %，同比提高 3.7 个百分点。销售额排位前 100 的药品零售企业门店总数达到 54391 家，占全国零售药店门店总数的 12.2%；销售总额达 1070 亿元，占零售市场总额的 29.1%，同比上升 0.3 个百分点。其中：7 家全国龙头企业的销售总额为 475 亿元，占全国零售市场总额的

12.9%，同比上升0.8个百分点；14家区域零售连锁企业的销售总额为292亿元，占全国零售市场总额的7.9%，同比下降0.1个百分点；排序最后一位的企业销售额由2015年的1.1亿元增长到2016年的1.4亿元。数据显示，全国龙头企业市场占有率较上年略有提升，区域零售连锁企业市场占有率略有下降，进一步反映出市场销售逐渐向大型连锁企业集中的趋势。

（三）医药电商成为药品流通行业重要发展模式 。

2016年，面对“互联网+”的发展机遇，药品流通企业以及行业外的互联网企业均表现出极大的信心。来自国家食品药品监督管理总局（CFDA）南方医药经济研究所的数据显示，全年网上药店药品销售额同比增长50%。各种新型的医药电商模式不断涌现，B2B逐步向B2C、O2O（线上到线下）等模式转型，传统商业贸易逐步向现代综合服务转型。如国控天津运用物联网技术构建与医院合作的全新服务模式，由PC端向移动端转换，为电商差异化、多样化发展引领方向；九州通建立的好药师医药健康商城开展全网营销，服务模式包括线上线下一体化全渠道模式、O2O“最后一公里”配送服务模式以及互联网模式下的“寻医问药”服务模式、慢病管理模式。2017年年初，国务院公布取消互联网药品交易资格B证、C证的审批。这意味着，合法的药品流通企业都可自由开展互联网药品的B2B、B2C业务，医药电商发展迎来了春天。

（四）医药物流运营效率及服务功能持续提升。

现代物流技术大幅提高了药品流通企业运营效率，降低了管理成本，有力地促进了供应链发展。

据不完全统计，全国拥有仓库管理系统的现代医药物流企业数量占比74.5%，拥有温湿度自动监测系统的占比93.8%，拥有订单管理系统的占比85.4%，拥有数码拣选系统（DPS）的占比50.5%，拥有射频识别系统（RFID）的占比55.2%，拥有仓库控制系统（WCS）的占比55.7%，拥有运输管理系统（TMS）的占比53.6%，拥有可追溯温湿度监控系统的占比84.9%，拥有客户关系管理系统（CRM）的占比49.5%，拥有货主管理系统（TPL）的占比45.3%。物流费用占医药物流企业三项费用（营业费用、管理费用、财务费用）总额的比例为8.9%，占营业费用的15.1%；账货相符率、准时送达率均达到98.5%以上，出库差错率为0.1%。

此外，部分大型药品流通企业强化国际交流与合作，积极推进行业服务与国际接轨。如华东医药股份有限公司在商业理念、组织架构和商业模式上持续改革，引进互联网思维，与国际接轨，发展特色大健康板块；百洋医药集团与IBM合作，选择IBM的LinuxONE大型机，构建医疗界的最强大脑“菩提医疗云平台”，支持青岛市市立医院（集团）的“物联网云医院”建设；融贯电商发起成立“创新大健康产业联盟”，并深度参与秘鲁利马“2016亚太经济合作组织（APEC）”，全面开启大健康生态领域的全球性创新与实践。

（商务部市场秩序司）

第五部分

地区物流

2016 年河北省物流业发展情况

2016 年，是“十三五”规划的开局之年，河北省物流业坚持创新、协调、绿色、开放、共享的发展理念，深入推进供给侧结构性改革，紧抓京津冀协同发展重大机遇，加快提高全省物流业社会化、专业化、标准化、信息化水平，物流业运行保持了稳中有进、稳中向好的基本态势。

一、物流业运行情况

2016 年，河北省社会物流总额为 89788.6 亿元，可比增长 6.5%；单位与居民物品物流总额增长显著，达到 104.6 亿元，同比增长 51.7%；省外流入物品物流总额为 31782.8 亿元，同比增长 12.9%；受压缩产能和经济结构调整影响，工业品物流总额为 51656 亿元，仅比上年同期增长 3.6%。物流业增加值达到 2636 亿元，可比增长 6.4%，物流业增加值占服务业增加值的比重为 19.86%，物流业增加值占 GDP 的比重为 8.28%。2016 年河北省社会物流总额详细情况如表 1 所示。

表 1　2016 年河北省社会物流总额统计情况　单位：亿元

指标	1—3 月	1—6 月	1—9 月	1—12 月
社会货物物流总额	17445.0	38602.8	63451.3	89788.6
农产品物流总额	881.3	2136.6	3296.5	5000.9
工业品物流总额	10671.7	23349.6	37237.6	51656.0
进口货物物流总额	222.2	481.4	740.3	1094.3
省外流入物品物流总额	5614.4	12516.7	21979.1	31782.8

2016 年，河北省社会物流总费用为 5742.2 亿元，同比增长 3.5%，社会物流总费用占 GDP 的比率为 18.04%，同比下降 0.86 个百分点，物流业发展的质量和效率有所提升。

2016 年，河北省完成货运量 21.1 亿吨，比上年同期增长 6.3%。其中，道路货运量增长显著，同比增长 8.1%；铁路货运量下滑减缓，同比下降 8.6%。2016 年河北省社会货运量详细情况如表 2 所示。

表 2　　2016 年河北省社会货运量统计情况

指标	单位	1—3 月	1—6 月	1—9 月	1—12 月
全社会货运量	亿吨	3.9	9.6	15.5	21.1
铁路货运量	亿吨	0.4	0.8	1.2	1.6
道路货运量	亿吨	3.4	8.6	14.0	19.0
水运货运量	亿吨	0.1	0.2	0.3	0.4

2016 年，河北省完成货运周转量 12339.2 亿吨·公里，比上年同期增长 2.7%，其中，道路货运周转量为 7294.6 亿吨·公里，同比增长 6.9%。2016 年河北省完成社会货运周转量具体情况如表 3 所示。

表 3　　2016 年河北省社会货运周转量统计情况

指标	单位	1—3 月	1—6 月	1—9 月	1—12 月
全社会货运周转量	亿吨·公里	2627.5	5730.0	8962.8	12339.2
铁路货运周转量	亿吨·公里	910.4	1770.9	2664.1	3704.5
道路货运周转量	亿吨·公里	1423.1	3345.7	5328.0	7294.6
水运货运周转量	亿吨·公里	292.5	610.7	966.8	1335.5

二、物流业发展情况

2016 年，河北省物流业发展稳中有进，持续向好。

（一）物流业实现平稳发展。

一是物流信息化建设加快。2016 年，河北省积极实施“互联网+物流”行动计划，“物流唐山”“物流保定”“物流秦皇岛”“物流承德”及“物流河北”已经搭建完成并开始试运行，其他市物流信息平台也在抓紧建设中。河北省交通运输物流公共信息平台项目已进入系统信息测试阶段，已完成与国家交通运输物流公共信息平台的对接工作。河钢云商在原有平台基础上进行再开发立项，推进物流服务平台的建设，2016 年实现交易额 618.3 亿元。环渤海煤炭交易中心充分利用京唐港及曹妃甸地区发达的汽运物流优势，已完成汽运物流平台项目的前期工作。

二是农村电商物流需求持续增长。截至2016年年底，河北省已建设省级农村电子商务公共服务中心1个、县级公共服务中心164个、村级服务站点47754个，形成了贯通省、县、村的公共运营通道，实现了全省县域农村电子商务公共服务体系全覆盖、农村电子商务双向流通渠道全覆盖和农村电子商务应用普及全覆盖。2016年河北省农村电子商务交易额达到2800亿元，比2015年增长30%。农村电子商务的快速发展带动了巨大的物流需求，促进了物流业的发展，顺丰、申通、圆通等民营快递企业利用经营方式灵活的特点，全方位布局物流节点，积极参与农产品流通，为农产品网上销售提供了强有力的物流配送支撑。

三是快递物流增长显著。2016年，河北省快递业务量突破9亿件，居全国第8位，增幅达64.6%，居全国第7位；实现快递业务收入94亿元，居全国第10位，增幅达67.8%，居全国第3位。快递末端服务能力不断增强。目前，河北省已有乡镇快递网点5148处，覆盖率达100%，11个设区市全部实现乡乡有网点，建成标准化网点1339个。河北省共建成农村邮政电商平台——“村邮乐购”（村邮站）站点2.2万个，列全国第2位。河北省邮政公司利用邮乐网和村邮乐购店在网上为11个设区市、60个县市区建立了本地特产馆。秦皇岛“快递+山海关大樱桃”项目，将近4万箱樱桃通过冷链运输渠道寄往全国。石家庄市、保定市、廊坊市连续两年保持全国快递50强城市。快递与现代制造业融合发展加快，如邢台清河的羊绒制品、保定白沟的皮革制品、衡水魏国的医疗器械、沧州富镇的汽车用品等特色制造领域，快递企业均积极融入产品的加工包装、仓储物流等环节。石家庄海关于2016年4月11日，顺利办理首票国际快件通关业务，结束了河北省没有国际快件通关的历史，快件业务的正式运行打通了河北省进出境商业快件运输渠道。

四是港口物流快速发展。2016年河北全省港口吞吐量达到9.5亿吨，港口集装箱吞吐量首次突破300万标准箱，达到304.8万标准箱，同比增长20.7%，刷新了河北省港口集装箱吞吐量历史新纪录。其中，增速最快的是唐山港，完成193.2万标准箱，同比增长27%；黄骅港完成60万标准箱，同比增长19.5%；秦皇岛港完成51.5万标准箱，同比增长2.8%。

五是金融信贷加大支持力度。2016年，河北省各银行业金融机构加大对物流业发展的信贷支持，加快物流金融创新，鼓励开展仓单质押等金融产品和服务，拓宽了物流企业融资渠道。截至2016年11月末，河北省交通运输、仓储和邮政业本外币贷款余额达4689.86亿元，比年初增加287.8亿元。推动秦皇岛港加快IPO步伐，支持其尽快在上海证券交易所上市融资。推动明道物流、金通物流在石家庄股权交易所挂牌。推动省物流产业集团发行3亿元定向债务融资工具、唐山港发行20亿元超短期融资券、曹妃甸港务发行3亿元短期融资券和2亿元中期票据。

六是物流标准化取得新进展。2016年为加快推进物流标准化进程，构建标准托盘循环共用体系，带动物流设备设施标准化升级改造，推动区域间、企业间合作与交流，促进物流降本增效，河北省物流标准化联盟正式成立。

七是物流人才结构进一步优化。2016年，河北全省已有33所高职院校和36所中等职业学校开设了物流专业，各院校在开办物流专业的同时，加强物流专业的实训基地建设，基本满足了物流专业的实训教学，承担特种车辆—叉车认证考试等各种认证考试工作，物流行业人才结构进一步优化。

八是物流品牌建设取得新成绩。2016年，河北省邢台好望角物流园区、冀中能源新铁物流园区等9个园区入选年度优秀物流园区，数量居全国首位。冀中能源国际物流集团有限公司、河北省物流产业集团有限公司等6家公司荣获“2016年度中国物流百强企业”称号。冀中能源国际物流集团有限公司等19家物流企业被评为2016年度全国先进物流企业。2016年河北省新评和升级A级物流企业10家。截至2016年年底，河北省共有67家物流企业达到了国家A级物流企业标准（其中5A级企业10家），有10家仓储企业达到了国家星级仓储企业标准。

九是重点物流企业实现健康发展。2016年，河北物流产业集团、开滦国际物流、冀中能源国际物流、冀中能源鼎峰物流、河北港口集团、邯郸万合集团、沧州运输集团等大型物流企业面对全球物流市场低迷状况，实施创新发展，提高抗风险能力，稳定原有市场与开拓新市场相结合，完成或超额完成了全年收入目标。冀中物流集团积极拓展商业保理、融资租赁等新兴业务，全年实现利润2亿元。开滦国际物流公司进一步创新商业模式，围绕物流金融业务积极开展工作，积极培育扩大新的经济增长点，收益实现近千万元。唐山佳源贸易发展有限公司主攻物流深加工，年业务收入保持了30%的增长速度。

（二）物流基础设施建设加快。

一是物流园区建设进度加快。2016年，河北省政府部门给予物流重点项目用地指标支持，较好地保障了汇通图腾国际物流有限公司物流公路港等一批省重点物流项目用地。河北瑞川物流一期、诚通联众物流一期和北方农产品一期3个项目建成投用。深国际、神威医药物流一期等5个项目开工建设。张家口新合作农产品物流园正式启动，衡水铁路物流园项目开工建设。邯郸国际陆港项目正从项目建设和业务拓展两方面实现快速发展。曹妃甸港口项目投产2个2万吨、2个5万吨码头，黄骅港港口项目投产2个5万吨码头。2016年河北全省交通运输货运枢纽（物流园区）项目完成投资25.1亿元。

二是交通基础设施加快建设。2016年，河北全省交通运输固定资产投资完成投资915亿元，为年初计划的104%。高速公路通车总里程达6502公里，居全国第三位。普通干线建成通车554公里，农村公路完成新改建7787公里。港口建成8个生产性泊位，新增通过能力3367万吨。全省港口设计通过总能力达到10.4亿吨，居全国第二位，集装箱设计通过能力达到350万标箱。机场年货邮吞吐能力达到26万吨。水曹铁路项目全线开工，南段直达曹妃甸港区矿石码头和通用码头。黄骅港口岸综合港区扩大开放正式通过国家级验收。黄骅港20万吨级航道正式通航，黄骅港吞吐量增速位居全国亿吨港口首位，成为我国第一能源大港。邢衡高速公路衡水段二期工程正式通车，衡水高速公路大外环全线贯通，邢台到衡水用时将缩短至1小时左右，比原先少一半，邯郸到衡水的路程将缩短40~50公里，河北省西南部地区到沧州和黄骅港的用时也将缩短40分钟以上。

三是加快打通国际物流通道。2016年河北省紧抓“一带一路”倡议机遇，进一步打通国际物流通道。石家庄综合保税区通过国家验收，已封关运行；冀中能源国际物流、河钢集团等重点企业海外基地建设取得重大进展；冀中能源邯郸内陆港、邢台内陆港等与沿海港口密切合作，不断创新业务模式；河北武安保税物流中心（B型）通过验收，成为河北省首家保税物流中心；保定至白俄罗斯明斯克国际货运班列、渤海新区黄骅港至德国杜伊斯堡中欧集装箱国际班列、邢台至乌兹别克斯坦塔什干中亚国际货运班列开通运营。

（三）京津冀物流协同发展速度加快。

一是加快承接非首都功能项目转移。2016年，河北省围绕京津大型仓储、城市配送等功能疏解，打造环首都一小时鲜活农产品物流配送圈工作，承德、唐山、保定、张家口、廊坊等地已启动的对接项目主要有：承德农产品冷链物流产业园、北京新发地高碑店农副产品物流园、石家庄北方（国际）农产品物流园、怡达进京农产品冷链物流仓储中心暨首都农产品应急储备基地项目、滦平进京蔬菜生产基地暨农产品冷链物流中心项目、围场满族蒙古族自治县远通蔬菜经销有限公司农产品冷链物流项目、唐山市开平区越河镇圣宸农产品物流园、乐亭县冀东国际农产品物流中心、汇通图腾高碑店国际物流园区、香河县五百户镇李庄农产品物流基地、永清县大辛阁乡农产品物流基地等。2016年，河北省永清、白沟、石家庄国际贸易城、燕郊国际贸易城承接北京小商品批发市场转移商户6000余家，北京新发地高碑店农副产品物流园已入驻商户4000余家。2016年为承接北京市非首都核心功能疏解，建设全国现代商贸物流重要基地，河北省已累计签约引进北京市场商户23140户。

二是交通一体化程度提升。京津冀地区城际铁路网规划获国家批复，首都地区环线高速河北段全线贯通，京津冀交通一体化进入新阶段。唐山港集团与天津港集团正式签约，合资组建唐山集装箱码头有限公司，此举是京津冀协同发展上升为国家战略以来，河北与天津港口资源整合的重大突破。京津冀地区首个大型铁路综合物流园区——北京铁路局定州物流园区正式开工建设，建成后，年物资吞吐量可达亿吨以上，将有效整合区域物流资源，降低运输和交易成本。

三是建立京津冀标准化联盟。2016年，在京津冀三地商务部门指导下，由物流行业组织牵头，在各自成立的物流标准化联盟的基础上，正式成立京津冀物流标准化联盟。该联盟将提高京津冀区域物流运作效率，推动区域内物流标准化工作的政策协同、工作协同和标准对接，搭建京津冀地区企业交流与合作平台。

（四）物流业发展环境不断优化。

一是物流相关规划、政策密集出台。2016年，河北省先后制定和发布了多个物流相关政策，主要有贯彻实施国家《关于推进国内贸易流通现代化建设法制化营商环境的实施意见》《营造良好市场环境推动交通物流融合发展实施方案》《关于进一步加强农村物流网络节点体系建设的通知》《关于深入推进“互联网+流通”行动计划的实施意见》等政策，印发《物流业降本增效专项行动方案（2016—2018）》《河北省现代服务业发展“十三五”规划》《河北省建设全国现代商贸物流重要基地规划（2016—2020）》《河北省国资委物流业发展“十三五”专项规划（2016—2020）》《河北省快递业发展三年推进计划（2016—2018）》《河北省环首都一小时鲜活农产品流通圈规划》等政策和规划，“营改增”试点全面扩围，无运输工具承运业务和道路通行服务开票资格获得承认。各地市也相继发布了区域物流业发展配套规划，为物流业发展指明了方向，明确了发展目标任务。《国家邮政业发展

"十三五"规划》中将廊坊纳入一级快递物流园区布局城市，石家庄市、保定市纳入二级快递物流园区布局城市，为河北省建设区域快件分拨中心项目奠定了基础。

二是试点示范有序推进。2016 年，财政部、商务部、国家标准委确定了河北省邯郸市、承德市为国家物流标准化试点城市，共获得中央财政支持资金 1.6 亿元，连同石家庄市、唐山市，河北省已有四城市被确定为国家物流标准化试点城市。秦皇岛动力设备物流有限责任公司公路甩挂运输试点项目工程通过了核查和验收，京津冀城际公路快速货运网络化甩挂运输试点项目已完成项目总体进度 52%，通过甩挂运输试点工作，推动了运输行业积极转变传统运输组织方式，优化了资源配置，降低了企业物流成本。唐山港集团股份有限公司的"东部沿海—京津冀—西北"通道集装箱海铁公多式联运项目入围国家首批多式联运示范工程项目。经过严格评选审核，包括河北万合物流股份有限公司等在内的 10 家物流企业，被交通运输部确定为河北省无车承运人试点企业。为构建安全、智能、高效、绿色的现代交通运输体系，由中电科卫星导航运营服务有限公司实施的"北斗综合车辆智能监控管理"示范工程，目前已监控运输车辆 2.3 万辆。河北省被列为中央财政支持冷链物流发展示范省份，获得 1 亿元中央财政专项资金支持，制定了《河北省中央财政支持冷链物流发展工作实施方案》，支持冷链物流监控体系和必要的冷链物流标准化建设。

三是通关效率得到提升。2016 年，石家庄海关推出了"一次备案，多次使用"创新监管制度，对区内自行运输、简化统一进出境备案清单、批次进出集中申报、内销选择性征税、集中汇总纳税及简化无纸通关随附单证 6 项制度选择性的进行推广应用，有效地提升了通关效率、降低了物流成本。

四是通行环境得到改善。2016 年，河北省交通运输厅进一步提高了审批效率，对超限运输行政许可办理流程进行了优化。除石家庄、唐山、秦皇岛、衡水对主要路段和高峰时段限行外，河北省其他市均取消了对皮卡车进城通行的所有限制措施。对物流车辆道路通行提供保障，优先给予通行便利。加快城市物流配送工作，石家庄市出台了城市配送车辆管理规定，秦皇岛市政府出台了城市物流配送实施方案。

（谢宝贵　河北省现代物流协会副秘书长）

2016 年内蒙古自治区物流业发展情况

2016 年，在内蒙古自治区经济下行压力加大的背景下，物流行业准确把握国家政策导向，依托地区资源优势，努力促进新旧动能加速转换，坚持发挥优势和补齐短板两手抓，全区物流业运行保持总体平稳态势。

一、社会物流总额保持平稳

2016 年，内蒙古自治区社会物流总额完成 39934 亿元，同比增长 7.8%。从社会物流总额构成看，具有以下特点：

一是工业品物流总额仍占主导地位。工业品物流总额占社会物流总额的 49.6%。工业品物流总额完成 19797.9 亿元，同比增长 7.3%，增速较上年回升 7.6 个百分点。

二是农产品物流总额增速放缓。农产品物流总额完成 2793.5 亿元，同比增长 1.7%，增速较上年回落 0.6 个百分点。

三是进口货物物流总额增速回升。进口货物物流总额完成 496 亿元，同比增长 2.1%，增速较上年回升 14.3 个百分点。

四是单位与居民物品物流总额增长较快。近年来邮政快递业已成为流通的重要通道，受电子商务市场繁荣及网络购物的推动，2016 年内蒙古自治区邮政业务总量保持增长态势。单位与居民物品物流总额完成 27.3 亿元，同比增长 17.3%。

五是其他物流总额增长明显。其他物流总额完成 16819.3 亿元，同比增长 9.7%。

二、货运量、货运周转量增长明显

2016 年，内蒙古自治区完成货运量 200476.8 万吨，同比增长 7.7%；完成货运周转量 4453.2 亿吨·公里，同比增长 4.4%。几种运输方式的货运量均比上年有所增长，具体如下：

一是铁路货运量大幅回升。2016 年，全区铁路货运量完成 69855.6 万吨，同比增长 4.8%，增速较上年回升 18.9 个百分点。铁路货物周转量完成 2029.5 亿吨·公里，同比增长 0.3%，增速较上年回升 17.6 个百分点（详见图 1 和图 2）。

二是公路货运量增长较快。2016 年，全区公路货运量完成 130613 万吨，同比增长

9.3%。公路货运周转量完成2423.6亿吨·公里，同比增长8.2%。

三是航空货运量保持平稳增长。2016年，全区航空货运量完成8.2万吨，同比增长0.1%。

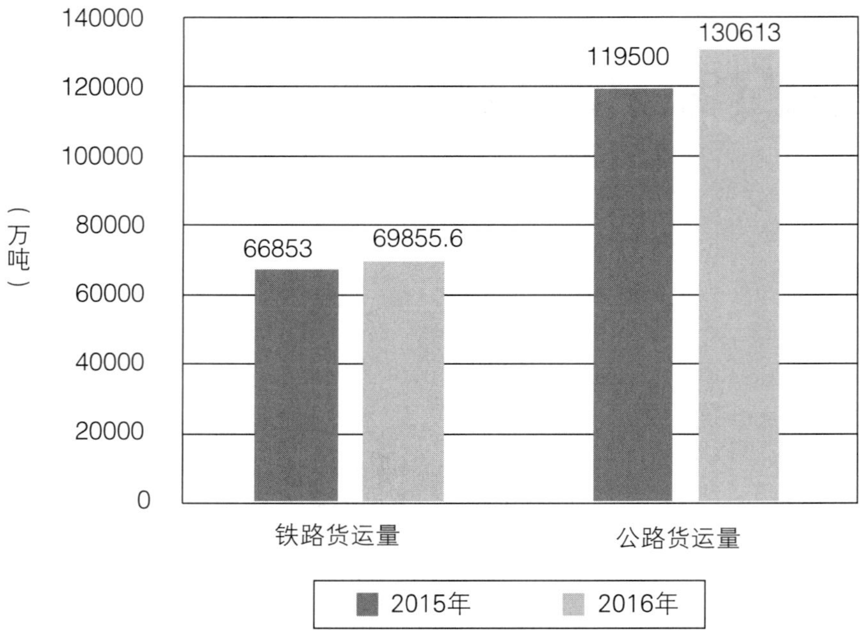

图1 2015—2016年内蒙古自治区货运量完成情况

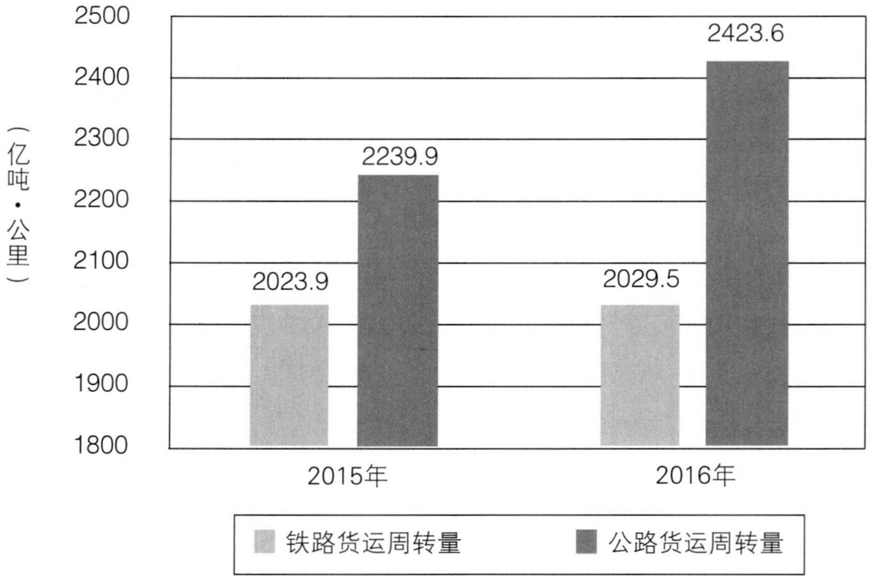

图2 2015—2016年内蒙古自治区货运周转量完成情况

三、物流业固定资产投资额增幅较大

2016年，内蒙古自治区物流相关行业固定资产投资额完成1761.6亿元，同比增长34.5%，增速较上年提高4个百分点。

四、社会物流总费用保持增长，与GDP的比率高于全国平均水平

2016年，内蒙古自治区社会物流总费用完成3020.8亿元，同比增长7%。从结构来看，运输费用完成2134亿元，同比增长5.5%；保管费用完成636.9亿元，同比增长13.4%；管理费用完成249.9亿元，同比增长5.7%。

社会物流总费用与GDP的比率为16.2%，与2015年社会物流总费用与GDP的比率持平，高于国家社会物流总费用与GDP的比率1.3个百分点。

五、企业经营情况

2016年，内蒙古自治区物流相关部门对区内相关企业进行调查，共收到137家统计样本企业的资料。其中：工业企业、批发和零售业企业62家，占比为45.3%；物流企业75家，占比为54.7%，比重较高。从调查情况看，内蒙古自治区物流相关企业的经营呈现以下特点：

一是企业物流对外物流成本逐步走高。2016年全区工业、批发和零售业企业销售总额增速回落，企业物流成本基本与上年持平。其中，工业、批发和零售业企业运输成本占物流成本的28.9%，比上年提高1.8个百分点；工业、批发和零售业企业物流费用率（物流费用占销售额的比重）为19.4%；工业、批发和零售业企业对外支付的物流成本占企业物流成本的27.7%，同比提高7.8个百分点，物流外包业务呈走高趋势。

二是物流企业收入、成本下降，薪酬维持上年同期水平。2016年，全区物流企业货运量同比下降12.4%，物流业务收入同比下降13.8%，物流业务成本同比下降19.8%，物流业务利润额同比增长0.02%。物流企业人员劳动报酬与上年基本持平。

三是物流服务价格处于低位运行。2016年全区物流企业物流服务价格指数位于50%以下的收缩区间，显示物流服务价格持续低位动荡。

（内蒙古物流协会）

2016 年吉林省物流业发展情况

一、物流业发展情况

（一）产业规模继续扩大，物流效率明显提高。

近年来，吉林省社会物流需求平稳增长，物流业发展水平稳步提升，发展规模不断扩大。2016 年，吉林省实现社会物流总额 41464.6 亿元、社会物流总费用 2296.9 亿元、物流业增加值 887.6 亿元。物流业增加值占服务业增加值的比重为 13.7%，社会物流总费用与 GDP 的比率由“十一五”末期的 17% 下降到 2016 年的 15.4%，物流效率明显提高。2011—2015 年吉林省物流业相关指标如表 1 所示。

表 1　　2011—2015 年吉林省物流业相关指标

指标	2011 年	2012 年	2013 年	2014 年	2015 年	平均值
社会物流总额（亿元）	27364.7	30421.0	33151.8	35638.3	38333.2	32981.8
增长率（%）	20.9	11.2	9.0	7.5	7.6	11.2
社会物流总费用（亿元）	1779.6	1998.9	2159.2	2286.1	2360.0	2116.8
增长率（%）	21.9	12.3	8.0	6.1	3.2	10.3
物流业增加值（亿元）	595.9	678.8	728.4	772.1	817.2	718.5
增长率（%）	20.3	14.0	7.3	6.0	6.2	10.8

（二）物流基础设施不断完善，运输通道初步形成。

经过多年建设，吉林省铁路、公路、机场等物流基础设施不断完善，为物流业转型升级创造了条件。截至 2016 年年底，吉林省铁路营业里程达到 4877.42 公里，铁路网密度是全国均值的 2 倍。公路总里程 10.25 万公里，其中，高速公路里程 3113.01 公里，等级公路总里程 9.72 万公里，所有乡镇、99.93%的建制村通了水泥（沥青）路。机场数量达到 5 个，航线布局更趋合理，基本覆盖全国省会城市和副省级以上城市。吉林全省基本形成管道运输输气管网架。吉林省共有各类口岸 21 个，均全面实施进出口货物关检合作“一次申报、一次查验、一次放行”的通关模式。物流园区建设有序推进，已有 34 个亿元以上重点园区逐步投入运营，64 个规划园区加快建设。依托邮政网点和农村客运站，大力发展农村小件货物运输网络，网络已覆盖吉林省 50%的乡镇，为繁荣城乡经济、缩小城乡差距奠定了基础。目前，吉林省已初步形成京哈、双嫩、鹤大“三纵”，珲乌、长白山、集双“三横”的六条连接国际、国内、省内物流通道，干线通道为京哈线，货运量占整个通道量的 39.8%。

（三）物流量持续增长。

1. 各种运输方式物流量情况

经过多年建设吉林省已初步形成陆路（公路、铁路）为主，航空、水运和管道为辅的综合运输体系，有力支撑了吉林省社会经济的快速发展。2016 年吉林省各种运输方式共完成货物周转量 1630.84 亿吨·公里，发送量达 4.97 亿吨，其中公路客货运量占比均达到 75%以上。公路运量在综合交通体系中占有相当大的比重，在历年全社会总运量中的占比呈逐年增长的趋势，在整个社会交通运输中占有重要地位。2016 年吉林省各种运输方式完成货运量比重如图 1 所示。

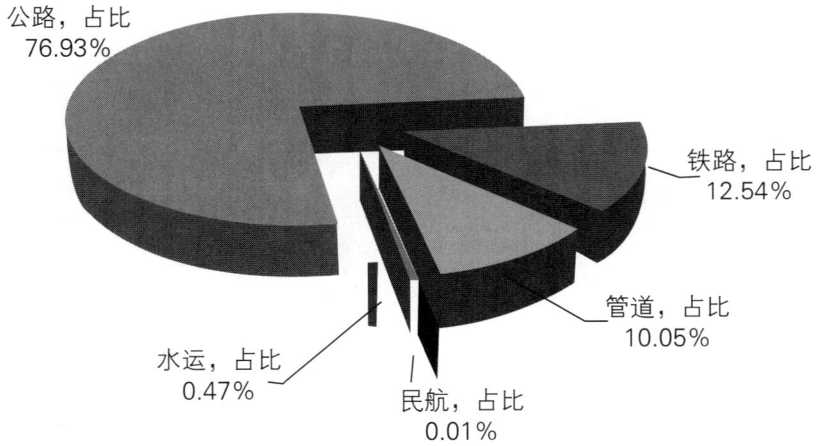

图 1　2016 年吉林省各种运输方式完成货运量比重

此外，吉林省也已初步形成了对外运输通道。截至 2016 年年底，吉林省共开通对俄、对朝 12 条货运线路，国际道路货物运输里程达到 2365 公里；共完成国际货物运输量 155 万吨，已有国际货物运输企业 33 家。国际道路运输为繁荣吉林省对外经贸往来、推进“一带一路”建设提供了有力的运输保障。

2. 公路物流分货类货运量

按照交通行业货物分类标准，2016 年吉林省公路物流量排名前五的货物依次是矿建材料、轻工与医药品、粮食、水泥以及农、林、牧、渔业产品，五类货运量占总货运量的比重达到 58%，2016 年吉林省公路物流量构成情况如图 2 所示。

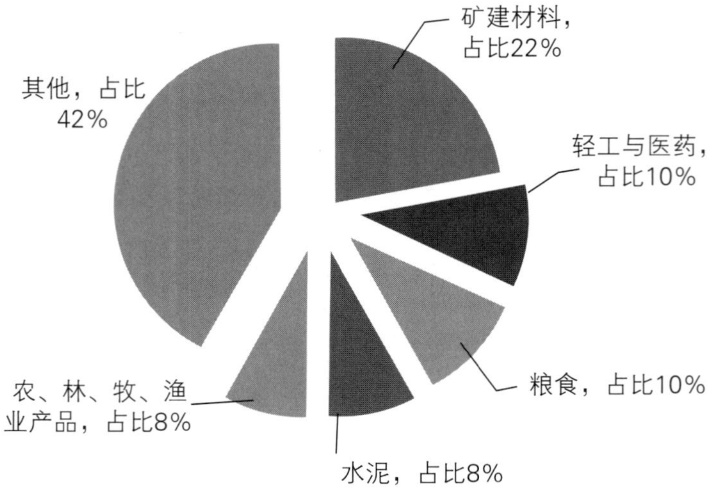

图 2 2016 年吉林省公路物流量构成情况

3. 铁路物流分货类运输量

按照铁路运输统计标准，2016 年吉林省铁路运输物流量排名前五的货类依次是煤、矿石、粮食、化工和矿建材料，五类货物的货运量占吉林省货运总量的 74%。2016 年吉林省铁路货物运量如图 3 所示。

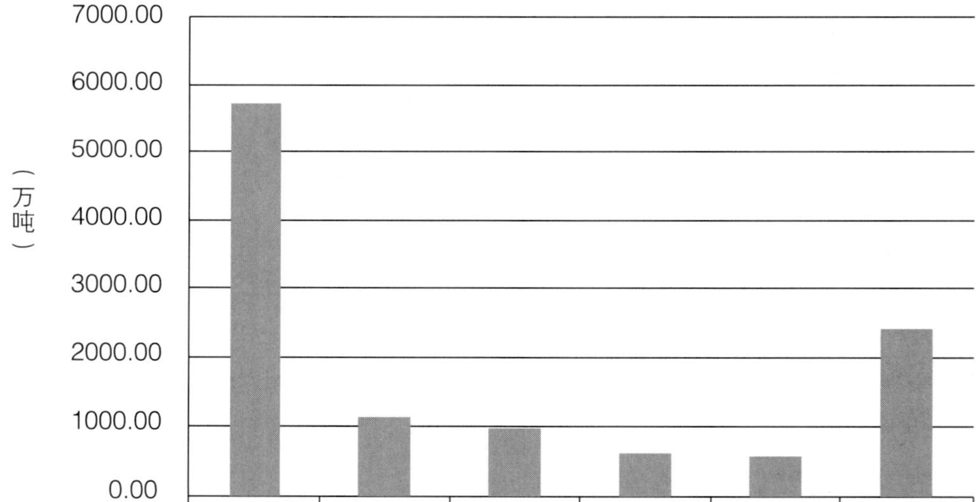

	煤	矿石	粮食	化工	矿建材料	其他
■ 运量	5716.39	1128.49	968.17	613.19	583.44	2427.81

图 3 2016 年吉林省铁路货物运量

由上可知，吉林省的物流量仍以传统燃料煤炭、粮食产品、矿建材料为主，属于物流的初级产品，这是由吉林省的经济发展水平决定的。

（四）物流企业实力持续提升。

目前，吉林省物流企业进一步向集约化方向发展，2016年吉林省拥有100辆及以上车辆的物流企业比上年增长了69.8%，运输装备结构趋于合理。货车平均吨位数达到6.8吨/辆，大、中、小型车辆比例达到39∶5∶56，专用载货汽车达到13949辆，比上年增长了52%。截至2016年年底，吉林省共有A级物流企业59家，其中：5A企业级6家，4A级企业35家，3A级企业17家，2A级企业1家。吉化物流、长春亚奇物流、九天物流、长久物流等9家企业被评为国家物流实验、示范基地。一汽物流有限公司、长春市亚奇物流有限公司等4家运输企业先后被列入国家级甩挂运输试点企业。另外，有20家企业被列入省级甩挂试点企业；吉林省掌控物流科技有限公司等6家企业被交通运输部列入无车承运试点物流企业名单。航天仓储、鑫源物流等企业组建的长春市第一个“物流企业运输联合体”已经吸收20余家中小物流企业，大大提升了物流企业整体竞争力。

（五）物流信息化与标准化建设初见成效。

目前，吉林省物流统计直报网已投入使用，物流行业联盟网发展初具规模，交通运输物流公共信息平台、道路运输车辆动态信息公共服务平台、移动互联网运力交易服务业务平台建设进展顺利。由吉高集团建设的交通物流公共信息服务平台，建成后将实现物流信息实时发布、网上查询、线上线下互动，为供求双方提供更加准确、及时的货源和车辆信息服务。先后完成10余项物流类标准的制定，从运输、仓储、配送、快递、冷链物流等多个方面对物流服务质量、运作标准进行规范性指导，提高了物流行业运行效率。

（六）运输组织进一步优化。

近几年，吉林省加大了甩挂运输试点培育和推广力度。“十二五”期间，交通运输部和吉林省累计投入专项资金2324万元，引导社会投资5.1亿元，培育国家级和省级甩挂运输试点24个、开辟甩挂运输线路63条，试点企业开展甩挂运输的牵引车达到877辆、挂车1433辆，节省燃油1500万升，减少碳排放1.08万吨。有效提高了货运组织效率，降低了物流成本，实现了社会、企业双赢。

二、物流业发展任重道远

近年来，为贯彻国务院及相关部委相继发布的《物流业发展中长期规划（2014—2020年）》《关于营造良好市场环境推动交通物流融合发展工作方案》等有关促进、规范物流业发展的相关政策，吉林省印发了《关于促进物流业健康发展政策措施的实施意见》，从拓宽融资渠道、整合物流设施资源、加大土地和交通政策支持、税收优惠、发展农产品物流五大方面出台32条政策措施。2016年，为解决现代化物流基础设施建设滞后、布局不合理、各种运输方式衔接不畅、物流成本偏高等问题，吉林省政府又出台了《关于加强物流短板建设促进有效投资和居民消费的实施方案》。下一步，吉林省政府还将出台《吉林省物流业降本增效专项行动方案（2016—2018年）》，推动吉林省物流业降本增效，促进物流业转型升级。相关文件的出台进一步改善了吉林省物流业发展的政策环境，对于规范、鼓励和扶持吉林省物流业发展起到了重要的指导和推动作用。

尽管吉林省物流业近年来取得了较大发展，基本适应经济社会发展的需要，全行业正由粗放式基础阶段进入转型升级新阶段，但与振兴东北老工业基地、脱贫攻坚和建设全面小康社会的要求，与经济社会发展日益增长的物流需求相比，仍有较大差距，还有不少问题。

一是多部门管理，职责不清，综合治理能力不强。吉林省物流管理涉及发改、交通、工信、商务、海关、商检等多部门，政出多门、政令不畅，存在着政府与部门、部门与市场、省与地方、行业内各领域及行业横向各部门间关系不协调、物流发展的体制机制不健全、行业社会组织发展不良、综合治理能力不强等问题。

二是基础设施结构性矛盾仍然突出。吉林省公路、铁路运输是物流服务的主力，但基础设施结构性矛盾十分突出，高速公路仍未成网，建成里程 2629 公里，仅占规划里程的 47%。白山市和 9 个县级城市不通高速，省际 5 条纵向大通道中鹤大、黑沈、双嫩 3 条通道未打通，成为吉林省物流网络化服务的最大一块短板。铁路营业里程达到 4877.4 公里，铁路网密度是全国均值的 2 倍，但铁路等级较低。在公路运输成本快速提升，大量物流量涌向铁路的情况下，铁路运输将是制约物流成本降低的巨大障碍。综合物流园区数量较少，服务对象不清晰，分布分散，未形成规模效应。

三是服务水平有待提升，多方式运输组织化程度低。各种运输方式未实现统筹运营、融合发展，物流“最后一公里”衔接问题仍突出，集疏运系统还不完善，物流园区定位不清晰，建设缺乏统筹规划，布局不合理，衔接不畅，综合货运枢纽绝大多数以代储货物、出租库房等低端服务为主；多方式联合运输发展缓慢，甩挂运输、多式联运和驮背运输、公铁水联合运输开展不足，难以满足现代物流发展需求。

四是物流服务结构性矛盾突出，物流有效供给不足。物流服务总体供给逐年增加，但有效供给仍然不足，公路物流服务企业小散弱，里程利用率仅达 70%，核心业务不强，模块化、网络化、信息化实现困难。城市共同配送水平低，各个快递公司供需资源配置难以整合优化，车源、货源难以快速对接，造成城市物流配送“最后一公里”效率低下，严重影响市区交通。

五是物流信用体系尚未建立，服务品质不高。目前，吉林省覆盖物流业各领域的信用评价体系尚未建立，操作性强的退出机制没有形成。市场主体诚信缺失问题日益突出，欺诈、损害消费者权益等现象时有发生，一定程度上影响了行业形象和社会影响力。

六是物流信息化落后，信息平台不完善。在吉林省内目前已开放运营的物流信息平台有：吉林物流信息网、吉林省物流行业联盟网、吉林省交通运输物流信息公共服务平台和吉林市物流网等多家信息平台。但各平台之间缺乏协同整合，标准不统一，不能有效地融合相关信息，信息共享程度低，与物联网、大数据、立体仓库、自动分拣等先进设施、设备的信息融合不够，极大地阻碍了物流服务水平的提高。

七是基础管理工作亟待加强。目前吉林省的物流业还没有形成一套完善的统计报表制度及统计指标体系，不能为决策者提供决策的科学依据。吉林省在城乡配送、冷链物流、电子商务物流、再生资源回收物流和商贸物流信息服务平台等重点领域的物流标准化水平偏低，特别是在托盘共用系统建设、仓库标准化管理体系建设、服务流程标准化和服务合同标准化等方面，与东部发达省市都存在着较大的差距。

吉林省经济发展正处于新一轮振兴东北老工业基地重要战略机遇期和转方式、调结构的重要时期，需要物流业提供强有力的支撑。因此，物流业全面深化改革，推进综合物流体系建设，加快转型升级，提升整体竞争实力是当务之急。转方式、调结构，需要进一步优化物流结构补齐短板；改善民生，提高效率，需要加快推进物流服务均等化建设，发展物流业任重道远。

（李 政 王占中 吉林大学 王立东 吉林省物流与采购联合会）

2016 年江苏省物流业发展情况

2016 年江苏省物流业运行总体呈现缓中趋稳的态势，物流需求结构继续优化，物流运行质量继续提升，物流企业经营状况有所好转。

一、物流业运行概况

（一）社会物流总额同比增长。

2016 年，江苏省社会物流总额为 245868.4 亿元，同比增长 6.5%。其中，工业品物流总额达到 200382.7 亿元，占江苏省社会物流总额比重的 81.5%，比上年下降了 0.3 个百分点；进口货物物流总额为 12539.3 亿元，占比 5.1%，比上年下降了 0.5 个百分点；农产品物流总额为 2704.6 亿元，占比 1.1%，比上年下降了 0.1 个百分点；外省市商品购进额为 28766.6 亿元，占比为 11.7%，比上年上升了 0.7 个百分点；单位与居民物品物流总额为 737.6 亿元，占比为 0.3%，比上年上升了 0.1 个百分点；再生资源物流总额为 737.6 亿元，占比为 0.3%，比上年上升了 0.1 个百分点。

（二）社会物流总费用同比增长。

2016 年，江苏省社会物流总费用为 10973.6 亿元，同比增长 5.4%。其中，运输费用 5598.2 亿元，同比增长 3.7%，占社会物流总费用的 51.0%；保管费用 4208.8 亿元，同比增长 7.4%，占社会物流总费用的 38.4%；管理费用 1166.6 亿元，同比增长 6.5%，占社会物流总费用的 10.6%。社会物流总费用与 GDP 的比率为 14.4%，比 2015 年下降 0.4 个百分点。

（三）物流业增加值同比增长。

2016 年，江苏省实现物流业增加值 4989.4 亿元，按可比价格计算同比增长 8.1%，占江苏省 GDP 的比重为 6.6%，占江苏省服务业增加值的比重为 13.1%。

（四）物流企业运营向好。

2016 年，江苏省 118 家省重点物流企业年平均物流业务收入为 56214.8 万元，同比增长 3.6%；平均业务成本为 52334.6 万元，同比增长 3.9%；平均业务利润额为 3632.9 万元，同比增长 8.1%，利润率为 6.9%；平均缴纳税金为 247.0 万元，同比下降 0.6%。6 家企业出现亏损，亏损面为 5.1%。

2016 年江苏省物流业景气指数（LPI）平均值为 54.0%，与上年持平，波动总体平稳，反映出江苏省物流业市场总体活跃，企业的经营信心渐趋增强。

二、物流业发展的主要特点

（一）市场需求结构调优。

2016年，受装备制造业、高技术产业较快发展影响，江苏省工业品物流总额保持稳定上升，全年突破20万亿元，同比增长6.0%，占社会物流总额比重超过80%，同比回落0.3个百分点。在外贸需求回升等因素带动下，江苏省进口货物物流总额降幅明显趋缓，全年进口货物物流总额超过1万亿元，同比下降2.0%，降幅比上年降低了3.4个百分点。随着电子商务快速发展和电商物流体系配套逐步完善，江苏省消费需求对物流业务的拉动效应进一步显现，单位与居民物品物流总额增速达28.6%，外省市商品购进额同比增长13.4%，占社会物流总额的比重略有提高。

2016年，江苏省货运量达到21.4亿吨，同比增长2.0%；货物周转量为7815.9亿吨·公里，同比增长2.4%，增幅继续放缓。其中：铁路运输受季节性需求拉动和服务质量明显提升影响，货运量增速由负转正，周转量降速明显趋缓；公路运输需求增速平稳，民航和管道运输需求增速较高；内河运输的较为活跃有效缓解了远洋运能过剩压力，运输结构持续调优。

（二）市场主体实力增强。

2016年，江苏省新增2家省重点物流基地（园区）、21家省重点物流企业、6家省认定物流企业技术中心和27家国家4A级以上物流企业，企业总数分别达到88家、285家、71家和190家，其中国家4A级以上物流企业数量居全国第一。这些企业（基地）普遍具有较强的市场竞争力、较高的市场占有率和较好的市场诚信度，在江苏省物流业发展中发挥着越来越重要的示范带动作用，带动了江苏省物流行业整体水平的提升。

江苏省受监测的118家省重点物流企业2016年的运行数据显示，江苏省物流市场主体收入规模和经营成本增速趋缓，但利润额增速较快。2016年江苏省物流业景气指数显示，主营业务利润指数、主营业务成本指数和物流服务价格指数的全年均值分别为49.1%、54.7%和48.9%，同比分别下降0.9个百分点、4个百分点和同比持平。企业利润增速低于成本增速的整体态势有所改善，表明企业的赢利能力有所增强。其中有63家企业的物流业务收入同比有所增长，55家企业有不同程度下降，65家企业的利润同比有所下降，共有6家企业出现亏损，亏损面为5.1%。物流企业经营效益呈现两极分化特点，表明部分物流企业正积极适应消费领域高速增长和打造先进生产供应链带来的物流需求，主动调整管理思路以谋求发展，越来越多的物流企业成为转型升级发展的受益者。

（三）市场经营活动活跃。

2016年，江苏省物流业景气指数（LPI）平均值为54.0%，与上年持平，波动总体平稳，显示出江苏省物流业市场总体活跃，企业的经营信心渐趋增强。其中：1—4季度均值分别为51.9%、55.5%、54.0%和54.9%，分别比上年同期下降0.6个百分点和1.5个百分点、上升0.9个百分点和1.3个百分点。12月以54.6%收尾，比上年同期上升了2.6个百分点。

在物流业景气指数构成中，平均库存量指数、库存周转次数指数均值分别为49.1%、52.3%，分别比上年同期下降0.8个百分点和0.6个百分点，反映出物流供应链管理各环节中间库存占有量持续降低和流转速度明显增快；设备利用率指数、资金周转率指数、从业人员指数均值分别为52.9%、51.7%、52.1%，分别比上年下降1.5个百分点、上升了1.2个百分点、下降1.1个百分点，显示出物流生产要素供需总体均衡；业务活动预期指数均值在56.7%以上、新订单指数均值为55.1%，分别比上年同期上升1.2个百分点和1.1个百分点，表明市场主体预期信心明显增强，预示着物流市场进一步趋于活跃。

（四）创新驱动模式变革。

2016年中央经济工作会议作出了引领新常态推进供给侧结构性改革的重大决策，强调在适度扩大总需求的同时，着力加强供给侧结构性改革。随后江苏省制定和出台了物流业中长期发展规划、提升物流业供给侧水平行动方案、加快推进“互联网+”高效物流、现代流通等一系列文件，助推了江苏省物流业转型升级步伐。物流企业通过技术创新、管理创新、组织创新，整合优化物流资源，新的商业模式不断涌现，倒逼传统的运输业、仓储业加速向服务网络化和管理现代化的现代物流业转型。物联网、云计算、大数据、跟踪追溯、自动分拣、新能源汽车等现代信息技术和智能化物流专用装备在物流行业得到推广应用。江苏省涌现了一批与智能制造融合发展的敏捷供应链管理平台、与电子商务紧密配套的智能仓配一体化管理平台，以及与综合交通高效协同的多式联运信息管理平台，智慧物流、电商物流、物流金融等方面的新型业态加速形成，物流服务模式和手段不断创新，多业联动和专业化、社会化服务能力显著增强。

三、重点物流园区发展情况

近年来，江苏省物流园区发展加快，示范园区工程稳步推进，截至2016年年底，江苏省已有省级示范物流园区18家，其中2家已升格为国家级示范物流园区；重点储备物流园区22家。物流园区的健康发展成为江苏省物流业持续快速发展的积极力量。

（一）基础设施逐步完善，园区建设稳步推进。

2016年，江苏省重点物流园区加大投资力度，加快推进基础设施建设，相关配套设施不断完善。截至2016年年底，江苏省40家重点物流园区累计完成投资1773.6亿元，平均投资强度为139.5万元/亩。园区实际运营面积达8747万平方米，仓储面积达3285.6万平方米。其中，仓储面积超20万平方米的物流园区共29家。园区中转联运设施建设加快推进，港口码头等相关设施不断完善，一批园区引入铁路专用线并投入运营。上合组织（连云港）国际物流园2016年投资5.3亿元建设铁路专用线、园区集疏运道路和智慧物流信息中心等，已建成道路8条、内河泊位52个，拟建铁路专用线19.2公里，全年完成海河联运量434.3万吨，同比增长80.4%。无锡西站物流园累计投入11.5亿元建设铁路专用线、港池码头、园区道路等设施，建成铁路专用线5条，运输能力达500万吨/年，500~1000吨级泊位15个，运输能力达470万吨/年，园区道路9条，集疏运体系不断完善。

（二）运营效率稳步提升，集聚发展成效显著。

2016年，江苏省40家重点物流园区实现运营总收入4482.7亿元，完成货物吞吐量7.1亿吨。从区域发展情况看，苏南14家物流园区实现运营收入2531.1亿元，占40家园区运营总收入的56.5%，园区平均运营收入180.8亿元，分别是苏中、苏北平均水平的2倍、

2.7倍。从物流强度看，江苏全省40家重点物流园区平均物流强度为351万吨/平方千米・年。南通火车站北物流园区入驻物流企业40余家，全年实现运营收入45亿元，实现税收3亿元，物流强度达425万吨/平方千米・年；盐城现代物流园区入驻物流企业230家，全年实现运营收入122.5亿元，物流强度达576万吨/平方千米・年。

2016年，江苏省重点物流园区加大招商引资力度，着力引进大型物流企业，加快整合小散物流企业，园区集聚化水平不断提高。截至2016年年底，40家重点物流园区累计入驻企业1.8万家，其中物流企业3890家，占入驻企业总数的21.9%。物流园区整合货运资源的能力不断增强。2016年，江苏省40家重点物流园区自有货运车辆2.7万辆，整合社会货运车辆82万辆。

（三）园区功能日趋完善，服务能力不断提升。

2016年，在激烈的市场竞争环境下，江苏省重点物流园区积极拓展业务功能，不断增强园区市场竞争力，港口物流、国际物流、电商物流等加快发展，专业化服务水平显著提升。南通如皋港现代物流园积极对接长江经济带战略，致力于打造成长江下游新的枢纽港，建设“特色港口作业区”“五大中心”及“一个物流总部经济基地”，建成码头16座，其中15万吨级码头2座，年吞吐能力7200万吨。上海合作组织（连云港）国际物流园围绕打造国际物流枢纽和出海基地，加快发展保税仓储、国际国内中转、国际分拨配送、国际采购中心、国际转口贸易五大功能，成功开通“连新亚”“连新欧”班列，2016年完成监管进出库货运量107万吨，完成集装箱吞吐量5490标准箱。宿迁电商物流园、盐城城西南现代物流园、苏南快递产业园等一批服务电商快递产业的园区发展迅速，基本具备了集航空物流、电商交易、快递分拨配送、从业人员培训等一体化的专业物流服务能力，有力推动江苏省电商物流发展。无锡苏南快递产业园已入驻快递企业13家，2016年完成快递中转量15.4亿件，同比增长41%，实现业务收入12.3亿元，同比增长22.3%；淮安电子商务现代物流园已入驻快递企业8家，全年完成开票销售2.2亿元，实现税收1800万元，分别同比增长16.9%、45%。

（四）模式创新多业融合，转型升级步伐加快。

2016年，随着“互联网+”战略深入实施，江苏省重点物流园区加强创新驱动发展，由以往单纯依靠运输、仓储、商贸等传统模式运营逐渐向“互联网+物流”“物流+商贸”等多元化业态发展，加快推动园区转型升级。南京龙潭综合物流园加强信息化建设，完成海关监管与综保区业务的无缝结合，实现“一次报关、一次报验、一次放行”通关模式，园区打造高档商品展销中心，开展保税展示交易、批次进出集中申报等服务，并在江苏全省建设了7家展示交易中心。张家港玖隆钢铁物流园重点打造华东地区钢材物流的“信息中心、交易中心、结算中心、价格中心、加工中心”五大中心，推进“钢材仓储、物流配送、延伸加工、金融服务、电子商务、保税物流”六大综合性服务平台建设，搭建“玖隆在线”电子商务平台，截至2016年年底，平台累计完成钢材交易总量1000万吨，交易总额250亿元，会员突破1.3万家，实现线上线下融合发展。2016年，江苏全省重点物流园区加快推进与制造、商贸、金融、交通业等融合发展。仪征汽车物流园推进汽车整车分拨中心、零部件分拨配送中心、智慧物流中心、汽车综合服务平台“三中心一平台”建设，大力发展汽车供应链物流，推动物流与汽车制造融合发展。无锡西站物流园加快园区升级改造，推动城市公共配送基地和钢铁供应链物流基地建设，发展共同配送、供应链物流、电商物流等，加快物流与商贸业、制造业融合发展步伐。徐州双楼物流园加强与铁路货场、港口等交通枢纽联动融合，开通至上海洋山港支线班轮，运费将由当前公路集卡运输的近7000元/集装箱降至不足3000元/集装箱。

（五）示范工程成效显著，带动效应逐步显现。

2016年，江苏省示范物流园区带动作用不断增强。18家省级示范物流园区中，张家港玖隆钢铁物流园和镇江惠龙港国际物流园被评为国家级示范物流园区。18家省级示范物流园区全年实现运营收入2859.8亿元，占江苏省重点物流园区运营总收入的63.8%；累计完成项目总投资1013.4亿元，占江苏省重点物流园区项目总投资的57.1%；入驻企业8625家，占江苏省重点物流园区入驻企业总数的47.9%；整合社会货运车辆78.4万辆，占江苏省重点物流园区整合社会货运车辆总量的95.6%。镇江惠龙港国际物流园着力打造货运集配电商平台，集聚车船和货主会员超100万家，通过大数据智能引擎为返程的空驶车船智能寻配适运货物，帮助货主降低30%的运输成本；园区建设融资平台，与三大银行合作并签订了50亿元额度的融资贷款协议，解决中小货主企业无法融资、社会借贷成本高的困难。玖隆钢铁物流园打造物流配送平台，整合周边26家物流运输企业，实施统一管理、统一停放、统一业务委派，苏锡常沪周边地区24小时配送发运及时率达95%以上，全年总运输量超800万吨，实现营业收入1620亿元，同比增长33%，完成税收总额3.1亿元。

（六）政策体系持续完善，发展环境不断优化。

2016年，国家发展和改革委等三部委印发了《关于做好示范物流园区工作的通知》，提出加大示范物流园区发展的支持政策。浙江省政府相关部门，一方面，继续稳步推进省级示范物流园区的认定工作，对新认定的省级示范物流园区从省级服务业发展专项引导资金给予100万元奖励，对升格为国家级的示范园区再给予100万元奖励；另一方面，着手研究制定《关于加快推进省级示范物流园区建设发展的意见》，从资金、土地、税收、人才等方面提出支持示范物流园区发展的政策措施，全力推动物流园区的发展。

四、推进物流业发展的主要工作

（一）坚持强化物流发展基础环境。

2016年，江苏省物流主管部门加强顶层设计，强化规划引导，协调做好“十三五”物流业发展战略规划的制定、实施工作。扶持一批智慧物流示范项目，继续对重点物流领域、重大物流示范项目倾斜，项目支持集中度进一步提高。进一步完善物流统计制度，强化物流运行监测分析，按时完成2015年物流业运行情况通报和2016年季度运行情况分析，完成2015年度江苏物流指数研究工作，探索建立市场监测分析体系，健全宏观指标核算与微观市场监测相结合的运行监测平台。支持物流行业协会建设，指导和推进江苏省物流信息服务平台建设。进一步完善物流职教联盟体系建设，组织开展江苏省物流技能大赛，加强校企合作，共同推进物流技术技能型人才培养。针对全面营改增和降低实体经济成本等重大政策，及时组织开展有关调研分析工作。

（二）大力推动物流供给侧结构性改革。

印发“提升物流业供给侧水平，促进制造业提质增效”三年行动方案（2016—2018年），明确未来三年物流业供给侧改革提档升级、制造业物流供应链优化创新和物流大市场协同共建三大重点行动及15项重点工作。代省政府草拟了《关于加快推进“互联网+高效物流”行动的实施意见》，提出具体要求，明确责任分工，切实推动“互联网+高效物流”深入发展。组织物流企业和物流技术装备企业的对接活动，推动省内的先进物流技术装备在物流行业的广泛应用。组织物流信息服务平台现场推荐活动，宣传推广线上线下融合的“互联网+高效物流”创新模式，着力打造江苏省“互联网+高效物流”示范标杆。组织举办物流供给侧结构性改革培训班，进一步提高江苏省物流从业人员的理论和政策水平。

（三）持续做好物流品牌培育工作。

扶持省级重点物流运作载体平台建设，培育规模骨干品牌物流企业，新认定省级重点物流基地2家、省级重点物流企业21家、物流企业技术中心6家、国家A级物流企业45家。其中国家4A级以上物流企业27家，4A级以上物流企业数量居全国第一。深入研究江苏智慧物流发展战略，挖掘“互联网+高效物流”典型运作模式，认定了首批15家智慧物流示范企业，并在江苏省进行宣传推广，为江苏省智慧物流建设做好典型示范。支持举办2016中国国际物流科技博览会，培育引导展会主要以市场化运作为主，成为江苏省物流业对外交流合作和技术创新驱动的重要平台。依托江苏省统一的信用信息平台研究建立江苏省物流信用评价体系，逐步形成跨区域、跨行业的守信联合激励和失信联合惩戒机制。筹备建立物流网络培训学院，打造线上线下融合的物流培训体系，不断提升江苏省物流行业的发展水平。

（四）深入推进物流区域协同发展。

进一步加强长三角地区、丝绸之路经济带物流协作机制建设，积极探索建立长江经济带区域物流联动发展合作机制，促进物流资源在更大范围内的联动融合。与上海市商务委、浙江省发展改革委共同举办2016年长三角地区（上海）现代物流联动发展大会暨长江经济带托盘循环共用推进大会。与宁夏回族自治区经信委在银川联合组织两省区物流企业对接推介活动，推动两省区物流资源跨区域共享、业务跨区域合作，实现协同共赢。推动省内不同区域的物流合作，促进构建与区域内产业相配套的物流保障体系。加强部门之间协作，落实省经信委和省交通运输厅物流战略合作协议，联合开展《江苏制造强省物流需求侧分析和综合交通物流供给侧提升战略研究》课题研究工作，共同培育智能化综合交通物流示范项目。与省交通运输厅、发展和改革委联合组织申报国家多式联运示范工程项目，联合组织认定15家省级多式联运示范工程项目。

（江苏省经信委）

2016 年浙江省物流业发展情况

2016 年，浙江省物流需求规模稳步增长，需求结构不断优化，社会物流总费用占 GDP 比重继续回落，物流运行效率不断提高。物流业整体呈现缓中趋稳、稳中向好的发展态势。

一、总体运行情况

（一）社会物流规模平稳增长，生活类物流增长迅速。

2016 年，浙江省社会物流总额为 13.93 万亿元，按可比价格计算，比上年增长 6.9%。2016 年浙江省社会物流总额构成情况，如图 1 所示。

从构成情况看，随着信息经济条件下的消费行为发生的巨大变化，居民生活类物流增长迅速，消费者可以随时随地下单、接单、发包裹、收包裹，单位与居民的物流应用场景呈指数级增长，2016 年，浙江省单位与居民物品物流总额为 0.13 万亿元，同比增长 51.3%；工业品物流总额 10.7 为万亿元，按可比价格计算，同比增长 6.2%；进口货物物流总额为 0.65 万亿元，同比增长 10.7%；外省流入物流总额为 2.2 万亿元，同比增长 11%；农产品物流总额为 0.23 万亿元，同比增长 18.4%，如图 2 所示。

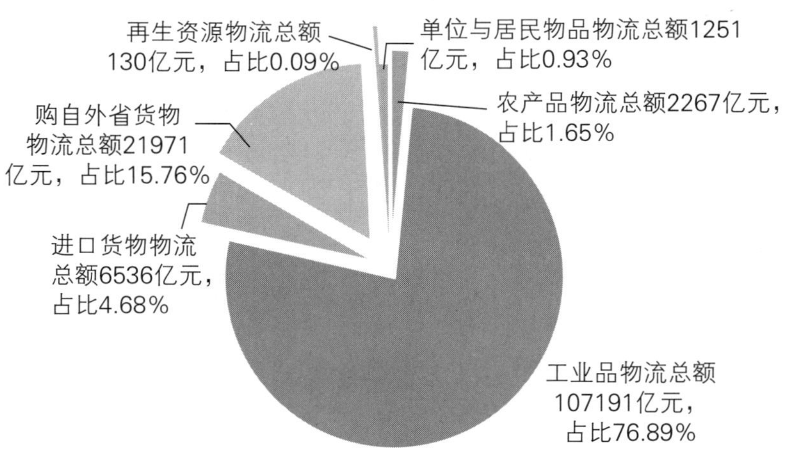

图 1　2016 年浙江省社会物流总额构成

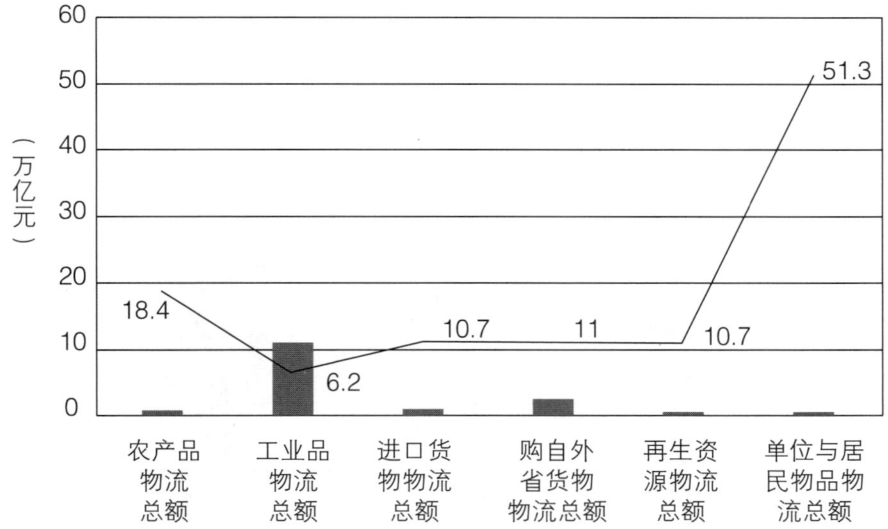

图 2　2016 年浙江省社会物流总额同比增长

2016 年，浙江省物流业增加值为 4613 亿元，可比增长 7.78%，占全省 GDP 比重的 9.92%；占服务业比重的 19.22%，与上年基本持平，成为经济发展的重要力量。

（二）社会物流运行效率有所提高。

2016 年，浙江省社会物流总费用为 6780 亿元，比上年增长 0.13%；全省社会物流总费用与 GDP 的比率为 14.6%，比上年下降 1.1 个百分点。2016 年浙江省社会物流总费用构成情况，如图 3 所示。

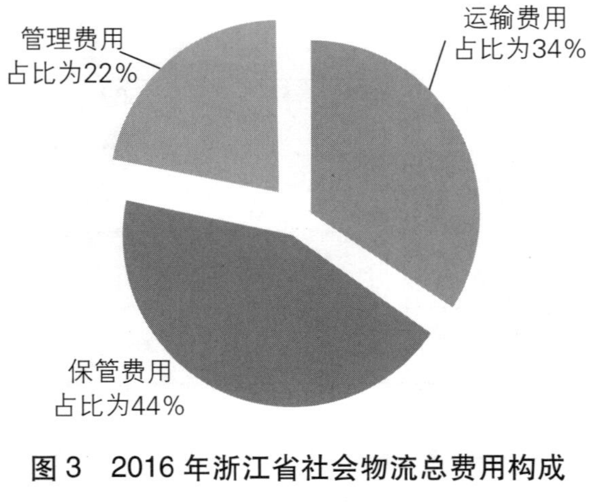

图 3　2016 年浙江省社会物流总费用构成

从构成看，随着人工成本的刚性上升，以及企业更加注重人员素质的提升，在教育培训方面的投入更多。2016 年，浙江省物流费用中的管理费用增长迅速，而运输费用和保管费用均有不同程度下降，分别为 2331 亿元和 2981 亿元，同比分别降低 10.6% 和 1.5%，如图 4 所示。

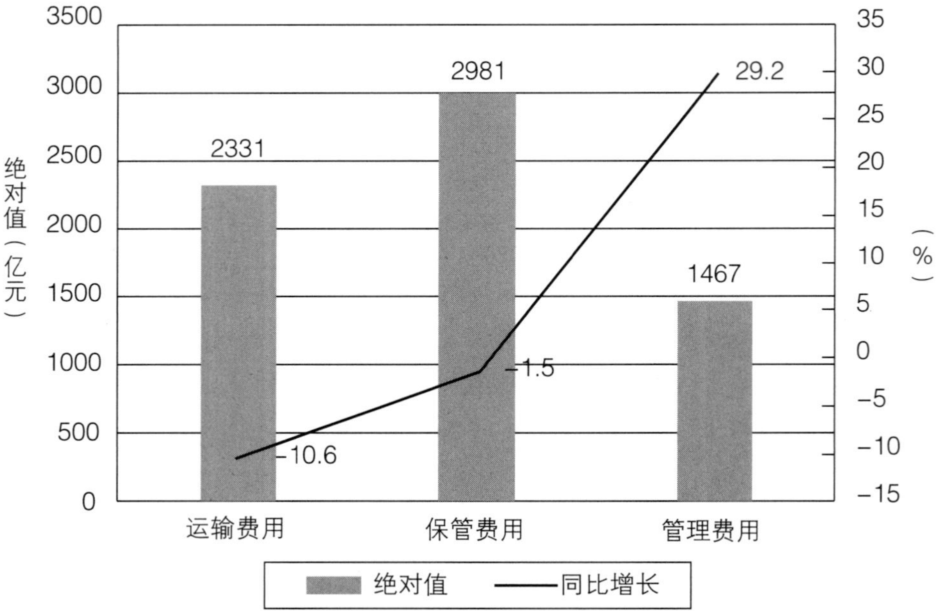

图 4　2016 年浙江省社会物流费用分项指标同比增长

二、A 级物流企业发展概况

（一）A 级物流企业数量逐年增加。

截至 2016 年年底，浙江省已有 A 级物流企业 518 家，占全国 A 级物流企业总量的 13.4%，数量位居全国各省市第一，多年蝉联首位。近四年来浙江省 A 级物流企业数量增长情况，如图 5 所示。

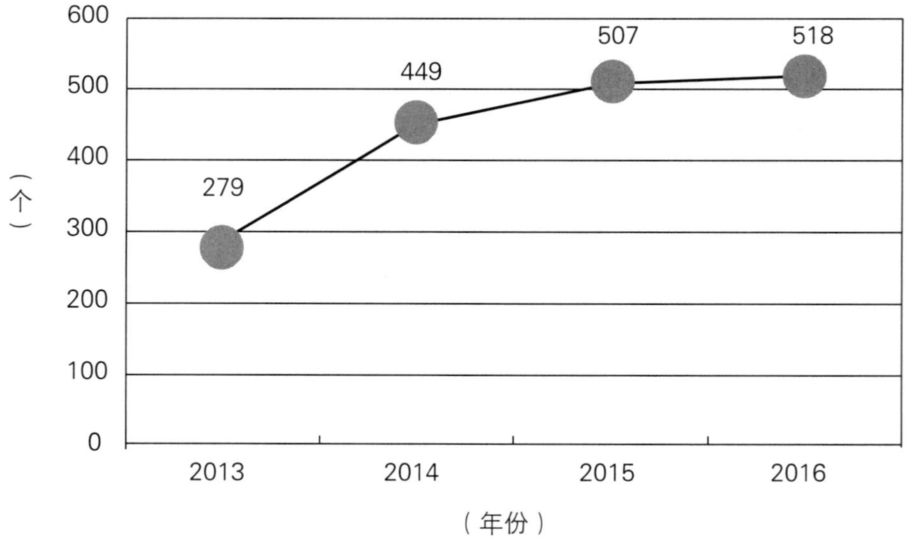

图 5　近四年来浙江省 A 级物流企业数量变化走势

浙江省 A 级物流企业以中小型物流企业为主。在浙江省 518 家 A 级物流企业中，5A 级企业占比仅为 2%，3A 级物流企业占比最多达 55%，2A 和 3A 的物流企业占浙江全省 A 级物流企业总数的 3/4 以上，如图 6 所示。

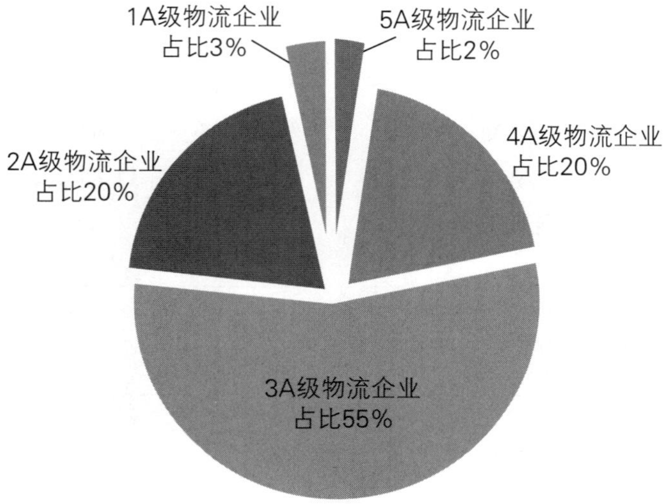

图 6　2016 年浙江省 A 级物流企业占比

浙江省区域特色经济发达，物流企业数量及特征也和这些地区的产业息息相关。这些块状经济发达的地区，工厂制造企业多，运输需求大，运力供应量也大，物流需求方对于物流企业资质的要求更加高，对 A 级企业资质也更为重视和认可，因此，浙江省 A 级物流企业的分布也与产业分布紧密相连。浙江省各地区 A 级物流企业数量占比情况，如图 7 所示。

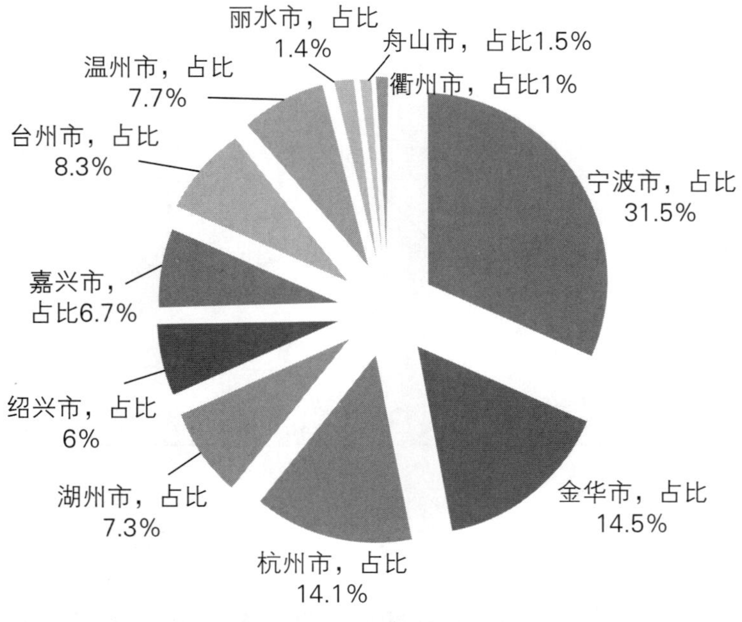

图 7　浙江省各地区 A 级物流企业数量及占比

（二）物流市场行业集中度更高，企业资源更为集聚，物流产业的集约化程度更高。

分类别看，运输型物流企业更加注重运输方式的整合优化和多式联运的高效连接，更加注重车辆资源的调配整合与资源共享。2014—2016 年，运输型物流企业的车辆增长呈现不断上升的态势，运输型物流企业平均拥有自有车辆达 385 辆，租用车辆高至 968 辆，这一方面与 2016 年 9 · 21 新政对超载超限车辆的要求带来车辆的刚性增加相关，同时也与行业资源的整合优化，物流企业服务更为细分，让运输做优运输，让仓储做精仓储服务，更致力于为客户提供更优质的服务息息相关。2014—2016 年浙江省运输型物流企业仓储企业车辆增长情况和仓储量变化情况，如图 8、图 9 所示；仓储型物流企业车辆变化情况和仓储量变化情况，如图 10、图 11 所示。

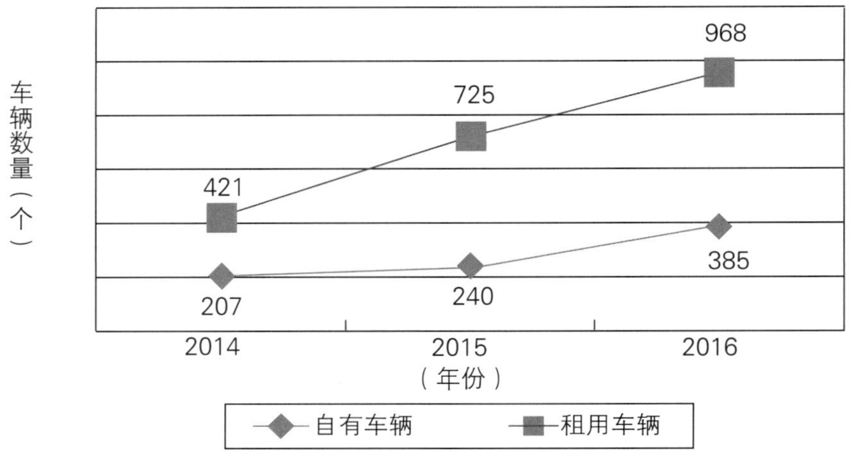

图 8　2014—2016 年浙江省运输型 A 级物流企业车辆指标变化走势

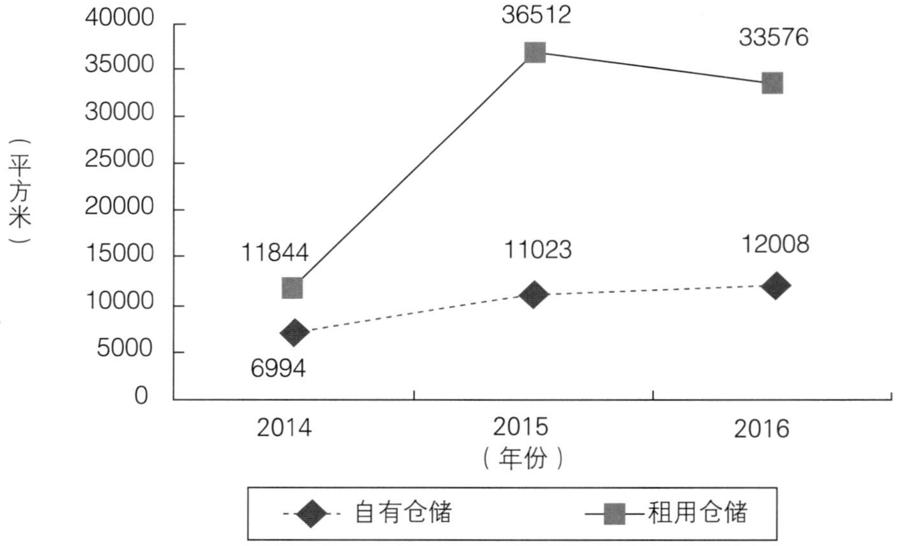

图 9　2014—2016 年浙江省运输型 A 级物流企业仓储指标变化走势

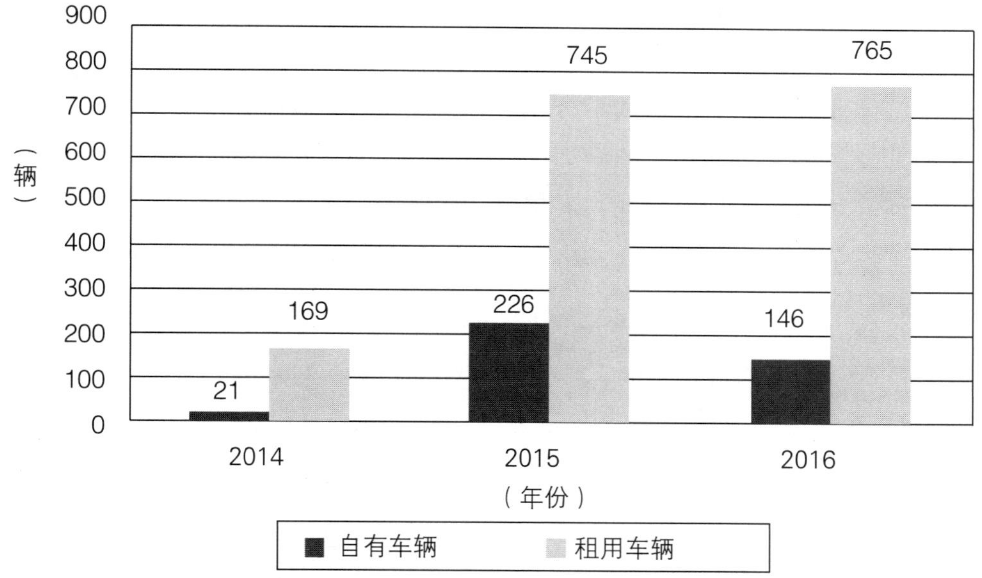

图 10　2014—2016 年浙江省仓储型 A 级物流企业车辆指标变化

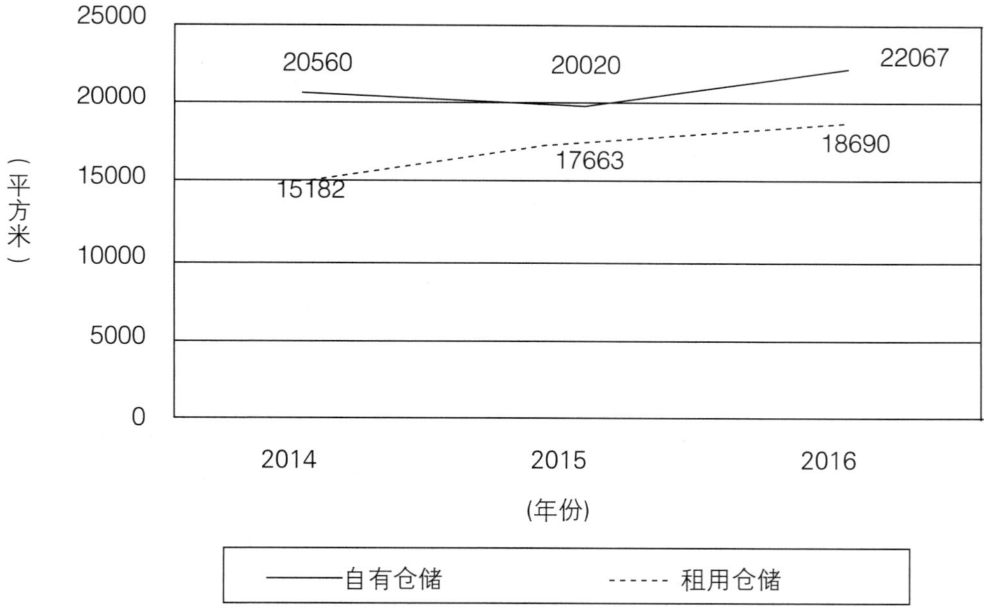

图 11　2014—2016 年浙江省仓储型 A 级物流企业仓储指标变化

分等级看，2016 年，浙江省 4A、5A 级物流企业拥有车辆数同比增长迅速，呈现直线上升的发展态势；1～3A 级物流企业车辆拥有数呈现下行的态势，如图 12 所示。

从 A 级物流企业车辆拥有平均数来说，自 2014 年起，车辆数的变化已经开始呈现马太效应。2014 年与 2015 年，浙江省要求“全省注册登记的新车或转入二手车须达到浙江省执行机动车排放标准要求”，各地开展了黄标车淘汰、车辆更新工作，物流企业的车辆拥有率发生了巨大变化。而对于中小型的物流企业来说，伴随着企业整体业务量的下滑淘汰不合规车辆和企业整体业务量的下滑，新车的增加动能减弱。而整体社会物流需求仍然存在，大量的业务量流向资源更为集中的 4A 和 5A 级物流企业，因此，4A 和 5A 级物流企业对车辆的需求加速，加之规范的运营和规模效应等优势，从而形成良性循环。2013—2016 年浙江省 A 级物流企业车辆拥有数量变化情况，如图 12、图 13 和图 14 所示；1～3A 级物流企业仓储面积变化情况，如图 15 所示；4～5A 级物流企业仓储面积变化情况，如图 16 所示。

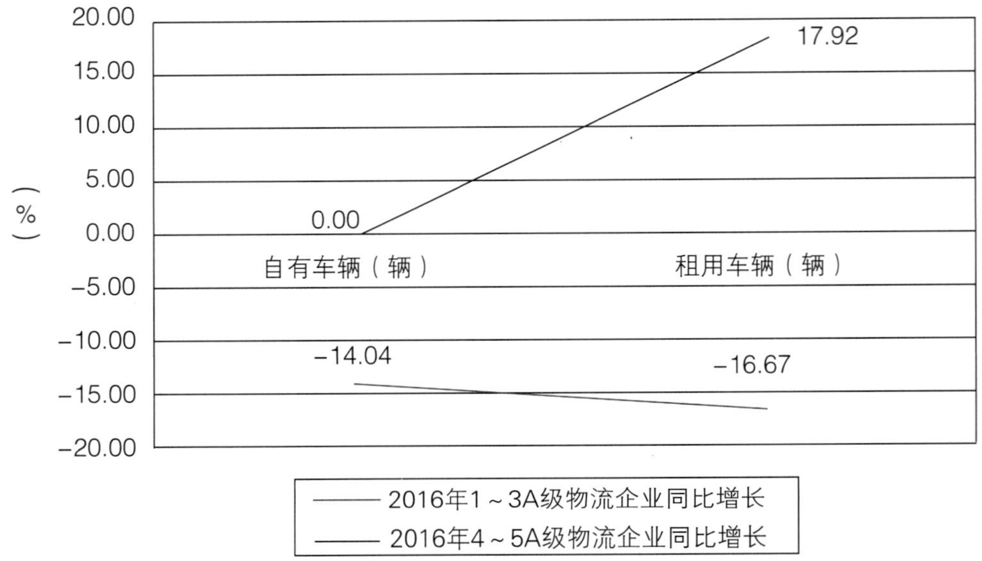

图 12　2016 年浙江省 A 级物流企业拥有车辆数同比增长

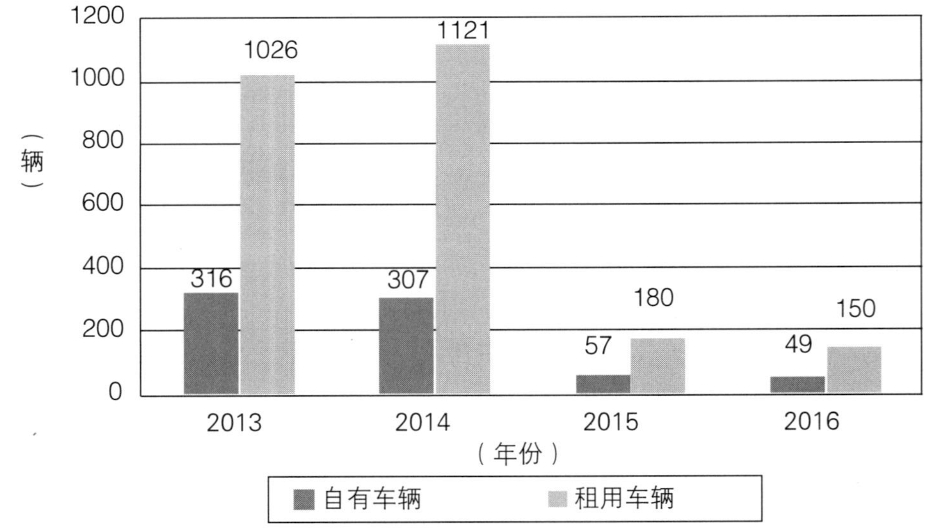

图 13　2013—2016 年浙江省 1～3A 级物流企业车辆数变化

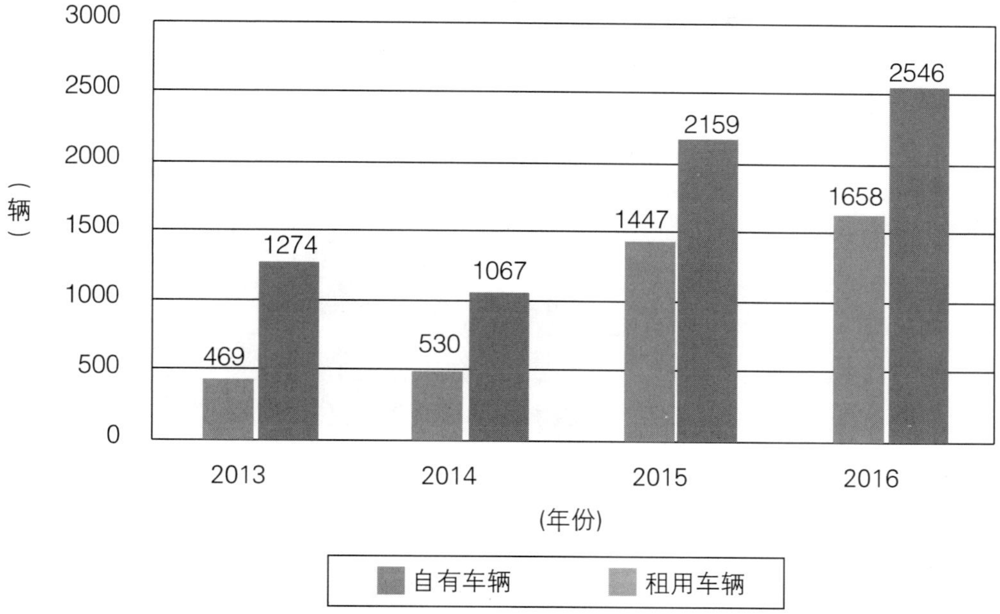

图 14　2013—2016 年浙江省 4~5A 级物流企业车辆数变化

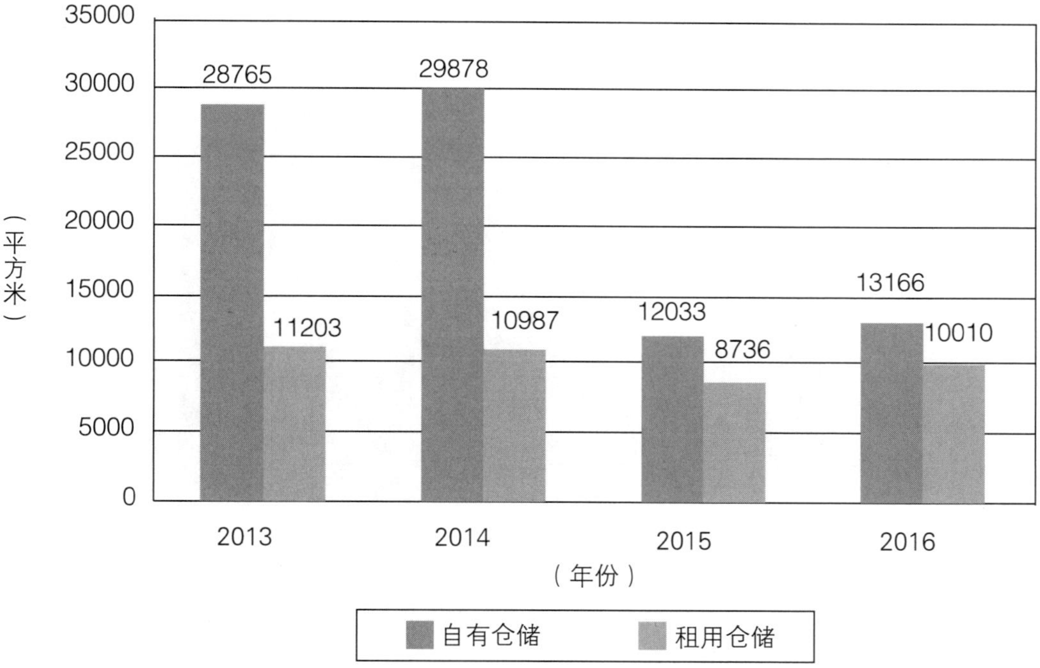

图 15　2013—2016 年浙江省 1~3A 级物流企业仓储面积变化

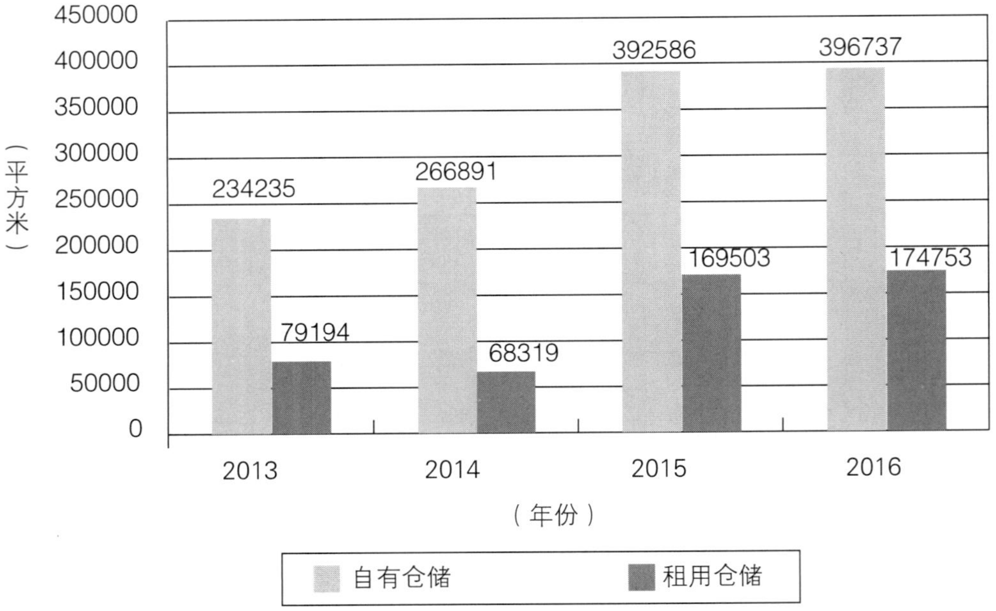

图 16　2013—2016 年浙江省 4~5A 级物流企业仓储面积变化

（三）物流业务收入有所增长，增速明显。据 A 级物流企业调查数据显示，2016 年，浙江省 A 级物流企业物流业务收入呈现增长态势，且增速明显，如图 17 所示。

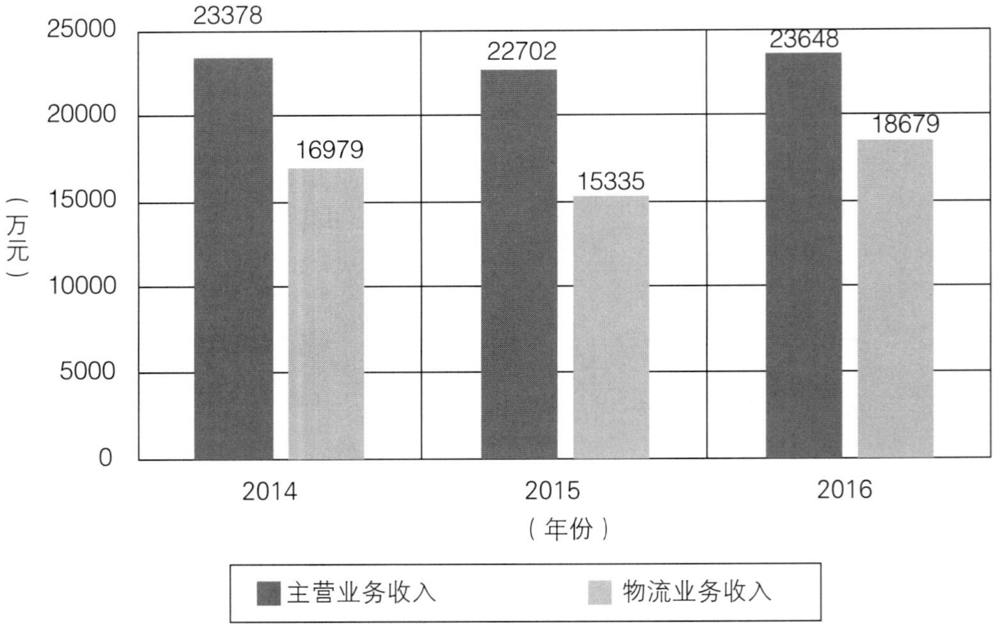

图 17　2014—2016 年浙江省 A 级物流企业营收增长

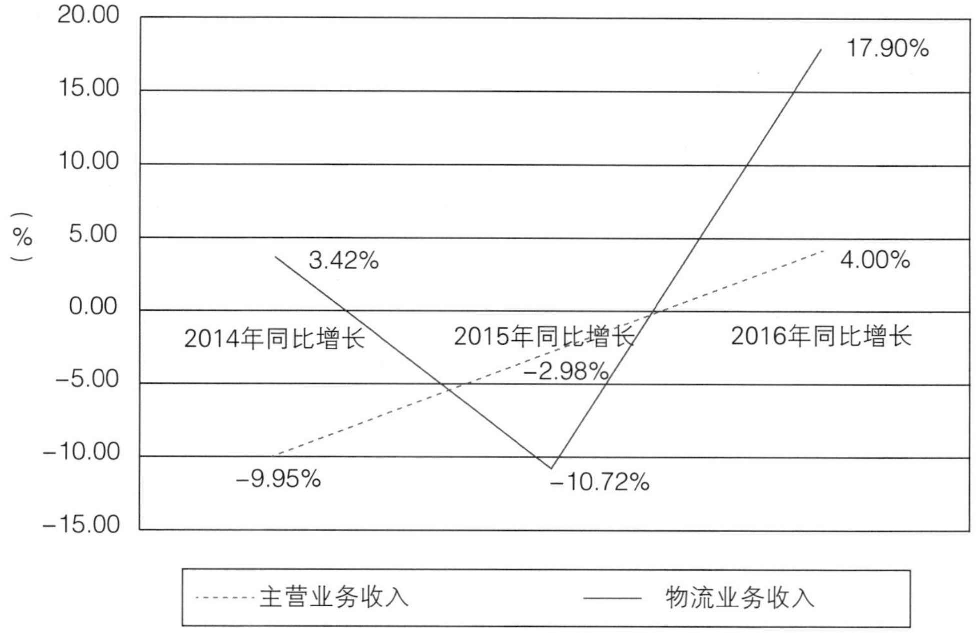

图 18　2016 年浙江省 A 级物流企业营收指标同比增长

分类别看，运输型物流企业营收增长最为明显，呈现逐年增长的态势，如图 18 所示。运输型 A 级物流企业营收变化情况，如图 19 所示。而仓储型和综合型的 A 级物流企业营收增长出现小幅增长态势，如图 20 所示。

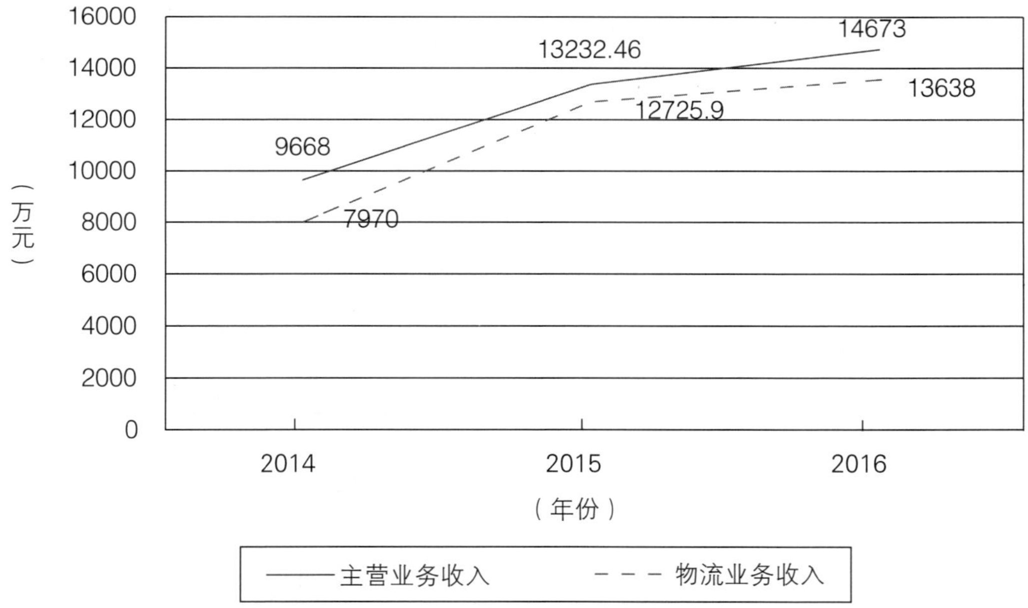

图 19　2016 年浙江省运输型 A 级物流企业营收变化

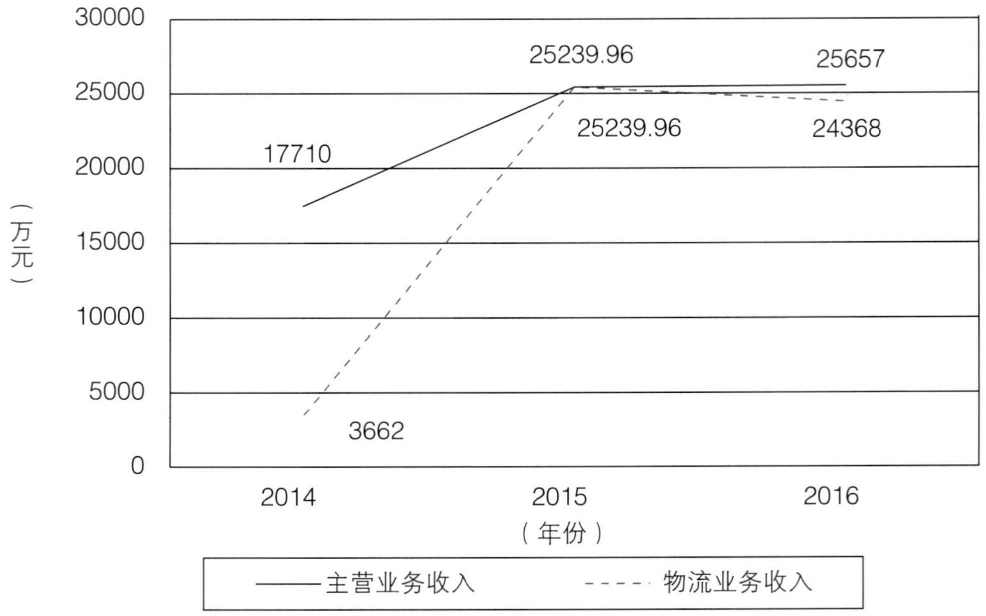

图 20　2014—2016 年浙江省仓储型 A 级物流企业营收变化

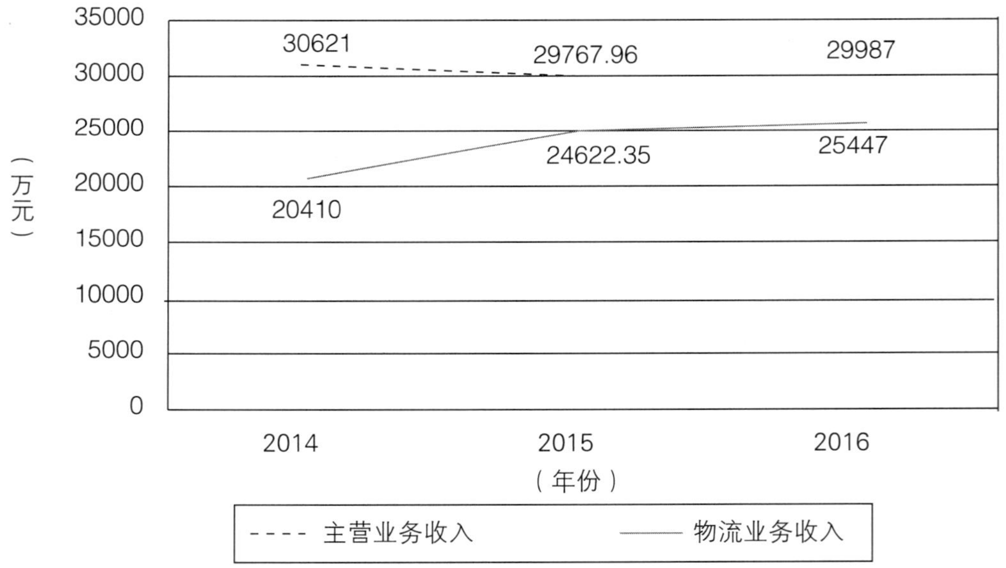

图 21　2014—2016 年浙江省综合型 A 级物流企业营收变化

（四）A 级物流企业营收利润率有所提升，企业经营情况略有好转。

企业效益是企业持续发展的动力。2016 年，尽管浙江省 A 级物流企业运营中高成本、低利润的情况仍然普遍存在，但通过提质增效，A 级物流企业的营收利润情况明显改观，企业经营情况继续走向更为健康发展的方向，具体情况如图 22 所示。

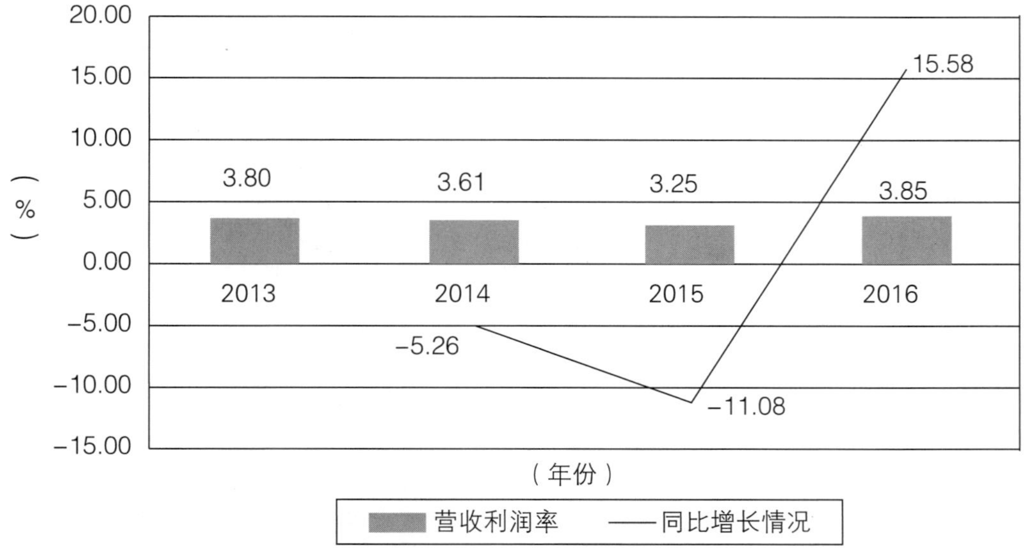

图 22 2013—2016 年浙江省 A 级物流企业营收利润率变化

分类别看，2016 年浙江省 A 级物流企业营收利润率增长缓慢，其中：运输型 A 级物流企业营收利润率达 4.11%，高于总体平均水平 3.85%；仓储型 A 级物流企业低于全省平均水平，为 3.42%。相比于运输型企业的资源对接整合，通过多式联运加快运输环节的高效流转，提升了企业的经营效益，仓储型 A 级物流企业大多仍处于劳动密集型的发展阶段，信息化程度不高、仓储场地不满、刚性成本支出占比较大，而又未形成有效的规模效应，因此长期以来，仓储型物流企业经营效益不甚乐观。如图 23 所示。

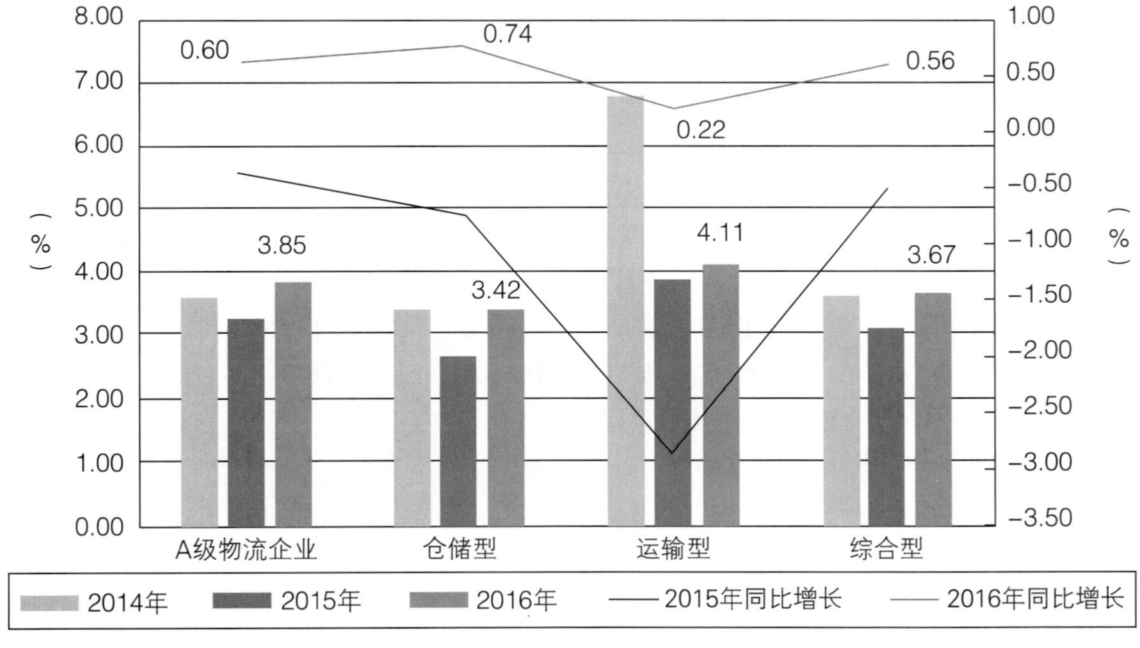

图 23 2014—2016 年浙江省 A 级物流企业营收利润率（分类别）

分等级看，1~5A 级不同等级的 A 级物流企业营收利润率的增长情况呈现正相关的发展态势，等级越低、规模越小、营收越少的 A 级物流企业，营收利润率也越低，反之越高。5A 级物流企业营收利润率高于平均水平，且呈现逐年增长的良好格局。而 1~3A 级物流企业发展呈现逐年下滑的趋势，如图 24 所示。

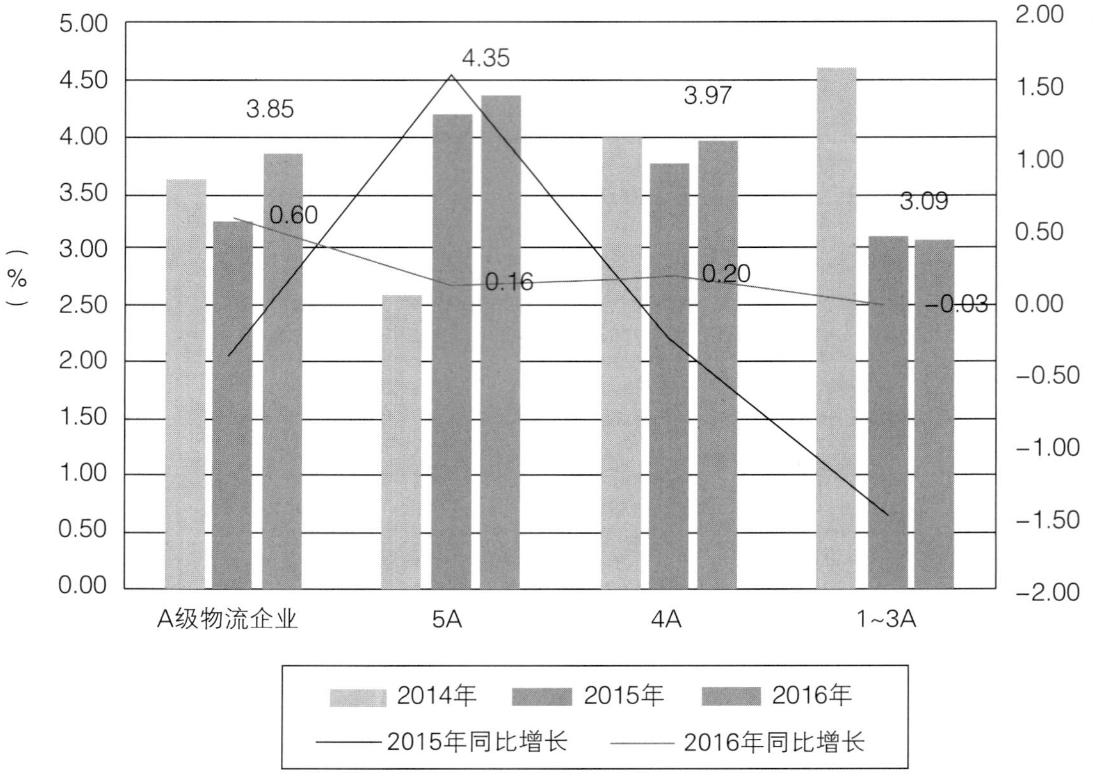

图 24 2014—2016 年浙江省 A 级物流企业营收利润率（分等级）

（五）A 级物流企业人均产值逐年上升，利润同比增长较快。

从人均产值看，2014—2016 年浙江省 A 级物流企业呈现逐年上升的趋势，伴随着 2015 年的快速增加后，2016 年的人均产值有所增加，但增速减缓。伴随着人工成本的刚性上涨，企业不仅重视人均产值的增加，重视人均利润的增长。2016 年，企业降本增效、转型升级创效益的努力成果开始显现。相比于 2015 年人均利润的小幅下滑，2016 年的人均利润增长较快，创近三年新高，为 2.46 万元，如图 25 所示。

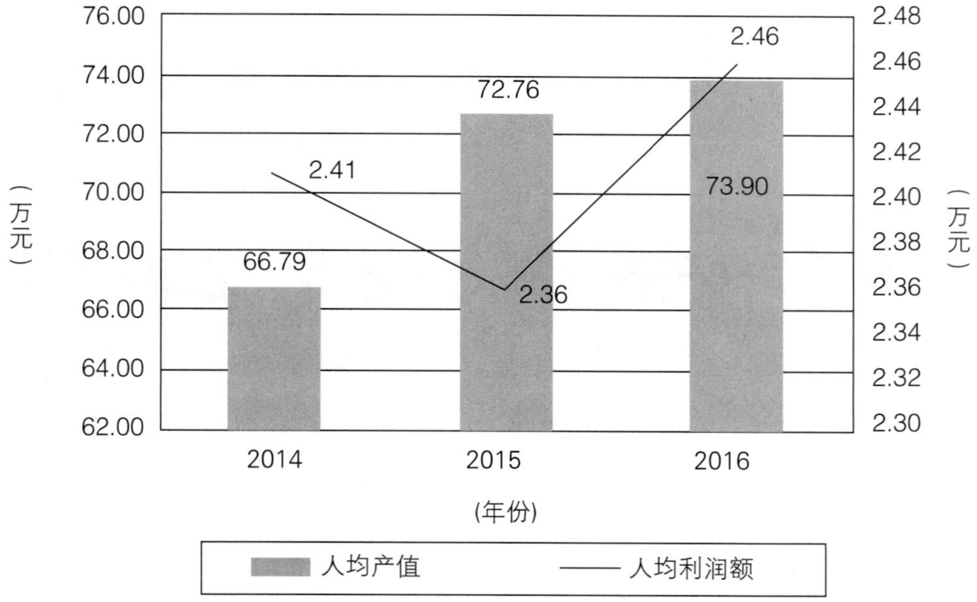

图 25　2014—2016 年浙江省 A 级物流企业人均产值和利润变化

（浙江省物流与采购协会）

2016 年安徽省物流业发展情况

2016 年，随着供给侧结构性改革深入推进，在补短板、降成本等系列政策作用下，安徽省物流业呈现稳中向好发展态势，物流市场趋旺、活力增强，降本增效初见成果。

一、物流业总体运行情况

（一）物流需求稳步上升。

2016 年安徽省社会物流总额为 56424 亿元（如图 1 所示），与上年相比，增加 1994 亿元、增长 3.67%。其中：农产品物流总额 3771 亿元，工业品物流总额 41427 亿元，其他物流总额（包括进口货物物流总额、再生资源物流总额和单位与居民物品物流总额）11226 亿元。总体来看，物流需求扩张向好，需求结构持续改善。

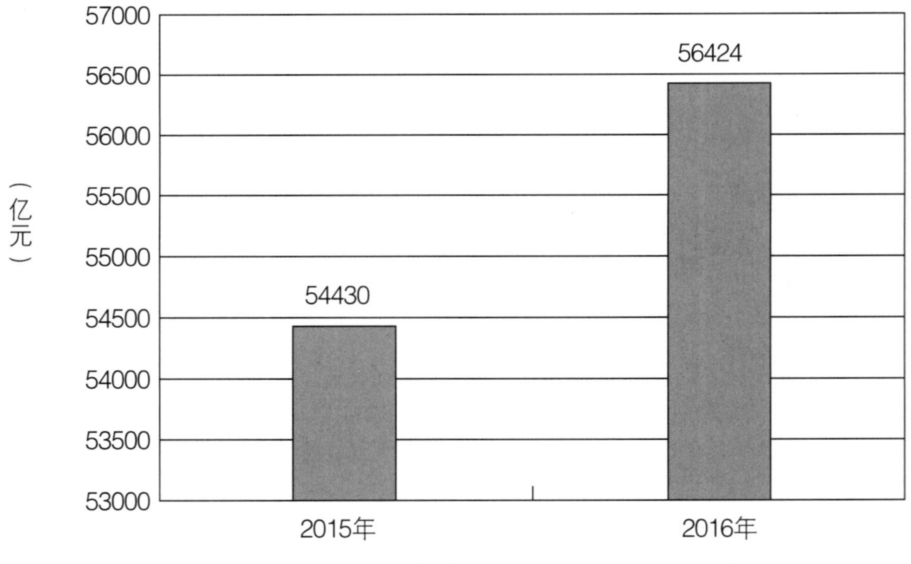

图 1　2015—2016 年安徽省社会物流总额变化情况

（二）社会物流费用占比下降。

2016 年安徽省社会物流总费用为 3979 亿元，较上年增加 279 亿元，增长 7.54%。社会物流总费用与当年 GDP 的比率为 16.5%，较上年下降 0.3 个百分点（如图 2 所示）。表明在降本增效政策作用下，尽管物流业总费用随着需求扩张有较大提高，但社会物流成本总体有所下降。

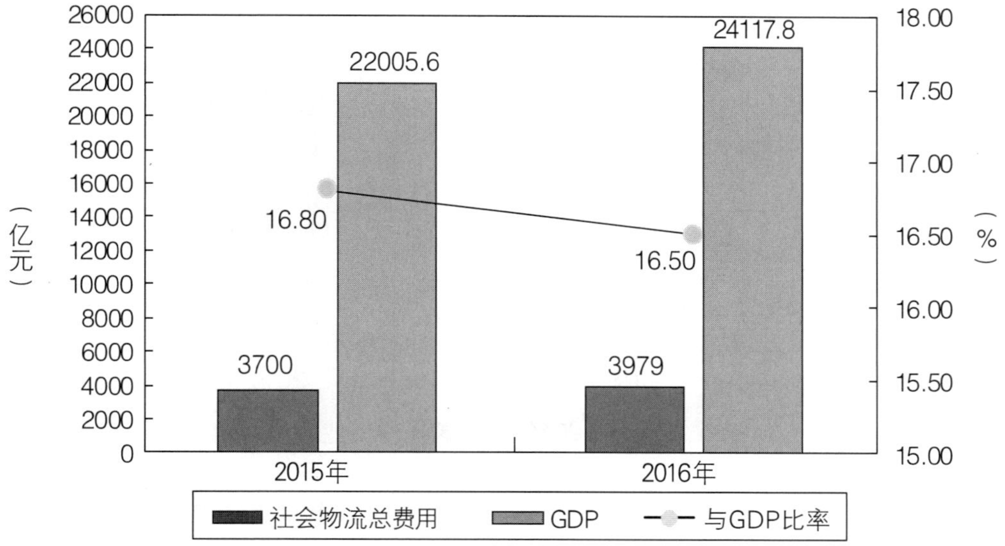

图 2　2015—2016 年安徽省社会物流总费用与 GDP 比率

（三）运输费用占比物流总费用偏高。

2016 年安徽省社会物流总费用中，运输总费用为 3091.7 亿元，占社会物流总费用的 77.7%；保管总费用为 636.6 亿元，约占运输总费用的 16%；管理费用为 250.7 亿元，约占运输总费用的 6.3%；与全国相比，安徽省物流总费用中运输费用占比高于全国（54%）23.7 个百分点，保管费用和管理费用占比分别低于全国（33%、13%）17 个和 6.7 个百分点（如图 3 所示）。

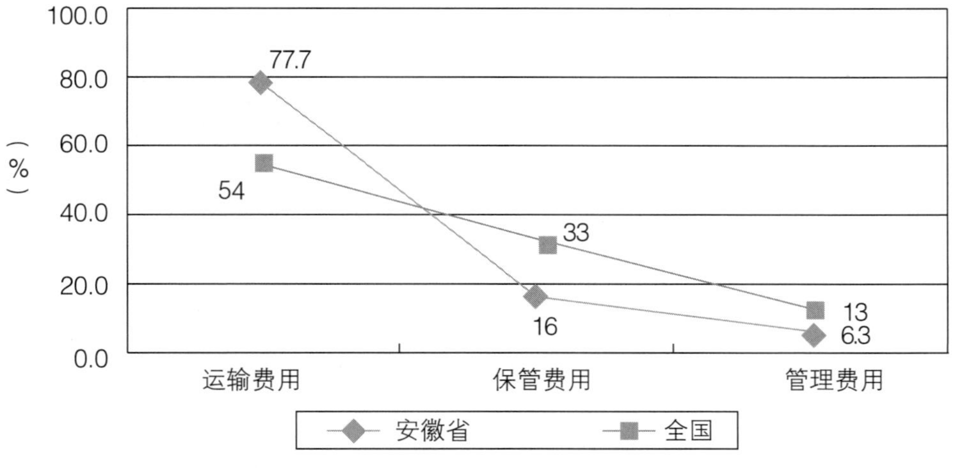

图 3　2016 年安徽省与全国社会物流总费用构成

（四）物流业收入增长平稳。

2016 年安徽省物流相关行业收入为 3151.6 亿元，较上年增加 127.7 亿元、增长 4.22%（如图 4 所示）。物流业收入增加，一定程度上反映了安徽省物流企业活力上升，物流市场规模有所扩张。

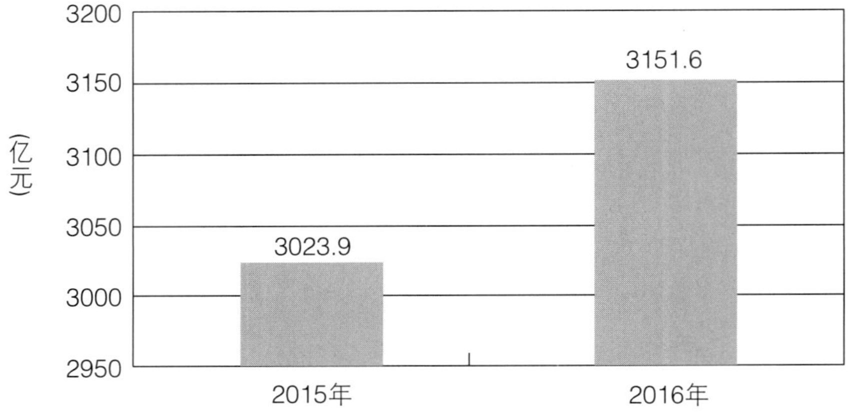

图 4　2015—2016 年安徽省物流业收入

（五）物流服务价格缓步上升。

从公路货运市场看，2016 年中国公路物流运价指数全年平均指数 103.43，较上年下降 2.68%，年内公路价格指数呈震荡上升趋势。2016 年节点城市合肥运价指数全年平均指数 109.92，较上年下降 0.24%，比同年全国物流运价指数高出 6.49%，降幅低于全国平均水平（如图 5 所示）。服务价格偏高，是造成安徽省运输费用高于全国平均水平的原因之一。

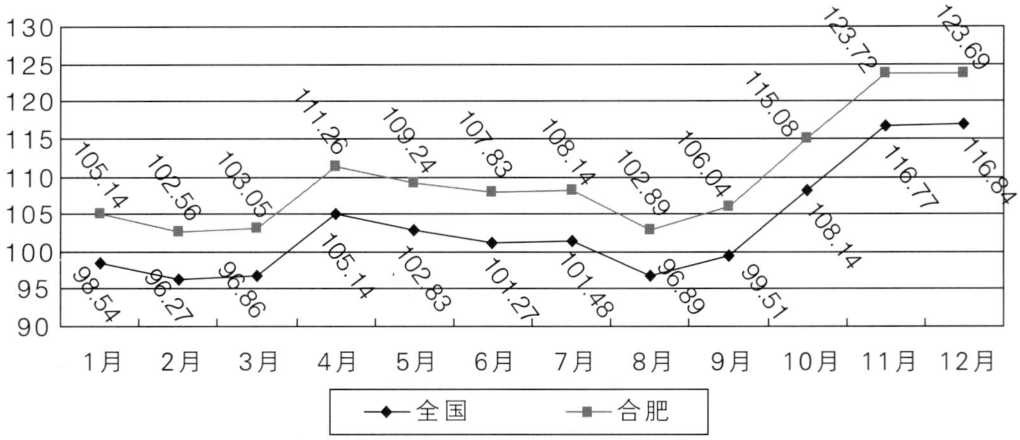

图 5　2016 年合肥市与全国公路运价指数对比①

① 中国物流采购与联合会，林安物流．中国公路物流运价指数［EB/OL］．［2017－04－10］．http：//index.0256.cn/。

二、重点监测物流企业情况

（一）发展概况。

2016 年，安徽省物流企业发展态势良好。据安徽省物流与采购联合会物流企业申请 A 级评估报告资料显示，年内初次申请和升级申请的 A 级物流企业数量不断增加，A 级物流企业规模扩大、资质提升。第 23 批 A 级物流企业申报数据中，有 6 家 3A 级物流企业成功升级申报为 4A 级，3 家 2A 级企业升级为 3A 级。截至目前，安徽省 A 级物流企业总数达到 113 家。

1. A 级物流企业以综合服务类型为主

安徽省 113 家 A 级以上物流企业，按照服务类型可分为综合服务型、运输型和仓储型三种。其中：以综合业务服务为主的物流企业 75 家，约占安徽省 A 级物流企业总数 66%；以运输服务业务为主的物流企业 21 家，占比约为 19%；以仓储服务为主的物流企业 17 家，占比约为 15%（如图 6 所示）。66% 的 A 级物流企业从事综合服务，说明安徽省物流企业的业务经营多元化。

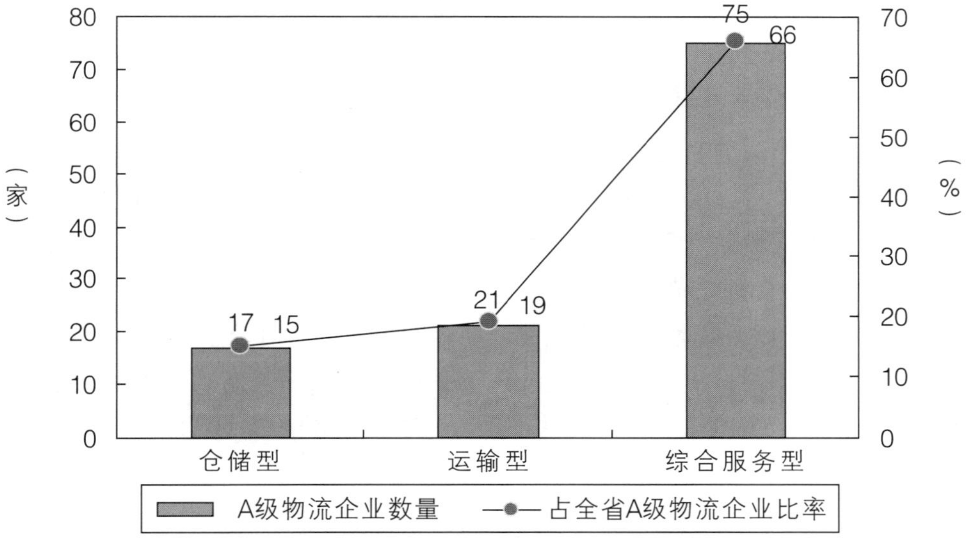

图 6　按不同服务类型统计的安徽省 A 级物流企业

2. A 级物流企业中 4A 及以上企业过半

按照 A 级物流企业的等级划分，安徽省 113 家 A 级以上物流企业中，有 5A 级物流企业 2 家、4A 级物流企业 56 家、3A 级物流企业 37 家、2A 级物流企业 18 家（如图 7 所示）。目前，安徽省 5A 级物流企业偏少。推动安徽省 4A 级物流企业升级，吸引省外知名 5A 级企业入驻，成为各级地方政府指导物流行业发展的重要工作。

3. A 级物流企业主要分布在合肥物流区

安徽省“十三五”物流业发展规划提出构建“一圈、四区、多点”的区域布局，本次统计调查发现，物流业发展速度与地区经济发展水平呈正相关。目前，安徽省物流企业按区域划分，合肥物流区有 47 家，芜马物流区有 34 家，安庆物流区有 13 家，蚌埠物流区有 13 家，阜阳物流区有 6 家。

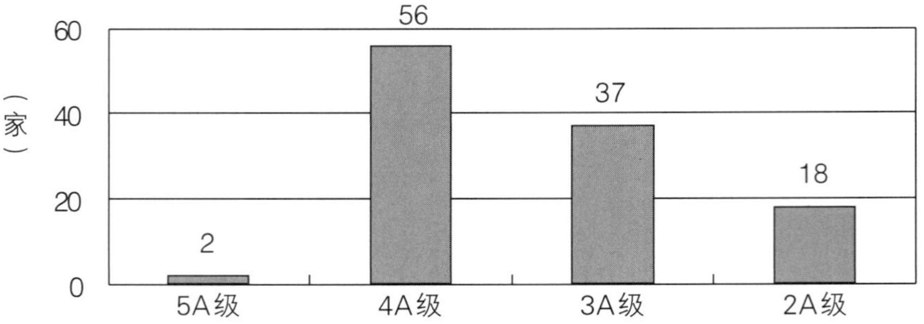

图7　2016年安徽省分级别统计的A级物流企业数量

（二）经营情况。

选取22家重点监测A级物流企业作为典型样本（以下简称22家样本企业），对其业务量、财务状况、人力资源等方面数据进行分析，可得出如下结论。

1. 企业业务量分布不均

2016年，22家样本企业总计完成吞吐量6119万吨、周转量167110万吨·公里、装卸搬运量65万吨、包装量4万吨、流通加工量4万吨、配送量75万吨、货运量602万吨。从数据来看，安徽省A级物流企业的吞吐量、货运量较大，安徽省物流企业业务仍然以运输、仓储传统业务为主。

2. 企业主营业务收入差异大

2016年，22家样本企业中，主营业务收入超过2亿元的企业有12家，主营业务收入在1亿~2亿元的企业有1家，主营业务收入1亿元以下的企业有9家，其中1000万元以下的企业3家。A级物流企业之间营收差距较大，反映出安徽省物流行业发展不均衡。

3. 企业业务收入来源途径多

2016年，22家样本企业的业务收入包括配送收入、运输收入、流通加工收入、包装收入、信息及相关服务收入、仓储收入、货代业务收入、装卸搬运收入、一体化物流业务收入及其他收入十个部分，每个部分的收入占总收入的比率如图8所示。说明安徽省物流企业物流经营业务较为广泛，收入渠道来源多样化。

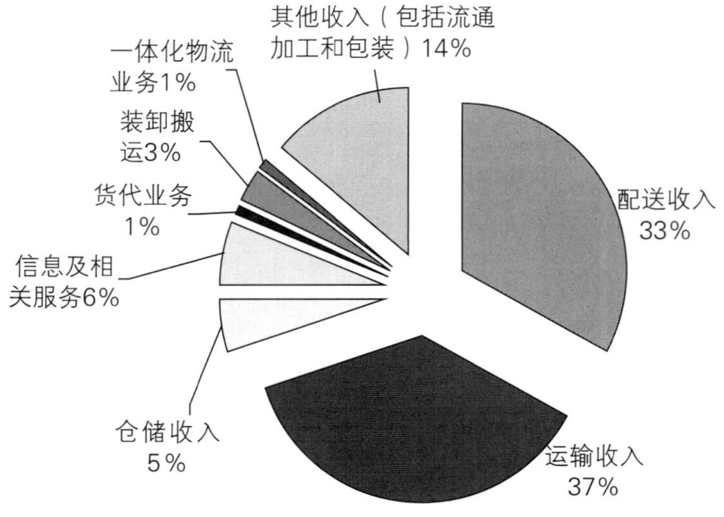

图8　2016年安徽省22家样本企业的业务收入构成

4. 收入以传统业务为主

2016 年，22 家样本企业主营业务总收入为 618378.75 万元（企均 28108.13 万元），其中：运输收入为 228518.53 万元，仓储收入为 28709.36 万元，配送收入为 205745.00 万元。从收入构成来看，仓储、运输和配送三项收入占总收入构成的 74.9%，其余七项收入包括流通加工收入 496.34 万元、货代收入为 5143.22 万元、包装收入 260 万元、信息及相关服务收入 39735.24 万元、装卸搬运收入 20465.62 万元、一体化物流业务收入 6595 万元和其他收入 82710.44 万元，所占比例约为 25%。不难发现，安徽省物流企业的主营业务收入主要来源于运输、仓储、配送等传统业务，而流通加工、物流一体化和信息服务等业务收入较少。

5. 物流业务总成本较高

2016 年，22 家样本企业主营业务总成本为 510793.37 万元（企均 23217.89 万元），其中：运输成本为 157823.86、配送成本为 193350.88 万元、仓储成本为 22477.36 万元（如图 9 所示）、装卸搬运成本 27693.87 万元。从总成本构成来看，运输成本、仓储成本、配送成本和装卸搬运成本四项合计占总成本的 78.57%，其余业务成本包括信息及相关服务成本 36564.72 万元、流通加工成本 430 万元、包装成本 232 万元、货代业务成本 5093.31 万元、一体化物流业务成本 5885.8 万元、其他成本 61241.57 万元，物流业务总成本与物流业务总收入的比率约为 82.6%，说明物流总成本较高，降本增效是行业改革的重点工作。

6. 物流企业盈利能力不足

通过对 22 家样本企业的仓储、运输、配送、信息及相关服务、货代、包装等具体业务成本与业务收入进行对比，如图 9 所示，分析发现，各项业务成本均较高。安徽省物流企业的成本占收入的比值大，不仅反映出物流企业的经营成本较高，也同时反映出安徽省物流企业的盈利能力不足。

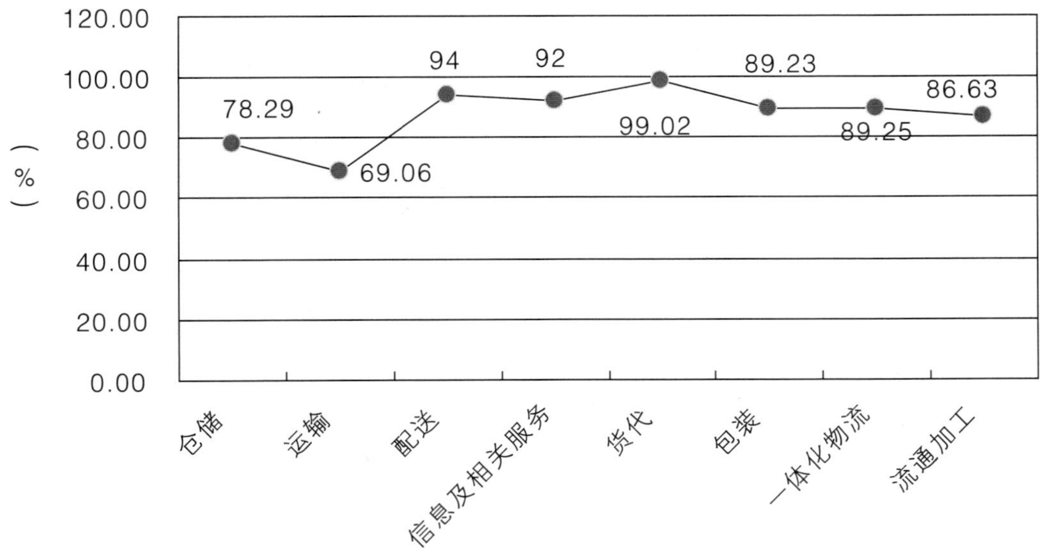

图 9　2016 年 22 家样本企业的成本与收入的对比情况

7. 物流企业仓储以自有仓储为主

安徽省重点监测企业的仓储面积分为自有仓储面积和租用仓储面积，其中：自有仓储总面积为 171.2 万平方米，租用仓储总面积为 77.1 万平方米。仓储容积分为自有仓储容积和租用仓储容积。其中：自有仓储总容积为 506 万立方米，租用仓储总容积为 204.8 万立方米。

22 家样本企业平均自有仓储面积为 7.8 万平方米，平均自有仓储容积为 23 万立方米，反映出安徽省 A 级物流企业可提供的仓储面积和容积较大，提高仓库利用率是增加物流收入的关键。

8. 物流企业自有专业装卸和运输设备较少

2016 年 22 家样本企业装卸和运输设备统计数据显示，企业自有装卸设备合计 1001 台，货运车辆合计 4476 辆，其中：普通货车 4063 辆，专用货车 223 辆。专用货车细分为：冷藏车 47 辆，集装箱专用车 147 辆，铁路专用线 23 条。平均企业自有车辆数为 203 辆，专用货车 10 辆。反映出安徽省重点监测物流企业自有车辆与专业车辆较少，大部分运输依靠利用社会私有车辆进行。

9. 重点监测企业人员专业化水平较高

2016 年年末，安徽省 22 家样本物流企业从业人员合计 10271 人。其中：从事物流岗位工作人员 6591 人，具有大学本科及以上学历人员 1280 人，中高级技术职称人员 712 人，高级技师和高级工人 631 人，具有中、高级物流师职业资格人员 317 人，反映出安徽省重点监测物流企业的物流从业人员专业化结构高于一般物流企业。

三、发展建议

从 2016 年 22 家样本企业的数据分析看，尽管近年来安徽省物流业取得长足发展，但运输费用占比较高，物流企业以传统仓储、运输和配送业务为主，物流信息化、现代化装备不足，物流业务成本占业务收入比例高、利润率偏低等问题仍较突出。下一步要按照《安徽省“十三五”物流业发展规划》《安徽省物流业降本增效专项行动实施方案（2016—2018 年）》和《安徽省“互联网+”高效物流实施方案》等系列文件，坚持发挥市场在资源配置中的决定性作用和更好地发挥政府作用，积极落实供给侧结构性改革要求，着力补齐物流短板，降低物流成本，加快构建具有安徽特色的现代物流产业体系。

一要加强对物流业工作领导。牢固树立和贯彻落实创新、协调、绿色、开放、共享发展理念，深入推进供给侧结构性改革，实现物流业降本增效和转型升级。各地、各有关部门要分工协作，明确责任，持续推进“放管服”改革，优化货运车辆通行管控，推动货物通关便利化，落实物流业用地政策，完善物流行业诚信体系建设，提升行业监管水平。

二要加快推进物流基础设施建设。加快打造合肥、芜湖、安庆、阜阳、蚌埠等全国性和区域性物流枢纽，加强物流公共信息平台和货物配载中心建设。规划建设合肥北站、阜阳北站、马鞍山郑蒲港等一批重点交通物流枢纽工程和多式联运基地，推动示范物流园区发展，加快布局建设一批货运枢纽型、商贸服务型、生产服务型、口岸服务型和综合服务型物流园区。

三要提高物流业现代化装备化水平。加大

对高科技物流设备的研发和应用力度，打造智能物流、绿色物流，利用射频识别（RFID）、物联网、大数据等先进技术，对现有物流装备进行改造。鼓励信息平台创新发展，发挥在整合物流资源、促进信息互联互通、提高物流组织化程度中的重要作用。推进供应链管理，提升物流企业物流服务能力。

四要促进物流与相关行业融合发展。推动物流业与现代农业融合发展，加快建设农产品冷链物流设施。鼓励物流企业面向制造业转型升级需求，拓展提升综合服务能力。推动交通物流融合发展，加强综合交通枢纽与物流枢纽布局的衔接，建设一批重点交通物流枢纽工程。推动商贸业与物流业融合发展，积极推动商贸流通创新转型发展，加强大数据、云计算等技术应用，探索“商贸+互联网+物流”融合发展新模式。

五要切实降低物流企业成本。认真落实降税清费各项政策，重视完善物流领域增值税政策、降低物流企业运输收费水平、规范物流领域收费行为等，切实减轻物流企业负担。通过培育和引进多种方式，加快形成一批4A级以上物流企业，积极发挥龙头企业带动辐射作用，促进资源集约利用。重视物流协会、企业联盟作用，推动物流企业资源共享，提高物流效率，降低物流成本。

六要加强重视人才培养。加大省内各大高等院校物流专业人才培养力度，重视产学研合作，培养具有现代物流管理水平和现代物流技术设备操作能力的物流人才。提高物流企业人才储备观念，对入职员工提供定期培训，改善物流从业人员的知识结构，提升物流从业人员的综合素质。

七要坚持物流统计工作。数据是决策之本，坚持物流统计工作可以及时准确反映安徽省物流业发展规模和运行效率，为政府宏观管理和企业经营决策提供重要参考。要充分发挥行业协会在物流统计中的牵头作用，统一物流核算方法、完善物流基础数据来源、强化物流信息管理，在年度报告基础上，进一步细化物流统计地区和行业分类，开展指数研究分析，加快建立具有安徽省特色的物流统计指标体系。

（安徽省物流与采购联合会）

2016 年江西省物流业发展情况

一、物流业运行情况

2016 年，江西省物流运行总体平稳，社会物流总额增速回升，社会物流总费用与 GDP 的比率稳步下降。

（一）社会物流总额。

2016 年，江西省社会物流总额为 51156 亿元，比上年增长 8.3%。从物流总额构成看：工业品物流总额为 31788 亿元，比上年增长 8.7%，占江西省社会物流总额的 62.1%；农产品物流总额为 2173 亿元，比上年增长 4.1%，占江西省社会物流总额的 4.2%；区域外流入货物物流总额为 13212 亿元，比上年增长 7.4%，占江西省社会物流总额的 25.9%；贸易批发物流总额为 3609 亿元，比上年增长 9.8%，占江西省社会物流总额的 7.1%；单位与居民物品物流总额为 101 亿元，比上年增长 44.2%，占江西省社会物流总额的 0.2%；再生资源物流总额为 273 亿元，比上年增长 10%，占江西省社会物流总额的 0.5%。

（二）社会物流总费用。

2016 年，江西省社会物流总费用为 3112 亿元，比上年增长 6.8%，与 GDP 比率为 16.9%，同比下降 0.5 个百分点。从物流总费用构成看：运输费用为 1973 亿元，比上年增长 9.6%，占江西省社会物流总费用的 63.4%，其中：铁路运输费用 60 亿元，比上年增长 5.3%，占比 3%；道路运输费用 1684 亿元，比上年增长 9.2%，占比 85%；水上运输费用 11 亿元，比上年增长 10%，占比 0.6%；装卸搬运及其他运输费用 217 亿元，比上年增长 14.8%，占比 11%；管道运输费用 1 亿元，增长与上年持平，占比 0.05%。保管费用为 826 亿元，比上年下降 0.8%，占江西省社会物流总费用的 26.5%，其中：利息费用 338 亿元，比上年下降 4.2%，占比 41%；仓储费用 179 亿元，比上年下降 3.8%，占比 21.7%；保险费用 8 亿元，比上年下降 12.5%，占比 0.96%；货物损耗费用 35 亿元，比上年增长 6%，占比 4.2%；信息及相关服务费 4 亿元，增长与上年持平，占比 0.5%；配送费用 41 亿元，比上年增长 10.8%，占比 4.9%；流通加工费用 181 亿元，比上年增长 3.4%，占比 21.9%；包装费用 39 亿元，比上年增长 8.3%，占比 4.7%。管理费用 313 亿元，比上年增长

10.2%，占江西省社会物流总费用的10.1%。

（三）物流业增加值。

2016年，江西省物流业增加值为1305.3亿元，比上年增长8.5%，占第三产业增加值的17.6%，占江西省GDP的7.1%。

二、物流业发展情况

2016年，江西省物流业在企业规模、智慧物流配送、电商物流、物流标准化建设等方面取得重大突破，实现了跨越式发展。

一是物流龙头企业快速成长。2016年，江西省新增A级物流企业32家，总数达到123家，其中5A级物流企业2家。认定了第四批省级重点商贸物流园区（中心）5家，总数达到16家；省级重点商贸物流企业22家，总数达到59家。一些物流龙头企业崭露头角，江西铜业集团（贵溪）物流有限公司跻身中国物流百强企业，江西玉丰集团入选全国冷链50强企业，江西三志物流成为全国零担30强企业，鹰潭现代物流园区等4家企业获评全国先进物流园区。

二是“互联网+高效物流”发展初具成效。南昌成为全国第一批智慧物流配送示范城市，蓝海物流获得全国智慧物流配送示范基地，江西万佶物流、五洲医药、江西正广通供应链等一批企业获得智慧物流示范企业。省级物流公共信息平台成功上线发布，万佶物流自建物流电商平台“运物联”全面推向市场，有注册用户46.8万个，平台服务企业近3万家，平台交易总额突破5000多万元。

三是电子商务物流快速增长。2016年，江西省快递服务企业业务量累计完成38304.64万件；全国排第16位，同比增长63.19%；业务收入累计完成412915.53万元，全国排第17位，同比增长49.23%。江西省快递企业队伍不断壮大，已拥有各类快递企业560家，快递员近7万人。昌北国际机场开通了“深圳—南昌”顺丰全货机运输航线，为提升江西航空快递时效创造了条件。

四是推进物流标准化建设取得重大突破。南昌、九江入选全国第三批物流标准化试点城市，共获得中央财政资金1.6亿元支持，这是江西省商贸物流领域首次获得国家层面政策支持。

五是货物运输保持平稳增长。2016年，江西省全年完成货物运输量138061.6万吨，比上年增长6.0%。其中：铁路货运量4295.8万吨，比上年增长9.0%；公路货运量122877万吨，比上年增长6.4%；水运货运量10888.8万吨，增速与上年持平。全年完成货物周转量3897.6亿吨·公里，比上年增长3.8%。其中：铁路完成货物周转量514.8亿吨·公里，比上年增长3.6%；公路完成货物周转量3147.5亿吨·公里，比上年增长4.1%；水运完成货物周转量235.3亿吨·公里，比上年增长0.7%。

三、物流产业集群发展情况

根据《江西省物流产业集群发展规划》（2015—2020年），江西省政府全力推进物流产业集群发展。截至2016年年末，江西省共有物流产业集群50个，物流产业集群的发展成为推动江西省经济发展的重要力量。

（一）基础情况。

1. 总体规模

2016年，江西省50个物流产业集群入驻物流企业10394家，占江西省总量的75.2%；投资总额1715.2亿元，同比增长7.6%。

2. 物流仓储服务设施

2016 年，江西省 50 个物流产业集群内共有物流仓库面积 1636. 5 万平方米，同比增长 5. 7%；货运车辆（普通）484623 辆，同比增长 5. 6%；1200×1000mm 标准托盘 42 万片，其中：自有 30 万片，同比增长 63. 0%；租用 12 万片，同比增长 40. 2%；标准托盘自有量与租赁量比例由 199 ：100 调整为 231 ：100。

3. 从业人员情况

2016 年，江西省 50 个物流产业集群共有物流企业从业人员总数 91. 5 万人，同比增长 3. 5%，占江西省物流业从业人数总数的 75. 7%。

（二）总体运行情况。

1. 货运情况

2016 年，江西省 50 个物流产业集群内物流企业发往外省货运总量为 99977 万吨，同比增长 21. 8%；外省流入货运总量为 70724. 8 万吨，同比增长 14. 8%。发往外省与外省流入比例由 133 ：100 调整为 141 ：100。

2. 经营效益

（1）主营收入。2016 年，江西省 50 个物流产业集群的主营收入共计 2267 亿元，同比增长 7. 7%。

（2）平均利润率。2016 年，江西省 50 个物流产业集群的物流企业平均利润率为 8. 7%，同比增长 54. 1%。

3. 物流需求

2016 年，江西省 50 个物流产业集群的工业、批发和零售业企业销售总额比上年增长 11. 9%。其中，工业企业销售总额增长 12. 3%，批发和零售业企业销售总额增长 10. 6%。

4. 物流成本

2016 年，江西省 50 个物流产业集群内工业、批发和零售业企业物流成本同比增长 8. 8%。

5. 物流费用率

2016 年，江西省 50 个物流产业集群内工业、批发和零售业企业物流费用率（物流费用占销售额的比重）8. 7%，比上年下降 0. 2 个百分点。

（三）各区市物流产业集群的经营情况。

江西省 50 个产业集群分布在省属 11 个市中，2016 年各区市产业集群的主营收入均比上年有所增长。其中，九江市 6 个产业集群的主营收入比上年增长 10%，位居 11 个市产业集群之首；景德镇市的 2 个产业集群平均利润率比上年增长 80%，位居 11 个市产业集群之首。2016 年 11 个市的物流产业集群经营情况如下：

宜春市：5 个物流产业集群的主营收入共计 554. 9 亿元，同比增长 8. 0%；平均利润率 8. 4%，同比增长 68. 2%。

南昌市：8 个物流产业集群的主营收入共计 401. 4 亿元，同比增长 6. 7%；平均利润率 8. 8%，同比增长 54. 4%。

抚州市：4 个物流产业集群的主营收入共计 238. 0 亿元，同比增长 4. 8%；平均利润率 7. 1%，同比增长 32. 6%。

赣州市：7 个物流产业集群的主营收入共计 236. 1 亿元，同比增长 7. 0%；平均利润率 9. 6%，同比增长 24. 1%。

鹰潭市：3 个物流产业集群的主营收入共计 165. 5 亿元，同比增长 8. 5%；平均利润率 6. 4%，同比增长 68. 7%。

上饶市：5 个物流产业集群的主营收入共计 155. 1 亿元，同比增长 6. 1%；平均利润率 12. 1%，同比增长 36. 9%。

九江市：6 个物流产业集群的主营收入共计 154. 4 亿元，同比增长 12. 0%；平均利润率 10. 4%，同比增长 41. 4%。

吉安市：4 个物流产业集群的主营收入共计 139.9 亿元，同比增长 9.2%；平均利润率 5.6%，同比增长 19.8%。

萍乡市：3 个物流产业集群的主营收入共计 90.9 亿元，同比增长 7.0%；平均利润率 9.2%，同比增长 50.1%。

新余市：3 个物流产业集群的主营收入共计 71.7 亿元，同比增长 10.9%；平均利润率 8.6%，同比增长 41.4%。

景德镇市：2 个物流产业集群的主营收入共计 58.6 亿元，同比增长 10.8%；平均利润率 13.6%，同比增长 80.0%。

（江西省发展和改革委　江西省统计局　江西省交通运输与物流协会）

2016 年山东省物流业发展情况

2016 年，山东省实现生产总值（GDP）67008.19 亿元，同比增长 7.6%，增速比三季度提高 0.1 个百分点。在宏观经济平稳运行的基础上，山东省现代物流业总体呈现稳中向好的发展态势，物流市场需求平稳提升，社会物流总额稳中有进，但同时物流投资有所回落，物流行业发展仍面临较大下行压力。

一、社会物流总额平稳增长

2016 年，山东省物流总额达到 200131.6 亿元，同比增长 5.2%。其中：农产品物流总额为 7711.1 亿元，同比下降 0.2%，占总额的 3.8%，占比比上年下降 0.3 个百分点；工业品物流总额为 154031.7 亿元，同比增长 3.9%，占总额的 77%，占比比上年下降 0.9 个百分点；进口物流总额为 6414.3 亿元，同比增长 5.7%，占总额的 3.2%，占比与上年持平；外地货物流入物流总额为 25323.9 亿元，同比增长 8.1%，占总额的 12.7%，占比比上年提高 0.4 个百分点；再生资源物流总额为 3031.3 亿元，同比增长 10.9%，占总额的 1.5%，占比比上年提高 0.1 个百分点；单位与居民物流总额为 3619.3 亿元，同比增长 70%，占总额的 1.8%，占比比上年提高 0.7 个百分点。

二、物流业区域发展总体向好，存在一定地区差异

2016 年，山东省所属 17 个市区域物流业发展总体向好，从各市的物流总额看（见表 1），位居山东省前三位的依次是青岛市、临沂市和烟台市，物流总额分别为 28672.9 亿元、26523.5 亿元和 22062.5 亿元，占山东省物流总额的比重分别为 11.9%、11.0% 和 9.1%。此外，物流总额超过 2 万亿元的有济南市和潍坊市，物流总额分别为 21287.5 亿元和 20491.9 亿元。超过万亿元的有：淄博市，物流总额 17323.2 亿元；东营市，物流总额 15482.8 亿元；聊城市，物流总额 14311.2 亿元；德州市，物流总额 12868.7 亿元；菏泽市，物流总额 10412 亿元；威海市，物流总额 10065 亿元。从增长速度上看，潍坊市、济南市和菏泽市分别以 13.6%、12% 和 11.9% 的增速居山东省前三位。

表 1　　2016 年山东省及各市物流总额

省市	社会货物物流总额（亿元）	同比增长（%）	农产品物流总额（亿元）	工业品物流总额（亿元）	进口货物物流总额（亿元）	外地货物流入（亿元）	再生资源物流总额（亿元）	单位与居民物品物流总额（亿元）
山东省	200131. 6	5. 2	7711. 1	154031. 7	6414. 3	25323. 9	3031. 3	3619. 3
济南市	21287. 5	12. 0	443. 6	5738. 1	231. 7	14211. 9	10. 7	651. 6
青岛市	28672. 9	5. 9	562. 5	18724. 0	1528. 8	6937. 1	217. 4	703. 1
淄博市	17323. 2	9. 1	210. 3	12156. 8	176. 8	4615	21	143. 3
枣庄市	5040. 0	1. 8	268. 2	3754. 5	8. 6	832. 8	73. 1	102. 9
东营市	15482. 8	4. 3	206. 6	13205. 2	694. 2	1321. 0	13. 7	42. 0
烟台市	22062. 5	8. 6	701. 8	16974. 6	1260. 7	2776. 7	72. 0	276. 8
潍坊市	20491. 9	13. 6	838. 0	13642. 9	426. 9	4783. 0	497. 0	304. 1
济宁市	9221. 9	4. 8	827. 0	5723. 7	135. 6	2271. 0	96. 0	168. 6
泰安市	9987. 7	0. 2	405. 7	6333. 4	25. 8	3060. 9	35. 0	127. 0
威海市	10065. 0	4. 8	304. 9	7131. 4	404. 4	2076. 0	9. 1	139. 2
日照市	4693. 8	6. 9	235. 3	2842. 4	541. 3	965. 8	35. 4	73. 6
莱芜市	3133. 6	6. 0	89. 9	1826. 0	47. 8	363. 0	781. 0	25. 9
临沂市	26523. 5	8. 2	577. 7	11122. 9	178. 3	13015. 0	1286. 0	343. 6
德州市	12868. 7	11. 0	497. 5	10859. 2	61. 2	1178. 6	140. 2	132. 1
聊城市	14311. 2	3. 3	477. 9	9491. 5	177. 6	3978. 0	39. 7	146. 5
滨州市	9824. 8	5. 6	412. 2	7916. 8	327. 6	1062. 7	15. 7	89. 7
菏泽市	10412. 0	11. 9	384. 0	8064. 6	186. 9	1589. 0	38. 4	149. 2

三、物流业固定资产投资增速回落，区域呈现不平衡

2016 年，山东省物流相关行业固定资产投资完成 5258. 2 亿元，同比下降 4. 6%，低于山东省固定资产投资增速 15. 1 个百分点，占全部固定资产投资的比重为 10%，比上年降低 1. 6 个百分点。其中：交通运输业投资达 2296. 4 亿元，占物流固定资产投资的 43. 7%；邮政仓储业的投资达 685. 8 亿元，占物流固定资产投资的 13. 0%；批发零售业的投资达 2276 亿元，占物流固定资产投资的 43. 3%。分市来看，物流相关产业投资位居前三位的依次为青岛市、烟台市和济南市，分别完成投资 828. 2 亿元、684. 3 亿元和 469. 4 亿元，分别占山东

省物流固定资产投资的15.8%、13%和8.9%。从发展速度看，济南市、淄博市和济宁市物流业投资增速分别为47.6%、24.5%和22.3%，依次位列山东省前三位。莱芜市、泰安市、威海市等市物流业固定资产投资有较大幅度下降，分别比上年下降47.8%、34.4%、27.7%。物流业投资占当地固定资产投资的比重位居前三位的是东营市、烟台市、泰安市，占比分别为13.4%、12.9%和12.6%。具体情况如表2所示。

表2 2016年山东省及各市物流相关行业固定资产投资

省市	固定资产投资总额（亿元）	同比增长（%）	物流相关产业固定资产投资总额（亿元）	同比增长（%）	各市物流投资额占山东省的比重（%）	物流投资占全部投资（%）	固定资产投资额（亿元）		
							交通运输业	邮政仓储业	批发零售业
山东省	52364.5	10.5	5258.2	-4.6	100.0	10.0	2296.4	685.8	2276.0
济南市	3974.3	13.6	469.4	47.6	8.9	11.8	334.2	48.2	87.1
青岛市	7454.7	13.7	828.2	7.1	15.8	11.1	467.8	82.8	277.6
淄博市	3099.8	13.5	218.7	24.5	4.2	7.1	83.3	32.5	103.0
枣庄市	1788.5	10.0	176.8	-10.0	3.4	9.9	41.2	15.9	119.8
东营市	2472.5	-19.8	330.4	-14.0	6.3	13.4	120.0	60.6	149.8
烟台市	5297.2	13.5	684.3	-12.0	13.0	12.9	236.1	156.2	291.9
潍坊市	5112.5	13.2	457.8	11.9	8.7	9.0	171.4	82.7	203.8
济宁市	3279.0	13.4	344.2	22.3	6.5	10.5	120.5	24.6	199.1
泰安市	2899.6	10.7	365.0	-34.4	6.9	12.6	105.3	21.5	238.1
威海市	2879.4	13.2	244.5	-27.7	4.6	8.5	87.2	38.7	118.6
日照市	1597.8	13.5	177.3	-10.7	3.4	11.1	118.5	4.0	54.7
莱芜市	635.7	2.7	25.8	-47.8	0.5	4.1	10.1	3.8	11.9
临沂市	3603.3	11.9	274.1	-1.0	5.2	7.6	110.0	10.3	153.8
德州市	2537.8	13.4	164.5	-17.7	3.1	6.5	17.6	44.0	102.8
聊城市	2357.6	12.2	215.5	-25.3	4.1	9.1	128.7	22.2	64.6
滨州市	2156.6	8.4	192.0	0.5	3.7	8.9	112.3	27.8	51.8
菏泽市	1218.2	13.5	89.7	-5.1	1.7	7.4	32.1	10.1	47.6

（山东省经信委　山东省统计局）

2016 年河南省物流业发展情况

2016 年，河南省不断加快郑州航空港经济综合实验区建设，强化中心、提升节点、促进产业联动，开展降本增效专项行动，加快行业物流发展，推动物流业供给侧改革，全省物流业总体保持稳中向好态势。

一、物流业发展情况

（一）物流需求平稳增长。

2016 年，河南省社会物流需求稳中有升，全年社会物流总额首次突破 10 万亿元，达到 10.09 万亿元，占全国物流总额量的 4.4%；同比增长 8.8%，高于全国 2.7 个百分点。其中消费类物流贡献持续提升，工业生产类物流需求结构调整步伐加快。2016 年河南省社会物流总额增长走势如图 1 所示。

从结构上看，在扩大内需和增加消费拉动的共同作用下，单位与居民物品物流增长最快，物流总额达 233.22 亿元，同比增长 42.4%，增速比上年高 1.9 个百分点，低于全国 0.4 个百分点；其次是外省流入物品物流，物流总额达 9028.2 亿元，同比增长 10.6%，增速比上年高 4.1 个百分点；工业品物流需求保持稳定增长，物流总额达到 83004.1 亿元，占全国总量的 3.9%，同比增长 9.2%，增速高于全国 3.2 个百分点，汽车及零部件、智能手机、节能环保设备等行业物流需求增长较快；农产品物流总额、再生资源物流总额分别同比增长 4.4%、14.2%，增速分别高于全国 1.3 个和 2.7 个百分点；进口货物物流需求下降明显，物流总额为 1879.4 亿元，同比下降 1.9%，增速比上年低 23.8 个百分点，低于全国增速 9.3 个百分点。

（二）物流运行质量有所提升。

2016 年，河南省社会物流总费用为 6586.3 亿元，同比增长 6.7%（如图 2 所示），增速比上年回落 0.2 个百分点，社会物流总费用与 GDP 的比率为 16.4%，比上年降低 0.5 个百分点，经济运行的物流成本有所下降，物流领域“降成本”取得了积极成效。

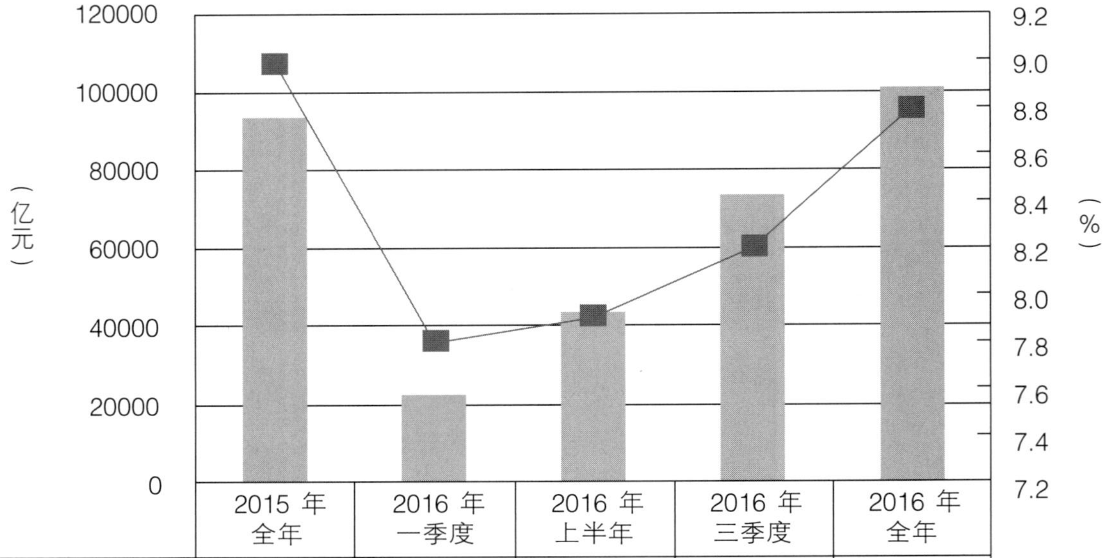

	2015 年全年	2016 年一季度	2016 年上半年	2016 年三季度	2016 年全年
总额	93538	22258.76	43487.15	73361.6	100912
增速	9	7.8	7.9	8.2	8.8

图 1　2015—2016 年河南省社会物流总额趋势变化

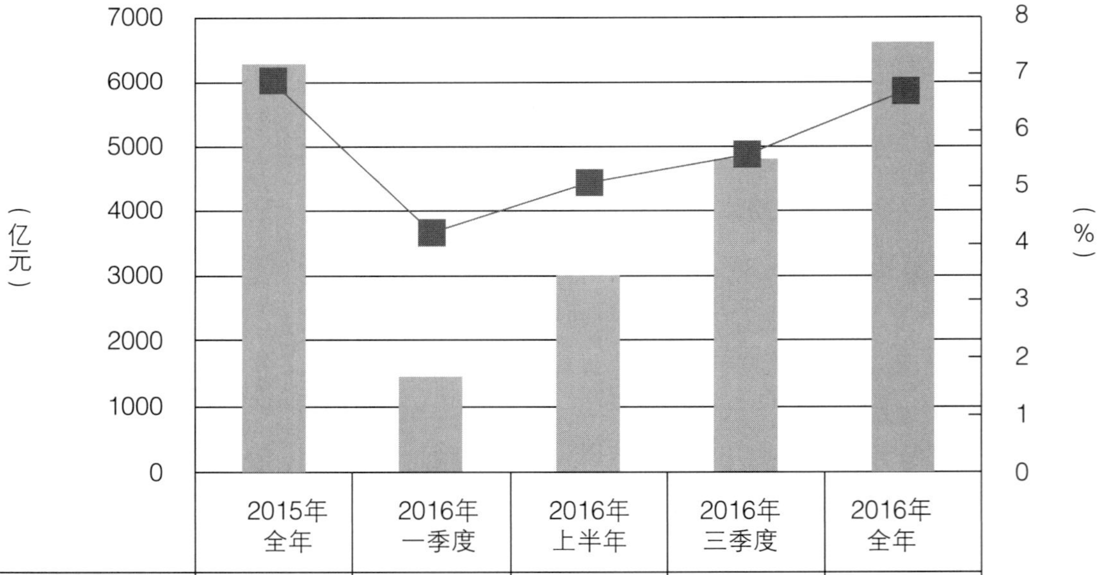

	2015年全年	2016年一季度	2016年上半年	2016年三季度	2016年全年
总额	6255	1427.63	2973.67	4815.4	6586.2
增速	6.9	4.2	5.1	5.6	6.7

图 2　2015—2016 年河南省社会物流总费用趋势变化

从物流环节的费用成本看，交通运输费用占比最大，保管费用增长最快。从结构上看，社会物流运输费用为4179.6亿元，同比增长6.6%，增速比上年降低0.2个百分点；保管费用为1807.4亿元，同比增长8.5%，增速比上年提高0.6个百分点；管理费用为599.3亿元，同比增长7.6%，增速比上年降低2.1个百分点。

（三）物流业规模不断壮大。

2016年，河南省物流业总收入达到4982亿元，同比增长7.6%，全年完成增加值2130亿元，同比增长9.1%，保持较快增长。物流业增加值占GDP的比重为5.3%，占服务业增加值的比重为12.7%。从结构上看，邮政快递行业增长最快，增幅达到38.4%，完成增加值184亿元；交通运输业占比最大，达到63.8%，完成增加值1359亿元，同比增长8.7%；仓储业完成增加值140亿元，贸易业完成增加值447亿元，同比分别增长9.2%和9.0%（如下表所示）。

2016年河南省物流业增加值及构成

指标名称	增加值（亿元）	同比增长（%）	占增加值的比重（%）
物流业增加值	2130	9.1	100.0
其中：交通运输业	1359	8.7	63.8
仓储业	140	9.2	6.6
贸易业	447	9.0	21.0
邮政业	184	38.4	8.6

（四）货运实物量保持回升势头。

2016年，河南省货物运输量增幅由1月的3.4%上升到12月的6.6%，货物周转量增幅由1月的-0.8%上升到12月的6.1%，呈现逐步回升态势（详见图3）。2016年完成货物运输量20.54亿吨，货物周转量7336.28亿吨·公里，分别比上年增长6.6%和6.1%，比上年提升0.6个和3.0个百分点，比全国平均水平高0.9个和2.1个百分点。

航空货运保持中高速增长。2016年，郑州机场货邮吞吐量达到45.9万吨，同比增长13.1%。全货机通航点达36个，客货运通航城市达到117个，基本形成了覆盖全国以及东亚、东南亚主要城市，连接迪拜和温哥华的枢纽航线网络。

铁路货运企稳回升。2016年，河南省完成铁路货运量9562万吨，同比下降2.5%；实现货物周转量1685.9亿吨·公里，同比增长1.2%，分别比上年提高7.2个和14.1个百分点，9月起均实现持续正增长，扭转了铁路货运持续下降的态势。中欧班列（郑州）保持高频往返均衡常态化开行，全年开行251班（137班去程，114班回程）。

公路货运平稳增长。2016年，河南省公路货运量为18.4亿吨，同比增长6.9%；货物周转量4838.5亿吨·公里，同比增长6.5%，增速分别比上年提高0.3个和下降1.5个百分点。

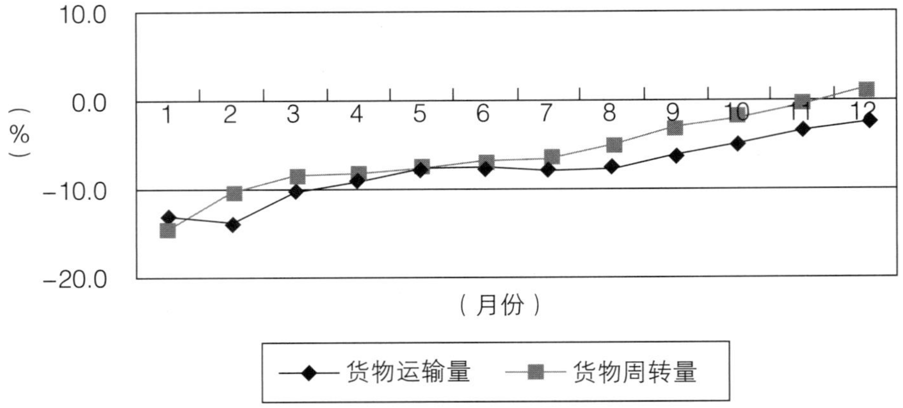

图3 2016 年河南省货运量及周转量变化走势

（五）快递物流持续迅猛增长。

2016 年，河南省快递服务企业业务量累计完成 83875.32 万件，同比增长 63.02%，高于全国 11.6 个百分点；快递业务收入累计完成 94.37 亿元，同比增长 49.53%，高于全国 6 个百分点。其中省会郑州市完成快递业务量 42374.8 万件，实现快递业务收入 518040.7 万元，分别居全国第 16 位和第 14 位。2016 年河南省快递业务量和业务收入增长走势如图 4 所示。

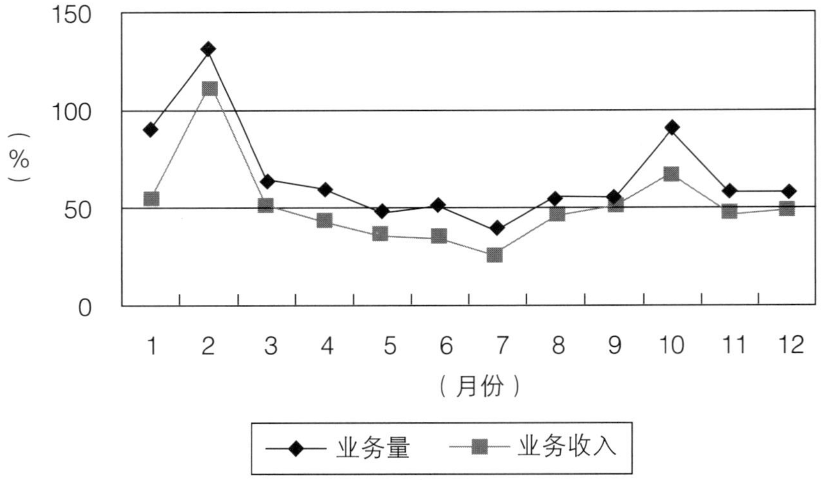

图4 2016 年河南省快递业增长走势

二、物流业发展中的问题及对策

2016 年河南省物流行业保持了良好的发展态势，但受需求趋缓、要素成本上升、服务价格低迷等因素影响，物流企业投资意愿下降、经营效益下滑等问题日益凸显。主要表现为：一是物流相关固定资产投资乏力。2016 年，河南省物流相关行业投资完成 1944.56 亿元，比上年增长 2%，占全省固定资产投资的 4.9%，增速低于第三产业投资 15.1 个百分点，低于河南全省固定资产投资（不含农户）11.7 个百分点。其中：航空运输业固定资产投资出现负增长，完成投资 27.74 亿元，同比下降 68.3%；道路运输业、仓储业和铁路运输分别完成投资 1007.19 亿元、684.8 亿元、73.52 亿元，同比增长 12.3%、8.9%和 0.3%，比上年分别下降 30 个百分点、41.9 个百分点和 18.5 个百分点。二是重点物流企业业务收入普遍回落。2016 年，受市场大环境影响，河南省部分物流企业业务出现下滑。据重点物流企业调查结果显示，平均营业收入下降 3.1%，物流业务成本下降 2.9%，其中运输成本下降 4.7%。此外，仓储和人力成本仍有一定程度上涨，重点企业仓储成本上升 12.6%，管理成本增长 6.8%。三是物流市场秩序亟待完善。河南省物流业在规模不断壮大的同时，零担、冷链等货运市场秩序仍需进一步完善，部分零担货运经营不规范、代收货款市场监管缺失，货运企业携货款潜逃等事件频发，破坏了河南省物流行业秩序。另外，冷链物流企业固定资产投资较大，冷链运输车辆载重量低，企业负担较重，部分企业不按行业标准操作，“断链”问题突出。

为推进河南省物流业持续发展，抓好以下工作刻不容缓：一是建设郑州国际多式联运物流中心。完善郑州航空港陆空联运体系，持续加密新开货运航线，完善地面配套服务设施和集疏运网络。推进中欧（郑州）班列铁海公多式联运国家示范工程，开工建设汽车口岸二期、粮食口岸等。二是完善区域物流园区体系。推动洛阳、安阳、濮阳、三门峡、南阳、商丘、信阳等物流节点城市布局建设一批综合型物流园区，组建物流园区联盟，通过联合招商吸引龙头企业依托园区多点布局发展。三是开展冷链物流转型攻坚。加快培育壮大冷链物流龙头企业，推进郑州国际冷链物流枢纽建设，建成一批区域性冷链物流基地和城市配送中心。四是实施智慧物流建设工程。开工建设一批云仓储、智能分拣、车联网、库联网等设施和信息服务平台，支持龙头企业创建国家无车承运人试点。

（李　鹏　河南省物流与采购联合会）

2016 年海南省物流业发展情况

2016 年，面对严峻复杂的国内外经济形势，海南省政府带领全省人民认真贯彻落实党中央、国务院和省委一系列重大决策部署，坚持稳中求进的工作总基调，以新发展理念为引领，积极适应经济发展新常态，以供给侧结构性改革为主线，全力推动经济平稳较快增长。全年主要经济指标大部分好于年度预期，现代物流业运行成效显现，物流需求小幅增长，市场规模逐步扩大，物流效率有所提高，呈现出成本有所下降的基本态势。总体来看，海南省现代物流业起步良好。

一、物流业发展总体情况

（一）物流市场持续增长，产业地位明显提升。

2016 年，在一系列促进物流业发展的政策措施推动下，海南省物流业发展继续呈现平稳增长态势。特别是随着《海南省“十三五”现代物流业发展实施方案》的出台，物流产业地位明显提升，现代物流业发展的步子明显加快，对促进产业结构调整、转变经济发展方式、增强全省经济竞争力发挥了积极作用。

2016 年，海南省实现地区生产总值（GDP）4044.51 亿元，比上年增长 7.5%。其中：第一产业增加值 970.93 亿元，比上年增长 4.1%；第二产业增加值 901.68 亿元，比上年增长 5.1%；第三产业增加值 2171.90 亿元，比上年增长 10.1%，全省物流业实现增加值 203.35 亿元，比上年增长 9.1%，占第三产业增加值的 9.4%，说明物流业仍是服务业的主导产业之一。

（二）物流企业快速增长，服务能力逐步增强。

随着经济发展方式转变和产业升级，物流业的运行模式不断出现新变化。制造业企业加快资源整合、流程再造，不断释放物流资源；物流企业向规范经营和专业化服务延伸，专业化物流服务能力不断增强。中国石化海南炼油化工有限公司、海南金海浆纸业有限公司等企业采用了现代物流管理技术，实施流程再造和服务外包。依托海口港、洋浦港、八所港、海口美兰国际机场、三亚凤凰国际机场以及陆岛滚装运输形成的专业货运市场，加快了物流经营集约化、网络化和规模化发展，推动了物流企业的快速增长。

（三）物流市场需求稳步增长，运行质量有所提升。

1. 物流市场呈现五大特点

2016 年，海南省社会物流总额为 6891 亿元，按可比价格计算，同比增长 8.1%。从 2016 年海南省物流市场的情况看，表现出五大特点：

（1）热带农产品物流规模快速增长。2016 年，海南省农产品物流总额为 2157.57 亿元，同比增长 15.09%，带动了全省物流业发展。其中：鲜活农产品出岛量达到 550 万吨、22 万车次，增长较快的主要品种有：芒果（42 万吨）、香蕉（137 万吨）和椒类（171 万吨），分别增长 7.7%、24.79% 和 31.12%。表明海南省热带高效农业正在向着规模化、常态化发展。未来，海南省热带农业物流发展潜力巨大。

（2）日用消费品物流稳定增长。2016 年，海南省域外消费品物流总额为 1520.15 亿元，同比增长 7.11%。反映了岛屿省份居民日用消费品依赖外省输入，也符合海南省日用消费品的市场规律。

（3）快递消费高速增长。2016 年，海南省单位与居民物品物流即居民快递和网购消费总额为 26.19 亿元，同比增长 33.99%，快递服务企业业务量（收寄量）累计完成 4869.4 万件，同比增长 64.90%，海南省快递服务需求持续高速增长。

（4）进出口物流小幅下降。受世界经济不景气等因素影响，2016 年，海南省对外贸易进出口总额为 748.40 亿元，同比下降 13.9%；进口额为 607.72 亿元，同比增长 4.5%，进口增速由降转升；出口额为 140.68 亿元，同比下降 39.5%。

（5）工业品物流市场处在结构调整时期。2016 年，海南省工业品物流总额为 2438.72 亿元，同比下降 1.29%。但高技术产业增加值同比增长 15.8%，医药工业增加值同比增长 10.5%。反映了海南省工业去产能、去库存、去杠杆、降成本、补短板的重点任务取得成效，新兴工业、新经济发展向好。

2016 年海南省社会物流总额构成情况如图 1 所示。

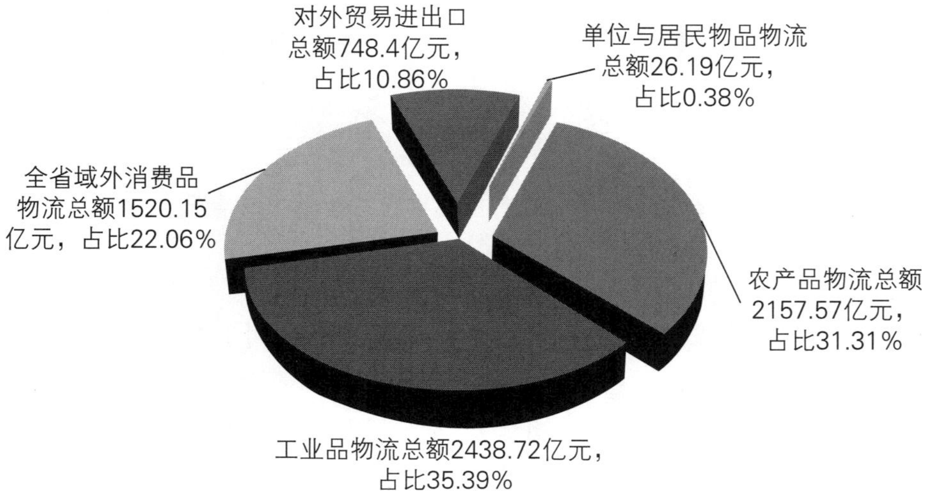

图 1　2016 年海南省社会物流总额构成情况

2. 物流成本进一步降低

2016 年，海南省社会物流总费用为 638 亿元，同比增长 1.43%；社会物流总费用与 GDP 的比率为 15.9%，同比下降 1.2 个百分点，表明海南省物流成本进一步降低。从海南省社会物流成本构成的情况看，有如下特征：

（1）运输费下降。2016 年，海南省运输费用为 328.76 亿元，同比下降 5.16 %，占社会物流总费用的比重为 51.53%。货运量比上年下滑 6.6%，货运周转量比上年下滑 24.8%。其中：水运货运量下滑 10.7%，水运货运周转下滑 26.8%；航空货运量增长 15.6%、周转量增长 18.8%，表明高附加值物流是海南省物流业发展的重点。目前，海南省货运价格为：公路运输 0.65 元吨 · 公里、水路运输 0.58 元吨 · 公里，单位运输成本价已经接近市场平均水平，再降运输费的空间不大。

（2）保管费用增长。2016 年，海南省保管费用为 209 亿元，同比增长 7.61%，占社会物流总费用的比重为 32.76%。表明海南省仓储市场增长趋势明显，增加仓储供给应是降低成本的关键。

（3）管理费用合理增长。2016 年，海南省管理费用为 100.23 亿元，同比增长 7.5%，占社会物流总费用的比重为 15.71%，低于全国 4 个百分点。说明海南省物流就业人员工资低于全国平均水平。

2016 年海南省社会物流总费用构成情况如图 2 所示。

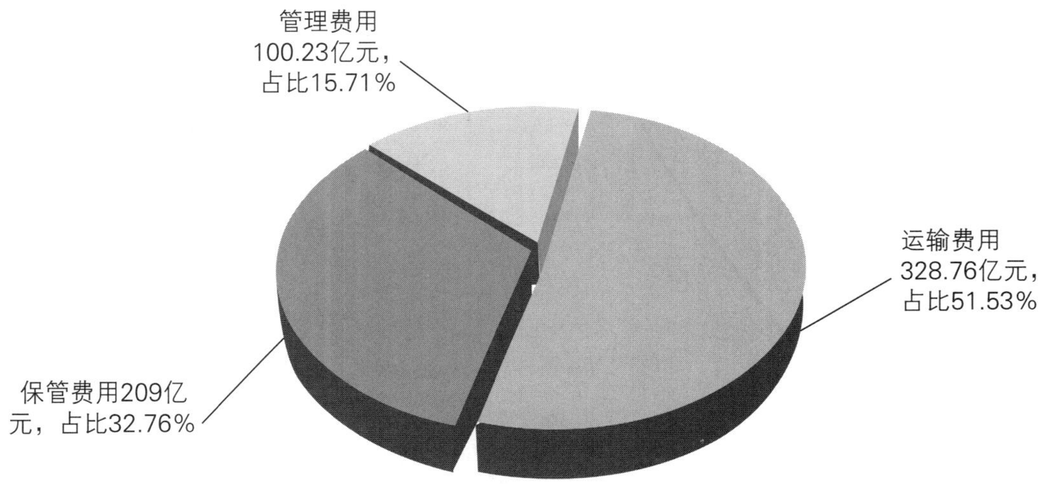

图 2　2016 年海南省社会物流总费用构成情况

3. 物流市场规模小幅增加

2016 年，海南省物流业总收入为 615 亿元，同比增长 2.2%。其中：交通运输、仓储和邮政业物流收入为 416.66 亿元，同比增长 1.4%；工业内部物流收入为 86.16 亿元，同比增长 4.2%；批发零售业内部物流收入为 112.18 亿元，同比增长 4.7%。表明海南省物流市场规模有小幅增加。

2016 年海南省物流业总收入构成情况如图 3 所示。

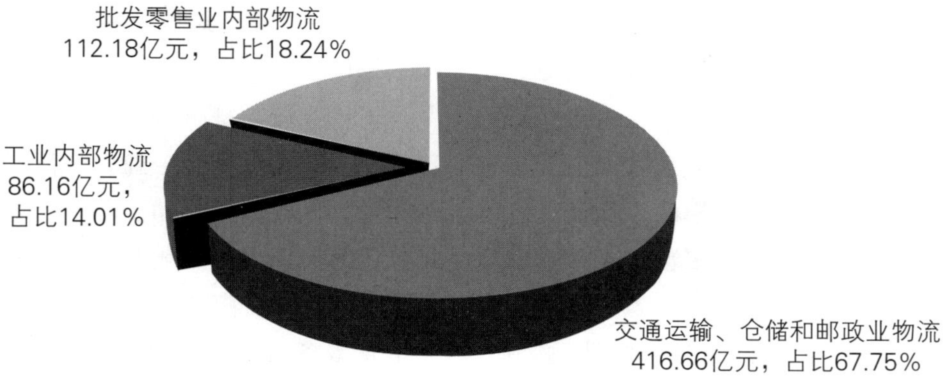

图3　2016年海南省物流业总收入构成情况

（四）物流基础设施不断完善，物流装备水平不断提高。

2016年，海南省积极抢抓“一带一路”“海洋强国”等国家战略机遇，加大港口、物流园区物流中心等物流基础设施建设和整合力度。

一是推进马村港三期、新海港二期，美兰机场二期扩建、凤凰机场三期扩建、博鳌机场二期扩建工程加快建设；三亚新机场、儋州机场有望在2017年动工，马村港深水泊位建设已进入规划期。

二是物流园区建设步伐加快。海口美安物流园区、澄迈金马物流中心等物流园区基础设施不断完善，正积极吸引重大物流项目进驻，其中：澄迈金马物流中心已完成投资额18亿元，批准入驻项目61个，签约项目32个，签约项目金额286亿元；海口美安物流园区、海南湾岭热带农产品物流园区已分别完成投资额17亿元、1.5亿元。三亚综合物流园区、东方物流园区正在编制规划。物流园区的建设将为海南省物流市场向规模化、集聚化发展奠定基础。

三是京东海南运营中心一期、海口罗牛山冷链物流中心一期、洋浦凯森仓储配送中心等重点物流项目纷纷投入运营，海南省政府积极统筹财政资金扶持物流企业，推进首批道路货运无车承运人试点工作，全省物流业“降本增效”成果明显。

2016年，海南省拥有营运货车6.17万辆，31.2万载重吨；营运货船257艘，166万载重吨，其中集装箱船13艘、5573标准箱；飞机拥有量115架，海陆空货运能力持续增加。

二、物流业发展中存在的主要问题

目前，海南省货运物流公司约有1453家，物流市场初具规模，但整个物流行业专业技术人才缺少、从业门槛低、有关政策管理法规滞后的局面仍未改变。海南省物流市场主体还停留在自发形成阶段，对市场培育、规范与管理无章可循；物流行业整体处在传统物流的发展阶段，缺少能够提供完整的一条龙服务的现代物流企业。而且，港口、公路、机场、铁路以及物流园区等物流硬件基础设施的建设尚未完善，直接制约了海南省物流业的发展。总体看，海南省物流业起步晚、发展慢、标准低，物流企业规模偏小、企业物流资源社会化程度不高、专业化程度较低等问题依旧突出。

（一）物流企业规模小，实力不强。

得益于第三产业、工业企业、专业市场对

物流的巨大需求，海南省物流业具备了优越的发展条件和广阔的前景。目前海南省的物流企业虽然繁多，但多为个体经营，规模有限，服务质量也不能保证。根据对 98 家物流企业的调查反馈可以看出，一些小规模的个体经营企业大半年几乎没有业务往来，多数呈现亏损状态，严重制约了物流业的发展。

截至 2016 年 12 月，海南省通过中国物流与采购联合会认证的 A 级企业仅 33 家，且无 5A 级企业，反映出海南省龙头物流企业少。目前海南省的龙头物流企业年营业收入仅为十几亿元，这个量级的龙头企业若要带动海南省物流业发展任务是比较艰巨的。

（二）物流企业功能单一，服务质量不高。

目前，海南省现代物流企业的发展还处于起步阶段。一方面，一些生产企业物流运作模式受传统思想影响，依然习惯于自成体系、自我服务，大量潜在的物流需求还不能转化为有效的市场需求；另一方面，物流企业的发展普遍存在规模小、实力弱、功能单一、服务质量不高的问题，难以满足社会化的需要，真正能够提供一体化服务的企业还不多，物流的社会化、专业化、组织化程度不高。

（三）现代物流业高端人才匮乏。

近几年海南省现代物流业发展迅速，但高端的现代物流人员严重缺乏。物流业从业人员队伍虽然在不断壮大，但拥有现代物流意识、能够掌握并熟练运用现代物流技术与管理模式的高端专业人才极其缺乏。海南省虽然有几所高校设有物流专业，但学生毕业后从事物流工作的不多，能把理论与实践相结合，既掌握现代物流高新技术操作又掌握物流企业策划管理的高端人才少之又少。人才的缺乏和总体从业人员素质偏低，很大程度上阻碍了海南省物流行业的稳步发展。

（四）基础设施相对滞后，物流信息服务水平较低。

现代物流业是融合运输、仓储、货代、信息等产业的复合型服务业，物流企业的工作比较严谨，供应链一环扣一环，处理起来比较琐碎，任何一环出现问题，都会影响物流业整体发展。目前，海南省缺少能够提供完整的物流一条龙服务的现代物流企业。一方面，港口、公路、机场、铁路以及物流园区等物流硬件基础设施的建设相对滞后，直接制约了海南省物流业的发展；另一方面，缺乏社会公共物流信息交流平台，虽然海南省也有很多以互联网为基础的物流信息系统及信息交换平台，但整体水平较低，没有得到广泛应用，难以实现信息资源共享。

（五）中小物流企业无序竞争，制约发展。

伴随着企业对降低成本、增强核心竞争力的意愿日趋强烈，越来越多的企业要求物流外包，第三方物流市场也因此变得空前繁荣，各种各样的中小物流企业犹如雨后春笋般纷纷成立。大量只有运输或只有仓储单项功能的物流企业的出现，使物流业内恶性的不规范竞争愈演愈烈。海南省物流市场无序竞争加剧，已成为制约物流企业健康发展的极大障碍。此外，企业不能良好协同合作，缺乏多式联运机制，一定程度上增加了物流运营成本，降低了企业竞争力。

三、进一步发展海南省物流产业的建议

（一）培育龙头企业，带动行业发展。

海南省物流企业众多，有运输型、有仓储型、有综合型，政府部门应遵循市场规律，选择有基础、实力强的物流企业给予重点扶持，

让各类型企业发挥自身优势，带动整个产业发展。应大力培育龙头企业，促进物流企业规范经营管理，提高服务水平，引导物流企业做优做强，提高物流产业集中度和竞争力，推动物流行业规范自律和健康发展。

（二）加快物流园区建设。

海南省应该加快物流园区建设步伐，加大投资力度，推进各项目实施，创造良好的物流环境。按照海南省“三纵一横、六点支撑”的物流产业空间布局，需重点建设 7 大物流园区、5 个物流中心和 2 大配送中心群共 14 大物流基础设施，并建设一批与上述核心设施相配套的基层物流设施。

（三）引进先进设备及物流人才，提高管理水平。

海南省中小物流企业应积极采用现代高新技术，大力推广计算机信息技术，发展专用车辆、先进的装卸、仓储技术等；要利用信息技术和网络平台建立起与其他相关企业的连接，实现资源共享，信息共用。此外，应积极引进物流人才，通过多种渠道培育高素质人才，建立一支适应物流企业发展的人才队伍，提高企业管理水平，为企业发展提供强有力支持，增强企业竞争力。

（四）加快综合运输体系建设，推动物流发展。

加快建设以海口为核心，洋浦、三亚、八所、琼中为重要节点的铁路、公路、水运、航空相协调的立体运输通道网络，形成岛内通道、陆岛通道、国际通道的“三大物流通道”。全面建成 1200 公里高速公路主骨架，实现岛内各市县之间的快速连通；加快构建海陆空立体交通体系，做好各种运输方式的无缝衔接；改善大通道跨境物流设施条件，形成货畅其流、经济便捷的跨区域物流大通道；提升交通物流枢纽服务水平，支持具备多式联运、干支衔接、口岸服务功能的物流园区建设。畅通枢纽节点“微循环”，强化重点港口和大型综合性物流园区集疏运铁路、公路的配套建设，加快智慧交通、绿色交通发展，促进交通运输转型升级。

（五）加强物流信息化平台建设，推动“互联网+物流”发展。

加快推进海南省物流公共信息平台建设，实现物流信息共享和在线交易、跟踪及远程控制，提高监管服务水平和物流效率。要推动互联网、大数据、云计算等信息技术与物流深度融合，加快物流业转型升级。

（六）健全法律法规体系，营造良好市场氛围。

各级政府应采取切实有效的措施，抓好物流标准化体系建设。针对中小型物流企业，制订必要的扶持计划或制订一些有利于物流产业发展的优惠措施，提高物流产业发展积极性，为物流企业发展营造良好的市场环境。

（七）加快中小型物流企业发展。

海南省中小物流企业要树立现代物流观念，建立起方便、及时、低成本、高效率的现代物流系统，为企业生产营销提供强有力的服务保障。另外，由于客户对服务质量要求的提高和配送的多样化需求，物流企业不仅要能够提供“门到门”运输及有关的基本服务，还要能够提供相关的物流增值服务，如拆拼箱、重贴标签、配货、产品退货处理等，提高客户满意度和竞争力。

（海南省物流与采购联合会）

2016年四川省物流业发展情况

2016年，面对错综复杂的国内外宏观经济形势，四川省委省政府认真落实以习近平总书记为核心的党中央治国理政新理念新思想新战略，紧紧围绕“五位一体”总体布局和“四个全面”战略布局，坚持稳中求进工作总基调，牢固树立和贯彻落实新发展理念，坚持以供给侧结构性改革为主线，深入实施“三大发展战略”，突出全面创新改革“一号工程”，积极促进各项措施的实施，全省产业结构、动力结构、区域结构、创新动力等进一步呈现积极变化，经济平稳健康发展，社会事业全面进步，实现了“十三五”良好开局。

一、国民经济保持稳定增长

2016年四川省实现地区生产总值（GDP）32680.5亿元，按可比价格计算，比上年增长7.7%。其中：第一产业增加值3924.1亿元，比上年增长3.8%；第二产业增加值13924.7亿元，比上年增长7.5%；第三产业增加值14831.7亿元，比上年增长9.1%。三个产业对经济增长的贡献率分别为6.0%、42.5%和51.5%。人均地区生产总值39695元，比上年增长7.0%。三个产业结构由上年的12.2∶44.1∶43.7调整为12.0∶42.6∶45.4。

2016年全部工业增加值为11569.8亿元，比上年增长7.6%，对经济增长的贡献率为36.2%。2016年年末规模以上工业企业13625家。全年规模以上工业增加值比上年增长7.9%。2011—2016年四川省工业增加值增长情况如图1所示。

在规模以上工业中，分轻重工业看，轻工业增加值比上年增长8.2%，重工业增加值比上年增长7.7%，轻重工业增加值之比为1∶1.78。

2016年，四川省实现社会消费品零售总额15501.9亿元，比上年增长11.7%。2011—2016年四川省社会消费品零售总额变化情况如图2所示。

2016年，四川省实现进出口总额493.4亿美元，比上年下降3.6%。其中：出口额279.5亿美元，比上年下降16.2%；进口额213.9亿美元，比上年增长17.3%。2011—2016年四川省进口额和出口额变化情况如图3所示。

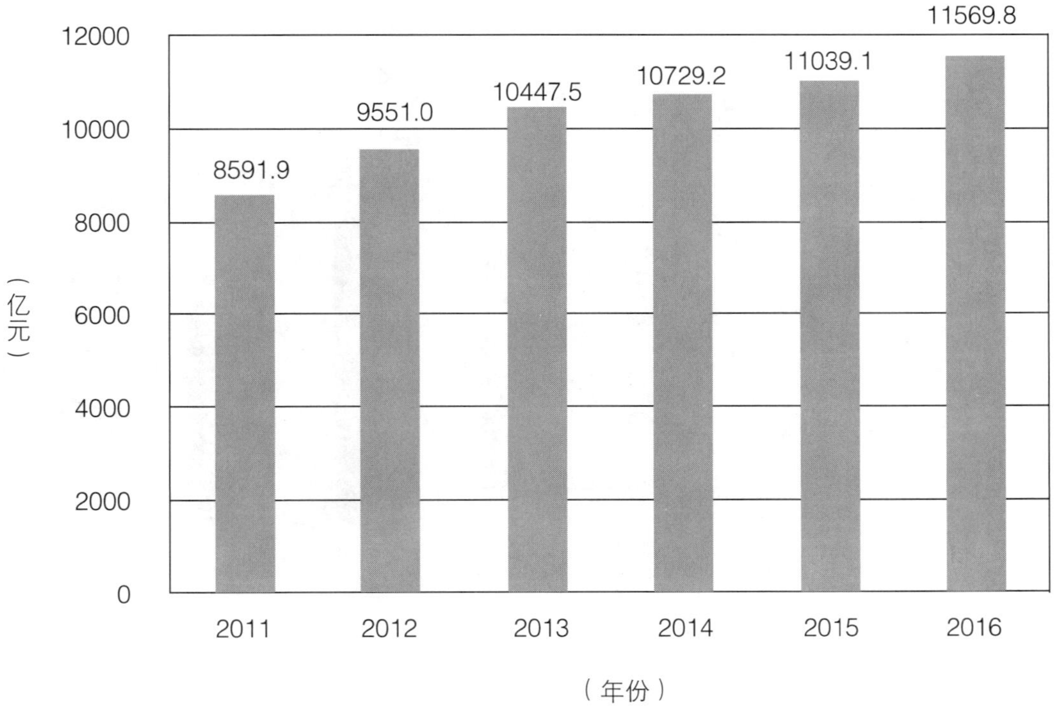

图 1　2011—2016 年四川省工业增加值增长走势

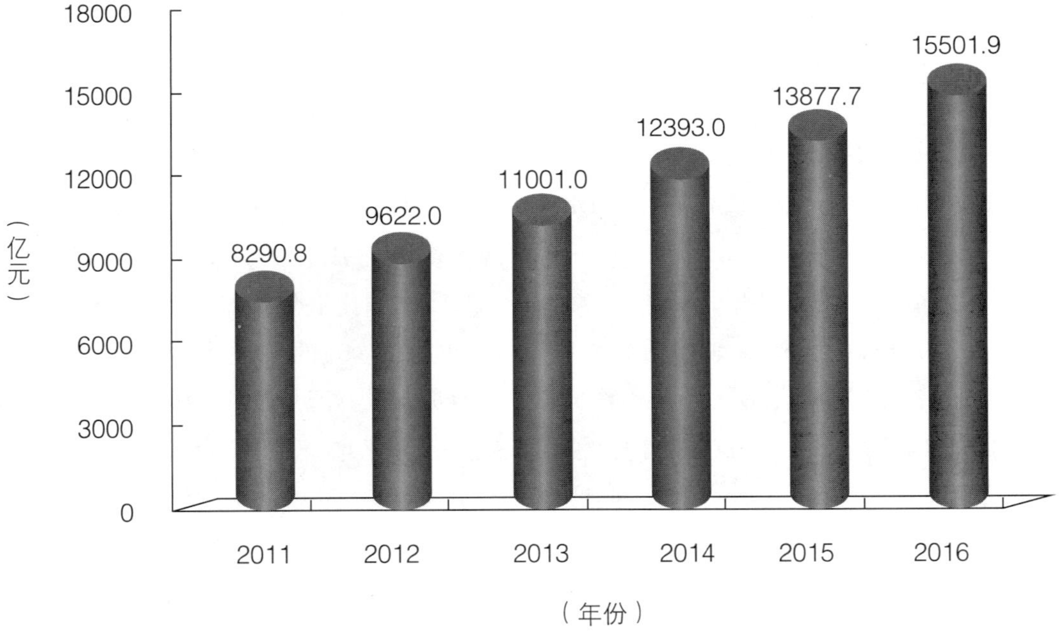

图 2　2011—2016 年四川省社会消费品零售总额增长走势

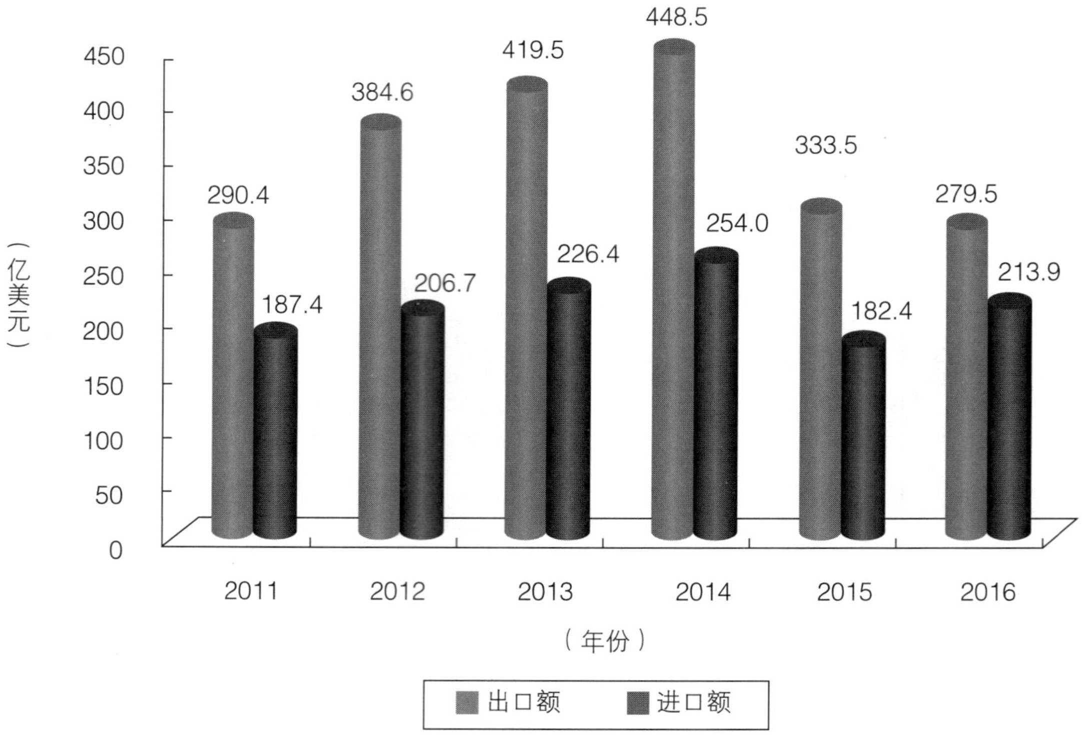

图 3　2011—2016 年四川省进口额和出口额变化情况

二、物流业运行情况

2016 年，四川省物流运行总体平稳，社会物流总额增幅上升，社会物流总费用与 GDP 的比率稳步下降。

（一）社会物流总额增幅上升。

2016 年，四川省社会物流总额为 60878.8 亿元，按可比价格计算（下同），同比增长 7.1%，增幅比上年高 0.5 个百分点。从构成情况看，工业品物流总额为 42173.5 亿元，同比增长 5.6%，增幅比上年低 0.2 个百分点，占四川省社会物流总额的比重为 69.3%，占社会物流总额的比重比上年降低 1.4 个百分点；农产品物流总额为 5820.8 亿元，同比增长 2.1%，增幅与上年持平，占四川省社会物流总额的比重为 9.6%，占社会物流总额的比重比上年提高 0.1 个百分点；进口货物物流总额（包括外省流入）为 10755.7 亿元，同比增长 13.1%，增幅比上年同期提高 2.2 个百分点，占四川省社会物流总额的比重为 17.7%，占社会物流总额的比重比上年提高 1.1 个百分点；再生资源物流总额为 1558.3 亿元，同比增长 14%，增幅比上年提高 2 个百分点，占四川省社会物流总额的比重为 2.6%，占比提高 0.2 个百分点；单位与居民物品物流总额为 570.5 亿元，同比增长 31%，增幅比上年提高 16 个百分点，占四川省社会物流总额的比重为 0.9%，占比提高 0.1 个百分点。

（二）社会物流总费用与 GDP 的比率降低。

2016 年，四川省社会物流总费用为 5860.4 亿元，同比增长 6.1%，增幅比上年提高 2.4 个百分点。其中：运输费用为3115.9 亿元，同比下降 1.7%，占社会物流总费用的 53.2%，占社会物流总费用的比重较上年下降 4.2 个百分点；保管费用为 2204.2 亿元，同比增长 19.6%，增幅比上年提高 2.3 个百分点，占社会物流总费用的 37.6%，占社会物流总费用的比重较上年提高 4.2 个百分点；管理费用为 540.3 亿元，同比增长 6.2%，增幅比上年提高 1.6 个百分点，占社会物流总费用的 9.2%，占社会物流总费用的比重与上年持平。

2016 年，四川省社会物流总费用与 GDP 的比率为 17.9%，同比降低 0.4 个百分点，经济运行中的物流效率有所提升，但成本依然较高。

（三）物流业增加值稳定增长。

2016 年，四川省物流业实现增加值 1941.07 亿元，按可比价格计算，同比增长 8.6%，增幅比上年提高 0.2 个百分点。物流业增加值占四川省 GDP 的比重为 5.9%，占四川省服务业增加值比重为 13.1%。

（四）物流总量比上年增长。

2016 年，四川省公路、铁路、航空和水路等运输方式完成货物周转量 2403.8 亿吨·公里，比上年增长 5.1%；2016 年年末铁路营运里程 4623 公里；高速公路通车里程 6519 公里；内河港口年集装箱吞吐能力 233 万标准箱。2016 年全省完成邮电业务总量 1870.5 亿元，比上年增长 44.4%。其中：邮政业务总量 199 亿元，同比增长 43.6%；电信业务总量 1671.5 亿元，同比增长 44.5%。完成快递业务量 80147.84 万件，同比增长 64.25%；完成快递业务收入 96.36 亿元，同比增长 53.21%。2016 年四川省公路、铁路、航空和水路四种运输方式完成业务量见下表。

2016 年四川省公路、铁路、航空和水路运输方式完成运输量同计表

指标	单位	绝对数	同比增长（%）
货物周转量	亿吨·公里	2403.8	5.1
公路	亿吨·公里	1565.3	5.7
铁路	亿吨·公里	605.3	-1.4
航空	亿吨·公里	10.5	8.3
水路	亿吨·公里	222.7	21.4

（文德华　四川省现代物流协会副会长兼秘书长）

2016 年陕西省物流业发展情况

2016 年，陕西省物流业运行呈现稳步回升态势，物流总供给稳中有进，物流基础设施不断完善，各类交通货运量、货运周转量稳步增长，有力地支持了全省社会经济平稳较快的发展。

一、物流业主要经济指标完成情况

（一）社会物流总额。

2016 年，陕西省社会物流总额为 40626. 61 亿元，同比增长 9. 6%，较上年提高 6. 0 个百分点。其中：农产品物流总额 1559. 40 亿元，同比增长 6. 0%，增幅较上年提高 3. 6 个百分点，占全省社会物流总额的 3. 8%；工业品物流总额 20163. 93 亿元，同比增长 7. 6%，增幅较上年提高 11. 2 个百分点，占全省社会物流总额的 49. 7%；外部流入货物物流总额 18771. 77 亿元，同比增长 12. 0%，较上年回落 0. 8 个百分点，占全省社会物流总额的 46. 2%；再生资源物流总额 45. 24 亿元，同比增长 8. 9%，占全省社会物流总额的 0. 1%；单位与居民物品物流总额 86. 26 亿元，同比增长 31. 2%，较上年回落 126. 3 个百分点，占全省社会物流总额的 0. 2%（见表 1）。

2016 年，陕西省工业品物流、外省流入货物和进口货物物流总额为 5768. 97 亿元，占全省社会物流总额的 95. 8%。

表 1　　2016 年陕西省社会物流总额构成及增减情况

指标名称	2016 年	同比增长（%）	同比增长（%）	占物流总额的比重（%）
社会货物物流总额（亿元）	40426. 61	9. 6	6. 0	100
其中：农产品物流总额（亿元）	1559. 40	6. 0	3. 6	3. 8
工业品物流总额（亿元）	20163. 93	7. 6	11. 2	49. 7

续 表

指标名称	2016年	同比增长（%）	同比增长（%）	占物流总额的比重（%）
外部流入（含进口）物流总额（亿元）	18771.77	12.0	-0.8	46.2
再生资源物流总额（亿元）	45.24	8.9		0.1
单位与居民物品物流总额（亿元）	86.26	31.2	-126.3	0.2

（二）社会物流总费用。

2016年，陕西省社会物流总费用为3101.28亿元，同比增长7.5%，较上年提高2.5个百分点。其中：物流运输费用2150.66亿元，较上年增长6.6%，同比增长1.0%；物流保管费用703.67亿元，较上年增长9.6%，同比增长6.0%；物流管理费用246.96亿元，较上年增长9.6%，同比增长6.0%（见表2）。

2016年，陕西省社会物流总费用的构成为：运输费用占比为69.3%、保管费用占比为22.7%、管理费用占比为8.0%。与2015年全省社会物流总费用的构成相比，2016年运输费用同比减少0.6%、保管费用同比增加0.4%、管理费用同比增加0.2%。

2016年，陕西省社会物流总额和总量不大，社会物流总费用占全省GDP的比重较大。

表2　　2016年陕西省社会物流总费用构成及占比

指标名称	2016年	同比增长（%）	增速比上年增长（%）	占总费用的比重（%）
社会物流总费用（亿元）	3101.28	7.5	2.5	100
其中：运输费用（亿元）	2150.66	1.0	6.6	69.3
保管费用（亿元）	703.67	6.0	9.6	22.7
管理费用（亿元）	246.96	6.0	9.6	8.0

（三）物流相关行业增加值及占三产增加值的比重。

2016年，陕西省物流相关行业实现增加值1273.9亿元，较上年增长6.7%，比上年提高1.1个百分点。

2016年，陕西省物流相关行业增加值占全省国内生产总值的比重为6.6%，与上年持平。

2016年，陕西省物流相关行业增加值占全省第三产业增加值的比重为15.8%，比上年降低0.8个百分点。

（四）社会物流需求情况。

2016年，陕西省物流需求系数为2.12，同比增长4.0%。这表明：2016年陕西省每产出1个单位的GDP，需要2.12个单位的物流总额作为支撑。即在2016年陕西省GDP总量增长7.6%的情况下，经济发展稳中有增，对社会物流总额的需求增加。

（五）物流相关行业固定资产投资情况。

2016 年，陕西省物流相关行业完成固定资产投资 2210.48 亿元，同比下降 17.6%，增速较上年回落 32 个百分点，增幅连续两年回落。其中：交通运输业完成固定资产投资 1241.49 亿元，同比下降 28.3%，较上年回落 43.8 个百分点；仓储业完成固定资产投资 327.87 亿元，同比增长 30.1%，增速与上年持平；邮政业完成固定资产投资 7.28 亿元，同比下降 51.6%，增速在上年高增长的基础上大幅回落；批发和零售业完成固定资产投资 633.84 亿元，同比下降 7.5%，增速较上年回落 13.2 个百分点（见表 3）。

2016 年，在陕西省物流业固定资产投资增速明显放缓的同时，交通运输业投资虽然占比过半，但是投资规模明显萎缩。2016 年，陕西省仓储和贸易业固定资产投资占比上升，分别比上年提高 5.4 个和 3.2 个百分点。随着陕西省各类交通基础设施不断完善，物流相关行业投资结构不断优化，适应电商等新业态的兴起，仓储、邮政等基础设施建设不断增强，有力地支撑了物流业的快速发展。

表 3　　2016 年陕西省物流相关行业固定资产投资及增速情况

指标名称	2016 年	同比增长（%）	增速较上年增长（%）
物流相关行业固定资产投资（亿元）	2210.48	−17.6	− 32
其中：交通运输业（亿元）	1241.49	−28.3	− 43.8
仓储业（亿元）	327.87	30.1	0
邮政业（亿元）	7.28	−51.6	（文中无具体数据）
批发和零售业（亿元）	633.84	−7.5	− 13.2

二、物流业货物运输完成情况

2016 年，陕西省物流业的货物运输量和货物运输周转量增长，说明全省经济运行回升。特别是陕西省煤炭、石油等行业的生产量和销售量大幅回升，促使货物运输量和货物运输周转量的全面增加。

（一）货物运输量。

2016 年，陕西省各类运输实现货运总量 16.41 亿吨，同比增长 5.8%，较上年提高 1.4 个百分点（见表 4）。其中：铁路货运量 3.5 亿吨，同比增长 7.6%，较上年提高 19.7 个百分点；公路货运量 11.3 亿吨，同比增长 5.2%，较上年回落 4.5 个百分点；水路、航空和管道货运量共计 570 万吨，同比分别增长 2.8%、5.6%、8.6%；航空货运量比上年提高 3.2 个百分点、水路和管道货运量分别比上年回落 14.4 个和 13.5 个百分点。

表4　　2016年陕西省物流业货物运输情况

指标名称	2016年	同比增长（%）	增速较上年增长（%）
货物运输总量（亿吨）	16.41	5.8	1.4
其中：铁路货运量（亿吨）	3.5	7.6	19.7
公路货运量（亿吨）	11.3	5.2	-4.5
水路货运量（万吨）	570	2.8	-14.4
航空货运量（万吨）		5.6	3.2
管道货运量（万吨）		8.6	-13.5

（二）货运周转量。

2016年，陕西省各类运输实现货运周转总量3547.5亿吨·公里，同比增长5.6%，增速较上年提高6.9个百分点（见表5）。其中：铁路货运周转量1518.3亿吨·公里，同比增长5.7%，较上年提高16.2个百分点；公路货运周转量1925.8亿吨·公里，同比增长5.4%，较上年回落4.7个百分点；航空货运周转量1亿吨·公里，较上年提高19.1个百分点。铁路和公路货运周转量占全省货运周转量的97.1%，水路和管道货运周转量的增幅呈下降趋势。

2016年，陕西省物流货运集装箱吞吐量30.5万标准箱，较上年增长5.6%。

2016年，陕西省各类运输方式的货物平均运送距离为237公里，较上年增加10%。其中：铁路平均运送距离为428公里，公路平均运送距离为168公里，航空平均运送距离为1455公里，管道平均运送距离为3000公里。货物周转量3445.91亿吨·公里，较上年增长5.6%。

表5　　2016年陕西省物流业货物运输周转情况

指标名称	2016年	同比增长（%）	增速较上年增长（%）
货物运输周转总量（亿吨·公里）	3445.91	5.6	6.9
其中：铁路周转量（亿吨·公里）	1518.3	5.7	16.2
公路周转量（亿吨·公里）	1925.8	5.4	-4.7
航空周转量（亿吨·公里）	1.0		19.1

三、电子商务物流和快递物流运行情况

2016年，陕西省电子商务和快递物流继续保持快速发展的态势。以电子商务为依托的新型物流企业，业务涵盖配送、流通加工、包装、信息及相关服务、仓储、运输和装卸搬运七个物流环节。快速发展的快递业务，推动了传统物流业的业态创新和运营模式发生变革。同时，消费需求市场对电子商务物流的个性化、分包分送等业务需求，带动了陕西全省中小快递及物流企业迅猛发展。

（一）电子商务运行情况。

2016年，陕西省实现社会消费品零售总额7367.57亿元，同比增长11%。其中，实物商品网上零售额913.2亿元，同比增长46.2%，占全国实物商品网上零售额的2%，名列全国第11位，名列西部12省份第2位。

（二）快递业运行情况。

2016年，陕西省快递企业完成业务量3.69亿件，同比增长81.3%，较上年增长33.4个百分点；快递企业实现业务收入45.65亿元，同比增长67.3%，较上年增长15.4个百分点。

四、物流企业及从业人员的基本情况

2016年，陕西省物流业从业人员约为43万人，从业人员年平均收入39055元。从业人员中，货车司机及企业一线工作岗位员工的年收入较上年平均增长约7%，管理和辅助工作岗位员工的年收入平均增长5%以上。企业员工的“五险一金”额约占员工工资的26%。

2016年，陕西省公路运输企业为28.58万家，同比增长5.6%，增速较上年提高2.4个百分点。公路货运车辆为43.69万辆，其中：载货汽车40.44万辆，数量与上年基本持平；机动三轮车和农用车约3.25万辆。

2016年，陕西省有国家A级物流企业63家，其中：5A级物流企业5家，4A级物流企业17家，3A级物流企业30家，2A级物流企业8家，1A级物流企业3家。在全省63家A级物流企业中，运输型企业有12家，占比为19%；仓储配送型企业有9家，占比为14.3%；综合服务型企业有42家，占比为66.7%。

五、物流布局和设施建设情况

2016年，陕西省高速公路总里程为5181公里，高速公路连通全省97个县（市、区）。以西安市为中心的“2637”（两环、六辐射、三纵七横）高速公路干线网，基本连通了全省所有市县及工农业基地、商品集散地、高新开发区和物流园区。省内公路货运物流实现当日往返，省内到省外周边中心城市公路货运物流实现当日到达。

2016年，覆盖陕西省各节点城市和重点地区的主要物流园区（物流配送中心）相继投入运营。西安为全国物流节点城市、全国综合交通枢纽和国家一级物流园区布局城市。宝鸡、榆林、咸阳为全国物流园区二级布局城市。西安咸阳机场为国内航空一类口岸。西安国际港务区的铁路站（点）为国内一类口岸。

2016年，“长安号”国际货运班列中亚方向全年开行132列，运送货物总重量22.6万吨；中欧班列全年开行12列，运送货物总重量1.72万吨。西安国际港务区的“西安港”成为陕西全省主动融入国家“一带一路”发展倡议，与世界进行贸易往来的重要物流节点。

西安铁路集装箱中心站、西安公路港、西安综合保税区的跨境贸易电子商务运营量不断增加。

2016年，西安咸阳机场全货运航线达到9条，货运量增幅名列全国十大机场前三名。西安咸阳机场已经开通了西安至首尔、杭州、深圳、鄂尔多斯、广州、南京、武汉和乌鲁木齐8条全货运物流航线，形成北上南下、东进西出的全货机航线网络布局。2016年3月，荷兰阿姆斯特丹—西安航线开通，成为陕西全省跨境电商首条“境外采购，陆空联运，码头清关，网上交易”的货运直飞航线。2016年11月，西安咸阳机场开通了西北地区首条洲际货运航线：西安—阿姆斯特丹“长安号”国际货运航班，实现了陆港集货、空港转关、陆空联运、无缝对接的货运通航。2016年12月，陕西、宁夏、青海三地整合机场货运物流资源，成立西部机场集团航空物流有限公司。

六、阻碍物流业发展的问题

目前，陕西省物流业正处于向现代物流业发展的初期，与国内经济发展较快地区相比，在发展方式和发展速度上存在一定差距，阻碍了地区物流业的发展，具体表现在以下几个方面：

一是对发展现代物流业的理念意识不强，需要提升对物流业的产业地位认识，切实落实政府已经出台的鼓励扶持政策。充分发挥行业协会服务政府和社会的作用，建立行业信用体系。

二是对物流基础设施及服务公共社会能力的投入不足，需保障物流项目用地、税收减免、水电气价格、便利通行等优惠政策的落实，需加快农村物流基础设施和配送网络建设，扶持农村乡镇物流市场发展。

三是普及物流业标准化、信息技术、物联网推广等工作缓慢，尽快建立与国内互联互通的全省物流信息网，并加强对电商物流、供应链管理、物流金融等新型物流业态的研究工作。

四是行业市场主体不强，需培育具有强劲带动力和竞争力的行业龙头企业，鼓励中小企业加快转型升级、创新发展，引进国际、国内知名企业来陕西省设立各类总部和分支机构。

五是航空、铁路物流货运能力较弱，需提升航空物流在航线网络、货运航班、运营服务等方面能力，提升国际货运班列市场化运作能力，鼓励支持物流企业采用公铁联运、甩挂运输、多式联运等货运方式。

（闫　鸣　陕西省物流与采购联合会）

2016年甘肃省物流业发展情况

2016年是甘肃省实施“十三五”规划的开局之年，也是供给侧结构性改革的重要一年。甘肃省物流业作为生产性服务业的重要组成部分，转型升级和特色服务发展加快，对经济和社会发展的基础性、服务性作用进一步增强。但是，与此同时，甘肃省社会物流总额和物流业增加值增速有所减缓，社会物流总费用和成本依然偏高，物流企业经营难度依然很大，运行质量和效益偏低现象没有明显改观。

一、社会物流总额增幅有所减缓

2016年，甘肃省社会物流总额完成13553亿元，可比增长3.3%，增幅比上年同期有所回落。在社会物流总额增速减缓的同时，与民生相关的特色物流发展加快，如快递速运、城市配送、农产品物流、零担货运、物流平台、一体化物流等特色服务成为新的增长点。

在社会物流总额构成中，工业品物流仍占主导地位。2016年，甘肃省工业品物流总额完成6878亿元，可比下降2.7%，占甘肃省社会物流总额的50.8%。

农产品物流平稳增长。2016年，甘肃省农产品物流总额完成1834亿元，可比增长10.1%。

外省流入货物物流总额呈增长趋势。2016年，甘肃省外省流入货物物流总额完成4621亿元，可比增长7.9%，占甘肃省社会物流总额的34.1%。

进口贸易呈快速增长趋势。2016年，甘肃省进口货物物流总额完成185亿元，可比增长39.2%。

再生资源物流总额快速增长。2016年，甘肃省再生资源物流总额完成13亿元，可比增长29.9%。

单位与居民物品物流快速增长。受电子商务市场繁荣及网络购物的推动，甘肃省单位与居民物品物流量保持快速增长态势。2016年，甘肃省单位与居民物品物流总额完成22亿元，可比增长33.3%。

二、物流业增加值小幅增长

2016年，甘肃省物流相关行业实现增加值580亿元，可比增长2.2%。占甘肃省GDP的

8.1%，占第三产业增加值的15.7%。在物流业增加值构成中，交通运输业完成467亿元，增长0.9%；仓储业完成16亿元，增长3.2%；邮政业完成19亿元，增长36.0%；贸易业完成79亿元，增长3.2%。

三、货运及货运周转量保持增长

2016年，甘肃省铁路、公路、航空、管道完成货运量6.92亿吨，比上年增长3.58%。其中：铁路货运量完成0.59亿吨，比上年下降1.27%；公路货运量完成5.5亿吨，比上年增长4.74%；油气管道货运量完成0.85亿吨，比上年下降1.52%。

2016年，甘肃省各种运输方式完成货运周转量3016.67亿吨·公里，比上年增长0.03%。其中：铁路货运周转量完成1220.33亿吨，比上年下降7.10%；公路货运周转量完成949.64亿吨，比上年增长4.11%；航空货运周转量完成0.20亿吨，比上年增长4.66%；管道货运周转量完成846.50亿吨，比上年增长7.19%。

四、物流相关行业固定资产投资快速增长

2016年，甘肃省物流相关行业固定资产投资额完成1581.54亿元，比上年增长22.88%。其中：交通运输业、仓储业、邮政业投资额完成1100.04亿元，比上年增长34.99%；批发零售业投资额完成481.50亿元，比上年增长1.91%。

五、社会物流总费用依然较高

2016年，甘肃省社会物流总费用为1379亿元，比上年增长2.2%。社会物流总费用与生产总值的比率19.3%，比上年下降0.4个百分点，但仍高于全国平均水平3个百分点。在社会物流总费用中，运输费用为1009亿元，比上年增长3.9%；保管费用为269亿元，比上年下降3.3%；管理费用为102亿元，比上年增长0.6%，显示出经济运行中的物流成本依然较高。

（甘肃省工业和信息化委员会）

2016 年青海省现代物流业发展情况

2016 年，在青海省委、省政府的领导下，全省物流业顶住经济持续下行压力，紧紧围绕供给侧结构性改革核心任务，坚持从“降本增效”和“模式创新”两端加压发力，在全省工业经济提质增效中发挥了积极有效的促进作用。2016 年物流行业运行指标好于预期，发展质量明显提升，实现了“十三五”平稳开局。

2016 年，青海省物流业发展持续平稳，表现出以下特点：

一是物流综合指数基本平稳。2016 年，青海省物流业景气指数（LPI）与全国物流业景气指数走势基本保持一致，全年月指数均处于荣枯线（50%）以上，3 月、4 月一度高于全国指数平均水平，青海省物流业继续保持了总体平稳、稳中有进、稳中向好的健康发展态势。

二是货运总量增幅再创新高。2016 年，受经济回暖影响，青海省物流货运量增速出现反弹，全年净增运量达 2014 万吨，社会货运总量冲高至 16883 万吨，同比增长 14%，创下近 6 年来货运量单年最高增幅，其中：公路货运量 14047 万吨，铁路货运量 2834 万吨，民航货运量 2.5 万吨。2016 年工业品货运总量完成 9484 万吨，占社会货运总量比重的 56.1%，其中：公路货运量 6928 万吨，占公路货运总量的 49.3%，铁路货运量 2556 万吨，占铁路货运总量的 89.9%，工业产品运输依然是支撑现代物流业发展的主要力量。

三是统计分析体系初步建立。为进一步科学有序开展青海省物流行业基础数据的统计工作，补齐青海省物流行业发展的短板，截至 2016 年年底，青海省已初步建立了物流数据统计分析体系，并制定了月度和年度物流统计分析报告制度，相关指标数据基本客观反映了青海省物流行业发展的实际状况，物流统计工作迈出了坚实的一步。

四是物流业务发展不平衡。从收入结构看，2016 年青海省物流业务总收入实现 877152 万元。其中：传统运输业务占物流总收入的 63%，流通加工、货运代理等五部分业务领域占 37%，收入结构不平衡，物流业务结构优化调整空间依然较大，供应链一体化服务水平有待进一步提升。从企业类型来看，有物流行业运输型企业 874 家、占物流企业总量的 76.5%；仓储型企业和装卸搬运、运输代理等企业占比为 23.5%，传统运输型企业仍占据绝对主导地位，仓储、装卸搬运、运输代理等企业发展缓慢，体现现代物流的综合型第三方物流和第四方物流比例明显偏低。

五是运输成本居高不下。2016 年，由于全国燃油价格连续上调，使青海省运输型物流企业燃油负担进一步加重，燃油费用占总成本的比重高达 39.4%，成为制约运输业务盈利水平提升的主要因素。其次，运输型物流企业的过路桥费成本占比达 28.8%。过路桥费与燃油费用共同构成近 70% 的运输成本，使物流运输成本居高不下。

六是企业增长不均衡。截至 2016 年年末，青海省物流企业数量为 1142 家，增速同比下降 8 个百分点，企业数量增速明显放缓。其中，西宁市物流企业 554 家，占青海省物流企业总量的 48%，企业数量质量优势明显高于其他地区。

七是物流信息化水平亟待提高。信息及网络技术的应用程度是衡量物流企业现代化发展水平的重要参考指标，从通用系统采用情况来看，青海省物流企业 ERP（企业资源计划）、CRM（客户关系管理）、EOS（电子订货系统）、EDI（电子数据交换）的采用率分别为 13.4%、5.2%、4.9%、6.7%，与国内发达省份相比有明显差距。TMS（运输管理系统）、WMS（仓储管理系统）和 CAPS（电脑辅助拣货系统）采用率分别只有 12.1%、9.2% 和 5.3%，企业运输效率、货物安全意识和仓储业务的信息化、精细化、智能化管理水平有待进一步提升。

为推动青海省现代物流业提质增速加快发展，青海省经信委将进一步强化协调服务，以“四个扎扎实实”重大要求和“四个转变”治青理政新思路为指引，以“优化市场资源配置、调整运力供给结构、建设物流信息共享平台、推动‘两业’联动发展、健全统计标准体系”五大任务作为降低物流综合成本的根本着力点和突破口，切实强化行业运行监测能力，加大省重点物流企业培育力度，着力补齐物流业发展短板，全力推动物流行业结构持续优化升级，支撑工业经济平稳运行。

（青海省经信委　青海省政府国有资产监督管理委员会　青海省招商局）

2016 年宁夏回族自治区物流业发展情况

2016 年，是“十三五”规划的开局之年。面对错综复杂的国内外经济形势和经济下行的压力，宁夏自治区党委、政府深入贯彻党中央、国务院的决策部署，坚持稳中求进工作总基调，坚持新发展理念，以推进供给侧结构性改革为主线，适度扩大总需求，坚定推进改革，妥善应对风险挑战，引导形成良好社会预期，经济社会保持平稳健康发展，物流业总体运行保持了稳中有进、降本增效的基本态势。

一、社会物流需求平稳增长

2016 年，宁夏回族自治区社会物流总额完成 5460.07 亿元，同比增长 6.5%，增速比上年同期回升 7.7 个百分点，从各季度来看，增速比前三季度分别回升 7.4、2.4 和 2.1 个百分点，物流运行总体呈现稳中趋升的发展态势（见图 1）。

工业品物流稳中有增。2016 年，宁夏回族自治区工业品物流总额完成 3912 亿元，同比增长 6.7%，增幅比第一、二、三季度分别回升 8.5、2.8 和 2.6 个百分点，增幅比上年同期回升 6.6 个百分点。在工业物流需求结构中，各行业运行持续向好，据统计部门数据显示，全区工业 10 大行业均保持了较快增长和明显的回升态势。其中：煤炭增长 18.3%、化工增长 10.3%、轻纺增长 14.0%、医药增长 29.2%，为保持工业经济增长起到关键拉动作用；电力、冶金、建材行业虽然处在下行区间，但降幅分别比年初累计收窄 16.3、15.7 和 6.9 个百分点，为稳定经济持续向好发挥了重要支撑作用；工业品物流占全社会物流总额 71.65%，比上年提高 0.57 个百分点，拉动社会总物流增长 4.79 个百分点。

批发业物流稳中有升。2016 年，宁夏回族自治区批发业物流总额完成 1075.4 亿元，同比增长 7.9%，增速比第一、二、三季度分别回升 9.4、5.7 和 1.7 个百分点，增幅比上年同期回升 15.5 个百分点。批发业物流占全社会物流总额 19.70%，比上年提高 0.03 个百分点，拉动社会总物流增长 1.53 个百分点。

农产品物流稳中有进。2016 年，宁夏回族自治区农产品物流总额完成 406.7 亿元，同比增长 0.6%，增速比第一、二季度分别回落

11.7 和 11.9 个百分点，比第三季度回升 0.9 个百分点，增幅比上年同期降低 9 个百分点。

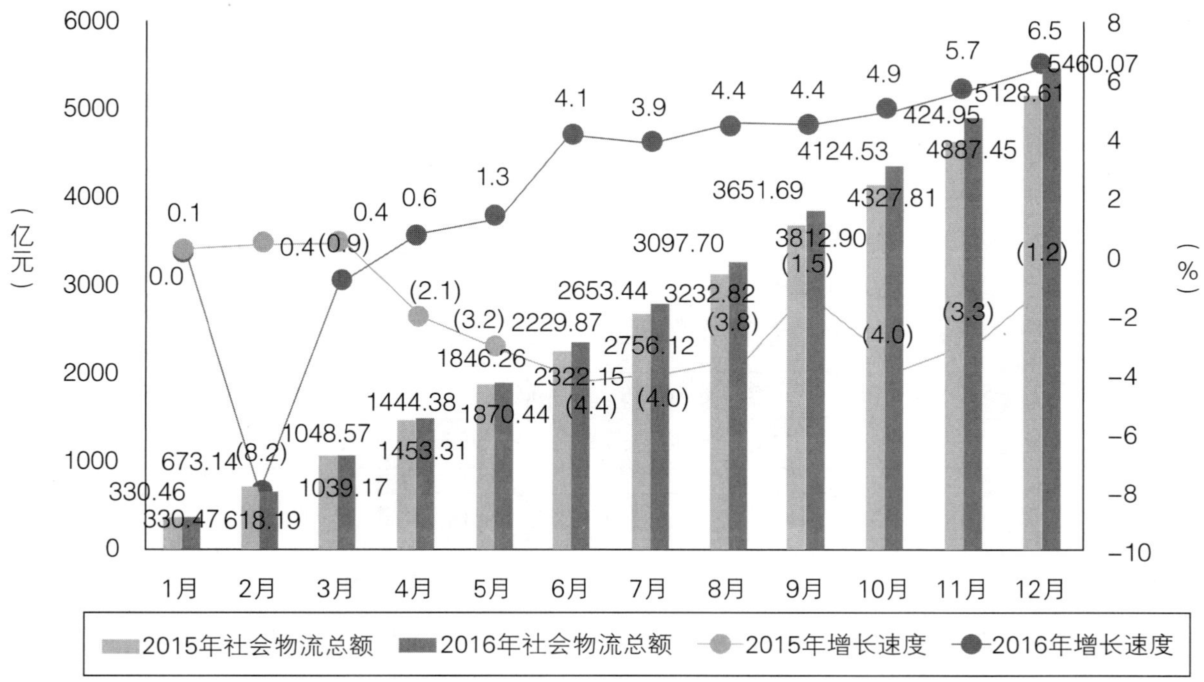

图 1　2015—2016 年宁夏回族自治区社会物流总额及增长速度

进口货物物流增速平稳。2016 年，宁夏回族自治区进口货物物流总额完成 50.80 亿元，同比增长 6.2%，增速比第一、二、三季度分别回落 5.7、27.2 和 22.2 个百分点，增幅比上年同期回升 34.3 个百分点。

单位与居民物品物流总额平稳增长。2016 年，宁夏回族自治区与民生相关单位与居民物品物流总额完成 15.17 亿元，同比增长 12.4%，增速比社会消费品零售总额高 4.7 个百分点。在“互联网+”快速发展的带动下，全区快递物流需求加快增长，2016 年全区快递业务量完成 3241.47 万件，同比增长 45.2%，增速比第一、二、三季度分别回落 11.6、6.1、0.9 个百分点，增速低于全国 6.2 个百分点，在全国 31 个省中位居第 26 位；实现快递业务收入 5.86 亿元，同比增长 21.2%，增速比第一、二、三季度分别回落 16.8、8.3、1.5 个百分点，增速低于全国 22.3 个百分点，在全国 31 个省中位居第 30 位。宁夏回族自治区 2016 年快递业务发展趋势见图 2。

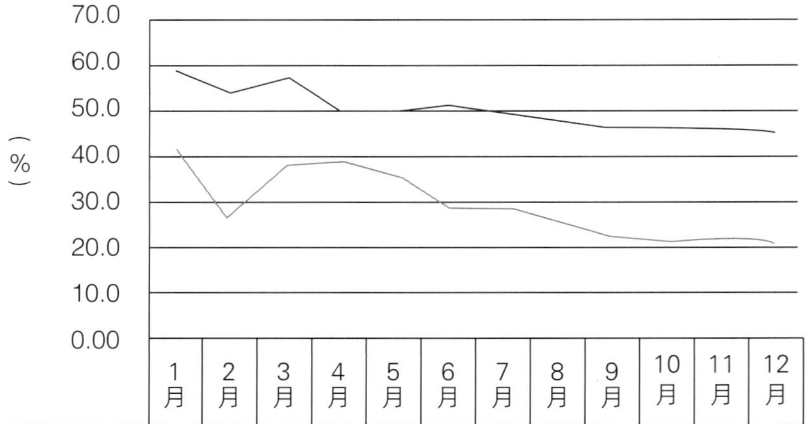

	1月	2月	3月	4月	5月	6月	7月	8月	9月	10月	11月	12月
快递业务量增速	58.8	53.6	56.8	51.0	49.9	51.3	49.8	47.9	46.1	46.1	46.0	45.2
快递业务收入增速	41.5	26.8	38.0	39.1	36.0	29.5	28.9	25.9	22.7	21.7	21.8	21.2

—— 快递业务量增速 —— 快递业务收入增速

图 2 2016 年宁夏回族自治区快递业务情况

二、社会物流总费用增速下降

2016 年，随着供给侧改革稳步推进，宁夏回族自治区“降本增效”成效初显，社会物流总费用增速下降，社会物流运行质量和效益稳中见升。全区实现社会物流总费用 654 亿元，同比下降 3.5%，增速比第一、二季度分别回落 4.4、6.2 个百分点，比第三季度回升 8.4 个百分点，增幅比上年同期降低 4.7 个百分点。社会物流总费用与 GDP 的比率为 20.8%，比第一、二季度分别下降 1.2 和 1.4 个百分点，比第三季度提高 0.5 个百分点，比上年同期下降 2.5 个百分点。

从结构看，运输费用增速同比增长 1.0%，增速比第一、二季度分别下降 0.2 和 2.3 个百分点，比第三季度回升 8.2 个百分点，增幅比上年同期降低 1.0 个百分点，占总费用 79.4%；保管费用增速同比下降 20.2%，增速比第一、二季度分别下降 17.7 和 22.7 个百分点，比第三季度回升 9.1 个百分点，增幅比上年同期降低 18.5 个百分点，占总费用 14.5%；管理费用增速同比下降 11.1%，增速比第一、二季度分别下降 11.2、8.8 个百分点，比第三季度回升 13.9 个百分点，增幅比上年同期降低 11.1 个百分点，占总费用 6.1%。

三、物流业增加值增速平稳趋进

2016 年，宁夏回族自治区物流相关行业实现增加值 350.14 亿元，占全区 GDP 的 11.1%，按可比价格计算，同比增长 2.7%，增速比第一、二、三季度分别回升 2.6、1.6 和 1.0 个百分点，增速比上年同期回升 4.4 个百分点。其中：交通运输业、仓储、邮政业实现增加值 205.75 亿元，同比增长 1.3%，增速比上年同期回升 3.6 个百分点；批发零售业实现增加值 144.39 亿元，同比增长 4.7%，增速比上年同期回升 5.3 个百分点。2016 年 1—4 季度宁夏回族自治区物流相关行业实现增加值见表 3。

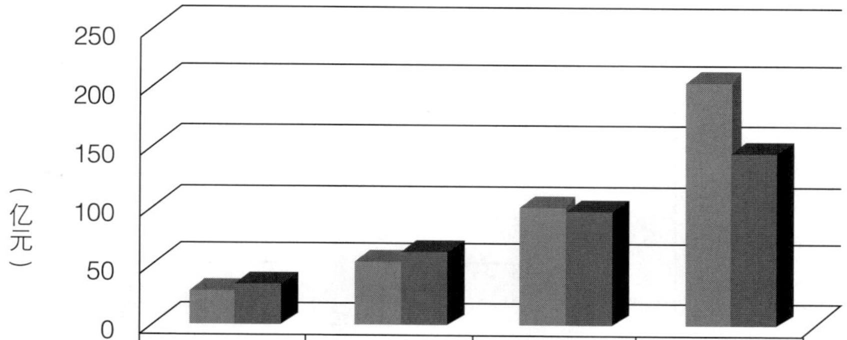

	1—3月	1—6月	1—9月	1—12月
■交通运输、仓储、邮政业	28	53.01	101.33	205.75
■批发零售业	33.74	63.03	96.1	144.39

图3　2016年宁夏回族自治区物流业增加值情况

四、货运和货运周转量稳步回升

2016年，宁夏回族自治区完成货运量44371.51万吨，同比增长1.4%，增速比第一、二、三季度分别回升1.0、2.0和1.7个百分点，增速比上年同期回落1.7个百分点；全区累计完成货运周转量871.52亿吨·公里，同比增长0.3%，增速比第一、二、三季度分别回升4.3、2.1和1.7个百分点，增速比上年同期回升0.9个百分点。

铁路货运及货运周转量开始回暖。2016年，宁夏回族自治区铁路货运量完成5838.74万吨，同比增长3.7%，增速比第一、二、三季度分别回升27.5、24.6和12.4个百分点，增速比上年同期回升23.1个百分点，全年实现由负转正；全区铁路完成货运周转量240.18亿吨·公里，同比下降0.6%，增速比上年同期回升19.8个百分点。

公路货运及货运周转量平稳增长。2016年，宁夏回族自治区公路货运量完成37420.58万吨，同比增长1.2%，增速比第一、二季度分别回落4.9和1.7百分点，比第三季度回升0.1个百分点，增速比上年同期回落6.6个百分点；公路完成货运周转量577.56亿吨·公里，同比增长1.0%，增速比第一、二季度分别回落3.5和1.2百分点，比第三季度回升0.6个百分点，增速比上年同期回落6.8个百分点。

航空货运量大幅增长。2016年，宁夏回族自治区航空货运量完成1.49万吨，同比增长17.2%，增速比第一季度回升8.7个百分点，比第二、三季度分别回落0.3和0.5个百分点，增幅比上年同期回升1.3个百分点；航空完成货运周转量2361.32万吨·公里，同比增长18.3%，增幅比上年同期回落0.2个百分点。

管道货运量下降。2016年，宁夏回族自治区管道货运量完成1110.69万吨，同比下降2.8%，增速比第一季度回升1.8个百分点，比第二、三季度分别回落2.5和1.2个百分点，增幅比上年同期回落3.2个百分点。管道完成货运周转量53.54亿吨·公里，同比下降3.7%，增幅比上年同期回落42.1个百分点。

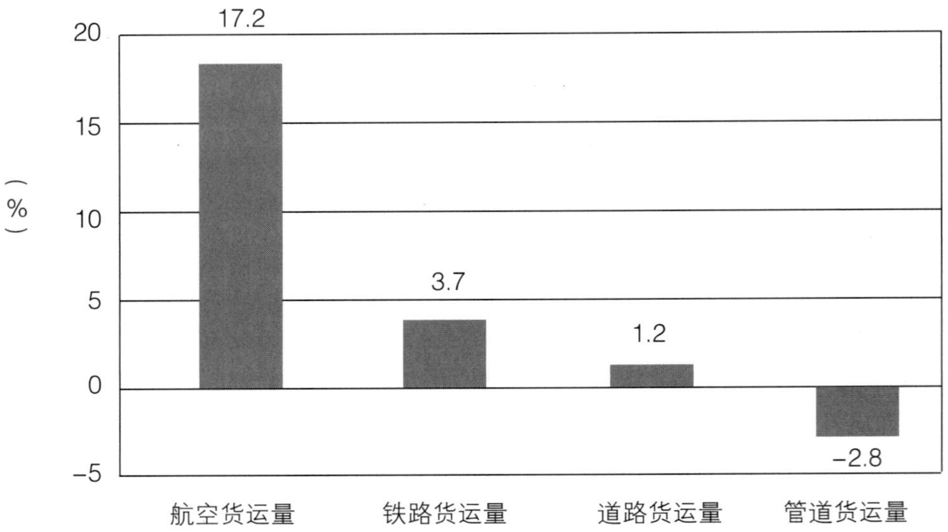

图 4 2016 年宁夏回族自治区各种运输方式货运量增速示意

五、物流业固定资产投资缓中趋稳

2016 年，宁夏回族自治区物流业固定资产投资完成 444.96 亿元，同比增长 47.1%，增幅比第一季度回落 15.4 个百分点，比第二、三季度分别回升 20.3 和 14.3 个百分点，增幅比上年同期回升 35.2 个百分点，比同期全社会固定资产投资增幅高 38.5 个百分点。其中：交通运输、仓储、邮政业投资额同比增长 47.5%，增幅比第一季度回落 28.2 个百分点，比第二、三季度分别回升 17.6 和 15.0 个百分点，增幅比上年同期回升 23.4 个百分点；批发零售业投资额同比增长 43.5%，增幅比第一、二、三季度分别回升 64.7、46.3 和 8.9 个百分点，增幅比上年同期回升 81.4 个百分点。

六、重点物流企业效益明显好转

2016 年，宁夏回族自治区物流业整体市场需求稳步回升，物流企业总体收入水平增速有所增长，结构优化步伐不断加快，新业态、新商业模式推动物流创新服务收入增速加快，成为物流企业发展的亮点。2016 年全区重点考核的 47 户物流企业累计实现物流业务收入 28.38 亿元，同比增长 6%，增幅比第一、二、三季度分别回升 33、29 和 21 个百分点，增幅比上年同期回升 13 个百分点；实现物流业务成本 25.92 亿元，同比增长 7%，增幅比第一、二、三季度分别回升 34、27 和 20 个百分点，增幅比上年同期回升 10 个百分点；物流人员劳动报酬 2.36 亿元，同比增长 17%；实现物流业务利润 1.56 亿元，同比增长 72%。

七、重点企业物流运行质量稳步提高

2016 年，在整体需求放缓的背景下，宁夏回族自治区物流企业积极主动应对，严控成本，加快转型升级，尤其是在“去产能、调结构”“降成本、减税费”等一系列政策影响下，经济转型升级和行业提质增效稳步推进，经济运行质量稳步提高。全区重点考核的 97 家企业实现销售总额 1210.7 亿元，同比增长 13%，增幅比第一、二、三季度分别提高 16、26、45 个百分点，增幅比上年同期回升 19 个百分点；实现企业购进总额 547.55 亿元，同比下降 19%，增幅比第一、二、三季度分别回落 9、4、6 个百分点，增幅比上年同期回升 30 个百分点；实现物流成本 60.51 亿元，同比下降 5%，增幅比第一季度回落 4 个百分点，比第二、三季度分别回升 1、18 个百分点，增幅比上年同期回落 8 个百分点；年末存货比年初存货减少 94.81 亿元，同比下降 18%，增速比年初存货下降 17 个百分点。

（刘汉才　顾宁军　宁夏现代物流协会）

2016年南京市物流业发展情况

2016年是“十三五”开局之年，伴随着南京市委、市政府融入“一带一路”、发展“五型经济”倡议及战略部署的推进和江北新区的强势崛起，南京市物流业迎来了新的历史发展机遇。紧跟“十三五”枢纽型经济发展规划布局，主动适应新常态、培育新动力、拓展新空间，流行业不断呈现出独有的“南京特色”，成为支撑南京市经济向好发展的“新引擎”。

一、物流业发展的总体情况

2016年南京市物流行业总体上保持稳健的发展态势，消费市场稳步增长，物流相关业务量指标不断改善。

（一）物流增加值持续攀升，增速保持在合理区间。

2016年南京市物流业增加值为691.66亿元，按可比价格计算增长8.2%，增幅较上年回落0.2个百分点，物流业增加值占南京市服务业增加值的比重为11.3%（详见图1）。

（二）社会物流总额不断增长，物流需求稳中趋缓。

2016年南京市社会物流总额为29170.85亿元，比上年增加1383.33亿元，增速同比增长（现价，下同）5.0%，与上年相比，增幅回落3个百分点（见图2）。从2010—2016年七年间南京市物流总额增速走势看，增速呈不断趋缓态势，表明受国际国内经济形势的影响，南京市社会物流总规模持续扩大，但物流需求增长势能不断减弱。

在南京市社会物流总额构成中，工业品物流总额（包括市内物流和流到市外）为15802.85亿元，同比增长1.30%，占社会物流总额的54.2%；农产品物流总额（包括市内物流和流到市外）216.56亿元，同比增长8.6%，占社会物流总额的0.7%；进口货物物流总额为1420.31亿元，同比增长4.8%，占社会物流总额的4.9%；外省市商品购进额为11580.68亿元，同比增长10.5%，占社会物流总额的39.7%；其他为150.45亿元，占社会物流总额的0.5%。

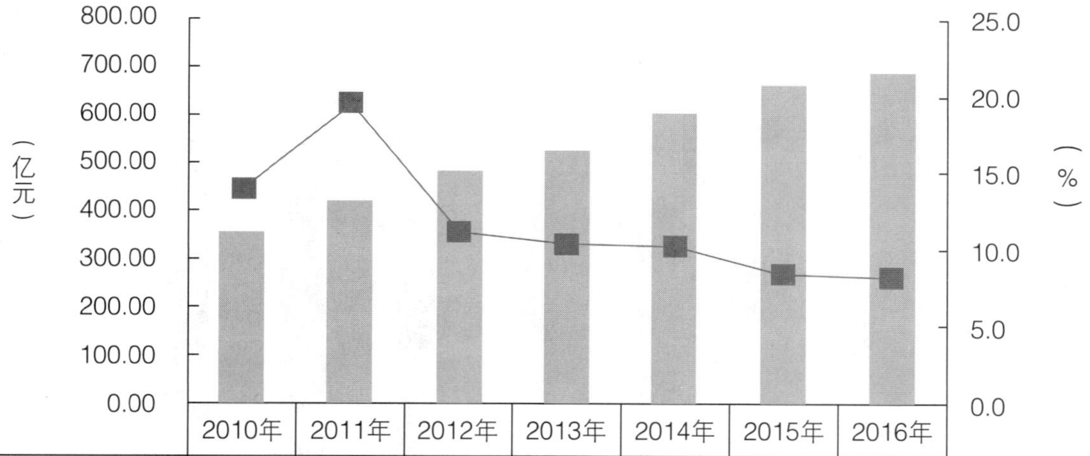

	2010年	2011年	2012年	2013年	2014年	2015年	2016年
物流业增加值	353.10	421.15	485.20	524.70	604.84	665.72	691.66
可比价增长率	13.9	19.5	11.2	10.3	10.2	8.4	8.2

图1　2010—2016年南京市物流业增加值与增加值增速走势

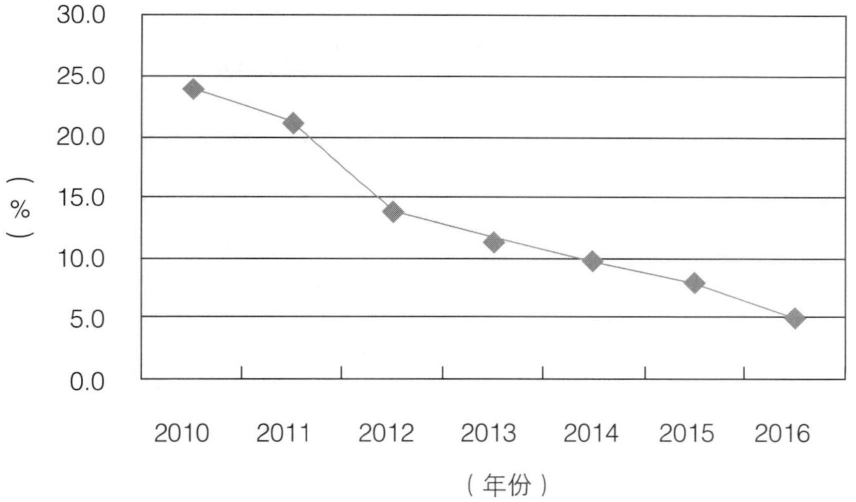

图2　2010—2016年南京市社会物流总额增速变化走势

（三）社会物流总费用与GDP的比率进一步降低，效率成效凸显。

2016年南京市社会物流总费用为1483.94亿元，同比增长3.6%，增幅低于南京市社会物流总额1.4个百分点。社会物流总费用与GDP的比率为14.1%，比上年下降0.6个百分点（见图3），从投入与产出的角度看，2016年南京市社会物流的效率和效益不断提升，成效不断凸显。

在物流总费用的构成中：运输费用为704.14亿元，同比增长0.2%，占社会物流总费用的47.4%；保管费用为583.25亿元，同比增长7.2%，占社会物流总费用的39.3%；管理费用为196.55亿元，同比增长5.4%，占社会物流总费用的13.3%。

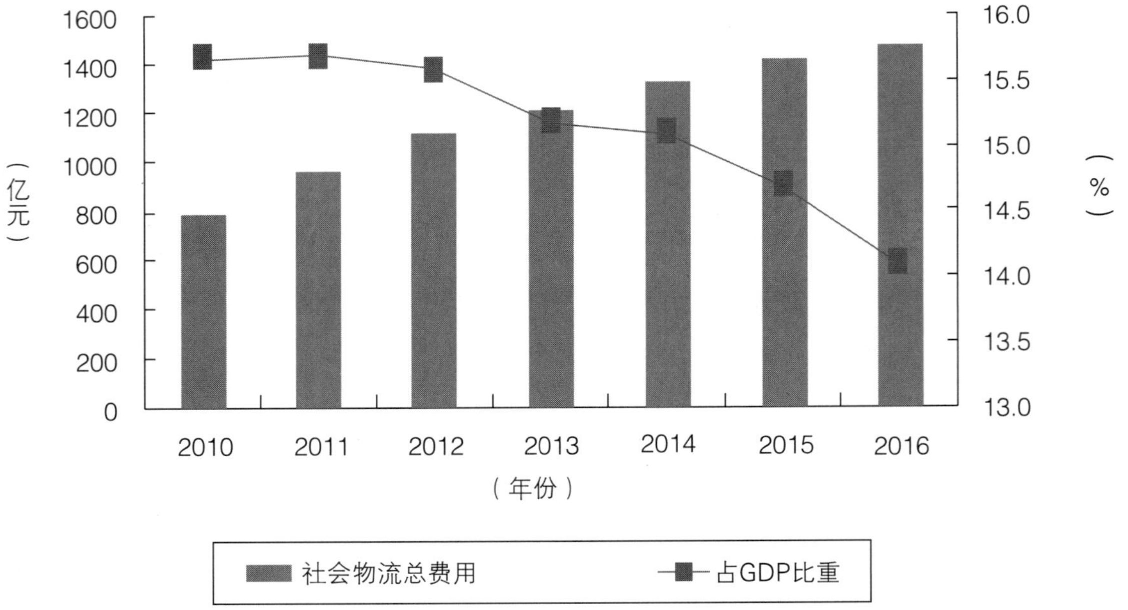

图 3　2010—2016 年南京市社会物流总费用及占 GDP 比率变化情况

二、物流业运行的特点

（一）货物运输量逆势上扬作用彰显。

2016 年南京市实现货物运输总量 31460. 84 万吨，同比增长 5. 5%，增幅明显改观，一改上年下降趋势，比上年上升 11. 7 个百分点。其中：铁路货运量 1299. 38 万吨，同比增长 2. 6%；公路货运量 13341 万吨，同比增长 7. 9%；水路货运量 13812 万吨，同比增长 3. 7%；航空货运量 7. 61 万吨，同比增长 8. 6%；管道货运量 3000. 85 万吨，同比增长 4. 8%。五种运输方式全部实现正增长的发展态势。

（二）货运周转量同比下降。

2016 年南京市完成货物运输周转量 2483. 78 亿吨 · 公里，同比下降 15. 5%，降幅比上年同期大大收窄 31. 4 个百分点。其中：铁路货运周转量为 68. 90 亿吨 · 公里，同比下降 8. 3%；公路货运周转量为 191. 70 亿吨 · 公里，同比增长 5. 2%；水路货运周转量为 2185. 39 亿吨 · 公里，同比下降 17. 4%；航空货运周转量为 1. 09 亿吨 · 公里，同比增长 10. 4%；管道货运周转量为 36. 70 亿吨 · 公里，同比增长 5. 0%。

（三）倾力打造"空中丝绸之路"，货运通达能力不断提升。

机场是展示一座城市形象的窗口，近年来伴随着"航空+互联网"等产业的发展和"一带一路"节点城市建设的推进，区域经济的产业格局变革加快。南京禄口机场紧跟时代步伐，积极完善航线网络布局，航空运输能力不断提升，为"一带一路"倡议倾力打造的"空中丝绸之路"提质增效。

截至 2016 年年底，南京禄口机场开通了通往 62 个国内主要城市、31 个国际和 6 个地区城市的航线。禄口机场设立异地城市候机楼23座，比2015年增加3座。2010—2016年南京市航空货邮吞吐量一路高歌猛进（见图4）。2016年，禄口机场货运吞吐量达34.12万吨，同比增长4.7%，是2010年的近1.5倍，年均增长6.5%。

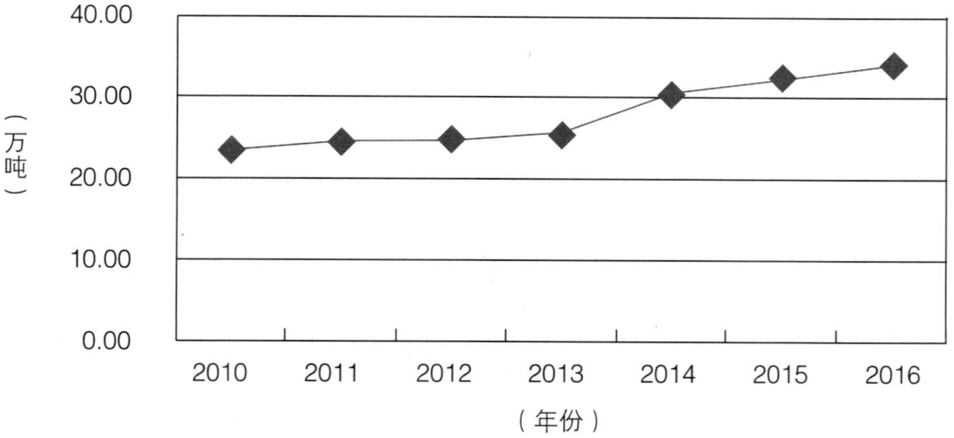

图4　2010—2016年南京市航空货邮吞吐量走势

（四）利用区位交通优势，港口谋求新发展。

2016年7月5日，长江南京以下12.5米深水航道初通南京，5万吨级海轮可全天候直达、10万吨级海轮可乘潮进出南京港，南京港成为距离中西部腹地最近的海港，迎来新的发展契机。但从外部大环境看，受国内外经济增速放缓和原材料市场供大于求等因素影响，南京市港口生产仍处于去库存状态，特别是作为国家去产能重点的煤炭、铁矿石等货种库存压力仍然较大；受周边洋山港、太仓港和合肥港的分流影响，从南京港出运或者中转的货源明显减少，港口间竞争压力持续增长。海港枢纽经济区是南京发展枢纽型经济的重要抓手和核心空间载体，充分利用地处长江与东部沿海"T"型经济发展战略带结合部的交通地理优势不断聚集能量，是南京港谋求新发展的重要途径。

2016年，南京港完成货物吞吐量22768万吨，同比增长2.5%，比上年同期提升0.3个百分点。集装箱吞吐量达308.39万标准箱，同比增长4.9%，比上年同期回落1.1个百分点。

（五）水路运输明显改观，货运降幅大幅收窄。

2016年，南京市水路系统面对来自公路、铁路、民航等交通运输方式的竞争挤压，积极抢占地理优势，在压力中求生存，在竞争中寻出路，整体发展明显好于上年。

2016年，南京市水路运输完成货运量13812万吨，同比增长3.7%，增幅较上年同期上升15.2个百分点（见图5）；水路运输完成货运周转量2185.39亿吨·公里，同比下降17.4%，降幅比上年同期收窄32.1个百分点。

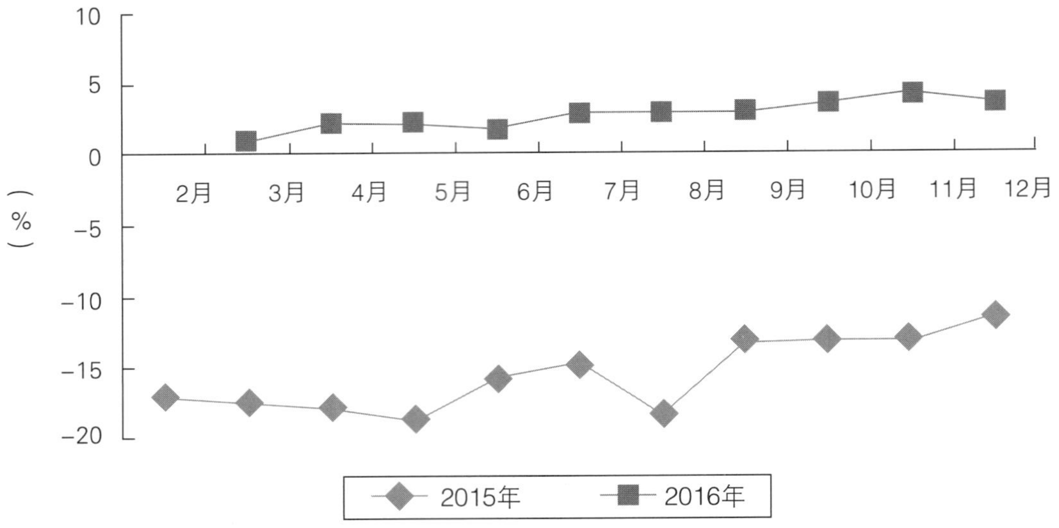

图 5　2015—2016 年南京市水路货运量逐月增幅走势

（六）公路运输需求减弱，传统优势难以为继。

随着南京市“去产能、压库存”举措陆续发力，2016 年南京市货运企业运量增幅持续回落，特别是钢铁、煤炭等大宗货物和危险品运输等需求减少，运输增幅下降明显，重点物流企业到发量也呈现大幅度负增长的态势。目前看，货运物流企业唯有积极转变发展方向，加大运力结构调整力度，逐步淘汰能耗高、运能差的小微型老旧货运车辆，积极发展大中型货车、封闭式货车、集装箱货运等新型货运车辆，才能改变发展窘境。

2016 年，南京市公路运输完成货运量 13341 万吨，同比增长 3.7%，增幅比上年同期回落 2.2 个百分点；货运周转量 191.70 亿吨 · 公里，同比仅增长 1.7%，比上年同期回落 4.3 个百分点。

三、物流业运行发展中的问题及对策

总体看，南京市物流业发展是积极向好的，若要保持这种态势，必须破解以下难题。

一是物流企业运行成本压力不断加大。首先是物流有限需求减弱，物流价格在低位运行；其次是人力、土地、资金、燃料等价格持续攀升；最后是“营改增”理论上实现了结构性减税，但物流企业实际上由于可抵扣的进项税额很少，道路货物运输企业因运输中无法取得完整的加油费、修理费、过桥过路费等费用的增值税票据，造成税收负担反而变相加重，企业经营风险明显加大。

二是物流园区规划布局不足。南京市建设有龙潭物流园区、禄口物流园区、丁家庄物流园区、城南物流园区、江北物流园区和南京化工物流园区六个物流园区及南京市空港国际物流中心，形成了六园一中心的物流布局。但从社会零售和人民日常生活角度来看，农副产品物流中心按照辐射半径、辐射人口等因素规划布局不足，江南大型农副产品物流中心仅有南京众彩物流，江北新城、溧水和高淳新城区大型农副物流中心规划布局不足，依靠众彩物流辐射，辐射半径过长，运转成本增加。

三是从业人员整体水平不高。一方面，物

流业准入门槛低，从业人员相对学历低，创新能力、创新层次低；收入一般，人员流动性大，导致物流企业对员工培训难以得到重视，从业人员普遍缺乏专业技术培训，甚至无证上岗。另一方面，南京作为全国高校、科研重地，设置物流专业的大专院校不少，但就培养人才的层次和素质上看，物流相关专业基本集中在二本及以下院校，物流研究生教育处于起步阶段，远远跟不上南京市物流产业的发展需求和趋势。

四是物流产业创新转型升级缓慢。南京市物流产业大部分处于传统意义上的运作，与互联网技术深度融合的创新、转型升级发展刚刚起步。2016 年南京市软件业收入位居江苏省第一位，符合作为省会城市的地位。但与物流产业配套发展、开拓物流信息化建设领域的软件企业数量较少，大部分处于孵化阶段，集中在开发区孵化器中，多以物联网名义出现，没有形成规模产出，南京市没有一家物流与互联网深度融合发展的代表性企业。

破解南京市物流业发展中存在的问题，需要相关方共同努力，只要上下齐心协力，利用自身独特禀赋，依托枢纽优势，不断转型升级，降低企业成本，引进高素质人才，南京市物流业发展就会成为南京经济发展新引擎。具体说应在以下四个方面下功夫：

一是施行优胜劣汰，提升物流行业整体实力。首先要强本固基，对有明显成本优势、竞争实力强的物流企业，鼓励其通过整合收购其他实体经济企业，增强实体规模和研发创新能力，使之成为物流行业的龙头企业，更成为促进行业发展的源头活水。其次要整合转型，对发展潜力处于中等水平的实体经济，鼓励与其他优势企业整合并组，深度推进产业整合，推动形成规模物流企业、规模物流产业和物流集群发展，通过优势企业的规模效应、管理经验，大大提升整体实力。最后要对降成本空间小、行业中的“僵尸企业”，因地制宜地设计有针对性的退出方案，彻底打破物流企业因准入门槛低形成的“散、小、弱”低层次发展竞争局面，持续降低恶性竞争，解决产能过剩问题，实现资源的有效配置。

二是抓好科学规划重点打造一批物流园区。结合“一带一路”发展倡议，以融入、参与、引领为总目标，放眼全国乃至全世界，编制南京“十三五”物流产业发展规划。大力推进长江航运物流中心、打造空港、海港、高铁三大枢纽经济区，围绕“水铁公机”枢纽优势，深度推进航运、铁路、公路、航空联运整合力度，发展多式联运，破除行业限制。强化政策支持优势，制定出台物流园区建设发展专项政策，加强信息平台建设和服务标准化建设，构建现代物流企业供应链管理环境，提高园区工作效率，每个园区重点打造 1~2 家掌握物流标准、物流信息技术的代表性企业，充分发挥龙头示范带动作用，培育一批具有核心竞争优势的规模企业。

三是加强培养和引进抢占人才高地。首先要利用国资物流产业平台引进一批国际性人才。参照国家“千人计划”、省“双创”、南京“321”等科技人才政策，制定物流产业发展人才规划和政策，充分发挥国资物流产业平台引才优势和作用，大力引进一批推动物流产业发展决定性作用的国际人才。其次要实施地方高校共建战略，有计划培养高层次人才。利用南京高校优势，积极与高校对接，通过合作办学、兴建独立学院等办法，有计划地实施物流相关学科教育，进一步推进物流高层次人才培养，更好适应和服务物流产业的长远发展。最后要大力发展物流产业人才再教育、再培训工作。参照注册会计师等运作方式，积极尝试政府引导、鼓励社会参与，大力发展物流师继续教育培训工作；健全完善准入制度，提升注册物流师含金量，为物流产业注入高级人才；加大以专业技术、管理知识对应物流行业的双向融合的复合型人才培养，达到物流行业内人才发展的目标。

四是利用“互联网+”创新引领示范。首先要与“互联网+”深度融合发展，大力推动物流企业各环节的信息化，加快推进物流企业GPS/GIS、REID、条码自动识别系统、货物自动跟踪系统等现代信息技术的推广和应用，进一步整合资源，形成统一的区域物流信息服务网络。其次要与高新技术产业进一步融合。着眼经济新增长极，推动物流产业迅速抢占高新技术产业物流高地，推动形成专业化程度高、个性定制服务的物流产业新体系；着眼于物流产业智能化，推动物流产业与高新技术装备融合发展，通过政策引导，鼓励物流企业积极采用装备改造升级。最后要与物流金融互促互融。鼓励引导银行等金融机构针对物流企业核心资产、抵押物少的特点，研究适合物流企业融资的金融产品，切实解决物流产业发展融资难的问题；鼓励引导有条件的企业积极参与物流金融建设，切实发挥市场调节作用；鼓励引导设立物流金融专业银行、投融资平台和专项资金，切实发挥政策引领作用。

（顾国祥　查莉华　江　滢　南京市统计局）

2016年青岛市物流业发展情况

一、物流业运行情况

2016年，青岛市实现物流业增加值906.1亿元，同比增长6.7%；社会物流总费用为1421.6亿元，同比增长3.1%，占青岛市生产总值比重的14.2%；实现社会物流总额28672.9亿元，同比增长5.9%；实现物流业固定资产投资828.2亿元，同比增长7.1%，占青岛市投资比重的11.1%。

从山东省的情况来看，青岛市社会物流总额占山东省物流总额的比重为11.9%，位居山东省首位。物流业固定资产投资占山东省物流业固定资产投资比重的15.8%，近年来首次超过烟台市，位居山东省首位。从同类城市对比看，青岛市物流业增加值低于深圳市的1984.5亿元、广州市的1668.89亿元和武汉市的1102亿元，高于大连市的862.2亿元、成都市的852.1亿元，位居第4位；运行效率低于深圳市的13%、武汉市的14.1%，高于广州市的14.7%、大连市的15.1%和成都市的15.5%，较全国平均水平高0.6个百分点，位居第3位，运行效率高于大部分城市。

二、物流业发展概况

2016年，青岛市政府及物流主管部门为推动青岛市物流业健康稳定发展，从政策、法规、资金、土地、税收等多方面提供支持，努力营造有利于物流快速发展的良好氛围，使得青岛市物流业发展取得了明显成绩。

（一）千万平方米物流园工程圆满收官。

2016年，青岛市千万平方米物流园工程完成投资126亿元，竣工205.8万平方米、运营面积133.1万平方米，超额完成年度任务。自2012年以来，青岛市千万平方米物流园工程累计竣工面积达1305.4万平方米、运营面积达1203万平方米，运营率为92.2%，位居青岛市“十个千万平方米”工程首位。其中，胶州湾国际物流园、西海岸物流园、城阳现代物流产业区和即墨国际陆港物流园竣工面积分别为599.9万平方米、464.6万平方米、103.7万平方米和137.2万平方米。

（二）物流重点项目建设加快推进。

2016年，青岛市积极争取国家、市补助资金，支持物流大项目和重点企业发展，传化公路港一期、南泉物流园二期、城阳普丰物流、胶州卓安仓储物流、宝湾国际物流中心、九州通医药物流二期、莱西国际农副产品物流港、平度鑫秀物流中心、黄岛中正资源交易分拨中心、黄岛国投贸易仓储、济铁胶州物流园及山东高速西海岸智慧物流园等 37 个项目加快推进，美捷柯电商物流等 22 个项目竣工运营。

（三）物流示范试点实现突破。

2016 年，青岛市“一带一路”跨境集装箱海铁公多式联运工程、胶州湾国际物流园获全国首批示范项目，青岛市被列为全国首批现代物流创新发展试点城市。全年新开通海铁联运中蒙、中凭越国际班列 2 条、国内班列 8 条；青岛港完成海铁联运货量 48 万标准箱，同比增长 60%，位居全国沿海港口首位。截至 2016 年年底，胶州湾国际物流园入驻企业达 400 余家，其中世界 500 强企业 2 家，全年完成货物吞吐量 1.2 亿吨，为 1.65 万人解决了就业问题，实现税收 4.68 亿元。青岛市集装箱中心站全年完成到发量 35.5 万标准箱，同比增长 76%。

（四）物流信息化建设加快推进。

2016 年，青岛市政府部门印发了《青岛市“互联网+物流”推进方案》，鼓励企业应用互联网技术创新物流产品物流服务，营造了浓厚的智慧物流氛围。2016 年启动了危险货物道路运输电子运单试点工作，不仅完成了电子运单系统硬件与软件的安装与调试工作，还选取确定了重点危货试点企业；大力推广惠龙易通模式，先后在崂山、胶州等 6 个区（市）召开了普货企业座谈会，已完成 80 家会员单位的签约工作，对提升物流组织效率、规范市场主体行为、促进行业提质增效升级具有积极作用。

（五）社会物流成本持续降低。

2016 年，青岛市社会物流总费用占全市国内生产总值的比重为 14.2%，物流运行效率高于同类城市。出入境检验检疫部分实验室委托检验检测项目收费在原标准基础上降低 33.39%，检疫处理收费标准在原标准基础上降低 10.71%。《出境商品口岸重点查验目录》内的出境商品口岸核查货证比例由 5% 降低至 2.5%，目录外的出境商品口岸核查货证比例由 0.5% 降低至 0.25%。青岛海关“一次查验率”100%，“一次申报”业务量居全国前列。

（六）物流服务保障行动成效明显。

2016 年，青岛市政府印发了《青岛市“十三五”物流业发展规划》《青岛市邮政业发展“十三五”规划》《青岛市促进物流业发展三年行动计划》《城市共同配送社区终端站点建设运营规范》《关于加快推进青岛市冷链物流发展的实施意见》以及《关于贯彻落实国办发〔2016〕69 号文件精神促进青岛市物流业降本增效工作实施方案》等政策文件，持续优化了青岛市物流业发展环境。2016 年内新增青岛苏宁物流等国家 A 级企业 3 家，截至 2016 年年底青岛市 A 级物流企业总数达到 63 家；中远物流仓储配送、中外运山东等 13 家企业被评为全国先进物流企业。全年新建城市共同配送中心 5 处、电商物流服务中心 6 处。

（七）邮政快递业快速发展。

2016 年，青岛市完成快递业务量 2.5 亿件，同比增长 55.46%；完成快递业务收入 34.51 亿元，同比增长 24.07%。为加快青岛市快递业发展，青岛机场货运中心建设了“绿色通道”，保障快件优先配舱、优先通行；全市全年新增代理国际快递服务机构 9 家，实现国际快件业务量 580 万件，同比增长 10%；青岛市国内首家国际海运快件监管中心启动；青岛邮政跨境电商产业园正式开园；青岛智慧快递物流产业园启动建设，该园规划用地1500亩，可容纳青岛50%以上的规模快递企业落户。此外，为持续加强快递业安全监管工作，青岛市新配置安检机15台，累计达42台，市级分拨中心安检机配备率达到100%。

（青岛市交通运输委员会）

2016 年威海市物流业发展情况

一、物流业发展总体情况

（一）物流业总量稳步增长。

从物流总额看，2016 年，威海市物流总额为 10065 亿元，同比增长 4.8%。从货物发送总量看，2016 年，威海市累计完成货物发送量 8761.4 万吨、货物周转量 381.4 亿吨 · 公里，同比分别增长 9.3% 和 6.4%。

（二）物流运输基础设施日益完善。

截至 2016 年年底，威海市拥有威海港、石岛港、龙眼港和威海国际机场国家一类开放口岸 4 个，开放港口码头 14 个，集装箱场站 6 个，泊位 96 个，其中万吨级以上泊位 38 个。威海市海港口岸共有国际航线 20 条，每周 41 个航班，其中：国际集装箱班轮航线 12 条，国际客货班轮航线 5 条（威海—仁川、威海—平泽、龙眼—平泽、石岛—仁川、石岛—群山），外贸内支线 3 条。威海市海港口岸与 80 多个国家和地区的港口建立了贸易往来。空港口岸方面，威海机场目前开通了北京、上海、广州、南京、哈尔滨、杭州、济南、深圳、大连、重庆、济宁、天津 14 条国内航线和韩国首尔 1 条国际航线，2013 年开通了台湾地区航线，每周 29 个航班。公路方面，截至 2016 年年底，威海市干线公路总里程为 1257.967 公里，其中：国道 5 条 524.288 公里，省道 13 条 733.679 公里。铁路方面，威海市已建成地方铁路 138 公里，开办全国货运直通运输、国际联运、威海至青岛（黄岛）集装箱五定班列（每周 5 班）和威海至苏洲西、广州棠溪两个集装箱特需班列，开行了威海至北京、济南、汉口和菏泽共 4 对旅客列车，已形成年货物运输 800 万吨的能力。青荣城际铁路目前开通了荣成—济南、北京、上海、青岛、烟台 17.5 对客运列车。管道运输方面，目前威海市拥有天然气运输管线 3441 公里，截至 2016 年年底，服务工业用户 109 户、公福户 1852 户、民用户 50.2 万户，全年供气量 1.62 亿立方米。总体看，威海市的公路、铁路、水运、空运和管道运输等多种运输方式共同构筑起了对外开放、对内辐射的现代化立体交通物流网络，为地区物流业的发展提供了良好的基础条件。

（三）口岸物流环境日益完善。

截至 2016 年年底，威海港、石岛港和龙眼港同韩国相关港口均实现了汽车货物运输陆海联运，威韩陆海联运已实现常态运行，韩国电子产品和威海鲜活农产品通过陆海联运实现了“门到门”运输，是山东省开通口岸通道最多且实现平稳运行的地市。2016年，威海口岸在率先试点山东国际贸易“单一窗口”的基础上，完成了EDI平台系统建设，试运行了一般货物进出口、船舶抵离境、跨境电商三个业务系统，威海市在山东省率先实现了海港口岸国际贸易“单一窗口”全覆盖。目前威海市已拥有包括2个进口肉类指定口岸（威海港、石岛港）、4个进口冰鲜水产品指定口岸（威海港、石岛港、龙眼港、威海机场）、4个进境食用水生动物指定口岸（威海港、石岛港、龙眼港、威海机场）、1个进境澳大利亚肉牛（屠宰用）口岸（石岛港）在内的共11个功能性特色口岸，功能性口岸数量占山东省功能性口岸的1/3。目前威海市11个功能型特色口岸均运作使用良好，成为经济发展的新亮点。2016年1月威海市在山东省内率先进行由政府承担查验没有问题企业的吊装、移位、仓储等费用的试点，4月威海试点经验在山东省推广，并成为省政府出台改革方案的重要依据。

（四）物流大通道建设成效明显。

截至2016年年底，威海市物流大通道建设效果显著。一是拓宽了对接韩日的海运通道。先后开通了威海—韩国釜山、日本关东、关西、东京等多条国际集装箱航线。石岛新港投资4亿元建造总重3.4万吨的“华东明珠8”客滚船投入中韩航线，提升了对韩物流运输能力。二是主动对接国家“一带一路”倡议，着力发展海铁联运。威海港集团与市铁路局合作开行了威海南至大朗（广东）快速集装箱班列，每周2班；中外运威海分公司与市铁路局合作开通了威海南至青岛黄岛集装箱班列，每周5班，打造了威海市与华东、华南地区和韩国及东南亚地区之间国际物流海铁联运大通道。三是积极推动面向东北地区的海运通道建设。在巩固和扩大威海—大连客滚班轮业务的基础上，推动深化威海港与丹东港的战略合作关系，达成了开通丹东—威海—釜山集装箱班轮航线的合作意向。四是跨境电商物流通道建设取得新突破。在全国率先启动中韩海运跨境电商出口业务，率先同时启动海运、邮运、空运三种方式对韩直购进口，海运运输成本比空运节省70%，实现了“海运成本，空运速度”，打造了中韩之间用时最短、成本最低、最便捷的海上邮路。

（五）物流企业总体规模不断壮大。

截至2016年年底，威海市有港口经营企业65家、国际水运企业5家，运输船舶3艘、1.4万载重吨；省际水运企业24家，运输船舶89艘、60.8万载重吨；中韩班轮运输企业5家，客箱班轮4艘、3731客位、1077箱位。从事道路货物运输经营的专业货运企业约300家，拥有营运货车2.9万余辆、23.8万吨位，其中集装箱运输企业79家，开通了东北三省、北京、广州、义乌、苏州、无锡、西安、成都等50余条货运专线。

（六）物流园区和物流中心建设初具规模。

2016年5月31日，国务院批复设立了规划面积2.29平方公里的威海综合保税区，实施园区与周边空港、海港间“区港联动”，重点发展保税物流、保税加工、国际贸易、国际配送，建设综保区大物流园。威海市先后规划建设了威海新港、威海国际物流园、搬迁扩建了威海市农副产品批发市场等重点物流园区（中心），各区市结合区域实际，先后建设并完善了文登中海川物流园、金蚂蚁汽车广场、威广物流中心、乳山华润物流园等区域重点物流园区（中心）。家家悦集团、赤山集团、燕喜堂等重点企业先后建设温泉常温物流中心和加工中心、宋村生鲜物流中心、水产仓储物流中心、天福医药物流中心等行业重点物流中心。威海市建有威海国际物流园公用型保税仓库、威海金琳水产公用型保税仓库等8个公用型保税仓库。涵盖威海市多种运输方式和产业物流需求的物流园区（中心）枢纽结构、布局不断完善。

（七）制造企业与物流业联动发展稳步推进。

威海市规模以上工业企业中有70%已按照现代物流管理理念，开展以订单为中心的物流管理系统改造；90 %以上企业在仓储、运输和配送等环节上通过招标、长期合作等方式实现了较高程度的物流业务外包。威海国际物流园有限公司依托威海市三角集团、浦林成山轮胎、君乐轮胎等重点轮胎生产企业，积极开展第三方轮胎物流服务，承接三角集团、成山集团80%以上的轮胎仓储、发货业务，并开展了部分地区的配送业务。该公司拥有35万平方米标准化仓库，是目前国内最大的轮胎第三方物流运营商。

（八）商贸物流和农村物流网络体系建设成效显著。

截至2016年年底，威海市已建有日用消费品、生鲜农产品、农业生产资料等规模化、智能化商品配送中心5座，年配送能力200亿元。全年新建改造“农家店”、便民超市、便利早餐店、再生资源回收站点总数1000多处，覆盖100%的社区和乡镇以及60%以上的行政自然村。以家家悦集团股份有限公司等为代表的日用消费品配送企业，建设了3处常温物流中心和5处生鲜物流中心，构建起山东省内2.5小时配送圈，配送范围覆盖省内40多个市县。

（九）邮政快递业发展迅速。

截至2016年年底，威海市已取得快递经营许可证的快递企业及分支机构共计152家，快递网点实现对威海全市48个乡镇全覆盖；威海市已有快递业从业人员3153多人，拥有机动车1180余辆，手持终端2440台，智能快件箱621处。EMS、顺丰、申通、圆通、中通、汇通、韵达等国内20多个重要品牌以及DHL等国际快递巨头均已在威海市落地生根。2016年威海市邮政企业和快递服务企业业务收入（不包括邮政储蓄银行直接营业收入）累计完成8.79亿元，同比增长24.36%；快递服务企业业务收入累计完成5.59亿元，同比增长35.24%。

2016年，总投资4亿元、占地128亩的顺丰威海电商产业园项目落户威海市临港经济技术开发区，园区建成后将立足于服务威海当地工业产品、农产品、韩国快消品集散分拨、小商品出口、国际海运快件转运枢纽等业务，预计园区平台年直接营业收入可超过5亿元，新增就业岗位近2000人。

（十）物流新技术和信息系统得到推广与应用。

截至2016年年底，威海市从事道路货物专线运输、集装箱运输和危险货物运输的车辆普遍使用了GPS或北斗卫星定位信息管理系统。卫星定位技术、条码技术、电子自动订货系统（EOS）、自动分拣系统（ASS）、射频识别（RFID）、无线手持终端等物流信息技术装备逐步在威海物流业得到推广与应用，部分重点物流企业还建设了物流信息服务平台。威海市物流企业物流现代化装备利用率不断提高，有效提升了物流行业物流管理信息化水平。

（十一）水产品冷链物流发展成效显著。

截至2016年年底，威海市拥有各类水产

品冷藏库622座，日冻结能力7.6万多吨，总库容200余万吨，年周转量600万吨左右，冷风库32座，库容1.2万吨，日速冻能力5万吨。拥有果品贮藏保鲜库137座，其中：500吨以上的95座，冷库贮藏能力26.3万吨；果品贮藏气调库42座，年果品贮藏能力达40.75万吨。拥有国内近海捕捞冷冻船400艘，远洋运输船8艘，冷藏运输车500多辆。威海市冷链物流初具规模。

二、物流业补短板加快发展的对策

从威海市物流业发展的情况看，威海市物流业尚存在一些短板。一是货运总量不足。港口企业普遍“吃不饱”，水运市场低迷。受地理位置、产业结构偏轻、周边港口竞争优势明显等因素影响，威海市货物转运量和本地货物总量不足。威海港近年来虽然依托良好的口岸通关优势，加强市场开发，但港口吞吐量一直未突破8000万吨，与周边青岛港年吞吐量5亿吨、烟台港年吞吐量2.5亿吨相比差距较大；道路货运输业户数量众多，部分中小运输企业低价竞争、经营方式粗放。二是海铁联运未形成规模优势。海铁联运市场发展壮大需要较长市场培育期，目前，威海市只开通了威海—大朗（广东）海铁联运线路，且每周只有2班，规模优势不明显。三是道路货运企业规模小、竞争力弱。道路货运市场市场化程度高，部分中小企业低价竞争，经营方式粗放。

为补短板，加快物流业发展的步伐，威海市物流主管部门应采取积极对策，做好相关工作。一是加强域外货源开发。突出威海市对韩航线密、运力多、通关快、服务好的特色优势，大力加强威海市对韩运输优势宣传和政策支持，吸引域外地区出口货物通过威海市出口日韩，鼓励省内外大型物流企业来威海设立分支机构，从市场资源、运营模式、技术支持、资本运营等方面，带动和提升威海市物流规模和服务水平。依托威海市打造中韩自贸区地方经济合作示范区建设的政策机遇，加快推进山东（威海）跨境电商综合试验区、韩国商口交易集散中心建设，打造线上线下辐射全国的韩国商品集散地。

二是进一步拓宽物流大通道。在海铁联运方面，认真贯彻落实李克强总理到威海港考察时做出的“不仅要面向东部，还要向中西部延伸”指示要求，全面对接国家“一带一路”倡议布局，推动港铁合作，争取尽快开通“鲁新欧国际班列”过境集装箱运输业务，向我国中西部内陆地区和中亚、西亚和欧洲国家和地区拓展，构建“一纵一横”海铁联运国际物流大通道。进一步加密威海市客滚航线和集装线航线，保持威海市对韩客货运通道便捷高效优势。

三是支持物流业企业做大做强。加大各级扶持政策争取力度，支持物流企业转型升级、做大做强。引导支持传统运输仓储、货代、快递等企业采用现代物流管理理念，主动融入产业物流供应链，进行功能整合和服务延伸，通过流程优化、效率提升和模式创新，推动物流业与其他产业联动发展。支持重点骨干物流企业构建完善国内外物流网络，大力推进规模化、网络化和品牌化经营。支持重点物流企业更新运输、装卸装备，扩建改造仓储设施，发展多式联运、甩挂运输等新型高效运输方式，提高运营效率，降低物流成本。支持重点物流企业与中小物流企业通过兼并重组、加强合作等方式实施存量资源整合，壮大规模。

四是着力推进物流信息平台和重点项目建设。积极推进威海市交通物流公共信息平台、威海中韩自贸区跨境电商物流公共信息服务平台、中韩自贸区威海港国际集装箱多式联运综合服务中心、家家悦集团物流标准化提升项目和冷链物流信息公共服务平台等平台建设，着力提高物流供需双方对接效率，降低运输工具空驶率，降低物流成本，推进“互联网+”高效物流发展水平。加快推进威海综合保税区、顺丰威海电商产业园项目、威海粮食仓储物流园区等一批重点物流业转型升级项目，提升重点物流园区和物流企业服务能力。

（黄经涛 鞠少珊 肖 虹 威海市经信委）

2016年临沂市物流业发展情况

2016年，临沂市实现国内生产总值（GDP）4026.75亿元，同比增长7.6%，经济发展在保持相对平稳中呈现积极转型的良好态势，为临沂市物流业稳步发展提供了坚实的基础，临沂市全年物流运行总体平稳，物流相关产业固定资产投资保持较快增长。

一、社会物流总额保持增长

2016年，临沂市实现物流总额26523.5亿元，居山东省第二位，同比增长8.2%。物流总额在山东省内仅次于青岛市的28672.9亿元，高于烟台市的22062.5亿元。

其中：农产品物流总额为577.7亿元，占临沂市物流总额的2.18%；工业品物流总额为11122.9亿元，占临沂市物流总额的41.93%；进出口物流总额为178.3亿元，占临沂市物流总额的0.67%；外地货物流入总额为13015.0亿元，占临沂市物流总额的49.07%；再生资源物流总额为1286.0亿元，占临沂市物流总额的4.85%；单位与居民物品物流总额为343.6亿元，占临沂市物流总额的1.3%。各分类占比情况与上年大致相同，详见下图。

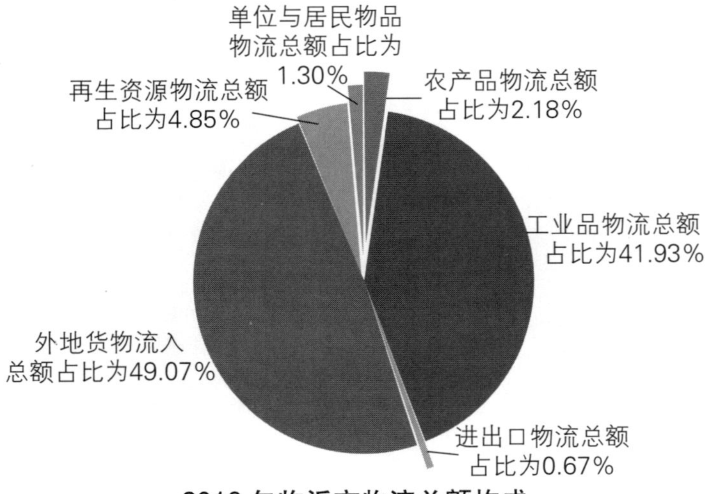

2016年临沂市物流总额构成

二、物流相关产业固定资产投资平稳

2016 年，临沂市固定资产投资总额为 3603.3 亿元，物流相关产业固定资产投资总额为 274.1 亿元，与上年同期基本持平，占山东省物流投资比重的 5.2%，占全部固定资产投资比重的 7.6%。其中：交通运输业为 111.0 亿元，邮政仓储业为 10.3 亿元，批发零售业为 153.8 亿元。

三、物流业发展态势良好

从整体上看，2016 年临沂市物流行业仍处于稳步增长态势，经济下行压力的影响逐步减弱。物流总额增幅与上年 8.1% 的水平相比基本持平，略高于全国 6.1% 的增幅和山东省 5.2% 的增幅，也高于临沂市 GDP 7.6% 的增幅，说明物流业对于临沂市经济起到支柱作用。概括看临沂市物流业稳健发展的态势主要体现在以下三个方面：

一是实施立体大交通战略创建全国综合运输服务示范城市工作，拉动了一大批物流项目开工建设，使得临沂市公路、铁路、航空、港口等基础设施更加完备，全年已经开通铁路货运班列 10 列；传宝物流园、鲁南铁路物流园等物流项目得到支持，开始建设或投入运营，很大程度上促进了临沂市物流业的发展。

二是临沂市采取“三引一促”“二次创业”等措施，有力地激发了发展动能，工业经济效益综合指数由 2016 年年初的 259.8 提升到年末的 351.2，主营业务收入过万亿元，利润、利税均保持增长，亏损企业亏损额下降 35.7%，给物流业的发展提供了坚实的后盾。

三是临沂市响应“一带一路”国家倡议为商贸物流带来了机遇，商城国际化工作的推进形成了物流发展的新动力，临沂海外商城、跨境铁路货运班列等的建设运营给商贸物流业发展开拓了新的道路；临沂市获评成为全国物流标准化试点城市，为打造物流行业规范化、标准化提供了良好契机；2016 年临沂商城实现市场交易额 3783.5 亿元、物流总额 5825.6 亿元、电子商务交易额 942.3 亿元，分别比上年增长 18.1%、16% 和 63.2%，有力地推动了临沂市物流业整体的平稳向好发展。

（临沂市经信委　临沂市统计局）

2016 年武汉市物流业发展情况

一、物流业总体运行情况

2016 年，武汉市社会物流总额为 30050.33 亿元，按现价计算，同比增长 7.28%。社会物流总费用为 1683.81 亿元，同比增长 8.80%。物流业增加值为 1102.02 亿元，同比增长 8.19%（按不变价计算增长 5.14%）。社会物流总费用与 GDP 的比值为 14.13%，同比下降 0.06 个百分点。物流业增加值占 GDP 的比重达到 9.25%，同比下降 0.09 个百分点（见表 1）。物流业增加值占第三产业增加值的比重为 17.51%。

2016 年，武汉市完成货运量 49981.81 万吨，同比增长 3.73%；完成货物周转量 3082.35 亿吨·公里，同比增长 4.42%；天河机场完成货物吞吐量 17.53 万吨，同比增长 13.35%；武汉市港口货物吞吐量累计完成 9000 万吨，同比增长 6.45%，其中集装箱吞吐量 113.3 万标准箱，同比增长 6.69%。2016 年武汉市物流业运行指标，如表 1 所示。

表 1　2016 年武汉市物流业运行指标统计情况

指标名称	2016 年	同比增长（%）
社会物流总额（亿元）	30050.33	7.28
社会物流总费用（亿元）	1683.81	8.80
物流总费用与 GDP 的比值（%）	14.13	-0.06
物流业增加值（亿元）	1102.02	8.19
物流业增加值占 GDP 比重（%）	9.25	-0.09
社会货运量（万吨）	49981.81	3.73
货物周转量（亿吨·公里）	3082.35	4.42

续 表

指标名称	2016 年	同比增长（%）
机场货物吞吐量（万吨）	17.53	13.35
港口货物吞吐量（万吨）	9000	6.45
其中：集装箱吞吐量（万标准箱）	113.3	6.69

（一）物流业主要运行指标。

1. 社会物流总额

2016 年，武汉市社会物流总额为 30050.33 亿元。其中：农产品物流总额 630.86 亿元，同比增长 9.12%；工业品物流总额 14186.31 亿元，同比增长 12.14%；进口货物物流总额 668.05 亿元，同比下降 16.86%；再生资源物流总额 42.07 亿元，同比增长 15.51%；单位与居民物品物流总额 64.69 亿元，同比增长 35.30%；市外购进物品物流总额 14458.34 亿元，同比增长 4.06%，如表 2 所示。

其中，农产品物流总额增幅比上半年上升 2.49 个百分点，工业品物流总额增幅比上半年上升 2.73 个百分点，进口货物物流总额降幅比上半年扩大 10.38 个百分点，再生资源物品物流总额增幅比上半年上升 7.11 个百分点，单位与居民物品物流总额增幅比上半年下降 4.72 个百分点，市外购进物品物流总额增幅比上半年下降 4.08 个百分点。

表 2　2016 年武汉市社会物流总额同比变化情况

指标名称	2016 年	2015 年	同比增长（%）
社会物流总额（亿元）	30050.33		
农产品物流总额（亿元）	630.86	578.15	9.12
工业品物流总额（亿元）	14186.31	12650.23	12.14
进口货物物流总额（亿元）	668.05	803.56	-16.86
再生资源物品物流总额（亿元）	42.07	36.42	15.51
单位与居民物品物流总额（亿元）	64.69	47.81	35.30
市外购进物品物流总额（亿元）	14458.34	13894.87	4.06

2. 社会物流总费用

2016 年，武汉市社会物流总费用为 1683.81 亿元。其中：运输费用 700.63 亿元，同比增长 11.47%，占比为 41.61%；保管费用 708.81 亿元，同比增长 9.41%，占比为 42.10%；管理费用 274.37 亿元，同比增长 1.14%，占比为 16.29%。

2016 年，武汉市运输费用为 700.63 亿元。

其中：铁路运输费用 70.73 亿元，占比为 10.10%；水运运输费用 207.91 亿元，占比为 29.67%；道路运输费用 419.47 亿元，占比为 59.87%；航空运输费用 2.51 亿元，占比为 0.36%。

2016 年，武汉市物流业保管费用为 708.81 亿元，物流管理费用为 274.37 亿元。

3. 物流业增加值

2016 年，武汉市物流业增加值为 1102.02 亿元，同比增长 8.19%（按不变价计算增长 5.14%）；武汉市物流业增加值占 GDP 的比重为 9.25%，同比下降 0.09 个百分点；物流业增加值占第三产业增加值比重为 17.51%。

（二）主要货运指标。

1. 货运量

2016 年，武汉市社会货运总量为 49981.81 万吨，同比增长 3.73%。其中：铁路货运量累计完成 6744.20 万吨，同比增长 2.51%；水运货运量完成 14331.86 万吨，同比增长 9.41%；公路货运量完成 28891.92 万吨，同比增长 1.39%；航空货运量完成 13.83 万吨，同比增长 27.0%。2014—2016 年武汉市社会货运量构成情况，如表 3 所示。

表 3　　2014—2016 年武汉市社会货运量构成统计情况

指标 \ 年份	2014	2015	2016
货运量合计（万吨）	48529.99	48185.19	49981.81
铁路（万吨）	7683.20	6579.00	6744.20
水运（万吨）	12753.56	13099.71	14331.86
公路（万吨）	28083.00	28495.59	28891.92
航空（万吨）	10.23	10.89	13.83

2. 货物周转量

2016 年，武汉市货物周转量累计完成 3082.35 亿吨·公里，同比增长 4.42%。其中：铁路货物周转量累计完成 971.50 亿吨·公里，同比下降 2.43%；水运货物周转量累计完成 1471.73 亿吨·公里，同比增长 8.40%；公路货物周转量累计完成 636.61 亿吨·公里，同比增长 6.66%；航空货物周转量累计完成 2.51 亿吨·公里，同比增长 50.30%。2014—2016 年武汉市社会货物周转量构成统计情况，如表 4 所示。

表 4　　2014—2016 年武汉市社会货物周转量构成统计情况

年份	2014	2015	2016
货物周转量合计（亿吨·公里）	3025.72	2951.92	3082.35
铁路（亿吨·公里）	1113.00	995.70	971.50

续 表

年份	2014	2015	2016
水运（亿吨·公里）	1345.63	1357.68	1471.73
公路（亿吨·公里）	565.59	596.87	636.61
航空（亿吨·公里）	1.49	1.67	2.51

3. 机场货物吞吐量

2016年，武汉天河机场货物吞吐量累计完成17.53万吨，同比增长13.35%。2014—2016年武汉市机场货物吞吐量统计情况，如表5所示。

表5　　2014—2016年武汉市机场货物吞吐量统计情况

年份	2014	2015	2016
机场货物吞吐量（万吨）	14.30	15.47	17.53
同比增长（%）	10.49	8.13	13.35

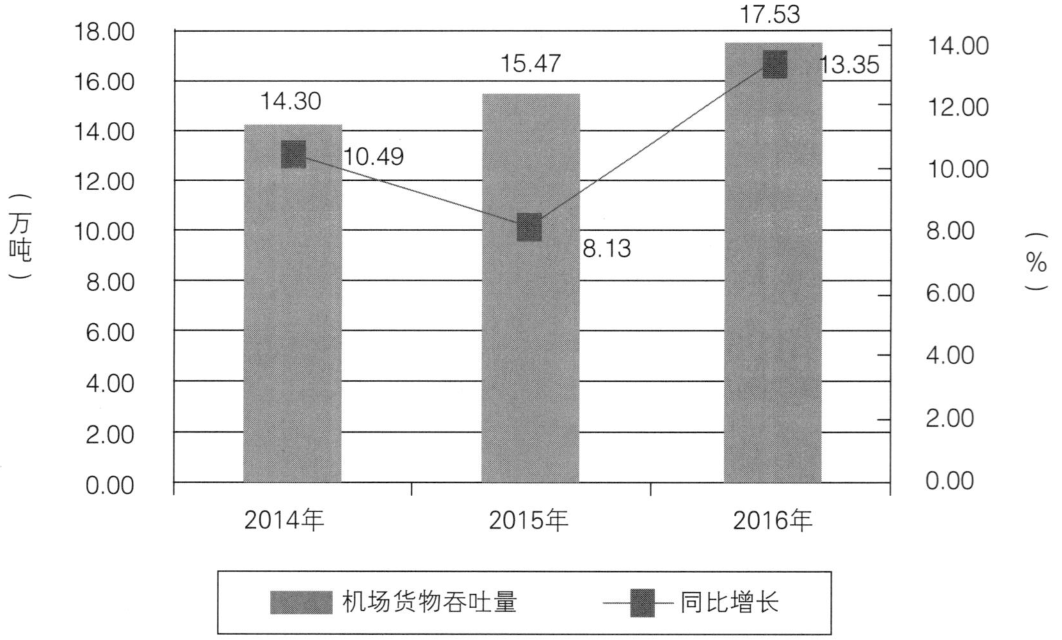

图1　2014—2016年武汉市机场货物吞吐量统计

4. 港口货物及集装箱吞吐量

2016 年，武汉市港口货物吞吐量累计完成 9000 万吨，同比增长 6.45%。其中港口集装箱吞吐量为 113.3 万标准箱，同比增长 6.69%。2014—2016 年武汉市港口货物吞吐量变化情况，如图 2 所示。

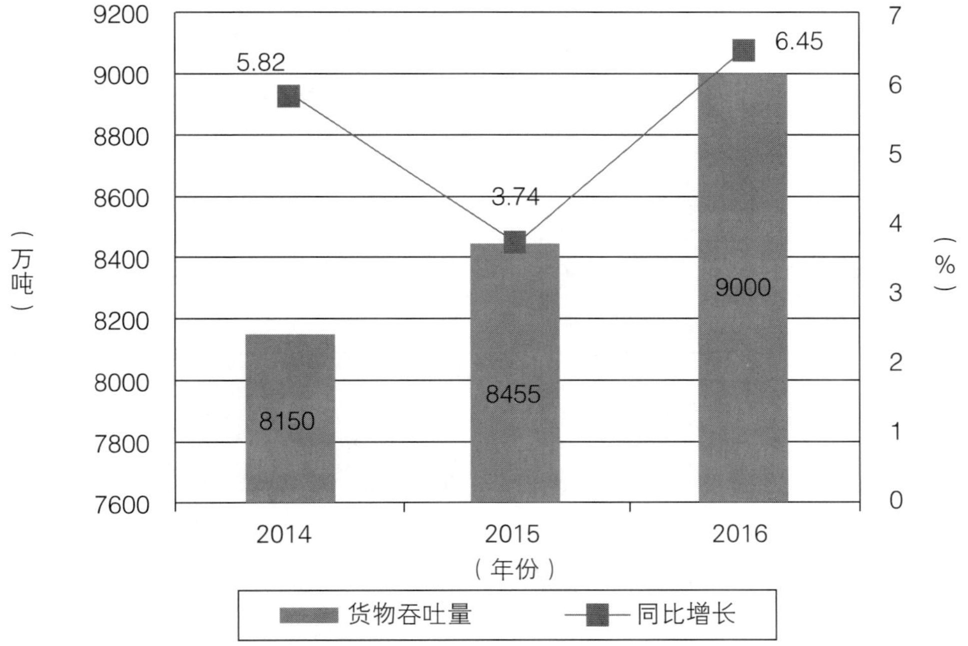

图 2　2014—2016 年武汉市港口货物吞吐量变化情况

2016 年，武汉港口集装箱吞吐量增幅与上年同期相比上升 1.02 个百分点。2014—2016 年武汉市集装箱吞吐量变化情况，如图 3 所示。

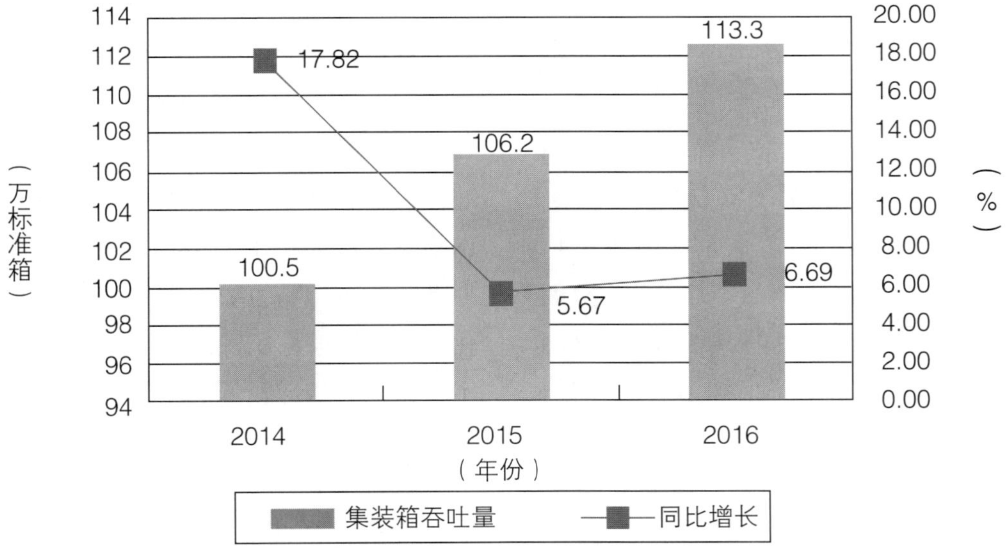

图 3　2014—2016 年武汉市港口集装箱吞吐量变化情况

5. 铁路货场到发量

2016 年，武汉市铁路货场发送量为 918.8 万吨，同比下降 5.27%；铁路货场到达量为 3181.3 万吨，同比下降 9.23%。2014—2016 年武汉市铁路货场到发量，如表 6 所示。

表 6　　2014—2016 年武汉市铁路货场到发量统计情况

年份	2014	2015	2016
铁路货场发送量（万吨）	1127.04	969.9	918.8
同比增长（%）	—	-13.95	-5.27
铁路货场到达量（万吨）	3734.67	3504.7	3181.3
同比增长（%）	—	-6.16	-9.23

二、物流业运行情况分析

2016 年，武汉市物流业运行总体平稳，物流需求稳步增长，物流运行环境显著改善，物流运行效率有所提高，物流业发展呈现出“缓中趋升”的态势。

（一）物流需求总体增长。

2016 年，武汉市社会物流总额同比增长 7.28%，保持平稳较快的增长态势，反映出在经济增速放缓的背景下，武汉市物流运行企稳回升。

从结构来看，一是工业品物流需求平稳增长。2016 年，武汉市工业品物流总额增幅比上年同期高出 0.99 个百分点。从全年各季度增幅来看，一季度增幅 15.44%，上半年增幅 9.41%，前三季度增幅 12.74%，全年增幅 12.14%。反映出下半年随着生产活动的加强，与工业相关的物流需求也保持了平稳较快的增长态势。

二是进口货物物流需求出现回落。2016 年武汉市进口货物物流总额同比下降 16.86%，增幅比上年同期增大 20.37%。从全年各季度的情况来看，一季度进口货物物流总额同比下降 39.26%，上半年同比下降 6.48%，前三季度同比下降 6.80%，全年延续了下降的态势。反映出物流进口总额下降的影响，全市进口货物物流需求也有所下降。

三是单位与居民物品物流需求保持快速增长。2016 年，武汉市单位与居民物品物流总额同比增长 35.30%，增幅比上年同期上升 0.93 个百分点，全年单位与居民物品物流总额增幅始终保持在 35% 以上的较高水平。

（二）物流运行效率提升。

2016 年，武汉市社会物流总费用与 GDP 的比值同比下降 0.06 个百分点，反映出武汉市物流运行成本比上年有所下降，物流运行效率有所提升。其主要原因是武汉市产业结构优化，第三产业在国民经济中的占比增加，带动了物流成本相对较低的第三产业物流需求的增加。据武汉市统计局相关统计数据，2016 年武汉市第三产业增加值占 GDP 的比重同比提升了 1.82 个百分点。

从社会物流总费用结构来看，一方面运输

费用同比增长 11.47%，保管费用同比增长 9.41%，管理费用同比增长 1.14%。运输费用增长较快，主要是由于水运运输费用与道路运输费用增长较快，反映出长江中游黄金水道的利用程度提升，内河航运在大宗物资运输上的优势进一步巩固，以及 2016 年下半年公路货运表现较好，公路货物运距增长，周转量同比增加。同时航空运输费用同比增长 7.32%，反映出航空货运发展较快，时效性强、附加值高的货物物流需求在不断增长。

另一方面保管费用增幅回落，2016 年武汉市保管费用增幅同比回落 2.74 个百分点，反映出武汉市物流行业在推进供给侧结构性改革、降低企业物流成本方面取得了一定的成效，企业保管费用得到了较好的控制。

（三）物流运行环境持续改善。

2016 年，武汉市人民政府办公厅发布了《关于推进供给侧结构性改革的实施意见》（武政规〔2016〕11 号），市物流局提出了大力发展货物多式联运、推进“互联网+”高效物流、加快物流园区公共基础设施建设、推广应用节能运输装备、降低高速公路收费水平、减轻营运货车技术管理负担 6 项举措，极大地改善了武汉市物流业运行的政策环境。

2016 年，武汉市全年完成物流建设投资 108.55 亿元，比上年增长 5.39%，其中园区基础设施建设完成投资 15.8 亿元，项目建设完成投资 92.75 亿元，海吉星一期、百利威、维乐、嘉民、恒阳、恒基达鑫、中通、深国际 8 个项目建成投运，多式联运示范工程一期、圆通速递、萃元冷链、新地等 12 个项目相继开工，海吉星、卓尔陆港中心、DHL、安吉等 25 个续建项目顺利推进，物流基础设施环境持续改善。

2016 年，武汉市物流业景气指数一直保持在 50% 以上，其中上半年从 3 月开始提高，增长势头一直延续到 6 月；下半年从 9 月开始出现了第二次高峰，延续到 11 月，反映出武汉市物流业务活动处于活跃区间，武汉市物流企业运行情况总体良好。

三、物流企业经营情况分析

2016 年 12 月，武汉市共回收有效样本物流企业调查表 122 家，其中：运输企业 71 家（含 14 家运输代理企业），占比为 55.5%；综合企业 38 家，占比为 29.7%；仓储企业 13 家，占比为 10.2%；快递企业 6 家，占比为 4.7%。

抽样调查表明，2016 年 1—12 月武汉市物流企业经营情况总体平稳，企业主营业务量、主营业务收入增幅稳中有升，主营业务成本增长较快，主营业务利润率小幅下滑。

（一）主营业务量及主营业务收入增幅稳中有升。

根据调查企业统计数据，2016 年 1—12 月武汉市物流企业主营业务量同比增长 7.8%，增幅比上年同期上升 5.6 个百分点。在全部样本企业中，主营业务量增幅高于平均增幅的企业有 49 家，约占样本物流企业的 38%。

在物流企业各项业务量中，配送量同比增长 10.3%，在企业各项业务量中增幅最高，反映出与居民消费相关的物流业务量增长较为明显。

在物流企业主营业务量大幅增长的同时，企业主营业务收入也保持增长，但增幅低于主营业务量的增幅。根据调查企业统计数据，2016 年 1—12 月武汉市物流企业主营业务收入同比增长 6.6%，增幅比上年同期上升 3.6 个百分点。在全部样本企业中，主营业务收入增幅高于平均增幅的企业有 45 家，约占样本物流企业的 35%。

在物流企业各项业务收入中，配送收入同比增长 9.3%，在各项业务收入中增幅最高；代理收入同比下降 21.2%，在企业各项收入增幅中排在最后。反映出一是由于与居民消费相关的物流业务量平稳增长，相应的物流业务收入也同向增长。二是受物流服务价格较低的影响，主营业务收入增幅低于主营业务量增幅。

（二）主营业务成本增长较快。

根据调查企业统计数据，2016 年 1—12 月武汉市物流企业主营业务成本同比增长 10.4%，增幅比上年同期上升 5.9 个百分点。在全部样本企业中，主营业务成本增幅高于平均增幅的企业有 47 家，约占样本物流企业的 37%。

从各分项成本来看，配送成本同比增长 16.5%，增幅高于其他业务成本。反映出受相关业务量增长的影响，配送成本也显著提升；企业员工劳动报酬同比增长 9.9%，反映出物流企业的人力成本增长显著。

（三）主营业务利润率小幅下滑。

根据调查企业统计数据，2016 年 1—12 月武汉市物流企业主营业务利润增长 2.5%，收入利润率为 5.3%。收入利润率同比下降 1.1 个百分点。在全部样本企业中，主营业务利润增幅高于平均增幅的企业有 45 家，约占样本物流企业的 35%。一方面，企业主营业务利润额同比有所增长，反映出受业务量增长的带动，企业总体利润水平有所增加；另一方面，企业主营业务收入利润率小幅下降，反映出由于物流服务价格偏低而同期物流业务成本显著提高，直接影响了企业的利润，造成利润率降低。

四、物流业景气指数

2016 年 12 月武汉市物流业景气指数为 55.5%，比上月下降 0.9 个百分点，处于景气区间。从全年来看，物流业景气指数均处于 50% 以上的景气区间（见图 3），反映出武汉市物流业运行情况总体良好。

从整体走势来看，2016 年武汉市物流业景气指数与全国物流业景气指数走势基本一致，反映出武汉市物流业运行的总体趋势与全国物流业基本相同。具体来看有以下特点：一是物流需求平稳较好。2016 年 1—12 月，武汉市业务总量指数均值为 55.63%，其中 7 个月的该指数高于平均值。库存周转次数指数的平均值为 51.96%，其中 7 个月的该指数高于平均值。设备利用率指数 51.83%，其中 6 个月的该指数高于平均值。反映出全年武汉市物流需求平稳较好，企业在一年中绝大部分时间里能保持较多的订单数量，较高的库存周转次数及较高的设备利用率。

二是企业经营情况压力较大。2016 年 1—12 月，武汉市物流企业主营业务利润指数平均值为 47.90%，位于 50% 的景气区间以下，全年共有 6 个月该指数位于 50% 的景气区间以下。反映出物流企业盈利能力较弱，企业利润情况不乐观；企业主营业务成本指数平均值为 56.85%，其中 9 个月该指数高于平均值，反映出物流企业主营业务成本较高，企业面临的经营压力较大；全年从业人数指数的平均值为 50.66%，其中 8 个月该指数高于全年平均值，反映出除了部分月受春节、天气等因素影响从业人员自然波动外，物流企业从业人员队伍总体保持稳定。

三是物流业务预期平稳向好。2016 年 1—12 月，武汉市物流业务活动预期指数平均值为 52.78%，其中 6 个月该指数高于全年平均值；新订单指数全年平均值为 54.19%，其中 7 个月该指数高于全年平均值。反映出行业内对物流业的预期保持乐观，企业新订单数量也稳步增长。

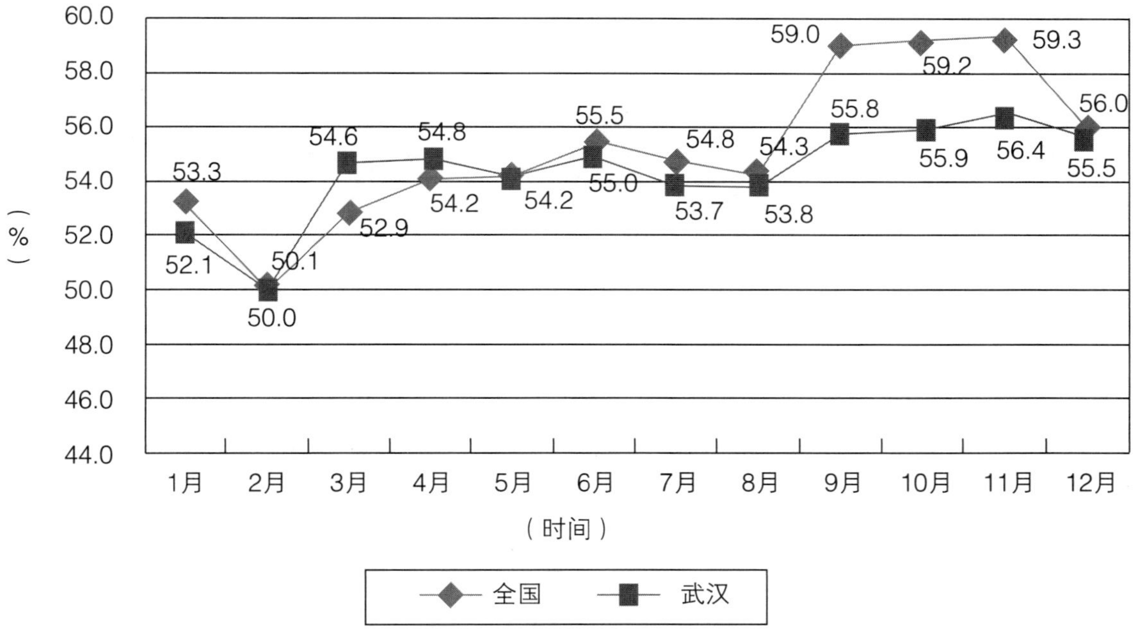

图4　2016年1—12月武汉市物流业景气指数走势

（武汉市物流局）

第六部分

物流技术与装备

2016 年中国物流装备业

一、物流装备业发展的总体情况

2016 年是我国推进供给侧结构性改革的一年，物流技术装备业受益于国家政策推动，呈现向好发展态势。

一是政策环境为物流技术装备业的发展提供了保障。2016 年，国务院和各部委陆续出台的推动物流发展的相关政策超过 40 多项，其中多项政策与物流装备业相关。多项政策的密集出台，为物流技术装备业的发展提供了积极良好的政策环境。

二是供给侧结构性改革为物流技术装备业向好发展提供了重要的基础。供给侧结构性改革就是从供给侧入手进行产业结构调整和升级。2016 年，制造业和物流业产业结构调整和升级是物流技术装备较快发展的重要推动因素。其中，物流产业的结构调整和升级对物流技术装备业的影响最大。2016 年，与物流技术装备直接相关的工业品物流中，高新技术与装备制造物流需求增速超过 10%；与消费相关的单位与居民物品物流总额比上年增长 40%，快递业务量比上年增长 51.7%，冷链物流市场需求比上年增长 22.3%，都明显高于 GDP 的增长，快速增长的物流需求是物流技术与装备市场需求增长的直接推动力。2016 年，伴随着物流业的结构调整和升级，物流企业加大了技术改造和装备升级的力度。城市配送企业更加关注配送效率提升和配送中心建设，关注物流标准化、信息化的发展，对新型叉车、货架、分拣输送设备、自动化立体仓库等现代化物流装备的需求快速上升；标准托盘循环共用系统得到国家及政府部门的关注，在快速消费品领域获得较快发展。

传统制造业的结构调整和升级对物流技术装备业的发展也起到了推动作用。2016 年，面对制造业产业结构调整和劳动力成本上升，相关企业纷纷进行物流系统改造，用机械化取代人力、用自动化提升效率不仅是企业求生存求发展的共识，也已成为企业的实际行动。正是这股行动的力量带动了物流机械化和自动化设备的高速增长，带动了智能物流装备的快速增长，推动了机器人、无人机等高新技术设备的技术开发。

总体而言，2016 年我国物流技术装备业在多种积极因素的影响下发展态势良好。制造业继续保持着对物流技术装备的稳定需求，电商物流仓储建设的加快带来了物流自动化的发展；资本市场推动物流技术装备企业创新发展，商贸物流标准化推动了托盘与周转箱等物流产品需求的增长。

二、物流装备业细分领域的发展情况

2016年，我国物流技术装备的市场驱动主体仍为自动化物流设备、智能穿梭车、智能机器人、输送分拣系统、感知与识别系统等高新物流技术与装备。2016年我国物流技术与装备业的增速继续高于国民经济发展的增速，但行业整体增长速度有所降低，物流技术装备业整体增长在18%左右，其中：普通的叉车、托盘、货架整体增长速度不高，综合增长速度在13%左右；输送分拣设备、自动化立体库、自动导引运输车（AGV）等各类物流机器人、智能穿梭车、快递自提智能物流箱、电动叉车、标准化托盘、立体库货架等先进的物流技术装备继续保持高速增长，综合增长速度在25%以上。随着物流技术装备的快速增长，物流技术装备的租赁与服务的后市场发展也进入快车道，增长率在20%以上。

（一）叉车行业。

中国工程机械工业协会工业车辆分会的数据统计显示，在经历了2015年叉车产销量下滑后，2016年我国叉车产销量又出现新的增长并创造了历史新高，全年销售370067台（见图1），比2015年增长了12.95%。从国内市场看，叉车作为使用最广泛的物流设备之一，在总销售量稳步增长的同时，车型的需求也在发生变化。这是由于物流业已由发展初期进入到转型升级、提升效率和改善服务的阶段，全社会对物流装备的需求也处于结构调整和改善升级阶段，近年来叉车市场的销售数据中，电动叉车与内燃叉车的比例变化、平衡重叉车和仓储叉车比例变化都印证了这一点。总体看，环保、智能、差异化、服务升级成为我国叉车行业发展的主要趋势。

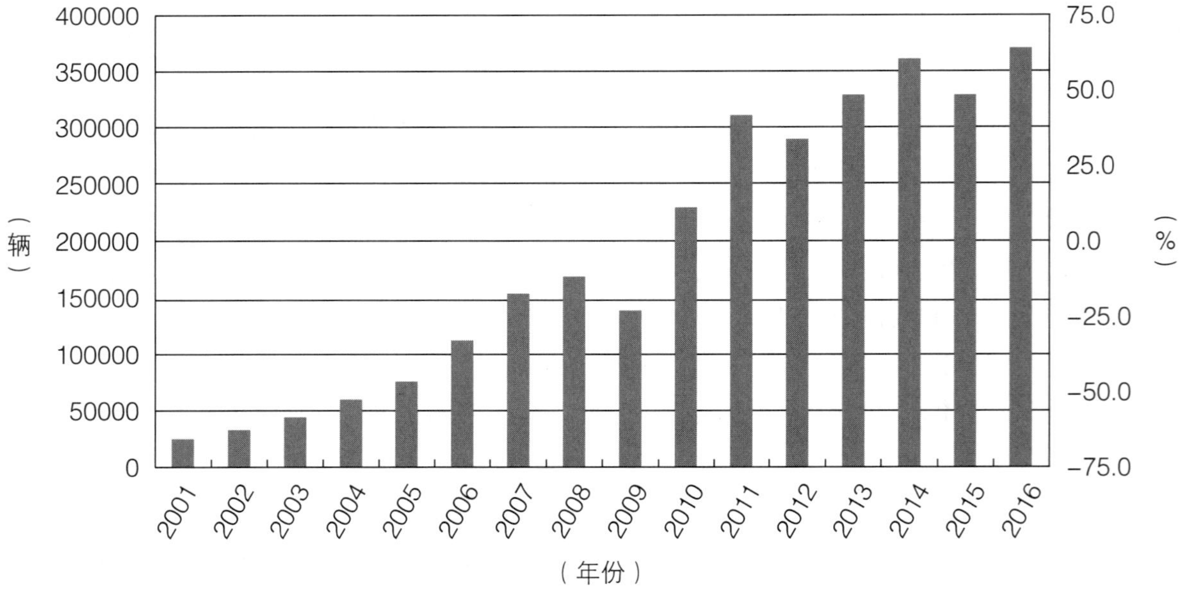

图1 2001—2016年我国叉车销售量变化走势

随着我国仓储业快速发展以及中国仓储协会大力推进绿色仓储与配送行动计划的实施，近年来电动叉车和仓储叉车一直保持了较快的增长。2016 年我国电动叉车总产销量达到 141525 台，同比增长 18%；仓储叉车达到 101540 台，同比增长达到 24%。在市场销售占比方面，电动叉车产销总量占比已经超过了 38%，上升幅度较大。2011—2016 年 5 年间，我国电动叉车在总产销量中的占比提高了 10 多个百分点。

叉车行业近年来另一个突出的变化，就是叉车后市场的崛起。经测算，截至 2016 年年底，我国叉车保有量已经达到 185 万辆，根据对 50 家叉车租赁企业的数据核算，叉车租赁数量已达 8 万辆，年增长率在 20% 左右。据此不完全统计，我国叉车后市场规模已经超过 200 亿元。

（二）托盘行业。

2016 年，我国托盘行业增速比上年有所下降，根据对企业的调研分析估算，2016 年我国托盘生产的同比增长率为 7% 左右；考虑到托盘更新因素，我国托盘保有量在 2016 年年底接近 11 亿片。

根据市场发展规律，托盘产量也将进入低速增长和循环增长的转型升级阶段，新型托盘、环保托盘增长速度较快，受商贸物流标准化推进的影响，用于循环共用的高质量标准托盘呈高速增长态势。

根据对托盘生产量增长趋势分析，托盘产量由 2003 年的年产 3500 万片增长到 2016 年的年产 2.87 亿片，增长了 8.2 倍左右。根据相关数据调查测算，受中国商贸物流标准化行动计划的影响，2016 年我国托盘产销量中标准托盘产销增长继续保持快速增长，增速在 13.5% 以上，远远高于托盘增长速度，标准托盘产销量占比超过 35%，标准托盘在我国托盘保有量中的占比在 26% 左右。随着每年标准托盘更新量的增加，标准托盘在托盘保有量中占比将稳步提升。

（三）货架市场。

2016 年，受国家重视基础设施投资和钢材价格快速上涨的影响，货架行业销售产值大幅上升。据不完全统计，全年货架产销量超过 100 亿元，同比增长为 27%；货架出货量增长率在 18% 左右，与上年相比略有下降。2016 年虽然货架市场原材料大幅上升，但货架企业面向客户又难以涨价，使得生产企业盈利情况并无改观，很多企业的利润甚至呈下降趋势。

近几年物流装备行业中的叉车、托盘、货架出现联动发展态势，一方面，普通的工业货架市场随着叉车和托盘市场增长速度的下降也出现了市场疲软和需求不振，市场竞争激烈；另一方面，随着物流装备行业转型升级，先进的配送中心和自动化立体库建设加快，立体库货架系统始终保持较快的增长速度，货架行业品牌知名度较高的企业继续保持良好的利润和快速发展的势头。

2016 年，电子商务物流、服装物流、医药物流、快消品物流、高端制造等领域是高端货架需求的主要行业，市场需求增长较快；机械、汽车、电子等行业对货架市场需求增长平稳。

（四）物流系统设备集成。

2016 年，我国物流系统设备市场继续保持较快发展。据不完全统计，截至 2016 年 12 月，我国自动化立体库保有量超过 3600 多座，市场需求增速超过 20%，年立体库建设超过 550 座以上。

虽然自动化物流系统还保持高速增长，但 2016 年以来，经济增长的低迷也开始影响物流装备业，企业转型升级投资意愿也受到很大影响，已经开工的项目开始出现延期交货，计划开工项目暂缓开工，物流技术装备供应商开始感到经济增长多年下行带来的压力。据推算，2016 年我国物流系统设备集成增长速度略低于 2015 年，同比增长率为 20%，仍远高于经济发展速度。2000—2016 年我国物流系统市场需求增长走势如图 2 所示。

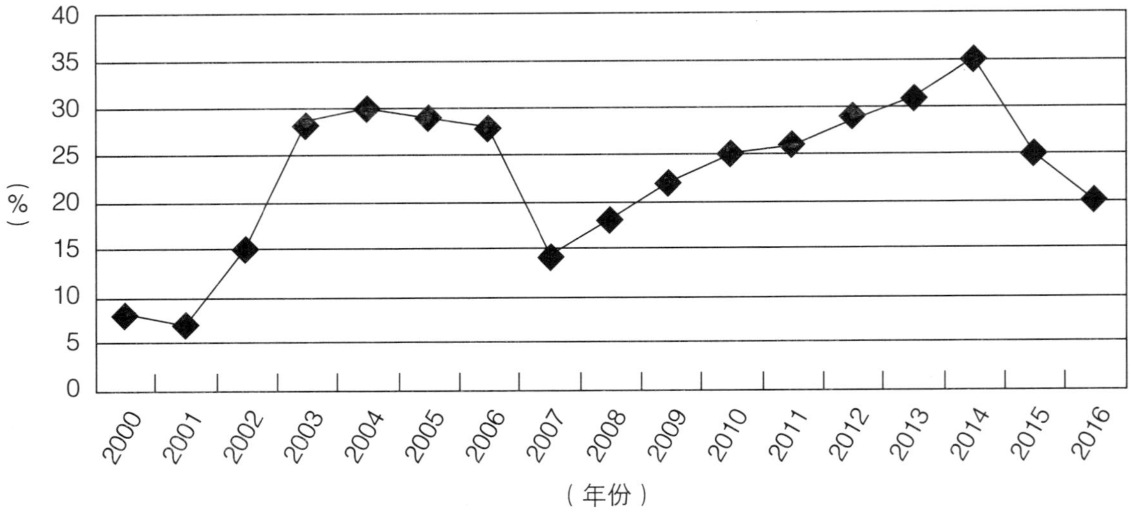

图 2　2000—2016 年我国物流系统市场需求变化走势

多年来我国物流系统集成工程项目快速增长，促使海外物流系统供应商继续看好我国市场，纷纷加大投入，并加快本土化制造与生产。在国内，物流系统集成市场也已经成为资本市场关注的热点，纷纷加大在物流系统集成领域的投资，企业上市、并购与重组、新的企业进入成为行业热点。据不完全统计，目前我国物流系统集成商的数量超过 50 家，其中核心企业有 20 多家，内资企业占一半左右。

系统集成市场是一个知识密集型的行业，因此，行业内市场主体仍以重点的知名品牌企业为主。重点企业能够承包物流系统工程项目，掌握自动化立体库总体规划、机械电气控制、软件系统等全面技术，拥有专属的安装制造实体，占据着大部分的市场空间，新进入的企业要打开市场会遇到很多瓶颈。

（五）输送分拣设备。

近几年，电子商务物流的发展对物流输送分拣设备的市场需求日益增长，输送分拣设备在物流系统中所占比重出现较大提升。

2016 年，我国全渠道新零售迅速发展和快递包裹量继续保持超高速增长，引发快速分拣市场需求上升，带动了输送分拣技术进步，新的输送分拣技术不断涌现，其中货到人拣选、交叉带分拣、货到机器人分拣、高速分拣等分拣技术发展最快。电子商务配送具有多品种、小批量、高频次特征，是推动快速分拣市场需求增长的基础。根据监测，2016 年输送分拣设备行业市场需求呈现高速增长态势，全年增长在 20% 以上，市场规模超过 50 多亿元。

（王继祥　《物流技术与应用》杂志社）

2016年中国载货汽车业

一、载货车行业情况

2016年，在国家稳增长、去产能、去库存政策作用下，国内工业行业供需矛盾有所缓解，库存、销量均出现向好态势，生产和消费同时反弹，直接推动了生产和投资趋势向好，带动了载货车市场需求增长。2016年全行业共实现载货车销售3107860辆，销售同比增长8.8%。其中：重型载货车销售732919辆，销售同比增长33.1%；中型载货车销售229063辆，销售同比增长14.3%；轻型载货车销售1539820辆，销售同比下降1.2%；微型载货车销售606058辆，销售同比增长11.0%。具体情况参见表1。

表1　　2016年我国载货汽车细分市场生产销售情况

车型	生产量（辆）		销售量（辆）		销售同比增长（%）
	2016年	2015年	2016年	2015年	
重型载货车	741362	536089	732919	550716	33.1
中型载货车	231437	204029	229063	200414	14.3
轻型载货车	1550172	1553734	1539820	1558543	-1.2
微型载货车	628169	539174	606058	546208	11.0
载货车合计	3151140	2833026	3107860	2855881	8.8

（一）重型货车行业。

2016年，在矿产能源价格复苏、固定资产投资增加及物流业运营模式变化的带动下，我国重型载货车市场需求大幅增长，在产品结构上，牵引运输车在市场中的地位进一步提升。

2016 年，我国重型载货车细分市场共销售整车 161437 辆，市场份额降至 22.0%；全年销售半挂牵引车 387980 辆，占重型载货车市场总量的 52.9%，市场份额连续 5 年保持快速增长；全年销售重型载货车非完整车 183502 辆，市场份额跌至 25.0%。2007—2016 年我国重型载货车细分市场销售情况和市场份额变化走势见表 2 和图 1。

表 2　　2007—2016 年我国重型载货车细分市场销售情况　　单位：辆

车型＼年份	2007	2008	2009	2010	2011	2012	2013	2014	2015	2016
重型货车整车	93087	106746	134281	247698	269907	202121	219967	198944	129995	161437
半挂牵引车	177776	194155	211106	354623	257574	190645	263383	278990	250180	387980
重型货车非完整车	216618	239547	290784	415112	353160	243235	290754	266057	170541	183502
合　计	487481	540448	636171	1017433	880641	636001	774104	743991	550716	732919

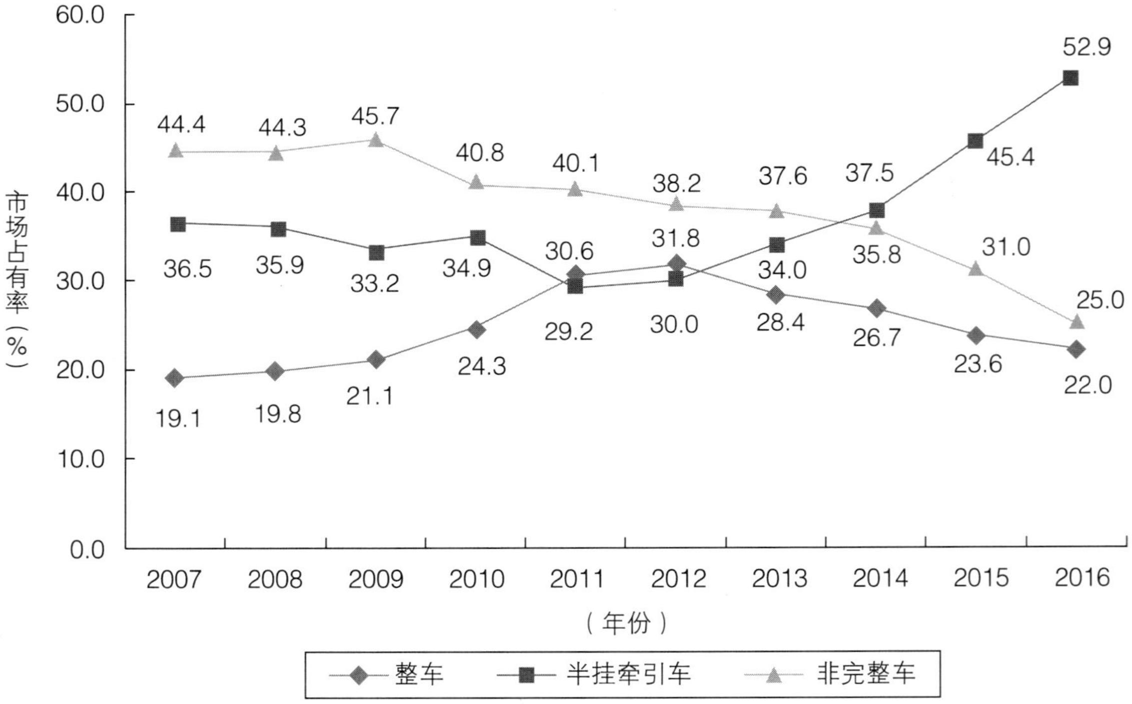

图 1　2007—2016 年我国重型载货车细分市场份额变化走势

（二）中型货车行业。

2016 年，我国中型载货车市场需求结束了连续 4 年的回落，实现同比增长超过 30% 的业绩，在细分市场上，中型载货车整车市场需求同比增长达 32. 7%，全年实现整车销售 145871 辆，占中型载货车市场份额的 63. 7%，较 2015 年增长近 9 个百分点；非完整车实现销售 83192 辆，较 2015 年销量减少约 7000 辆，市场份额降至 36. 3%。2007—2016 年我国中型载货车细分市场销售情况和市场份额变化走势详见表 3 和图 2。

表 3　　2007—2016 年我国中型载货车细分市场情况　　单位：辆

年份 车型	2007	2008	2009	2010	2011	2012	2013	2014	2015	2016
中型货车整车	131256	124563	181577	179424	191843	184050	175897	150278	109905	145871
中型货车非完整车	105466	82546	76389	92342	100116	106219	110942	97561	90509	83192
合　计	236722	207109	257966	271766	291959	290269	286839	247839	200414	229063

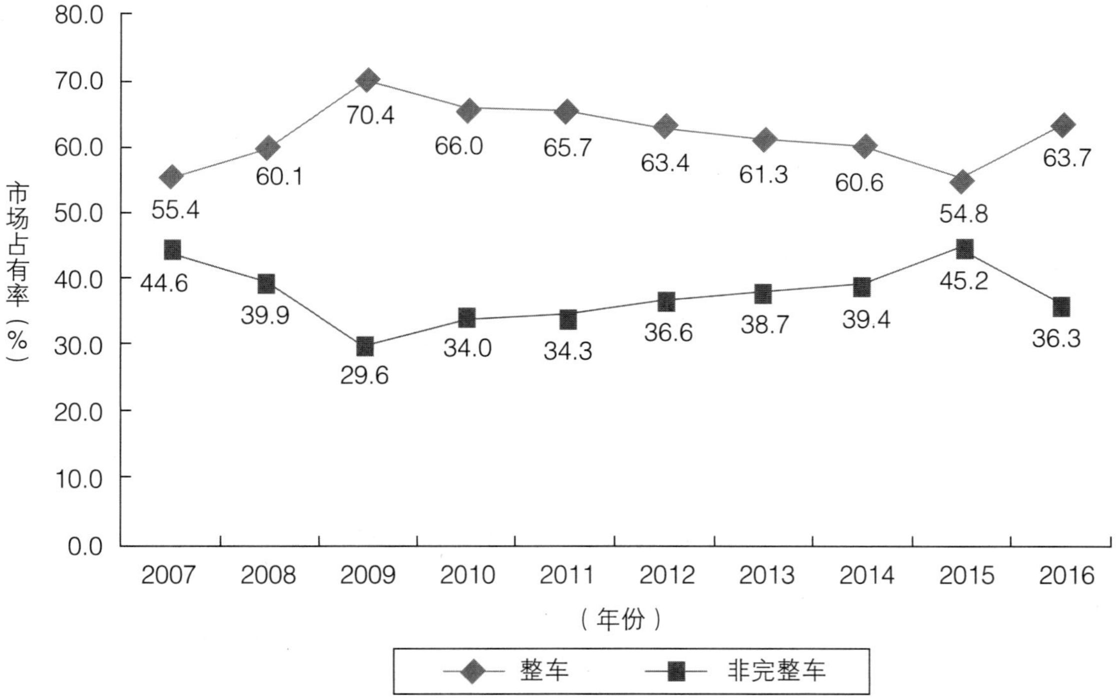

图 2　2007—2016 年我国中型载货车细分市场份额变化走势

（三）轻型载货车行业。

2016 年，我国轻型载货车市场销售呈继续下跌态势，全年销售同比下降 1.2%。在细分市场上，轻型载货车非完整车实现销售 79339 辆，市场份额进一步降至 5.2%；轻型载货车实现整车销售 1460481 辆，市场份额增至 94.8%。2007—2016 年我国轻型载货车细分市场销售变化情况见表 4 和图 3。

表 4　2007—2016 年我国轻型载货车细分市场销售情况　　单位：辆

车型 \ 年份	2007	2008	2009	2010	2011	2012	2013	2014	2015	2016
轻型货车整车	1016787	1103597	1461371	1883634	1756188	1733974	1803504	1559520	1470901	1460481
轻型货车非完整车	99613	96306	98227	141987	123872	108736	104824	103114	87642	79339
合　计	1116400	1199903	1559598	2025621	1880060	1842710	1908328	1662634	1558543	1539820

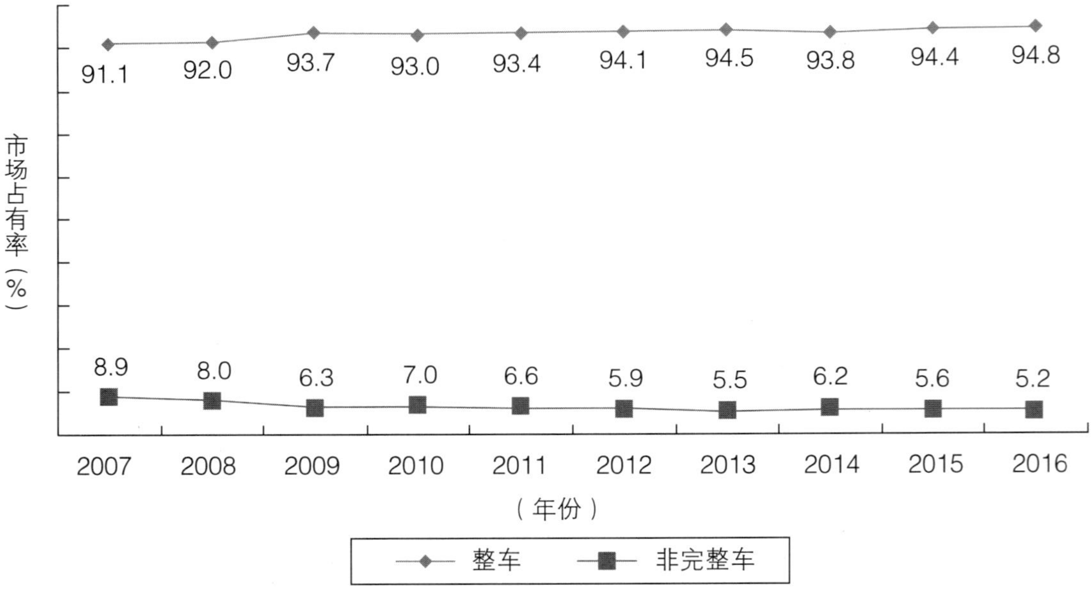

图 3　2007—2016 年我国轻型载货车细分市场份额变化走势

（四）微型货车行业。

2016 年，我国微型载货车销量同比增长 11%。从细分市场上看，微型载货车非完整车全年首次销售为 0 辆。由于微型载货车行业需求品类单一，加之少数整车企业掌控市场供应，致使近 7 年来微型载货车非完整车辆快速减少至零。2007—2016 年我国微型载货车细分市场销售情况和市场占有率变化走势见表 5 和图 4。

表 5　　2007—2016 年我国微型载货车细分市场销售情况　　单位：辆

车型＼年份	2007	2008	2009	2010	2011	2012	2013	2014	2015	2016
微型货车整车	275245	261466	472914	520539	484020	533247	526527	527751	545695	606058
微型货车非完整车	28662	31186	32776	25732	8156	1565	492	2191	513	0
合　计	303907	292652	505690	546271	492176	534812	527019	529942	546208	606058

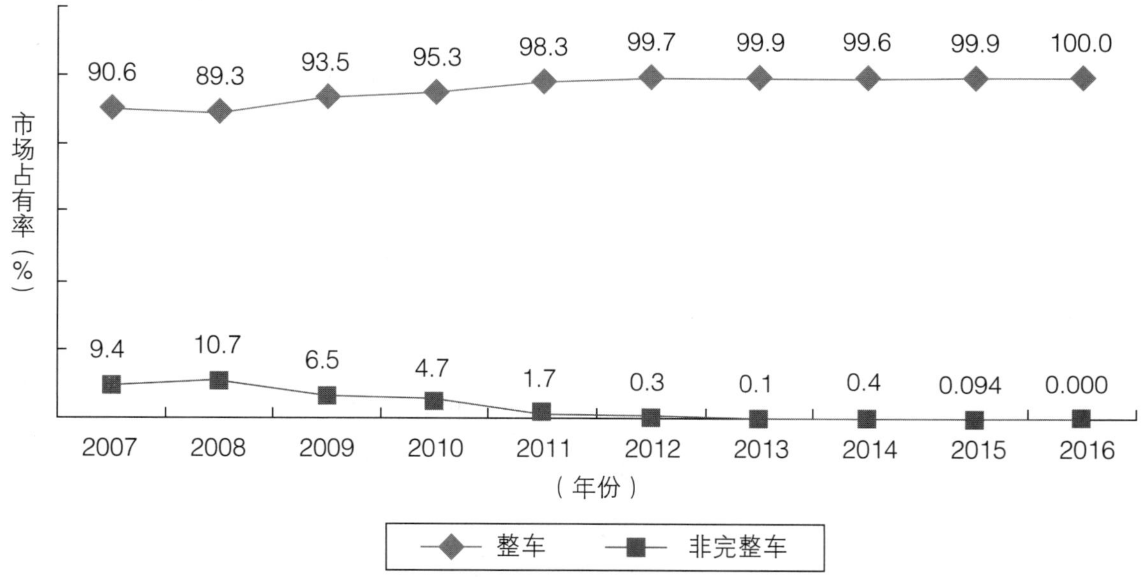

图 4　2007—2016 年我国微型载货车细分市场份额变化走势

二、载货车进口情况

2016 年，我国共进口各类载货类汽车 11960 辆，其中重型载货车进口约 4860 台辆，占进口载货车总量的 40.7%，与国内重型载货车销售比 0.66%，较 2015 年略降。2008—2016 年我国进口重型载货车与国内重型载货车销量比如表 6 所示，2008—2016 年我国载货车进口情况如表 7 所示。

表 6　　2008—2016 年我国进口重型载货车与国内重型载货车销量比　　单位:%

年份	2008	2009	2010	2011	2012	2013	2014	2015	2016
销量比	1.71	1.28	1.33	1.86	2.43	0.89	0.51	0.69	0.66

表 7　　2008—2016 年我国载货车进口情况　　单位：辆

车型类别		年份	2008	2009	2010	2011	2012	2013	2014	2015	2016
货车整车	柴油	车总重≤5 吨	253	119	65	37	81	85	83	104	57
		5 吨<车总重≤14 吨	418	213	146	161	209	283	102	108	108
		14 吨<车总重≤20 吨	289	140	60	170	144	206	146	135	189
		车总重>20 吨	6461	6038	11454	14630	13766	5035	1812	1138	764
	汽油	车总重≤5 吨	1268	607	1599	2984	3703	3750	7374	3295	6512
		5 吨<车总重≤8 吨	10	9	8	16	36	26	18	32	5
		车总重>8 吨	6	1	14	18	37	39	22	64	58
	非公路用自卸车	电动轮货运自卸车	72	87	60	79	61	18	8	0	0
		其他	131	135	124	163	181	216	99	39	27
	半挂车专用的公路牵引车		1249	836	1443	1177	1213	1537	1823	2139	3821
	其他货运机动车辆		14	16	4	18	21	2	14	8	1
	货车合计		10171	8201	14977	19453	19452	11197	11501	7062	11542
特种车	特种车合计		498	375	333	214	235	224	298	211	179
货车底盘	货车底盘	车总重≥14 吨	526	510	445	128	105	26	0	2	5
		车总重<14 吨	11	15	0	18	28	60	156	328	209
	汽车起重机底盘		0	0	0	0	1	0	0	0	0
	非公路用自卸车底盘		0	0	0	0	0	1	0	0	0
	其他		6	31	407	658	205	77	22	61	25
	货车底盘合计		543	556	852	804	339	164	178	391	239
载货类车辆合计			11212	9132	16162	20471	20026	11585	11977	7664	11960

三、载货车企业

（一）重型载货车企业。

2016 年，我国重型载货车生产企业销售排名前五的企业共销售重型载货车 600059 辆，占重型载货车市场份额的 81.9%，较 2015 年下降了 1.3 个百分点。销售排名前十的企业共销售重型载货车 706593 辆，占市场份额的 96.4%，同比下降 0.6 个百分点。

2016 年，我国主要重型载货车生产企业销售均实现同比增长，但增速差别大。其中：一汽集团实现销售 148034 辆，同比增长 71.7%，市场份额从 15.7% 增至 20.2%，重新回到重型载货车销售第一的位置；东风汽车实现销售 142640 万辆，市场份额同比下降了 1.8 个百分点，位居重型货车销售第二位；中国重汽实现销售 122850 万辆，市场份额同比下降了 1.2 个百分点，行业排名从上年的第二位降至本年的第三位；陕汽的市场份额和排名与上年相比没有变化，依然排在第四位；北汽福田的市场份额比上年下降了 2.9 个百分点，排在行业第五位，是主要生产企业销售下降幅度最大的企业。具体情况见表 8。

表 8　　2016 年我国重型载货车生产企业销售排名前 10 的企业情况

企业名称	销售量（辆）		同比增长（%）	市场占有率（%）	
	2016 年	2015 年		2016 年	2015 年
市场总量	732919	550716	33.1		
中国第一汽车集团公司	148034	86205	71.7	20.2	15.7
东风汽车公司	142640	117151	21.8	19.5	21.3
中国重型汽车集团有限公司	122850	98823	24.3	16.8	17.9
陕西汽车集团有限责任公司	108060	80960	33.5	14.7	14.7
北汽福田汽车股份有限公司	78475	74912	4.8	10.7	13.6
安徽江淮汽车股份有限公司	42878	29935	43.2	5.9	5.4
成都大运汽车集团有限公司	23592	15202	55.2	3.2	2.8
上汽依维柯红岩商用车有限公司	15517	8708	78.2	2.1	1.6
安徽华菱汽车有限公司	14529	13167	10.3	2.0	2.4
北奔重型汽车集团有限公司	10018	9071	10.4	1.4	1.6

（二）中型载货车企业。

2016 年，我国中型载货车行业销售排名前五的生产企业共销售中型载货车 191434 辆，占中型载货车市场份额的 83.6%，较 2015 年的 82.3% 上涨了 1.3 个百分点；行业销售排名前十的企业共实现销售中型载货车 223255 辆，占市场总额的 97.5%，同比增长 0.1 个百分点。

2016年，重庆力帆实现中型载货车销售69664辆，同比增长70.7%，占据市场份额的30.4%，行业排名从第三位升至第一位；东风汽车实现销售56503辆，较2015年销量同比增长2.4%，市场份额降至24.7%，排在行业第二位；一汽实现销售37187辆，销量下降13.1%，市场份额降至16.2%，排在行业第三位；江淮汽车市场份额同比增长2.5个百分点，排在行业第四位；庆铃汽车市场份额下降了2.1个百分点，排在行业第五位。销售排名前10的企业具体销售情况见表9。

表9　　2016年我国中型载货车销售排名前10的企业销售情况

企业名称	销售量（辆）		同比增长（%）	市场占有率（%）	
	2016年	2015年		2016年	2015年
排名前10的企业销售总计	229063	200414	14.3	100.0	100.0
重庆力帆汽车有限公司	69664	40819	70.7	30.4	20.4
东风汽车公司	56503	55168	2.4	24.7	27.5
中国第一汽车集团公司	37187	42813	-13.1	16.2	21.4
安徽江淮汽车股份有限公司	14916	8017	86.1	6.5	4.0
庆铃汽车（集团）有限公司	13164	15750	-16.4	5.7	7.9
成都大运汽车集团有限公司	11175	7026	59.1	4.9	3.5
中国重型汽车集团有限公司	7791	5736	35.8	3.4	2.9
北汽福田汽车股份有限公司	5553	6138	-9.5	2.4	3.1
四川现代汽车有限公司	4489	10351	-56.6	2.0	5.2
山东唐骏欧铃汽车制造有限公司	2813	3322	-15.3	1.2	1.7

（三）轻型载货车企业。

2016年，我国轻型载货车行业销售排名前五的生产企业共销售轻型载货车853628辆，占据市场份额的55.4%，与上年持平；销售排名前十的企业共销售轻型载货车1173797辆，占据市场份额的76.2%，同比下降3.3个百分点。

2016年，在全国主要轻型载货车企业中，北汽福田依然以17.5%的市场份额位居第一位；江淮汽车销售同比增长11%，以12%的市场份额排在第二位；江铃汽车销量略有下降，排在行业第三位。金杯汽车销售大幅下降59%，市场份额比上年大幅下降5.2个百分点，从2015年第四位跌至第九位。其他企业在市场份额和行业排名方面没有大的变化，详见表10。

表 10　　2016 年我国轻型载货车生产企业销售排名前十的企业销售情况

企业名称	销售量（辆）		同比增长（%）	市场占有率（%）	
	2016 年	2015 年		2016 年	2015 年
排名前十的企业总计	1539820	1558543	−1.2	100.0	100.0
北汽福田汽车股份有限公司	269531	266776	1.0	17.5	17.1
安徽江淮汽车股份有限公司	184862	166522	11.0	12.0	10.7
江铃控股有限公司	166142	169186	−1.8	10.8	10.9
东风汽车公司	127472	123464	3.2	8.3	7.9
长城汽车股份有限公司	105621	99463	6.2	6.9	6.4
重庆力帆汽车有限公司	74891	103347	−27.5	4.9	6.6
中国重型汽车集团有限公司	70061	51671	35.6	4.5	3.3
重庆长安汽车股份有限公司	65158	57621	13.1	4.2	3.7
金杯汽车股份有限公司	56317	137617	−59.1	3.7	8.8
庆铃汽车（集团）有限公司	53742	64203	−16.3	3.5	4.1

（四）微型载货车企业。

2016 年，我国微型载货车市场销售排名前五的企业合计销售微型货车 516786 辆，销量同比增长，但市场份额减至 85.3%，较 2015 年 89.6% 的市场份额下降了 4.3 个百分点。

2016 年，我国微型载货车市场的竞争格局没有大的变化，如上汽通用五菱全年实现销售 251981 辆，较上年同期增长 4.0%，市场份额从 44.4% 降至 41.6%，尽管市场销量增长低于行业水平，但依然处于绝对的领导地位；重庆长安实现销售 85003 辆，同比下降 0.9%，但因 2015 年排在第二位的北汽福田市场销售同比下降达 7.2%，因此在行业排名上，重庆长安从第三位升级第二位，北汽福田降至第三位；东风汽车实现销售 71073 辆，市场份额增至 11.7%，排在第四位；重庆力帆微车从无到有，当年实现销售近 2.7 万辆，占据市场份额 4.4%，排在第五位。2016 年我国微型载货车市场销售排名前十的企业销售情况见表 11。

表 11　　2016 年我国微型载货车市场销售排名前十的企业销售情况

企业名称	销售量（辆）		同比增长（%）	市场占有率（%）	
	2016 年	2015 年		2016 年	2015 年
排名前十的企业销售总计	606058	546208	11.0	100.0	100.0
上汽通用五菱汽车股份有限公司	251981	242399	4.0	41.6	44.4
重庆长安汽车股份有限公司	85003	85736	-0.9	14.0	15.7
北汽福田汽车股份有限公司	81782	88102	-7.2	13.5	16.1
东风汽车公司	71073	54088	31.4	11.7	9.9
重庆力帆汽车有限公司	26947	0	—	4.4	0.0
四川现代汽车有限公司	25438	4028	531.5	4.2	0.7
奇瑞汽车股份有限公司	17754	15428	15.1	2.9	2.8
山东凯马汽车制造有限公司	15561	17948	-13.3	2.6	3.3
金杯汽车股份有限公司	15623	19026	-17.9	2.6	3.5
中国第一汽车集团公司	7975	15563	-48.8	1.3	2.8

（潘增友　中国汽车技术研究中心）

2016 年中国工业车辆行业

2016 年，我国工业车辆在经过一年半的调整后，在国内经济下半年逐步企稳、欧洲市场逐步复苏的大环境下，出现了超过预期的增长，国内市场和出口双双再创历史新高。机动工业车辆各车型中，平衡重类叉车（包括电动平衡重叉车和内燃平衡重叉车）比上年增长 9.3%，仓储类叉车（包括电动乘驾式仓储叉车和电动步行式仓储叉车）继续保持较高增长幅度，比上年同期增长 23.9%。

根据中国工程机械工业协会工业车辆分会 2016 年采录汇总报告销售量数据显示：2016 年我国共销售机动工业车辆 370067 台，与上年同期的 327626 台相比，增长 12.95%；非机动工业车辆销售量为 1445054 台，与上年同期的 1154356 台相比，增长了 23.63%。2016 年机动工业车辆各月销售情况见表 1。

表 1　2016 年我国机动工业车辆各月销售情况统计　单位：台

类别名称 / 月份	Ⅰ类	Ⅱ类	Ⅲ类	Ⅳ类+Ⅴ类	Ⅰ～Ⅲ类电动叉车	Ⅰ+Ⅳ+Ⅴ类平衡重式叉车	Ⅰ～Ⅴ类工业车辆
	电动平衡重乘驾式叉车	电动乘驾式仓储叉车	电动步行式仓储叉车	内燃平衡重式叉车（实心、充气轮胎）			
1	3518	764	7154	13838	11436	17356	25274
2	1859	408	3853	11297	6120	13156	17417
3	3263	717	8160	33398	12140	36661	45538
4	3308	715	7234	20191	11257	23499	31448
5	2934	624	7840	20579	11398	23513	31977
6	3307	755	7253	18002	11315	21309	29317
7	3083	727	7585	16152	11395	19235	27547

续 表

类别名称 / 月份	Ⅰ类	Ⅱ类	Ⅲ类	Ⅳ类+Ⅴ类			
	电动平衡重乘驾式叉车	电动乘驾式仓储叉车	电动步行式仓储叉车	内燃平衡重式叉车（实心、充气轮胎）	Ⅰ～Ⅲ类电动叉车	Ⅰ+Ⅳ+Ⅴ类平衡重式叉车	Ⅰ～Ⅴ类工业车辆
8	3640	741	8683	19454	13064	23094	32518
9	3780	718	8223	19510	12721	23290	32231
10	3359	728	8716	18090	12803	21449	30893
11	3994	756	8779	19306	13529	23300	32835
12	3940	824	9583	18725	14347	22665	33072
合计	39985	8477	93063	228542	141525	268527	370067

一、国内市场

根据世界工业车辆统计协会数据，2016 年，我国叉车市场共销售机动工业车辆 268567 台，与 2015 年的 236976 台相比，上升了 13.33 %。我国市场的销售量占亚洲叉车市场 440186 台销售量的 61.01%，比 2015 年上升了 3.16 个百分点，仍列亚洲第一位；占世界叉车市场 1152857 台总销售量的 23.30%，比 2015 年上升了 1.03 个百分点，已连续八年位列世界销售市场第一名。下图为 2016 年各月我国叉车市场销售量的变化情况。从走势图不难看出，2016 年第二季度开始我国叉车市场走势平稳。

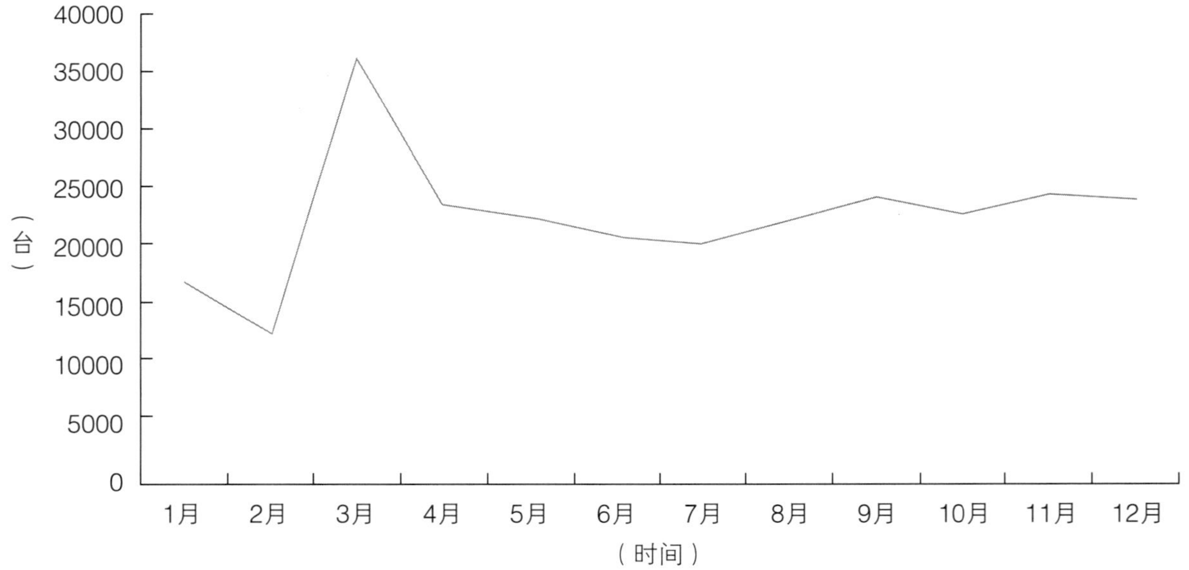

2016 年 1—12 月我国叉车市场销售量的变化情况

二、出口情况

2016 年，我国工业车辆出口量再创历史新高。根据海关总署的统计数据：2016 年我国共出口叉车及装有升降或搬运装置的工业车辆 1728039 台，与 2015 年的出口量 1716816 台相比，上升了 0.65%；出口金额为 1956255047 美元，与 2015 年的出口金额 1890698897 美元相比，上升了 3.47%。这些工业车辆共出口到 195 个国家和地区。

从出口车型情况来看，电动叉车继续保持较快增长。2016 年我国机动工业车辆出口量为 166785 台，与 2015 年的 134395 台相比，上升了 24.10%。其中：电动叉车（含巷道堆垛机）出口量为 99193 台，与 2015 年的出口量 75292 台相比，上升了 31.74%；内燃叉车（含集装箱叉车）出口量为 67596 台，与 2015 年的出口量 59103 台相比，上升了 14.37%。

2009—2016 年度我国机动工业车辆出口数量和金额情况见表 2。

表 2　　2009—2016 年度我国机动工业车辆出口数量、金额统计情况

年份	出口		出口	
	数量（台）	同比增长（%）	金额（美元）	同比增长（%）
2009	27558	-54.32	309421396	-57.18
2010	47143	71.07	517832892	67.36
2011	84249	78.71	1014556246	95.92
2012	97786	16.07	1251750489	23.38
2013	112703	15.25	1369437533	9.40
2014	133208	18.19	1624387978	18.62
2015	134395	0.89	1574109829	-3.10
2016	166789	24.10	1660531102	5.49

在 2016 年我国出口的 166789 台机动工业车辆中，亚洲占 35.98% 的份额、欧洲占 28.64% 的份额、美洲占 24.19% 的份额、非洲占 5.78% 的份额、大洋洲占 5.41% 的份额；在出口的 99193 台电动叉车（含巷道堆垛机）中，亚洲占 34.66% 的份额、欧洲占 32.86% 的份额、美洲占 25.47% 的份额、大洋洲占 5.32% 的份额、非洲占 1.69% 的份额；在出口的 67596 台中内燃叉车（含集装箱叉车）中，亚洲占 37.90% 的份额、欧洲占 22.46% 的份额、美洲占 22.32% 的份额、非洲占 11.77% 的份额、大洋洲占 5.55% 的份额。详细情况见表 3。

表 3　　2016 年我国机动工业车辆出口各洲数量比例情况

各洲	机动工业车辆		电动叉车		内燃叉车	
	数量（台）	占比（%）	数量（台）	占比（%）	数量（台）	占比（%）
亚　洲	60005	35.98	34385	34.66	25620	37.90
非　洲	9635	5.78	1676	1.69	7959	11.77
欧　洲	47771	28.64	32592	32.86	15179	22.46
拉丁美洲	11759	7.05	3239	3.26	8520	12.61
北美洲	28592	17.14	22027	22.21	6565	9.71
大洋洲	9027	5.41	5274	5.32	3753	5.55
合　计	166789	100.00	99193	100.00	67596	100.00

2016 年，我国共销售出口非机动工业车辆（轻小型搬运车辆）1561250 台，与上年同期的 1582421 台相比，下降了 1.34%。

2016 年，我国出口各洲的非机动工业车辆（轻小型搬运车辆）情况见表 4。

表 4　　2016 年我国出口各洲的非机动工业车辆（轻小型搬运车辆）情况

各洲	合计（台）	占比（%）
亚　洲	448296	28.71
非　洲	51821	3.32
欧　洲	395872	25.36
拉丁美洲	124344	7.96
北美洲	499531	32.00
大洋洲	41386	2.65
合　计	1561250	100.00

三、进口情况

2016 年，我国进口叉车及装有升降或搬运装置的工业车辆共 11645 台，与 2015 年的进口量 12632 台相比，下降了 7.81%；进口金额为 217770224 美元，与 2015 年的进口金额 283928995 美元相比，下降了 23.30%。其中：电动叉车（含巷道堆垛机）为 8263 台，与 2015 年的进口量 9118 台相比，下降了

9.38%；内燃叉车（含集装箱叉车）为839台（其中集装箱叉车7台），与2015年的进口量968台相比，下降了13.33%；未列名叉车2543台，与2015年的进口量2546台相比，下降了0.12%。2009—2016年我国进口工业车辆的情况见表5。

表5　　2009—2016年我国进口工业车辆情况统计

年份	出口		出口	
	数量（台）	同比增长（%）	金额（美元）	同比增长（%）
2009	9652	-30.09	293627560	-14.45
2010	14644	51.72	389169560	32.54
2011	15632	6.75	368447853	-5.32
2012	12970	-17.03	321267736	-12.81
2013	12063	-6.99	301439716	-6.17
2014	12572	4.22	291695891	-3.23
2015	12632	0.48	283928995	-2.66
2016	11645	-7.81	217770224	-23.30

2016年，我国进口的工业车辆分别来自30个国家和地区。从各洲进口各类车型的情况具体如下。

在进口的9102台机动工业车辆中：欧洲占46.67%、美洲占15.04%、亚洲占38.21%、大洋洲占0.08%；在进口的8263台电动叉车（含巷道堆垛机）中：欧洲占47.95%、美洲占13.46%、亚洲占38.53%；在进口的839台内燃叉车（含集装箱叉车台）中：欧洲占34.09%、美洲占30.63%、亚洲占35.04%、大洋洲占0.24%。

（张洁　中国工程机械工业协会工业车辆分会秘书长）

2016 年中国托盘业

2016 年是我国托盘行业发展比较艰难的一年，由于国内木材禁伐，国外进口木材价格一直处于上升区间，我国托盘生产企业特别是木质托盘企业的生产难度增大。即便如此，我国的托盘行业仍处于活跃期，托盘需求仍处于上升通道中。

一、托盘生产量、租赁量持续增加

根据中国物流与采购联合会托盘专业委员会（以下简称“托盘委”）的统计，2016 年我国的托盘拥有量近 12 亿片（见图 1）。2016 年我国生产托盘 29238 万片，同比增长 9%。这说明托盘行业生产持续看好，产量和用量保持双增长。2016 年我国标准托盘租赁市场托盘数量规模接近 1800 万片（见图 2），较 2015 年有较大幅度增长，这主要得益于商务部、国家标准委从 2014 年开始的商贸物流标准化专项行动计划。

从图 1 中可以看出，我国托盘的拥有量近几年依然呈持续增长态势。

在行业细分中，由于 EPAL（欧洲托盘协会）的制度规定，所以数据真实反映了 2016 年的品种分类及产量。EPAL 在我国主要生产 1200 毫米×800 毫米及 1200 毫米×1000 毫米两种规格托盘，其中：1200 毫米×800 毫米的托盘占比达 99%，1200 毫米×1000 毫米的托盘占比仅为 1%。总产量 33 万余片。

目前在五大类托盘中，木托盘仍占绝对数量，占比为 78%；塑料托盘增幅较大，占比已由前几年的 10% 增至 2016 年的 15%。2016 年我国各类托盘所占比例参见下表。

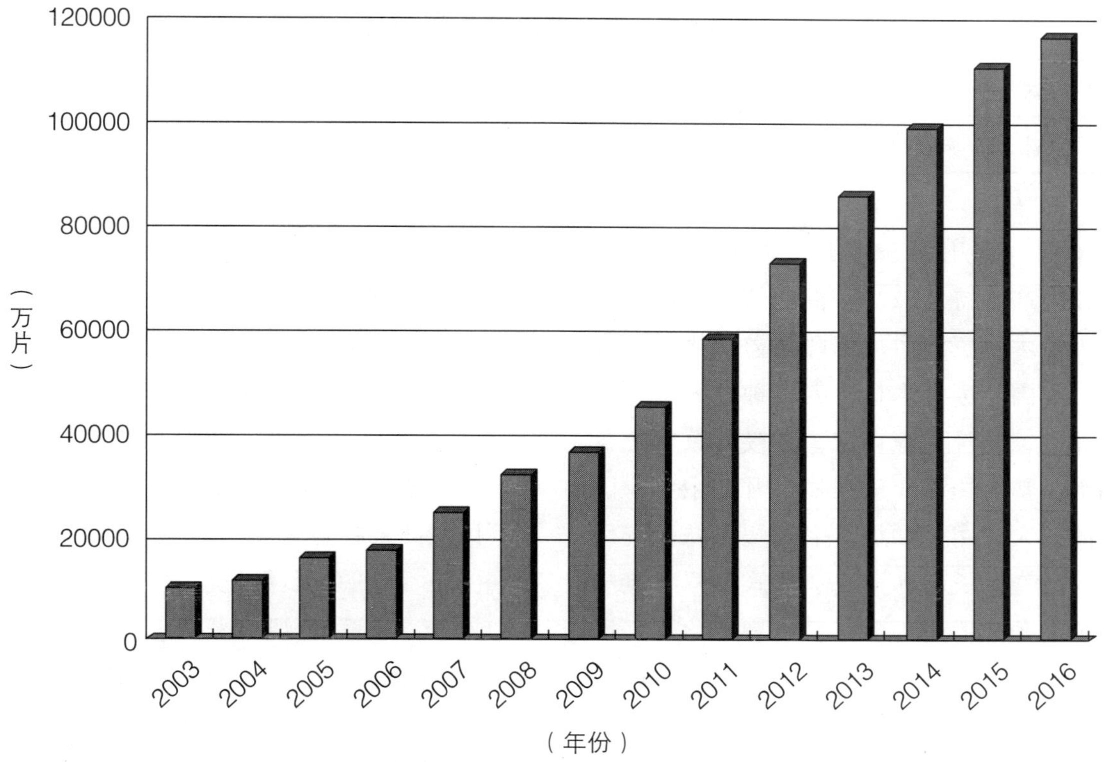

图 1　2003—2016 年我国托盘拥有量增长走势

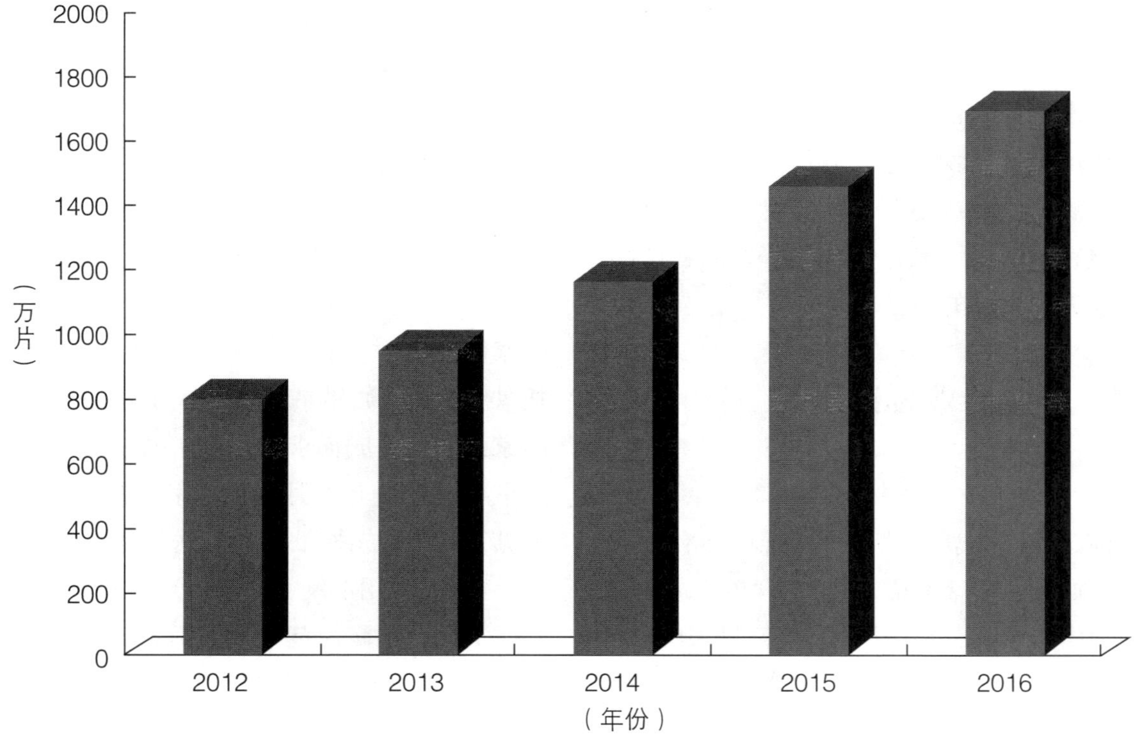

图 2　2012—2016 年我国托盘租赁市场托盘数量变化情况

2016 年我国各类托盘占比情况

托盘类型	木托盘	塑料托盘	纸托盘	金属托盘	复合材料托盘等
占比（%）	78	15	4	2	1

总体看，近几年五大类托盘的生产情况是：木托盘产量持续减少、占比持续下降，其主要原因是木材资源供应保障性差，供给量减少。尤其是国外进口木材，因多种原因所致价格变化无常，并且一涨再涨，直接导致木托盘产量削减。塑料托盘产量明显上升的主要原因是利用面扩大，用量增加。由于塑料托盘耐用性好、使用寿命长、易清洗、形式多样、量身订做简单，尤为适用于食品、饮料、化工、汽车等行业，所以近年来越发受到客户的青睐。纸托盘因用途面扩展较快，生产量也有明显变化，但还是受到一定的局限性制约，增长幅度有限。金属托盘中，除了钢制托盘外，还出现了铝制或铝合金等托盘。复合材料托盘中，这几年各企业都加大了新产品的研发力度，所以新产品层出不穷。目前新出现的复合材料托盘主要有矿产品剩余物加塑料制作的托盘、玻璃纤维与粉煤灰拉挤成型制作的托盘、玻璃纤维与树脂材料拉挤成型制作的托盘等，但新产品的推广还需要市场的检验。

二、托盘行业标准概况

（一）托盘相关国家标准现状。

目前，我国托盘相关现行标准中，有国家标准 15 项：《托盘术语》《托盘单元货载》《联运通用平托盘主要尺寸及公差》《联运通用平托盘性能要求和试验选择》《联运通用平托盘试验方法》《一次性托盘》《纸基平托盘》《塑料平托盘》《箱式、立柱式托盘》《铁路货运钢制平托盘》《组合式塑料托盘》《联运通用平托盘木质平托盘》《模压平托盘植物纤维类》《塑料箱式托盘》《托盘编码及条码表示》；有行业标准 6 项：《烟草行业联运通用平托盘》《卷烟联运平托盘电子标签应用规范》《组合式塑木平托盘》《钢制平托盘技术条件》《军用立柱式托盘和箱式托盘基本尺寸和额定载重量》《船舶舾装件托盘编码》；有在制标准 10 项：《共用系统塑料平托盘质量》《平托盘最大工作载荷》《托盘共用系统管理规范》《共用系统用托盘维修管理规范》《共用系统用托盘作业规范》《塑料吹塑平托盘》《木质及木制品箱式托盘》《钢制平托盘》《通用钢制托盘箱》《托盘系统设计及使用准则》。可以说标准体系初具规模，但是从托盘标准体系的角度看，已有托盘标准项目多，空白领域也多；从标准发布时间看，标准趋于老化，更新不及时。这些是行业发展亟须解决的问题。

（二）标准制修订情况。

一是多项国家标准通过专家审查会，报送国家标准委。其中：《钢质平托盘》《钢质箱式托盘》《联运通用平托盘最大工作载荷》三项国家标准已完成征求意见和汇总修改，形成了送审稿。2016 年 6 月初交专家审查会听取专家意见，7 月形成报批稿，报送国家标准委。其中：《托盘共用系统管理规范》《托盘共用系统木质平托盘维修规范》《共用系统塑料平托盘质量》《托盘共用系统电子标签（RFID）应用规范》已经完成征求意见和汇总修改，形成了送审稿，于 6 月 22 日交专家审查会提出意见建议。除了《共用系统塑料平托盘质量》未通过专家审核外，其他三项国家标准已形成报批稿，7 月报到国家标准委。

二是《托盘租赁企业服务规范》等三项商务部行业标准发布。2016 年 9 月 18 日，商务部发布公告，批准《托盘租赁企业服务规范》等 36 项国内贸易行业标准，公告中把与托盘相关的《托盘租赁企业服务规范》《托盘共用系统运营管理规范》《共用系统托盘质量验收规范》三个行业标准列到了前三位。

三是《托盘系统设计及使用准则》标准立项。2016 年，托盘委申报立项标准《托盘系统设计及使用准则》通过国标委审查正式立项。

三、部分行业物流使用托盘的情况

托盘委根据对样本企业（以下简称“企业”）的调查，整理出部分行业物流使用/租赁托盘的大致情况。

（一）化工物流。

1. 企业使用/租赁托盘材质的情况

化工物流中，有 66.67% 的企业使用/租赁塑料托盘，有 44.44% 的企业使用/租赁木托盘。

2. 企业使用/租赁托盘产品类型的情况

化工物流中，有 87.5% 的企业使用/租赁平托盘，有 12.5% 的企业使用/租赁网箱托盘，有 12.5% 的企业使用/租赁其他六角托盘。

3. 企业使用/租赁托盘产品规格尺寸的情况

化工物流中，选择使用/租赁 1200 毫米×1000 毫米和 1100 毫米×1100 毫米两种规格尺寸托盘的企业占比分别为 44.44%；选择使用/租赁 1200 毫米×800 毫米、1500 毫米×1300 毫米、1370 毫米×1170 毫米、800 毫米×800 毫米、1200 毫米×1400 毫米和 1300 毫米×1400 毫米六种规格尺寸托盘的企业占比均为 11.11%。

4. 带托运输企业使用/租赁托盘规格尺寸的情况

化工物流带托运输中，有 42.86% 的企业使用/租赁 1200 毫米×1000 毫米的托盘，有 57.14% 的企业使用/租赁 1100 毫米×1100 毫米的托盘，有 14.29% 的企业使用/租赁 800 毫米×800 毫米的托盘，有 14.29% 的企业使用/租赁集装袋。

5. 带托运输中不同各规格尺寸托盘的占比情况

化工物流带托盘运输中，1200 毫米×1000 毫米的托盘占比为 34.89%，1100 毫米×1000 毫米的托盘占比为 30.64%，800 毫米×800 毫米的托盘占比为 34.04%。

（二）服装物流。

1. 企业使用/租赁托盘材质的情况

服装物流中，选择使用/租赁塑料托盘和木托盘的企业数量相近，占比均为 55.56%。

2. 企业使用/租赁托盘产品类型的情况

服装物流中，企业使用/租赁平托盘的比例高达 88.89%，选用租赁箱式托盘的企业占比仅为 11.11%。

3. 企业使用/租赁托盘产品规格尺寸的情况

服装物流中，选择使用/租赁 1200 毫米×1000 毫米托盘的企业占比 100%，使用/租赁 1100 毫米×1100 毫米托盘的企业占比 22.22%，使用/租赁 1140 毫米×1140 毫米托盘的企业占比 11.11%。

4. 带托运输企业使用/租赁托盘规格尺寸的情况

服装物流带托运输中，100% 的企业选择使用/租赁 1200 毫米×1000 毫米托盘，33.33% 的企业选择使用/租赁 1100 毫米×1100 毫米的托盘。

5. 带托运输中不同规格尺寸托盘的占比情况

服装物流带托运输中，1200 毫米×1000 毫米的托盘占比达 79.04%，1100 毫米×1100 毫米的托盘占比为 20.96%。

（三）公路货运。

1. 企业使用/租赁托盘材质的情况

公路货运中，选择使用/租赁木托盘的企业占比 100%，选择使用/租赁塑料托盘的企业占比 42.86%。

2. 企业使用/租赁托盘产品类型的情况

公路货运中选择使用/租赁平托盘的企业占比 100%。

3. 企业使用/租赁托盘产品规格尺寸的情况

公路货运中，100% 的企业选择使用/租赁 1200 毫米×1000 毫米的托盘，14.29% 的企业选择使用/租赁 1100 毫米×1100 毫米的托盘，14.29% 的企业选择使用/租赁 1200 毫米×800 毫米的托盘。

4. 带托盘运输企业使用/租赁托盘规格尺寸的情况

公路货运带托盘运输中，100% 的企业选择使用/租赁 1200 毫米×1000 毫米的托盘，16.67% 的企业选择使用/租赁 1100 毫米×1100 毫米的托盘，16.67% 的企业选择使用/租赁 1200 毫米×800 毫米的托盘。

5. 带托盘运输中不同规格尺寸托盘的占比情况

公路货运带托盘运输中，1200 毫米×1000 毫米的托盘最受欢迎，占比高达 97.22%，1200 毫米×800 毫米的托盘占比为 1.92%，1100 毫米×1100 毫米的托盘占比仅为 0.86%。

（四）汽车物流。

1. 企业使用和租赁托盘材质的情况

汽车物流中，有 88.89% 的企业选择使用/租赁塑料托盘，有 77.78% 的企业选择使用/租赁木质托盘，有 11.11% 的企业选择使用/租赁钢托盘，有 11.11% 的企业选择使用/租赁纸托盘。

2. 企业使用/租赁托盘产品类型的情况

汽车物流中，有 87.5% 的企业使用/租赁平托盘，有 25% 的企业使用/租赁网箱托盘，有 12.5% 的企业使用/租赁箱式托盘，有 37.5% 的企业使用/租赁柱式托盘。

3. 企业使用/租赁托盘产品规格尺寸的情况

汽车物流中，使用/租赁 1200 毫米×1000 毫米托盘的企业占总企业数的 87.5%，使用/租赁 1100 毫米×1100 毫米托盘的企业占总企业数的 50%，使用/租赁 1200 毫米×800 毫米托盘的企业占总企业数的 50%，使用/租赁 1000 毫米×900 毫米托盘的企业占总企业数的 12.5%，使用/租赁 1500 毫米×1000 毫米托盘的企业占总企业数的 12.5%，使用/租赁 1200 毫米×1100 毫米托盘的企业占总企业数的 12.5%。

4. 带托盘运输企业使用/租赁托盘规格尺寸的情况

汽车物流带托盘运输中，使用 1200 毫米×1000 毫米托盘的企业占总企业数的 75%，使用 1100 毫米×1100 毫米托盘的企业占总企业数的 50%，使用 1200 毫米×800 毫米托盘的企业占总企业数的 25%。

5. 带托盘运输中不同规格尺寸托盘的占比情况

汽车物流带托盘运输中，1200 毫米×1000 毫米的托盘占比 59.56%，1100 毫米×1100 毫米的托盘占比 40.44%。

（五）医药物流。

1. 企业使用/租赁托盘材质的情况

医药物流中，有 66.67% 的企业使用/租赁塑料托盘，有 88.89% 的企业使用/租赁木质托盘，有 11.11% 的企业使用/租赁钢托盘。

2. 企业使用/租赁托盘产品类型的情况

医药物流中，100% 的企业选择使用/租赁平托盘。

3. 企业使用/租赁托盘产品规格尺寸的情况

医药物流中，使用/租赁 1200 毫米×1000 毫米托盘的企业占总企业数的 88.89%，使用/租赁 1100 毫米×1100 毫米托盘的企业占总企业数的 22.22%，使用/租赁 1000 毫米×800 毫米托盘的企业占总企业数的 11.11%，使用/租赁 1470 毫米×650 毫米托盘的企业占总企业数的 11.11%，使用/租赁 1000 毫米×600 毫米托盘的企业占总企业数的 11.11%。

4. 带托盘运输企业使用/租赁托盘规格尺寸的情况

医药物流带托盘运输中，使用 1200 毫米×1000 毫米托盘的企业占总企业数的 100%，使用 1100 毫米×1100 毫米托盘的企业占总企业数的 50%。

5. 带托盘运输不同规格尺寸托盘的占比情况

医药物流带托盘运输中，1100 毫米×1100 毫米的托盘占比为 8.39%，1200 毫米×1000 毫米的托盘占比为 91.61%，1100 毫米×1100 毫米的托盘占比为 8.39%。

（六）钢铁物流。

1. 企业使用/租赁托盘材质的情况

钢铁物流中，有 62.5% 的企业选择使用/租赁木质托盘，有 12.5% 的企业选择使用/租赁塑料托盘，有 37.5% 的企业选择使用/租赁钢托盘，有 12.5% 的企业选择使用/租赁钢卷托盘。

2. 使用/租赁托盘产品类型的情况

钢铁物流中，平托盘的使用/租赁比例为 87.5%，卷钢集装箱整体托盘的使用/租赁比例为 12.5%。

3. 企业使用/租赁托盘产品规格尺寸的情况

钢铁物流中，使用/租赁 1200 毫米×1000 毫米托盘的企业占总企业数的 42.68%，使用/租赁 1100 毫米×1100 毫米、1219 毫米×1016 毫米、1067 毫米×1067 毫米、1100 毫米×1300 毫米、1200 毫米×1200 毫米、1000 毫米×1800 毫米、6140 毫米×2780 毫米×454 毫米、6220 毫米×2780 毫米×567 毫米、2880 毫米×2780 毫米×535 毫米、2840 毫米×2780 毫米×571 毫米、4676 毫米×2780 毫米×641 毫米、2326 毫米×2780 毫米×480 毫米、5725 毫米×2220 毫米×555 毫米 13 个规格尺寸托盘的企业分别占比 14.29%。

4. 带托盘运输企业使用/租赁托盘规格尺寸的情况

钢铁物流中，66.67% 的企业使用/租赁 1200 毫米×1000 毫米的托盘，33.33% 的企业使用/租赁 1200 毫米×1200 毫米的托盘，33.33% 的企业使用/租赁 5725 毫米×2220 毫米×555 毫米的托盘。

5. 带托盘运输中各规格尺寸托盘的占比

钢铁物流带托盘运输中，1200 毫米×1000 毫米托盘的占比达 90.16%。

（七）冷链物流。

1. 企业使用/租赁托盘材质的情况

冷链物流中，有 47.06% 的企业选择使用/租赁塑料托盘，70.59% 的企业选择使用/租赁木质托盘，5.88% 的企业选择使用/租赁钢托盘，5.88% 的企业选择使用/租赁纸托盘。

2. 使用/租赁托盘产品类型的情况

冷链物流中，使用平托盘的比例高达 94.12%，使用箱式托盘的比例为 5.88%。

3. 企业使用/租赁托盘产品规格尺寸的情况

冷链物流中，使用/租赁 1200 毫米×1000 毫米托盘的企业占比 93.75%，使用/租赁 1100 毫米×1000 毫米托盘的企业占比 18.75%，使用/租赁 1219 毫米×1016 毫米托盘的企业占比 12.5%，使用/租赁 1140 毫米×1140 毫米托盘的企业占比 12.5%，使用/租赁 1067 毫米×1067 毫米托盘的企业占比 6.25%，使用/租赁 1200 毫米×800 毫米托盘的企业占比 6.25%，使用/租赁 1000 毫米×1000 毫米托盘的企业占比 6.25%。

4. 带托盘运输企业使用/租赁托盘规格尺寸的情况

冷链物流带托盘运输中，83.33% 的企业使用/租赁 1200 毫米×1000 毫米的托盘，8.33% 的企业使用 1100 毫米×1100 毫米的托盘，8.33% 的企业使用 1219 毫米×1016 毫米的托盘，16.67% 的企业使用 1140 毫米×1140 毫米的托盘，8.33% 的企业使用 1200 毫米×800 毫米的托盘，8.33% 的企业使用 1000 毫米×1000 毫米的托盘。

5. 带托盘运输中各规格尺寸托盘的占比

冷链物流带托盘运输中，1200 毫米×1000 毫米的托盘占比最多，为 82.12%，1100 毫米×1100 毫米的托盘占比为 7.10%，1200 毫米×800 毫米的托盘占比为 8.87%，1140 毫米×1140 毫米的托盘占比为 0.10%，1219 毫米×1016 毫米的托盘占比最小，仅为 0.03%。

（马增荣　唐英　孙熙军　王芮　中物联托盘专业委员会）

第七部分

物流教育、信息化、标准化

2016年中国物流教育与培训

物流人才是推动物流业发展的主力军，是物流产业转型升级、高质量运营的坚实支撑。随着物流行业的快速发展，我国物流教育与培训也取得了长足的进步和显著的成绩，为物流行业输送了大批人才。截至2017年上半年，全国已开设物流管理专业的本科院校数量达501所，开设物流工程专业和采购管理专业的本科院校数量分别为127所和7所，在校本科生16.1万人。2016年，已开办的物流相关高职院校有965所，专业布点数为1310个，在校生近30万人；开办物流专业中职院校超过1000多所，专业布点数也超过1000多个，在校生超过10万人。未来随着国家全面深化改革的推进，物流人才培养将迎来重要的战略机遇与发展转型期。

2016年，物流行业人才培养工作深入贯彻落实党的十八大和十八届四中、五中全会精神，深入贯彻落实习近平总书记系列重要讲话精神，以服务物流业转型升级及从业人员职业生涯发展为宗旨，坚持政府推动、行业指导、需求导向，深化产教融合，充分发挥企业、院校和社会培训机构在物流业人才标准制定、教育、培训、咨询、服务与交流等方面的作用，为服务产业发展做出了应有的贡献，并呈现出一系列新的发展特点。

一、适应政策改革，积极应对培训认证工作面临的新机遇和挑战

2013年以来，国务院将减少和规范职业资格许可和认定事项作为推进简政放权、放管结合、优化服务改革的重要内容。在此背景和趋势下，2014年以来，国务院先后分7批次取消了共计433项职业资格认证项目，占国务院设置职业资格总数（共615项）的70%。另外，国家明确非行政审批水平评价类职业将交行业协会、学会认定，行业职业能力水平认证又面临前所未有的发展机遇。中国物流与采购联合会根据行业用人需求，及时开展了行业物流和采购从业人员能力培训认证工作，保证了行业人才培养工作持续开展，为承接政府部门委托相关职业资格认证做好了准备工作。

二、职业培训教材体系建设质量明显提升

教材是教学的内容源泉，是培训认证工作的基础，教材质量的高低决定着培训认证的质

量和品牌。为适应国家"一带一路"倡议和物流产业转型升级对人才的新要求，2016 年中国物流与采购联合会启动了培训教材第四次改版工作。本次编写将基于行业人才培养标准，重新定义职业人才能力结构，在原有模块基础上更加强调人的核心素养，同时融入目前反映物流行业创新驱动的新技术、新模式和新的业务内容。另外，还将借鉴国外培训教材好的形式和内容，取长补短，逐步与国际化人才培养工作接轨。

三、标准建设工作稳步推进，行业人才培养体系不断完善

建立行业人才培养标准体系是发达国家推动行业人才培养的成功经验和通行做法，也是现代物流职业教育的基础。中国物流与采购联合会加强物流人才标准体系建设，目前已经形成涵盖职业能力要求、职业成长阶梯的人才培养体系框架。2016 年在现有职业标准的基础上，中国物流与采购联合会与行业标杆企业合作开发能力单元，目前基于第三方物流（合约）、商贸物流和生产物流三个领域的能力单元已经开发完成。

中国物流与采购联合会下一步将要加强与政府部门的沟通，在配合主管部门制定物流行业领域的国家人才标准的同时，大力推动物流、采购人才培养的行业标准、协会标准和团体标准建设。借鉴发达国家先进经验，提升和完善我国物流、采购人才标准体系，在完善通用人才标准的基础上，向细分领域人才标准延伸，为各行各业物流人才培养奠定坚实基础。

四、国际交流与合作越来越紧密

随着行业组织参与国际事务的范围越来越广，程度越来越深，中国的话语权也越来越强。针对人才培养工作，各行业组织启动并建立了多边教育交流与合作机制。与 ITC（国际贸易中心）、英国物流技能协会、澳大利亚物流技能协会、国际供应链与运营管理协会和德国国际合作组织建立长期合作关系，引进了国外先进的物流、采购与供应链管理理论和技术，培养了大批物流和采购方面的国际型专业人才。目前除已经开展的 ITC 和与英国政府组织开展的职业教育和人才培养项目外，正在推进的有如下项目。

一是与国际证书开展证书互认。国际采购与供应管理联盟（IFPSM）颁发的国际证书目前已获得英国、法国、荷兰等 13 个国家的认同。经过中方与国际采购联盟的论证和评估，中国物流与采购联合会物流和采购职业能力认证项目已经获得国际采购与供应管理联盟的全球标准认证。未来考取中国物流与采购联合会物流、采购从业人员职业能力等级认证证书将同时获得 IFPSM 颁发的国际认证。

二是与国际供应链与运营管理协会展开合作。2016 年中国物流与采购联合会与国际供应链与运营管理协会（APICS）进行互访，双方就教育培训领域的合作进行深入交流，并签署了中国物流与采购联合会与 APICS 教育培训合作备忘录（MOU），未来将合作开展职业标准体系的比较研究、人才培训认证等工作，共同推动中美物流与供应链领域的创新。

五、打造高端培训，适应个性化人才培养需求

为应对当前经济转型期的新挑战，全面提升物流企业职业经理领导力和解决问题的能力，中国物流与采购联合会面向物流、采购及

供应链管理高层管理人员开展高级研修项目，联合院校开展高级管理人员工商管理硕士（EMBA）、工商管理硕士（MBA）高端项目，承担政府委托的培训项目等。根据行业发展需要制定有针对性的课程体系和服务项目，为企业高端人员提供更新理念、学习知识、提升能力、拓展领域和交流合作的平台。

一是成功开展了 EMBA、MBA 高端项目。2016 年为应对当前经济转型期的新挑战，全面提升物流企业职业经理领导力和解决问题的能力，中国物流与采购联合会联合院校面向物流、采购供应链管理高层管理人员开展 EMBA、MBA 高端项目。

二是紧密结合国家发展战略，实施物流人才知识更新工程。培训主题紧扣“一带一路”倡议与物流发展，帮助企业更好地理解国家战略大环境下面对新模式、新业态、新技术进行理念更新、业务模式创新。

六、多法并举，指导物流院校教育工作更加科学、规范

2016 年，充分发挥教育部高等学校物流管理与工程类专业教学指导委员会和全国物流职业教育教学指导委员会对物流类专业教学调研、研究、咨询、评估和服务的指导作用，通过科学研究、集中研讨、举办大赛、建立标准、国际交流等多种方法，科学指导物流院校教育工作。

一是组织编写了《2015 年中国物流高等教育年度报告》和《2015 年中国物流职业教育发展报告》。报告在大量调研基础上进行编写，分为物流行业发展概况、全国院校物流教育发展与分析、部分地区物流职业教育介绍等内容，在大数据背景下对引领服务高校物流教育发展方向具有重要意义。

二是组织召开了第十五届全国高校物流专业教学研讨会和第八届全国职业院校物流专业教学研讨会。2016 年的研讨会在收集整理了全国 501 所开设物流专业的本科院校、1965 多所中高职院校在专业建设等方面的信息基础上，会议直面院校面临的问题，突出双创主题，引领院校物流学科的建设和发展。

三是成功举办了第五届全国大学生物流设计大赛。第五届大赛由上海郑明现代物流有限公司冠名赞助，规模空前，共有 502 支参赛队通过审核取得参赛资格，比上届增加 25%。参赛队来自全国的 277 所大学，分布于除台湾地区、香港地区、澳门地区和西藏、青海 5 个省、市、自治区以外的 28 个省、自治区、直辖市，首次有解放军院校学生和港澳台留学生组队参赛。自校园赛开始将近 4 万名大学生和 4000 多名指导教师参与比赛。本届大赛还邀请到来自法国、比利时高校学生观摩，呈现出院校参与面更广、比赛更加精彩、更加重视大学生创新创业等综合素质的培养、赞助企业更加重视等特点。大赛成为检验教学水平、展现学生能力、助力企业发展的舞台。

四是进一步充实完善了教育部高等学校物流管理与工程类专业教学指导委员会和全国物流职业教育教学指导委员会组织建设。新一届物流行指委下设成立了教学改革、技能开发、师资建设、校企合作、信息化、国际合作 6 个专业委员会和体系建设与质量保证委员会，吸纳 300 多人进入了专委会；同时，物流行指委还筹建了冷链物流工作组、青年教师工作组和采购工作组，延展了工作的深度和广度，让更多的学校和教师参与到教学改革中来。

我国物流业已进入快速发展的时期，物流行业对物流人才特别是高端物流人才的需求将不断增长，提升物流教育与培训工作水平，提升物流从业人员的质量任重而道远。

（中物联教育培训部）

2016 年中国物流信息化

2016 年，是物流业推进供给侧结构性改革的关键之年，国务院及国家有关部委为推动物流业降本增效及“互联网+高效物流”的落地出台了许多政策，为物流业转型升级指明了方向。大数据、云计算、物联网以及区块链等新兴智慧技术在物流行业的推广普及应用，极大地推动了物流企业信息化的快速发展。

一、利好政策陆续出台，为物流信息化引航

在 2016 年 7 月 20 日的国务院常务会议上，李克强总理说：“要推动互联网、大数据、云计算等信息技术与物流深度融合，推动物流业乃至中国经济的转型升级。这是物流业的‘供给侧改革’。”显然“互联网+物流”已上升到国家决策层面，不仅是推动物流业，也是推动整合我国经济转型升级的新动能。2016 年是国务院及国家有关部委针对物流行业发布利好政策最多的一年，据不完全统计，国务院及国家发改委、交通运输部、商务部、工信部、财政部、国家税务总局等部门发布的政策文件有五十多个，地方政府部门支持物流业发展的政策文件更多。《物流业降本增效专项行动方案（2016—2018 年）》《“互联网+”高效物流实施意见》《推进“互联网+”便捷交通　促进智能交通发展的实施方案》《推进交通运输行业数据资源开放共享的实施意见》《关于推进改革试点加快无车承运物流创新发展的意见》《发展服务型制造专项行动指南》《全国电子商务物流发展专项规划（2016—2020 年）》等重大政策给物流业带来新的发展机遇和动力，为物流信息化保驾护航。

二、物流企业信息化的发展方向是“互联网+物流”

2016 年 5 月，中物联发布的调查报告反映出两个情况：一是企业物流信息化为互联网转型奠定了良好的基础；二是物流平台的兴起与企业的应用尝试，确定了物流向互联网转型的方向。

（一）物流信息化为互联网转型奠定了基础。

调查报告显示，有 77% 的企业使用了自主开发或者委托开发的信息系统或平台，有 17%

的企业使用了互联网平台或租用服务；还有6%的企业尚未使用信息系统或平台服务。调查报告还显示，在使用了信息系统或者物流平台的企业中，信息化覆盖仓储业务的占比70%、覆盖运输业务的占比83%、覆盖跟踪业务的占比78%、覆盖车辆和司机管理的占比72%。70%～83%的占比说明，企业物流信息化已经渗透到了物流业务的各个环节，为物流互联网转型奠定了基础。

（二）物流平台应用重构物流生态。

调查报告显示：有77%的企业使用过平台，未尝试使用平台的企业有23%；有34%的企业已经或规划自建平台，已经自建平台但运行不够良好的企业占比高达50%以上，其原因主要是运力资源匮乏，不能吸引更多货源，造成生态重构较难。物流公共信息平台层出不穷，各式生态重构，可供选择使用的不胜枚举，但存在单一平台使用的局限和其他使用问题。已经尝试使用平台的企业中，有超过50%的企业提出需要到多个平台找车；同时有超过40%的企业反映在使用中存在诚信、效率、履约赔付等问题。尚未尝试使用平台的企业中，有68%已习惯传统采购模式；有72%对平台诚信度和服务保障存在顾虑。

由此可见，“互联网+”高效物流重点行动计划的提出，极大地推动了物流业与互联网融合发展。互联网正在从技术、模式、空间等诸多方面改变传统物流业的运作方式和效率水平，让中国物流变得更加智能、高效、便捷，转型升级空间巨大。资源平台化、运力社会化是物流企业自建平台的发展方向。资源平台化依托于物流企业内联网和供应链内联网；运力社会化，借助社会物流平台走向互联网大分工、大协作。自建平台与各式物流公共平台聚合形成大数据新生产力要素，走向产业平台化，重构物流生态是发展方向。

三、产业物流的供应链已经向“最后一公里”延伸，通过信息技术构建全流程透明化管控

（一）产业物流信息化以打造敏捷的供应链为目标，构建全流程透明化管控。

德利得承担了世界五百强企业A公司提供VMI（供应商库存管理）物流服务，专门针对高端制造业开发的仓储管理系统（WMS），对工厂物料进行了全条码、全扫码、无验货收货、托盘共用、全货位管理，大幅度提高了工厂物料的响应速度和库存准确性，较大幅度地提高了物料仓储操作效率。同时在LVS（Linux虚拟服务器）标准系统的基础上，根据A客户的特殊需求进行了柔性化的定制，专门提供给A客户的几十家供应商使用，用于VMI的库存管理，同时通过与A客户的物料管理系统的双向EDI对接，以德利得的WMS为中心，上面对接A客户的物料管理系统，下面通过LVS与供应商紧密连接，实现了VMI服务链上的信息高效率传输目标，大幅提高了VMI库房的运作效率，最大限度地实现了VMI模式的效率与效果，解决了高端制造业在采用第三方物流服务+VMI模式的信息系统链接难题，形成了专业供应链服务与专业信息化服务两套供应链物流服务体系，形成了互联网+供应链物流的雏形，使公司在高端制造供应链服务的竞争力大幅度提升。

唯智为沃尔玛（中国）开发的TMS（运输管理系统）项目实现了各DC（配送中心）约柜计划的快速创建和准时约柜，DC与门店间信息实时共享；系统完成拖、摆、发柜操作、单据传输、KPI（关键绩效）考核、计费结算等多角色多功能的集成；利用移动智能设备，

实时跟踪货柜动态信息、状态变更、电子图像单据回传功能；配合企业内部全球分销系统（GDS）/GLS以及财务HOST系统的数据交互。TMS项目通过信息系统在各配送中心到门店的运输配送中实现对物流订单从产生、作业、在途、回单至结算整个运输过程全生命周期的管理；提升了与供应链上下游间的协同能力，实现了供应链全程的业务信息共享和有效调度，消除了各种原因造成的“信息孤岛”及“信息差异”协同作业，使后期配送环节透明可控性。

（二）产业物流也在着力解决最后一公里的配送难题。

河南烟草公司以“物联网”互联互通、感知物流、智慧烟草为底层物流抓手，启动物流管控的二期建设，建立和完善仓储、分拣、配送三大作业系统，建立仓储数字化、分拣自动化、配送可视化。具体将启动实施仓储的RFID精准货位管理，叉车作业车载信息交互管理，工商整托盘联运管理。在配送方面建设“商零在途”信息系统建设，实现线路优化、在途监控、数字到货签收，真正解决配送一公里问题。

菜鸟驿站提供快递包裹代收发服务，属于电商配送最后一公里服务中转站。据统计，一家菜鸟驿站的日均收发快递包裹量达300件。为了给电商配送提供高效的最后一公里服务，菜鸟驿站引入基于iData移动智能终端的包裹信息化管理解决方案。基于iData移动智能终端的菜鸟驿站无线工作台，借助iData移动智能终端的条码扫描采集、数据实时传输，为站点的包裹入库和取货管理、短信通知下发、滞留包裹及问题包裹处理等作业提供强大的数据支撑，无缝对接快递公司后台，实现揽件、到件、问题件直接处理，一键同步后台，有效缓解了站点包裹管理压力，同时极大降低了错分率，提高了包裹管理工作效率，为电商和网购用户提供了更便捷的包裹收发服务体验。到货入库、拣货、取货签收等全过程中使用iData移动终端进行条码管理，既准确又高效，实现电商配送最后一公里中转站的全方位管理。

（三）物联网、大数据、云计算等信息技术在产业物流的应用日益广泛。

江西正广通基于SaaS云技术的智慧物流供应链管理公共平台的实施，一方面，满足了物流企业业务运作的需求；另一方面，也满足了物流企业自身内部管理的需求，同时还为物流企业打通了行业链信息共享和协同壁垒。此信息化项目在为正邦集团、正广通集团、社会物流企业和制造企业自身赢得利润的同时，还能更好地服务社会，使物流资源在更大范围内实现优化配置，大幅度减少货运车辆空置率，降低物流成本，提升物流效率，增加政府财税收入，提高劳动就业率。更重要的是，项目形成的SaaS新型中小物流企业信息化建设示范效应，有助于形成物流产业集群，促进江西物流产业的规模化发展和转型升级，可使江西省乃至全国的物流配送效率提高10%以上，使运输事故率降低15%以上，果蔬、肉类、水产品等流通腐损率降低3%以上。

“基于北斗技术的电商快递运输过程透明管理云服务平台”是易流针对电商快递企业的物流运输环节专门搭建的物流信息化管理系统，该系统通过运输过程透明管理，旨在通过信息技术手段提升物流环节管理效率、提高物流行业整体水平。例如，物流是中通快递发展的重要支撑，已成为公司发展的重中之重。物流环节信息化直接影响着中通快递的整体发展优势。自中通快递接入“基于北斗技术的电商快递运输过程透明管理云服务平台”以后，通过平台化的信息手段，把中通快递物流过程中的车辆运输部分全程监控起来，使得运输过程始终处于动态监控管理之下，切实做到了运输过程信息全透明，进一步提高了信息传递的效率和准确率。中通快递通过这种透明化的信息管理手段，促进了企业部门与部门之间、企业与行业之间的业务衔接，提高了整个企业的信息化管理水平。值得一提的是，在物流环节信息化水平被提高以后，中通快递的物流环节与企业内其他环节的信息交互与合作更加紧密，使得企业内部的运力资源和人力资源得到更加有效的利用，在提高企业资源利用率的同时，也节约了企业经营成本。

中外运空运公司在打造“物联网+全程供应链运营平台”的同时，引入了“RFID 技术的全程供应链运营平台”，在不影响库内正常操作的前提下实现了动态盘库。在盘库查询作业中，所有标签上的信息均可由阅读器自动获取，盘点记录也均由计算机生成并对其进行比对，动态自动识别材料、迅速准确的信息传递大大避免了人为失误，缩短了作业流程和作业时间，减少了人力成本，降低了物流环节的成本。通过“RFID 技术的全程供应链运营平台”，将物流所涉及的各类业务主体（托运人、承运人、运输公司、车辆、驾驶员、收货人、服务机构、仓储配送中心）通过统一的信息平台整合起来，有效解决了运力和货物难以高效整合匹配、空载率居高不下的问题，实现了物流业务的无缝连接，提高了物流链的整体运营效率，降低了运营成本，提高了效益。

四、物流平台在探索向 O2O 模式转变、向无车承运人模式转型，平台与企业之间的互联互通是大势所趋

（一）物流平台的发展继续向 O2O 模式转变。

在 2015 年年底迎来了资本的寒冬后，大部分人都不看好烧钱模式的物流平台。但是 2016 年平台的发展情况却是一批旧平台倒下去，同时又有许多的新平台站起来。2016 年下半年，又有几家大的物流平台获得了新的融资说明，资本从没离开过物流平台，只是从原来的疯狂变得更加理性。资本已经开始从烧钱的 B2C 模式，转向青睐于拥有巨大发展潜力的 B2B 模式。2016 年物流平台本身的商业模式也在悄悄地发生变化，由纯线上模式转变为线上线下相结合的 O2O 模式，许多物流平台如天地汇、卡行、货车帮等，都在各地设立经营网点与传统物流企业进行合作，有的还建立了自己的物流园区。所有这些都说明，回归物流的本来面目是物流平台得以生存的保证。

（二）物流平台与物流企业的互联互通是大势所趋。

我国物流行业规模非常庞大，任何一个物流平台都难以完全覆盖它，现有的不少物流平台都只是在某个地域或某一领域具有优势，但是在其他地域或领域则竞争力不足，现实发展让人们意识到互联互通、共享共赢是大趋势。物流平台之间、物流企业之间、物流平台与物流企业之间必须走互联互通的道路。从滴滴打车收购优步可以看出，平台经济已经进入到了共享时代，目前“互联网+物流”也已进入到强强联合的时代，壹米嘀嗒就是物流企业之间的联合，云鸟与运满满就是平台之间的联合。中物联建立的物流平台正是此时因势而生，目前该平台联合了全国 60 家优质运力平台，链接了 300 多家 A 级物流企业，打造了一个覆盖全国、跨行业、贯穿整个物流产业链的物流平台，为全国物流平台的互联互通奠定了良好的基础。

（三）无车承运人成为平台转型的方向。

自从交通运输部发布无车承运人试点文件

以来，平台企业在转型中看到了曙光。由于本次无车承运人试点主要针对的是平台，对平台企业而言无车承运人是平台转型发展的契机。

基于国内第三方物流运力市场的现状及问题，路歌以自己十多年在运力供应链市场的积累，为招商局提供无车承运人运力解决方案，帮助招商局解决物流对运力新需求的矛盾。通过无车承运人解决方案，优化中间链条、运力采购下沉、运力直采，积累项目匹配的熟运力（车、经纪人），优先获取前端运输资源成本、采购过程透明化，信息可追溯，实现了信息流、物流、资金流的合一，有效降低了物流运作成本。

五、物流诚信平台为失信联合惩戒搭建了平台

随着物流业的快速发展，物流诚信问题已经成为制约行业发展的老大难问题。解决诚信问题需要业内同人共同努力，群策群力，信息共享，联合惩戒。国家发改委牵头建立了信用中国网站，意图连接中央各部门及地方的诚信信息。中国物流与采购联合会也制定了第一个团体标准《物流诚信共享信息构成要素及交换要求》，并与国家交通平台合作推出了物流诚信平台，为物流参与者失信联合惩戒创造了环境和氛围，这对于解决物流诚信问题发挥了积极作用。

六、车联网技术成为商用车具有竞争优势的卖点

无论是互联网造车还是传统车企搭载互联网，都表明自动驾驶、车联网等已成为当下汽车行业追捧的热点，其实商用车对车联网的依赖远远超过乘用车。与乘用车相比，商用车在技术上更能反映汽车数字化的趋势，其对车联网、辅助驾驶、自动驾驶等技术带来的运输效益提升更敏感。运输成本和运营效率直接关系到商用车用户的切身利益，因此提高运输效率、降低成本和排放需要商用车和互联网的结合。2016 年，各大商用车企业都在积极宣传自己利用车联网技术在安全驾驶、提升效率、降低成本和绿色排放方面的优势，车联网技术已经成为商用车具有竞争优势的卖点。

七、智能物流装备在物流行业的应用越来越广泛

近年来，“工业 4.0”“智能制造”“中国制造 2025”理念的传播以及电子商务的异军突起，极大地推动了智能物流的发展和应用，我国物流装备市场对于智能化、自动化物流设备的需求日益增大，智能物流成为市场热点并逐渐演化为企业的核心竞争力。

电子商务的快速发展，深刻改变着消费者的购物习惯和企业的运营模式，企业迫切需要加快订单处理速度来应对多品种、小批量、多批次的碎片化订单以及劳动力成本上升带来的巨大压力，“货到人”系统以其突出的存储密度高、拣选效率高、降低劳动强度、节省用工数量等优势成为企业发展的重点方向。AGV、仓储机器人在仓储自动化应用中开始崭露头角，亚马逊和京东在利用无人机运送快件方面已经取得了许多成功的应用。

八、区块链技术在物流行业的应用刚刚兴起

2016 年 12 月 20 日，中国物流与采购联合

会区块链技术应用分会正式成立。分会成立的目的是促进区块链技术在我国物流与供应链行业推广应用，并推动行业标准尽快形成，规范区块链技术在物流与供应链领域的产业化发展，加快在行业急需的溯源防伪、中小微物流企业信用建立、增加交易和物流供应链透明度等基础性场景方面的应用。这对进一步发挥创新科技在物流与供应链企业转型升级中的作用具有十分重要的意义。目前，区块链技术应用于金融行业，但在物流行业的应用才刚刚开始。

九、大数据是政府监管方式转变的方向

2016 年 9 月，国务院印发的《关于加快推进“互联网+政务服务”工作的指导意见》，是把简政放权、放管结合、优化服务改革推向纵深的政策保证，对加快转变政府职能、提高政府服务效率和透明度、便利群众办事创业、进一步激发市场活力和社会创造力具有重要意义。政府监管转型的方向就是从以统计报表为主的静态监管升级为以运营数据为主的动态监管，确保政府决策的透明及公正性。交通运输部已经要求无车承运人试点单位与部、省两级监测平台对接，并按照要求及时上传数据。监测内容包括 4 点：一是运输业务监测。对试点企业的运单数据与实际承运车辆运行轨迹数据等进行比对，加强试点企业运输业务单证与其实际运行数据的一致性监测，并与税务等部门做好信息协同对接。二是运输资质比对。对试点企业、实际承运人、实际承运车辆的经营资质进行比对，加强对运输过程和实际承运人经营行为的动态监测。三是服务质量及信用监测。对试点企业的保险赔付制度落实情况、服务质量管控情况、业务投诉处理情况等进行动态监测，加强对试点企业的信用评价。四是运行绩效监测。通过对试点企业运单数据的动态监测，对试点期间试点企业业务增长和拓展、运营组织模式创新、促进物流“降本增效”情况，以及管理部门法规制度及标准规范创新情况进行综合评估。

各方信息显示，无车承运人的税收监管发展方向也将朝着从以票控税，以车控票的方式转变为以数据控税的方式方向发展。中物联建立的物流业数据备证中心也是因势而为，为物流企业和物流平台提供数据备证服务，为政府部门数据监管提供服务。

十、物流云的发展是构建物流新生态的基础

不管是制造企业、商贸企业和物流企业都有必要建立以自己所拥有的资源为重要吸引力，以平台为载体的物流新生态，促进自我发展。同时，这些私有生态，仍需要与物流产业链中其他生态聚集和互为有效利用，共赢发展。因此，物流私有云既保证了物流产业链各方信息的互联互通，又相对保护了自有信息的私密性和安全性，这是构建物流新生态的技术基础。

（晏庆华　中物联网络事业部）

2016 年中国物流标准化

2016 年是“十三五”的开局年，也是深化标准化工作改革的关键之年。这一年，国际标准化组织（ISO）大会在中国召开，习近平总书记为大会发来贺信，李克强总理出席大会。此次会上，我国发布了《北京宣言》，提出了中国主张，扩大了中国在国际标准化中的影响力；国务院把标准化工作摆在了更加重要的位置，国务委员王勇主持召开国务院标准化协调推进部际联席会议第三次全体会议并作重要讲话；按照国务院办公厅部署，我国全面完成了强制性标准整合精简评估。截至 2016 年年底，13000 余项强制性标准只有 24% 继续有效，大部分强制性标准被废止、转化、整合，实现了强制性标准的“瘦身”；10 万项推荐性标准集中复审推动政府标准盘活存量优化增量；首次实施国家标准立项评估，从源头严把国家标准“质量关”；新型标准体系建立，引入和培育团体标准，378 个社会团体在信息平台注册，全年发布近 500 项团体标准。在国家标准化改革的大背景下，全国的物流标准化改革进一步深化。

一、物流标准化政策环境进一步优化

2016 年，国家政府部门陆续出台相关政策，推动标准化改革深化，物流标准化政策环境进一步优化。

（一）国家发改委等十部门联合发布《关于加强物流短板建设促进有效投资和居民消费的若干意见》。

2016 年 2 月 29 日，国家发改委、商务部、工业和信息化部、交通运输部、农业部、财政部、人民银行、证监会、国家邮政局、供销合作总社十部门联合发布《关于加强物流短板建设促进有效投资和居民消费的若干意见》（发改经贸〔2016〕433 号），提出“加强物流标准衔接和制修订，提高物流服务效率。加强运输工具、物流设备等标准衔接，提高设施设备利用效率和物流服务运作效率。大力推广托盘、周转箱、集装箱等标准化装载单元循环共用，支持开展租赁、维修等延伸服务。抓紧修订出台《道路车辆外廓尺寸轴荷和质量限值》（GB 1589），并做好宣贯和落实。抓紧研究出台快递配送专用电动车辆技术标准。”

（二）商务部等六部门联合印发《全国电子商务物流发展专项规划（2016—2020年）》。

2016年3月17日，商务部、国家发改委、交通运输部、海关总署、国家邮政局、国家标准委联合印发《全国电子商务物流发展专项规划（2016—2020年）》（商流通发〔2016〕85号），文件提出了到2020年，基本形成“布局完善、结构优化、功能强大、运作高效、服务优质”的电商物流体系，信息化、标准化、集约化发展取得重大进展等发展目标。在主要任务中提出要“提高电子商务物流标准化水平”，要求“在快速消费品、农副产品、药品流通等领域，重点围绕托盘、商品包装和服务及交易流程，做好相关标准的制修订和应用推广工作。形成以托盘标准为核心，与货架、周转箱、托盘笼、自提货柜等仓储配送设施，以及公路、铁路、航空等交通运输载具的标准相互衔接贯通的电商物流标准体系。”在八项重大工程中提出了“电商物流标准化工程”，要求要“加快电商物流技术、装备、作业流程、信息交换、服务规范等标准制修订工作，重点完善包装、托盘、周转箱、物品编码标准，加快制订快递服务与网络零售信息系统数据接口标准。围绕托盘标准化及其循环共用，以电子商务物流企业、大型商贸连锁企业、快速消费品生产企业、第三方物流企业、托盘租赁服务企业为主体，上下游联动推进电子商务物流标准化。加强《电子商务物流服务规范》（SB/T 11132—2015）、《城市物流配送汽车选型技术要求》（GB/T 29912）、《道路车辆外廓尺寸、轴荷及质量限值》（GB 1589）的实施，引导企业推广使用符合标准的配送车型，加快开展城市配送车辆统一标识管理工作”。

（三）国家发改委等十部门联合印发《关于加快棉花现代物流发展的指导意见》。

2016年3月17日，国家发改委、供销合作总社、财政部、交通运输部、农业部、国土资源部、人民银行、质检总局、国家铁路局、中国铁路总公司联合印发了《关于加快棉花现代物流发展的指导意见》（发改经贸〔2016〕567号）。文件提出要“促进不同运输方式在运载工具、票证单据、物流信息等方面的标准衔接”“完善不同信息系统数据交换标准体系，促进互联互通，支持构建集信息采集、库存监管、物流配送、货权登记、质量追溯、诚信管理等为一体的全国棉花物流公共信息服务体系”，提出要“完善棉花物流标准体系，加快棉花加工、检验、包装、运输、仓储、装卸、配送等环节相关技术标准、物流设施设备标准、安全作业标准的制修订工作；研究制订数据采集、数据交换、信息管理等信息类标准。鼓励企业采用标准化的物流设施设备、信息系统和作业流程，提升棉花物流标准化水平。”

（四）商务部与国家标准委印发《国内贸易流通标准化建设“十三五”规划（2016—2020年）》。

2016年12月22日，商务部、国家标准委联合印发《国内贸易流通标准化建设“十三五”规划（2016—2020年）》（商流通发〔2016〕85号）（以下简称《规划》）。《规划》提出要“加强农产品流通标准化”，“完善跨区域农产品冷链物流体系”，要“加强商贸物流标准化”，“完善商贸物流标准体系，加强重点领域、新兴业态标准制修订。积极推动物流标准的实施应用，鼓励使用标准化的物流装备设施、载具器具、包装、信息系统和作业流程等，促进供应链上下游标准相衔接，提升物流整体标准化水平。开展试点示范，鼓励物流资源开放共享，探索建立社会化的标准托盘循环共用体系，推动带托盘运输与多式联运、共同配送等先进组织模式相结合，促进提高效率、降低成本”。

（五）交通运输部发布《交通运输标准化“十三五”发展规划》。

2016年1月30日，交通运输部发布《交通运输标准化“十三五”发展规划》（以下简称《规划》），《规划》中提出要“加强综合交通运输”，“着力推进铁路、公路、水运、民航和邮政领域，涉及两种及以上运输方式协调衔接和共同使用的标准制修订，主要包括综合客货运枢纽、旅客联程运输、货物多式联运、载运工具及换装设备、综合运输统计与评价等方面”。

（六）国家发改委等三部门联合印发《“十三五”长江经济带港口多式联运建设实施方案》。

2016年12月7日，国家发改委、交通运输部、中国铁路总公司联合印发《“十三五”长江经济带港口多式联运建设实施方案》（发改基础〔2016〕2588号）（以下简称《规划》）。在《方案》中提出要“加强标准规范衔接，抓紧研究适合多式联运换装设施设备、运载工具等领域的标准规范，加快制定并推广多式联运标准合同范本及适用于国内铁路、公路、水路运输的联运单证。进一步加强规划统筹，强调港口与铁路、公路、货场的高效衔接，并为建设实施预留发展空间”。

（七）交通运输部发布《关于推进改革试点加快无车承运物流创新发展的意见》。

2016年8月26日，交通运输部为鼓励无车承运物流创新发展，加快完善与新经济形态相适应的体制机制，提升服务能力，推进物流供给侧结构性改革，出台《关于推进改革试点加快无车承运物流创新发展的意见》（交办运〔2016〕115号），提出要“探索创新无车承运人的管理制度”“探索制定无车承运人在服务质量、风险应对、投诉处理等方面的标准规范，促进无车承运人运营服务的标准化和规范化”。

二、物流标准化工作持续推进

（一）物流相关标准发布情况。

截至2016年年底，新发布物流国家标准20项（见表1）；新发布物流行业标准18项，其中：国家发改委发布5项、交通运输部发布6项、商务部发布2项、工业和信息化部发布1项、国家粮食局发布3项、国家邮政局发布1项（见表2）；截至2016年年底，北京市、上海市、内蒙古自治区、辽宁省、吉林省、天津市、江苏省等10个省区市发布了物流地方标准，在国家标准委备案的物流地方标准34项。

在2016年已发布的国家、行业和地方标准中，内容涉及道路运输及运输车辆、物流信息系统及信息采集、物流包装、物流单证等通用类物流标准，以及冷链物流、粮食物流、生鲜农产品、医药物流、快递、国际货代等专业类物流标准。

表 1　　2016 年发布的物流国家标准目录

序号	标准号	标准名称	发布日期
1	GB/T 5398—2016	大型运输包装件试验方法（修订、代替 GB/T 5398—1999）	2016 年 2 月 24 日
2	GB/T 32568—2016	重复使用包装箱通用技术条件	2016 年 2 月 24 日
3	GB 18565—2016	道路运输车辆综合性能要求和检验方法（修订、代替 GB 18565—2001）	2016 年 6 月 14 日
4	GB/T 32701—2016	家电物流信息管理要求	2016 年 6 月 14 日
5	GB 1589—2016	汽车、挂车及汽车列车外廓尺寸、轴荷及质量限值（修订、代替 GB 1589—2004）	2016 年 7 月 26 日
6	GB/T 26774—2016	车辆运输车通用技术条件（修订、代替 GB/T 26774—2011）	2016 年 7 月 26 日
7	GB/T 32827—2016	物流装备管理监控系统功能体系	2016 年 8 月 29 日
8	GB/T 32828—2016	仓储物流自动化系统功能安全规范	2016 年 8 月 29 日
9	GB/T 32848—2016	国际货运代理包机运输服务质量要求	2016 年 8 月 29 日
10	GB/T 32849—2016	国际货运代理报检服务质量要求	2016 年 8 月 29 日
11	GB/T 32850—2016	国际货运代理系列单证　基于 ebXML 订舱申请报文	2016 年 8 月 29 日
12	GB/T 32851—2016	国际货运代理包舱、包航空集装器（集装箱、集装板）运输服务质量要求	2016 年 8 月 29 日
13	GB/T 33129—2016	新鲜水果、蔬菜包装和冷链运输通用操作规程	2016 年 10 月 13 日
14	GB/T 33257—2016	条码技术在仓储配送业务中的应用指南	2016 年 12 月 13 日
15	GB/T 33305—2016	易腐食品加工储运过程信息采集与工艺优化指南	2016 年 12 月 13 日
16	GB/T 33446—2016	家电物流服务通用要求	2016 年 12 月 30 日
17	GB/T 33449—2016	物流单证基本要求	2016 年 12 月 30 日
18	GB/T 33454—2016	仓储货架使用规范	2016 年 12 月 30 日
19	GB/T 33458—2016	公路物流主要单证要素要求	2016 年 12 月 30 日
20	GB/T 33459—2016	商贸托盘射频识别标签应用规范	2016 年 12 月 30 日

表 2　　2016 年发布的物流行业标准目录

序号	标准编号	标准名称	发布日期	标准主管部门
1	WB/T1059—2016	肉与肉制品冷链物流作业规范	2016 年 10 月 24 日	国家发改委
2	WB/T1060—2016	道路运输 食品冷藏车功能选用技术规范	2016 年 10 月 24 日	国家发改委
3	WB/T1061—2016	废蓄电池回收管理规范	2016 年 10 月 24 日	国家发改委
4	WB/T1062—2016	药品阴凉箱的技术要求和试验方法	2016 年 10 月 24 日	国家发改委
5	WB/T1063—2016	石油化工产品物流服务规范	2016 年 10 月 24 日	国家发改委
6	SB/T 11132—2015	电子商务物流服务规范	2016 年 2 月 24 日	商务部
7	SB/T 11151—2015	冷链配送低碳化评估标准	2016 年 2 月 24 日	商务部
8	YZ/T 0150—2015	智能快件箱设置规范	2016 年 4 月 11 日	国家邮政局
9	JT/T 1040—2016	海运包装环境有害物质分类方法和评价程序	2016 年 5 月 11 日	交通运输部
10	JT/T 1041—2016	海运散装有毒液体物质分类方法和运输条件评价程序	2016 年 5 月 11 日	交通运输部
11	JT/T 1045—2016	道路运输企业车辆技术管理规范	2016 年 6 月 30 日	交通运输部
12	JT/T 1047—2016	道路甩挂运输站场作业要求	2016 年 6 月 30 日	交通运输部
13	JT/T 1048—2016	道路甩挂运输站场设施设备配置要求	2016 年 6 月 30 日	交通运输部
14	JT/T 1054—2016	港口散装废钢装卸作业技术要求	2016 年 6 月 30 日	交通运输部
15	SJ/Z 11648—2016	射频识别技术仓储业务应用指南	2016 年 8 月 9 日	工业和信息化部
16	LS/T 1802—2016	粮食仓储业务数据元	2016 年 9 月 1 日	国家粮食局
17	LS/T 1804—2016	粮食出入库业务信息系统技术规范	2016 年 9 月 1 日	国家粮食局
18	YZ/T 0153—2016	快递末端投递服务信息交换规范	2016 年 12 月 30 日	国家邮政局

（二）物流推荐性标准存量进一步优化。

2016 年，国家标准委出台《推荐性标准集中复审工作方案》，我国 10 万项推荐性标准集中复审推动政府标准盘活存量优化增量，物流领域也在国家标准化管理委员会的指导下，开展了物流标准化集中复审，按照国家标准化改革精神，对已经发布和在制的物流标准进行了清理，提出了物流标准修订、转化、废止建议。以全国物流标准化技术委员会归口的物流标准复审情况来看，106 项国家标准中，36 项转化为行业标准，转化占比 34%；11 项废止，废止占比 10%。通过集中复审使物流标准更加科学、合理、适用。

（三）标准体系进一步完善。

2016 年，随着推荐性标准的全面集中复审，与物流相关的部门、标准化技术委员会相继完善标准体系。交通运输部、商务部等部门制定发布了“标准化十三五规划”，交通运输部在《规划》中提出“到 2020 年，建成适应交通运输发展需要的标准化体系”，商务部在《规划》中提出“加快建立国家标准、行业标准、团体标准、地方标准和企业标准相互配套、相互补充的内贸流通标准体系”，全国物流标准化技术委员会在 2016 年针对国家标准化改革精神，对现有的全国物流标准体系进行了完善，重新研究厘清物流国家标准、行业标准、团体标准范围，为建立新型的国家标准体系提供了支撑。

（四）一批关键物流标准列入科技部重点专项计划。

科技部“国家质量基础的共性技术研究与应用（NQI）”重点专项，是联合国工业发展组织和国际标准化组织在总结质量领域 100 多年实践经验基础上提出的。新常态下，党中央、国务院提出把推动发展的立足点转到提高质量和效益上来，NQI 的战略地位和基础作用更加凸显。科技部会同国家质量监督检验检疫总局等 13 个部门，制定了国家重点研发计划《国家质量基础的共性技术研究与应用》重点专项实施方案。实施方案中设置 11 个重点任务，“物流转型升级基础共性技术标准研究”是 11 个重点任务之一，包括物流模数及应用标准，物流信息追溯，研究绿色物流技术与应用标准，重要物流设备技术标准以及先进物流技术应用标准等系列标准被列入科技部重点专项，物流设施设备的“尺寸链”、物流信息追溯绿色物流等标准的制定及应用等得到国家的重视。

（五）标准的实施推广取得了一定成效。

近两年，各部门都在加大标准的实施推广力度，商务部 2016 年继续扩大“商贸物流标准化行动计划”活动的开展，在 2015 年北上广等省市开展的基础上，扩展到在全国近 20 个城市，各省市也相继出台了“商贸物流标准化行动计划实施方案”，共同推进标准化托盘的应用，以及与之相配套的物流设施、物流装备的标准化。

一些协会也在充分发挥自身的职能，开展重要标准的培训、认证、检测、试点、达标、示范等工作，正逐步探索出服务业的标准化落地模式，发挥“标准化+”的效应，使标准服务于行业、服务于企业。中国物流与采购联合会在食品冷链物流、餐饮冷链物流、水产品冷链物流、医药物流领域选取了一些重要标准开展标准化试点，重点开展冷链物流企业综合能力、物流服务管理、物流信息追溯管理、医药物流设施设备良好性验证的试点，参与试点企业达到 500 余家，又依据标准结合物流被服务方、管理部门的具体要求制定了达标细则，进入企业现场指导、综合考评，评选出食品冷链和医药冷链物流达标企业和 10 家物流信息追溯管理示范企业，企业服务能力明显提升。这种模式也得到了政府部门、物流服务的甲方企业和物流企业的充分肯定，一些甲方企业把通过试点达标作为招投标的基本条件之一。

（中物联标准委）

2016 年中国物流与供应链领域科技论文发表情况

通过对 2016 年多个检索数据库中国内外物流与供应链相关文献的收录情况统计整理，并与 2015 年的相关数据进行对比分析得出 2016 年国内外在物流与供应链领域的科技研究情况。数据分析表明，2016 年物流与供应链领域科技理论的研究依然是学术界关注的重点，但是相关文献的数量在部分数据库中呈现出减少的趋势。与其他国家相比，中国的物流科研水平仍在继续提高，与国外物流业发达国家之间的差距在不断缩小。

一、2015—2016 年各文献数据库收录论文情况

根据检索条件，汇总 SCI-E（科学引文索引拓展版）、Ei（工程索引）、SSCI（社会科学引文索引）等数据库中 2015—2016 年发表的物流与供应链相关科技论文，结果如表 1 所示。

表 1　2015—2016 年各文献数据库收录的物流与供应链相关论文、项目统计

数据库名称	2015 年数量（篇）	2016 年数量（篇）	同比增长（%）
SCI	1375	1605	16. 73
Ei	7630	7888	-16. 61
SSCI	812	945	-1. 22
自然基金网	124	129	-3. 88
国家哲学社会科学规划办公室	11	13	-15. 38
中国高校人文社会科学信息网	43	41	4. 88
中国学术期刊网络出版总库	8081	8176	-1. 16
中国优秀硕士学位论文全文数据库	1597	1992	-19. 83

续 表

数据库名称	2015 年数量（篇）	2016 年数量（篇）	同比增长（%）
中国博士学位论文全文数据库	22	26	-15.38
中国重要报纸全文数据库	1762	1719	2.50
中国重要会议论文全文数据库	84	82	2.43

二、SCI 文献库统计分析

在 Web of Science（科学网）数据库中，以“logistics（物流）”或“supply chain（供应链）”为检索条件，以标题为检索范围，勾选 SCI-E 数据库，得到 2015 年和 2016 年的 SCI（科学引文索引）文献收录情况。其中 2016 年的 SCI 文献为 1605 篇，相比 2015 年发表量 1375 篇增加了 16.73 个百分点，这一增长率相比 2015 年与 2014 年的增长率呈上升趋势。且检索到的 2016 年的文献中用英文撰写的比例高达 98.07%。这从侧面反映出我国物流相关学者及科研人员的英文实力已达到一个很高的水平。

（一）文献发表地区及方向。

表 2 是 2015—2016 年 SCI 数据库中物流与供应链相关科技论文文献收录数量排名前十的国家情况。从表 2 可以看出，近两年我国与美国发表的相关论文数量以绝对优势多于排名相对靠后的国家/地区，走在了物流科研的最前端。不仅如此，2016 年我国论文发表数量比上年增加了 94 篇，从数量来看呈增长趋势，论文发表数量的占比比美国高 4.996 个百分点，是发表论文数量最多的国家。这也间接反映了我国物流业发展的蓬勃兴盛。

表 2　2015—2016 年 SCI 数据库中物流与供应链相关科技论文文献收录数量排名前十的国家情况

国家/地区	2015 年		国家/地区	2016 年	
	文献数量（篇）	占比（%）		文献数量（篇）	占比（%）
中国	353	25.88	中国	447	27.85
美国	311	22.80	美国	366	22.80
英国	86	6.30	英国	117	7.29
伊朗	80	5.87	伊朗	112	6.98
加拿大	77	5.65	德国	63	3.93
印度	71	5.21	加拿大	88	5.48
德国	64	4.69	中国台湾地区	65	4.05
意大利	57	4.18	意大利	57	3.55
澳大利亚	51	3.74	印度	76	4.74
中国台湾地区	49	3.59	法国	56	3.49

从 2015—2016 年 SCI 数据库中收录的物流相关文献中可以发现，2016 年发表论文数量最多的机构是印度理工学院（30 篇），其发表数量略高于第二名中国香港理工大学（27 篇），德黑兰大学（26 篇）位列第三，第四名是天津大学（25 篇），第五名是加利福尼亚大学系统（22 篇）。值得注意的是，在发表论文的机构中，我国的大学占据绝大多数，尤其是香港理工大学在各大科研机构中独占鳌头。同时，其他国内大学也拥有可观的科研输出，说明国内大学非常重视物流领域的科研，可量化成果丰硕，对国内物流业的发展起到了重要作用。

（二）发表期刊分布。

SCI 在 2016 年收录的物流与供应链相关文献中，数量最多的来自期刊《国际生产电子杂志》（*International Journal of Production Economics*），共 79 篇，占发表总量的 4.92%；来自《清洁生产杂志》（*Journal of Cleaner Production*）的相关文献共 69 篇，占总量的 4.23%，位居第二；来自《国际生产杂志》（*International Journal of Production Research*）的文献共 66 篇，占总量的 4.11%，排名第三。另外，刊登量超过 30 篇的期刊还有《欧洲运筹学期刊》（*European Journal of Operational Research*）、《工程上数学问题杂志》（*Mathematical Problems in Engineering*）、《持续期刊》（*Sustainability*）和《计算机工业工程期刊》（*Computers Industrial Engineering*）。

三、Ei 文献库统计分析

在 Ei Village（工程索引网络版）中以“logistics”或“supply chain”为关键字，以“Subject/Title/Abstract（主题/题目/摘要）”为检索项，共检索到文献 7888 篇，其中：中国有 1886 篇，美国有 1548 篇，英国有 504 篇。与前几年相比，中国依然保持其在物流科研上的高度热情，论文发表量近几年一直保持在第一名，并且与第二名的美国始终保持有比较大的距离，这在一定程度上反映出我国对物流这个新兴产业的高度重视，并且在物流领域内有了属于自己的权威。2016 年 Ei 文献库中收录的关于物流和供应链文献数量排名前五的国家情况如表 3 所示。

表 3　2016 年 Ei 文献库中物流和供应链文献数量排名前五的国家

排名	国家名称	文献数量（篇）
1	中国	1886
2	美国	1548
3	英国	504
4	德国	499
5	印度	382

以关键字“logistics”或“supply chain”并且作者地区为 China（中国）为检索条件，以“Subject/Title/Abstract”为检索项，时间跨度为 2015—2016 年进行检索，共检索到文献

1886篇，表4为2015年与2016年检索到的论文数量对比情况，从表中可以看出2016年我国发表的文献量与上年相比，仍然保持较大比重。这说明，我国的物流产业正在向更加成熟的领域迈进，一些初期初级的研究及论文已经饱和，需要向更加高深的程度进军，论文研究也是逐渐从量向质改变。

表4　2015—2016年Ei数据库中中国作者的文献数量及占比情况

年份	Ei中的文献数量（篇）	中国的文献数量（篇）	所占百分比（%）
2015	7630	1805	23.66
2016	7888	1886	23.90

（一）作者单位及地区。

从数据库Refine Results（检索结果）板块的作者单位中可以发现，大部分的论文文献出自我国高校的物流专业，分析2016年的各大高校文献篇幅可知，天津大学经济管理学院发表了27篇，排名第一，华中科技大学管理学院以17篇排名第二，电子科技大学经济管理学院和浙江大学管理学院分别以14篇和13篇排名第三和第四。与前几年对比可知，我国各高校的物流科研水平逐渐靠近，发表论文的篇数差距逐渐缩小，分布更加均匀，如表5所示。

表5　2016年Ei数据库中物流相关文献数量排名前十的单位

名次	2015年		2016年	
	作者单位	文献篇数（篇）	作者单位	文献篇数（篇）
1	北京交通大学经济与管理学院	34	天津大学经济管理学院	27
2	西南交通大学交通运输与物流学院	25	华中科技大学管理学院	17
3	中国电子科技大学经济管理学院	23	电子科技大学经济管理学院	14
4	天津大学经济与管理学院	22	浙江大学管理学院	13
5	华南理工大学工商管理学院	22	重庆大学经济与工商管理学院	12
6	合肥工业大学管理学院	18	德黑兰大学工业工程学院	12
7	重庆大学经济与工商管理学院	17	北京交通大学经济与管理学院	12
8	斯伦贝谢公司	17	湖南大学工商管理学院	11
9	香港理工大学工业与系统工程系	15	中国科学院大学	11
10	德黑兰大学工业工程学院	15	华南理工大学工商管理学院	9

（二）发表期刊分布。

从 Ei 文献库收录的物流相关文献的期刊分布可以发现，2016 年，《清洁生产杂志》（*Journal of Cleaner Production*）期刊中发表论文文献最多，有 201 篇；其次是《计算机科学讲义》（包括系列讲义的艺术）[Lecture Notes in Computer Science (Including Subseries Lecture Notes in Artificial Intelligence and Lecture Notes in Bioinformatics)]，有 162 篇；《国际生产经济学杂志》（*International Journal of Production Economics*）有 148 篇、《生产报告杂志》（*International Journal of Production Research*）有 129 篇，《2016 年 6 月关于系统逻辑以及供应链的国际参考报告》（*Ils 2016-6th International Conference on Information Systems, Logistics and Supply Chain*）有 120 篇。2016 年 Ei 文献库物流相关文献数量排名前 5 的期刊如表 6 所示。

表 6　2016 年 Ei 文献库中物流相关文献数量排名前 5 的期刊

期刊名	文献篇数（篇）
Journal of Cleaner Production《清洁生产杂志》	201
Lecture Notes in Computer Science (Including Subseries Lecture Notes in Artificial Intelligence and Lecture Notes in Bioinformatics)《计算机科学讲义》(包括系列讲义的艺术)	162
International Journal of Production Economics《国际生产经济学杂志》	148
International Journal of Production Research《生产报告杂志》	129
Ils 2016-6th International Conference on Information Systems, Logistics and Supply Chain《2016 年 6 月关于系统逻辑以及供应链的国际参考报告》	120

四、SSCI 文献库统计分析

在 SSCI 数据库中以物流或供应链为关键词进行检索，以标题为检索范围，时间为 2015 年，得到文献数量为 812 篇，而 2016 年这一数字上升到了 945 篇，相比上一年有小幅增加。

（一）作者单位及地区。

在 SSCI 数据库中收录的 2016 年物流相关文献数量位居前五的机构分别是：香港理工大学 HONG KONG POLYTECHNIC UNIVERSITY（24 篇），天津大学 TIANJIN UNIVERSITY（18 篇），田纳西大学 UNIVERSITY OF TENNESSEE SYSTEM（13 篇），田纳西大学诺克斯维尔分校 UNIVERSITY OF TENNESSEE KNOXVILLE（13 篇），佛罗里达州立大学系统 STATE UNIVERSITY SYSTEM OF FLORIDA（13 篇）。对比 SSCI 的统计数据可知，排名前三的高校在往年物流研究领域的成绩十分突出。

从表 7 可以看出，美国在社会科学领域的物流研究处于绝对龙头地位，而我国内地和英国的物流科研也在努力地追赶当中。因此，我国仍需进一步提升物流相关技术研发水平，调整产业结构，规范行业管理，渐趋达到世界领先水平。

表7　　2015—2016 年 SSCI 数据库发表物流相关文献数量排名前十的国家

2015 年			2016 年		
排名	国家/地区	文献数量（篇）	排名	国家/地区	文献数量（篇）
1	美国	245	1	美国	262
2	中国	166	2	中国	233
3	英国	79	3	英国	113
4	加拿大	44	4	德国	57
5	德国	43	5	澳大利亚	48
6	澳大利亚	40	6	中国台湾地区	46
7	意大利	39	7	伊朗	42
8	西班牙	36	8	加拿大	41
9	中国台湾地区	34	9	印度	36
10	印度	32	10	韩国	35

（二）发表期刊分布。

在 SSCI 文献库中 2016 年收录的物流相关论文数量排名前五位的期刊分别是：第一名，《国际生产经济学杂志》（*International Journal of Production Economics*），共有 62 篇，占比 6.56%；第二名，《持续性》（*Sustainability*），共有 44 篇，占比 4.65%；第三名，《清洁生产学报》（*Journal of Cleaner Production*）共有 36 篇，占比 3.81%；第四名，《清洁生产杂志》（*International Journal of Logistics Management*），共有 33 篇，占比 3.49%；第五名，《供应链管理国际》（*State University System of Florida*），共有 31 篇，占比 3.82%。

五、中国期刊全文数据库文献统计分析

（一）中国学术期刊网络总库文献库。

在中国知网（http：//www.cnki.net）的数据库中进入中国学术期刊网络出版总库，并以物流和供应链为关键词，两者关系为或者包含，选择中英文扩展检索项进行检索，分别检索 2015 年和 2016 年的文献发表情况，一些有代表性的学科如表 8 所示。

表8　　2015 年和 2016 年中国学术期刊网络出版总库收录的不同学科物流相关文献数量

学科类别	2015 年文献数量（篇）	2016 年文献数量（篇）
宏观经济管理与可持续发展	3220	2371
企业经济	2312	2029

续 表

学科类别	2015 年文献数量（篇）	2016 年文献数量（篇）
工业经济	1415	1327
贸易经济	1333	1263
计算机软件及计算机应用	372	307
交通运输经济	261	278
公路与水路运输	210	181

检索 2016 年中国学术期刊网络出版总库，可得相关文献 7311 篇，与 2015 年的 8119 篇相比篇数略有下降。

表 9 是 2016 年发表物流供应链领域相关论文的高产作者及其发表论文的数量。可知，2016 年的高产作者数量和其发表论文的数量都比 2015 年有小幅度降低。其中：上海海事大学后来居上，以总篇数 82 篇居于第一位，其后是西南交通大学 71 篇，上海理工大学 69 篇和重庆交通大学 63 篇等。

表 9　2016 年中国学术期刊网络出版总库收录相关文献篇数在 10 篇及以上的作者及单位

作者姓名	单位名称	文献数量（篇）
王勇	重庆大学	11
朱小林	上海海事大学	10
王红春	北京建筑大学	10

表 10 是 2015 年和 2016 年两年间中国学术期刊网络出版总库收录的物流与供应链相关文献中关键字词频出现率排名前 10 的情况。从表 10 可以看出，2015 年和 2016 年相比排位前五的关键词仍旧在前五的序列中，但词频数量变化很大，如供应链、物流、电子商务、供应链管理和物流管理几个词的出现频率仍排在前五位，但与 2015 年相比词频量降低很多。又比如，2015 年冷链物流的词频数排在第六位，2016 年冷链物流的词频数排位已下降到第八位，这说明当前我国对物流运输中冷链物流的研究随着技术的不断成熟逐渐减少。

表 10　中国学术期刊网络出版总库中 2015 年和 2016 年物流相关关键词词频排名前十的情况

排序	2015 年		2016 年	
	关键词	词频数（次）	关键词	词频数（次）
1	供应链	846	物流	167

续 表

排序	2015 年		2016 年	
	关键词	词频数（次）	关键词	词频数（次）
2	物流	682	供应链	127
3	电子商务	269	电子商务	47
4	供应链管理	253	供应链管理	42
5	物流管理	183	物流管理	24
6	冷链物流	146	农产品	19
7	物流企业	133	物流企业	19
8	物流业	122	冷链物流	19
9	农产品	116	供应链协调	19
10	物联网	112	生鲜农产品	18

（二）中国优秀硕、博学位论文文献库。

1. 中国优秀硕士学位论文文献库

在中国期刊全文数据库（http：//www.cnki.net）中，选择中国优秀硕士学位论文全文数据库。以“物流”“供应链”为关键词，分别检索2015年和2016年收录的文献情况，得到结果如表11所示。中国优秀硕士学位论文主要的论文类别是职业指导、基础研究、工程技术。这些学位论文包含的学科专业主要有，管理科学与工程（262篇）、企业管理（95篇）、工商管理（54篇）、国际贸易学（48篇）等。

表11　2016年中国优秀硕士学位论文全文数据库中物流相关文献数量排名前十的高校

排名	高校名称	相关文献数量（篇）
1	吉林大学	68
2	北京交通大学	48
3	西南交通大学	47
4	电子科技大学	44
5	对外经济贸易大学	40
6	华南理工大学	38
7	上海交通大学	30
8	苏州大学	30
9	山东大学	29
10	湖南大学	28

2. 中国博士学位论文全文数据库

在中国期刊全文数据库（http：//www.cnki. net）中，选择中国博士学位论文全文数据库，以“物流”“供应链”为关键词，分别检索2015年和2016年的文献情况，得到结果如表12所示。中国优秀博士学位论文主要的论文类别是基础研究、政策研究、工程技术。这些学位论文包含的学科专业主要有企业经济（8篇）、农业经济（5篇）、宏观经济管理和可持续发展（2篇）等。2015—2016年中国博士学位论文全文数据库中物流相关文献数量排名前5位的高校情况见表12。

表12　2016年中国博士学位论文全文数据库中物流相关文献数量排名前五位的高校

排名	高校名称	文献数量（篇）
1	西安交通大学	3
2	长安大学	2
3	电子科技大学	2
4	哈尔滨工业大学	1
5	哈尔滨理工大学	1

（三）中国重要会议文献库。

在中国期刊全文数据库（http：//www.edu. cnki. net）中，进入中国重要会议论文全文数据库。分别检索2015年和2016年收录的会议论文情况，其中以“物流”“供应链”为关键词，检索得到中国重要会议上发表论文中包含的主要关键词，如表13所示。

表13　2015年和2016年中国重要会议发表的物流与供应链相关科技文献中位居前五的关键词统计

2015年			2016年		
排 名	关键词	词频数（次）	排 名	关键词	词频数（次）
1	供应链	63	1	物流	19
2	信息系统	6	2	互联网+教育	11
3	库存管理	5	3	烟草物流	9
4	企业合作	4	4	信息化	8
5	采购管理	4	5	物流管理	8

（四）中国重要报纸文献库。

在中国期刊全文数据库（http：//www.cnkie. net/）中，进入中国重要报纸全文数据库，分别检索2015年和2016年收录的文献情况。其中以“物流”“供应链”为关键词检索，它们的逻辑关系为“或者包含”。检索得到的结果是2016年有相关文献1655篇、2015有相关文献1762篇。

2015年和2016年刊载的物流和供应链相关论文排名前十位的报纸如表14所示。从表中可以看出，2016年相关报纸发表的关于物流与供应链的论文数量比2015年有所下降，下降幅度为6.07%左右。其中：《现代物流报》近几年中的刊载数量都居前列，但是2016年《现代物流报》的数量较2015年有小幅度降低。对比2015年，《证券日报》和《经济日报》再次挤进了前10的行列，《经济参考报》也挤进了前10的行列，而《第一财经日报》《南方日报》和《中国冶金报》退出了前10的行列。

表14　2015年和2016年刊载物流与供应链相关论文数量排名前十位的报纸

排序	2015年		2016年	
	报纸名称	刊载数量（篇）	报纸名称	刊载数量（篇）
1	现代物流报	177	国际商报	105
2	北京商报	94	现代物流报	101
3	中国商报	78	北京商报	85
4	国际商报	72	中国商报	52
5	中国经营报	52	21世纪经济报道	50
6	21世纪经济报道	45	中国经营报	41
7	第一财经日报	39	医药经济报	38
8	南方日报	37	证券日报	38
9	中国冶金报	31	经济日报	35
10	医药经济报	27	经济参考报	30

六、国家自然基金网统计分析

在网站（http：//isis.nsfc.gov.cn）项目检索中，以项目主题词“物流”或“供应链”为检索条件，检索2015年和2016年国家自然基金网批准项目，剔除不相关课题检索，得到具体结果见表15。从表15可知，2016年物流相关项目数总体上比2015年有较大幅度的增加，而供应链项目数有小幅度减少，项目数总体增长率为10.48%。

表 15　　国家自然基金网 2015 年和 2016 年获批项目数

物流项目数（个）		供应链项目数（个）		项目数合计（个）		项目数增长率（%）		
2015 年	2016 年	2015 年	2016 年	2015 年	2016 年	物流	供应链	合计
32	47	92	90	124	137	46.8	-2.17	10.48

七、国家社科基金项目统计分析

在网站（http：//www.npopss-cn.gov.cn）中的 2016 年国家社科基金年度项目的公布列表中，可以检索到立项的物流或供应链的一般项目，如表 16 所示。从表中可以看出，2016 年物流和供应链的项目数比 2015 年均有一定程度的降低，但 2016 年的物流项目数没有变化。

表 16　　2015 年和 2016 年国家自然基金批准的物流和供应链项目统计

物流项目数（个）		供链项目数（个）		项目数合计（个）		项目增长数（个）		
2015 年	2016 年	2015 年	2016 年	2015 年	2016 年	物流项目	供应链项目	合计
10	5	14	6	24	11	0	-1	-1

八、教育部人文社会科学一般项目统计分析

在网站（http：//www.sinoss.net）中公布的《2016 年教育部人文社会科学研究一般项目（规划基金项目、青年基金项目、自筹经费项目）立项一览表》里，搜索与“物流”或“供应链”有关的一般项目（包括一般项目中的青年基金项目），结果如表 17 所示。从表 17 不难看出，2016 年一般项目数较 2015 年有较明显的减少，供应链项目数较 2015 年也有一定幅度的降低。2016 年一般项目减少率达到 16.279%。

表 17　　2015 年和 2016 年教育部人文社会科学一般项目的批准情况

项目名称	物流项目（个）		供应链项目（个）		项目合计（个）		项目增长率（%）		
	2015 年	2016 年	2015 年	2016 年	2015 年	2016 年	物流项目	供应链项目	合计
一般项目	8	8	35	28	43	36	0	-20	16.28
青年基金项目	6	4	25	20	31	24	-33.33	-20.0	-22.58

特别说明：文中所涉及的七个检索数据库，分别是美国科学引文索（SCI）文献库、美国工程索引（Ei）文献库、社会科学引文索引（SSCI）文献库、中国学术文献总库

（cnki）文献库、国家自然科学基金网、全国哲学社会科学规划办公室以及中国高校人文社会科学信息网。文中数据均由 2016 年 7 月 3 日检索所得，检索范围为 2015—2016 年所发表的物流与供应链相关科技论文。

（王萧懿　胡一焱　鲍帅　李静　蒋长兵
浙江工商大学）

第八部分

部分优秀物流企业及经典案例

安能
ane

2010年

安能物流正式成立
开通上海卡车航班集运平台
员工数突破100人

2011年

第一代品牌形象系统开始应用
成立安能物流全国管理中心,营运班车线路增加到20条、拥有200多名员工和50个加盟网点
上海安能运输有限公司正式成立
推出“安全、准时、服务、经济”的高端产品——定时达
安能陆续开设广州、成都、北京、无锡等分公司

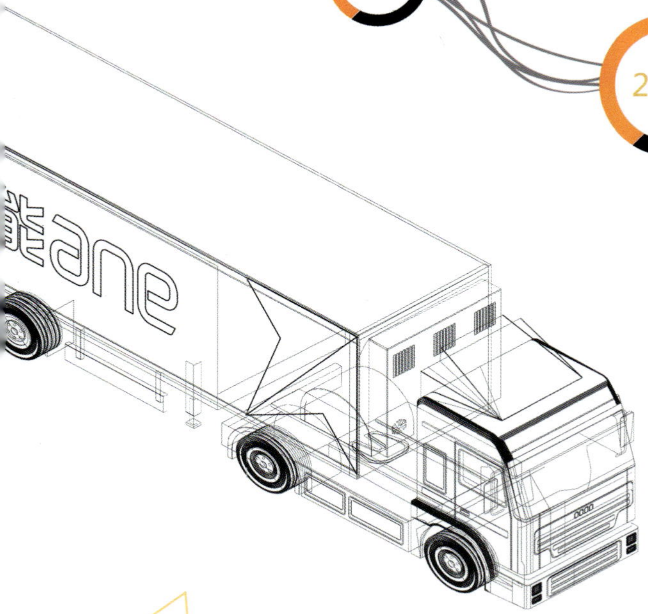

2012年

公司内部刊物《安能人》创刊发行
公司新版官方网站投入使用
荣获上海现代物流高峰论坛“重点推荐企业奖”
车线拓展到50条、员工增加至500多名，加盟网点达到120个

2013年

安能获得红杉资本A轮投资
与阿里巴巴达成战略合作，正式入驻阿里巴巴物流平台
成立3周年，拥有120条营运线路、1000多名员工和400多个加盟网点
收购佳源物流
安能全国快运网络全面升级
2012-2013年度中国电商物流大奖服务创新企业
第一届全国网络大会召开，成为中国名列前茅的零担快运加盟网络
安能物流荣获“2013年海峡两岸最具成长性企业”称号
安能获得华平资本B轮投资
安能物流总裁秦兴华荣获“中国十大新锐创业家”称号

2014年

安能荣获“2014年度华人企业领袖最佳颠覆奖”称号
拥有近400条营运班车线路、3000多名员工和1200多个加盟网点
安能集团正式成立
成立四周年特刊《改变行业的力量》出版
安能获得华平投资集团追加投资5000万美元

2015年

隆重推出鲁班快运管理系统
荣获“2015年上海最具发展潜力新服务企业50强，物流业第一名”荣誉称号
安能推出新一代产品MINI小包
成立五周年特刊《创业者》出版
首届“安能创业节”暨安能成立五周年庆典活动召开
安能集团D轮获1.7亿美元融资，凯雷高盛华兴联合投资
安能启用第二代全新品牌形象系统

2016年

安能MINI小包重磅来袭
企业文化系统发布
获得知名投资公司鼎晖投资基金管理公司1.5亿美元注资
安能快运用户数突破10000家
安能快运单日货量突破20000吨
荣获“2016最佳品牌形象奖”“2016中国供应链管理最佳实践优秀案例”“2016中国物流社会责任贡献奖”等奖项

2017

安能快递 全面起航

北京长久物流股份有限公司

——行天下 长久远

北京长久物流股份有限公司（简称“长久物流”，股票代码：603569）注册资本4.0001亿元，总部设立在北京。长久物流业务涵盖汽车供应链中的整车物流、零部件物流、国际物流、二手车物流及仓储物流并提供汽车行业专业的物流规划、运输、仓储、配送等相关服务。长久物流在全国设有多家全资、控股子公司，业务网点40余处，形成以东北、华北、华东、华中、华南、西南为基地的全国大循环汽车物流资源网络布局，乘用车和商用车综合运输能力超过300万辆，服务团队数千人，年产值超过40亿元。

公司愿景：

长久物流将专注于汽车产业链，在汽车物流规划、物流运营管理、物联网技术应用、供应链金融等方面创新实践，致力于成为行业领先的供应链管理一体化解决方案综合服务商。

仓储网络布局

长久物流规划在全国新增物流仓储基地33个，建成后长久物流仓储资源网络布局将拥有48个物流仓储基地。

现有基地：长春、顺义、天津、京唐港、大连、常熟、芜湖、上海、佛山、柳州、沈阳、武汉、成都、重庆、广州、西安

规划基地：太原、石家庄、济南、即墨、郑州、滁州、合肥、南京、宁波、杭州、九江、福州、南昌、长沙、岳阳、遂宁、昆明、南宁、海口、乌鲁木齐、西宁、兰州、银川、呼和浩特、哈尔滨、厦门、拉萨、沈阳、武汉、成都、重庆、广州、西安

运力资源保障

长久物流引进长久集团自主研发的合规中置轴车辆数千台，同时，考虑六位车、七位车的平衡配比，满足主机厂各种运输环境需求。

	中置轴	六位车	七位车

车型定位	以长途为主 装载多，更安全，多用途	以短途为主 成本低，操作易，反应快	以中短途为主 多拉一台
上车安排	至年底自营上车1000台 核心承运商上车2000台	旧挂改造、上新挂 至年底达到约4500台	尝试购置， 至年底预计上车500台
影响因素	整车价格，运费价格 政策执行	政策执行，运费涨幅	政策执行情况， 车辆质量
上车比例	50%~70%	20%~40%	10%~30%

供应链金融服务

供应链金融整合之后使得产供销流畅高效，降低全链条资金成本，降低库存成本。

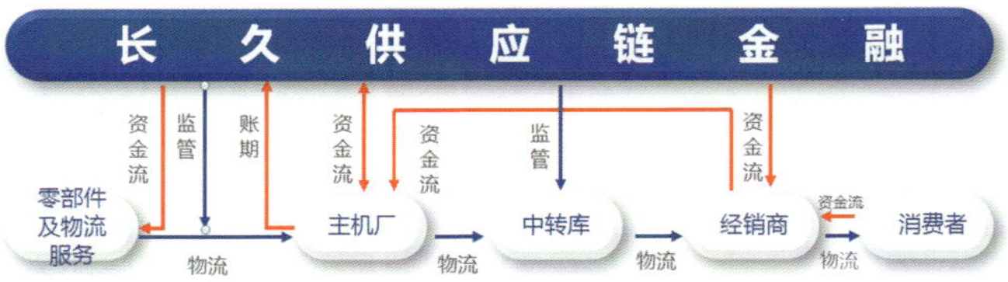

www.changjiulogistics.com
地址：北京市朝阳区东三环北路霞光里18号佳程广场B座7层
电话：010-57355999 传真：010-57355800
官方客服热线：4008185959

北京福田智科物流有限公司

——智领·未来

北京福田智科物流有限公司（以下简称“公司”）是经北京市工商行政管理局批准，于2002年5月成立的有限责任公司，位于北京市海淀区，注册资本8000万元，员工2000余人，年营业额近20亿元。公司以北京为管理中心，分别在北京、山东、湖南、广东等地设立8个分公司，并下设50余个业务部，运营网络遍布全国各地。

公司自成立以来，始终坚持管理、机制、科技创新，形成了整车物流、生产物流、零部件物流、客运等业务为核心业务格局，已发展成为国内领先的物流企业。面向全国，立足汽车产业，深挖汽车产业链物流价值，拓展其他行业物流业务，为供应商、主机厂、经销商、服务商和终端用户提供整体物流解决方案。

作为国家“AAAAA级综合服务型物流企业”，公司先后通过了国际质量管理体系ISO 9001、职业健康安全体系OHSAS 18001、环境管理体系ISO 14001认证、“国家高新技术企业”认证，并先后被评为“中国汽车物流行业十大影响力品牌”，连续7年蝉联“全国先进物流企业”“中国物流百强企业”，被行业授予“中国物流文化建设示范基地”“中国物流学会产学研基地”“汽车物流行业特别突出贡献企业”“中国物流社会责任贡献奖”“汽车物流行业创新奖”“汽车整车物流KPI标杆企业”等荣誉称号80余项。

高效联通，成就价值。公司以“专业、睿智、真诚、可信赖”的品牌个性，实现“智领科技、信赖服务、卓越效益”的品牌价值，通过管理与技术的持续创新，争取到2020年，公司经营规模实现突破，成为品质卓越的智慧型物流领导企业。

客服电话：4008865156
公司地址：北京市海淀区丰秀中路1号
联系电话：010-58710733

JMC
江铃汽车
凯运升级版气刹车型帅气登场
为高效物流保驾护航!
JMC
凯运升级版
全系轻卡达标国V
国V
排放标准
JMC

中远网络物流信息科技有限公司：中国航运大数据平台

一、开发企业简介

中国远洋海运集团有限公司由中国远洋运输（集团）总公司与中国海运（集团）总公司重组而成，总部设在上海，是中央直接管理的特大型国有企业。中国远洋海运集团（简称中远海运集团）着力布局航运、物流、金融、装备制造、航运服务、社会化产业和基于商业模式创新的互联网+相关业务“6+1”产业集群，进一步促进航运要素的整合，全力打造全球领先的综合物流供应链服务商。

中远网络物流信息科技有限公司（以下简称公司）是中远海运集团下属的唯一IT旗舰公司，具备并保持多项资质，负责整个中远海运集团的IT业务，承接中远海运集团以及国内外大中型企业有关供应链和物流系统信息管理平台解决方案的咨询、设计和研发项目，已经为烟草、交通运输、电信、铁路港口、汽车制造、零售、电子电器、农资等行业企业提供了大量优秀物流解决方案。公司自成立至今，通过自身的努力，规模和经营业务范围不断扩大，技术研发水平不断提高。在2009年，公司被国家发改委评为全国信息化试点单位。

二、项目建设背景及方案

伴随着经济的飞速发展，我国航运产业也逐渐走上了世界舞台。然而，与发达国家相比，我国航运业的发展仍处于起步阶段，面对竞争愈演愈烈的国际航运市场，我国航运企业面临着多重压力和挑战，需要其顶住压力迎接挑战，更需要运用前沿的科学技术指导自身发展。

在大数据时代，挖掘和利用大数据商业价值是航运提升竞争力的需求，也是大数据全面助力航运产业链升级的重要起点。因此构建航运大数据平台列入工作流程。

1. 建设目标

建设航运大数据平台（简称平台）的目标包括以下六个。一要为中国船队和世界船队的船舶调度、运力调度、航线调度、集装箱调度提供决策依据。二要通过数据采集和抓取技术，实现全国所有港口异构航运数据的集中管理。三要通过对航运数据清洗、筛选、整理，实现港口数据、船舶数据、航线数据、集装箱数据、货物数据、代理数据的及时、准确、全面展现。四要平台成为中国权威的集装箱进出口统计分析数据来源。五要通过航运现场操作及平台分析，为港口改进装卸效率提供依据。六要实现对未来航运市场的精准预测，并将数据服务扩展至智慧港口的建设、新造船价格指数的制定、全球航线规划布局优化等多领域，全力打造可持续发展的航运供应链生态圈。

2. 建设内容

运用互联网+大数据方法论，以实现航运业同互联网的完美结合，解决在大数据时代我国航运业大数据管理平台的短缺问题，通过对应的管理平台将客户及公司关注的部分用直观的、简洁的、具体的表现形式呈现出来，让管理层能够更便捷地做出更精确的计算，乃至具体业务调整决策。比如：搭建互联网条件下覆盖全国、涉及全国各船公司的航运大数据平台；建立数据交换平台；研究海关报文异常回执预警及分析处置技术；分析集装箱业务特点，研究集装箱进出口指数、集装箱航线指数、集装箱装载货物分布指数；分析研究船公司航线，通过我国各口岸航线分布指数分析，为船公司船舶航线调整提供依据。

三、平台系统简介

（一）平台整体设计。

平台整体架构如图 1 所示。

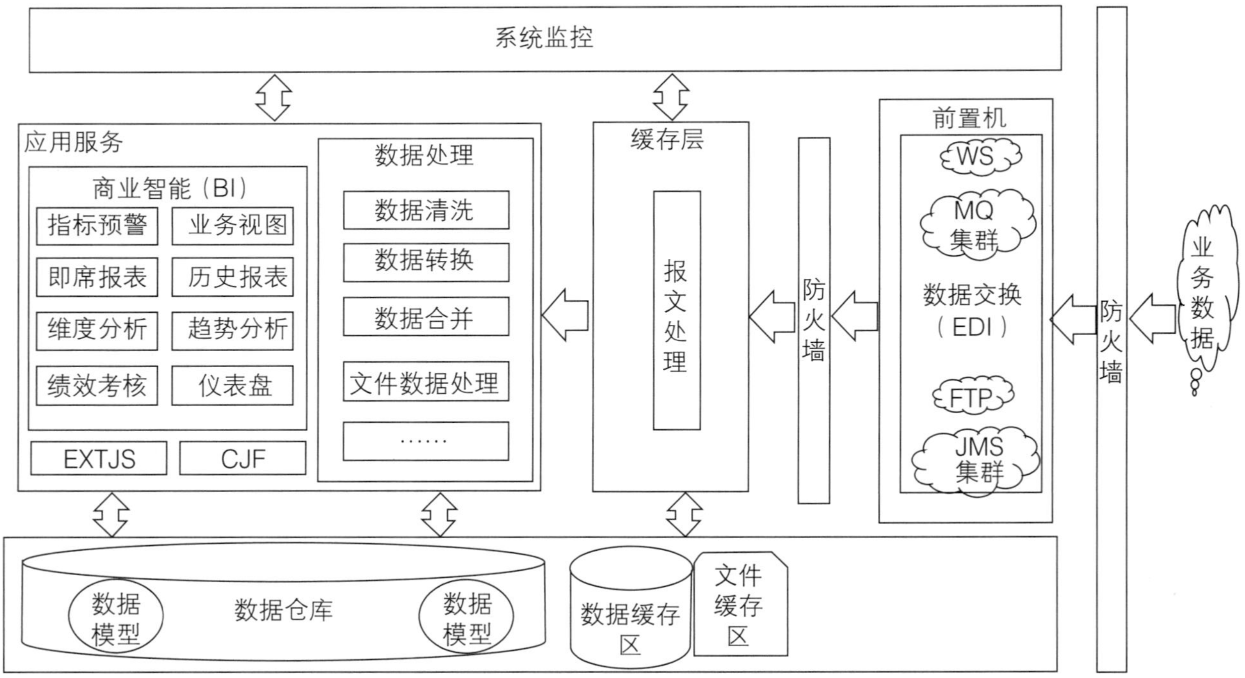

图 1　平台整体架构

从全国各口岸公司抓取业务数据，通过数据交换（EDI）平台，把获取的报文数据存储在数据缓存区中，再通过数据处理工具 ETL（抽取、转换、加载）对数据进行清洗，最后把有价值的数据储存在数据存储区中，利用 BI 平台实现数据统计分析、数据共享及业务监控功能。

平台融合了大数据 Hadoop（海杜普）集群技术，FOCUS（焦点）系统积累的大量历史数据，因而需要进行处理和加工。具体是平台采用 Hadoop 集群进行分布式处理与计算，并采用 R 语言、Maout 等通用机器学习与数据挖掘工具进行操作，使用 Web 技术进行显示，提高客户满意等方式。

（二）平台系统架构。

平台系统架构如图 2 所示。

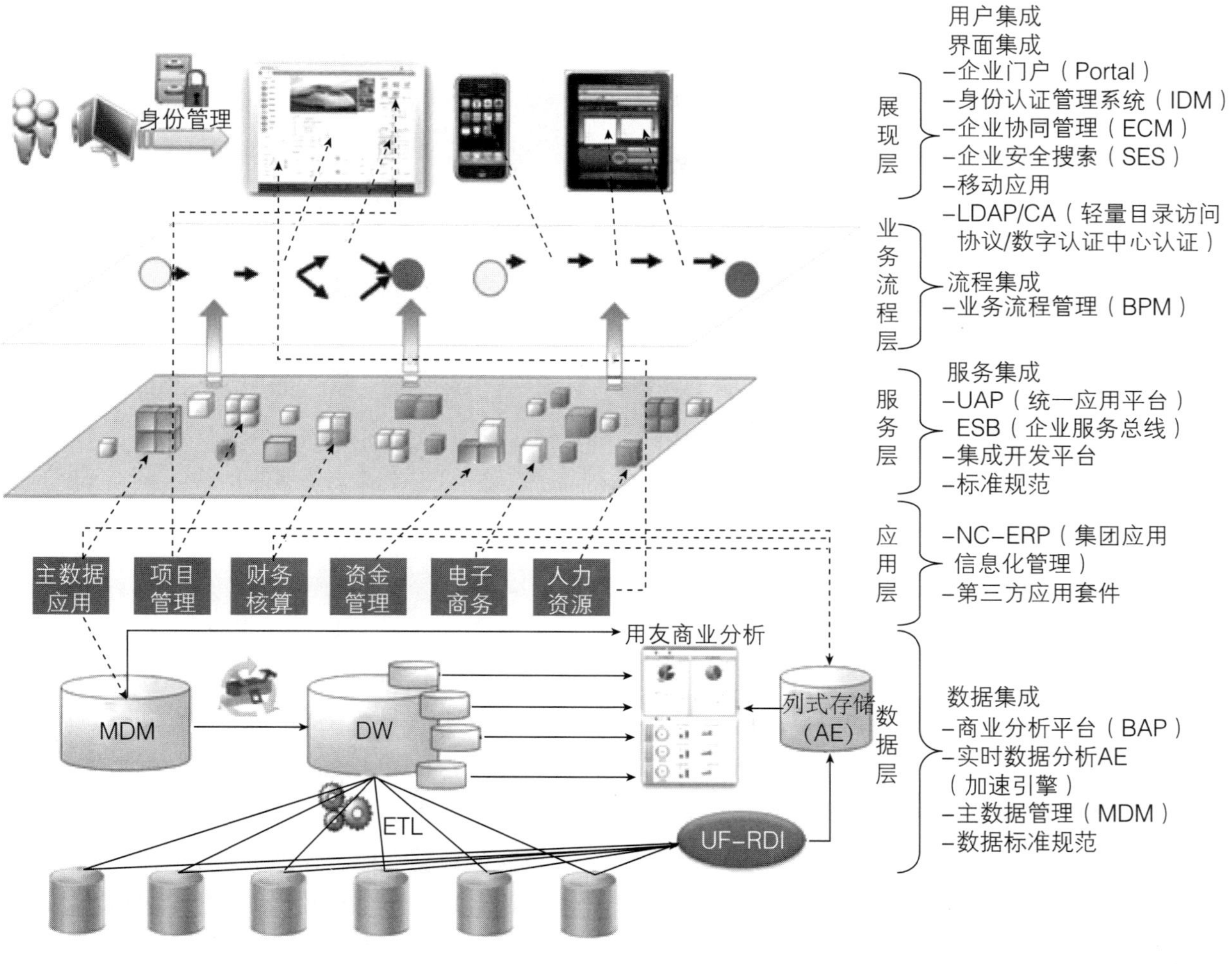

图 2　平台系统架构

（三）平台系统网络架构。

平台网络架构主要分为四层，分别是接入层、汇聚层、核心交换层以及服务层（见图 3）。接入层是数据接入的入口，即数据接口，各种数据通过埋点技术、数据挖掘技术、网络爬虫技术等进入接入层，并且在汇聚层进行汇聚，汇聚层主要包括 Hadoop Server（服务器）、数据库（Data Base，DB）以及 Cloud Storage（云存储），数据到达核心交换层后，会对数据进行共享存储，数据库会对数据进行交换处理，同时网络上的数据也会通过 Web Server 等，通过防火墙将一些危险数据进行隔离，从而实现数据的交换以及应用。

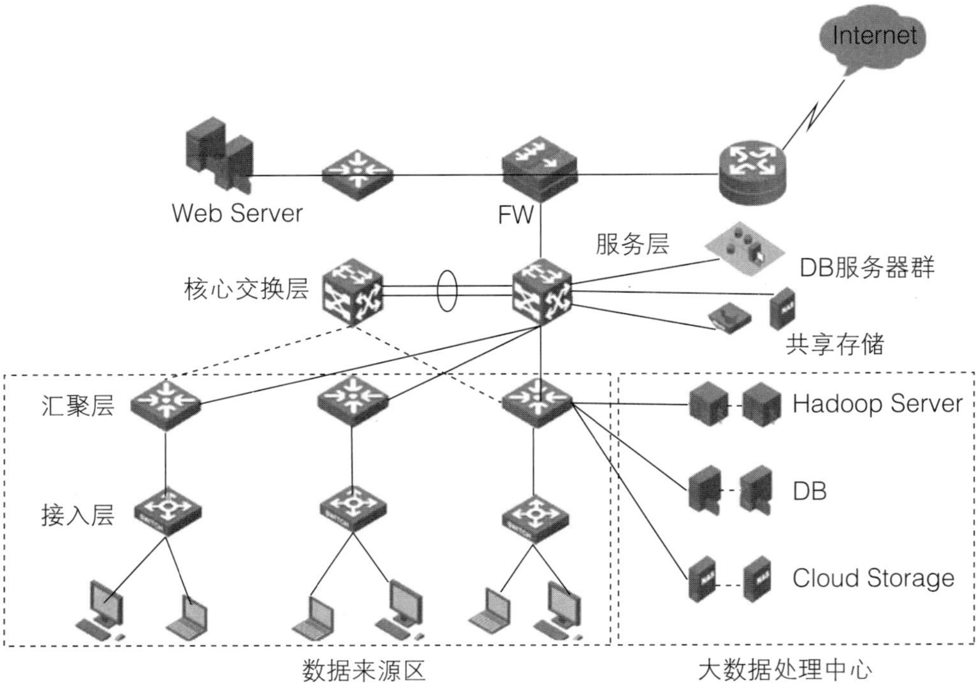

图 3 平台网络架构

（四）平台技术方案。

一是数据采集。通过调用 Web Service（Web 服务）接口、FTP、MQ（消息队列）集群等方式实现数据抽取工作。

二是数据处理。对数据进行抽取、清洗和转换。

三是数据存储。把转换完成的数据存储到数据仓库中，进行持久化操作。

四是数据分析。通过 BI 平台，按照需求对数据进行统计分析。

平台从航线大数据、港口大数据、集装箱大数据、货物大数据、代理大数据以下几方面进行统计分析。

（1）航线大数据：从全国集装箱总排名开始，通过某条航线全国港口集装箱量排名，分析某航线在某港口各船公司集装箱排名，追溯到某条航线在某港口某船公司在各码头集装箱排名、占比以及市场份额。以及某航线所有船公司集装箱出口满载率、满舱率、某航线所有船公司集装箱空箱率、某航线货物船公司排名等。这些数据为船公司调整航线提供可靠依据。

（2）港口大数据：通过对全国口岸各港口集装箱进出口量排名分析，查看各港口船公司箱量、各港口航线箱量、每条航线船公司箱量，为船公司在各港口航线布局以及船舶布局提供决策依据。

（3）集装箱大数据：统计集装箱全国港口分布排名，分析集装箱箱型分布、航线分布、吨位分布、市场占比以及空重、中转、同比、环比的数据，为船公司集装箱调运提供决策依据。

（4）货物大数据：统计分析全国口岸货物种类、进出口货量数据，分析各港口、各航线货物分布，为船公司调整航线，布局船型提供决策依据。

（5）代理大数据：代理数据的采集分析主要为船舶代理提供所代理船舶装船实时数据和海关报文审核情况，通过推送服务及时预警，避免造成损失发生。

五是数据监控。EDI 智能监控系统重点在于实现理货报告业务传输过程的全程跟踪和监控，实现和完善预警机制，提供分类统计报表。

四、效益分析

（一）经济效益。

一是客户营销效率明显提高。中远海运集团通过航运大数据平台的应用，实现了公司整体层面物流信息的有效整合，并采用了先进的客户管理及营销管理手段，实现了平均库存的明显下降，客户营销效率明显提高，大幅度降低了资金占用率，带来了明显的经济效益。

二是货品订舱量明显提升。航运大数据平台通过与货代 FOCUS 系统、船代系统、协同营销系统等的有效对接，实现了真实的市场信息的采集、分析和处理，为准确、及时、有效的客户和运营服务提供了保障。中远海运物流能够根据市场的需求快速、及时地做出物流响应，在第一时间贯彻执行，并实时监控每一步物流操作和运行，提高了客户服务满意度和产品忠诚度，增强了企业产品的市场竞争能力，提升了整体订舱数量。

三是风险成本明显降低。通过项目的成功实施，建立了企业级黑名单制度，并与外部工商局、法院和检察院系统连接，并进行及时推送信息，对航次和货代船代进行全方位的风险控制，同时通过对公司整体物流信息的有效把控，实现了整体风险控制，并进行有效配置，进一步降低了中远海运的风险发生概率。

（二）管理效益。

一是公司通过对航运数据的整合，并对整合后的数据项进行分析，得到了十分丰富的数据资料，如船名、航次、装卸货港、开工、定工时间、箱号、集装箱的尺寸类型、贝位号、危险品相关信息、件杂货的货类、外表状况、提单号、残损情况、重大件尺码、吨数、完整的积载图、实装货物清单、退关信息等一系列理货人员现场采集的资料。这些信息是经营决策不可缺少的数据信息，对提高公司服务质量、降低经营风险发挥了重要作用。

二是船公司、船代、港口等可根据航运大数据平台整合航运集装箱数据、船舶数据、航线（航次）数据、码头数据、泊位数据等，从而实现对理货系统的优化升级，更好地管理理货系统的各个细节，实现更优的管理效益。

（三）社会效益。

中远海运集团建立的贯穿整个航运产业的一站式航运大数据服务平台，其中，基于客户画像的客户群分析、BI 数据的展示等都是航运大数据的重点，航运大数据的建立和实施可在理货物流行业起到带头作用。

中国航运大数据平台实施取得的效益说明，在现代智能物流蓬勃发展的今天，航运信息化是航运行业转型升级加快发展的方向，航运物流业只有通过航运大数据平台实现业务模式和服务方式的改革创新，才能提升服务能力和竞争力。

（中物联网络事业部）

苏宁云商的苏宁云仓

一、应用企业介绍

苏宁云商集团股份有限公司（以下简称苏宁）1990年创立于南京，是我国大型商业零售企业之一。截至2016年年底，苏宁连锁网络已覆盖海内外600多个城市，销售规模达3500亿元，位列中国民营企业前三强。苏宁以商业为主业，顺势切入综合地产开发，同步带动酒店服务等行业发展，形成了商业零售、综合地产、酒店服务、投资多产业协同发展的格局。苏宁物流集团（以下简称“物流集团”），作为苏宁控股旗下重要的业务板块之一，是苏宁互联网转型的主要聚焦点。

二、云仓建设背景

随着苏宁业务的增长，线上线下O2O融合，现有仓库网络和能力已经无法满足自身的业务需求，为此，苏宁需要建设多个超大型仓储配送中心，同时还要满足极高的顾客响应速度需求。

在国内物流行业劳动密集型状态的现状下，人力作业无法满足电商物流的高效需求。作为“互联网+”的提倡与推动者，苏宁在建设互联网零售的过程中对于物流运营模式提出了更高的要求，并将物流建设作为战略核心之一，目的是要寻求改变当前物流产业劳动密集型状态的有效途径。以作业效率为把手，聚焦仓库之间的作业能力协同、聚焦配送中心的自动化作业能力、聚焦新技术在仓库作业方面的应用和实践，快速实现能力的建设和拓展，为物流集团向社会开放服务能力打好基础。

三、建设智能化的仓储云仓

（一）建设拥有自主知识产权的智能仓库控制系统，突破物流行业困境。

苏宁的自动化仓库建设步伐始于2008年，是以第三方集成的方式开始的。第三方集成具有很大限制性，其不能充分地理解苏宁的业务，业务发生调整时其响应速度又无法跟上。后来苏宁自主研发了仓库控制系统——“指南针系统”，成为首个自主研发并成功实施的电商企业。

“指南针系统”创新性地采用了模块化的

设计及部署方案，可根据自动化仓库实际情况灵活选择适配的模块，同时模块间保持独立，不仅充分保障整个系统的安全，更能充分利用系统的后台资源。

"指南针系统"打破行业规律，实施平台化架构，架设云端中心服务集中监控所有本地化部署。云端中心服务可以随时接管本地化系统，结合监控模块的机制可以将运营风险降到最低。

"指南针系统"在广州、南京等仓库实施以来，无论是系统的整体性能还是对仓库作业的支撑能力，都实现了质的提升，表现出了新平台、新架构的巨大优势。"指南针系统"的研发突破了行业自动化仓库建设目前重硬件轻软件的合作模式，改写了行业中甲方依赖购买WCS（仓储控制系统）的既定规则。一方面使苏宁摆脱了对集成商的依赖，另一方面是能够灵活自主地进行软硬件协同设计和匹配苏宁的物流业务，并可快速完成国内乃至国际领先设备与技术的不断导入和集成。

（二）建设新一代物流配送中心。

南京雨花小件仓库物流中心项目是苏宁重点规划建设的项目，建成后将成为国内最先进的物联网、互联网、信息化的包含电子商务性质的多功能示范基地。该项目作为苏宁确定的八个全国仓之一，承担城市配送中心、区域配送中心及B2C配送中心的功能；辐射全国范围内的干线调拨，江苏省境内二、三级市场长途调拨业务及南京门店短拨，同城零售配送和快递等业务，同时也将承担起网购小件商品的集中存储与全国调拨功能。

南京二期自动化物流中心项目建筑面积20多万平方米，占地面积15万平方米左右。作为苏宁全国性的中心仓库，主要负责华东地区零售客户及各区域配送中心和门店快递点商品的配送服务，同时可向全国其他中心仓进行商品调拨。针对未来的业务增长和业务模式改变，高度重视设计中的灵活度，使得五种物流业务功能（退货给供应商、零售订单出库、调拨、中转、快递）之间和四大市场业务（电商B2C、门店B2B、平台C2C、快递）之间的比例分配足够灵活，保证苏宁未来业务增长与发展将不会被设计所局限，而会被系统的强大性能所驱动！

苏宁的新一代物流配送中心从规模、解决方案和采用的技术以及能力水平方面，将使苏宁在电商B2C及平台C2C领域以及线上、线下融合业务（O2O）方面实现大跨步的飞跃。

苏宁的新一代物流配送中心包含以下几个分系统。

1. 旋转库系统（SCS）

旋转库系统（简称SCS）是一种高度动态而且完全自动化的仓储系统，带有分离的自动储存和取回装置。利用SCS旋转货架作为库内存拣设备，能够达到每个单体250箱/小时的出入库效率，配合货到人拣选工作站，可实现高效拣选，SCS可以提供非常高的储存密度，几乎能够处理所有类型的小件物品。配合供应商先进的WCS，可实现对产品的自动追踪、监控。WMS只需要给WCS下传拣货需求指令，WCS就会自动寻找货物并送到拣选人员面前，完全是设备自动操作。

SCS旋转货架具有的特性：存储密度高、自动化程度高、准确管理和检查范围广泛的物品、监控到期日、批次追踪。

SCS旋转货架货到人系统是整个系统的核心之一，南京二期第一阶段包含7组货到人拣选旋转库系统（每组6个旋转库单体）共65520存储位，配合14个拣选工位，拣选效率高达15000件/小时。按照一天两个班次，只需要28个工作人员，可处理30万/天的拣选作业量；如果使用传统人工库，同样的量，每天需要300个人进行作业。假设人员年薪5万元，相当于节省了1360万元/年的成本。

2. 自动托盘堆垛系统（AS/RS）

南京二期利用高架库的高密度存储特性，作为中件整拖以及小件大批量商品的主要存储系统，配合先进的WCS，利用自动堆垛机进行托盘出入库操作，从而实现整托盘、大批量商品的自动化存储、出库以及商品管理，具有高可靠性、高灵活性、最短的运送和完成时间表、节能、高效的空间利用率的特点。

南京二期自动托盘堆垛系统包含3个巷道共10608个存储位，3台高速自动托盘堆垛机，含双深位载货台，高度为22米双深位存储位，技术能力可达到双循环90个托盘/小时（单循环可达到150个托盘/小时左右）。传统仓库主要利用横梁托盘货架配合高位叉车，效率低下，AS/RS中每一台堆垛机的效率是传统仓库高位叉车的4~5倍，而且不需要人员操作，准确率高，人员成本接近零。

3. 高密度自动箱式堆垛机（Miniload）

高密度自动箱式堆垛机（Miniload）类似AS/RS，也是一个高密度自动化的存储系统，主要用于小件料箱和硬纸箱的存储、补货。配合WCS，实现Miniload内商品的自动化存取，整个系统不需要人工操作，完全由系统自行控制，极大地降低了人工成本且减少了商品存取出错率。

南京二期第一阶段包括12台高密度自动化箱式堆垛机、338400个料箱存储位，整个货架高22米，具有双循环1400箱/小时的能力（单循环1800箱/小时左右）和能够实现每天60万件商品的补货出库功能。相比传统仓库横梁托盘货架配合高位叉车，Miniload系统可极大提高货物存取的准确率，且不需要人员。高位叉车每次存取货物效率大约10托，假如每托只有一箱货物符合要求，该情况下Miniload堆垛机单台效率能达到高叉车的15倍。

4. A-frame（自动拣选设备）

A-frame是一种自动拣货系统，每小时能够拣选1600箱小件商品，具有高速的物品处理能力。A-frame设有通道，通道安装在收集皮带的左侧和右侧，A-frame通道采用串行控制，即每层（左侧或右侧）只有一个分配器可以在一次操作中被激活。当需分配产品时，相应的通道将被激活，从而使产品掉落到集料皮带上。南京二期项目内A-frame配置两个自动化填充点，集料皮带上的产品会自动输送到填充点位置预先自动补给好的带订单周转箱，并掉落到料箱内，料箱自动输送到其他区域进行下一步处理。

A-frame的整个过程为自动化系统控制处理，由于消除了耗时的人工拣选活动从而获得高收益，并且持续的高质量和可靠性使得它即使在峰值时也能确保高产量。

5. 包裹分拣机

包裹分拣机可理解为快递点分拣，用于快递揽件来的包裹以及二楼顾客包装工作站做好客户包裹的小件拆零产品（特指运输料箱装载率不高的）的分拣。通过12个人工供件台，将包裹投放到分拣机上，分拣机自动扫描包裹上条码识别目的地，并自动在相应目的地道口弹出，进行运输料箱装箱操作后，通过输送线送到下一个区域进行下一步操作。

南京二期包裹分拣机具有1.8万包裹/小时的分拣能力，利用分拣机系统取代传统的人工投快递点操作，极大地降低了人工成本并提升了分拣效率，可以根据每个人的工作效率，合理安排其装箱负责区域，有助于提高人员灵活性和作业积极性。另外，包裹分拣机配备了600个道口，未来可根据业务量合理安排道口数量，甚至对于业务量大的快递点，可以按照快递员分配道口，有助于提升末端快递点的作业效率。

6. AGV（自动导引运输车）机器人

在苏宁全面自动化仓库建设的进程中，始终坚持不断探索和创新仓储运营解决方案。在解决小件仓储空间利用效率方面，积极采用高密度存储的方式；在提高人员拣选效率方面，积极变革流程推行实时优化拣选路径和订单结构优化作业；在仓库投资成本及回收效率提高方面，积极应用先进设备设施。综合上述三方面的应用及解决方案，苏宁积极在仓储中应用AGV智能设备，通过AGV可实现货到人、自动化分拣等多种高效运作模式。

此外，可调可移动可多楼层多场地的布局的货架结构及机器部署方式，实现大型高密度型设备空间解决方案，同时又降低仓储投资成本及缩短回收时效；基于大数据和算法的支撑，AGV能够高效移动货架或包裹到指定位置，取代人力搬运工作，大幅提高了作业人员单位效率及节约了人力成本。苏宁应用AGV的仓库综合人效比传统仓库提高4倍以上。

（三）苏宁云仓的效益。

一是苏宁云仓的建设，为苏宁的物流运营带来了质的提升：应对电商物流行业层出不穷的创新，可以快速进行调整和设计；比原有依赖集成商进行调整的工期平均缩短60%。例如因仓库运营品类变化，需要调整包裹运行路径。未实施“指南针系统”的仓库从商务谈判开始到评估实施完成需要45天，而实施“指南针系统”的自动化仓库仅需12天。

二是为了保障顾客体验、确保发货，仓库作业对系统有极高的可靠性要求，针对偶发时间的处理从原有12小时响应处理时间，提高到目前的30分钟，极大地确保了仓库的生产运作。

三是每个自动化仓库售后运营阶段，平均支付给集成商的软件维护费用约80万元，目前有8个自动化仓库；采用自研发系统则可直接节省费用640万元。同时，也解决了集成商软件人员能力不足问题。

四是通过自动化仓库建设，整体发货及时率提高到99.98%；拣选平均效率提高到254件/人·小时。2016年“双十一”期间单个自动化物流仓库作业能力突破100万件/天，同时仓库单件成本下降至0.30元/件，按年发货1.15亿件计算，总共降低成本3450万元。

我国物流正处于高速发展期，电商物流的发展态势尤为迅猛，但同时其运作模式也处于动荡期。各大电商都在不断地调整自己的运作模式，试图找到一个平衡点。苏宁在电商物流领域集成各个方面的知识和技术，与自身业务结合，通过实践的方式探索、找寻对行业生产水平起指导性作用的信息化解决方案。电商物流与已经发展成熟的制造业物流有极大的差别，其综合性更强、差异性更大。苏宁通过自身的信息化探索，已经为未来物流行业的发展找到了方向，苏宁也将坚持并持续探索。未来苏宁将会对社会提供服务，助力国内物流的升级变革。

（中物联网络事业部）

古井贡酒的物流配送系统

一、企业简介

（一）信息化项目应用企业。

中国物流股份有限公司（以下简称中国物流）成立于1988年，是国务院国资委监管的大型企业集团、首批国有资本运营公司试点企业——中国诚通控股集团有限公司的成员企业。中国物流致力于为广大客户提供铁路和公路运输、公铁水多式联运、国际货运代理、仓储、配送、生产和销售及供应链金融等综合物流服务。

中国物流在全国设有分支机构百余家，并在30余个枢纽城市建立了大型物流园区。现有员工2400余人、土地近8000亩、仓储面积约150万平方米、铁路专用线33条。

（二）信息化项目服务企业。

安徽古井集团有限责任公司（以下简称古井集团）成立于1992年，是中国老八大名酒企业、中国制造业500强企业，目前拥有正式员工10000多名。

古井集团致力于打造以白酒主业为核心的“制造业平台”，以地产、商旅、农产品深加工为主的“实业平台”，以金融集团为主的“金融平台”和以酒文化、酒生态、酒产业、酒旅游为核心的“文旅平台”。

二、实施古井贡酒物流配送信息化系统项目的背景

古井集团近年来业务需求快速增长，已有的信息系统不能满足高速增长的业务管理需求，导致出现不少问题，最为突出的问题是：基础数据管理较为混乱，业务流程存在多样性，未能形成统一的管理；古井集团管理层无法直接得到准确的业务报表，无法第一时间对整个古井集团的经营状况进行分析决策；各职能部门之间业务交接、配合不顺畅，导致数据延迟甚至不准确。古井集团管理层一致认为，要解决上述问题，需要对仓储作业、运输可视化、运输在途全程跟踪、财务计费结算等业务进行一体化信息管理，否则无法满足自身业务个性化需求的增长，建立一个兼顾多项目共管并可集成多种现有业务的物流信息管理平台。为了帮助古井集团改善物流效率，中国物流结合荆艺软件的物流供应链信息系统建设实施了

古井贡酒物流配送系统。

三、应用企业实施信息化的难点与解决方案

中国物流在实施古井贡酒物流配送系统的过程中，古井集团的业务板块多样化、业务服务要求精细化、业务数据传递复杂化、业务控制准确化等要求成为系统建设的难点。经过反复调研，中国物流决定通过自有研发的供应链管理系统，结合古井集团现行业务板块，分别定制具有各板块可独立互联但同时业务板块间的数据可互相传递影响的信息架构。此方案在为古井集团实施古井贡酒物流配送信息化中起到了关键作用。

实施古井贡酒物流信息化项目需要对古井集团的信息管理分三个层次整合，第一个层次是企业内部信息资源的整合，提高物流运作的自动化程度和物流决策的水平，企业通过内部信息整合，实现业务的优化管理和业务财务一体化管理；第二个层次是将信息化系统拓展到供应链上下游，为上下游厂商、客户、供应商开发信息化跟踪查询、信息反馈的物流管理模块；第三个层次是伴随物流产业面向供应链管理的系统快速发展，整合资源、市场和信息，推动了物流信息化平台的建设。

根据古井贡酒物流配送信息化建设的需求，考虑到古井集团成品酒物流业务包含的八个主要流程（成品酒物流运输整体流程、客服业务子流程、调度业务子流程、仓库业务子流程、生产业务子流程、结算业务子流程、客户业务子流程、承运人和门卫业务子流程），结合荆艺软件在物流供应链信息系统的成功实施经验，中国物流确立了古井贡酒信息化项目的解决方案。

一是建立集成的企业信息化平台。在现有的国际经济体制下，企业的客户对象种类繁多，业务合作伙伴也会涉及各方面，合作伙伴中上游有客户、下游有货运公司、银行等，因此其信息化建设绝不能孤立存在于企业中，古井贡酒的物流信息系统建设应立足于供应链的思维，贯彻以客户为中心、以市场为主导的企业理念，通过技术信息平台整合行业资源，深入开发各种相关的信息资源，并在相关领域做到信息资源共享。

二是以客户为中心建设信息系统。在进行信息化的全过程中，应注意人在整个信息系统中的作用和态度。货主、客户对物流的“及时性”要求越来越高，特别是当客户大力引入信息技术、建立信息系统时，物流业者的信息系统技术水平也要不断提高，要与不断进步的客户同步成长。

三是信息化与物流再造结合。物流的信息化首先是一个流程再造的过程，物流的成功必然伴随着业务和管理流程的再造，不能局限在一个纯技术范围内研究。要解决生产企业的整个系统优化、流程改造、经营管理理念等问题，信息系统需要集成。

四、主要效益分析与评估

在宏观方面，古井贡酒信息化建设项目的成功上线，通过古井贡酒物流配送系统实现了从订单录入开始进行全流程的业务数据控制管理、业务运作监控管理、业务结果分析改进等业务层面的信息管理，通过管理过程中对数据的传递、对业务的控制、对财务的分析实现了古井贡酒业务流、财务流、信息流等多层面互动，为古井集团满足现代物流所需要具备的信息管理能力提供了全面支持。

通过信息化系统管理能力的提升助力业务能力的提升，帮助古井集团在整体企业核心竞争力层面上了一个台阶，为古井集团逐步在供应链一体化过程中展现出具有现代物流的特性的物流管理能力奠定了基础，同时为古井集团在未来市场竞争中具备先进的物流管理理念与管理能力、先进的供应链管理基础等提供核心支持。

在微观方面，古井贡酒物流配送系统的上线很好地解决了以往古井集团内部物流管理混乱、物流节点繁杂、物流控制薄弱、物流资金浪费等问题，以统一的物流管理思路，满足业务板块庞大、客户管理统一、物流运输方式优化、物流环节缩减、物流费用节省等物流需求，为古井集团满足构建整体物流、整体信息平台的要求做出了贡献。通过信息平台管理对企业业务流程进行优化后，为古井集团创新酒业市场竞争模式和物流运营模式提供了基础。

古井贡酒物流配送系统于 2016 年 12 月 2 日正式上线，开始为客户提供运输管理、客服管理、在途可视化管理、微信在线 TMS（运输管理系统）、财务管理等几大核心解决方案。该系统的上线是荆艺软件与中国物流的合作走向成功的第一步，对中国物流提升决策和管理水平，推动业务发展具有重大意义。

（中物联网络事业部）

钢铁企业智慧生态物流系统的构建与实施

鞍山钢铁集团公司（以下简称鞍钢）有鞍山、鲅鱼圈、朝阳三大生产基地，具有钢、铁、钢材2500万吨的综合生产能力，是以汽车板、家电板、集装箱板、船板、重轨、石油管、管线钢、容器板、冷轧硅钢，矿山机械、矿山机电、矿山设备、矿井仪器、煤矿仪器等为主导产品的精品钢材生产基地；能生产16大类钢材品种、120个产品细类、600个钢牌号、42000个规格的钢材产品。

鞍钢认为物流管理创效是企业的“第三利润源”，是企业获取更大价值的法宝。鞍钢坚持在供应物流、生产物流、销售物流、逆向物流和废弃物回收物流领域全面贯彻实施智能物流理念，在提高物流绩效、为企业及其供应链伙伴与股东创造价值的同时取得了良好的社会效益、生态效益。

一、成果实施背景

近年来，面对国内钢铁行业产能过剩的市场格局，鞍钢把加快转型升级和结构调整的目光转向产品全生命周期中的物流环节。一方面，致力于提升钢铁产品在物流方面的效率、客户体验度和销售业绩；另一方面，加快物流信息化、智能化、系统化的构建，缩小与国内外钢企物流水平的差距。此外，鞍钢不忘履行社会责任，注重绿色物流建设，全力减小物流全过程对生态的影响。经过慎重思考，鞍钢决定用信息技术提升自身的竞争力，构建自己的智能物流系统。此举是鞍钢优化生产过程、强化市场经营、提升竞争力的重要手段；是鞍钢企业全面深化改革过程中打破传统激发市场新活力的重要转折；是鞍钢转型升级“走出去”的必经之路；也是鞍钢防范风险，实现绿色发展的必然选择。

鞍钢智能物流系统的构建是鞍钢努力适应经济发展新常态创新发展的成果。

二、成果主要内容

（一）物联网技术的自主集成实现供应链协同与共赢。

鞍钢自主集成与开发了物流管控信息系统（以下简称“系统”），该系统由储运系统、生产调度系统、港口物流系统、铁运 ERP 系统、公路运输系统等信息系统组成。整个项目基于物联网思想，通过应用大数据分析等技术，提高了整条供应链物流绩效，降低了供应链合作各方的物流成本。系统中的多项创新如下。

物料全程跟踪创新——PDA 数据采集。鞍钢使用二维码作为物料唯一标识，利用 PDA 实现数据集中采集，运用 3G（第三代移动通信技术）APN（接入点）专网，将鞍钢在国内区域仓库所需信息存储至鞍山本部核心机房内，便于信息统一管理和维护，既节省成本，又利于系统扩展。

仓储管理创新——电子理货优势。当仓储库存信息实时上传后，物料出库时系统自动向 PDA 服务器发送出库指令，操作人员可通过 PDA 查询物料信息及货位堆放情况找到物料，然后通过扫描实物的条码，系统自动与出库单比对正确后出库，可以有效防止装错料。

海运计划创新——自动配船选货。运用先进的理货装置，使多港口物流信息实时与本部交互，及时传送。一键式自动配船，将以前每艘船的 30 分钟配船时间缩短为 2 秒钟，减少差错率，大幅度提高了作业准确性。交易状态自动开限，与财务系统挂接，确保物流方案按照客户订货时间、开限时间优化完成，压缩客户资金占用时间，提高客户资金周转率。

流程再造创新——车船直取模式。电子理货、自动配船实现了钢铁产品生产厂与运输作业单位、港口装船相关单位的无缝链接，实现了货物到港不落地，车船直取，减少了不必要的物流作业，在实现整个供应链绩效最优的同时降低了物流成本。

供应链管理创新——管理精细化、规范化。一是当一车物料有两位以上客户时，如有一家客户货款没有补齐，另一客户的物料也能按期配船发货；二是有异议的订单追踪查询顺畅；三是保险费可精确到每笔订单，保险费用比原来按每船最高货值投保要降低很多。

铁路货运管理创新——货运实时统计设计与应用。系统以网络货票信息为中心，以号码制管理为依托，统一编排现有车辆和机车，实时收集处理车流及货物信息，实现了鞍钢车流和货流信息资源互访和共享，更加有计划、有预见地组织车流，组织货物的装卸作业。

铁运安全管控创新——“网上操作牌”取代“人工操作牌”。杜绝了由于调度人员失误给列车检修人员带来的危害，从而更大地保障了列车检修人员的安全。

汽运货源统一管理。鞍钢的几千条货源信息分布于汽运公司各个运输分公司，进行统一管理后，车辆固定运输路线，行驶里程自动填充，周转量、全行程、空驾里程、重驶里程计算准确无误。

（二）物流个性化方案的导入与实践为客户提供高价值智能化服务体验。

一是开展了区域物流大通道建设，实施了战略性物流枢纽节点的布局调整，实现了物流园区等基础设施互联互通，开展了多式联运物流配送。钢材物流通道增至 68 条航线，在全国增设了 62 个物流节点仓库。二是针对客户新需求引入供应商管理库存理念，积极开展了对船厂的分段配送业务，大大降低了船厂的库存，并实现按照船厂生产资源计划的需求配送原材料等至作业车间。三是通过集装箱运输与散货运输相结合提供“门到门”“港到门”“港到港”等多种菜单式服务，提高了到货及时率，提升了成本经济性。四是实施了现货销售城市配送方案，在重点品种的节点城市开展现货仓储与配送业务，业务辐射面覆盖周边城市，扩大了钢材产品的市场占有率。五是针对重点客户开展全程物流方案策划，例如：针对中石化的 9Ni 钢板运输项目，制定并实施了产品的包装、吊具、捆绑、加固、运输、卸货个性化物流方案，满足了客户需求。

（三）物流智能系统的创新与实施探索出企业产业技术创新的新途径。

一是强化环保型物流设备设施的应用，例如合金库采用仓式存储方式，加上先进的除尘技术和仓储技术，在大大提高合金保管质量、减轻员工劳动强度、降低劳动消耗的同时改善了劳动环境。二是大力推进清洁燃料、新能源的使用。鞍钢已在鞍山至营口港钢材集港业务、弓矿球团回运业务中实施 LNG（液化天然气）汽车运输，既实现了节能减排、安全清洁，又大幅降低了运营成本。三是加强了物流作业系统技术创新。例如在板坯库选择使用智能垛板台、智能卸板台等设备解决装卸问题。智能装卸设备的采用极大地降低了人员配置，改善了工作环境，降低了装卸成本，提高了工作效率。四是减少了重复运输造成的碳排放量。例如鞍钢临海钢厂首先实现了船运原燃料不落地直接走皮带进入原料场。五是通过应用甩挂运输技术，大幅降低了配送车返程的空载率，并最大限度地节约了等候装卸的时间，汽车运输列车化明显提高了运输生产效率。六是循环框架车的应用。鞍钢大量应用车载可卸货架，有效地提高了运输效率。七是在沈阳铁路局局管内应用钢支架固定钢材技术替代草支垫技术，减少了草制品消耗，同时大幅降低了物流成本。

（四）先进物流技术的应用引领企业向新型工业化绿色工厂转型。

海运工艺技术。采用当今世界先进的技术与装备，实现了船载海运大宗原燃料直接用皮带运输进入钢厂大型综合原料储备场。此系统是国内首家建成投产并一次试车成功的海运受料系统。该系统的工艺技术实现了我国对湿度较大的巴西粉矿、大吨位海船接料技术系统深入研究的突破；国内对东北地区极寒天气大宗原燃料海运受料技术系统深入研究的突破；国内对典型的长距离、大运量、高差大带式输送机系统的受料技术系统深入研究的突破。

板坯库仓储工艺技术。一是通过独立的板坯库 MES（制造执行系统）与连铸一级、吊车定位系统、化检验系统、炼钢连铸 MES、厚板 MES、热轧 MES 以及 ERP 系统设有数据接口，实现在多极计算机生产控制系统及信息网络化下对板坯物流进行动态跟踪；二是板坯库建立了物流垂直管理结构和信息交互处理平台运作模式，合理布置物流设施，能够保证板坯水平物流和质量控制、防止板坯发生混淆，库存控制满足平衡连铸生产计划与轧钢用户需求；三是板坯库采用吊车定位系统等先进的物流技术和设备设施，实现了行车位置检测、无线数据传送和完整的库存管理。

大型综合原料场的仓储工艺技术。该工艺由鞍钢自主研发，系统配置、硬件选择、软件编写均具有国际一流的水平，可确保原料场的运行、管理、控制达到要求。该工艺具有以下特点：一次料场的鳞状堆料模式、全自动的混匀配料；设有防止堆、取料机碰撞和控制磷状堆料的位置及堆料量的自动防碰撞装置；平铺、截取的混匀工艺，充分保证了含铁原料的混匀效果与精度，保证了烧结原料的稳定。原料场采用先进清洁生产技术和高效环保治理措施，实现各种污染物零排放，属国内先进水平。

智能装卸技术。鞍钢自主研制的一种安全信号连锁系统，采用有线数字通信技术，实现操作权限的可靠交接。原料场铁路配车方和翻车方通过操作此设备就可完成相当于以前的“工作牌”交接，同时具备操作记录功能。电子工作牌取代实物工作牌，不仅提高翻卸车效率，降低铁路运输成本，还可提升现场作业的安全性，有利于现场管理。

固体废弃物回收物流工艺与技术。由回收控制执行、运输网络构建、检测/分类系统管理、报废系统生成四大块组成的固体废弃物回收物流管理系统由鞍钢自行研建。技术开发方面实施了对粉粒罐车的防粉尘污染改造与应用，设有合金库粉尘回收系统和原料场固废回收系统。

（五）通过识别、评估和控制供应链风险降低企业物流风险。

构建基于供应链管理的企业物流风险预警机制；落实基于供应链管理的企业物流风险管理内容；设定基于供应链管理的企业物流风险管理流程；安排基于供应链管理的企业物流风险管理规划进程；加强内部控制，避免因人为因素降低物流效率；完善管理手段，降低供应链故障带来的损失。

三、成果实施过程

（一）可行性分析。

组织各方面专业技术人员进行实际调研，从智能物流系统在鞍钢冶金生产过程中的作用、应用现状、系统实施后物流面临的问题、建立系统的意义等多方面进行论证，经证明该项目是可行的，而且是非常必要的。论证结果上报鞍钢申请立项，在得到批准放行后，即成立智能物流系统开发小组，进入实施阶段。

（二）调研论证、方案制定。

开发小组广泛深入进行现场调研，参考国内外智能物流领域的先进经验，结合鞍钢实际情况提出本系统设计方案，将智能物流系统这一大型综合项目分为物联网技术应用、物流个性化方案的导入与实践、物流智能系统的创新与实施、先进物流技术的应用四大部分，提出各部分实际需求任务书和技术方案。

（三）应用管理软件设计。

在物流管控信息系统中的港口物流子系统的开发中，应用软件设计采用瀑布式与原型法相结合的方式进行，即系统设计进行详细的系统调研、分析、流程再造、评审、设计等工作，提出系统调研报告、系统分析报告、系统研制报告、系统详细设计文档、开发能满足港口物流运用的原型系统，原型系统投入运行后用户提出改进方案及新增业务需求，对系统进行改进设计，形成最终满足用户需求的目标系统，软件系统开发的整体结构采用 C/S 体系架构和 PowerBuilder（一种图形化的应用程序）开发环境。系统设计保证数据的完整性、准确性和安全性。该子系统从需求上划分为：合同管理子系统、海运协议管理子系统、库存管理系统、开限管理子系统、预警管理子系统、发到单管理子系统、配船管理子系统、离港管理子系统、结算管理子系统、综合统计子系统。

（四）系统实施。

为保证工程进度的顺利进行，系统采用分步实施策略，由于鞍钢本身人员紧张，具体实施部分通过公开招标委托其他单位进行，鞍钢信息化部提供技术支持和技术审查。

1. 工期控制

确定中标单位后，智能物流工作组成员与各施工单位共同制订各自项目的施工组织设计确定项目的范围、功能、人员构成、主要施工人员、施工流程、进度计划、工程质量保证措施、安全保证措施、工期保证措施、工程资料管理、环境保护等方面内容，确保项目按计划有条不紊地进行。

2. 工作管理

工程管理人员在施工一线跟进工程进度实地解决问题，确保系统各环节的正常运行，使系统工程的调试、上线、试运行、运行、移交等进展顺利，每个单位工程完成以后，由鞍钢质检部门和质量验收部门严格把关。

为确保系统顺利上线，鞍钢制订了切实可行的上线部署和上线预案。组织各单位负责人召开上线动员会，明确了上线时间及步骤，要求各单位提前做好相应的准备工作。根据本系统开发进度和整体部署情况，组织对相关岗位人员进行了三轮系统培训。系统上线期间为了不影响各单位日常生产，采用手工和老系统并行的方式。刚上线的单位每个岗位都派专人进行现场指导操作，做到每个班至少跟踪两次。同时考虑网络系统和软件系统运行不稳定的情况，在此期间 24 小时有网络和软件技术人员在现场值班，同时配有专门的维护车辆，保证在最短的时间内到达事故现场，及时处理故障，上线运行正常后，立即投入试运行，并适时取消各种报表正式运行。

3. 合同要求

为了保证工程质量，施工过程中鞍钢质检部门和建设单位专业管理人员精心组织，严格把关，认真遵守执行工程质量管理条列，对工程实施跟踪管理，发现质量问题及时整改，确保工程质量达到设计标准，满足系统提出的需求。

四、成果实施效果

（一）鞍钢物流成本逐年下降，公司竞争力显著增强。

物联网技术的自主集成纠正了传统物流需求和供应信息不对称的问题；生态物流系统的应用提升了企业物流的服务水平和服务效率，风险防控的实施规避了供应链上各种因素带来的企业运营风险；物流智能系统的构建与实施，加快了物流基础设施建设，打通了国内重要枢纽节点，建立了完善的物流网络大通道，初步实现了“互联网+物流”的信息化构想，降低了鞍钢全供应链物流成本。项目开展以来，鞍钢物流成本逐年下降，3 年共降低物流成本 25 亿元，在国内物流行业内处于领先水平，鞍钢物流实现大跨步发展，竞争力显著增强。

（二）各项指标达到先进水平，获得良好的社会效益和生态效益。

鞍钢沿海工厂的物流规划是一线性布局，流程紧凑，铁水入炉温度 1380℃，铁水单耗 920 千克/吨，达到世界先进水平，节约投资 4300 元/吨钢，节约能源 12 万吨/年，在获取最佳经济效益的同时，最大程度地保持了生态环境平衡，适合于推广至钢铁企业，并在一定意义上提升行业物流管理水平。

（三）提高物流运作效率和物流绩效，为企业及其供应链伙伴与股东创造价值。

鞍钢通过对物流业务统一指挥和运作，提高了物流的交付速度、物流质量、物流可靠性、柔性和劳动生产率；通过市场交易的手段从事物流运作，实现了价值增值和物流绩效的提升；通过构建物流一体化智能物流管理体系，将有限的资源集中在核心业务上，强化了自身的核心能力；将自身不具备核心能力的部分物流业务，通过外包形式交由第三方物流企业承担并做好物流网络协同运作，减少了对物流设施、设备的投资，并做到整合集成供应链各方核心能力实现共享信息、共担风险、共享收益，从而以供应链的竞争力赢得了鞍钢的竞争优势，为企业及其供应链伙伴与股东创造了新价值。

（侯海云　鞍山钢铁集团公司）

宝湾物流：做优秀的现代仓储资源开发服务商

宝湾物流控股有限公司（以下简称宝湾物流），是深圳赤湾石油基地股份有限公司与中国南山开发（集团）股份有限公司联合打造的高端物流投资平台，注册资本25亿元，目前资产账面价值65亿元。宝湾物流通过标准仓储设施开发和客户定制化仓储设施开发以及仓储装卸、设备租赁、流通加工、运输配送、物流金融、供应链管理、物流信息管理等增值业务，服务于来自国内外优秀的第三方物流企业、制造商、零售商和电子商务企业。

宝湾物流不断在全国主要的物流枢纽节点城市和热点经济区域的中心城市加速开发步伐，相继在北京、上海、广州、深圳、天津、成都、武汉、南京、合肥、西安、昆山、镇江、长沙、重庆、咸阳、青岛、无锡、江阴、廊坊、南通、嘉兴、湖州、郑州、宁波、余姚、绍兴、鄂州、佛山、昆明、德阳、漳州31个热点城市投资开发、建设和管理48个高端化、现代化的物流园区，形成了以沿海、长江沿线和主要铁路干线为主轴的物流园区网络。

如今，宝湾物流已累计开发物流园区面积超10500亩，已建成高端物流仓储设施186万平方米，在建仓储设施面积近100万平方米，规划建设中的仓储面积近300万平方米。经过多年的发展，宝湾物流已在园区网络布局及园区运营管理等方面均处于行业领先地位。

随着我国经济发展进入新常态，宝湾物流越发认识到，今后一个时期，我国物流业将处于产业地位的提升期、现代物流服务体系的形成期和物流强国的建设期，物流园区的发展将面临新的机遇和挑战。因此，作为我国现代物流园区开发运营的领先企业，宝湾物流将会继续在实践中发现新机遇、接受新挑战，探索创新物流园区发展之道。

一、发展机遇

据普华永道、世邦魏理仕等权威机构的调查统计，目前中国人均仓储面积仅为0.41平方米，只有美国的1/12；中国的物流成本占GDP的比例是美国的两倍多（18%：8%）；中国的仓储市场总供应量约为5.5亿平方米，但其中只有20%是现代化物流设施，现有的仓库大部分都过小、陈旧。而有学者估计，15年后中国人均仓储面积将达到美国的1/3，仓储市场供应量将达到24亿平方米。虽然未来的仓储效率会有所提高，物流节点不需要像现在这样密集，但我国的高端仓储市场仍存在很大的提升空间。

我国政府近年来出台了一系列政策，旨在大力推动物流业的发展。2014年9月，国务院下发的《物流业中长期发展规划（2014—2020年）》中明确提出，要着力降低物流成本，提升物流企业规模化、集约化水平，加强物流设施基础网络建设，大力提升物流社会化、专业化水平。同时，要开启多式联运工程、城乡物流配送工程、电子商务物流工程、物流信息平台工程、物流标准化工程以及物流园区工程等重点物流设施的建设。在国家政策的推动下，我国物流业发展迅速，毋庸置疑，高端物流仓储行业将迎来新的发展机遇。

二、发展挑战

毫无疑问，我国高端物流仓储市场未来的发展前景广阔，但在今后的一段时期里，仍将面临如下挑战。

一是现阶段仓储物流业务模式单一。仓储企业以收取仓储服务（租赁）费为主要业务收入，此种经营方式资金占用大，投资回报期长，项目投资回报期普遍超过10年。

二是热点经济城市土地供应稀缺，土地价格居高不下；由于单位面积税收贡献低，各级地方政府对于引进物流园区项目态度不积极。

三是物流园区项目投资成本高。构建全国物流园区网络资金需求量巨大，国内物流项目融资成本高，融资渠道狭窄。

四是专业人才稀缺。由于国内现代化的物流园区产业起步较晚，具备专业素质的人才储备较少，这制约了现代物流园区的发展。

三、物流创新实践

面对高端物流仓储行业的发展机遇，宝湾物流从多个方面入手开展物流创新实践，提升园区运营管理品质和服务能力，以应对未来的挑战。

首先，拓宽融资渠道。借助母公司深基地的上市公司平台，积极争取政策，打通股权融资渠道；通过与外资基金、保险基金的合作，获得长期低成本资金；通过资产证券化，缩短项目投资回收期。

其次，扩展土地获取渠道。以股权合作或收购等方式，快速获取二手土地；通过与传统的土地“大户”合作，获取土地资源；还可以与客户合作，同步投资获取土地资源。

最后，积极提升客户服务价值。宝湾物流不仅为客户提供高效、便捷、安全、优质的物流仓储设施服务，还积极开展增值服务业务，包括城市配送业务、仓配一体化服务、电商物流业务供应链管理等，提升客户服务价值，增强客户黏度。

宝湾物流通过重构商业模式，创新盈利模式，目前已成功构建了多业态的服务模式：2003年成立中国首座现代化物流中心——上海宝湾国际物流中心，帮助上海宝山开启了由传统重工业向以现代服务业为代表的第三产业转型升级之路，该中心是上海地区高端消费品配送中心；2008年成立电商及连锁零售物流中心——昆山宝湾国际物流中心，现已成为电子商务和连锁零售企业辐射华东区的物流中心；2013年成立多种模式集成物流综合体——合肥宝湾国际物流中心，打造了集展、贸、储、配、运于一体化的物流驱动商贸的业务模式，包括物流中心、建材装饰商贸中心、汽车后市场与平行汽车进口交易与展示中心、商务中心、配套服务中心等多功能板块。

四、发展目标

宝湾物流基于未来物流园区将朝着布局网络化、服务综合化、运营集聚化、管理专业化、平台智能化方向发展的趋势，确立了打造新一代“云仓”电商平台的发展目标。宝湾物流将通过一整套自主研发的仓储管理系统，实现客户群体和园区网络互联互通，实现全网库存可视化、备货分仓智能化、订单接入自动化，为客户提供一站式整体物流管理解决方案。显然，这个平台不仅是一个资源效率提升的平台，更是一个凝聚货物、信息、资金的平台，是为客户提供优质服务体验的平台。

同时，宝湾物流将继续加大投资力度，进一步完善核心城市物流节点，全面建设物流设施服务网络。未来将在厦门、福州、济南、东莞、贵阳、中山、石家庄、南昌、南宁等城市投资建设物流仓储设施园区，在现有重点城市同城多点开发建设新的物流园区。

宝湾物流作为我国优秀的现代仓储资源开发服务商，将以“中国规模领先、管理服务最优、掌握优质节点资源、平台开发与综合服务商”为目标，不断发展壮大，努力打造“宝湾”品牌，竭诚为国内外优秀企业提供高效、优质、安全的物流仓储服务，帮助客户降低物流成本，提高物流运作效率。

（周斌斌　宝湾物流控股有限公司）

太原铁路局中鼎智慧物流云平台实行“一单制”

太原铁路局按照中国铁路总公司推进现代物流发展、建立适应市场机制的现代物流组织架构的总体规划要求，积极创新发展转型升级，于2016年成立了山西晋云现代物流有限公司（以下简称“晋云公司”）。晋云公司肩负着为太原铁路局构建“天网+地网”双网合一的生态体系，并组织实施太原铁路局对现代物流“1+3+13+300+N”的总体规划，实现全方位、全过程物流服务和增值服务的重任。

为更好地实现这一目标，晋云公司与百度公司共同研发打造了中鼎智慧物流云平台，同时成立专门攻关小组，研究如何实现物流业务信息在不同的运力（公路、铁路、航空、水运）系统间流转，确保跨不同运力的物流业务操作更加简便和透明。

一、中鼎智慧物流云平台

中鼎智慧物流云平台（以下简称云平台）是太原铁路局打造“天网+地网”双网合一生态体系中的“天网”，是利用“互联网+”思维构建的物流平台。线上部分一方面，借助云端构建的智慧物流虚拟生态圈，通过不同的物流业务和生态服务拉动线上线下之间的交互；另一方面，通过对数据资产的处理和有效配置整合线下资源，实现“线上交易，线下体验，线上整合，线下服务”的“互联网+”资源互动效应。最终实现以信息流带动物资流、资金流，实现资源优化配置，构建“互联网+”高效物流的目标。

（一）云平台业务体系的构建。

云平台构建了“三个层级”的物流业务体系，三个层级又设置了七种模式：手机配货、捎脚运输、仓储租赁、竞价撮合、择优撮合、协议运输和智能派单。云平台依托统一的物流大数据框架，通过数据交互，为目标客户提供差异化服务，进而提升云平台的商业价值。

1. 信息服务类层级

信息服务类层级包括手机配货、捎脚运输和仓储租赁三种模式。这些业务仅仅提供信息服务而不对接具体业务交易，具体业务由买卖双方协商完成，云平台通过会员费实现盈利。

2. 交易服务类层级

交易服务类层级是指竞价撮合业务，其本

质是云平台提供信息，并参与交易撮合，买卖双方自由竞价、自由选择。云平台通过会员费和交易服务费实现盈利。

3. 资源整合类层级

资源整合类层级包括择优撮合、协议运输和智能派单三种模式。其中择优撮合是指客户挂单后，云平台客服人工参与，响应货主具体需求，调动平台资源，选择合适方案提供给客户。客户接受后，平台以货代的角色与货主签订协议，以无车承运商的角色委托实际承运商完成全程物流服务。智能派单是指该模式与择优撮合模式类似，客户挂单后，云平台不需客服人工参与，通过系统自身掌控调用各类资源池及需求情况，融合智能算法，自动推送物流解决方案。协议运输是指云平台根据货主在一定时期的物流总需求，与货主签订服务合同，根据客户的阶段实际需求，组织平台资源完成物流服务。这类业务的特点是：云平台以大货代的角色，整合平台资源，输出优化的物流解决方案。

（二）云平台的特点。

云平台有以下三个特点。

一是多式联运平台。云平台是依托铁路路网优势构建的国内首家“四位一体”的多式联运物流平台。首先是依托铁路的优势，铁路作为国家运输的骨干方式，联合相应的航空、公路、水运的干线企业，在干线运输上首先实现互联互通，数据链的打通。其次是匹配快捷、多样的终端配送，通过灵活、高效的仓储功能，完成一个高效的多式联运体系。在这个平台的技术支撑上，利用云平台的物联网技术，完成最初的数据采集、数据归集和数据链集成。再次是按照大数据的标准，依托线上成熟的大数据构建物流数据链，保证在整个生态链下所有参与的企业能够及时获取信息和发布信息，构成一个上下互动的数据链条。最后是依托在云端的人工智能系统和大数据技术构建调度算法，灵活调动资源。当平台运行到一定程度，形成了大数据积累后，可以有效地利用机器学习技术优化平台的算法。

二是物流生态平台。云平台构建的线上虚拟环境，不仅承载单一的物流业务，还要以物流业务为骨架，构建相关的配套服务、增值服务和园区的生活服务等 O2O 生态体系。即云平台是用 O2O 的思想构建一个线上线下体系，紧密连接线下服务承载实体，构建一个繁荣的 O2O 线上平台，让数据实现多样化。物流数据和相关的物流生态数据为云平台大数据处理和多维分析提供了坚实的基础。秉承“洞察客户的客户，提供服务者所需的服务”的理念构建的物流生态圈，会按照客户的需求，提供更优质的服务，为园区的入驻企业提供配套的生活服务，为大宗物流过程提供专业的交易系统，让客户在云平台获得完整的流通业务体验。构建这样一个 O2O 的生态平台，首先要打造一个数据交换平台，构建数据服务标准。让不同的客户和企业能够汇聚在云平台上，这样的数据能够反映到线上具体生态圈中，被云平台进行数据资产化处理，反过来能够调动线下各类资源。

三是供应链服务平台。云平台的物流服务是在一个完整的物流框架体系下构建的。云平台主要提供三大类的物流供应链服务。首先供应链物流服务目标是提供高效快速响应的供应链物流帮助客户实现库存优化。其次在大数据的基础上，能够为整个供应链的各个环节资源配置提供大数据分析的支撑。最后是在整个物流生态圈中，增值服务能够有效丰富整个供应链的活力，在这三个核心的供应链服务之下，云平台整个动态的运力、货源等七大资源池构建成物流生态大数据，支撑线上的各类物流生态系统。同时，对与云平台有紧密合作的物流客户，可以实现与他们的物流供应链的对接，提供供应链的全程服务。对于一般的企业，云平台将提供具有特色的供应链服务嵌入到企业的供应链体系中，以提高对方企业的供应链服务效果。

二、一单制

一单制是指云平台实行多式联运订单一票到底。

晋云公司在一单制设计初期，专门成立了项目攻关小组，小组由本公司内 18 名业务骨干和信息技术人员、百度公司 6 名技术骨干和 2 名特邀物流专家组成。他们先后两次赴天津中远海运集装箱运输有限公司，就海运内贸、外贸业务运输业务流程、物流关键节点、票据关键、信息系统通道要素等问题，现场与相关业务人员进行沟通交流，征求了对云平台多式联运订单（初稿）的意见，还对公路、铁路、水运运输方式的单据要素进行收集、梳理、整理、归纳，在保证业务流程通畅的基础上，以集装箱这一标准化载具作为研究对象，收集多家物流业内单位、部门的单据，进行综合分析，挖掘数据要素，再进行数据分析、归类和汇集，形成了包含 22 个共性要素、3 个公路要素、11 个铁路要素、44 个水运要素共计 80 个要素的云平台数据清单，为“一单制”的实施奠定了牢固的基础。

（一）多式联运一单制。

对于线上系统来讲，支撑多式联运信息系统的核心难点在于如何实现物流业务信息在支持不同运力（公路、铁路、航空、水运）的信息系统间流转，确保跨不同运力的物流业务的连贯性和一致性。这个连贯性和一致性的体现就是云平台所要实现的一单制，而实现一单制的核心就是通过标准 EDI 系统打通支持不同运力的信息系统，解决最后一厘米的问题，所以构建标准的 EDI 系统是构建基于多式联运一单制系统的技术难点和关键。

（二）云平台多式联运业务形态。

云平台的多式联运业务都将以资源整合类业务形态体现，择优撮合、协议运输、智能派单都将是多式联运的业务出口。云平台的一单制在业务形态上主要由上述三种业务体现。

竞价撮合（抢单）业务主要是为物流供需双方提供撮合的线上交易平台，云平台对物流的承运过程，所以本身并不直接体现多式联运属性。但是一个利用云平台多式联运能力的第三方物流企业参与竞价撮合时，多式联运数据也会间接地体现在竞价撮合业务中。比如，一个利用云平台多种运力资源出物流方案的无车承运人作为第三方物流参与抢单时，云平台的一单制也会体现在这个竞价撮合的业务过程中。

上述三类资源整合类业务必须完全遵从一单制业务及数据标准操作。

（三）云平台一单制数据框架。

多式联运的一单制是基于各种运力现有的信息系统构建，核心是打通不同运力的信息系统，通过标准数据的传递实现多式联运环境下一单到底。为实现这一目标，一单制的底层数据框架包括以下“三统一”。

一是统一的数据集合：结合多种运力和物流业务特点定义“一单制”的数据集合。

二是统一的 EDI 交换：通过数据交换标准建立不同运力数据间的映射关系，打通不同运力的信息系统，实现业务的衔接，确保数据集合中的数据能够实现跨系统流动。

三是统一数据展现业务单据：基于数据集合中的物流数据，根据业务需要生成各类业务单据。单据的表现形式可以是多种多样的，而数据的来源和数据集合定义是统一的。

在业务体现上，一单制交易的入口是一个订单，在一个订单下再挂上不同运单、报关单等业务数据，以订单号为索引构建“一单制”的数据检索和展现。

三、一单制的实施

实施一单制重要的是要建立标准订单入口并自动关联标准化物流交易、运力数据、仓单数据形成一单制的标准数据集合，确保从用户下单到数据处理实现“一单到底”，实现多式联运业务的数据贯通和业务的一致性。实施步骤如下。

线上：收集云平台涉及的各类运力的数据要素，确保和线下业务匹配，保证客户的所有需求只面对云平台的一张订单。

线下：按照各种运力的交易标准完成各种物流票据的制作，并将这些运力要求的票据数据全部人工关联到平台订单，最终数据转换由平台在线上和线下配合完成。

自动映射切换：根据线上与线下的匹配操作，建立规范化的映射数据集，通过 EDI 系统确保核心物流数据在不同运力间流转时可以自动映射切换，部分数据人工辅助处理完成。

云平台一单制的推行，将大幅提升物流业运作效率、降低行业运营成本。简化多式联运的操作程序，使整个运输过程更加透明，更具完整性。

（沈　冰　太原铁路局货运处处长兼山西晋云现代物流有限公司总经理）

国药物流二期智能化发展之路

2010—2014年，我国医药市场规模从6750亿元增长至12413亿元，年均复合增长率为16.5%。由于人口老龄化、疾病负担能力增强、健康意识不断提高等多个因素刺激，我国医药市场仍将维持较快增长，到2019年我国医药市场规模有望超过2.2万亿元。

在如此巨大的市场推动下，我国医药物流业发展迅速，同时对医药物流企业的要求也越来越高。为了更好地适应行业发展需求，国药物流二期物流中心（以下简称“国药物流二期”）的建成与投用将会大力推进行业的发展。

一、国药物流二期介绍

国药物流二期库区（以下简称“库区”）位于上海市静安区康宁路与场中路交会处，紧邻南北高架、中环，库区地理位置优越，交通快捷、便利。总建筑面积59557平方米，分南区和北区两块建设基地，设计储存能力达52万件，批准总投资为4.6546亿元。其中，南区建筑面积约为33477.7平方米，建设三层物流仓库和6巷道24米高单层自动化立体仓库，设计药品储存量约42.5万件；北区建筑面积为26079.5平方米，建设四层物流仓库，设计储存量约为9.5万件。

库区使用功能：库区内建有立体库、恒温库、冷冻库、器械库，库房功能齐全、设施完备，可满足不同客户在不同业态下的个性化需求。

库区安全保障：库区实行封闭独立的管理模式，进入库区的人员、车辆都进行安保系统管理，24小时保安人员巡视管理，并在库区及库房内配备有先进的安防系统对库区进行24小时的实时监控，为客户的产品提供可靠的安全保证。

库区硬件设施：国药物流二期仓库采用条码技术、电子标签、自动分拣系统、堆垛机、自动化立体仓库（AS/RS）、货到人拣选（OSR）、托盘提升机、螺旋输送机、立体货架等大量先进的自动化设备。其中康宁路2号库的OSR系统在国药物流是首次应用，也是货到人拣选系统在国内医药物流领域首次应用。

二、库区设施介绍

（一）立体库。

立体库有6个巷道13层共11388托盘位，

货架高度 20 米，巷道长度近 100 米（其中货架长度近 90 米），主要用于存储 A、B 类商品。

立体库进出能力：堆垛机的行走速度为 160 米/分钟、提升速度为 45 米/分钟，每台堆垛机按照 90% 负载计算单一作业能力为 50 托盘/小时，复合作业为能力为 61 托盘/小时，即立体库最大可实现约每小时 360 托盘/小时的进出能力。

（二）OSR 货到人系统。

拆零业务的服务对象主要是医院和社区卫生服务机构，该环节采用先进的 OSR 货到人系统。该系统设有 OSR 存储区、OSR 拣选区、OSR 倒箱区三个区域。OSR 存储区即零拣 A、B 类商品，共 5 个巷道、双深位，共 11 层，总计 12188 个可用 OSR 料箱位，由于 OSR 货到人系统必须预留至少 5% 空箱位，故最多可使用 11578 储位（包括空箱、满箱）。同时每层 1 台穿梭小车，总共有 55 台穿梭小车，每个巷道理论能力为 350 箱入库/小时+350 箱出库/小时。OSR 拣选区共设有 4 个拣选工位，每个工位的理论能力为 1000 个订单行/小时，即每小时拣 1000 次。按医院配送拣选特点，实际预计 OSR 实现效率为每小时 500 订单行。OSR 拣选效率是传统 RF 拣选的 10 倍。OSR 倒箱区即 OSR 的入库在倒箱操作区，共 12 个工位，OSR 倒箱区内货架仅存储紫色的 OSR 料箱，故所有 OSR 倒箱区存储的商品都需在此区域进行倒箱入库，该区共有三层输送线，从上向下分别是空 OSR 料箱输送线、商品纸箱输送线、装满商品的 OSR 料箱输送线。

（三）自动封箱设备。

自动封箱设备可以折两种型号（4#、8#）的纸箱，一小时分别能折出 700 箱和 400 箱。

自动封箱作业由两台折箱机自动折箱后供应给包装台→自动贴标机打印标签贴于空箱一侧，标识唯一箱号→复核人员拿空箱并人工倒箱（拣货周转箱倒入包装纸箱）→扫描周转箱与空纸箱关联→自动打印出库清单，并自动封箱→自动贴标机打印出库标签。

在库区中包装站共有 16 个工位，三层输送线，从上向下分别是空订单周转箱输送线、拣选完成的订单周转箱输送线、完成复核包装的出库箱输送线。包装站的设计充分考虑了人体工学，最大限度地减轻了员工工作强度。其中，两台折箱机自动折箱后采用自动包装方案，在满负荷运作的情况下可以减少复核包装人员 8 人。不仅提高了工作效率，还降低了人力成本。国药物流二期库区中还预留了新增两套设备的空间，以应对药品追溯系统的变化。

三、库区作业流程和工具

库区现场作业要经过收货验收、上架存储、拆零拣选、整箱出库四步流程。在这四步流程中需要用到的工具有指环扫描枪、智能平板拣选小车、手持终端 RF。（用于库区收货、验收、上架、发货、集货复核等工作，并可进行预报、库存等信息查询。）

（一）收货验收。

国药物流二期在收货环节采用了一套车辆排队预约叫号系统，根据收货量进行库内作业规划，并为送货车辆安排具体的卸货平台和收货人员，提高装卸秩序和收货效率，减少车辆排队等候以及由此造成的物流中心卸货区拥堵。

同时，该系统也为物流中心收集业务数据提供了基础，便于对业务量与作业模式进行适合的匹配，为后续的物流中心运营管理水平提升打下了基础。

（二）上架存储。

国药物流二期共设有叉车货架存储区、立体库存储区和 OSR 存储区 3 个存储区，其功能定位分别是：叉车货架存储区主要用于整箱药品的存储及拣选作业，立体库存储区主要用于整托盘药品的存储、出库、入库及整箱拣选作业，OSR 存储区主要用于拆零药品的存储及拣选作业。其中，自动化立体仓库采用单边场地 U 型作业设计，堆垛机在完成一次出库作业的同时可以完成一次入库作业，减少堆垛机空跑，提高堆垛机的作业效率和利用率。

（三）拆零拣选。

目前国药物流二期的拆零量占总发货量的 25% 左右。拆零业务的服务对象主要是医院和社区卫生服务机构，该环节采用先进的 OSR 货到人系统。启动订单拣货流程时，药品存储箱由多层穿梭车系统取出，按订单需要精确排序后，经输送线自动进入拣货工位。拣货员不用走动，在电子标签系统的提示下快速准确拣选出所需数量的药品，投入工作台下方的出库箱中，并通过工作台上方的液晶显示屏实现被拣药品的实时库存盘点。在作业量不饱和的情况下，工作人员可以核对拣选数量，以减少后续的复核作业时间。该系统的作业效率是传统人工作业的 5～10 倍，而且差错率几乎为零。在此流程中，指环扫描枪和智能平板拣选小车起到了很大的作用，具体体现在，在线拣选运用指环扫描枪，彻底解放双手，指环扫描枪使用拇指触发操作和舒适压力，并可轻松切换左右手佩戴，满足 24 小时连续扫描作业，从而提升员工作业效率。智能平板拣选小车的拣选技术配以信息管理系统，利用改进手推车搭配平板电脑，能提供更好的库存能见度，更直观的拣选界面，解放双手，减少拣货行走路线，减少搬运劳动强度，杜绝拣货出错率。作业效率提升 12% 以上。

（四）整箱出库。

整箱出库主要通过托盘货架箱拣区及二楼立体库存储区在线拣选完成，通过缩短巷道长度、货品同端进出、货到人托盘在线拣选等改进，使整箱出库效率较一期项目提升了 50%。

四、国药物流二期配套设施

（一）摄像监控系统。

库区、库内装有摄像监控系统，数十台远红外摄像头，可全方位地对库房、库区实时 24 小时监控，并配有中央控制室。

（二）安保系统。

安保系统对所有进出园车辆、人员进行业务类型划分，分配不同业务类型进出园权限，并与排队叫号系统联动，从而实现库区安全监管无盲区。

国药物流二期在规模和具体的运营设施应用上，对我国医药物流行业的发展具有引领和带动作用，同时，安全高效的运输将为我国的医药行业带来更大的发展空间。

（余高浪　国药集团医药物流有限公司运作管理部经理）

安能 360 智灵通网点管理系统

上海安能聚创供应链管理有限公司（以下简称安能）于2010年6月1日在上海成立。安能以零担快运业务起步，通过整合传统物流专线、零担快运网络和信息技术平台，创造颠覆性商业模式，致力于成为商业流通领域最有效率的连接者。

截至目前，安能网络已覆盖全国98%的区域，服务范围遍及全国（除港澳台地区）近3000多个市县（区），已在全国建立210多个分拨中心，拥有2万多名员工和含各业务体系在内的1.5万多家认证加盟商及合作伙伴，全国转运中心运营场地总面积达100多万平方米，运输车线路达4000多条，创造性地实现了年复合增长率140%的“安能速度”。

七年来，多家投资机构为安能注资，助力安能成为国内领先的零担快运加盟网络。安能始终秉持“以客为本，聚创共赢”的价值观，持续创新升级加盟网点管理、推进物流信息化建设、搭建最优线路、优化运力资源，致力为客户提供“经济、高效、服务、安全”的服务体验，帮助客户创造更大的物流价值。

一、360 智灵通网点管理系统建设背景

安能快递业务起步于2016年，依托安能强大的骨干网，快速完成了遍布全国12000个快递网点的拓展。目前安能快递包裹数以每月环比30%的速度爆发性增长。随着安能快运体系的不断扩大，货运量的快速增长，创业合伙人也逐渐面临员工成本悄然增长、账务管理逐渐模糊、承包区管理难度加大、服务质量增长缓慢等一系列管理上的瓶颈。在诸多管理瓶颈中基层网点层面与承包区层面的问题表现得更为突出。

一是网点层面的问题。随着市场竞争激烈，人力成本不断增加，网点经营压力越来越大。首先是信息零散，需要通过收集不同渠道的信息来完善网点实际运营数据和资料；其次是人员流动性大，工作交接易造成遗失；再次是目前的网点大部分操作工作依然由人工手动进行，实操成本大、效率低；最后是网点负责人也有一定的流动性，由于不同合伙人员的经营理念存在很大差别，某些做法不能传承，以

至于网点负责人将大量的精力用于处理日常事务，由于管理上不具备系统完整的思路，所以在财务层面上经常是模糊的。

二是承包区层面的问题。承包区操作人员一般为1~2人，每天白天忙于派件、取件，时间紧任务重，到了晚上才有时间处理问题。由于问题处理得不够及时，有时甚至会导致问题无法解决，严重影响了服务质量。但增加客服和对账人员，又会导致成本上升，增加经营压力。

针对实际问题，安能决定建立360智灵通网点管理系统，用以全面系统地解决实际网点层面与承包区层面的问题。360智灵通网点管理系统致力于高效解决网点的日常运营和管理问题，并提供多维分析数据视图供网点负责人决策。

二、安能360智灵通网点管理系统的功能

安能360智灵通网点管理系统主要分为五大板块：站点板块、收派员板块、老板板块、个人板块和社区板块，每个板块根据操作主体人员的不同，具体解决网点现存的实际问题。

站点板块主要功能：寄件管理、派件管理、多维成本分析、现金记账、报表输出、日常查件、异常预警。主要以提升客服和财务人员日常操作效率，并加强一级加盟网点对下属门店的管理为主。同时通过各节点间的相互评价进行监督管理，共同打造优秀的安能网点生态圈。该板块还具有多维度的数据图表分析功能，使网点负责人对网点的服务质量情况和成本的构成与优化有更加清晰的了解，以便实施最优的管理办法。

收派员板块主要功能：实时接单/抢单、报价指导、工作量信息汇总。主要以提升业务人员的收派件效率和汇总收派件的信息为主。手机和巴枪上均支持安装收派员板块APP，让业务员在派件途中可实时接单/抢单，解决了以往通过电话进行信息传递的高成本方式的问题。通过报价指导功能让新加入的业务员了解现实市场价格变动情况，可以灵活应对新业务的开发。工作信息汇总功能可以使收派员关心的每日收派件量的信息在APP上清晰展示，方便业务员了解自己每日的工作情况。

老板板块主要功能：上下级网点收/派件数据汇总、成本信息汇总、现金流数据提示。通上以上功能帮助老板实时掌握本网点以及下级网点的运营情况，从而提高管理效率并优化管理手段。老板可在任意时刻打开APP，快速查看本网点与下级网点的收/派件数据、成本信息和现金流具体情况，同时下属门店的数据清晰地展示了其运营情况，老板可通过完整的数据信息进行优化管理。

个人板块主要功能：APP快速下单、实时查询进度、特殊增值服务、积分换好礼。通过以上功能达到黏合用户的目的，让用户有更愉快的使用体验。不仅可以简单、快速下单，还能实时跟踪订单进度，当有特殊需要时还可以提供催件增值服务。积分换好礼服务将为体验安能专业服务的用户带来更多的回馈和意外惊喜。

社区板块主要功能：代收代派。近几年，电商行业的快速发展，导致快递业的最后一公里问题凸显，很多时候不得不将包裹暂存某一处，因此需要代收代派的情况越来越多。而具有原始信任基础的社区服务便应运而生。社区板块不仅解决了交接件、代收代派的烦恼，同时收件人还可以通过APP了解自己物品在社区的具体情况。

三、安能 360 智灵通网点管理系统的创新点

安能 360 智灵通网点管理系统安装方便，兼容性强，为使用者提供了模块化、数据化的管理视角。通过系统建设使得承包区集中精力做好收件与派件工作，提升效益；系统的不断更新迭代，可有效提升网点的操作效率。安能 360 智灵通网点管理系统有以下几个创新点。

一是有效赋能：状态分析、风险预警、穿透管理、盈利提升。通过对站点经营数据的分析，对所属站点及片区网管进行预警，降低不必要的成本支出，实现盈利的提升；片区网管及一级站点可透过展示的数据非常简便地管理自己辖区内的网点或承包区，以便更好地做出相应的政策扶持或淘汰机制，最终实现盈利提升。

二是建立信任：质量透明、费用清晰、多维互评。首先，系统可让站点的费用数据更加清晰，与总部建立良好的信任关系；另外不仅可以让站点及片区网管能看到该站点自身的成长历史，还能了解自身在整个安能内部的排名，从而更清楚自身的发展状况，驱动站点及片区网管主动实施应有的改善措施；此外可以通过站点与站点间、站点与分拨中心、客户与站点间的互评方式，清楚彼此的质量状况，建立基本的信任，最终在整个安能体系内营造一个健康发展的生态体系。

三是优化资源：把控业务、角逐市场、简化操作、优活员工。系统对客服及财务人员的日常功能操作进行了大量简化，可大量节约操作人员的时间。根据网点反馈的数据得出，财务人员目前通过操作现行软件可节约 4~5 小时。系统的客户管理模块不仅对月结客户的功能进行了优化，还对散户的记账方式进行了联动优化，提高了网点员工的工作效率。此外，通过分析报价，输出站点所需要的报价指导数据，可让网点人员轻松地进行更好的业务洽谈，以达到市场占有量提升的目的。

四、结语

安能自成立起，始终坚持将信息技术的发展作为企业发展的强有力辅助手段，以科技驱动效率，率先应用智能路由调度、指环无线扫描、云呼客服系统等业内领先科技产品。不断推进企业信息化建设，为广大客户提供更加优质的服务体验。

伴随着物流行业的发展进入“信息化”“智能化”新阶段，安能亦加快了向网络化、智能化、互联化、融合化推进的节奏。在未来的发展中，安能将继续全面完善信息化系统，使 360 智灵通网点管理系统全面覆盖安能业务核心环节，实现业务效率提升与成本优化的同时，与创业合伙人一起不断深化 IT 智能化管理，提升网点信息化水平，实现以 IT 技术提升物流效率的目标。

（赖志杰　上海安能聚创供应链管理有限公司 360 系统项目经理）

中物动产服务于供应链生态的基础设施平台模式

中物动产信息服务股份有限公司（以下简称中物动产）成立于2014年7月，是一家由中国仓储与配送协会、中国物流与采购联合会等共同参股的、以存货全生命周期管理为核心的动产金融基础设施服务商。

中物动产自创立至今，已开发运营了“全国担保存货管理公共信息平台”和“中国物流金融服务平台”。前者是中物动产全程参与制定实施的动产金融国家标准《担保存货第三方管理规范》（GB/T 31300—2014）的配套落地系统，可把存货和仓单大数据对接到中国人民银行征信中心的动产物权登记公示平台；后者于2014年入选商务部第一批重点推进十家公共信息平台之一，同年入选北京市经信委中小企业公共服务平台网络第一批合作服务机构，于2015年正式成为承担北京市“物流标准化运营标准、规范及第三方认证体系”建设的试点企业，于2016年入选“国家发改委和商务部重点联系企业”名单。

一、基础设施平台简介

中国物流金融服务平台（简称基础设施平台）以存货全生命周期管理为基础，提供“产业集群—动产金融”基础设施服务，即在产业集群中提供全产业链的以存货为全生命周期管理核心的资产池管理服务，为产业链中的中小企业提供SaaS云服务，该系统级服务涵盖了订单管理、供应链管理、交易撮合及管理、仓储管理、运力管理、物联网监控、资金结算和支付、融资支持，通过以上全流程服务实现对存货全生命周期的管理和动态跟踪，建立存货动态评估及相关主体的征信解决产业链中的中小企业融资难问题，通过提取产业中担保存货、仓单、运单等信息通过全国担保存货管理公共信息平台对接到人行征信中心，为担保物权的公示和确权提供及时准确的第三方证明。

中物动产的基础设施平台以存货/仓单全生命周期管理为核心，利用标准优势和技术优势，形成若干核心的再积聚，从而产生更丰富的供应链大数据，为多供应链赋能。

传统的供应链核心通常是指生产商、交易平台和物流企业。相对而言，生产商对行业把控力侧重于产业中上游；交易平台侧重于下游；物流企业覆盖领域最为广泛，但业务涉及深度不够。

基础设施平台通过为生产商、交易平台和物流企业提供通用的供应链基础设施服务，不仅能帮助它们弥补各自在供应链中的短板和劣势，还掌握积累了跨越多条供应链的大数据，实质上是在整合三个传统核心的过程中替代了传统供应链核心的角色。

基础设施平台整合三个传统核心，就等于为供应链增加风险识别和风险定价能力。因为供应链中大部分资产是动产（主要是存货和应收账款），处理好“动”的问题，就可以提升供应链的风险识别和风险定价水平。所以对动产即动态库存监控、动态担保价值评估和市场流动性对接的管理是整个供应链管理的基础。

二、基础设施平台的商业模式

（一）商业模式的具体内容。

基础设施平台商业模式的具体内容包括：担保物权公示和法律保护、担保存货/仓单/运单信息登记、存货动态评估及相关主体征信、存货全生命周期管理和动态跟踪、认证第三方管理+认证特定仓库+认证物流、产业基金（以特定行业和区域为主的产业基金）和产业集群（以生产加工商贸物流为主的产业集群）。

（二）基础设施平台的主要服务内容。

一是高效控制（跨链条和全过程）：线上通过存货全生命周期管理 SaaS+PaaS 云服务实现对存货全生命周期管理和动态跟踪，线下依据国标要求整合全国分散布局的第三方监管机构，以及第三方特定仓库，建立统一的操作规范，形成供应链生态圈各参与方都认可及接受的系统，从而控制风险。

二是标准规范（担保存货第三方管理和现货交收库管理）：实践国家标准并制定相关行业标准规范行业发展。

三是法律保护（动产物权和数字仓单）：依据《物权法》等法律规定，动产物权的设立和转让，自动产交付时发生效力。即动产物权无须通过国家法定机关登记即受法律保护。通过打造一个契约性、自律性、非法律强制性、独立第三方的“动产信息登记公示平台”实时抓取存货的动态出入库信息，同时对存货的担保价值（即清算价值，非市场价值）进行动态评估，为存货创造足够的市场流动环境。

四是产业基金（低成本与高杠杆）：要为供应链配套产业基金，一方面产业中的各个市场角色都深谙本产业内在规律，很容易支持和信任产业基金的建立；另一方面产业基金的管理者是产业内专业人士，因此其管理的基金水平更高。

五是大数据征信（动产信用评级标准）：以动产为核心的大数据及征信，为供应链建立借款人及交易方的信用体系。基于对存货/仓单相关信息的动态跟踪，平台将出具以动产担保信用风险评估报告为主的征信报告系列，该报告可为银行提供授信决策，或为银行已经贷款的资金进行风险监控与预警。

上述五项基础设施服务是适合所有供应链的通用服务，该通用服务把多个供应链都连接起来，按照统一的标准和规则运作，将大大增加供应链自身的运营能力，同时通过采集多供应链大数据，最大限度地便利政府部门对供应链的动态监督管理。

三、实现基础设施平台的新技术

基础设施平台实施建立运用了下述三项新技术。

一是 PaaS+SaaS 云。中物动产的动产管理 PaaS 平台、物联网 PaaS 平台和动产金融 PaaS 平台，是对存货/仓单全生命周期管理的业务支撑核心。通过中物动产的公有 PaaS 平台，可实现动产管理 SaaS、物联网 SaaS、动产金融 SaaS 之间的互联互通。其中：动产管理 SaaS 对外提供存货的全生命周期管理，以及以此为基础的数字仓单管理服务。物联网 SaaS 实现以 NB-IoT、LoRa 及 RFID 等长、中、短距离传输的物联网应用场景，以及多元物联网设备的互联互通；同时用区块链技术保证物与物的连接动态不可篡改。动产金融 SaaS 建立了以担保存货为核心的数字仓单管理及仓单融资业务体系。

二是物联网。中物物联 PaaS 平台基于物联网技术和产业特点打造的开放平台和生态环境，适配各种网络环境和协议类型，支持各类传感器和智能硬件的快速接入和大数据服务，提供丰富的 API 和应用模板以支持各类行业应用，满足物联网领域设备连接、协议适配、数据存储、数据安全、大数据分析等平台级服务需求。

三是区块链（联盟链）。采用区块链的联盟链模式（多中心、自动化、可信任）的价值传输、业务协作，在 PBFT（拜占庭容错算法）技术上加入 Recovery（修复）机制、基于密码学的多极加密机制，在数字单据、应收账款、数字交易、供应链金融、数字仓单等领域提供服务。

四、合作案例——广西荣桂的食糖交易仓储融资一站式服务平台

广西荣桂贸易公司（以下简称广西荣桂）是广西壮族自治区（以下简称广西区）国资委所属宏桂集团的全资子公司，主要从事白糖行业仓储管理服务，其在广西区内共有 5 个大型白糖仓储园区，白糖储量占广西区储存总量的 70%、占全国储存总量的 50%。为拓展全国市场实现转型升级，广西荣桂与中物动产合作共同打造“白糖产业集群+动产金融”生态圈，以广西荣桂的仓储资源及产业资源为依托，建立以存货和仓单为核心的白糖产业大数据及增值服务体系。为实现合作目标，中物动产搭建了“广西荣桂食糖交易仓储融资一站式服务平台”（以下简称“平台”），取得了满意的效果。

一是平台通过订单管理、供应链管理、仓储管理、仓单管理、动产融资、物流运输、物联网监控等动态大数据手段，开展存货的全生命周期管理，改变传统的白糖生产、交易、仓储产业链模式。

二是通过物联网监控系统远程遥控广西区内多点布局，形成了以广西区为核心的白糖产业集群，建立了广西区内白糖产业物联网智能仓储管理标准，制定白糖行业可流转仓单标准，实现白糖存货标准化管理。

三是以荣桂广西区内白糖产业物联网智能仓储管理标准为依托，在全国范围进行白糖产业物联网智能仓储管理标准体系的管理输出，联合全国白糖仓储企业与交易平台，共同建立白糖行业物联网智能仓储管理体系，实现国内白糖行业信息互通；并以全国担保存货管理公共信息平台、广西荣桂食糖交易仓储融资一站式服务平台为载体，实现以白糖可流转标准仓

单为基础的全国范围内白糖仓单交易、融资及产业供应链金融。

四是建立白糖行业标准化托盘应用标准，仓单依照标准化托盘进行最小交易单位绑定，并建立以托盘为基础、以仓单为保证的创新型流转标准，重新定义仓单交易和融资方式，帮助广西荣桂成为国内白糖仓储、交易和融资的标准制定者与标准执行的监督实施者，让整个白糖产业链中的生产商、贸易商、进口商、需求商、存储仓库、物流商、资金提供者和配件服务商都集中使用荣桂平台。最终目标是让广西荣桂成为国内白糖行业的平台提供者和白糖行业大数据的拥有者并拥有白糖产业国际定价权。

五是平台为白糖产业链上下游解决存货、交易、仓储、结算等信息不对称问题，实现全国性现货交割库网点的统一管理，同时为存货做增信，建立银行信心，提高存货融资可获得度，并建立以存货为核心的借款人大数据信用体系。平台的所有数据会汇总至由仓协监制、商务部支持的“全国担保存货管理公共信息平台”，最终对接人行征信中心的“担保物权登记公示平台”和“仓单融资平台”。

六是中物动产与广西荣桂联合打造了白糖产业基金，该产业基金由广西区政府支持组建。产业基金本身的特点即是低成本及高杠杆，通过中物动产打造的糖业仓储交易金融一站式服务平台，将为中国糖业撬动上百亿的产业融资规模。

五、基础设施平台实施的经济效益和社会效益

基础设施平台的实施带来的经济效益和社会效益有以下几点。

一是动产融资体量巨大。动产在供应链中的存量为 170 万亿元，目前供应链中为动产提供的金融服务仅覆盖了 40 万亿元。按照 1% 的动产金融服务费计算，待橇动的动产服务费规模为 1.3 万亿元左右。

二是供应链安全保证。通过对动产的全生命周期管理，采用 PaaS + SaaS 云服务、物联网、区块链等最新追踪监控科技，并联网多个供应链的系统，可有效地预警和抵御自然和人为对供应链的破坏。

三是有效监督碳排放。中物动产的存货全生命周期管理，以及仓单管理体系，可以通过监控产业上下游的原材料库、半成品库、成品库的数量和质量以及产量、耗能、生产工艺精准推算企业的碳排放。

（中物动产信息服务股份有限公司）

双剑合璧，助力中国物流开启无车承运人时代

广东林安物流集团（以下简称林安物流集团）成立于20世纪80年代，是一家以现代智慧物流园区运营和管理，以及搭建现代物流信息交易服务平台为主的第四方物流企业。林安物流集团在物联网技术的研发与应用和物流信息网络、物流金融的推广，品牌、运营、物流信息化等方面处于全国领先地位。

林安物流集团创新的“基地+网络”运营模式，得到了国家、省、市等各级政府和行业协会的认可，国务院、商务部、工信部等领导对林安模式给予了肯定和赞扬。

林安物流集团主动承担社会责任，促进社会和谐，在行业内发挥了较好的示范带动作用，并获得“中国物流示范基地”中国物流“AAAAA物流企业”、中国物流“AAA级信用企业”“中国物流创新奖”“中国物流杰出企业”等荣誉；被工信部评为“国家中小企业公共服务示范平台”。

一、林安物流集团创新运营模式

2015年，伴随着经济下行压力的不断加大，林安物流集团在经营中深感一些弊端和痛点严重制约了行业发展。一是行业服务标准与服务理念的缺失。我国大部分物流企业还仅仅是提供简单的物品位移，属于被动服务，很多工作依然是实行人工控制，没有行业统一服务标准。在“互联网+”的高速发展带动下，单一环节的管理和侧重点到点或线到线的服务，已不能满足时代的需要。二是信息不对称。货运行业中货主找车难、车主找货难导致整个行业效率不高，成本高企不下。三是诚信缺失。由于无证经营、假证假牌等问题，致使业务往来中的货物和资金没有安全保障。同时，林安物流集团也看到，伴随着“互联网+”时代的到来，物流行业正发生巨大的重构与战略性变局，传统摊大饼式的物流园区发展模式将难以为继，现代智慧物流园区将是未来的方向；线上线下一体的信息化战略越来越受到重视，轻资产运营模式将重构物流生态；物流+电商、物流+金融等将加速跨界融合，资本助力行业加速整合洗牌。经过分析形势，更坚定了林安物流集团坚持创新发展的初心。于是林安物流集团适时调整思路，发力线上APP产品建设，

着力打造“O2O 一站式物流服务平台”，以线上轻资产促进物流园区重资产转型升级，以重资产辅助轻资产发展，创建了“基地+网络”的运营模式。通过“线上+线下”布局，实现了物流供给的有序化和优质化。林安物流集团的这一模式创新，针对行业发展的共性问题，首先有效地整合了物流资源，统一了服务标准，加强了服务理念；其次，线上产品端相继推出了“林安班车”“林安货的”等多个 APP 产品，分别服务于城际货运与同城配送，汇集快速找车、找货，进行智能匹配，有效地解决信息不对称的问题；最后，林安物流集团的所有会员都会得到林安物流集团的担保、公证、信用保险等，通过建立诚信制度，以高准入和黑名单制等方式进行诚信规范。

二、“基地+网络”运营模式

（一）线上。

林安物流集团在线上打造移动货运交易平台。依托集团线下 200 万名货车司机、20 万家物流企业和厂家会员的优势，实现平台担保、平台公证、信用保险、线上交易等多项功能。线上产品端相继推出了“林安班车”“林安货的”等多个 APP 产品。

1. 林安班车

林安班车是由林安物流集团组建的全国最大、运力最强、车辆最多的物流综合服务线上平台，它依托林安物流集团的雄厚实力，利用“互联网+”思维整合线上线下物流资源。

（1）平台实力雄厚，在国内拥有近 20 个大型物流园区，可以为全国的客户提供运输服务；

（2）平台拥有 20 万名货主会员，200 多万名司机会员的真实档案和诚信记录，并且对平台旗下司机进行严格的管理，保证为客户提供高质量的服务；

（3）因为林安班车平台是在网上对接全网的资源，平台上的收费要比传统物流运输业节省 30%～40% 的费用，为货主带来切实的好处；

（4）操作简单反应迅速，有运输需求的企业货主只需在林安班车 APP 平台发货下单，在 30 分钟之内，就可以获得多个来自调车信息部从市场一线反馈的精准报价，将传统的线下比价流程简化，解决客户之忧。

2. 林安货的

2015 年 10 月上线的“林安货的”采纳的是抢单模式，根据货源和司机位置进行自动匹配。在 APP 上，货主可以选择按车型发货，还可以根据自己的实际需求选择不同的配送方式。将货车按照出租车标准运营，即规定起步里程、起步价的付费标准（其他服务费用由双方协商），不同车型定价不同。不管货主是专业批发市场的商家，还是个人用户日常搬家、采购送货，都可以在这个平台发布用车需求。

同城货运平台将互联网和物流串联了起来，改变了同城货运市场的传统运作模式。通过 PC 端和手机 APP，整合闲置货车的实时位置信息，发布货主的实时货运需求，让货车司机跟货主直接对话，减少中间环节，解决找车难、找车贵的问题。

林安货的为解决同城物流运输问题，目前已经拥有广州市交通委获批的、不限行、不限时城市配送车辆 50 台、纯电动车 50 台，提升了对电商、物流、展贸专业市场的服务效率。林安货的有效解决了广州市内最后一公里的物流运输难题。通过物流信息平台与专业市场对接，加速现代物流业与商贸批发市场的融合发展。

3. 林安支付

林安支付是物流行业专业的第三方支付

系统。

在我国物流行业中有一个非常普遍的现象，就是熟客之间易于交易。货主很难放心将几十万元甚至上百万元货值的商品交给陌生司机拉走，货运中的风险更是要由货主个人来承担。之前厂家或货主的承运商为节约成本选择合作的都是一些抗风险能力较小的小微型物流企业等。而林安支付具有雄厚的资金支持，可以先行垫付，完善规范的担保体系，让货主安心托付，随时掌握货物运行情况。

林安物流集团在 2014 年获得了由中国人民银行颁发的全国互联网支付牌照，目前正处于高速发展阶段。截至 2016 年，林安支付主要提供的业务包括第三方担保交易，物业缴费交易，代扣代付交易，扫码支付，充值、转账、提现交易等；完善了线上交易链条的最后一块拼图。

（二）线下。

在线下，林安物流集团借鉴证券交易所模式，设立 1500 个交易席位，搭建起了厂商、物流企业、司机面对面直接交易平台，实现物流业和制造业的直接对接和联动发展，降低物流成本，提高交易效率。这种集中交易的模式有助于提升中小企业的组织化程度，解决中小企业的散乱问题。

三、结语

林安物流集团的“基地+网络”运营模式，通过林安班车、林安货的的合力上线，直接对准精准运力，扶持优质承运商，辅以专业的第三方支付，有效地解决了我国物流行业发展中存在的服务、信息、诚信的问题。

林安物流集团以先进的商业模型和互联网信息技术系统作为支撑，为货主降本增效，助力我国物流行业开启无车承运人时代。

（余栋梁　广东林安物流集团执行董事）

希杰荣庆物流：打造中国 SMART 合同物流的领导者

希杰荣庆物流供应链有限公司（以下简称“CJ 荣庆物流”）成立于 1985 年，经过多年发展现已成为一家集冷链、普货、化工、医药等为核心业务的国家 5A 级大型综合物流企业。GJ 荣庆物流拥有分支机构 120 余家，运营网络覆盖全国 1500 多个城市，主营业务涵盖干线运输、仓储、国际货代、包装、终端配送、供应链解决方案等，辅营业务包括驾驶员培训、汽配供应、维修、冷藏箱生产等。在全国拥有 60 多万平方米仓储资源与 1500 余辆自有车辆，员工总数超 5000 人，年吞吐货量超 1100 万吨。

2014—2015 年，CJ 荣庆物流被评为“中国冷链物流百强企业第一名”“冷链物流五星级企业”“中国食品物流 20 强企业第一名”“中国冷链物流服务行业十大创新企业”“中国冷链十佳综合物流服务商”“2014—2015 中国医药物流行业优秀物流服务商”“医药电商物流最佳服务商”；CJ 荣庆物流还是国家标准《食品冷链物流追溯管理要求》（GB/T 28843—2012）示范企业、国家标准《药品冷链物流运作规范》（GB/T 28842—2012）达标企业。

多年来，CJ 荣庆物流一直致力于创建物流办公信息化平台建设，已经成功打造应用 TMS 系统（运输管理系统）、GPS 系统（全球定位系统）、条码扫描系统、资源管理系统、车辆管理系统、签单长传系统、APP 应用系统等。

CJ 荣庆物流坚持“客户至上，以人为本”的经营理念，全力打造“专业、安全、高效”的运营体系，秉持“递送绿色，共享健康”的企业使命，为客户提供仓干配一体化综合物流供应链服务，致力于成为中国 SMART 合同物流的领导者。

一、实施合同物流的背景

随着我国经济进入新常态，物流业增速放缓，市场竞争日趋激烈，行业平均毛利率下滑，产业整合加剧，物流企业的管理逐渐从粗放型向精细型转型升级，从卖产品向卖服务转变。同时，客户自身的竞争也逐渐加剧，价格敏感性日益增强。客户对物流服务的要求越来越高，传统的一般服务已经难以满足需求。

合同物流的出现与发展可以很好地满足当下客户的需求。合同物流是指物流服务方式是与企业签订一定期限的物流服务合同，以网络的建设和信息的沟通为主要手段。合同物流企业在经营上具有很大的灵活性，并且因其不进行具体的管理，从而能更加集中精力提高物流服务质量。

随着市场集中度不断提高，为客户提供贴心的“一站式”物流解决方案，是物流企业发展的重中之重。CJ 荣庆物流定位高端市场，高起点、高要求地为客户提供高水平的服务。为此，CJ 荣庆物流针对运营过程的各个环节、各个岗位，制订严格、细致的操作规程和作业标准；实施货物全生命周期管理，使全程各环节运营操作严格而精准；对承运商分供方车辆实施严格管理，制订完善的考核标准并定期进行评价考核等。同时，CJ 荣庆物流针对不同客户项目组建相应高水平的专业项目团队，根据客户差异化需求，量身定制个性化、综合性和一站式整体解决方案。

与客户“协同发展、合作共赢”是 CJ 荣庆物流的发展战略，以“专注合同物流，打造贴心服务”的市场定位，坚守“客户至上”的服务理念，竭诚为客户提供“仓干配一体化”的优质服务。

二、合同物流的主要业务

CJ 荣庆物流的合同物流业务涵盖冷链物流、化工物流、高端普货三大板块。

（一）冷链物流。

冷链物流是 CJ 荣庆物流多年坚守的主业之一。CJ 荣庆物流主动适应行业发展，建立起规模化、系统化、标准化的冷链物流体系，并已获得市场的高度认可。目前，CJ 荣庆物流的自有仓储资源面积达 60 多万平方米，其中冷库面积为 20 余万平方米；CJ 荣庆物流拥有 490 余辆各种型号的冷链车辆。经过几年的研究与发展，CJ 荣庆物流正逐步完善冷链的全程系统，从生产、包装、储存、运输和销售的全过程质量入手，建立产品的温控系统，并根据不同产品定立温控标准，例如鲜牛奶与酸牛奶的储存温度控制在 4℃~7℃，水果蔬菜的储存温度控制在 10℃~15℃，速冻食品的储存温度控制在 0℃以下等。这样不仅保障了运输过程中产品的质量，同时又降低了物流成本。

（二）化工物流。

安全管理始终是化工物流的的重点，CJ 荣庆物流时刻将安全放在公司运营的首要位置，全力保障人员安全、作业安全，明确从业人员与企业双方的安全责任。CJ 荣庆物流要求，装卸队、内部员工都必须接受安全专题培训。把所有企业内曾发生的各种案例用生动的、震慑人心的形式讲述出来；每年组织全国各分公司安全责任人和 EHS（环境、健康、安全）管理人员的安全培训，内容包括 SGS（瑞士通用认证行）防御性驾驶等，并不断强化消防、救援、泄漏事故应急演练，以提高应急处置能力，把灾害损失降至最低。根据不同的客户需要设立相关的安全负责人、安全专员，全部按照法规参加安监办培训合格后持证上岗。日常巡视作业现场、检查宿舍和保安值班记录，发现隐患当场进行整改，若出现违章则现场对责任人进行教育和处罚。

自 2006 年开始经营危化品运输业务以来，CJ 荣庆物流不断完善自身的运作模式并建立了完善的 QEHS 管理体系，目前拥有除第一类和第七类高危化学品以外普危化学品运营资质，通过 ISO 9001 质量管理体系认证，并于 2017 年取得了欧洲 RSQAS 安全质量评估体系认证。

目前，CJ 荣庆物流的化工物流拥有 1 万余平方米的危险品仓库，危险品运输车 290 余辆，其中危险品厢式车 160 多辆、危险品温控车 70 多辆、危险品飞翼车 50 多辆，能够提供全国普通化工品运输、全国危险品货物运输、全国温控普通化工品运输、全国温控危险品运输。自检的深度和广度配送网络，实现了全国范围内的有效配送。

（三）高端普货。

CJ 荣庆物流自 1998 年与德国威图电子签订第一份物流服务合同后，便正式开始将目标市场定位于高端普货物流。目前，CJ 荣庆物流的高端普货物流客户很多都是世界 500 强企业，包括威图电子、施耐德电气、莫仕电子、西门子、卡特彼勒、3M、博世、香奈儿、欧莱雅等一大批国际知名企业。

定位高端市场，意味着客户和货物多属于“高、精、尖”范畴，即客户是国际知名企业、货物价值较高，同时客户对服务的要求也很高。CJ 荣庆物流会根据客户货物的整体要求，组织项目研讨，制订从储存到运输再到收货人手中的整套方案。除此之外，CJ 荣庆物流还应用了 WPS、Visualizer - 3D 可视化、W - Navigator 等一系列先进的自动分拣、智能储运技术。这些技术的引进和研发，大大提升了 CJ 荣庆物流的运营实力和操作水平。

三、合同物流的特点与优势

（一）合同物流的特点。

1. 资源整合化

CJ 荣庆物流通过整合自身或外部的物流资源，为客户提供“仓干配一体化”的物流服务。

现在 CJ 荣庆物流 IT 业务系统中已有外部车辆资源 20000 余台，现有仓储资源 50 余万平方米，通过调集自身车辆资源和仓储设施，整合外部运输、仓储等资源，充分调动社会运力，提高企业物流运输效率，降低物流成本。CJ 荣庆物流还通过整合技术资源，对信息系统、RFID 设备、自动化设备等进行综合运用，以保证服务质量。CJ 荣庆物流每年都会引进并培养一大批优秀的物流专业人才，以整合供应链管理、营销、专业技术等多方面的人才。

2. 服务定制化

CJ 荣庆物流客户可以分为冷链、化工、普货三大类，这些客户对物流的需求具有明显的差异化。在特定行业中，不同客户自身的供应链模式和物流需求也不尽相同。因此，需要为客户提供定制化的合同物流。

3. 管理项目化

合同物流服务提供商的各个项目的运作模式往往不相同，无法采用标准化管理模式，而需通过组建项目组的方式，进行项目化管理。目前，CJ 荣庆物流在冷链方面，有专门针对医药领域的医药项目部；在化工方面，有专门针对特定客户的陶氏项目部、巴斯夫项目部；在普货方面，有单独进行化妆品物流业务操作的化妆品项目部。

4. 区域性定位

合同物流客户分布具有一定的区域性，现在 CJ 荣庆物流的客户主要集中在东南、华南及其他沿海发达城市等制造业密集、零售业发达的地区，因此 CJ 荣庆物流在全国的网点划分方面专门设有华南区、华东区以及包括天津和北京的华北区。由于近几年制造业内迁的势头加速，以及市场销售端向内地纵深扩展，合同物流客户分布正在逐渐向中西部扩张，CJ 荣庆物流也顺应市场潮流在成都、武汉、长沙、西安等中西部省会城市成立了分公司，开始进入中西部合同物流市场。

（二）合同物流的优势。

1. 有利于节约投资，降低物流成本

大型生产企业自行建立配送中心需要大笔建设资金，但如果利用外界的资源，委托第三方物流即社会化的物流配送中心承担配送业务，大企业就可以将这笔资金用于发展连锁业务和实现技术革新。

2. 有利于实现物流现代化，提高企业的综合效益

在物流自动化程度相当高的经济发达国家中，配送中心往往采用了作为现代化重要标志的无人自动化高架仓库和自动分拣货物系统。这些先进的物流设施设备给企业带来的经济效益显而易见。所以，实现物流现代化，是企业生产效率提高的要求，更是社会发展的要求。

3. 有利于为将来的物流网络建设奠定基础

经济向前发展，各行各业实现网络化运营势不可当。销售网络化，信息网络化，物流发展更应该网络化，这样就从根本上解决了配送过程中的距离和路线问题。每个超市公司和大型企业都建立自己的物流网络是不可能的，只有大型的社会化物流中心才能胜任。

合同物流公司的出现，使物流配送社会化，走合同物流的道路才是企业不断提高经济效益的根本。

CJ 荣庆物流 30 年始终如一实行“专注合同物流，打造贴心服务”的经营策略，为客户量身定制精准化、个性化的物流解决方案，最大优化服务质量。

（陈　彬　CJ 荣庆物流供应链有限公司企划部副总监、耿祥伟　CJ 企划部品牌总编）

综合型物流园区的智慧物流模式探索
——聊城盖氏邦晔物流有限公司智慧物流探索实践

一、园区发展概况

聊城盖氏邦晔物流有限公司（以下简称公司）位于聊城经济技术开发区，投资建设的园区规划占地1200亩，总投资15亿元，总建筑面积80万平方米，定位于打造集运输、仓储、加工、城市配送、冷链物流、五金建材、电子商务、信息交易等多功能于一体的现代化、信息化、生态化、智慧化物流园区。

公司现为中国物流与采购联合会常务理事单位、中物联物流园区专委会副主任单位、中物联应急物流专委会常务理事单位，是山东交通学院、聊城大学实践教学基地，聊城职业技术学院培养基地。公司是聊城首家也是唯一一家“中国5A级物流企业”，先后获得“中国优秀物流园区”“中国物流产学研基地”“中国五星级仓库” “中国仓储服务金牌企业”“仓储业转型升级示范企业”“中国物流园区五十强”“山东省Ⅲ级物流园区”“山东省物流与采购行业综合实力五十强企业”“山东省十佳物流园区”和聊城经济技术开发区“建区20周年功勋企业”。2016年，公司被评为“山东名牌”，被商务部列为“中国智慧物流配送示范园区”。2017年1月，公司通过山东省著名商标认定。

在各级政府和社会各界的关怀帮助下，园区发展迅速，经过六年多的快速发展，园区累计完成建筑面积40万平方米，建成仓储配送中心、货物周转中心、冷链物流中心、五金建材物流中心、综合服务中心等大型专业物流设施。引进各类商家700余家，和德邦物流、远成物流、新邦物流、盛辉物流、格力电器、海尔电器、美的电器、大润发、龙大肉食、雨润食品、红星美凯龙等知名客户建立了战略合作伙伴关系。据统计，2016年园区货物吞吐量达600万吨，交易额突破180亿元，开通聊城至全国各大中城市货运专线1000余条，创造就业岗位5000余个，创造了良好的经济效益和社会效益，已成为聊城乃至山东省物流行业领军企业。

二、智慧物流模式探索

自2015年开始，关于物流业智慧化的案例在我国不断出现，2016年被称为我国智慧物流元年。到目前，关于打造智慧物流园区和构建智慧物流体系的探索和研究达到一个高峰。

聊城盖氏邦晔物流园区属于综合性物流园区，位于山东省聊城市。聊城地处冀鲁豫三省交界，是中原经济区的重要组成部分、山东省会城市经济圈核心成员。同时也是我国重要的农产品生产、农副产品深加工和出口基地，拥有发达的装备制造业、汽车工业、化学工业、有色工业、食品产业、精纺产业、生物产业、新能源汽车等产业集群。聊城物流业的发展在山东省属中上水平，仍具有较大的发展提升空间。自2010年进驻聊城以来，根据地方经济发展水平和企业特点，不断加强物流智慧化方面的研究和投入，通过整合内部资源和借助外部优势资源，自主创新打造的独具特色的智慧物流园区模式已经初具规模，并形成企业的核心竞争力。

1. 加强内部资源整合

盖氏邦晔物流园区的经营范围涵盖仓储、运输、冷链物流、城市配送、五金建材、电子商务等。因此在智慧化运营方面，公司首先做的是对内部资源的深入研究和充分整合。第一个案例是公司打造的“仓运配一体化平台”，该平台将城市配送业务和园区内部的仓储客户、冷链客户、五金建材客户以及干线物流客户进行广泛合作，既拓展了服务链条、扩充了增值服务，又极大地方便了园区客户、提高了运营效率。平台外部承接了大润发、银座商城、百大三联、振华量贩、亿沣超市等百余家商超及便利店的城市共同配送业务，现配送范围已覆盖聊城八县市全部126个乡镇，实现了物流园区和城市配送的一站式运作与一体化发展。

内部资源整合的第二个案例是园区“电商平台”的应用。园区内客户类型的多样化，经营产品类型品种繁多。为体现物流园区的成本优势，公司进行了商贸客户资源的深度整合，建立了园区电商平台，将所有客户经销的全部产品通过网络平台和实体店进行销售，探索“网订仓取”“网订仓送”等新型配送模式，有效地减少中间环节，将商贸产品的“仓储价”提供给广大消费者，同时也帮助园区客户提高了销售额，拓展了业务。

2. 广泛开展外部合作

在内部资源整合、转型升级的同时，公司积极与外部公司和机构开展合作。一是通过与计算机网络技术公司和高等院校合作，研发建立了园区公共信息平台，包括企业管理系统、数字化园区系统、公共信息系统等，为园区自身的智慧化运营和客户服务提供了技术支撑。二是通过与江苏镇江“惠龙e通”、货车帮、物流智家等企业合作，进一步扩展了园区网络平台范围，搭建了货物运输集中配送网络。该网络可以有效促进货源、车源和物流服务等信息的匹配能力，降低货车空驶率，形成集物流信息发布、在线交易、数据交换、跟踪追溯、智能分析等功能为一体的公共信息平台，助推当地物流业转型升级。三是与中铁物流集团合作搭建了仓储管理系统（WMS），与远成物流、新邦物流等合作搭建了快运业务物流平台。由此进一步提升了园区仓储管理水平，拓展了遍布全国的快运网络，园区的货物运输可通达全国2000多个城市，实现了仓储、运输、配送各环节无缝对接的智慧物流模式。

3. 不断扩展增值服务

物流园区的智慧化不仅体现在物流作业的

功能上，也体现在增值服务的不断创新和多样化方面。除了“电商平台”的服务创新，公司同时还建立了综合服务中心。综合服务中心对内面向园区客户提供物业服务、证件办理、车辆综合服务、物流金融、保险、信息咨询、财务管理、人事代理、高速通行卡充值、固话宽带办理、手机充值、宣传策划、移动加油、园区一卡通统一结算等综合服务；对外负责联系协调工商税务、交通交警、安全质检、金融保险、检测检疫等部门机构，起到上下协调、部门沟通、客户服务的纽带作用，为客户提供一站式综合服务。公司还通过与交通交警部门的合作，在园区设立了交通管理服务站，建立了山东省内首个服务物流园区的交警服务平台与监管平台。园区客户可以在此办理车驾管、非现场交通违法处理、车辆挂牌、交通安全监管等业务，服务周到，方便快捷。

在物流金融业务方面，2017 年公司推出了“园区一卡通业务”，在全园区范围内推行无现金结算。客户入驻园区时办理一卡通后，可以实现在园区内的所有消费结算，包括水、电、物业、停车、餐饮、住宿、娱乐、汽修、加油等费用缴纳支付。一卡通还具有物流融资功能，借助园区平台与银行、小额贷款公司等金融机构的合作，提供“仓单质押”“控货贷”“物流 POS”等更丰富的金融服务，可以满足广大客户的融资需求，为其发展提供助力。

4. “有智慧”也要“能落地”

当前，智慧物流技术研究日新月异，物流作业智能设备层出不穷，物联网、云计算、大数据、穿梭机、机器人、无人机早已不再新鲜，物流智慧化已经是必然的发展趋势，但对于物流园区的运营者来说，既要有智慧更要能落地。物流企业在推行智慧化的进程中，应该充分考虑地方经济发展状况、园区自身和客户的特点。如果没有客户的支撑，盲目投入资金，引进大量智慧化软件和智能设备，将会造成资源的浪费，甚至给企业发展带来负担。所以，物流企业特别是物流园区企业一定要做透自我分析，制定好适合自身的智慧化发展规划，确保智慧物流技术的落地实施和有效应用。

三、企业发展愿景

聊城盖氏邦晔物流园以公共服务一体化、经营管理标准化、物流作业自动化、综合服务智能化为目标，通过各项物流设施的高度智慧融合，努力将园区打造成冀鲁豫地区的现代物流中心、城市货物集散中心、信息发布交换中心、价格形成中心和金融结算中心。

盖氏邦晔将以发展地方经济、造福一方百姓为己任，致力于通过发挥企业的核心竞争力来为客户提供更优质贴心的供应链服务，积极引领物流管理服务理念的转变。接下来将充分响应国家“互联网+”行动计划、“山东省物流业转型升级实施方案”等政策号召，借助“一带一路”发展契机，进一步完善物流园区服务功能，大力开展智慧物流配送业务，打造智慧物流园区。在做透当地的基础上，公司将适时选取新的物流节点城市把成熟的物流园区运营和智慧物流配送模式进行复制，输出品牌、管理和服务，构建全国性的盖氏邦晔智慧物流网络。公司将为山东省乃至全国物流业的崛起做出更大的贡献，力争早日实现“服务八方、物流天下”的宏伟蓝图。

（聊城盖氏邦晔物流有限公司）

宁波经济技术开发区现代国际物流园区的特色发展之路

一、园区概况

宁波经济技术开发区现代国际物流园区（以下简称园区）成立于2009年5月，为《宁波市现代物流发展规划》“一主六副”中的主物流园区，园区规划面积为3.5平方公里，其中核心区为1.89平方公里。作为北仑物流枢纽的特殊区域、宁波“三位一体”港航服务体系的重要载体之一、推进“物流节点城市”建设以及“国际强港”建设的重要举措，经过近几年开发建设，园区已建成高标准物流仓库46万平方米，冷链仓库15万立方米，规模为国内领先，年均仓库出箱量达44.8万标准箱，占宁波港仓库出箱量的50%以上，累计进出口贸易额140亿美元（约917.4亿元人民币），涉及贸易企业540家，成为促进全市外贸进出口额逆势增长的有力一极；园区于2011年被市政府确定为宁波市十大服务业产业基地之一，2012年被省政府评定为服务业集聚示范区，并作为全国唯一物流园区向国家质检总局申报“全国知名品牌创建示范区”；2013年正式挂牌成立宁波市唯一的“进出口商品采购贸易改革示范区”；2014年被省政府认定为浙江省港口物流贸易产业园；2015年创建成为国家级“全国港口物流服务产业知名品牌创建示范区”；2017年被省政府评定为示范物流园区。

二、园区优势

一是港口发展优势。北仑是宁波港口核心区域，地处北仑港口中心腹地，距离北仑港二期码头6公里、三期码头9公里、四期和五期码头15公里，距离大榭国际集装箱码头6公里。园区辐射范围广，发展空间大，可依托港口生产拓展增值服务，依托物流发展贸易，具有发展港口物流产业、建成一流现代物流园区的优势条件。

二是贸易便利化优势。园区自2013年成立了宁波市唯一的“进出口商品采购贸易改革示范区”。示范区实行“一体化监管、一站式通关”出口货物查验新模式，实现货物在出口地的物流仓库中即可完成口岸部门查验，变

“多次申报、多次查验、多次放行”为“一次申报、一次查验、一次放行”，同时货物在海关监管仓内即可完成拼箱监管业务，进一步简化流程，提高通关效率。

三是交通便捷优势。园区南侧是新建成的穿山疏港高速公路，北侧有新建329国道和集装箱货运第二通道，东侧有临港一路南延段，西侧有老329国道、铁路以及规划道路，园区有永定河路、大运河路、云台山路、白云山路等纵横交错的内部路网与外部相通，园区的交通条件十分优越。

四是产业配套优势。按照国家和省、市对北仑的发展定位和要求，北仑从服务省、市发展大局的高度出发，充分依托港口优势，重点引进临港型基础产业，打造临港产业集群，已初步形成石化、钢铁、汽车及配件、造纸、能源、装备制造为主体的临港产业集群。园区地处北仑临港产业发展带的核心区域，周边集聚了台塑台化、宁波钢铁、宝新不锈钢等龙头企业，为园区发展临港工业配套服务业创造机会。

五是城区辐射优势。园区往西5公里是北仑中心城区核心商务区，具备贸易、金融、信息等专业功能的商务楼宇正在加快建设，现已建成20栋商务高层楼宇。这些也将为园区发展物流业提供巨大空间。

六是政策环境优势。浙江省海洋经济建设全面启动，把推进大宗商品交易平台、港口集疏运网络、金融信息支撑体系建设“三位一体”的港航服务体系构建作为重要战略任务。宁波现代化国际港口城市建设迈向新阶段，全国性物流节点城市的功能将更趋完善。在区“十二五”纲要中，明确把培育大宗商品交易平台和建设集散并重的现代物流作为服务业的发展重点。上述战略、规划的落实，为园区物流业发展营造了良好的政策环境。

三、功能定位

充分发挥宁波港、铁路、329国道、货运二通道、穿山疏港高速公路等集疏运网络和临港产业集群优势，建设集仓储运输服务、生产服务、国际贸易服务于一体的综合型物流园区。吸引国内外著名的经营高端、高附加值货物物流的第三方物流企业落户园区，提供包括货物仓储、运输、包装、流通加工、分拨、配送、货运代理在内的现代物流服务。努力把园区建设成为环境优美、功能完备、配置合理、辐射动力强的港口物流功能标志性区块，成为华东地区有影响力的现代国际物流中心之一，成为全省乃至全国物流网络的重要节点。

四、城市规划

园区控制性详细规划于2010年1月获区里通过，对整个园区的土地利用、功能结构、交通道路、绿地景观、水电综合管线作出详细规划，并将园区分为三大功能空间：一是大型物流项目空间，也是整个物流园区的核心区块，位于整个园区的南部和东北部，集中体现高效的现代物流园区空间尺度；二是中小物流项目区块，位于园区的北部，保留和继续发展已具规模的中小物流企业；三是综合服务空间，该区块紧靠园区管委会办公楼，功能涵盖商业贸易、金融保险、医疗卫生、海关国检、管理服务、集体宿舍、小型停车场等，营造高效的综合服务气息及热烈的商业氛围。

五、园区发展的总体思路

立足于"转型、升级、规范"，实现园区口岸新功能导入、产业更新，实现"有形向无形、平面向立体"两个转变，是园区由传统物流区向贸易效益区转型的必由之路。

园区发展的总体思路是："一目标两阶段四愿景五平台"。

一目标：打造与世界一流港口地位相适应的国际桥头堡物流园区。

两阶段四愿景：力争在"十三五"期间，经过几年的努力，实现园区二次创业第一阶段的四个愿景：功能提升、空间拓展、环境改善、管理有序；再经过数年努力，实现园区第二阶段的四个愿景：功能引领、业态高端、环境和谐、优势凸显。

五平台具体内容如下。

一是创建中国（宁波）跨境电子商务综合实验区。立足港口物流业发展，大力推进口岸功能和贸易便利化，园区已积聚了46万平方米高标准的物流仓库、15万立方米冷链仓库，规模为国内领先。海关、国检驻园区现场办公（海关监管仓5家、国检监管仓10家），2016年7月，根据全市跨境电商布局中的战略定位，以建设开发区海港物流贸易产业集聚区为目标和特色，物流园区作为开发区主体园区向宁波市人民政府申报全市第8个中国（宁波）跨境电子商务综合实验区，实现促进区域功能提升和产业更新以及宁波市口岸功能创新的重要实践区建设。

二是搭建出口跨境特色功能平台。以天翔货柜为试点，创新和实践了海关的B2B"监装备货"模式，当年出口跨境贸易额超过3000万美元（约1.97亿元人民币）。园区实现了物流仓储、通关查验、实际监管（二维码和安全智能锁）等线下操作平台的集聚，以及联合公司天易通"互联网+关检+物流+金融+信保"线上平台的开发与实际应用，真正实现线上跨境信息平台与线下操作平台的无缝衔接，构筑了开展出口跨境贸易的平台。若能进一步开拓园区近46万平方米的线下仓储资源，同时加大对阿里巴巴、顺丰等线上综合运营管理商的引入，园区出口跨境特色的贸易市场前景将更为广阔。

三是搭建区港联动功能平台。建立与宁波—舟山港的战略合作机制，将园区的发展纳入整个港口腹地的一环。即"线下为辅、线上为主"，在充分开发宁波港港区资源体系的基础上叠加创新海关、国检口岸通关通检功能，推进线下物流实体出口跨境产业园建设和线上宁波港跨境电商综合服务平台建设，将口岸、金融、财税、保险、物流等港口后服务环节纳入线上平台。

四是开拓中东欧人才与贸易交流平台。抓牢中东欧战略联盟发展机遇，积极加强与物流专业院校的合作与交流，2016年11月8日，物流园区与浙江大学宁波理工学院签署合作共建"中国—中东欧物流与服务学院"协议，并举行揭牌仪式。完成浙江大学宁波理工学院与波兰亚伟斯托克理工大学共建的实质内容落地到物流园区。下面通过此平台进一步促进两地的物流人才培养、智能装备、信息交流、经贸往来，特别为促进物流企业与中东欧企业的对接与商务合作，为开拓中东欧16国贸易、人才新市场奠定基础。

五是完善临港冷链贸易功能体系平台。依托园区宁波港冷链中心、太古冷链两大龙头企业近15万立方米现代化冷链物流仓储，叠加海关、国检"码头直卸""三个一联合查验""公用型保税仓设置"等冷链仓库配套全市功能首创，进一步加大在关检合作、太古冷链口岸功能体系拓展、太古冷链与宁波港合作、冷链贸易及市场政策创新等方面的努力，培育优化进口产业，建设与宁波世界级港口相适应的冷链物流贸易基地，打造港口后服务业和港口亲民产业。

（宁波经济技术开发区现代国际物流园区）

江铃凯运：为高效物流保驾护航

近年来物流行业的高速发展，催生了对轻卡的强劲需求。江铃汽车作为国内著名的商用车生产企业之一，在商用车领域，特别是轻卡领域取得了有目共睹的好成绩。江铃轻卡一直致力于高效物流车型的开发，以满足物流用车需要，其产品顺达、凯运以及凯锐800等车型涵盖了几乎所有的轻卡主流轴距段、吨位段，可满足不同层次的物流用车需求。

江铃轻卡以高品质、高出勤率、高性价比的优势，在物流运输领域赢得了包括京东、德邦、中联重科、南方电网等知名企业在内的众多企业和个人用户的信赖，是物流行业企业加快发展的铁杆支持者。2017年江铃汽车新发布的凯运升级版气刹车型（以下简称新款车型），是针对当前城市物流路途短、批量小、频率高的特定需求所开发的新品。

这款全新的中高端物流车，可以用七个关键词概括其特点：始于颜值，合于舒适，敬于安全，强于动力，精于省油，久于耐用，忠于品质。

1. 始于颜值

新款车型给人的第一感觉是外观好看，颜值高。2015年年底，它获得了国家知识产权总局颁发的“中国外观设计优秀奖”。该奖项是我国唯一专门对授予专利权的发明创造者给予奖励的政府部门奖，得到联合国世界知识产权组织（WIPO）的认可，在国际上有一定的影响力。

新款车型采用了直瀑式驾驶室，玻璃倾角小，视野宽大，安全性佳。小倾角A柱，全视野外摆镜，减小视角盲区，行车更安全；虎威大灯、安全角灯、前轮轮毂外包设计、竖式门拉手、低风阻新式导流罩等设计均兼顾了美观和实用的功效。新款车型内饰低调奢华，大气简洁的中控台设计，3D背光时尚仪表盘时尚高档。舒适安全的座椅，拥有足够的腿部支撑，可缓解长时间驾驶的疲劳。

2. 合于舒适

新款车型驾驶室内宽1.83米，座椅离车顶高1.18米，身高1.8米驾驶人员坐进去空间仍很宽敞。宽体驾驶室，可以轻松乘坐3人；座椅采用高包裹性、透气性好，且使用耐磨的编织布原材料，软硬适中、长途驾驶也不易疲劳；多功能方向盘，集音量调节、静音功能、蓝牙功能、频道切换等功能于一身，既提升驾驶乐趣，又能更好地保障驾驶安全。定速巡航，解放了司机双脚，减轻了驾驶疲劳；蓝牙功能，一键接听与挂断，有助驾驶员专心驾驶；7 英寸多功能显示屏，可播放视频、音频文件，具备连接手机蓝牙功能；业界知名的导航系统和一流的空调制冷和制热效果，提升了体验感。此外，新款车型的驾驶室防震能力达到了行业领先水平。

新款车型全系标配 1940 毫米×2050 毫米宽度货箱，满足不同客户的载货需求，实现了标准化、高效率。此外，新款车型拥有更多的储物空间，如中控手套箱、中控储物盒、顶棚置物盒、烟灰缸、冷暖杯托、卡片槽、门板资料袋等，可以给驾驶员带来更多便捷。

3. 敬于安全

新款车型标配气刹，安全系数得到提升，刹车反应快，制动距离短，能更好地满足物流行业高速重载需求。此外，新款车型还标配 ABS（防抱死刹车系统）、高强度安全车身、货柜车倒车雷达、大灯高度可调、安全角灯/前雾灯/示廓灯、安全带、10 千米自动上锁等全面安全配置，进一步保障了驾驶员的行车安全。

4. 强于动力

新款车型配备有经典的 4JB1 发动机，达标国五排放，高效强劲的绿色环保动力完全满足高效物流需求。此外，新款车型配备的德国变速箱具有技术先进、低故障率、三锥式同步器、全铝合金结构、轻质高效的特点。

5. 精于省油

新款车型配备的 4JB1 发动机最大功率为 85 千瓦（115 马力），扭矩为 285 牛·米/转，采用了高压共轨电控技术、中冷增压技术、正式皮带驱动技术、废气再循环（EGR）技术四大先进的节油技术来达到最佳燃油经济性，百公里综合油耗仅 8 升。

6. 久于耐用

江铃轻卡行驶 30 万公里无大修已得到了多数用户的验证。在江铃的真实客户中，普普通通的驾驶员们一次次刷新着江铃之最。有单台里程数高达 180 万公里的、有单车使用年限高达 18 年的、有发动机 77 万公里无大修的，他们用自己的体验真实书写了江铃轻卡久于耐用的用车案例。

7. 忠于品质

江铃作为最早引进五十铃原装生产线的企业，加上与福特的强强联手，打造了一条国内最为成熟稳定的生产线，机器人高速自动化生产在很大程度上代替了传统的手工作业，四大工艺大量采用全新的自动化设备，机械手打胶、6 轴喷涂机器人、翻料机器人、焊接机器人等，其严格的质量控制流程和自动化监测系统保障了每一辆轻卡的生产品质，凯运升级版气刹车在出厂前，累计进行了 30 万公里耐久性测试其中，确保整车品质经久耐用。

我们深信，基于高效物流用车需求的新款车型历经层层检验走进市场，一定会为我国物流业带来的新变化。

（江铃汽车销售有限公司）

第九部分

物流综合

关于表彰全国物流行业先进集体先进工作者和劳动模范的决定

人社部发〔2016〕45号

各省、自治区、直辖市人力资源社会保障厅（局）、物流行业牵头部门、物流行业协会：

近年来，在党中央、国务院的正确领导下，全国物流行业广大干部职工高举中国特色社会主义伟大旗帜，全面贯彻党的十八大和十八届三中、四中、五中全会精神，以邓小平理论、“三个代表”重要思想、科学发展观为指导，深入贯彻习近平总书记系列重要讲话精神，认真落实执行国务院《物流业调整和振兴规划》《关于促进物流业健康发展的意见》和《物流业发展中长期规划（2014—2020）》，抓住机遇，深化改革，为我国物流业的快速健康发展做出了重要贡献，涌现出一大批成绩显著、贡献突出的先进典型。

为表彰先进，树立榜样，进一步激励全国物流行业广大干部职工的积极性和创造性，促进我国物流业更加快速健康发展，人力资源社会保障部、中国物流与采购联合会决定，授予北京长久物流股份有限公司等56个单位“全国物流行业先进集体”荣誉称号，授予黄少阳等24名同志“全国物流行业先进工作者”荣誉称号，授予任永富等182名同志“全国物流行业劳动模范”荣誉称号。被授予“全国物流行业先进工作者”和“全国物流行业劳动模范”荣誉称号的人员，享受省部级先进工作者和劳动模范待遇。希望受到表彰的先进集体和先进个人把荣誉作为新起点，谦虚谨慎，再接再厉，继续发挥模范表率作用，不断做出新的更大贡献。

全国物流行业广大干部职工要以受表彰的先进集体和先进个人为榜样，高举中国特色社会主义伟大旗帜，紧密团结在以习近平同志为总书记的党中央周围，团结拼搏，扎实苦干，创新奉献，为开创我国物流业的新局面，为推动我国物流行业快速健康发展而努力奋斗，为全面建成小康社会、实现中华民族伟大复兴的中国梦做出新的更大的贡献！

人力资源和社会保障部　中国物流与采购联合会

2016年5月9日

全国物流行业先进集体名单

（排名不分先后）

北京市

北京长久物流股份有限公司

北京百利威仓储物流有限公司代运营部

北京西南物流中心有限公司

天津市

天津市东丽区魏王储运有限公司

天津悦信物流股份有限公司

河北省

冀中能源国际物流集团有限公司

迁安市北方钢铁物流产业聚集区

内蒙古自治区

内蒙古安快物流发展有限责任公司

山西省

山西汽运集团晋城汽车运输有限公司

辽宁省

鞍钢汽车运输有限责任公司

辽宁红运物流（集团）有限公司

沈阳宝供仓储有限公司

锦程国际物流集团股份有限公司

大连港股份有限公司

吉林省

长春市亚奇物流有限公司

黑龙江省

黑龙江省龙运（集团）股份有限公司

上海市

上海畅联国际物流股份有限公司

上海卡行天下供应链管理有限公司

上海国际机场股份有限公司安检护卫保障部货运检查科

江苏省

惠龙易通国际物流股份有限公司

江苏徐州港务（集团）有限公司双楼港分公司

无锡市迅杰物流有限公司

林森物流集团有限公司

浙江省

浙江国家交通物流公共信息平台管理中心

义乌市国际陆港集团有限公司

浙江九龙国际物流有限公司

安徽省

安徽省徽商物流有限公司

福建省

福建高速物流有限公司

泉州安通物流有限公司

厦门速传物流发展股份有限公司

江西省

江西蓝海物流科技有限公司

山东省

胶州市物流工作推进办公室

菏泽交通集团有限公司

山东锐特物流有限公司

山东远信物流有限公司

河南省

郑州国际陆港开发建设有限公司

河南宇鑫物流有限公司

湖北省

武汉东本储运有限公司

湖南省

湖南兴义物流有限公司

湖南湾田实业有限公司

广东省

珠海港物流发展有限公司

湛江港（集团）股份有限公司

茂名市环宇实业发展有限公司

广东南方物流集团有限公司

广西壮族自治区

广西北部湾国际港务集团有限公司

海南省

海南海峡航运股份有限公司

四川省

四川东方物流有限公司

四川安吉物流集团有限公司

贵州省

毕节市黔金叶货物运输有限责任公司

云南省

云南泛亚物流集团有限公司

陕西省

陕西煤业化工物资集团有限公司

陕西通汇汽车物流有限公司

甘肃省

白银有色铁路运输物流有限责任公司

青海省

青海省汽车运输集团凯达货物运输有限公司

宁夏回族自治区

宁夏港通国际物流有限公司

新疆维吾尔自治区

新疆蓝天石油化学物流有限责任公司

全国物流行业先进工作者名单

（排名不分先后）

北京市

黄少阳　北京物流协会办公室主任

天津市

杜宝荣　天津市现代物流协会副秘书长

河北省

张智勇（回族）　河北省现代物流协会副秘书长

内蒙古自治区

史振宇　内蒙古红山物流园区管委会主任

吉林省

王立东　吉林省现代物流发展中心物流统计部主任

浙江省

唐柏江　余姚市物流行业协会会长

安徽省

李若涵　芜湖市物流行业协会常务副秘书长

福建省

沈金金　福建省物流协会副秘书长

江西省

黎子路　宜春市物流行业协会会长

山东省

王洪敏（女）　淄博市物流协会副会长

李波（女，满族）　青岛市物流协会秘书长

河南省

周金锋　焦作市物流与采购联合会副会长

湖北省

熊艳斌　襄阳市物流协会执行会长

广东省

陈海权　广东省物流与供应链学会副会长兼秘书长

廖永生　广东省采购与供应链协会副秘书长

广西壮族自治区

吕镇书　柳州市物流协会常务副会长

海南省

吴洋洋　海南省物流与采购联合会副秘书长

四川省

丁建（女）　四川省现代物流协会物流统计办主任

甘肃省

沙宝红（回族）　甘肃省物资（流）信息中心主任

青海省

黄子豪　青海物流与采购联合会事业发展部部长

沈永龙　青海朝阳物流园区建设领导小组办公室副主任

宁夏回族自治区

高西圆　宁夏现代物流协会考试中心主任

新疆维吾尔自治区

潘红春（女）　新疆物流行业协会副秘书长

其他

陈中涛　中国物流信息中心处长

全国物流行业劳动模范名单

（排名不分先后）

北京市

任永富 北京东方安通物流有限公司调度

张体水 北京宅急送快运股份有限公司北京分公司分拣理货员

张立全 北京德利得物流有限公司大项目部经理

侯文江 中铁联合物流股份有限公司工程师

陈文松 北京天竺空港经济开发公司部门副经理

江 健 北京福田国际贸易有限公司物流业务部部长

褚伯刚 北京青鸟物流有限公司运营经理

任晓杰 中国邮政速递物流股份有限公司北京市朝阳路分公司投递部经理

王小方（女） 北京朝批商贸股份有限公司物流总监

张振鹏 北京长久物流股份有限公司北京大区经理

赵英杰 北京京铁实业开发总公司总经理

姚宏旭 北京顺丰速运有限公司副总经理

王增庆 北京超市发连锁股份有限公司业务副总裁

徐 伟 北京苏宁云商销售有限公司副总经理

天津市

胡元恩 蓟县下仓粮食购销有限公司经理

门书光 唯品会（天津）电子商务有限公司华北地区业务经理

孙洪森 天津市东丽区联合运输有限公司董事长

高 峰 天津市德利得物流有限公司副总经理

河北省

高春晓 承德兴隆县汇丰物流配送有限公司副总经理

王树军 张家口通泰物流中心有限公司副经理

王学锋 河北新武安钢铁集团物流有限公司董事长

杨庆利 秦皇岛中运物流有限公司副总经理

张 亮 河北中恒泰达粮油贸易有限公司副总经理

李建夫（女） 石家庄盛福源商贸有限公司副总经理

曹淑文 唐山海港远大物流有限公司副总经理

内蒙古自治区

任志宏 内蒙古君正能源化工集团股份有限公司总经理助理

魏昊彤 内蒙古巴运汽车运输有限责任公司陕坝运输二公司经理

马永峰 内蒙古鄂尔多斯物流有限公司总经理

李　政　满洲里交通物流有限责任公司总经理

山西省

赵　辉　山西现代物流有限公司总经理助理

郝甲琪　山西国际物流有限公司职员

张文喜　临汾晋临运货运公司董事长

马春阳　山西商品电子交易中心股份有限公司副总经理

辽宁省

宋佳满　阜新康龙仓储物流有限公司运输部主任

刘　红（女）　辽阳第地嘉仓储物流有限公司董事长

曲　伟　大连港集装箱发展有限公司总经理

高忠涛　中储粮大连储运有限责任公司总经理

宁鸿鹏　锦州港股份有限公司副总裁

吉林省

史洪波　吉林市九天储运有限公司运营总监

郝祥君　吉林宇别尔运输集团有限公司珲春宇通国际物流仓运部部长

李金龙　吉林市博宇物流有限公司业务主管

刘大伟　长春市亚奇物流有限公司副总经理

黑龙江省

李树和　黑龙江省建恒物流有限公司业务经理

刘国涛　哈尔滨乾龙物流有限公司副经理

曾健浦　牡丹江对俄贸易工业园区华晟国运物流有限公司业务经理

徐其浦　佳木斯浦东货运枢纽有限公司业务经理

常法胜　黑龙江农垦北大荒物流集团有限公司董事长

上海市

孙拥军　上海市浦东汽车运输有限公司驾驶员

龚慧珍（女）　上海北芳储运有限公司行政部经理

董建全　上海东方久信集团有限公司仓储四部经理

周建飞　圆通速递长宁东分公司业务员

丁月莉（女）　新杰物流集团股份有限公司会计

宋加军　上海荣庆国际储运有限公司安全经理

黄家斌　上海海烟物流发展有限公司物流管理部经理

张广亮　上海景鸿国际物流股份有限公司库区主管

李元明　杭州百世网络技术有限公司上海分公司快递业务员

钱荣卿　上海佳吉快运有限公司集团总经理

江苏省

田　洁（女）　南通综合保税区中外运物流有限公司人力资源部经理

张令国　宿迁罗智物流有限公司总工程师

于　进　南京港龙潭集装箱有限公司主任工程师

姚　云　江苏政成物流股份有限公司技术中心经理

蔡君骏　无锡市太湖运输有限公司危化品二车队队长

邵国星　苏州盛丰物流有限公司运营部经理

张建明　南通港口集团有限公司通州港务分公司装卸队队长

阮鸿放（回族）　江苏省九洲交通物流集团物流部主任

韩　欣　泰州港务集团有限公司集装箱分公司机电副经理

陆英志　苏州综保通运国际货运代理有限公司主管

刘国方　江苏宏马物流有限公司分公司经理

吴　琼（女）　徐州徐工物资供应有限公司全球采购物流组长

李水清　江苏安邦物流股份有限公司董事长

张　铮　昆山市交通汽车运输有限公司副总经理

浙江省

潘勤荣　湖州鑫达国际物流有限公司副总经理

赵　斌　嘉兴市现代服务业发展投资集团嘉兴公共物流中心负责人

吴　禾（女）　台州供销华联仓储有限公司营运部经理

陈　赉　温州航空货站有限公司货机配载室队长

倪小娟（女）　绍兴港现代物流集团有限公司财务部经理

张夫平　舟山惠群远洋渔业发展有限公司仓储事业部负责人

孙国能　宁波外运国际集装箱货运有限公司总经理

冯旭斌　义乌市天盟实业投资有限公司董事长

吴华庆　浙江英特物流有限公司董事长

王鲸航　宁波富邦物流股份有限公司总经理

林金元　巨化集团物流有限公司业务经理

张晓军　丽水陆港物流有限责任公司副总经理

安徽省

王松波　安徽华新物流配送中心有限责任公司经理助理

程鑫熠　安徽迅捷物流有限责任公司业务经理

鲁海元　繁昌县海洋物流有限公司副总经理

聂　勇　安徽徽运物流有限公司营运中心经理

戴　敏　安徽飞腾国际物流股份有限公司副总经理

刘文林　马鞍山长运物流港有限公司执行董事

福建省

吴鼎汕　福建省交通运输集团有限责任公司资产运营部经理

林庄元　福建盛丰物流集团有限公司运营部经理

魏　建　盛辉物流集团有限公司北片区经理

曾　耀　宁德市申通快递有限公司经理

许荣秀（女）　漳州大正冷冻食品有限公

司总经理助理

倪永壮　厦门海翼物流有限公司总经理

江西省

郭　禹　上港集团九江港务有限公司集装箱分公司副经理

程有财　江西联源物流有限公司公路运输部经理

敖　鹏　新余中新物流有限公司部门经理

龚礼财　上饶市新华龙物流有限公司董事长

刘光森　江西万佶物流有限公司副董事长

山东省

成积禧　日照港油品码头有限公司业务经理

邹立宝　烟台恒邦集团商贸物流管理部经理

韩福利　青岛港国际货运物流有限公司总经理助理

杨俊明　山东博安仓储有限公司业务科科长

付　建　中国重汽集团济南卡车股份有限公司销售部总经理助理

车路明　威海港集团董事长

桑昌营　聊城盖氏邦晔物流有限公司总经理

鲁友水　山东物流集团副总经理

亓传代　山东高速物流集团有限公司副总经理

周　勇　青岛顺丰速运有限公司副总经理

张玉庆　荣庆物流供应链有限公司副总经理

卢翠荣（女）　青岛福兴祥物流有限公司副总经理

孟　伟　滕州三兴物流有限公司副总经理

河南省

张保环　郑州交运集团物流第三公司经理

张明星（女）　河南省进口物资公共保税中心客服总经理

李红文　河南万里集团焦作天星汽车运输有限公司副总经理

常洪波　貳仟家物流研发中心总监

王东升　驻马店市恒兴运输有限公司总经理

王志峰　河南能源化工集团国龙物流有限公司副总经理

王治勇　许昌众荣冷链物流有限公司副总经理

武宪卿　河南万庄化肥交易市场有限公司副总经理

牛俊辉　洛阳交通运输集团有限公司副总经理

湖北省

罗　平　恩施州易事通汽车运输有限责任公司部门经理

田玉静（女）　十堰群利物流工业园有限公司生产部长

马保成　襄阳芮邦联盟物流股份有限公司部门经理

蔡　敏　葛洲坝集团物流有限公司技术中心主任

谷春光　九州通医药集团股份有限公司技术总监

曹胜明　山绿农产品集团股份有限公司总经理

张孚跃　神农架林区华阳物流有限责任公司副总经理

左建军　湖北省十堰亨运集团物流有限公司副总经理

湖南省

李红华　邵阳宝庆肉类联合加工有限公司货运员

唐亚荣　永州市金桔尔物流有限公司车队队长

高登定　岳阳运发物流有限公司总调度

廖争春　伟鸿食品股份有限公司仓库主管

谢兴国　湖南电力物流服务有限责任公司项目经理

周志超　益阳湘运物流有限责任公司项目负责人

唐述福　湖南省通信产业服务有限公司物流分公司经理

邓兰亮　长沙市实泰物流有限公司部门经理

胡学英（女）　湖南山河医药健康供应链有限公司总经理

谭聪圣　郴州市金煌物流有限公司董事长

广东省

王俊柳　广东省现代物流研究院业务拓展部主任

王雪纷（女）　宝供物流企业集团有限公司产品研发部经理

李洁龙　揭阳市容大物流有限公司总经理

余栋梁　广东林安物流集团总裁

何　玲（女）　广东华为现代物流有限公司副总经理

于崇刚　广州市卓志物流服务有限公司副总裁

广西壮族自治区

林春平　广西物资集团有限责任公司副总经理

李柯广　西玉柴物流集团有限公司总经理

海南省

魏献义　海南福海船务有限公司副总经理

訾　胤　海航货运有限公司总裁

重庆市

刘明莉（女）　民生物流有限公司部门经理

陈建德　重庆明品福物流有限责任公司总经理

吴铭刚　重庆祥茂物流有限公司副总经理

四川省

唐　金　中国物流泸州诚通物流有限公司诚配项目筹备部经理

欧阳晨曦（女）　四川宜宾港有限责任公司营销商务中心主任

朱宏国　攀枝花市恒丰物流咨询服务有限公司策划部部长

潘荣武　绵阳市高水农副产品批发有限公司川西北农产品物流中心主任

彭　鸿（女）　成都全程德邦物流有限公司公共事务部高级总监

陈雪锋　四川华峰物流有限公司董事长

林　庆　自贡三辰实业有限公司副总经理

贵州省

钱燕飞（女）　贵州勇拓黔图物流发展有限责任公司综合管理部总监

李　斌　贵州省供销储运公司仓储部经理

罗　鹏（土家族）　贵州大龙宝鼎物流市场有限公司总经理

云南省

高映斌　云南新储物流有限公司甸尾公司经理

雷洪祥　云南曲靖钢铁集团有限公司交通物流运输信息部部长

段敬余　云南泛亚物流集团昆明分公司经理

王怀忠　云南天马物流有限公司物流总监

董　鹏　云南省大理州大理凤庄铁路货场有限公司总经理

陕西省

齐　峰　陕西齐峰果业有限责任公司市场总监

严文俊　陕西红太阳仓储有限公司董事长

马　敏　陕西贝斯特物流有限公司副总经理

刘昌耀　陕西延长中煤榆林能源化工有限公司副总经理

张　峰　定边县靖杨绿色果蔬有限公司董事

甘肃省

柳培学　甘肃酒钢物流有限公司铁路运营办公室主任

魏周怀　兰州天奇物流集团有限公司董事长

青海省

周俊峰　青海物产物资配送有限责任公司木材储运部经理

宁夏回族自治区

张　亮　宁夏天鹰电力物资有限公司业务经理

金　剑　宁夏金桥物流有限公司副经理

杨　森　银川市新华百货东桥电器有限公司副经理

新疆维吾尔自治区

汝　翔　新疆蒙粤日盛国际物流有限公司物流部经理

江　洪　新疆乾通国际物流有限公司业务员

柴海宝　新疆棉麻公司阿克苏棉麻站业务科长

2016 年中国物流企业 50 强名单

排名	企业名称	物流业务收入（万元）
1	中国远洋运输集团总公司	12471555
2	中国海运（集团）总公司	7906602
3	中国外运长航集团有限公司	7531999
4	厦门象屿股份有限公司	5992331
5	河北省物流产业集团有限公司	5501006
6	顺丰速运（集团）有限公司	4810000
7	中铁物资集团有限公司	3596298
8	天津港（集团）有限公司	3503500
9	山东物流集团有限公司	2643449
10	河南煤业化工集团国龙物流有限公司	2312648
11	中国物资储运总公司	1985395
12	中国石油天然气运输公司	1807000
13	安吉汽车物流有限公司	1760700
14	福建省交通运输集团有限责任公司	1531857
15	德邦物流股份有限公司	1292149
16	冀中能源峰峰集团邯郸鼎峰物流有限公司	1275631
17	锦程国际物流集团股份有限公司	1090132
18	广州铁路（集团）公司	1013000

续 表

排名	企业名称	物流业务收入（万元）
19	招商局物流集团有限公司	948081
20	连云港港口集团有限公司	913693
21	中国石油化工股份有限公司管道储运分公司	843068
22	嘉里物流（中国）投资有限公司	825784
23	云南物流产业集团有限公司	810904
24	全球国际货运代理（中国）有限公司	749351
25	青藏铁路公司	672534
26	武汉商贸国有控股集团有限公司	661073
27	一汽物流有限公司	649009
28	中铁铁龙集装箱物流股份有限公司	631602
29	重庆港务物流集团有限公司	623592
30	通辽铁盛商贸（集团）有限公司	610235
31	重庆长安民生物流股份有限公司	607144
32	秦皇岛港股份有限公司	582974
33	日照港（集团）有限公司	518736
34	冀中能源国际物流集团河北冀中唐能贸易有限公司	508933
35	江苏徐州港务集团有限公司	445803
36	广东省航运集团有限公司	420427
37	湖南星沙物流投资有限公司	359829
38	北京长久物流股份有限公司	339481
39	河北省粮食产业集团有限公司	329198
40	上药山禾无锡医药股份有限公司	327301
41	南京港（集团）有限公司	286588
42	林森物流集团有限公司	284395
43	唐山港集团股份有限公司	282719
44	江苏九州通医药有限公司	272958
45	江苏宝通物流发展有限公司	268993

续 表

排名	企业名称	物流业务收入（万元）
46	青岛铁路经营集团有限公司	265975
47	中铁现代物流科技股份有限公司	238614
48	五矿物流集团有限公司	237392
49	江苏省如皋港现代物流基地	229302
50	天津大田运输服务有限公司	225150

注：表中未包括我国港、澳、台地区。

2016年全国通用仓储企业排名

名次	企业名称	仓库面积（万平方米）
1	京东物流	633
2	苏宁物流集团	600
3	安得智联科技股份有限公司	585
4	青岛日日顺物流有限公司	483
5	厦门象屿股份有限公司	322
6	招商局物流集团有限公司	151
7	中远海运物流仓储配送有限公司	150
7	山东盖世国际物流集团有限公司	150
7	嘉里大通物流有限公司	150
10	深圳市富泰通国际物流有限公司	133
11	上海现代物流投资发展有限公司	88
12	深圳市兆航物流有限公司	70
12	山东佳怡物流有限公司	70
14	上海郑明现代物流有限公司	59
15	北京昌达物流集团有限公司	52
16	陕西商业储运总公司	47
16	广州市广百物流有限公司	47
18	海口三顺物流股份有限公司	45

续 表

名次	企业名称	仓库面积（万平方米）
19	湖南湾田实业有限公司	43
20	上海北芳储运集团有限公司	41
21	伊藤忠物流（中国）有限公司	40
21	湖北国储物流股份有限公司	40
21	北京科捷物流有限公司	40
21	重庆公路运输（集团）有限公司	40
25	北京祥龙物流（集团）有限公司	38
26	深圳市越海全球物流有限公司	36
26	上海商业储运有限公司	36
28	浙江义乌港有限公司	35
28	淄博保税物流有限公司	35
30	深圳市凯东源现代物流股份有限公司	31
31	上海顶通物流有限公司	30
31	山东立晨物流股份有限公司	30
31	复星国药（香港）物流仓储发展有限公司	30
34	安徽徽运物流有限公司	29
35	天津利通物流有限公司	28
35	青岛华骏投资集团有限公司	28
37	江苏飞力达国际物流股份有限公司	27
37	贵州恩煜祥物流有限责任公司	27
39	济南零点物流港有限公司	25
40	深圳市铭可达物流有限公司	23
41	广东怀远物流实业有限公司	22
41	宏图物流股份有限公司	22
43	深圳综合信兴物流有限公司	21
43	合肥新桥物流有限公司	21
45	广西荣桂物流集团有限公司	20

续 表

名次	企业名称	仓库面积（万平方米）
45	云南腾俊国际物流有限公司	20
45	天津全程物流配送有限公司	20
45	北京东方信捷物流有限责任公司	20
49	沈阳储运集团有限公司	19
49	河北中储物流中心	19
49	上海百联配送实业有限公司	19
52	威海国际物流园股份有限公司	15
53	建发物流集团有限公司	14
53	张掖市金山物流有限公司	14
53	上海外高桥物流中心有限公司	14
53	川崎振华物流（天津）有限公司	14
57	上海菱华仓储服务有限公司	13
57	慈溪太平鸟物流有限公司	13
59	上海国储物流股份有限公司	12
59	山东华派克物流有限公司	12

注：仓库面积包括自有仓库和租用仓库。

表中未包括我国港、澳、台地区。

2016 年全国冷藏仓储企业排名

名次	企业名称	仓库容积（万立方米）
1	河南鲜易供应链有限公司	237
2	太古冷链物流（上海）有限公司	158
3	上海郑明现代物流有限公司	150
3	山东盖世国际物流集团有限公司	150
5	中外运普菲斯冷链物流有限公司	138
6	招商美冷（香港）控股有限公司	103
7	重庆明品福物流有限责任公司	87
8	沈阳副食集团有限公司	85
9	湖南红星冷冻食品有限公司	73
10	成都银犁冷藏物流股份有限公司	63
11	上海锦江国际低温物流发展有限公司	53
12	武汉肉联食品有限公司	52
13	青岛鲁海丰商品集团	50
14	山东济南维尔康食品有限公司	43
15	中食成都冷藏物流有限公司	40
16	德州飞马冷链物流有限公司	39
17	新疆拓普农业股份有限公司	38
17	山东杨春集团公司	38

续　表

名次	企业名称	仓库面积（万平方米）
19	河南万邦国际农产品物流城	37
20	重庆凯尔国际冷链物流发展有限公司	33
20	辽宁省大连海洋渔业集团公司	33
20	甘肃瑞鑫冷链物流园	33
20	北京新发地农产品批发市场	33
20	大连獐子岛中央冷藏物流有限公司	33
25	聊城东旺冷冻仓储有限公司	32
26	杭州五丰联合肉类有限公司	30
27	武汉山绿冷链物流有好限公司	29
27	哈尔滨润恒物流发展有限公司	29
29	河南双汇集团	28
30	安徽和合冷链食品股份有限公司	27
30	天津蓝玺冷链物流有限公司	27
32	石家庄双鸽食品有限责任公司	26
32	济南维尔康食品公司	26
32	湖北武汉白沙洲冷链食品市场	26
35	重庆万吨冷链物流有限公司	23
36	广西南宁国际综合物流园有限公司	22
37	无锡天鹏菜篮子工程有限公司	21
38	蓬莱汇洋食品有限公司（蓬莱京鲁渔业有限公司）	20
39	贵州瀑布冷链食品投资有限公司	19
40	上海吴淞罗吉冷藏有限公司	18

注：仓库容积包括自有仓库和租用仓库。

表中未包括我国港、澳、台地区。

2016 年全国仓储地产企业排名

名次	企业名称	仓库面积（万平方米）
1	普洛斯投资（上海）有限公司	2772
2	上海益商仓储服务有限公司	410
3	嘉民管理咨询有限公司	380
4	中国物流资产控股有限公司	325
5	安博（中国）房地产咨询有限公司	300
6	宝湾物流控股有限公司	186
7	新地物流发展有限公司	120
8	北京百利威仓储物流有限公司	110
9	第一创建仓储服务（深圳）有限公司	65
10	西藏京通易购商贸有限公司	41

注：表中未包括我国港、澳、台地区。

（中国仓储与配送协会）

物流企业综合评估全国第二十一批、第二十二批A级物流企业名单

全国第二十一批A级物流企业名单（各项排名不分先后，共232家）

5A级物流企业（9家）

河北好望角物流发展有限公司（4A升5A）
辽宁红运物流（集团）有限公司
青州市泓德物流有限公司（4A升5A）
山东佳怡物流有限公司（4A升5A）
青岛中车四方车辆物流有限公司（4A升5A）
襄阳光彩国际物流产业投资有限公司（4A升5A）
云通物流服务有限公司
广州发展燃料集团有限公司
陕西鸿盛实业集团有限公司

4A级物流企业（66家）

北京阜康迅驰国际物流有限公司（3A升4A）
天津物产国际物流有限公司
上海源洪仓储物流有限公司
上海互赢物流股份有限公司
上海车新物流有限公司
上海能运物流有限公司
保定保运物流有限公司（3A升4A）
石家庄聚和港物流园区有限公司
营口港吉星物流有限公司
统业物流科技集团有限公司
绍兴港现代物流集团有限公司（3A升4A）
浙江金温铁道开发有限公司
浙江鼎发物流有限公司（3A升4A）
义乌市德翔国际货运代理有限公司（3A升4A）
义乌市申通快递有限公司（3A升4A）
宁波黄金物流有限公司（3A升4A）
安徽南北快运有限责任公司
安徽诚通红四方物流有限公司
黄山斯普蓝帝物流有限公司（3A升4A）
铜陵市通达联运有限责任公司（3A升4A）
福清盛辉物流有限公司
福州顺丰速运有限公司（3A升4A）
鸿昌（福建）物流有限公司（3A升4A）

福建路成达物流发展有限公司（3A 升 4A）
新余中新物流有限公司
江西省赣银物流发展有限公司（3A 升 4A）
广昌县惠昌汽车运输有限公司
赣西物流园投资发展有限公司
江西杨邦物流有限公司
济南同元泰实业有限公司
山东大舜医药物流有限公司（3A 升 4A）
沂水县天成物流有限公司
荣成广润水产食品有限公司
荣成市日鑫水产有限公司
青岛裕龙橡胶交易中心有限公司
华润河南医药有限公司
中铁物资集团中南有限公司
襄阳市民晟实业有限公司
襄阳汇顺利通物流有限公司
湖北正英实业集团股份有限公司（3A 升 4A）
十堰市恒通物流有限公司
湖北鑫园商贸有限公司（3A 升 4A）
湖北省金属材料总公司
湖北安捷物流有限公司（3A 升 4A）
湖北国储物流股份有限公司
襄阳九旺亨利物流有限公司
湖北晨科农牧集团股份有限公司
湖北迪腾物流有限公司
武汉市中南物流配送有限公司
武汉红霞商贸集团有限公司
长沙恒广物流有限公司（3A 升 4A）
衡阳白沙洲物流园有限公司（2A 升 4A）
特变电工湖南国际装备物流贸易有限公司
郴州凯程医药有限公司
衡阳金瑞物流有限公司
广州日报报业经营有限公司
深圳市车夫网物流科技有限公司
广东彩丰物流有限公司（3A 升 4A）
深圳市宇达物流有限公司（3A 升 4A）
深圳欧唯特物流服务有限公司
广东粤宁苏宁物流有限公司
广东好又快物流有限公司
云南远泽物流有限责任公司（3A 升 4A）
陕西医药控股集团派昂医药有限责任公司
宁夏驰创贸易有限责任公司
新疆九洲恒昌供应链管理股份有限公司

3A 级物流企业（111 家）

北京二商集团有限责任公司西郊食品冷冻厂（2A 升 3A）
上海鸿顺国际物流有限公司
上海敬诚物流有限公司
重庆鸿华运输有限公司
廊坊市跃兴物流有限公司
沧州稳达供物流有限公司（2A 升 3A）
秦皇岛港通物流有限公司
呼和浩特市新畅铁路储运有限责任公司
华蒙通物流控股有限公司
通辽市泽强医药商贸有限公司
通辽市蒙王兴源医药有限责任公司
大连四达冷链市场有限公司
沈阳市天顺路发冷藏物流有限公司
北大荒物流股份有限公司
吉林省吉蓉物流有限公司
长春市庆辉运输有限公司
无锡宇昊运输有限公司
苏州金麦穗食品有限公司
江苏兴易达供应链管理股份有限公司
江苏瞿氏运输有限公司
张家港保税区越港运输有限公司
南通瑞诚物流有限公司
南通宏仁化学危险物品运输有限公司

扬州佳业物流有限公司
扬州市苏远联运集装箱有限公司
淮安华发危险品运输有限公司
淮安市国泰汽车运输有限公司
淮安市恒安天然气运输有限公司
淮安市发达航运有限公司
浙江申通快件服务有限公司
长兴华顺物流有限公司（2A 升 3A）
嘉兴内河国际集装箱码头有限公司
浙江托你福物流有限公司
台州供销华联仓储有限公司
瑞安市快顺运输有限公司
温州市俊驰物流有限公司
温州市龙湾物流有限公司
温州市新正龙货物运输有限公司
温州联洲物流有限公司
温州市第三汽车运输公司
温州图兴物流有限公司
金华市铁集货运代理有限公司
义乌市正航国际货运代理有限公司
浙江新海瀛供应链管理有限公司
台州市黄岩驰鹏危险品运输有限公司
宁波大榭开发区宁港物流有限公司
宁波明乐物流有限公司
宁波市新庄物流有限公司
蚌埠市双墩物流有限责任公司
马鞍山亚太物流集团有限公司
安徽富源物流有限公司
福州申通快递有限公司
福建外贸马江储运公司
福州世海国际物流有限公司
福建合利物流有限公司
莆田市秀屿区佳林运输有限公司
泉州诚德物流有限公司
石狮市华锦码头储运有限公司
福建劲翔物流有限公司
石狮市联达货运有限公司
福建永得利物流有限公司
邵武天宇物流有限公司
龙岩市港通汽车运输有限公司（2A 升 3A）
漳平市闽富物流有限公司（2A 升 3A）
厦门中迪物流有限公司
吉安县盛世汽车运输有限公司
江西康华企业发展有限公司
吉安正丰汽车运输有限公司
定南县永立物流有限公司（2A 升 3A）
江西红土地物流有限公司
赣州三志物流有限公司
赣州通力物流有限公司
青岛九州通医药有限公司
青岛道者无极科技物流股份有限公司
安阳万德主干线物流有限公司
河南省正和物流有限公司
河南豫德隆物流有限公司
荆州市天程货物运输有限公司
湖北华苑粮油有限公司
湖北丰源运输有限公司
湖北丰收粮仓农业科技发展有限公司
宜昌顺达运输有限责任公司
宜昌三峡物流园有限公司
宜昌市晓曦红果业有限公司
宜昌万富工贸有限责任公司
宜昌山里来食品有限责任公司
人福医药十堰有限公司
十堰市和谐物流有限公司
荆门市腾飞达物流有限公司
荆门市多辉农产品物流园开发有限公司
卓尔（天门）棉花交易中心投资发展有限公司
宜昌通诚物流有限公司

武汉市梦园食品饮料有限公司
武汉汉鹏物流发展有限责任公司
岳阳恒阳化工储运有限公司
湘潭金启航物流有限公司（2A 升 3A）
湖南科风速运有限公司
湖南湘港投资集团有限公司
郴州联邦物流有限公司
汝城县诚信物流有限公司
东莞三江港口储罐有限公司
深圳市诚通物流有限公司
深圳市宏运发物流有限公司
四川格罗唯视物流有限公司
四川洪成物流有限责任公司
成都善途快运有限公司
四川达竹物流有限责任公司
西昌市金茂实业有限公司
宁夏金速捷物流有限责任公司
宁夏骏通达物流有限公司
银川宋涛物流有限公司

2A 级物流企业（42 家）
上海金箭物流有限公司
文安县隆兴物流有限公司
大连獐子岛中央冷藏物流有限公司
长兴远锦物流有限公司
绍兴县远顺物流有限公司
临海市华通公铁物流有限公司
宁波海辰物流有限公司
宁波鹏得物流有限公司
宁波大榭开发区中达运输有限公司
福鼎市通联物流有限公司
福建大地通物流有限公司
福建省羊程冷链物流有限公司
泉州市创辉物流有限责任公司
龙岩市卓信物流有限公司
福建快通物流有限公司
九江鑫昌隆物流运输有限公司
龙南宏金达汽车运输有限公司
赣州凯达物流有限公司
兴国金莹物流有限公司
寻乌县通成物流有限公司
赣州骏达物流有限公司
赣州市友好物流有限公司
赣州市赣鑫物流有限公司
湖北三峡鑫物再生资源循环科技有限公司
湖北金叶储运有限公司
黄冈安必达冷链物流有限公司
湖北康华智慧物流园发展有限公司
荆州市丰泽园农业有限公司
湖北农夫乡情科技开发有限公司
湖北俏牛儿牧业有限公司
天门市舒彬农产品开发有限公司
天门元森农业产业化发展有限公司
湖北天地汇物流发展有限公司
武汉经开港口股份有限公司
武汉市武物储运有限公司
浠水中百物流有限公司
武汉中百集团咸宁物流配送有限公司
武汉中百集团恩施物流配送有限公司
深圳市格林通国际货运代理有限公司
成都满贯物流有限公司
甘肃诚佳信通信设备有限公司
宁夏四联创业物流有限公司

1A 级物流企业（4 家）
宁波雷扬物流有限公司
赣州市众诚物流有限公司
湖北同源实业投资有限公司
岳池县安信物流商贸有限公司
注：名单中未包括中国港、澳、台地区

2015年下半年通过复核的A级物流企业名单（各项排名不分先后，共312家）

5A级物流企业（26家）

东方国际物流（集团）有限公司
西上海（集团）有限公司
港中旅华贸国际物流股份有限公司
重庆公路运输（集团）有限公司
开滦集团国际物流有限责任公司
冀中能源峰峰集团邯郸鼎峰物流有限公司
内蒙古巴运汽车运输有限责任公司
通辽市第一运输有限公司
明华能源集团有限公司
江苏连云港港口股份有限公司
浙江顺丰速运有限公司
中国邮政速递物流股份有限公司浙江省分公司
浙江物产物流投资有限公司
安得物流股份有限公司
福建省交通运输集团有限责任公司
福建汇丰物流有限公司
福建陆地港集团有限责任公司
山东盖世国际物流集团有限公司
荣庆物流供应链有限公司
中创物流股份有限公司
国药控股湖北有限公司
湖南金霞粮食产业有限公司
湖南全洲医疗快消品供应链有限公司
广西玉柴物流集团有限公司
成都中铁西南国际物流有限公司
贵州贵铁物流有限公司

4A级物流企业（106家）

北京顺丰速运有限公司
天津市交通集团滨海有限公司
同方环球（天津）物流有限公司
上海商业储运有限公司
上海中石化工物流股份有限公司
日立物流（中国）有限公司
上海东方久信集团有限公司
上海市长途汽车运输有限公司
上海旭富国际物流有限公司
上海普天物流有限公司
西上海汽车服务股份有限公司
上海岳锋国际物流有限公司
中国石油集团川庆钻探工程有限公司重庆运输总公司
民生物流有限公司
重庆重铁物流有限公司
河北邯钢附企巨恒物流有限公司
山西同元实业集团有限公司
山西万昌商贸有限公司
山西大秦物流有限公司
通辽市通粮物流有限公司
内蒙古鄂尔多斯物流有限公司
鞍钢汽车运输有限责任公司
吉林省福达国际物流有限公司
长春京铁物流有限公司
长春市长白山物流有限公司
延边长白山物流有限公司
江苏澳洋顺昌股份有限公司
江苏亚东朗升国际物流有限公司
中国张家港外轮代理有限公司
江苏长江石油化工有限公司
江苏神龙明物流有限公司
南通中远物流有限公司
江苏旺妮物流有限公司
淮安市翔和翎物流有限公司
南通市汇晟建材市场有限公司

江苏忠义物流集团有限公司
南通江虹信息科技有限公司
江苏戚伍水产发展股份有限公司
太仓武港码头有限公司
张家港市金港物流中心有限公司
江苏一联物流有限公司
南通汽运实业集团有限公司川港飞鹤物流分公司
浙江中通通信有限公司
浙江山鹰物流集团有限公司
浙江顺天物流有限公司
宁波富邦物流股份有限公司
宁波市江北永发运输公司
宁波市美家亮国际物流有限公司
宁波余慈物流有限公司
浙江飞达物流有限公司
安徽国力物流有限公司
安徽芜湖中外运有限公司
福建省宏捷物流有限公司
福建省交通建设投资有限公司
福建万集物流有限公司
福建飞跃物流有限公司
厦门志捷国际物流有限公司
厦门中贸国际货运代理有限公司
中国邮政速递物流股份有限公司江西省分公司
江西桃源物流有限公司
高安市新瑞物流有限公司
济南奔腾物流有限公司
山东依厂物流有限公司
山东中外运弘志物流有限公司
山东高密恒丰粮库有限公司
山东瑞康医药股份有限公司
龙口海达物流有限公司
烟台安德水产有限公司
烟台交运集团货运有限公司
河南宇鑫物流集团有限公司
洛阳铁路运通集团（上海）贸易有限公司
宁波郑宜兰能源有限公司
武汉长江沙鸥植物油有限公司
湖北全诚物流有限公司
湖北盛辉物流有限公司
武汉武钢集团汉阳钢厂
宜昌晶海物流有限公司
湖北国贸集团圣洁商贸物流有限公司
湖北襄阳东国家粮食储备库
武汉兴达汽车物流有限责任公司
武汉市大道物流有限责任公司
湖南省京阳物流有限公司
长沙畅通物流有限公司
湖南鸿胜物流有限公司
伟鸿食品股份有限公司
招商局物流集团湖南有限公司
岳阳科德商贸有限公司
湖南省衡缘物流有限公司
郴州市金煌物流有限公司
华润湖南瑞格医药有限公司
湖南金叶众望科技股份有限公司
广东秦粤物流有限公司
深圳宏伟世通物流股份有限公司
中通信息服务有限公司
广州市广百物流有限公司
中捷通信有限公司
广州市盛辉物流有限公司
四川眉山顺达汽车运输有限责任公司
佳欣物流投资有限公司
云南新储物流有限公司
云南天马物流有限公司
延安市汽车运输（集团）有限责任公司
陕西贝斯特物流有限公司

陕西恒顺物流有限责任公司
宁夏银铁平汝实业有限公司
新疆天顺供应链股份有限公司

3A 级物流企业（142 家）

北京国商物流有限公司
北京佳方物流有限公司
北京东方安通物流有限公司
天津中远国际航空货运代理有限公司
上海联达物流有限公司
上海中远国际航空货运代理有限公司
上海中远物流重大件运输有限公司
阿尔卑斯物流（上海）有限公司
上海安宜达物流有限公司
重庆瑞驰物流有限公司
重庆嘉峰实业（集团）有限公司
重庆西南铝运输公司
河北大华国际物流集团有限公司
河北润丰物流有限公司
廊坊市东方华星化工有限公司
山西现代物流有限公司
开鲁县慧通物流有限责任公司
开鲁县有银食品贸易有限责任公司
扎鲁特旗正达粮油贸易有限公司
沈阳一运实业有限责任公司
辽宁安吉联合汽车物流有限公司
营口兴港实业有限公司
辽宁富琳实业集团有限公司
吉林省金河物流运输有限公司
南通市百发实业有限责任公司
无锡市迅杰物流有限公司
昆山朗升安顺达集运物流有限公司
南通鑫鑫医药药材有限公司
昆山飞力宇宏航空货运有限公司
浙江浙金物流有限公司
浙江英特物流有限公司
长兴县小浦竹山潭建材中转站
中国舟山外轮代理有限公司
浙江嘉鸿国际货运代理有限公司
平湖市亚太物流有限公司
绍兴市集亚物流基地有限公司
浙江航空开发总公司
杭州永良物流有限公司
浙江开亚国际供应链有限公司
浙江统冠物流发展有限公司
浙江安畅物流有限公司
浙江百诚物流有限公司
湖州华安物流发展有限公司
湖州富博航运有限公司
嘉兴川山甲物资供应链有限公司
义乌市万通速递有限公司
义乌市华晔国际货运代理有限公司
浙江德源国际货运代理有限公司
浙江雨中雨水产有限公司
宁波市阿六食品有限公司
宁波长胜货柜有限公司
余姚市东方国际物流有限公司
宁波外代新华国际货运有限公司
宁波外代新扬船务有限公司
金辉江海物流股份有限公司
余姚市粮油运输有限公司
中国邮政速递物流股份有限公司浙江省慈溪市分公司
宁波广博赛灵国际物流有限公司
宁波卓承石化物流有限公司
宁波新益物流有限公司
浙江中冠农资有限公司
铜陵市华德实业有限责任公司
福建省四通物流集团
福建华威现代物流有限公司

福建中闽物流有限公司
福建万鼎物流有限公司
晋江市风池汽车运输有限公司
南安市英豪物流有限责任公司
泉州万弘物流有限公司
凯鹏（福建）物流有限公司
福建省建瓯市德峰汽车物流有限公司
福建万达物流有限公司
宁德市申通快递有限公司
福建永杰物流有限公司
石狮市贤达物流有限公司
福建围头物流有限公司
泉州市天盛集装箱运输有限公司
石狮市阜康集装箱储运有限公司
永安市源通物流有限公司
福建省莆田市双赢物流有限公司
厦门火炬集团物流有限公司
厦门锦集物流有限公司
厦门陆港物流有限公司
叶水福物流（厦门）有限公司
厦门国贸泰达保税物流有限公司
厦门汉连物流有限公司
福建万翔现代物流有限公司
江西松畅宝实业有限公司
南康市荣宝正泰物流有限公司
山东载信物流有限公司
潍坊雷沃重工物流有限公司
临沂临工物流有限公司
中盐青岛盐业有限公司
青岛师帅国际物流有限公司
青岛中远国际航空货运代理有限公司
烟台德华物流有限公司
烟台福昊物流有限公司
烟台开发区诚信通和物流有限公司
漯河广通运输有限公司
漯河金道物流有限公司
湖北泓通达物流发展有限公司
枝江市安宁汽车运输有限责任公司
枝江市兴港装卸运输有限责任公司
湖北锦龙物流园有限公司
来凤县金龙物流有限公司
武汉市副食品商业储备有限公司
武汉恒钢物流发展有限公司
武汉山绿冷链物流有限公司
武汉四方交通物流有限责任公司
湖北顺丰运输有限公司
武汉京昌物流有限公司
武汉愚公货运有限公司
武汉鄂南永兴货运托运部
长沙市大唐物流有限公司
湘电集团湖南物流有限公司
湖南畅达物流有限公司
韶山新真喜食品有限公司
湖南安快顺物流有限公司
湖南顺祥物流有限公司
广州市中恒运输有限公司
广州市广石物流有限公司
广州长运全程物流有限公司
广州市新易泰物流有限公司
广州中远国际航空货运代理有限公司
广州市凯宇物流服务有限公司
广州广汽木村进和仓储有限公司
广州和力物流有限公司
广西翁氏八达物流有限责任公司
中国第二重型机械集团德阳万路运业有限公司
德阳华荣大件运输有限公司
泸州市东南德物流有限责任公司
泸州市叁陆运业有限公司
四川农资集团蜀龙物流有限公司

毕节地区黔金叶货物运输有限责任公司
云南曲靖交通集团物流有限公司
陕西东运物流有限公司
招商局物流集团西安有限公司
陕西瑞德宝尔矿山工程股份公司
陕西红太阳仓储有限公司
甘肃天马物流股份有限公司
石嘴山市骊达工贸有限公司
新疆轻工国际投资有限公司

2A 级物流企业（34 家）

北京大荣物流有限公司
上海锦路物流有限公司
上海松浦港务有限公司
营口金舵手船务有限公司
营口经济技术开发区四海物流有限公司
吉林省银保动产质押咨询有限公司
浙江省中集物流有限公司
杭州长运三运运输有限公司
浙江湖州港务有限公司
浙江华药物流有限公司
宁波中亚国际集装箱储运有限公司
宁波太平国际贸易联运有限公司
宁波英特物流有限公司
宁波甬隆物流有限公司
宁波爱达物流有限公司
宁波涌金物流有限公司
宁波市富裕物流有限公司
宁波市鄞州金顺船舶食品有限公司
黄山合兴来仓储物流有限公司
青岛中储物流有限公司
烟台翔川货运有限公司
武汉爱民物流有限公司
湖南金海农产品有限公司
深圳市益嘉物流有限公司
深圳市凯安储运有限公司
合江县速腾物流运输有限公司
自贡三辰实业有限公司
安岳川渝物流有限公司
泸县顺发汽车运输有限公司
酒泉市酒嘉国际物流有限公司
宁夏英力特物流有限责任公司
乌鲁木齐世纪华程物流有限公司
新疆维吾尔自治区通信产业服务有限公司综合物流分公司
新疆中亚食品研发中心（有限公司）

1A 级物流企业（4 家）

辽宁大仓储运有限公司
新昌县广通物流有限公司
宁波长运集装箱储运有限公司
岳池宏宇汽车运业有限公司

放弃复核的企业（46 家）

大新华物流有限公司、中信物流有限公司、天津丽兴园物流发展有限公司、上海通成运输有限公司、第一钢市市场股份有限公司、迅捷物流集团有限公司、江西省宏发物流有限公司、湖北富华棉业集团股份有限公司、华中物流有限公司、柳州宁铁物流有限责任公司、新疆亚欧大陆桥煤炭运销有限责任公司、北京埃瑞普物流有限公司、天津市食品公司冷冻厂、上海利和物流有限公司、重庆川江船务有限公司、秦皇岛龙腾运输集团有限公司、中国外运秦皇岛公司、秦皇岛日月星物流有限公司、浙江省长兴县长运船务有限公司、浙江弘祥国际货运代理有限公司、新昌县甬港联运装卸服务有限公司、浙江玖联物流有限公司、宁波市文浩物流有限公司、余姚市申通快递有限公司、漳州杏春堂医药连锁有限公司、应城市锦程物流有限责任公司、湖南铁顺物资有限公司、成都大西南铁路储运有限公司、四川东立达物流有限责任公司、阿拉山口地平线石油天然气股份有限公司、长兴远华物流有限公司、宁波保税区华东进口商品市场开发有限公司、宁波今日物流有限公司、南康宝供物流有限公司、武汉市富大物流有限公司、武汉万顺公路货运服务有限公司、岳阳市运来物流有限公司、湖南科通电气设备制造有限公司、广西桂华物流有限公司、成都西联钢铁有限公司、泸州市纳溪区龙车开明物流运输有限公司、眉山同盛物流有限责任公司、泸州市蜀联货运有限公司、四川省瑞威物流有限公司、新疆富锦肥业有限公司、宁波保税区海盛仓储有限公司因物流业务调整、并购重组、经营模式改变、企业被注销等原因，不再保留A级企业资质

注：名单中未包括我国港、澳、台地区

全国第二十二批A级物流企业名单（各项排名不分先后，共402家）

5A级物流企业（18家）

北京昌达物流集团有限公司
北京宅急送快运股份有限公司
上海顺衡物流有限公司（4A升5A）
中铁铁龙集装箱物流股份有限公司
辽宁联合物流有限公司
苏州万隆华宇物流有限公司
江苏安达洲沿江国际物流有限公司
湖州鑫达国际物流有限公司（4A升5A）
菜鸟网络科技有限公司
泉州安通物流有限公司
山东九州通医药有限公司（4A升5A）
山东奔腾物流有限公司（4A升5A）
山东成泰物流有限公司
靖海集团有限公司
湖北省农业生产资料集团有限公司
华润湖南医药有限公司（4A升5A）
湖南金煌物流股份有限公司（4A升5A）
湖南兴义物流有限公司（4A升5A）

4A级物流企业（129家）

北京市京顺达物资有限公司
安迅物流有限公司
联合运输（天津）有限公司（3A升4A）
天津元顺物流集团有限公司
敦豪全球货运（中国）有限公司
上海蒙盛物流有限公司（3A升4A）
上海奔祥物流有限公司
上海天地汇供应链管理有限公司
保定陆港投资有限公司
唐山长久物流有限公司
山西先行经贸有限公司
山西九州通医药有限公司
山西永旺能源集团物流配送有限公司
临汾经济技术开发区兴荣汽车运输有限公司
内蒙古亿阳蒙西物流有限公司
营口金谷物流有限公司
营口弘程集装箱公路运输有限公司
吉林大乘控股集团有限公司
长春市鼎庆经贸有限责任公司
诚源港务集团有限公司（3A升4A）
中国邮政集团公司江苏省宜兴市分公司
常熟市科宏储运有限公司（3A升4A）
苏州华诚国际物流有限公司（3A升4A）
张家港保税区沿江物流供应链有限公司（3A升4A）
攀华集团有限公司

昆山瀚宇国际物流服务有限公司（3A 升 4A）

张家港市盛泰港务有限公司

北京汇源集团（苏州）兆丰物流有限公司

绿洲物流股份有限公司

海安惠安快运有限公司

南通市远邦石油有限公司

海安通达联运有限公司

海安县华润食品有限公司

海安县欣盛汽车运输有限公司

仪征上汽赛克物流有限公司（3A 升 4A）

大丰海港港口有限责任公司

欧普石油天然气集团有限公司

江苏盐道物流股份有限公司

江苏安邦物流股份有限公司（3A 升 4A）

江苏政成物流股份有限公司（3A 升 4A）

江苏天地纵横物流有限公司（3A 升 4A）

常熟国通物流有限公司（3A 升 4A）

常熟市金萍国际货运代理有限公司（3A 升 4A）

南通安运物流服务有限公司

江苏百成大达物流有限公司

九州通集团杭州医药有限公司

杭州铁集货运股份有限公司

浙江天跃物流有限公司（3A 升 4A）

浙江海西供应链有限公司（3A 升 4A）

浙江尊龙物流有限公司（3A 升 4A）

义乌市正航国际货运代理有限公司（3A 升 4A）

浙江宏旭国际货运代理有限公司（3A 升 4A）

义乌市百纳国际货运代理有限公司（3A 升 4A）

浙江经开物流有限公司

安徽皖新物流有限公司

芜湖方圆物流有限公司（3A 升 4A）

黄山祥驰物流有限公司（3A 升 4A）

安徽港航物流有限公司

莆田市顺丰速运有限公司

航都（厦门）国际货运代理有限公司（3A 升 4A）

厦门中予物流有限公司

福建省中舡物流有限公司

鹰潭市佳尔物流有限公司

江西佳润物流集团有限公司

江西瑞州汽运集团洪鑫物流有限公司

江西省高安汽运集团福林汽运有限公司

江西江龙集团龙鹏汽运有限公司

景德镇恒达物流有限公司

江西大飞物流有限公司

高安赣粤五星运输有限公司

江西金辉物流有限公司

江西省新博物流股份有限公司

江西正广通供应链管理有限公司

吉安华通物流中心有限公司

赣州万吉物流有限公司（3A 升 4A）

济南星光大道物流有限公司

诸城市立方再生资源有限公司

山东梅开再生资源开发有限公司

荣成市连海渔业有限公司

青岛中外运联丰国际物流有限公司

安钢集团汽车运输有限责任公司（3A 升 4A）

东风捷富凯武汉物流有限公司（2A 升 4A）

襄阳市中合物流有限责任公司（3A 升 4A）

襄阳捷顺达物流有限公司

襄阳市大公货物运输有限公司

湖北德盟联合物流有限公司

湖北锦龙物流园有限公司（3A 升 4A）
湖北盐业集团有限公司
襄阳弋圆运输有限公司
湖北襄管物流有限公司
襄阳双利达石油运输有限公司
黄石天海航运有限公司（3A 升 4A）
当阳市开心物流有限公司
十堰群利物流园有限公司（3A 升 4A）
荆门市民丰科技有限责任公司
湖北周正物流有限公司
长航武汉汽车物流有限公司
中外运湖北有限责任公司
武汉天地汇天诚供应链管理有限公司
湖南省行行行仓储经营管理有限公司
湖南天鸿致远文化发展有限公司
湖南省惠尔物流有限公司（3A 升 4A）
益阳湘运集团股份有限公司（3A 升 4A）
湖南首邦物流有限公司
湖南九裕物流有限公司
珠海市德昌顺物流投资有限公司
广东华为现代物流有限公司
深圳市中海通物流股份有限公司（3A 升 4A）
深圳科捷物流有限公司
深圳市安迅运输实业有限公司
深圳市宏通供应链股份有限公司
招商局物流集团广州物流有限公司（3A 升 4A）
广东福地物流有限公司
广西北港物流有限公司
广西先飞达物流股份有限公司
海南正盛海运有限公司
海南恒盛海运有限公司
海南嘉鑫船务有限公司
遂宁市东正物流有限公司
成都传化公路港物流有限公司
贵州省物资储运总公司（3A 升 4A）
红河州顺通物流有限公司（3A 升 4A）
陕西卓昊物流有限公司（3A 升 4A）
国药控股宁夏有限公司（3A 升 4A）
宁夏李旺实业发展有限公司（3A 升 4A）
宁夏万马大件运输有限公司（3A 升 4A）
新疆振坤物流有限公司
新疆昌顺源物流有限公司
招商局物流集团乌鲁木齐有限公司

3A 级物流企业（212 家）

北京中远汽车物流有限公司
中通物流有限公司
传云（天津）物联网技术有限公司
上海中外运冷链运输有限公司
上海巴士化工物流有限公司
国本（上海）国际物流有限公司
上海天隽国际货物运输代理有限公司
上海和实储运有限公司
重庆宏声物流有限责任公司
重庆祥运物流有限公司
重庆祥茂物流有限公司（2A 升 3A）
重庆铁风国际物流有限公司
河北宝信物流有限公司
山西穗华物流园有限公司
山西汽运集团阳泉汽车运输有限公司
辽宁同益物流股份有限公司
辽宁宽道物流有限公司
吉林省蓝天物流有限公司
黑龙江嘉和融通物流股份有限公司
淮安市安吉运输有限公司
江苏汇海物流有限公司
南京顺君运输有限公司
无锡禾健物流发展有限公司

江苏东尚物流有限公司
无锡恒荣物流有限公司
江苏百聚供应链管理有限公司
宝航物流股份有限公司
无锡恒润物流有限公司
广日物流（昆山）有限公司
江苏汇舟物流有限公司
昆山宏宇货运有限公司（2A 升 3A）
张家港普悦商贸有限公司
吴江顺驰物流有限公司
苏州晟际物运有限公司
南通宝湾国际物流有限公司
南通兴东机场有限公司
大丰海港港口物流有限公司
常州市双志石油化工储运有限公司
江苏正德物流有限公司
泰兴市双林危险品车辆运输有限公司（2A 升 3A）
泰州联成仓储有限公司（1A 升 3A）
泰兴市太平洋化学危险货物运输有限公司（2A 升 3A）
昆山永发运输有限公司
扬州庆峰物流有限公司
昆山市天使运输有限公司
江苏顺达货运配载有限公司
淮安泽宇商贸有限公司
衢州市广富物流有限公司（1A 升 3A）
嘉兴浩大物流有限公司
杭州英健物流有限公司
长兴兴纬物流有限公司
浙江中跃供应链管理有限公司
浙江天地物流有限公司
浙江卫星化学品运输有限公司
嘉兴德邦物流有限公司（2A 升 3A）
浙江嘉信元达物流有限公司（2A 升 3A）
浙江世通物流有限公司
台州市黄岩运鹏物流有限公司
浙江黄岩洲锽实业有限公司
浙江海畅物流有限公司（2A 升 3A）
浙江华峰物流有限责任公司
温州市茂富物流有限公司
温州盛辉物流有限公司
温州华安物流有限公司
义乌市商通物流有限公司
浙江莱晋得国际货运代理有限公司
舟山陆港物流有限公司
温州市朝阳油品运输有限公司
金华市传云物联网技术有限公司
宁波宝通万国物流有限公司
宁波天易物流有限公司
宁波鸿英国际物流有限公司
宁波兴港货柜有限公司
宁波万联国际集装箱投资管理有限公司
宁波天翔货柜有限公司（2A 升 3A）
宁波天时利国际货运代理有限公司
宁波空港物流发展有限公司
宁波汇昌物流有限公司
明光广大物流城有限公司
芜湖顺驰物流有限公司
马鞍山长运物流港有限公司
宿州市皖发物流有限责任公司
三明市雄辉物流发展有限公司
福建泰航国际物流有限公司
耀泰物流股份有限公司
宁德盛辉物流有限公司
石狮市鹏达汽车货物运输有限公司
福建至信物流有限公司
石狮市中联运输有限公司
晋江科达物流有限公司
福建南华物流有限公司

石狮市春松申通快递有限责任公司
石狮华运物流有限公司
石狮市腾祥物流发展有限公司
福建省安捷汽车运输有限公司
福建金旅物流有限公司
福建省星城物流有限公司
邵武市龙祥汽车运输有限公司
三明市捷安达物流有限公司
厦门硕航物流有限公司
厦门优创思特供应链管理有限公司
江西鑫昌物流有限公司
广昌县骏捷物流有限公司
东乡县佳兴物流有限公司
南城县吉尔物流有限公司
赣州森海汽车贸易有限公司
上犹县通力物流有限公司
江西省吉诚物流有限公司
江西众帮物流有限公司
吉安市永和诚信汽车运输有限公司
全南县万通物流有限公司
江西智联汇和物流有限公司
赣州口岸集装箱运输有限公司
中国邮政集团公司赣州市分公司
山东佳怡国际汽车物流有限公司
山东海纳宏洲运输股份有限公司
临沂九州通医药有限公司
山东炳丰物流有限公司
临沂鲁疆物流有限公司
山东香驰物流有限公司
山东德邦物流有限公司
青岛和盛泰物流有限公司
青岛苏宁物流有限公司
莱州祥和物流有限公司
郑州飞腾货运有限公司
郑州飞鹰货运服务有限公司
河南诚通物流服务有限公司
河南鸿翔物流有限公司
河南德众保税物流中心有限公司（2A 升 3A）
武汉市捷锐物流有限公司
老河口华茂物流有限公司
襄阳新生合物流有限公司
黄石市广运物流有限公司
湖北广发物流发展有限公司
黄石市昌龙综合物流有限公司
湖北联海食品集团有限公司
大冶市古华实业有限公司
利川市五洲货运物流有限公司
人福医药襄阳有限公司
湖北中徽物流有限公司
南漳县浩天商贸有限公司
湖北众联物流发展有限公司
国药控股黄石有限公司
赤壁大润发仓储有限公司
国药控股恩施有限公司
十堰锦锐物流有限公司
襄阳光华龙实业有限公司
桂邦运输武汉有限公司
湖北经纬国际货运有限公司（2A 升 3A）
武汉苏宁物流有限公司
日通商事（武汉）仓储有限公司
武汉八达通农产品物流有限公司
岳阳市海仑国际物流发展有限公司
岳阳市名楼物流有限公司
岳阳申阳航运有限公司
长沙诚安物流有限公司
湖南康芝仁医药连锁有限公司
岳阳三友物流有限公司
惠州市德邦物流有限公司
佛山市华信长城物流运输有限公司

东莞市顶鑫农副产品配送服务有限公司
揭阳市众泰物流有限公司
东莞市启盈国际保税物流有限公司
广东志邦速运供应链科技有限公司
东莞市盛辉物流有限公司
深圳市涵文国际货运代理有限公司
深圳市安鹏货运有限公司
深圳市锦鑫物流有限公司
深圳市盛昌隆集装箱货物运输有限公司
广州创智物流有限公司
广州兴运邦物流有限公司
广州传云物联网技术有限公司
广西德邦物流有限公司
广西超大运输集团有限责任公司
洋浦天豪物流有限公司
海口全程德邦物流有限公司
西南诚通物流有限公司
四川省心连心运输有限公司（2A 升 3A）
自贡三辰实业有限公司（2A 升 3A）
泸州永昌港埠物流有限责任公司（2A 升 3A）
四川盛世前程物流有限公司
四川环宇物流有限公司
成都通祥福明物流有限公司
上海锐拓冷链物流有限公司
四川成诺物流有限责任公司
四川迈诺物流投资有限公司
成都雅士物流有限公司（2A 升 3A）
成都道臣物流集团有限公司（2A 升 3A）
成都新中意物流有限公司
成都尚成物流有限公司
成都惠康运业有限公司
四川省盛辉物流有限公司
成都中浩物流有限公司
成都宇轩物流有限公司
成都勃海物流有限公司
成都保得物流有限公司
成都中坤物流有限公司（2A 升 3A）
成都上尚物流有限公司
四川甘霖冷链物流有限公司
成都彦锐物流有限公司
四川鼎国物流有限公司
成都亚美物流有限公司
遵义铁路联营联运实业有限公司
贵州志吉物流有限责任公司
西安国际港务区海得邦物流有限公司
陕西金亿通商贸有限公司（2A 升 3A）
甘肃诚佳信通信设备有限公司（2A 升 3A）
宁夏新华百货现代物流有限公司
宁夏润恒农产品市场有限公司
乌鲁木齐欣发海宏货物运输有限公司
新疆天顺供应链哈密有限责任公司（2A 升 3A）
新疆福隆物流有限公司

2A 级物流企业（43 家）

北京斌奎物流有限公司
北京锦伦国际物流有限公司
重庆犇牛劳务有限公司
泰兴市海诚物流有限公司
泰兴市五合物流有限公司
杭州大恩物联科技有限公司
浙江德邦物流有限公司
台州市公铁集装箱运输有限公司
仙居永安物流有限公司
浙江万中物流有限公司
慈溪市余慈物流中心
宁波国华国际货运代理有限公司
砀山申通快递有限公司

宿州市厚德物流有限责任公司
宿州市荣泰物流有限公司
萧县蚂蚁搬家有限公司
灵璧县中粮运输有限公司
泗县捷达物流有限公司
砀山县傲游物流服务有限公司
江西勤强物流有限公司
江西伟盛国际货运代理有限公司
九江市新雪域置业有限公司
九江联商物流有限公司
安福永和诚信物流有限公司
九江长东仓储物流有限公司
赣州春欣物流有限公司
潍坊正捷物流有限公司
黄冈东坡粮油集团有限公司
赤壁路路特物流有限公司
湖北星梦茶业股份有限公司
天门市鑫天农业发展有限公司
潜江市佳捷物流有限责任公司
宝湾物流（武汉）有限公司
郴州俊涛贸易有限公司
郴州泰达物流有限公司
郴州市君鑫农产品市场开发有限公司
郴州红星物流有限责任公司
四川广安国家粮食储备库
甘孜州秦歌物流有限公司
泸州市成达物流有限公司
贵州永利物流有限责任公司
陕西吉顺龙物流有限公司
宁夏回族自治区通信产业服务有限公司物流分公司

注：名单中未包括我国港、澳、台地区

2016年上半年通过复核的A级物流企业名单（各项排名不分先后，共381家）

5A级物流企业（18家）

北京京铁经贸发展中心
河北冀铁集团公司
唐山市佳源贸易发展有限责任公司
大连港股份有限公司
沈阳铁道物流集团有限公司
中铁物资集团东北有限公司
黑龙江农垦北大荒物流集团有限公司
江苏金陵交运集团有限公司
江苏飞力达国际物流股份有限公司
林森物流集团有限公司
国药控股扬州有限公司
立晨物流股份有限公司
河南中原铁道物流有限公司
武汉港务集团有限公司
湖南星沙物流投资有限公司
招商局物流集团有限公司
广州市卓志物流服务有限公司
广东新邦物流有限公司

4A级物流企业（93家）

珠海市吉泰物流有限公司
京铁物流有限公司
天津安达物流股份有限公司
招商局物流集团（天津）有限公司
上海无忧供应链管理有限公司
上海万家物流有限公司
上海新大洲物流有限公司
上海邦达隆飞物流有限公司

上海物贸生产资料物流有限公司
上海厚谊俊捷国际物流发展有限公司
唐山海港华贸物资经销有限公司
河北新武安钢铁集团物流有限公司
内蒙古北方风驰物流港有限公司
通辽铁盛商贸（集团）有限公司
大连铁越集团有限公司
大连环东物流有限公司
沈阳铁道煤炭集团有限公司
大连中铁外服国际货运代理有限公司
本溪钢铁（集团）国贸腾达有限公司
中铁铁龙集装箱物流股份有限公司沙鲅铁路分公司
宁波营港利信物流有限公司
营口汇丰物流有限公司
营口鞍钢国际货运代理有限公司
长春市中远快运有限公司
南通大地物流有限公司
常熟威特隆仓储有限公司
淮安市吉安物流有限公司
南通江东物流有限公司
南通化学危险品运输有限公司
中苏医药物流集团有限公司
国药控股盐城有限公司
淮安交运危货运输有限公司
临海市江南物流中心有限公司
浙江大恩物流有限公司
长兴永畅物流建设开发有限公司
上虞市信诚物流中心
台州市东北物流有限公司
台州市路桥亿通物流中心有限公司
义乌市扬翔国际货运代理有限公司
浙江集海物流有限公司
浙江金斯顿物流有限公司
舟山豪舟物资仓储有限公司
宁波港东南物流集团有限公司
宁波市一洲货运有限公司
安徽省通信产业服务有限公司器材贸易分公司
合肥新桥物流有限公司
安徽皖江物流（集团）股份有限公司
芜湖市海洋物流有限公司
安徽阜阳临沂商城投资发展有限公司
亳州市天运物流有限责任公司
福建运杰物流有限公司
中国福州外轮代理有限公司
福建金马物流有限公司
狮鑫物流（福建）有限公司
厦门市东万晟贸易有限公司
厦门盛辉物流有限公司
永进（厦门）国际物流有限公司
江西江龙集团鸿海物流有限公司
赣州国盛铁路实业有限公司
山东滨州银河国际物流有限公司
高密市永平再生资源有限公司
莒县通达物流有限公司
山东京博物流股份有限公司
山东捷丰国际储运有限公司
青岛天驰仓储有限公司
烟台市农业生产资料总公司
山东康诺盛世医药有限公司
烟台恒邦物流股份有限公司
蓬莱京鲁渔业有限公司
河南中博物流有限公司
河南省鸿泰物流有限公司
河南省阳光物流发展有限公司
河南省豫锋物流有限公司
许昌鲜易供应链有限公司
郑州长通实业有限公司
葛洲坝集团物流有限公司

荆州市长江物流有限公司
湖北渤洋物流有限公司
湖南安迅物流运输有限公司
湖南五六联盟电商物流有限公司
湖南顺丰速运有限公司
衡阳市雁城物流园有限公司
深圳市金鹏物流园物流有限公司
深圳速必达商务服务有限公司
广州市德邦物流服务有限公司
广东孟源物流有限公司
广州轻出集团有孚供应链管理有限公司
广西柳州物资储运贸易总公司
海南和宇运贸有限公司
成都双流国际机场航空地面服务有限公司
四川九州通医药有限公司
云南中畅物流有限公司
中国邮政速递物流股份有限公司宁夏回族自治区分公司

3A 级物流企业（223 家）

北京和众奥顺达物流有限公司
北京百利威仓储物流有限公司
北京京津港国际物流有限公司
北京二商健力食品科技有限公司
天津华鹏飞雅豪物流有限公司
上海成协物流配送有限公司
上海晶通化轻发展有限公司
上海金陵国际物流有限公司
德迅（中国）货运代理有限公司
上海弘和物流有限公司
上海港口化工物流有限公司
上海菱华仓储服务有限公司
上海沧运物流有限公司
上海钢联物流股份有限公司
上海宝通运输实业有限公司
上海同程物流发展有限公司
重庆大江工业集团燕兴物流有限责任公司
重庆保时达保税物流有限公司
重庆安吉红岩物流有限公司
石家庄安捷联运有限公司
河北润成仓储有限公司
山西顺丰速运有限公司
通辽市祥鑫物流股份有限公司
大连捷通物流有限公司
瓦房店轴承运输有限责任公司
大连交通运输集团有限公司
大连康宁物流有限公司
舟山市定海增展船务有限公司
沈阳中深科技实业有限公司
锦州中裕物流有限公司
锦州盈港物流有限公司
中国营口外轮代理公司
大庆市神舟物流集团有限公司
齐齐哈尔光明运输代理服务有限公司
江苏捷成物流有限公司
江苏宏泰物流有限公司
苏州工业园区伟创国际物流有限公司
苏州工业园区航港物流有限公司
常熟金狮物流有限公司
江苏鑫力国际物流有限公司
昆山凯达物流有限公司
江苏银树食品有限公司
江苏海企化工仓储股份有限公司
杭州华商物流股份有限公司
浙江长兴捷通物流有限公司
温州浙闽物流中心开发有限公司
金华市中宇物流有限公司
温州市交通运输集团有限公司
浙江尖峰国际贸易有限公司
杭州富日物流有限公司

义乌中远国际货运代理有限公司
义乌太平洋国际货运有限公司
杭州宁围物流有限公司
杭州宇欣物流有限公司
浙江省台州市农资有限公司
浙江远东物流有限公司
浙江老孙物流有限公司
杭州东驰物流有限公司
浙江广杭物流有限公司
杭州口岸国际物流有限公司
湖州一通物流有限公司
平湖市安达汽车运输有限公司
浙江路航物流有限公司
浙江华佳业物流有限公司
浙江金剑国际货运有限公司
浙江省台州市海门港埠总公司
乐清市四通物流有限公司
温州港口服务有限公司
温州市瓯海物流信息中心
义乌市天天快快递有限公司
浙江华迅国际货运代理有限公司
义乌市凤翔国际货运代理有限公司
浙江顶顺物流有限公司
杭州和达物流有限公司
浙江华能物流有限公司
浙江湖州鹿富物流有限公司
浙江越顺物流有限公司
浙江凯鸿物流有限公司
浙江浙农茂阳农产品配送有限公司
中国邮政速递物流股份有限公司绍兴市分公司
台州天达物流有限公司
温州航空货站有限公司
浙江中道物流有限公司
浙江福瑞鑫国际货运代理有限公司
浙江鸿洋国际货运代理有限公司
慈溪市公铁联运有限公司
慈溪市杭州湾物流中心
宁波市环集国际物流有限公司
宁波璐璐国际物流有限公司
浙江恒顺物流有限公司
中创物流（宁波）有限公司
宁波市正源医药药材有限公司
宁波国柜物流有限公司
宁波捷尔国际货运代理有限公司
宁波金海岸物流有限公司
宁波金海岸集装箱运输有限公司
宁波市万达金诚物流有限公司
宁波银星海运有限公司
宁波市天晴运输有限公司
宁波中基国际物流有限公司
铜陵港务有限责任公司
黄山市来明物流有限公司
马鞍山市腾通汽车运输有限责任公司
福建省中通通信物流有限公司
福州外代储运有限公司
漳州新立基沥青有限公司
泉州市英豪物流有限责任公司
晋江市安迅物流有限公司
福建鑫展旺物流有限公司
福建信运冷藏物流有限公司
福建建宁铙山和兴物流有限公司
南平烟草物流有限公司
福州胜狮货柜有限公司
福建星泰安物流有限公司
福建盛昌物流有限公司
莆田市亚运交通有限公司
东南医药物流有限公司
吉顺（福建）物流有限公司
福建龙达运输有限公司

南安市成发汽车运输有限公司
泉州市闽运兴物流有限责任公司
福建省维山物流运输有限公司
石狮市澳隆物流快运有限公司
石狮市宏伟物流有限责任公司
漳州烟草物流有限公司
福建鸿雁物流有限公司
福建海华医药连锁有限公司
龙岩市龙洲物流配送有限公司
福建闽元物流有限公司
全球物流（厦门）有限公司
厦门市中鹭达进出口有限公司
厦门汉航物流有限公司
环球汇通物流（厦门）有限公司
厦门创誉物流有限公司
厦门珉挚集装箱服务有限公司
元翔空运货站（厦门）有限公司
厦门旺墩冷冻仓储有限公司
厦门金贸物流有限公司
福建联冠物流有限公司
厦门市杏林永顺运输有限公司
厦门九州通医药有限公司
潍坊潍柴顺达物流有限公司
山东蚧口渔业集团有限公司
山东道恩物流有限公司
烟台洲达国际货运代理有限公司
莱阳市交通物流有限公司
招远市鸿发物流服务有限公司
烟台顺丰速运有限公司
烟台通昌物流有限公司
烟台益商物流有限公司
龙口外代国际货运有限公司
龙口港外轮代理有限公司
河南省商业储运有限公司
中核（郑州）储运贸易公司
洛阳石化通达运输工程有限责任公司
湖北楚元石化物流有限公司
兴山县峡口港有限责任公司
宜昌金太阳运输有限公司
湖北储备物资管理局七三六处
巴东县金宇山运输有限公司
湖北富祥粮棉股份有限公司
宜都市顺捷物流有限公司
十堰市万安达物流信息有限公司
十堰市利通物流有限公司
武汉益嘉物流有限公司
武汉市西南物流有限公司
武汉新世纪商汇金属材料市场股份有限公司
湖北九州舜天国际物流有限公司
岳阳市安迅货运有限公司
湖南湘潭汽车运输总公司
湖南德鑫物流投资有限公司
岳阳花果畈物流园有限公司
湖南洞庭物流有限公司
湖南临港物流有限公司
湘潭百嘉香食品贸易有限公司
资兴市达达农产品冷链物流有限公司
郴州市辉达物流仓储有限公司
惠州市锦通物流有限公司
国药控股广东物流有限公司
江门市万里达物流有限公司
珠海公交信禾物流有限公司
佛山市运输有限公司
汕头市瑞发货运有限公司
深圳综合信兴物流有限公司
深圳市盐港明珠货运实业有限公司
广州大顺发国际物流有限公司
广州市黄埔致发运输工贸发展有限公司
广州天智市场经营管理有限公司

广州益嘉物流有限公司
柳州五菱物流有限公司
柳州市瑞中运钢材储运有限公司
攀枝花宏德现代物流有限责任公司
绵阳华驰物流有限公司
攀枝花恒力（集团）投资有限公司
攀枝花鑫铁物流有限公司
绵阳安运物流有限公司
攀钢集团西昌新钢业物流有限公司
西昌市鑫叶物流有限公司
资阳瑞宇物流有限公司
攀枝花市攀青物流有限公司
攀枝花汉都物流有限公司
南充市宏捷物流有限公司
四川广聚物流服务有限公司
泸州市跃达物流有限公司
泸州诚通物流有限公司
四川沿森投资管理有限公司
四川晶南物流有限责任公司
贵州铭宇物流有限责任公司
贵州国程物流有限公司
贵州恒申物流有限公司
云南电力物资公司
云南德胜物流有限公司
云南快达航空物流有限公司
云南省外贸万达运输公司
云南省通信产业服务有限公司物流分公司
西藏南亚国际实业有限公司
陕西康龙快运有限责任公司
宁夏天鹰电力物资有限公司
宁夏中杰物流管理股份有限公司
宁夏富海物流有限公司
中卫市江龙运输有限公司
中卫市元泰物流有限公司
新疆中远国际货运有限公司

2A 级物流企业（41 家）

北京嘉里物流有限公司
重庆市铁建物流有限公司
重庆海珑运输有限公司
黄骅市广元运输有限公司
运城市金叶汽车服务有限公司
乌拉特中旗毅腾矿业有限责任公司
二连浩特浩通能源有限公司
营口口岸物流有限公司
昆山富士达物流有限公司
杭州龙润物流有限公司
湖州久运物流有限公司
浙江美都物流有限公司
绍兴益盛航运有限公司
台州兴港国际集装箱储运有限公司
安吉陆顺物流有限公司
安吉鑫盛物流有限公司
绍兴海盛航运有限公司
宁波佰盛物流有限公司
宁波青峙化工码头有限公司
宁波兰羚钢铁实业有限公司
宁波中永物流有限公司
宁波华贝供应链管理有限公司
宁波久顺国际物流有限公司
福建吉源物流有限公司
福州开发区路港沥青有限公司
河南裕丰物流有限公司
河南德众物流配送有限公司
秭归县长江物流有限责任公司
宜昌三峡运输集团有限责任公司
荆门东生晨光电力物资有限公司
武汉市民生物流有限公司
湖南金顺物流仓储有限公司
肇庆市致美物流有限公司

泸州利普物流有限公司
绵阳市高水农副产品批发有限公司
凉山州鑫吉物流有限责任公司
德昌县鑫达货运有限责任公司
景东盛达物流有限公司
保山三祥货运有限公司
甘肃省化轻材料有限责任公司
宁夏四季青冷链物流有限公司

1A 级物流企业（6 家）

宁波亿百华国际物流有限公司
宁波神化特种化学品集成有限公司
宁波亿丰食品有限公司
宁波保税区永裕贸易有限公司
陕西正源物流发展有限责任公司
陕西澄城弘方物流有限公司

放弃复核的企业（48 家）

承德市风驰物流有限公司、内蒙古华通现代物流集团有限公司、江西省高安汽运集团玲波汽运有限公司、武汉阜旺物资有限责任公司、云南红河物流有限责任公司、北京西南物流中心有限公司、冀运集团股份有限公司、中国外运河北唐山公司、石家庄盛福源商贸有限公司、锦州百邦物流有限公司、长春昌大物流有限公司、舒兰市大鹏物流有限责任公司、浙江诚毅国际物流有限公司、浙江中坤东方物流有限公司、杭州盛飞实业有限公司、浙江嘉兴嘉化物流有限公司、浙江省绿通物流有限公司、义乌市中迪国际货运代理有限公司、长兴宝丰货物配载部、台州市新开源海运有限公司、宁波市波达仓储物流有限公司、宁波神鱼海运有限公司、余姚市文辉工贸有限公司、慈溪市万胜物流有限公司、宁波永正海运有限公司、安徽蓝宇物流有限公司、合肥明天物流有限公司、黄山腾达物流发展有限公司、安徽靖童科技农业发展有限公司、鹰潭市龙虎山东方物流有限公司、山东永盛国际货运有限公司、怀化电化有限责任公司、长沙海驿物流有限公司、广州市黄埔区通达储运有限公司、佛山市骏兴物流有限公司、海口高新区盛达货运有限公司、宁夏领鲜物流有限公司、重庆圣都物流有限公司、秦皇岛首钢渤通物流有限责任公司、浙江路路发物流有限公司、宁波维博物流有限公司、前程物流有限公司、厦门嘉功物流有限公司、武汉大康物流有限责任公司、武汉邦尼国际货运代理有限公司、会理县宏大运输有限责任公司、陕西天盛祥物流有限责任公司、陕西永生钢材交易市场有限公司因物流业务调整、并购重组、经营模式改变、企业被注销等原因，不再保留 A 级企业资质。

注：名单中未包括我国港、澳、台地区。

物流企业信用评价 A 级信用企业（第十八批、第十九批）名单

第十八批物流企业信用评价 A 级信用企业名单（共 38 家）

AAA 级信用企业为（排名不分先后，24 家）

广州市庆捷物流有限公司
广州市行成物流有限公司
上海青旅国际货运有限公司
江苏超达物流有限公司
郑州铁路经济开发集团有限公司
安徽通华物流有限公司
湖南金煌物流有限公司
中国供销集团南通供销产业发展有限公司
鸿讯物流有限公司
广州珠江电力燃料有限公司
武汉乐道物流有限公司
浙江统冠物流发展有限公司
上海通贸国际供应链管理有限公司
南平烟草物流有限公司
江西新华物流有限公司
唐山百货大楼集团银河物流有限责任公司
广州发展能源物流集团有限公司
林安（九江）商贸物流发展有限公司
林安（偃师）商贸物流城有限公司
天津物产集团有限公司
新疆天顺供应链股份有限公司
中铁铁龙集装箱物流股份有限公司特种集装箱运输分公司
黄石天海航运有限公司
湖南省行行行仓储经营管理有限公司

AA 级信用企业为（排名不分先后，14 家）

广州发展碧辟油品有限公司
海南罗牛山食品集团有限公司冷链物流分公司
广州南沙发展燃气有限公司
湖北丰源物流供应链管理有限公司
广州港发石油化工码头有限公司
广州发展航运有限公司
广州南沙发展煤炭码头有限公司
广州发展燃料港口有限公司
广州发展环保建材有限公司
广州发展燃料销售有限公司

中远发展航运有限公司
泉州外轮代理有限公司
漳州大正冷冻食品有限公司
龙岩市港通汽车运输有限公司

第十九批物流企业信用评价 A 级信用企业名单（共 28 家）

AAA 级信用企业为（排名不分先后，17 家）

深圳市车夫网物流科技有限公司
鞍钢汽车运输有限责任公司
江苏政成物流股份有限公司
福建中闽物流有限公司
中山市物资集团有限公司
深圳市凯通物流有限公司
浙江九龙国际物流有限公司
荆州市长江物流有限公司
甘肃天马物流股份有限公司
天津丰田物流有限公司
黑龙江中信物流储运股份有限公司
安得物流股份有限公司
南京长安民生住久物流有限公司
中国邮政速递物流股份有限公司江苏省分公司
上海顶通物流有限公司
云南腾晋物流股份有限公司
远成物流股份有限公司

AA 级信用企业为（排名不分先后，11 家）

吉林省易联物流有限公司
湖北汽车运输有限公司
龙岩市交通运输有限公司
重庆中集汽车物流股份有限公司
包钢集团机械化有限公司
宁波广博赛灵国际物流有限公司
成都道臣物流集团有限公司
辽宁同益物流股份有限公司
云南腾俊国际物流有限公司
云南腾俊多式联运股份有限公司
中铁特货汽车物流有限责任公司

（中物联行业事业部）

2016“中国物流示范基地”“中国物流实验基地”名单

“中国物流示范基地”5家

河南宇鑫物流集团有限公司

中物华商集团股份有限公司

中国供销集团南通供销产业发展有限公司

广州发展能源物流集团有限公司

安得物流股份有限公司

“中国物流实验基地”4家

广州广日物流有限公司

新疆宝新恒源物流有限公司

福建中闽物流有限公司

广州发展航运物流园

（中物联行业事业部）

2016年度中国物流与采购联合会科学技术奖获奖项目主要完成单位及完成人名单

序号	奖种	获奖等级	项目名称	主要完成单位	主要完成人
1	科技发明奖	一等奖	智慧水运电子商务系统	中储南京智慧物流科技有限公司、南京络捷思铭物流科技有限公司	李敬泉、刘云飞、李昊、张留、陈威
2		二等奖	精准温度控制的冷链运输装置及运输方法	松冷（武汉）科技有限公司、松冷沃野（武汉）精准温度供应链管理有限公司	孙立军、郭宝坤、孙向晖、段振宇、吴江灿、韩春晖、韦亚南
3		二等奖	柴油重卡用柴油/甲醇组合燃烧技术	天津大学	姚春德、姚安仁、潘望、韩国鹏、危红媛、李云强、王银山、程传辉、许汉君
4		二等奖	西本新干线采购经理人移动应用程序	西本新干线股份有限公司、西本新干线新兴（上海）有限公司	虞钢、李成章、段谦忠、刘敏、翟卫星、王京、姚云峰、毛毅炯、王兵阳

续 表

序号	奖种	获奖等级	项目名称	主要完成单位	主要完成人
5	科技进步奖	一等奖	基于物联网技术的城市智慧物流配送系统研究	宁波工程学院、宁波国际物流发展股份有限公司、宁波康恩士传感技术有限公司、宁波海空网信息科技有限公司、武汉理工大学、宁波空运行业协会、宁波物流产学研技术创新战略联盟	朱占峰、贾春梅、王苏杭、陆玥、闫森、朱耿、朱一青、邵颖芳、虞凌宏、唐新贵、李玲
6		一等奖	交通运输促进中国农村物流发展战略政策研究	交通运输部规划研究院	高美真、陈志钢、刘驰、谭小平、张洋、刘东、韩悦、张弛、蹇峰、史言、韩彬
7		一等奖	电力设备柔性检测关键技术研究、成套装备研发及应用	国网江苏省电力公司电力科学研究院、华中科技大学、上海思创电器设备有限公司	朱孟周、王金虎、陈泾生、黄强、陈光、于淼、周志成、刘洋、陈锦铭、张超勇、朱斌
8		一等奖	以"互联网+"推动基础通信运营企业物资供应体系的建设	中国移动通信集团江苏有限公司、上海博科资讯股份有限公司	刘正利、花俊仁、刘铭、吉宜斌、邓小飞、郑祝良、周瑞赟、方堃、黄雪、曲润蕾、马春锋
9		一等奖	基于物联网的供应链一体化智能物流仓储管理系统研发	广东广信通信服务有限公司	周素华、陈伟洪、陈晖、潘肖卿、林伟斌、林腾飞
10		一等奖	积木式应急物流储运系统设计与实现	中国人民解放军空军勤务学院	辛后居、郑金忠、胡杰、徐常凯、崔崇立、桂云秋、王甫红、辛安、罗广旭、邵雨晗、辛昱

续 表

序号	奖种	获奖等级	项目名称	主要完成单位	主要完成人
11	科技进步奖	一等奖	智能策略下的通信行业物资全程供应链管理	中国移动通信集团湖北有限公司、上海博科资讯股份有限公司	方树垠、鲁登华、韩军、万俊涛、李建成、曾芳、李正峰、杜涛、方勇、孙哲、蔡佳宇
12	科技进步奖	一等奖	基于物流一体化的成品卷烟仓储系统协同调度与管理优化研究	浙江中烟工业有限责任公司、浙江工商大学	张德春、尚伟、梁启荣、叶斌、王毅君、高扬华、邱爱萍、盛勇、盛佳绮、傅培华、彭扬
13	科技进步奖	一等奖	基于物资全供应链管理的省级电网公司物资结算体系构建与应用	国网江苏省电力公司物资公司、国网江苏省电力公司、国网江苏省电力公司经济技术研究院、国网江苏省电力公司南京供电公司、南京和瑞供应链管理有限公司	薛祥、刘金元、陆野、谭清海、高仁、董丽敏、王金虎、高正平、周旸、薛波、汪天睿
14	科技进步奖	一等奖	城市物流配送车辆技术条件	交通运输部公路科学研究所	张红卫、张学礼、董金松、周刚、宗成强、张浩、区传金、张学利、黎浩
15	科技进步奖	一等奖	进口国际邮件查验与代征税平台	中国邮政速递物流股份公司	李雄、方志鹏、马占红、戴明坚、孙韬、徐玮、王同聚、洪超、吴燕、靳勇平、韩福文
16	科技进步奖	一等奖	基于供应链大数据集成管控的物资调配中心应用研究	国网江苏招标有限公司、国网江苏省电力公司、南京杰谱企业管理咨询有限公司	袁黎、温富国、张勇、井伟、郎飞、王伟、王玮、韩飞、丁辉、李金霞、周宇

续 表

序号	奖种	获奖等级	项目名称	主要完成单位	主要完成人
17	科技进步奖	一等奖	仓库智能巡逻机器人系统	江苏顺源集团有限公司	白元龙、周汉秦、徐泽贤、刘浩
18		一等奖	浙江中烟宁波卷烟厂精益自动化物流系统	浙江中烟工业有限责任公司宁波卷烟厂、昆明船舶设备集团有限公司、昆明昆船物流信息产业有限公司	虞文进、王毅、徐培富、方利梅、李捷、王毅、徐元根、邵坚铭、郑贤根、高彦国、王伟
19		一等奖	互联网+供应链金融平台（金融物流宝）	江苏国诚物流金融网络技术有限公司、江苏诚通物流有限公司、江苏鑫亿软件股份有限公司	刘伟民、高源、卞科及、王达西、瞿境亮、杨建东、刘强、陈璐蕾
20		一等奖	江淮 HFC1161P 系列中型载货车开发	安徽江淮汽车股份有限公司	周福庚、王登平、高艳军、董金国、王志强、俞燚、钟凌、江元、钱收云、范维全、顾駃
21		一等奖	甩挂运输运行分析信息系统研究	交通运输部规划研究院	徐志远、蹇峰、李弢、邵彧、谭小平、陈琨、顾明臣、林坦、马永庆、丁捷、李琳琳
22		一等奖	通用武器装备贵重备件供应保障策略优化研究与应用	陆军军械技术研究所、蚌埠汽车士官学校、哈尔滨工业大学	孙江生、闫鹏程、赵方庚、张连武、连光耀、陈学军、吕艳梅、张海莹、梁伟杰、王凯、蔡丽影

续 表

序号	奖种	获奖等级	项目名称	主要完成单位	主要完成人
23	科技进步奖	一等奖	基于五化战略的电信运营企业 RDC 集中物流体系建设研究与实践	中国移动通信集团公司采购共享服务中心、中国移动通信集团浙江有限公司、中国移动通信集团江苏有限公司、中国移动通信集团湖北有限公司、中国移动通信集团四川有限公司、中国移动通信集团设计院有限公司	薄今纲、朱国弟、伍贱夫、肖建明、金伟、咸宏伟、申丹、韩军、张征久、刘铭、高代贵
24	科技进步奖	一等奖	蜂巢式电商订单储分系统	山东兰剑物流科技股份有限公司	吴耀华、张小艺、蒋霞、沈长鹏、刘鹏、张贻弓
25	科技进步奖	一等奖	南京中邮航空速递物流集散中心工程工艺设计	邮政科学研究规划院	魏俊荣、蔡宏、王志刚、李晓彤、竺维燕、仲岑泓、史林、于斌、马雪鹏、冯臻、朱晓忠
26	科技进步奖	一等奖	电力系统省级计量中心智能仓储及输送系统	国网山西省电力公司计量中心、普天物流技术有限公司	张英、毛佑军、安彦斌、彭世权、郑永义、刘斌、韩霞、裴敏珍、姚俊峰、杨玉安、程改萍
27	科技进步奖	一等奖	货运中国网——基于大宗商品物流服务创新平台	上海成达信息科技有限公司	迟勇、鲍雨、李吉、陈涛
28	科技进步奖	一等奖	刚察县热水煤炭产业园区煤炭运输物流系统优化研究	合肥工业大学、亳州学院	胡小建、李佩佩、赵菊、杨爱峰、张艳丽、卢朝东、张莉、夏姚敏、陈太湖、李晓征、杨海洪

续 表

序号	奖种	获奖等级	项目名称	主要完成单位	主要完成人
29	科技进步奖	一等奖	新型金属折叠多功能周转箱	芜湖宏春木业集团有限公司	向先春、林海、向从华、向鑫、闫雨、刘仕亮、黄军军、张美艳、张阳
30		一等奖	基于物联网的通信运营商供应链物资全生命周期管理技术研究及在河南移动的应用实践	中国移动通信集团河南有限公司、上海交通大学、北京电旗连江科技发展有限公司	曾磊、辛朝、肖志立、杨建军、黄宇、贺延敏、张志勇、王东、张大伟、杨健
31		二等奖	基于车联网技术的智慧物流平台	江西正广通供应链管理有限公司、正邦集团有限公司、江西正博智慧科技有限公司、上海博科资讯有限公司	唐海平、杨文华、邱海辉、丁兵、张月东、陈亮亮、吴峰、万莉、赵建萍
32		二等奖	唯智准时达物流信息系统项目（iDEAS）	唯智信息技术（上海）股份有限公司、准时达国际供应链管理有限公司	陈梦槐、范赟、雷鹏、杨秋瑾、于宗明
33		二等奖	第三方物流企业的物流品质管理体系建立及信息化实现	武汉东本储运有限公司、武汉昱谷信息技术有限公司	蒋晖、王琳、张喆、陈茜、柯军、刘玲、蒋小伟、管畅
34		二等奖	对位芳纶纤维/弹性体轮胎隐形骨架材料	江苏江昕轮胎有限公司	王明江、刘力、周惠兴、周朝霞、吴楠楠、王峰、张希敬、冯建军、李德玉
35		二等奖	我国物流公路货运标准化问题研究	鞍山钢铁集团公司	侯海云、易茗、崔航、刘旭东、尹丽君

续 表

序号	奖种	获奖等级	项目名称	主要完成单位	主要完成人
36	科技进步奖	二等奖	基于供应链视角的医药物流信息化整体解决方案	北京普罗格科技股份有限公司	周志刚、叶红梅、马勤勇、蒋文磊、赵强、李金龙
37		二等奖	地市级卷烟商业企业准时制精益物流的研究及应用	云南省烟草公司丽江市公司	廖世勇、和世华、李祥华、和丽辉、韩天华、马荣彬和智灵、罗丽嘉、冯锦
38		二等奖	苏宁互联网+智慧物流平台	江苏苏宁物流有限公司	陈坚、贾敏、杨建新、周健、薛强、赵丹、孟雷平、顾佳宾、栾学锋
39		二等奖	基于物联网的集装箱智能管理平台	深圳市中苊科技物流有限公司	姜洺、梁斌、池卫卫、刘庆、廖志奋
40		二等奖	大功率加热高纯氨的移动式供气系统	南通中集罐式储运设备制造有限公司	朱章全、魏晓东、罗永欣、曹文鑫、柳溪、杨冰、华柏生、薛根峰、李宁
41		二等奖	广日物流供应链标准化协同作业系统	广州广日物流有限公司	张世良、成铨、张凌、吴斌勇、曾伟雄、吴志忠
42		二等奖	商易链·中国母婴供应链综合服务平台	中物华商国际物流（安徽）有限公司	刘景福、李瑞卓、郑列、沈志安、赵中、闵月、王辉、王宇、李瑗琪
43		二等奖	标准化设计思想在速递邮件处理中心建设中的应用	邮政科学研究规划院、中国邮政速递物流股份有限公司	康宁、马占红、许宁、魏俊荣、孟硕、王同聚、赵选光、朱晓忠、陈基美
44		二等奖	基于物联网的公路运输行业服务平台研发技术及UI设计	河南路安信息技术有限公司、华北水利水电大学	葛轩辕、张宏

续 表

序号	奖种	获奖等级	项目名称	主要完成单位	主要完成人
45	科技进步奖	二等奖	现代物流条件下铁路快捷货物运输组织优化技术研究	西南交通大学	帅斌、孙朝苑、黄丽霞、刘辉、胡世超、汤玲玲、邓绍蔚、吕敏
46		二等奖	物资招标采购全过程电子化的创新与实践	国网江苏招标有限公司	顾萍、韩小山、汤笑、黄娟娟、程剑筠、丁漫江、汪亦星、周若璇、许德健
47		二等奖	PROFINET 工业以太网智能故障诊断系统的研究与应用	中国烟草总公司职工进修学院、河南中烟工业有限责任公司安阳卷烟厂、河南国之云电子科技有限公司	王德吉、孟瑾、王玉、胡开利、王晖、谢俊明、吴雪芹、李文伟、孟霞
48		二等奖	城市共同配送重要服务规范研究	江苏省质量和标准化研究院、南京现代服务业联合会	刘珏、张承祥、李军、吴杰、张祖昊、王延维、谢莉、许萌君、陈晓龙
49		二等奖	易同购城市生鲜O2O 购物平台	哈尔滨易利通科技有限公司	许峰、张璐璐、李求孟、潘静、周印、杨洋、尹畅、张丹丹、杜泓达
50		二等奖	大型企业集团复杂类型物资/设备分类编码技术、代码系统及平台研发	中国物品编码中心、中国交通物资有限公司	韩树文、李素彩、宋海良、周连营、张卫东、江福国、王燕、黄硕、王波
51		二等奖	基于 GPS/RFID 的进口汽车物流监管平台的研发及应用示范	广州出入境检验检疫局、广东出入境检验检疫局检验检疫技术中心、广汽丰田物流有限公司、广州华工机动车检测技术有限公司、广东卓越质量品牌研究院	张南峰、张震坤、陈龙凤、刘仲国、蒋邵衡、黎杰、于善虎、陈国秋、周伟涛

续 表

序号	奖种	获奖等级	项目名称	主要完成单位	主要完成人
52	科技进步奖	二等奖	航材供应规划模型与应用研究	中国人民解放军空军勤务学院航材管理系	刘信斌、刘金梅、辛安、徐启丰、辛后居、高辉、沐爱勤、乔丽
53		二等奖	数字运力	北京汇通天下物联科技有限公司	翟学魂、方浩
54		二等奖	物流安全智能监控系统	中国包装科研测试中心、天津中包包装科技发展有限公司	韩雪山、王刚、赵丽丽、刘卉、张子汉、刘建、冯超、付玥、贺树人
55		二等奖	超高重载型堆垛机产品系列	昆明昆船物流信息产业有限公司、云南昆船第二机械有限公司、云南昆船设计研究院	苟涛、杨丽娜、金国峰、周文红、高晟、马立新、邓志达、陈光坤、杨俊雄
56		二等奖	卷烟多线条输送故障自动检测控制系统的研制与应用	中国烟草总公司职工进修学院、河南中烟工业有限责任公司黄金叶生产制造中心	王德吉、谢俊明、张明琰、张胜利、冯文哲、张楠、周雪军、王根发、范瑞兆
57		二等奖	仓库管理系统软件的技术研究与应用	成都跳羚科技有限公司	程丹、李光明、余秀萍、王敏仲、邢俊武
58		二等奖	E-COD 物流代收货款信息化协同平台系统	好易通（天津）物流科技有限公司、苏州好易通物流科技有限公司	李岩溪、王邵明、牛和军、刘光琦、马健、衣刚、李卓
59		二等奖	鲜行者全程冷链智能运输平台	爱鲜行南京供应链管理有限公司	赵利魁、张剑平、朱佳、张龙泉、李亨、杨昊
60		二等奖	公路物流智能运输大数据公共服务平台	安徽共生物流科技有限公司	卢立新、刘春生、王鲲、杨昕吉、曲悦

续 表

序号	奖种	获奖等级	项目名称	主要完成单位	主要完成人
61	科技进步奖	二等奖	中国红十字会总会备灾救灾中心人道物流服务系统构建与实施	北京物资学院、中国红十字会总会备灾救灾中心	王成林、郭朋朋、沈丽、杨娜、王小亮、王焕群
62		二等奖	现代物流装备	后勤工程学院、后勤学院、重庆人科技学院	王丰、姜大立、汪贻生、蒋宁、张剑芳、甘明、姜玉宏、双海军、肖晔、吴洁
63		二等奖	运化工危化品物流电商平台	浙江永泰物流有限公司、上海永泰天极物流科技有限公司	陈永夫、谈国樑、纪效钢、刘贵峰、徐琛钧、钱鸿翔
64		二等奖	中原经济区空间组织模式与物流系统优化研究	河南工程学院	高詹、李威、高磊磊、曹冰、悦国宁、李桃丰、张小蒙、陈昶志、曹珊
65		二等奖	基于公共危机的河南省应急物流体系建设——以自然灾害为例	郑州轻工业学院	周广亮、杨承梁、王兴明、简旭、王初建、熊卫东、管洲、何洋、邢慧琼
66		二等奖	电网物资仓储管理专用装备研究与应用项目	国网江苏省电力公司南京供电公司、国网江苏省电力公司电力经济技术研究院、南京莘纳吉物流有限公司	吴峻、周旸、王金虎、高正平、陆野、沈祝园、曹雯、韩飞、薛邵节
67		二等奖	油福乐纳米燃油增强剂	上海格福电子有限公司	董淑明、陆俊

续 表

序号	奖种	获奖等级	项目名称	主要完成单位	主要完成人
68	科技进步奖	二等奖	基于 PDP 的三类型航运人才培养模式与机制研究	上海海事大学	瞿群臻、劳知雷、姚荻琳
69		二等奖	环氧丙烷低损耗常压存储及安全卸船的低温密闭双循环系统	江苏海企化工仓储股份有限公司、江苏正德物流有限公司	史先召、孙承莉、黄伟金、黄福光、李岩、钱慧、奚吉林、孙冬、丁亚军
70		二等奖	烟草商业企业卷烟配送布袋包装模式暨自动包装设备研发	江苏省烟草公司扬州市公司、山东兰剑物流科技股份有限公司、中国烟草总公司职工进修学院	周强华、吴耀华、胡红春、滕扬、沈长鹏、徐翀、王以兵、李广勇、李雪
71		二等奖	危化品可视化监控系统	招商局物流集团南京有限公司	刘波、韦峰、蔡卫凯、丁沈娟
72		二等奖	基于 Flexism 的生产线物料配送及其资源调度系统优化与仿真	重庆长安民生物流股份有限公司	陈利、戚荣刚、周辉林、宋玉阳、黄斌、位小欢
73		二等奖	京东亚洲一号项目自动分拣系	北京京东世纪贸易有限公司	刘园、邱志强、赵俊鹏、张立伟、黄剑锋、陈猛、孔婷、侯少奎
74		二等奖	大型商贸物流园区规划与设计	华北水利水电大学、中元规划设计研究院	高长征
75		二等奖	基于虚拟设备的控制程序测试系统开发与应用	昆明昆船物流信息产业有限公司	穆建军、周志坚、杨晓代、姜灿臣、冯文华、王志鹏、曹月琴、楼冬梅、徐清华

续 表

序号	奖种	获奖等级	项目名称	主要完成单位	主要完成人
76	科技进步奖	二等奖	基于物流园区网络节点信息协同的汽车零部件入厂物流运输模式研究	中国第一汽车集团进出口有限公司	张萌、高跃峰、贾科、杜建明、李明、马超、马茵、李佑欢、张义
77		二等奖	商贸流通领域托盘共用管理系统	广州华新商贸有限公司	莫俊刚、蔡军、周劲杰、简毅峰、莫韵颜
78		二等奖	电子控制空气悬架系统（ECAS）在卡车上的应用	威伯科汽车控制系统（中国）有限公司	王百泉、陈秉钧、张凯、王银利
79		二等奖	公共采购实体边界重构及GPA出价研究——基于市场竞争因素的视角	中国标准化研究院	尹彦、张晓瑞、冯永琴、曾凌云、宋黎、丁于思、刘红喜、钱玉民
80		二等奖	基于云平台的仓储管理系统	杭州武川软件有限公司	唐成才、叶立清、章俊、陈志文、李伟、唐群才、屈益明、郑传龙、张帅
81		二等奖	大数据环境下智慧物流云服务平台	安得物流股份有限公司	刘勋功、卢少艺、张斌、王贤海、邢斌、钱伟男、芮定文
82		二等奖	徐州医药股份有限公司供应链协同商务平台	徐州工程学院、徐州医药股份有限公司	张兵、李震宇、胡殿钊、陈建明、史先银、姜广德、刘露、丁健、马威
83		二等奖	成品油罐区抽底油系统改造项目	中化天津港石化仓储有限公司、哈尔滨天源石化工程设计有限公司	金勇、许万松、陈凯、苏建禹、李丽萍、王研

续 表

序号	奖种	获奖等级	项目名称	主要完成单位	主要完成人
84	科技进步奖	二等奖	面向物流行业大数据高效存储与处理的关键技术	临沂大学、武汉理工大学、山东金兰现代物流发展有限公司	张明、高希龙、曹云鹏、李信利、何淑庆、李晓东、张龙翔、赵德玉、刘海涛
85		二等奖	《江淮汽车整车运输合规经营规划方案》	中物协（北京）物流工程设计院、中国物流与采购联合会汽车物流分会、安徽江汽物流有限公司	张雁飞、葛喜俊、秦璐、马增荣、左新宇、刘莉、盛勇、梁保坤、张晋姝
86		二等奖	商品全生命周期信息追溯系统	万信方达科技发展（北京）有限责任公司、南京万信方达信息科技有限公司	高海伟、斯家华、冯丽斐、崔绪辉、柴鹏、郭炳晖、刘谊、杨慧河
87		二等奖	铁路冷藏集装箱运输组织及追踪研究	中国铁道科学研究院运输及经济研究所	魏然、李博、杨文韬、迟骋、张岩、李鑫、孙金平、张国彬、高小珣
88		二等奖	基于移动应用与智能硬件技术的整车物流创新应用	中都物流有限公司	彭祥、纪骥良、王兴民、张燕芳、王继伟、吴晶
89		二等奖	面向商贸大数据的GPU 集群能耗优化控制模型	临沂大学、上海理工大学	王海峰、陈兆良、夏洪雷、姚晓玲、陈珊、刘海涛、赵德玉、刘伯成、曹欢欢
90		二等奖	高达智慧物流与 BI 数据挖掘系统	杭州高达软件系统股份有限公司	李七生、胡斌、冯维、陈军荣、葛鹏、夏国庆
91		二等奖	高职物流管理专业实践类课程教学改革与实践	西安职业技术学院、陕西职业技术学院，现代物流报，陕西物流集团	吴会杰、刘胜辉、温格林、苏琦、李菁

续　表

序号	奖种	获奖等级	项目名称	主要完成单位	主要完成人
92	科技进步奖	二等奖	电商小包自动收寄设备	邮政科学研究规划院	刘建园、贺保国、安东波、朱玉、陈超、张涛、张志权、梁彩红、王竣魁
93		二等奖	基于客户订制的一体化生产物流系统装备	云南财经大学、昆明腾威机电有限公司	冉文学、宋志兰、徐帮辉、王家鹏、刘森、李婷、刘玉杰、张哲、刘会娟
94		二等奖	危化品物流安全解决方案之物联网YSD系列智能型冲击记录仪	沈阳鸿基电气有限公司	马胤刚、段成云、关红钧、李伟、高敏、胡晓帆、马思聪
95		二等奖	航空器材库用物联网智能终端研究	中国人民解放军空军勤务学院	桂云秋、王甫红、谢福哲、徐常凯、罗广旭、张业展、刘宝、沐爱勤、王姝
96		二等奖	再生资源回收管理相关立法评估与研究	北京物资学院、中国商务部流通发展司	尚珂、尚卫东、吴长军、胡耀伟、尚琤、阎章荣、高泉、李爱华、吴一东
97		二等奖	基于服务外包的售后逆向物流管理研究——理论分析与汽保行业实践（专著）	上海第二工业大学、北京交通大学中国产业安全研究中心博士后科研工作站	郝皓、林慧丹、邬星根、刘振超、洪斌
98		二等奖	硬开顶物流装备系列产品的研发及其在石油平台上的应用	大连中集物流装备有限公司	倪建生、庞连军、李长英、丛秀凤、程昊、高扬、张成奎、李波、孙明君

续　表

序号	奖种	获奖等级	项目名称	主要完成单位	主要完成人
99	科技进步奖	二等奖	互联网+物流云平台的研发与应用	徐州工程学院、徐州中远物流有限公司	黄忠东、姜代红、翟先含、张中强、代月明、程红林、戴磊、党向盈、张菲菲
100		二等奖	物流派——全国智慧物流公共服务平台	北京天成恒通信息科技有限公司	杨立、赵志波、李中华、邓伟、曹世平、荣道明、刘晓楠、袁炳慧、梁汝凯
101		二等奖	成都邮政速递物流邮件处理中心工艺设备安装工程	邮政科学研究规划院	魏俊荣、朱晓忠、李璐、陈刚、徐道程、张金龙、钟谆谆、张展展
102		三等奖	智能电商物流柔性配送系统拣选方法与关键技术的研究及应用	北京物资学院	李俊韬、阎芳、刘同娟、朱杰、李珍萍、周丽、郭键
103		三等奖	中国云签-物流标准化电子合同订立系统	江苏买卖网电子商务有限公司	曹晖、汪斌、张程、孟磊、王程远
104		三等奖	物流信息技术（第3版）	广西职业技术学院、广西物流与采购联合会、广州市技师学院	吴砚峰、李建春、李捷、余丽燕、阎子刚、陈绍安、李小青
105		三等奖	陕西导航位置服务监控平台的研发与推广应用	陕西导航科技有限公司	樊占军、袁苗苗、孔凤娟、宁波、唐晓娟、田旭东、刘涛
106		三等奖	浙江英特物流信息管理系统项目	北京普罗格科技股份有限公司、浙江英特物流有限公司	周志刚、杨帅、邵越炯、应建军

续 表

序号	奖种	获奖等级	项目名称	主要完成单位	主要完成人
107	科技进步奖	三等奖	e-TMS：易流供应链物流 SaaS 服务平台	深圳市易流科技股份有限公司	刘军飞、石忠佳、刘涛、曹方、王震、魏晓梅、唐环
108		三等奖	互联网+城市配送	驿路星辰（北京）科技有限公司、北京云鸟科技有限公司	韩毅、赵倩
109		三等奖	“菜联网”在武汉智慧城市项目的实践研究——以“家事易”为例	武汉工商学院、家事易农业科技有限公司	王勇、周小芬、丁立群、周静、游泽宇、唐亚婷
110		三等奖	中国联通互联网+物流在吉林省的落地应用	中国联合网络通信有限公司	田文科、李广聚、匡威、王炯、张云勇、王志军、冯伟斌
111		三等奖	周转箱管理系统	南京长安民生住久物流有限公司	尹华祥、周益伟、王石、任舒然
112		三等奖	河南烟草物流综合管控平台	中国烟草总公司河南省公司、浙江创联信息技术股份有限公司	蒋贺清、刘兵、司军鹏、朱宝昌、张国华、薛勇、武帅
113		三等奖	北京市高新技术成果转化项目	北京络捷斯特科技发展股份有限公司	许武彬、张慧、张晶晶、倪建营、姚楠
114		三等奖	移动互联网时代徐工集团移动供应链管理项目	中国联合网络通信有限公司徐州市分公司、徐州重型机械有限公司	朱永、王炯、王跃、周斌、董明、张立、陈培专
115		三等奖	易同送城市共同配送信息平台	哈尔滨易利通科技有限公司	刘宇亮、徐黎春、刘洪波、陈坤、祁振兴、纪崇旭、孙天扬

续 表

序号	奖种	获奖等级	项目名称	主要完成单位	主要完成人
116	科技进步奖	三等奖	智能判定车辆负载状态与配货定位系统	北京物通时空网络科技开发有限公司	贾信河
117		三等奖	"牛到家"智慧物流平台	山东纵扬网络科技有限公司	殷福帅、张中民、封建东、朱长奇、孟祈宏、杨万琛、范会波
118		三等奖	冷库氨泄漏监测预警应急处置系统研制及示范	北京二商集团有限责任公司、北京二商集团有限责任公司西郊食品冷冻厂、国内贸易工程设计研究院	唐俊杰、杨杰书、王昕、马进、司春强
119		三等奖	重载荷自卸物流运输车防侧倾智能安全液压控制系统	湖北汽车工业学院、湖北佳恒科技有限公司	胡明茂、宫爱红、周学良、杨永明、袁希先、姬光、张立维
120		三等奖	模块化、智能化、绿色节能技术在邮政企业数据中心工程设计中的应用	邮政科学研究规划院	马雪鹏、李晓彤、周卡达、辛琪、陈刚、赵金、何阳
121		三等奖	江淮帅铃宽体"黄金传动系"系列载货汽车开发	安徽江淮汽车股份有限公司	钱友军、苏松林、陈瑶、刘有志、牟云峰、吴兆亮、司志明
122		三等奖	绿色环保节能的垃圾运输系统的智能调度与动态优化	徐州工程学院、徐州天大信息科技发展有限公司	陈丰照、陈建明、李浩、李公产、朱瑶、何梅、陈文文
123		三等奖	轻量型合成橡胶托盘箱的研发与应用	大连中集物流装备有限公司	苏继军、倪建生、李维佳、刘春良、丛晓明、孙士国、宋世安

续 表

序号	奖种	获奖等级	项目名称	主要完成单位	主要完成人
124	科技进步奖	三等奖	城市群物流需求空间分布特征研究	中物协（北京）物流工程设计院	葛喜俊
125		三等奖	汽车物流领域自动化解决方案	北京中都星徽物流有限公司	朱励光、李树明、于冬、公旭鹏
126		三等奖	ZJ17 卷接机组加工“黄金叶”品牌的设备参数优化	中国烟草总公司职工进修学院、河南中烟工业有限责任公司黄金叶生产制造中心	王德吉、谢俊明、王世波、张明琰、周雪军、冯文哲、张楠
127		三等奖	科捷交叉带分拣机系统	青岛科捷物流科技有限公司	黄春阳、唐兵、刘鹏、徐科、丘喜生、刘壮
128		三等奖	一号货车	上海飞梭科技有限公司	俞松磊
129		三等奖	顶通物流订单追踪管理系统	上海通天晓信息技术有限公司、上海顶通物流有限公司、研华（中国）公司	逄占春、黄秋明、吴煜、黄以仁
130		三等奖	开放式车厢	河南冰熊专用车辆制造有限公司、上海冰熊专用汽车有限公司	金元朝、陆鑑青、樊志轩、马锡瑞、吴敏、李波
131		三等奖	优博讯助力唯品会实现高效的电商配送最后一公里服务	深圳市优博讯科技股份有限公司	仝文定、吴明辉
132		三等奖	百发百运物流电子商务平台系统	湖南路联信息科技股份有限公司	彭益民、刘全胜、王冀、沈晓、隆志刚、叶亚军、张国端
133		三等奖	乐速车辆管理系统	山东乐速信息技术有限公司	朱左鹏、郑思唯、房新国、周亚男

续　表

序号	奖种	获奖等级	项目名称	主要完成单位	主要完成人
134	科技进步奖	三等奖	满足公路货车或半挂车自行装卸的铁路驮背运输车	北京驮丰高新科技股份有限公司、中车齐齐哈尔车辆有限公司（原齐齐哈尔轨道交通装备有限责任公司）	邹怀森、于跃斌、吴荣坤、李华、张维、侯广慧、李忠
135		三等奖	物流云客服平台	山东乐速信息技术有限公司、济南盈昂信息科技有限公司、济南龙鼎通信技术有限公司	袁玉荣、董丽萍、李娜、曹连卫
136		三等奖	HFC1036 系列轻型载货汽车开发	安徽江淮汽车股份有限公司	秦光宇、陈秀国、王韬、秦昀、林增勇、顾駃、左印波
137		三等奖	全日达航空特快	大连乾瀚国际物流有限公司	宋汝祥
138		三等奖	大容积、轻量化、高性能 LNG 运输半挂车	南通中集能源装备有限公司	蒋平安、周小翔、海航、陈飞、张云凯、尤振宇、雷体平
139		三等奖	飞扬仓储配送一体化管理系统［简称：仓配一体化系统］V1.0	哈尔滨飞扬软件技术有限公司	陈杨、杨永升、张博、刘建华、祝红军、吕赋威、孟凡生
140		三等奖	节能型废轮胎自动化粉碎生产线成套设备	东莞市运通环保科技有限公司	邓裕潮、赵中华、胡华、叶修槐
141		三等奖	易栈智能信包箱	易栈集团有限公司	舒慎林、李桥、舒海涛、谢江

续 表

序号	奖种	获奖等级	项目名称	主要完成单位	主要完成人
142	科技进步奖	三等奖	大赢家国际物流信息平台	宁波大赢家物流技术有限公司	贺舟舰、张鼎荣、陈继川、吕政
143		三等奖	航空空投物资储运单元论证与设计	中国人民解放军空军勤务学院	王威、郑金忠、柏林、侯胜利、刘宝、史霄霈、沐爱勤
144		三等奖	构建于物联网上的远程设备运行维护服务平台	云南昆船设计研究院	张家毅、崔鸿刚、殷耀华、徐瑾、胥强、曾庆涛、高进舟
145		三等奖	北斗导航恒温运输平台的开发与应用	柳州市天誉德冷链物流有限公司	张成安、邵铭、穆辉、杨懿嫔、田俊
146		三等奖	泥浆近海箱的研发及其在石油平台上的应用	大连中集物流装备有限公司	庞连军、高扬、孙明君、李福虎、汪亮、王文博、丛晓明
147		三等奖	互联网环境下的企业集团电子采购模式研究	北京经济管理职业学院	陈红军、王若军、曹向欣、王晓华、李靖
148		三等奖	烟支物理指标综合测试仪电控系统的研发	中国烟草总公司职工进修学院、张家口卷烟厂有限责任公司	王德吉、金姝彬、谢俊明、李彬、王伟、赵治军、李端端
149		三等奖	常压罐人孔盖防侧翻泄露工艺改良	南京浩宇物流有限公司	陈新江
150		三等奖	现代物流管理基础	安庆师范大学	李亦亮、黄先军、张敏
151		三等奖	生产标准化托盘的相关配套设施设备升级改造项目	新创（天津）包装工业科技有限公司	王立新

续 表

序号	奖种	获奖等级	项目名称	主要完成单位	主要完成人
152	科技进步奖	三等奖	基于互联网+的仓储物流综合服务平台	四川物联亿达科技有限公司	谷春光、唐苏、冯洪波、马俊、谢志军、张欢、邹曦
153		三等奖	物流企业冷链服务要求与能力评估指标	山东商业职业技术学院、国家农产品现代物流工程技术研究中心、山东省物流与采购协会	王国利、秦玉鸣、孙立波、张长峰、范志强、于怀智、郭风军
154		三等奖	仓库自动剪线装置研究	国网上海市电力公司物资公司	洪芳华、朱利军、江辰、顾逸峰、孙礼军、朱世薏、王敏
155		三等奖	物流小秘	北京小鸟易达科技有限公司	魏亮、裴睿、张晓磊、周文清、霍涛、叶莉
156		三等奖	基于粒子群最小二乘支持向量机的区域物流需求预测	石家庄铁道大学、石家庄铁道大学四方学院、吉林大学	耿立艳、张占福、梁毅刚、丁璐璐
157		三等奖	运输管理实务	广东交通职业技术学院	朱强、吴思健
158		三等奖	现代物流管理概论	西安职业技术学院	吴会杰、李菁
159		三等奖	供应链物流管理云平台	炎黄盛海（天津）科技发展有限责任公司、天津科技大学	包红霞、寇进忠、邓春姊、高音、卢政红、马庆新、沈维莲
160		三等奖	钢银电商交易物流仓储一体化服务	上海钢银电子商务股份有限公司	祁超、潘卫华、常剑、王立、余欢、董志浩、杨幼平
161		三等奖	烟草工业企业设备三级点检预知性维修系统的研究与应用	中国烟草总公司职工进修学院、河南中烟工业有限责任公司黄金叶生产制造中心	王德吉、张明琰、谢俊明、高永亮、张伟峰、张伟民、冯文哲

续 表

序号	奖种	获奖等级	项目名称	主要完成单位	主要完成人
162	科技进步奖	三等奖	我国物流高技能人才胜任力研究	上海海事大学	瞿群臻
163		三等奖	大宗物资跨境电商服务平台技术与应用	徐州工程学院	宋农村、张中强、杨雪、张晶、戴理达、胡晶、范以定
164		三等奖	江苏省医药行业中小型零售连锁企业委托配送模式研究	江苏九州通医药有限公司	戴胜辉
165		三等奖	节能与增效的制冷技术在冷链物流中的应用	重庆仟兆科技发展有限公司、成都易途通达科技有限公司	白礼桂
166		三等奖	路歌物流电子商务平台	合肥维天运通信息科技股份有限公司、南京路歌信息技术有限公司	冯雷、王利波、何明、王轶伦
167		三等奖	现代仓储管理与实务	武汉纺织大学管理学院、武汉工商学院物流学院、湖北理工学院机电工程学院	周兴建、周建亚、张北平、蔡丽华
168		三等奖	轮胎集配新方法及工业线堆垛机器人导入应用研究	风神物流有限公司	章信开、罗春龙、叶海华、周思梦、张源、李植平、冯华田
169		三等奖	一种多功能可拆式托盘集装箱	内蒙古黑马物流科技有限公司、集宁恒锐金属制品厂	巩富、巩菲、巩雪、张鑫、徐宏伟、陈莹
170		三等奖	基于过程控制的鲜活农产品冷链物流保鲜透明化管理	希杰荣庆物流供应链有限公司	郑全军、赵铭建、李晓东、王修鹏、李道胜、高蕾红、王忠慧

续 表

序号	奖种	获奖等级	项目名称	主要完成单位	主要完成人
171	科技进步奖	三等奖	物流地理（第二版）	湖南现代物流职业技术学院、湖南外贸职业技术学院、湖南省教育厅、高等教育出版社	谢金龙、翟玲英、段圣贤
172		三等奖	本土领先企业嵌入全球价值链高端的商业模式创新研究	临沂大学、东北财经大学	邓妍娑、刁玉柱、卢中华、孙朋杰、邱国栋、孙洪春、肖丽丽
173		三等奖	易栈社区商超供应链平台	易栈集团有限公司	林志文、张志斌、倪彦、陈君存、陈明、胡好
174		三等奖	针对回收烟箱使用的适应性问题的研究	中国烟草总公司职工进修学院、龙岩烟草工业有限责任公司	王德吉、范艺宽、何雷、谢俊明、张旭、王玉、章韦伟
175		三等奖	物流法规体系建设研究	北京物资学院	李爱华、高泉、邹晓美
176		三等奖	基于用电量分析的供应商产能预警理论研究	国网江苏省电力公司物资公司、南京杰谱企业管理咨询有限公司	薛祥、袁黎、王新年、徐冶秋、张勇、殷玮珺、肖少非
177		三等奖	智能配载与线路优化系统	南京长安民生住久物流有限公司、河海大学	尹华祥、毛德寿、范丽伟、许瑞、李明
178		三等奖	轿运行业运输资源整合研究	重庆长安民生物流股份有限公司	黄斌、张祥、岳刚、蔡晶、周进
179		三等奖	乐仓宝仓储管理系统	乐商云集（厦门）供应链有限公司	吴振坤、王键昆、张永强、林杰兴、江杭伟、管丽冬、柯玉花
180		三等奖	蜂云 TMS 管理平台	北京蜂云科创信息技术有限公司	张雷、卢浩雷

续 表

序号	奖种	获奖等级	项目名称	主要完成单位	主要完成人
181	科技进步奖	三等奖	物流大数据与供应链渠道综合服务云平台	山东物流智家运营管理有限公司	修平
182		三等奖	仓配一体化 WMS 云仓软件	杭州酷仓宝科技有限公司	王鑫、秦德卜、叶彦英、于波、王明明、邵明、杨帆
183		三等奖	首都交通拥堵治理的新途径研究	北京物资学院	倪东生、王成林、张博、张玉红、李斌、张艳芳、管晓薇
184		三等奖	国药乐仁堂药品协同配送供应链体系项目	国药乐仁堂医药有限公司	翟冬梅、周志强、苗占发、马利
185		三等奖	物流江湖自我修炼之道——一位物流经理人的精益职场实战感悟	电子工业出版社	蒋啸冰
186		三等奖	基于汽车厂内物流复杂动线的 AGV 技术应用研究	风神物流有限公司	章信开、罗春龙、李植平、张源、陈超、冯华田、刘盼盼
187		三等奖	基于 MTM 的汽车物流岗位劳动定额制定与实施	长春一汽国际物流有限公司	吴杨、修俊文、李玉龙、鲁凤丽、范英、李帅、郑莹
188		三等奖	《现代配送管理（第2版）》教材	安庆师范大学	黄先军、李亦亮、张敏
189		三等奖	物托帮	江苏辉源供应链管理有限公司	白元龙、江苏生、邵善东、徐新生、骆康达

续 表

序号	奖种	获奖等级	项目名称	主要完成单位	主要完成人
190	科技进步奖	三等奖	面向汽车生产企业零部件物流面积优化研究	长春一汽国际物流有限公司精益物流室	杨秋生、李强、杨艳莉、徐昊、王丽娜、刘畅、张梅美
191		三等奖	龙易配智慧物流平台	泉州市闽运兴物流有限责任公司	李德苗、李昭文、林成君
192		三等奖	WMS 智能仓储管理系统	山东京博物流股份有限公司	高英江、马雪英、岳晓彤、王扬、贾振、曹俊峰、常敏敏
194		三等奖	我国城市共同配送体系建设研究	青岛现代物流供应链管理研究发展中心、青岛青科科技服务研发中心、青岛传承国际商贸有限公司	段沛佑、杨军武、马晓宁、李明、周勇、刘策超、宋洪军
194		三等奖	《现代仓储管理（第2版）》教材	安庆师范大学	徐俊杰、李亦亮、姜凌

2016年中国物流十大年度人物

（以姓氏笔画为序）

王学锋　河北新武安钢铁集团物流有限公司

邓小波　天地华宇集团总裁

冯　雷　合肥维天运通信息科技股份有限公司董事长

杨忠洲　两湖绿谷物流股份有限公司董事长

杨战武　深圳市年富供应链有限公司总裁

李敬泉　中储南京智慧物流科技有限公司执行董事

赵玉玺　临沂天源国际物流有限公司董事长

夏　竞　枣庄矿业（集团）有限责任公司物流中心总经理

董建军　中国外运长航集团有限公司副董事长

薄世久　北京长久物流股份有限公司董事长

2016 年度“宝供物流奖”及“宝供物流奖奖学金”获奖名单

一、“宝供物流奖”获奖名单

奖项	获奖项目	获奖者	工作单位
一等奖	电力系统省级计量中心智能仓储及输送系统		普天物流技术有限公司
	酷仓宝 WMS 云仓软件		杭州酷仓宝科技有限公司
二等奖	德利得供应链 VMI 信息化集成管理信息系统服务项目	张强、张振栋	北京德利得物流有限公司
	城市突发事件应急资源保障体系优化设计	王晶	北京工商大学
	河南烟草物流综合管控平台	张国华	中国烟草总公司河南省公司
	虹信软件智能仓储管理系统解决方案		四川虹信软件股份有限公司
	供应链物流管理云平台	闫美云、沈维莲	炎黄盛海（天津）科技发展有限责任公司

续　表

奖项	获奖项目	获奖者	工作单位
三等奖	优利德仓储物流管理系统	侯殿旗	杭州金毅科技有限公司
	单舵轮激光导引 AGV 叉车、双舵轮全向磁导引顶升式 AGV	汪威	山东大学
	多元拓展、协同创新、产学研互动的立体化物流实践创新教学平台的构建与应用	王成林	北京物资学院现代物流产业研究院
	我国公路货运标准问题及建议	侯海云	鞍钢股份有限公司物流管理中心
	“顶通物流订单追踪管理项目”案例	吴煜	上海通天晓信息技术有限公司
	数字化智能中心药房系统	杨晖、杨自文	国药控股湖南有限公司
	非常规突发事件应急血液保障理论与方法	马祖军	西南交通大学物流与应急管理研究所
	高校二手资源回收平台	甘卫华、程春红、文昊林	华东交通大学交通运输与物流学院
	产业视角下区域物流的空间分析——云南物流发展报告	戢晓峰、陈芳、郝京京等	昆明理工大学交通工程学院
	多功能交叉带分拣机研究及应用	沈佳瑛	慈溪太平鸟物流有限公司
	基于 SaaS 云技术的智慧物流供应链管理公共云平台建设项目		江西正广通供应链管理有限公司
	商易链——中国母婴全供应链综合服务平台	沈志安	中物华商国际物流（安徽）有限公司
	哥里平台物流易	吴小亮	广州哥里互联网科技有限公司

二、“宝供物流奖学金”获奖名单

序号	学校名称	申请人姓名	备注
1	北京交通大学	王紫嫣、张艳艳（硕士研究生）	
2	中山大学	陈少廷、陈颖仪	
3	浙江工商大学	周庆特、施忆忆	
4	华中科技大学	朱景明、王启飞	
5	南京财经大学	廖译群、史美玲（硕士研究生）	
6	东南大学	申飞阳、邵灵芝（博士研究生）	
7	北京邮电大学	王丹蕾、侯舒怡（硕士研究生）	
8	解放军后勤指挥学院	王磊（硕士研究生）、刘佳（硕士研究生）	
9	华东交通大学	李翔、王茹红（硕士研究生）	
10	武汉理工大学	徐齐鹏（硕士研究生）、肖囍彬（硕士研究生）	
11	长安大学	白玉瑶、马腾	
12	北京物资学院	尤科闯、王卫（硕士研究生）	
13	西南财经大学	李芹、李丹	
14	大连海事大学	刘天昊、杨珍花（硕士研究生）	
15	天津大学	李诗婧、肖文星（硕士研究生）	
16	浙江大学	杨烨、李泽宇	
17	山东交通学院	兰天雨、孙凯歌	
18	北京工商大学	祝传龙、李煜（硕士研究生）	
19	上海海事大学	崔庆莹、王美玲	
20	兰州交通大学	黄梅花、白万鑫	
21	中南财经政法大学	旷嘉伟、赖小珍（硕士研究生）	
22	广东财经大学	黄木梅、舒丽芳（硕士研究生）	
23	山东大学	宋凤梅、汪威（硕士研究生）	
24	华南理工大学	陈秋岑、王欣妮（硕士研究生）	
25	中南林业科技大学	罗曼斯（硕士研究生）、田薇（硕士研究生）	

续 表

序号	学校名称	申请人姓名	备注
26	江西财经大学	纪伟、王凌妮	
27	吉林大学	王宇、崔万坤	
28	同济大学	孙心怡、舒贵彪	
29	湖南商学院	马兆瑞、刘艳	
30	武汉大学	刘会芳（硕士研究生）、梁亮亮（硕士研究生）	

（中国物流发展专项基金“宝供物流奖”办公室）

2016 年美国物流业

2016 年，伴随着经济增长乏力，美国物流成本出现了自 2009 年以来的首次下降。由于公路、铁路、水运在内的物流部门全年连续受到产能过剩、运费下降、需求疲软等常态性因素的困扰，美国物流成本三大组成部分的运输成本、仓储持有成本以及其他成本均出现了下跌（见表 1）。这些因素与 2.93% 的 GDP 名义增长率叠加，使美国物流成本在 2010—2015 年间达到了 4.6% 年复合增长率之后，在 2016 年下跌了 1.5%。这反映出即使在其他部门的需求和价格上涨的情况下，部分行业部门仍存在运力过剩、货运量下滑以及运费压力的问题。

表 1　　2016 年美国物流成本统计　　单位：十亿美元

项目	2016 年	同比增长（%）	五年复合增长（%）
运输成本			
汽车运输	595.5	−0.4	4.3
整车运输	269.4	−1.6	4.3
零担运输	58.0	0.5	−1.2
私人或合同运输	268.1	0.7	5.7
包裹运输	86.3	10.0	6.4
铁路运输	71.9	−11.0	−1.1
铁路整车运输	52.6	−13.8	−1.4
多式联运	19.3	−2.5	−0.5
航空运输（包括国内、进口、出口、货机和快递）	66.9	1.5	2.4

续　表

项目	2016 年	同比增长（%）	五年复合增长（%）
水运（包括国内、进口与出口）	40. 6	-10. 0	-0. 1
管道运输	33. 6	1. 1	4. 2
小计	894. 8	-0. 7	3. 6
仓储持有成本			
仓储成本	143. 5	1. 8	3. 6
财务成本（加权平均资本成本×商业库存总量）	143. 4	-7. 7	-2. 2
其他成本（折旧、缩水、保险费用、操作费用等）	122. 9	-3. 2	0. 5
小计	409. 8	-3. 1	0. 5
其他成本			
承运商的支持活动	44. 7	0. 7	4. 2
托运人的行政支出	43. 3	-4. 6	2. 8
小计	88. 1	-2. 0	3. 5
美国物流成本总额	1392. 6	-1. 5	2. 6

数据来源：美国供应链管理专业协会（CSCMP）、AT 科尔尼管理咨询公司，2017。

值得注意的是，尽管能源价格上涨，但整体物流支出却出现下降。这表明能源价格不再是影响物流成本的主要因素，消费者对电商配送日益上涨的需求已经成为物流支出背后的强大动力。

虽然 2016 年美国整体运输成本下降了 0. 7%，但用于包裹配送服务的支出却增长了 10%。包裹快递已经超过铁路运输，成为公路运输之后的第二大运输形式。同时，尽管 2016 年油价有所上升，但仍处于历史价格低位，因此能源指向型的管道运输和铁路运输的运费和货运量出现了停滞或下滑。

2016 年，在公路运输公司和海运公司中，运力过剩和增长的运费压力促使各个物流部门削减成本集中托运。尖端技术的应用提高了仓储、包裹配送和公路运输等行业的效率。随着技术的进步，第三方物流（3PL）、货运代理和铁路等物流行业中出现了新的业务模式。包裹运输公司和仓库瞄准电商交易量暴涨的时机，提高了运费并持续地重新规划网点布局，以满足消费者对包裹更快送达的期望。

一、公路运输

2016 年，全美公路运输市场规模达到 5950

亿美元。根据科尔尼管理咨询公司对 Truckstop. com 的数据分析表明，2016 年美国干货集装箱运输的即期费率比 2015 年上升了 10 个百分点。摩根士丹利发布的“整车运输指数”表明，2016 年年末，全美整车货运的价格也已超过 2015 年的同期水平。

但是，从公路运价来看，每英里的运费仍然低于 2 美元。运价过低已导致一些承运人无法摆脱经济困境。企业破产申请增多，行业优胜劣汰的速度加快。Avondale Partners（埃文代尔伙伴公司）的数据显示，2016 年有超过 14000 辆卡车停止营运，是 2015 年闲置卡车数量的 3 倍。在整个行业中，低廉的平均运费以及过剩的运力使得货车运输面临巨大压力，小公司努力与较大的对手竞争，主要运输公司收入下降，营运比率攀升。各公司业务部门的业绩不尽相同：整车和联运部门疲软；零担运输（LTL）部门在运输量下降导致总体收入减少的情况下，还是进行了适度的提价。行业的亮点在于专属合同运输（DCC）和经纪服务的出现，新的业务模式正在形成。

2016 年年末，美国新牵引车的订单数量开始增加。尽管 8 级牵引车的净订单量全年下降了 36%，但在 7—12 月期间则明显上涨，涨幅达到 106%。这似乎预示着，承运人认为的最糟糕情况已经过去。

二、包裹运输

2016 年，美国电子商务的繁荣使得包裹运输公司成为最火爆的物流部门。美国包裹数量在年内上升了 6%，个人消费者从线上零售商购买的小包裹淹没了各个快递网点。2017 年年初，全美的包裹量又比上年上升了 3 个百分点。有专家预计，到 2019 年，包裹运输的收入将从 2015 年的 780 亿美元上升到 930 亿美元。

蓬勃发展的业务给包裹运输公司带来了新的挑战。包裹运输公司必须满足托运人和消费者日益上升的服务期望。电子商务零售商通过承诺快速、免费、能送货到全美无数地点的服务，成功地将消费者从传统的实体商店吸引过来。为了实现电子商务零售商的承诺同时又不影响利润，包裹运输公司一直在努力降低运输成本并且重新配置配送网点。

随着托运人将配送中心搬到离消费者更近的区域，包裹运输公司也必须提高当地配送网络的密度。这些投资加剧了承运人之间的包裹量竞争，承运人需要抵消增加车辆和其他最后一公里服务能力而增加的成本。然而，一心想最大化包裹量的承运人却面临着日益精明的托运人的挑战。后者配备了新的技术工具，用于管理物流成本并在每个产品类别、地区和路线上寻找到最优费率。

这种前所未有的增长也改变了行业关系，为新的竞争对手创造了机遇，同时也推动了新技术的应用。有时，包裹运输公司要与顾客竞争；有时，它们又要与长期的竞争对手携手联合。例如，亚马逊是 UPS 最大的客户，但是 2016 年这个线上零售巨头推出了自己的送货服务。亚马逊的物流业务已经不仅面向内部，还扩大到了为外部顾客提供送货服务。预计亚马逊和其他大型托运人将继续增加物流能力，最终要在他们已经拥有足够网点密度的地区控制整个配送。随着托运人扩大内部物流业务，传统的包裹运输公司将丧失很大一部分业务量。

既有企业面临来自初创企业的又一威胁。初创企业运用先进技术，开发新的包裹配送业务模式。新型的合作关系如众包和车辆共享策略，在初创企业中占据重要地位。例如初创公司 Onibag，在不拥有车辆或配送中心的情况下，为 5 个州的 70 座城市提供次日送达服务。Onibag 把最初一公里的取件业务和最后一公里的送货业务都众包了出去，利用拼车和长途汽车的过剩运力运输较长距离的包裹。

传统的承运人也在应用技术巧妙避开新的竞争对手，努力提高效率和服务质量以满足托运人的期许。快速发展的云基础分析方法、实时互联互通以及图像识别传感器帮助承运人更快地进行配送并且更密切地跟踪包裹。

一些包裹配送公司正在携手应对共同的挑战。例如 UPS 和 FedEx 共同通过建立与美国邮政署（USPS）的伙伴关系，借助 USPS 邮政服务体系中庞大的家庭配送网络，增大了本地路线的密度。

快速增长的业务量使业内企业必须注意新的发展动向，因为稳步上升的包裹量正推动着配送网络发生根本性的变化，这一过程将反映出未来 5~10 年的三大趋势。

一是区域性的配送中心广泛建立。随着提供当日送达服务的零售商将配送中心移至人口密集区域附近，以区域为中心的配送中心将会成为配送网络的关键所在。因此，包裹运输公司将会有样学样，建立自己的以区域为中心的配送网络。

二是新的运输路线不断产生。重新设计的配送网络需要新的货运路线。承运人正在改变从全国性的配送中心运输商品的长途运输路线，并重新分配本地和区域配送中心的运输量，以达到平衡。

三是聚焦最后一公里。最后一公里的服务能力对于当日送达服务承诺来说至关重要。承运人不断努力加大本地路线密度，将有助于提供最后一公里服务的同时又能保证盈利。可以预计，更多的公司会构建类似 UPS 和 FedEx 与 USPS 之间的伙伴关系来增大路线密度。

三、铁路运输

由于煤炭需求暴跌抑制了收入和运输量的增长，2016 年全美铁路行业全年收入仅为 720 亿美元，连续两年下跌。其中，一级铁路的收入下降了 7%，运输量下跌了 5%。即使是铁路行业的关键增长点——多式联运，也由于运力过剩和长途货车市场的竞争，运输量和定价增长都有所下降。2016 年年末，全美的交通运输量出现急剧下滑，但在 2017 年第一季度铁路整车货运量出现了上升。同时，铁路运输也变得更加高效。尽管 2016 年的收入和运输量比 2015 年都有所下滑，但是由于铁路行业专注于生产力的提高，营运比率平均提高了 100 个基本点。随着铁路部门减少停站时间并提高列车速度，其服务水平也有所上升。先进的运营理念和技术的应用有望为铁路运输行业注入新的动力。

2016 年，美国的铁路部门见证了几乎没有变化的运价和运量走势。尽管 2017 年年初煤炭运输出现回暖，但煤炭和原油运输量仍有可能远低于之前的高位。改变运营模式的时机已经成熟，供应链创新在未来几年内将迎来更加激烈的跨模态竞争。

四、水路运输

2016 年，美国水路运费率剧烈波动，全行业营业收入为 410 亿美元。远洋和内陆航道部门的运输收入都有所波动，规模分别达到 250 亿美元和 160 亿美元。2016 年年初，水路运力过剩推动运费降至每标准箱 1000 美元以下的历史低点。2016 年，由于水路运输行业发生了结构性变化，行业基础设施建设也随着巴拿马运河的拓宽和位于长滩的自动化码头的投产而逐步发展。

首先，三大航运集团诞生使水路运输行业发生了结构性变化。2016 年 4 月，全球四大航运联盟重组合并为三个更大的集团：法国达飞轮船收购了美国总统船公司（APL），中国远洋集团与中国海运集团合并重组，使航运业资源进一步集中。其在欧洲、亚洲和北美的主要贸易航线上占到总计超过 90% 的运力，船舶共用的格局发生了巨变。重组要求托运人重新配置他们的网络布局，以减轻服务中断和装运延迟的风险。目前，航运三大巨头控制着全球航运 40% 的运力，大大高于 2012 年 12% 的比例。

当然，2016 年韩进海运的破产凸显了全球主要航运公司的财务疲软的事实。除了短期费率上涨以外，这一事件还在托运人中间引发了对船运公司财务风险的担忧。尽管费率可能会维持在历史低点附近，但航运公司的长期生存能力仍是不确定的。

其次，集运引发了整个行业的基础设施投资和技术应用的热潮。各港口开始投资自动化系统以操作装载了更多集装箱的更大型船舶。

2016 年，投资 13 亿美元的位于长滩的自动化中港码头（Middle Harbor Terminal）一期项目投产。与位于洛杉矶的 TraPac 自动化码头类似，中港码头将货车周转时间减半。同时，新的巴拿马运河水闸开启，刺激了更多的基建需求。未来几年，美国西海岸码头的运输流量有望逐渐转移到海湾和东海岸地区的港口。如果路易斯安那州的港口申请疏浚许可获得通过，则路易斯安那州的港口就可以容纳巨大的新巴拿马型（Neo-Panamax）集装箱船停泊。同时，纽约与新泽西港口事务管理局最近升高了贝永大桥，以便更大的船只从桥下通过。

总体看，结构性运力过剩突出，加上航运公司的定价规则不严谨，可能会使未来几年的费率保持在历史低位。航运公司将继续通过规模化和自动化寻求经济发展，最终形成一个成本较低、更加整合的行业。

五、航空运输

由于海运行业的运力波动暂时部分对冲了航空运输业长期的运力过剩，2016 年年末全美航空货运量剧增，同比上涨 9.8%。

受电子商务和药品运输推动，预计航空运输（以下简称“空运”）需求在未来五年保持强劲。高价值货物是空运的命脉，其在 2016 年全球运输量中的占比不到 1%，但却占据了运输总值的 1/3 以上。航空运输比货船运输时效快，主要用于洲际航线，其活跃程度在很大程度上取决于国际贸易的发展。2016 年多数时间，全球经济低迷遏制了空运需求，直到韩国韩进海运公司破产使得托运人不惜任何价格都要争夺到运力的情况才有所缓解。然而，如果世界各地日益严重的保护主义风潮限制了全球贸易，空运需求很可能会遭受打击。

目前，航空业面临着需求的基础性错位问题。尽管空运需求可观，但过剩的运力抑制了费率上涨。航空运力是由商业客运服务需求，而不是货物托运人的需求拉动的。全球航空旅行的增多意味着会有更多的飞机与他们货舱里的货物一道航行在高空。航空公司动态定价进一步抑制了航空货运费率上涨。然而，承运人有时还是会调整运输网络以满足托运人的需求。例如，美国航空公司增加了费城与波多黎各之间的运输服务，前者是许多药企总部的所在地，而后者的许多企业都拥有生产设备。

客户交互与货运代理业紧密相关，因为航空公司和托运人对双方发生直接的业务关系没有兴趣。托运人依靠货运代理商以确保拥有足够的运力来维持其航空网络的稳定性。

货运航空公司对于一些高级付费服务，例如运输危险品和超大货物，拥有一定的定价优势。如今，货运航空公司运送的货物占亚洲至北美以及亚洲至欧洲这两条最大的货运航线所运送货物的 70% 以上。

要解决上述问题，需要削减成本、整合业务。为了抵消减少的客座率带来的负面影响，货运航空公司正在研发有创新性的成本削减策略，例如在手续费更低、调度灵活性更大的小机场建枢纽。随着富有创造性的网络规划技术成为盈利的必要条件，越来越多的航空公司开始投资于软件，借助网络提升效率。

随着成本削减，美国航空公司正在整合业务以减少运力供应。未来将会有更多的类似于 2016 年阿特拉斯航空公司收购利基型企业（小众企业）美国南方航空公司的交易。

六、管道运输

2016 年，由于油价的不合理导致运量和费率趋平，全美中游的石油和天然气管道行业紧缩。由于联邦监管部门下调了自 2016 年 7 月 1 日起五年内用于计算州际石油管道运费上限的指数，使得管道运输业面临新的定价压力。因此，2016 年美国的管道公司大多更专注于节约资本，而不是为美国能源部门复苏增加基础设施。

2016 年，美国管道运输业出现了以下两个明显动向。

一是风险偏好随油价一道下跌。整个 2016 年，美国西德克萨斯中质原油价格徘徊在每桶 55 美元以下，大约是前一次价格峰值的一半。油价下跌，直接促使管道运营商纷纷削减开支，降低资本支出，减少员工人数。著名的管道巨头如金德摩根甚至将股息削减了 75%。

面对油价急剧下滑的情况，各大公司纷纷采取如控制资产负债情况、加强损益管理等办法，积极应对各种不利难题，努力让公司生存下去。经过挣扎存活下来的公司变得更强且更有韧性。

二是在政治障碍消除后，投资激励增加了。不断变化的政治环境可能会激励管道公司增加运输能力。比如美国政府放松对国内能源生产的监管限制，就已经为基石（Keystone）和达科他（Dakota）输油管道计划的实施铺平了道路。

随着成本结构更加精简、行业基本面改善，管道运输公司在利好的政治环境下可以以较低的价格进行运营从而获利。需求上涨将继续快于几个地区的运力增长，这一强有力的信号应该会刺激这个惯于规避风险的行业进行投资。当稳定的运输量证明所有的经费开支都是合理的时候，管道运输行业才会有资本投入。

七、货运代理

2016 年，由于全球经济走势挤压了利润空间，同时新的竞争对手和技术逐步打破了由来已久的传统业务模式，使得全美货运代理业务处于中断的边缘。疲软的全球贸易可能导致主要集中在国际空运和海运的代理服务的短期需求减少。东西方主要贸易路线上的交通状况已不如以往拥挤，一度被代理商视为福音的中国经济增速也已放缓。

从长远来看，更令人担忧的是世界各地的保护主义抬头。但凡全球化遭受损害，对代理商来说就是坏消息。美国和其他发达国家制造业的大规模回归会使情况更加糟糕。

正值物流行业与利润压力较劲斗争的时候，宏观经济上的麻烦事也出现了。海运承运人的集中托运和产能过剩正在压榨着货运代理人。随着承运人联合起来，他们取得了中间商的优势。由于过剩的运力压低了海运的运费，空运货运量大幅度向海运转移，从而进一步加剧了这个问题。

同时，货运代理商面临着越来越多的服务要求。因为电子商务的繁荣使得货物需要配送到更多的目的地，并且增加了运输频率，因此供应链正变得越来越复杂。托运人需要更高的透明度和可靠性，更不用说先进的定价和路线规划功能，当然，他们希望以相同或更低的价格购买这些服务。

其实，货运代理业面临的问题实质是新的竞争对手和技术改变了游戏规则。由于货运代理人难以适应变化的新形势，局外人也就是新的“闯入者”意识到他们有机会颠覆一个充满着各种中介机构，而且还在大范围使用纸张并仍在坚持过时做法的行业。传统的代理模式依赖于规模大的客户，并通过向规模较小的托运人收取更高的运费来提高利润。这种方法受到了 Flexport 和 Freightos 等数字平台的挑战，这些数字平台为托运人带来了新的选择。包括技术巨头 IBM（国际商业机器公司）、Verizon（威尔森电信公司）和 T-Systems 在内的财力雄厚的“闯入者”可以向托运人提供大多数代理商都没有的尖端数字功能。电子商务重地阿里巴巴和亚马逊正在邀请其他托运人协助填补货物集装箱运输的空白，打算把货运代理人踢出局外。在航空货运方面，达美航空和阿提哈德航空公司正在努力绕过货运代理商直接与托运人打交道。当然，一些敏锐的代理商已经采用自主研发技术手段的方法来解决这个问题。

然而，许多货运代理没有足够的资本在技术上下大赌注。目前全美 20 家最大的货运代理商仅占 58% 的市场份额，这也说明规模较小的企业仍然主导着代理业务。面对海空联运代理商品的利润空间被压缩，货运代理公司被迫进行业务整合。

未来，随着货运代理寻求扩大规模和业务覆盖范围，并获得新的能力，整合将持续下去。最终，货运代理行业可能会在总计拥有约 80% 市场份额的大公司基础上进行整合。这些更大的货运代理公司将会更积极地与新入行的公司竞争，通过持续创新满足行业不断发展的服务期望。

八、第三方物流

2016 年，美国的 3PL 市场规模再次扩大，外包物流支出在 2015—2016 年期间上涨了 3.6%，达到 1668 亿美元。2017 年早期的数据表明，尽管自 2014 年以来第三方物流增长放缓，但是经济走强还是带动了需求持续增加。随着需求的增加，第三方物流行业开始由以往关注离散服务（例运输管理或仓储）的交易型业务模式向提供端到端物流解决方案的一站式服务模式转变。

一是托运人寻求拥有一站式服务以及控制塔系统。事实上，所有每年物流支出不到 3000 万美元的小公司和每年物流支出超过 3 亿美元的大型托运人中，对一站式物流服务的需求都是最大的（见表 2）。规模较小的托运人表示，一站式服务可以通过多种运输方式提供更大的业务量；大型托运人则希望，单源供应商能够更好地管理复杂的全球物流网络和全球损益要求。对一站式服务模式不感兴趣的是中等规模的托运人，他们拥有足够的货运量来应付内部运转，并且也希望对他们的物流有更大的控制权力。

表 2　　一站式服务成为美国第三方物流收入的增长点

服务类别	服务内容描述
货运经纪	非资产型运输管理的增值服务，涉及从北美发货或到货的运输服务
国际货代	非资产型国际运输管理的增值服务，涉及从北美发货或到货的国际运输服务
增值性仓储配送	签订长期合同的仓储或配送中心的运营服务，包括多种增值服务
专一合同运输	提供包括牵引车、驾驶员和管理服务在内的的专用合同运输服务，通常包含拖车服务
合同软件/系统服务	为客户实现运输管理目标，提供软件解决方案
一站式服务	根据托运人的需求提供多种组合服务，而不需要向其他供应商进行分包

资料来源：阿姆斯特朗公司（Armstrong & Associates，Inc.）、AT 科尔尼管理咨询公司。

一站式服务模式的兴起，已经引发了供应商之间的业务整合，他们争相聚合了一揽子的综合服务。2016 年，XPO 物流公司收购了雅各布森（Jacobson）仓储公司的母公司诺贝尔（Norbert Dentressangle）集团，随后在 2016 年 10 月 TransForce 收购了 XPO 的整车运输业务。2015 年 5 月，联邦快递以 48 亿美元收购了荷兰 TNT 快递公司，扩大了其在欧洲的影响力。2017 年年初，UPS 收购了 Freightex，Genpro 收购了 Cargo Chief。其他第三方物流供应商通过建立伙伴关系提升了一站式服务能力，例如，汤普金斯国际供应链咨询公司与 Kenco 物流公司，NFI 交互式物流公司和 JDA 软件集团携手合作，提供全国范围内的快速送达服务。

另一个迹象表明，客户期望不断上升，因此一些托运人正在要求第三方物流企业提供物流控制塔系统，此系统中有专门的团队负责监督整个物流网络的运行。物流控制塔能协助企业在复杂的全球网络中管理风险并提高效率。但大多数控制塔系统都是针对某个托运人定制的，现货供应的系统很难找到。因此，一些托运人正在建立内部的物流控制塔。

二是一站式服务必须进行业务整合。一站式服务已经为像 XPO 这样的供应商提高了利润，但顾客仍在期盼运营效率和服务水平不断提升。关于这一点，规模较小的托运人表示，真正能够实现点到点的解决方案目前仍然难以找到；但规模较大的托运人则认为，第三方物流公司善于解决复杂的运营问题以及实施新的软件，但却不具有足够的思想领导能力，不能分享最好的方法或者提供垂直行业的解决方案。对于他们来说，托运人倾向于在交易的基础上和第三方物流公司打交道，目的是压低单价而不是构建能节约更多总体成本的战略关系。

第三方物流公司进行兼并收购以及提供有益于托运人的综合服务的时候，会面临许多挑战。它们正在努力使自己的系统合理化，同时协调完成托运人提出的各种“别出心裁”的业务操作。这些操作往往包括大量会阻碍物流网络可视度的 IT 系统，以及碎片化的采购行为，这种做法会伤害以致辜负通过捆绑式服务努力创造价值的企业。

第三方物流通过为规模小的托运人提供综合服务的合理配置，为规模大的客户提供成熟的专业知识，来区别于他们的竞争对手。交叉销售的机遇以及效率的提升将增加他们的利润，协助他们筹集资金以投资于能增强其对市场的竞争能力。随着提供端到端物流的大型供应商超越了与托运人之间关注价格的交易关系，形成了真正意义上的合作伙伴关系后，通过优化流程创造出长期价值就不再是一种设想。预计一站式模式将在未来的5~10年内成为主流的第三方物流业务模式。

九、仓储

随着经济走强以及电子商务的迅猛扩张，美国的仓储业也在快速发展。2016年第四季度，空间利用率降至8.2%的历史低点，拉动租金水平上涨了6.9%。这一纪录没有持续多久，在2017年第一季度，空间利用率下降到8%的新低。2016年，美国公共和私人仓储的总支出增长了1.8%，达到1435亿美元。有专家预测，仓储行业将以每年3%的速度稳步增长，直至2021年。

然而，2016年面对需求的上升和供应的减少，美国仓储经营者的利润率并没有提升，其利润率仍维持在3%~6%。随着劳动力成本的上涨，投资需求不断升高，政治不确定性增加，仓储公司面临着多方面的压力。未来一年对仓储经营者来说是个挑战，他们必须主导这些趋势，同时构建整体的、灵活的网络，以提供按当今消费者所期望的速度快速完成订单的服务。

2016年，美国仓储业有两个值得关注的情况：一个情况是人人都希望得到更多。首先是由于要求当日送达的消费者订单以及全渠道的订单爆棚，仓储公司面临着加快运送货物的压力。这些新的需求给仓库操作的各个方面都增加了复杂性，从网络到仓库布局再到完成流程。试图使用管理工具来高效管控这些复杂性的经营者们，将越来越多地将注意力转向自动化和先进的仓库管理系统等新技术。

其次是不断上涨的劳动力成本进一步促使企业采用自动化技术。2016年，全美约有21个州已经提高了最低工资标准，高于联邦政府规定的每小时7.25美元，这一举措可能会提高仓库作业人员的工资水平，目前的水平是平均每小时11.8美元左右。由于劳动力成本占了仓储成本的50%甚至更多，仓库所有者可能会通过提高运费冲抵这部分成本增长。这会让消费者感到担忧，因为消费者更希望通过提高生产率抵消成本上升的影响。

最后是美国贸易政策的潜在变化给仓库所有者带来了更多的不确定性，因为国际商贸是他们营收的主要来源。关税或其他限制进口的政策可能会抬高成本、压低收入并且挤压利润。同时美国国内制造业的崛起可能会使美国的仓库负担过重，迫使仓库经营者不得不以相当大的代价重新配置他们的网络。

另一个情况是仓库经营者转向技术寻求帮助。2016年，美国仓库经营者在应对众多相互关联的挑战时，采取了全方位的策略，即依靠技术提升网络结构和生产率。为了加快订单履行并满足不断提升的服务水平要求，仓库经营者正在构建前沿部署的网络和专门的电商仓库。许多仓储公司还在设计无缝衔接的库存系统，整合不同购买渠道的仓库订单履行流程，从而培养全渠道的配送能力。通过广泛采用包括在线订单店铺发货以及店内取货在内的订单履行方法，库存分配改善，上市时间加快，旺季的差异化管理能力得以提升。

要获得这些能力，需要不习惯在技术上投入大量资金的仓储行业进行大笔投资。仓储业利润微薄，使得仓库经营者几乎没有多余的现金用于投资，这种情况明显阻碍了许多仓库的技术进步。

然而，自动化和其他先进系统可以减轻正在挤压仓库利润的成本压力，给经营者提供他们需要的新功能。由于工资水平的提高，一些经营者正在使用按单拣货、语音以及自动化分拣请求等技术提高员工生产力。机器人技术是一种终极的节省劳动力的技术，它也为仓库高效作业带来了巨大的希望；在熟悉仓库地形格局的同时，自动导引机器人还可以快速移动物品，进一步提高效率。

仓库管理系统的进步为提高生产力创造了更多的可能。管理者可以通过新的移动应用监控配送中心的地面活动，通过分析衡量绩效，并实时优化人工成本。这些系统为专注于劳动力优化的公司节省了 15% ~ 25% 的成本。要注意的是，任何希望提高生产力的仓库经营者更应该关注员工的满意度，因为员工流失会削弱新系统带来的效率提升效果。

当仓库经营者端到端地使用技术时，他们便能将技术的利益最大化。成熟的仓储软件和基于云技术的服务能远达仓库之外，收集上游的订单信息和下游的运输数据。无缝衔接的互联互通打造了一个完全集成的系统，能够快速响应不断变化的客户需求，这样一来，整条供应链的参与者都能受益。

对于任何在配送网络中有仓库的公司来说，客户想要更快送达的期望都是一个巨大的挑战。这些公司必须做出关于如何实现这些预期的明智决定。一些公司将选择在内部管理仓库，而另一些公司则会聘请第三方仓库企业管理仓库。管理自己仓库的公司必须迅速采用新技术，并不断提高生产率，以抵消不断上升的劳动力成本和政治不确定性带来的负面影响。外包该职能的公司应该与第三方仓库企业紧密合作，以应对运力限制以及成本上升的问题。

（翻译：甘凯龙、吴晓丹　校对：王国文 CSCMP 中国代表处）

从数据统计看日本物流装备的变化①

美国《现代物料搬运》杂志于 2016 年 5 月发布了“2015 年全球物流系统集成商 20 强排行榜”。可以说，进入 20 强榜单中的企业是全球物流系统集成商的佼佼者，从它们的业绩中我们可以看到当今世界物流装备行业的发展趋势和市场需求的变化（排行榜见表 1）。

需要说明的是，能够入选全球物流系统集成商前 20 强的企业，必须是物料搬运系统的供应商（即物流系统集成商），而不仅仅是物流设备供应商。也就是说，相关企业不仅能够生产至少两个主要的系统处理组件，同时还必须有专业的人员从事设计、安装和集成整套物料搬运系统工作。物料搬运系统（物流系统）至少包括以下设备部件中的两个：运输设备、存储设备、分段运输平台、拣货设备、分拣系统、信息管理系统、数据采集技术和其他类型的搬运设备。

如表 1 所示，2015 年日本大福公司排在物流系统供应商世界第一的位置，成为行业发展的引领企业。据资料显示，2015 年大福公司的平板显示器和半导体行业的物料搬运系统在亚洲市场快速增长，其在电子商务领域的销售额及其设备维护和增值服务均在全球市场获得了稳定的销售增长，这些都是大福公司经营高速增长的主要因素。另外，2015 年日本村田实现了 23.9% 的增长率，成为排名世界第四位的物流系统供应商。

近几年，日本物流系统集成商根据企业对自动化技术和售后支持方面增长的需求、企业对自动化物流系统需求的上升、电子商务的持续发展、全渠道销售的增长、海外仓储，以及全球范围无障碍采购等因素，通过不断进行技术创新，推动了日本物流系统集成商销售额快速增长；通过不断完善物流系统装备，提高了生产和流通的效率，有效降低了物流成本。同时，也为日本国民经济发展提供了安全、安心、环境友好的物流装备。

① 本文系北京物资学院日本物流研究中心阶段性研究成果之一。

表 1　2015 年世界物流系统集成商 20 强排行榜

排名	厂家名称（英文）	厂家名称（中文）	总部所在国家	2015 年收入（亿美元）	增长率（%）
1	Daifuku Co.，Ltd.	大福	日本	27.26	7.5
2	Schaefer Hoiding International GmbH	胜斐迩	德国	25.95	4.3
3	Dematic	德马泰克	德国	20	25
4	Murata Machinery，Ltd.	村田	日本	12.5	23.9
5	Vanderlande Industries B.V	范德兰德	荷兰	9.88	-6
6	Mecalux，S.A	梅卡卢兹	西班牙	9.52	0
7	Beumer Group GmbH	伯曼	德国	7.88	-12.6
8	Intelligrated	因特利格雷特	美国	7.6	21.2
9	Fives Group	法孚集团	法国	7.21	0
10	Swisslog AG	瑞士格	瑞士	6.88	-3.4
11	Knapp AG	科纳普	奥地利	6.4	3.2
12	TGW Logistics Group GmbH	特格威	奥地利	5.25	0
13	Grenzebach Maschinenbau GmbH	格林策巴赫机械	德国	4.77	0
14	Witron Logistik+Informatik，GmbH	帝尔电子	德国	4	17.6
15	Kardex AG	卡迪斯	瑞士	3.78	9.9
16	Bastian Solutions	巴斯蒂安	美国	1.95	16.1
17	Systems Group	西斯特姆	意大利	1.55	-10.9
18	Egemin Automation	英杰明	比利时	1.45	-14.7
19	Viastore Systems	维世多	德国	1.4	7
20	Dearborn Mid-West Company	迪尔伯恩	美国	1.25	0

数据来源：美国《现代物料搬运》杂志（2016 年 5 月）。

一、日本物流装备现状

日本物流系统协会和日本物流系统机械协会每年都要对日本各种物流装备的产量和销售额进行最新调查统计，经整理最终形成年度的《日本物流系统机械设备生产调查报告》。通过调查，可摸清日本社会主要物流装备每年的产量和销售额，以及日本物流装备产业的现状和发展动态。

日本的物流装备分为 4 大类，即托盘、起重机、工业车辆和物流系统装备。其中，物流系统装备又分为 12 小类，即自动仓库、台车、输送机、分拣机、拣选设备、回转货架、移动货架、货架、堆垛机、垂直输送机、计算机和其他（见图 1、图 2）。

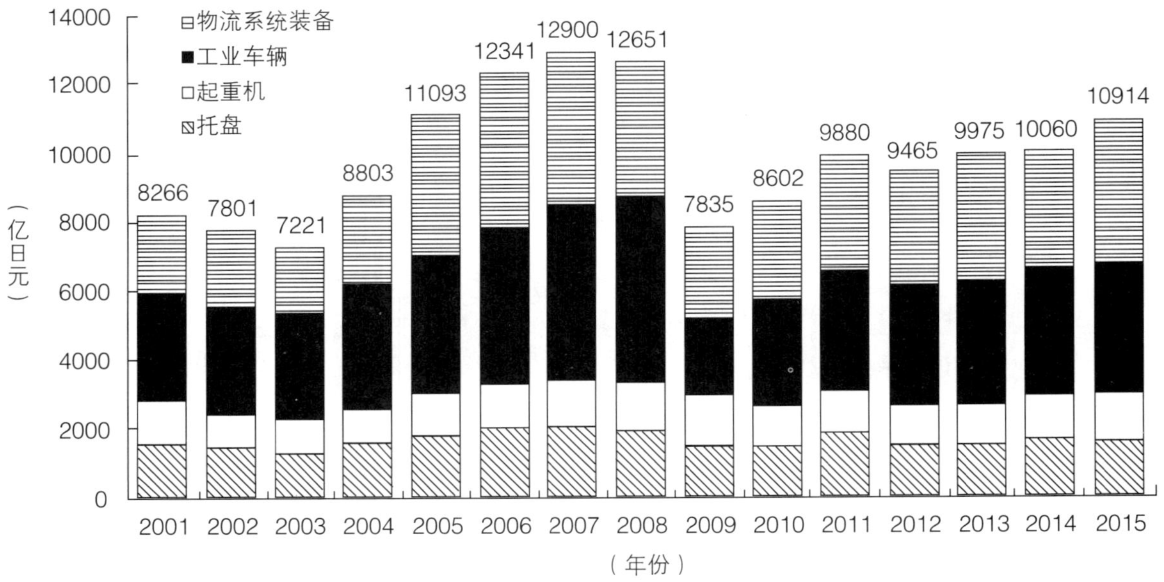

图 1　2001—2015 年份日本物流装备总产值变化走势

数据来源：《日本物流系统机械设备生产调查报告（2015 年）》。

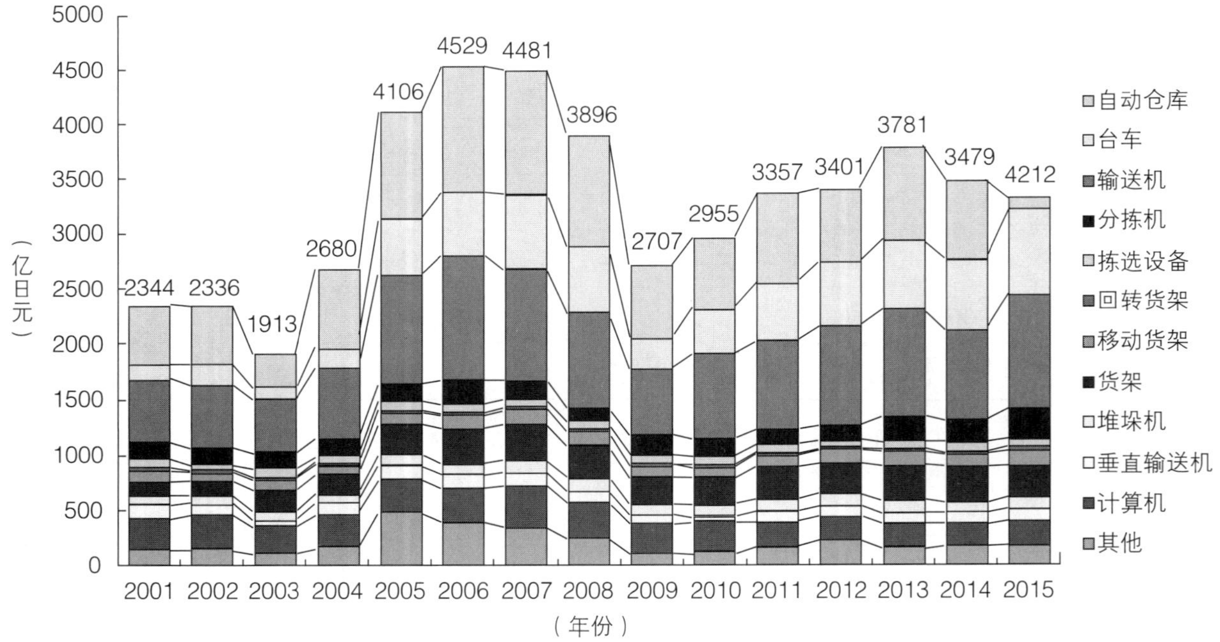

图 2　2001—2015 年份日本物流系统装备总产值

数据来源：《日本物流系统机械设备生产调查报告（2015 年）》。

从图1、图2可以看出，2015年日本物流装备总产值为10914亿日元。其中：托盘为1602亿日元，起重机为3015亿日元，工业车辆为2085亿日元，物流系统装备为4212亿日元。2015年，日本的托盘产量比2014年减少了7%，为5900万片。2015年，日本国内叉车销量达到78382台，出口销售量达到37042台。

二、日本物流装备调查产品类型及客户的行业分类

以日本物流系统装备主要生产企业为对象进行调查，以25种不同类型的物流装备（机种）为调查对象，各机种销售量为基础，选择销售量排名前10的机种进行调查，记录其金额构成比。各企业不同机种销售额乘以金额构成比，按照不同机种分别合计，将销售额排名前10位的行业及其总金额进行统计。

调查内容包括：销售量、座数、销售总金额、出口金额。其中，销售总额和出口额是以两者的销售为基础，包含与销售数量对应的安装、调整工事的总费用。整体式自动化仓库，包括建筑工程费用。出口额包含在销售总额内。在销售额领先的行业客户分类中进行，包括35个不同行业中的10个大分类。

日本物流装备调查产品的类型如表2所示，调查客户的行业分类如表3所示。

表2 日本物流装备调查产品类型

序号	产品类型	说明
1	托盘自动仓库整体式	一般指由高层货架、巷道堆垛机组成，自动完成以托盘为单位码放货物的入出库和存储作业的仓库
2	托盘自动仓库分离式	无托盘、直接搬运物料（啤酒桶、新闻纸）的自动化仓库
3	料箱自动仓库（分离式）	存放料箱单元货物的自动化仓库
4	高空走行台车	1）设置于高空，无轨道、有驱动力的台车系统
		2）单位是台车的数量，金额包含轨道和控制系统
5	有轨台车系统	1）无轨道、有驱动力的台车系统
		2）单位是台车的数量，金额包含轨道和控制系统
6	无轨台车系统	1）由各种传感方式导向的无人搬运车
		2）单位是台车的数量，金额含控制系统
7	分拣机	1）自动分拣货物的设备
		2）结构范围包括感应部分（导入部分、商品投放部分）从分拣机主体、到分拣滑槽（回收生产线为箱盒输送机）
		3）单位为台数

续 表

序号	产品类型	说明
8	托盘搬运用输送机	1）搬运托盘单元货物的输送机
		2）对象范围：含全部搬运托盘单元货物的输送机，以及控制输送机主机的控制系统
9	料箱搬运用输送机	1）搬运箱盒单元货物的输送机。但是，煤炭、矿石、泥等散装输送机除外
		2）对象范围：含全部搬运箱盒单元货物的输送机，以及控制输送机主机的控制系统
10	悬挂输送机	1）设置于高空，输送悬挂物品的输送机
		2）对象范围：输送悬挂物品的输送机，含主机、装置、控制全体
11	数字拣选显示器	1）根据计算机指示，显示拣选物品的位置和数量的装置
		2）对象范围：不含安装显示器的重力式货架、中轻型货架、输送机。但是，安装于回转式货架的拣选显示器包含于回转式货架（垂直式、水平式）中
		3）控制关系含主机控制，只是计算机统计在计算机中
12	拣选台车	1）安装有显示拣选物品位置和数量装置的拣选台车
		2）对象范围：包括拣选台车主体、操控台、其附件（充电器等）
13	回转式货架垂直式	能在垂直、水平两个方向回转的货架，不考虑其载重量和控制水平 单位为台数
14	回转式货架水平式	
15	移动式货架电动式	具备手动、电动移动机构的货架 单位为台数
16	移动式货架手动式	
17	重型货架	存储托盘单元货品的货架（含巢状托盘）
18	中轻型货架	存储纸盒或箱盒单元货品、一个货格内存储重量为 500kg 以下的货架
19	重力式货架	纸盒或箱盒单元货品等依靠自身重力沿倾斜面向前移动，供前面取出的货架
20	托盘码垛机/托盘拆垛机	1）将纸盒或箱盒单元货品或袋品，自动地码垛（拆垛）在托盘上的装备
		2）含机械式、机器手式等

续 表

序号	产品类型	说明
21	托盘垂直搬运机	1）有多个出入装置，可连续垂直搬送物品的装备（以托盘为单元的搬送物）
		2）不含电梯、小型专用升降机
22	料箱垂直搬运机	1）有多个出入装置，可连续垂直搬送物品的装备（以箱、盒为单元的搬送物）
		2）不含电梯、小型专用升降机
23	计算机硬件	同时进行物流装备情报处理和在库监控的计算机系统硬件
24	计算机软件	同时进行物流装备情报处理和在库监控的计算机系统软件
25	WMS	1）在物流中心、仓库中，管理从入库至出库的全过程作业的计算机系统（硬件、软件）
		2）对象范围：不考虑是否有物流设备、是否与物流设备连接
26	其他	1~25 分类以外的产品类型

数据来源：《日本物流系统机械设备生产调查报告（2015 年）》。

表 3　　调查客户的行业分类

行业	行业大类	行业	行业大类
1 建筑	8 其他	13 电力机械器具	1 电机/精密机械
2 食品制成	3 食品/医药等	14 汽车/输送用机械器具	2 输送机械/零配件
3 纺织/服装	4 其他制造业	15 精密机械器具	1 电机/精密机械
4 造纸/纸加工		16 汽车部件制造	2 输送机械/零配件
5 出版/印刷		17 其他制造	4 其他制造业
6 化学		18 批发业（含商社）	5 批发/零售
7 医药/化妆品/涂料	3 食品/医药等	191 零售业	
8 石油/橡胶制品	4 其他制造业	192 邮购	
9 玻璃/陶瓷/窑业		20 汽车销售	8 其他
10 钢铁		21 汽车维修服务	
11 非铁/金属制品		22 服务业	
12 通用机械器具		23 仓储业	6 仓库/运输

续 表

行业	行业大类	行业	行业大类
24 陆运	6 仓库/运输	30 政府/学校	7 政府/图书馆等
25 海运		31 社会团体/组织（含 JA）	
26 空运		32 宾馆	8 其他
27 铁路运输		33 医院	
28 通信	8 其他	34 图书馆	7 政府/图书馆等
29 电力/煤气/水运		35 其他	8 其他

数据来源：《日本物流系统机械设备生产调查报告（2015 年）》。

三、日本物流装备市场的整体变化

2015 年，日本物流系统装备的总销售额比 2014 年的 3479 亿日元增长了 21%，达到 4212 亿日元。此外，销售数量从 2014 年的 112291 件增加到 2015 年的 123785 件。2015 年，日本摆脱通货紧缩，经济回升，一部分日本国内制造业业绩好转，设备投资趋于上升。据此推测，设备投资有所增加。

另外，从不同领域的销售额看，日本物流装备在海外的销售增加了 28%。其中，无尘车间的销售大幅上涨，同比增加 58%。与其他行业的销售额对比，“电机和精密机械”行业的销售额显著增加。

此外，对 2015 年度调查的行业分类做了更改，将以前划编于“零售业”中的“邮购”作为新的行业独立调查。2015 年，日本“邮购”的物流装备销售额为 77 亿日元，占日本物流装备总销售额的 2%。

2015 年日本物流装备的海外市场销售额，从 2014 年的 1069 亿日元，增至 1369 亿万日元。其中，无尘车间的海外销售额从 2014 年的 701 亿日元增至 918 亿日元，增加了 30.8%。近几年，日本物流装备在海外市场的整体销售额持续增长。

在日本物流装备海外市场的销售额中，台车占比为 35.9%、自动仓库占比为 35.2%、输送机占比为 17.5%，以上三种设备占物流装备海外市场总量的 88.6%。在这三种设备中，自动仓库从 321 亿日元增至 483 亿日元（50.4%），台车从 447 亿日元增至 492 亿日元，输送机从 175 亿日元增至 240 亿日元。

四、结论

日本很早就开始对物流统计信息进行连续的调查与跟踪，日本政府和物流协会在物流统计信息收集过程中发挥着重大作用。日本政府依托相关物流协会，收集物流统计信息。在物流统计信息收集方面，日本的各个物流协会已成为日本政府与物流企业的信息沟通桥梁。一方面，接受政府委托开展全国性普查和调研，为政府提供可靠的基础数据；另一方面，把企业物流活动中存在的困难和问题通过统计数据的形式如实反映给相关政府部门。在帮助政府收集统计物流信息的同时，通过物流信息的研究分析，起到咨询服务的作用。长期以来，日本物流协会严格地、准确地进行了数据收集与汇总统计。日本政府根据物流统计数据反映出的结果，制定一系列引导性政策和规范，促进了日本物流业向既定的方向发展。

日本的经验值得我们学习借鉴，建立起完善的中国物流统计体系，消除由于各个企业、各个行业由于各个地区之间物流统计信息口径不一致而带来的物流统计数据混乱、重叠、说服力差的现象。另外，中国应充分发挥政府和行业协会在物流统计信息收集上的作用，政府要从各方面引导支持物流统计工作顺利展开，并对物流统计信息进行持续追踪。中国物流协会也要充分发挥自身优势，积极参与物流统计信息收集工作，起到企业和政府物流信息传递的中介职能。

（姜旭　北京物资学院）